UTB **1127**

Eine Arbeitsgemeinschaft der Verlage

Böhlau Verlag · Köln · Weimar · Wien
Verlag Barbara Budrich · Opladen · Farmington Hills
facultas.wuv · Wien
Wilhelm Fink · München
A. Francke Verlag · Tübingen und Basel
Haupt Verlag · Bern · Stuttgart · Wien
Julius Klinkhardt Verlagsbuchhandlung · Bad Heilbrunn
Lucius & Lucius Verlagsgesellschaft · Stuttgart
Mohr Siebeck · Tübingen
Orell Füssli Verlag · Zürich
Ernst Reinhardt Verlag · München · Basel
Ferdinand Schöningh · Paderborn · München · Wien · Zürich
Eugen Ulmer Verlag · Stuttgart
UVK Verlagsgesellschaft · Konstanz
Vandenhoeck & Ruprecht · Göttingen
vdf Hochschulverlag AG an der ETH Zürich

Mario Andreotti

Die Struktur
der modernen Literatur

Neue Wege in der Textinterpretation:
Erzählprosa und Lyrik

Mit einem Glossar zu literarischen, linguistischen
und philosophischen Grundbegriffen

4., vollständig neu bearbeitete und aktualisierte Auflage

Haupt Verlag
Bern · Stuttgart · Wien

Mario Andreotti, Prof. Dr., geb. 1947, Studium der Germanistik und Geschichte in Zürich. 1975 Promotion über Jeremias Gotthelf. 1977 Diplom des höheren Lehramtes. Danach Lehrtätigkeit am Gymnasium und als Lehrbeauftragter für Sprach- und Literaturwissenschaft an der Universität St. Gallen und an der Pädagogischen Hochschule Vorarlberg. Langjähriger Referent in der Fortbildung für die Mittelschullehrkräfte und Leiter von Schriftstellerseminarien. Mitglied des Preisgerichtes für den Bodensee-Literaturpreis der Stadt Überlingen. Verfasser mehrerer Publikationen (bei Haupt erschien von ihm der UTB Band *Traditionelles und modernes Drama*) und zahlreicher Beiträge zur modernen Dichtung.

Die Vervielfältigung und Übertragung auch einzelner Teile, Texte, Zeichnungen oder Bilder, wenn sie auch lediglich der eigenen Unterrichtsgestaltung dienen, sind nach dem geltenden Urheberrecht nicht gestattet. Ausgenommen sind die in §§ 53, 54 URG ausdrücklich genannten Sonderfälle, wenn sie mit dem Verlag vorher vereinbart wurden. Im Einzelfall bleibt für die Nutzung fremden geistigen Eigentums die Forderung einer Gebühr vorbehalten. Das gilt für Fotokopien genauso wie für die Vervielfältigung durch alle anderen Verfahren einschliesslich Speicherung und jeder Übertragung auf Papier, Transparente, Matrizen, Filme, Bänder, Platten und sonstige Medien.

Bildnachweis: Seite 143
Pablo Picasso, Portrait Dora Maar, 1937, © 2008 by ProLitteris Zürich

1. Auflage: 1983
2. Auflage: 1990
3. Auflage: 2000
4. Auflage: 2009

Bibliografische Information der Deutschen Nationalbibliothek:
Die Deutsche Nationalbibliothek verzeichnet diese Publikation
in der Deutschen Nationalbibliografie; detaillierte bibliografische Daten
sind im Internet über http://dnb.d-nb.de abrufbar.

ISBN 978-3-8252-1127-1

Alle Rechte vorbehalten.
Copyright © 1983 by Haupt Berne
Jede Art der Vervielfältigung ohne Genehmigung des Verlages ist unzulässig.
Satz: Die Werkstatt, Göttingen
Printed in Germany
www.haupt.ch

Über die Welt von heute lässt sich nicht mehr in der Sprache von gestern aussagen.
Hans Mayer, Literarkritiker

Vorwort

Wer moderne Erzählungen, moderne Gedichte, etwa einen Roman von Franz Kafka oder ein Gedicht von Paul Celan, liest, ist häufig ratlos, weil ihm der Zugang zu diesen neuartigen Texten fehlt. Es fehlen ihm vor allem Interpretationskriterien, die den fraglichen Texten, ihrer gegenüber traditionellen Dichtungen veränderten Struktur, angemessen sind. Gibt es aber solche Kriterien in der Literaturwissenschaft überhaupt? Es gibt sie.

Seit den sechziger Jahren dieses Jahrhunderts entstanden, unter anderem als Reaktion auf die Einseitigkeit der werkimmanenten Interpretation, eine Reihe neuer, verschiedenste Aspekte umfassender Interpretationsmethoden. Zu ihnen gehört die Methode der strukturalen Textanalyse, auch einfach strukturale Methode genannt, die vor allem die Beziehung zwischen der Thematik und der Struktur eines Textes in den Blick rückt. Sie geht, anders als die ‚älteren' Interpretationsmethoden, von einem ganzheitlichen Textverständnis aus, das mit der überkommenen Vorstellung eines Inhalt/Form-Dualismus bricht und das es demzufolge ermöglicht, literarische Kategorien wie Erzähler und Figur nicht mehr rein formal, sondern als etwas Formales und Thematisches, d. h. jeweils als Ausdruck eines bestimmten Menschenbildes, aufzufassen. Der Wandel dieses Menschenbildes, etwa im Übergang vom spätbürgerlichen Individualismus zur Moderne, führt dann konsequenterweise auch zu einem Wandel der literarischen Strukturen. So gesehen, ist die Entstehung einer modernen deutschen Literatur kurz nach 1900 das Ergebnis eines derartigen Strukturwandels. Die Bezeichnung „modern" wird in diesem Sinne, im Unterschied zu Begriffen wie „gegenwärtig" oder „zeitgenössisch", nur für jene Texte des 20./21. Jh. verwendet, deren Struktur sich gegenüber herkömmlichen Texten grundlegend verändert hat. Als ausschlaggebend für diese strukturellen Veränderungen erweisen sich dabei zwei zentrale, eng miteinander zusammenhängende literarische Konstanten: die Gestaltung der Figuren und der fiktionalen Wirklichkeit im Text.

Der vorliegende Band nimmt die eben skizzierte strukturale Methode auf und verbindet sie mit verschiedenen neueren textsemiotischen Ansätzen. Er stützt sich in diesem Sinne nicht auf ein bestimmtes, einheitliches Analysemodell, sondern bekennt sich zu einem Eklektizismus, der es erlaubt, auch Bertolt Brechts poetologische Reflexion über die Figurengestaltung, in der gewisse strukturalsemiotische Ansätze vorweggenommen sind, für die Analyse traditioneller, vor allem aber moderner Texte fruchtbar zu machen. Das ermöglicht dem Leser ein vertieftes Verständnis des literarischen Wandels und damit einen neuen Zugang zur modernen Literatur.

Wir bezeichneten die Figuren- und die Wirklichkeitsgestaltung als die beiden Konstanten des literarischen Textes. Von ihnen aus soll, unter dem vergleichenden Einbezug der traditionellen Dichtung, versucht werden, das ‚Wesen' und die verschiedenen Erscheinungsformen der modernen Literatur, d. h. der modernen Erzählprosa und Lyrik, in exemplarischen Textanalysen zu beschreiben. Dabei gilt es, eine gewisse Fülle des Materials mit einer Kürze der Behandlung zu verbinden. Die Kürze erfordert Konzentration: Kein Text, der seiner Repräsentativität wegen herangezogen wird, kann erschöpfend interpretiert werden; oftmals müssen Stichworte, Hinweise und Andeutungen genügen, und das Individuelle hat fast immer hinter das für die Tradition und die Moderne Typische zurückzutreten.

Nach dem Zeichenverständnis der Moderne, aber auch der Postmoderne – die letztere spricht von Intertextualität – verweisen die Zeichen nicht primär auf etwas von ihnen Bezeichnetes in Natur oder Gegenstandswelt, sondern vor allem auf andere Zeichen. So verweisen moderne Texte, strukturimmanent und oftmals über zusätzliche Zitierungen, immer zugleich auf traditionelle Texte, rückt in ihnen die Spannung zwischen einem zur Folie entleerten Gewohnten und einem Neuen ins Blickfeld. Moderne Texte in diesem Sinne als kritische Auseinandersetzung mit der literarischen Tradition zu lesen bildet eines der Hauptziele unseres Buches.

Mit diesen Überlegungen zu Fragen der Interpretation moderner Texte verbinden sich nun zwei didaktische Anliegen:

Das *erste* Anliegen ist ein ähnliches wie das der Strukturalisten: Von der ‚alten' Subjektivität der gängigen hermeneutischen Interpretationsverfahren, die häufig einer irrationalen Erlebnispädagogik verpflichtet sind, soll weggekommen werden. An ihre Stelle soll eine Methode systematischer Analyse treten, die das zu beschreiben versucht, was im Text wirklich ‚verfügbar' ist, freilich ohne damit das Grundproblem der Hermeneutik, die geschichtliche Bedingtheit allen Interpretierens, zu verkennen.

Im Literaturunterricht hat es als entscheidende Forderung zu gelten, bei der Besprechung dichterischer Werke die innertextlichen Faktoren vermehrt ins Zentrum zu rücken. ‚Textnähe' soll auch in der Unterrichtspraxis zum ausschlaggebenden Kriterium der literarischen Analyse werden, zumal die Fiktionalität literarischer Texte es eigentlich schon verbietet, sie zu einer Funktion des Autors zu machen, wie das im herkömmlichen, mehrheitlich biographisch orientierten Literaturunterricht immer noch geschieht. Es scheint eine letztlich auf den Positivismus Wilhelm Scherers zurückgehende Erblast des Literaturunterrichtes zu sein, dass er jede entschiedene Konzentration auf den literarischen Gegenstand, also auf den Text, zu meiden versucht und dafür umso seliger in den ausserliterarischen Landschaften, etwa in einem literaturfremden Biographismus, ‚herumschwärmt' oder dass er, was ebenso fatal ist, inhaltliche Aspekte der Texte einseitig bevorzugt, ohne deren formale Verwirklichung genügend zu berücksichtigen. Diesem Mangel kann ein zeitgemässer Literaturunterricht begegnen, indem er, gerade wenn es sich um moderne Werke handelt, konsequent vom *Text selber*, von der Organisation seiner Elemente, seiner Struktur ausgeht. Einer Einsicht, die noch längst nicht bei allen Literaturbeflissenen vorhanden ist, bedarf es dabei freilich: der Einsicht nämlich, dass Lust am Lesen und textanalytisches Bewusstsein sich nicht auszuschliessen brauchen. Von ihr ist auch das vorliegende Buch getragen.

Das *zweite* Anliegen betrifft die Tatsache, dass die moderne Literatur beim breiten Leserpublikum insgesamt wenig Resonanz findet. Dies mag vor allem zwei Gründe haben: Zum einen sind moderne Texte, im Gegensatz zu bürgerlich-realistischen, aufgrund ihrer viel komplexeren Struktur, durchwegs schwierige Texte, und zum andern führt das erfahrungsgemäss konservative Literaturverständnis zahlreicher Leser, das wohl im urmenschlichen Bedürfnis nach Ausgleich und Harmonie wurzelt, zu einem grundsätzlichen Misstrauen gegen eine (moderne) Literatur, die dieses Bedürfnis nicht mehr befriedigt. Man redet dann gerne von einer Krise der modernen Literatur, etwa des modernen Romans, und wertet moderne Texte in der Folge häufig als destruktiv oder gar als nihilistisch. Und das ohne sich des enormen geistigen und gesellschaftlichen Wandels seit 1900, dessen Ausdruck die moderne Literatur ist, ausreichend bewusst zu werden.

So gesehen, muss es gerade ein zentrales Anliegen unseres Buches sein, die literarische Moderne, wie sie als klassische und als Spätmoderne das 20. und wohl auch das 21. Jh. mitprägt, von jenen geschichtlichen Grundkräften her zu erfassen und zu beschreiben, die das Leben unserer Epoche bestimmen. Daher auch der Versuch in Kapitel 4, die geistigen Umwälzungen im 20./21.Jh. auf ihre konkreten Auswirkungen für die Entstehung und Entfaltung einer genuin *modernen* Dichtung hin zu befragen, wissend, dass es sich dabei um starke Vereinfachungen von an sich äusserst komplexen Wechselbeziehungen handelt.

Der vorliegende Band richtet sich an Studierende und Lehrende im Bereich der deutschen Literatur und der Literaturwissenschaft wie auch an interessierte Laien, etwa an Autorinnen und Autoren, die sich um eine vertiefte Reflexion ihres eigenen Schreibens bemühen. Der Band ist als Studien- und Arbeitsbuch konzipiert, und zwar in der Absicht, nicht einfach abfragbares materiales Wissen zu vermitteln, sondern zur selbständigen, produktiven, kritischen Arbeit mit traditionellen und modernen Texten anzuregen. Dieser Absicht dienen vor allem die Arbeitsvorschläge am Schluss eines jeden Kapitels. Sie sollen dem Leser zugleich die Möglichkeit geben, die im Buch entwickelten Interpretationsansätze auf ihre praktische Anwendbarkeit hin zu erproben.

Diesem ersten Band zur modernen Erzählprosa und Lyrik wird bei Haupt/UTB ein zweiter folgen, der dem Drama in seiner traditionellen und modernen Form gewidmet ist.

Abschliessend möchte ich all derer gedenken, die durch ihre kritischen Stellungnahmen zu den ersten Entwürfen und durch vielfältige Anregungen zur Entstehung dieses Buches beigetragen haben. Ich denke hier in erster Linie an eine ganze Reihe mir nahestehender Fachkolleginnen und -kollegen aus Mittelschule und Universität, aber auch an die Teilnehmer meiner Autorenseminarien und Lehrerfortbildungskurse und nicht zuletzt an meine Schüler und Studenten. Ein besonderer Dank gilt dem Verlag Paul Haupt und seinem Leiter, Herrn Dr. Max Haupt, der den Fortschritt des Manuskriptes stets mit nachfühlender Geduld gefördert und begleitet hat. Schliesslich danke ich meiner Frau Katalin für die unschätzbare Hilfe beim Tippen und bei der Durchsicht des Manuskripts. Ohne ihre verständnisvolle Anteilnahme wäre dieses Buch nicht denkbar. Ihr sei es daher in Liebe gewidmet.

Piazzogna TI und Altdorf, Frühjahr 1983   Mario Andreotti

Vorwort zur vierten Auflage

Die vorliegende Neuauflage stellt gegenüber den drei ersten Auflagen eine völlig neu bearbeitete und stark erweiterte Ausgabe der inzwischen zu einem Standardwerk gewordenen „Struktur der modernen Literatur" dar. Die meisten der zahlreichen Textbeispiele wurden aktualisiert, die Erläuterungen an vielen Stellen ergänzt, an andern gestrafft und vereinfacht. Leichtverständlichkeit und Praxisnähe der Darstellung waren mir dabei ein zentrales Anliegen.

Am Rande des offiziellen Literaturbetriebes sind seit dem Ende der 1960er-Jahre literarische Formen entstanden, die man gerne mit dem Begriff der „Subkultur" in Verbindung bringt. Die Literaturwissenschaft hat sich mit diesen avantgardistisch zu nennenden Formen bis heute nur in Ansätzen befasst, und in den gängigen Schullesebüchern finden sie sich ebenfalls kaum. Gemeint sind Popliteratur, Beat, Rap und schliesslich Slam Poetry. Zu ihnen gesellt sich ab Mitte der neunziger Jahre die digitale Literatur, deren Erscheinen eng mit der Entwicklung des Internets zusammenhängt. Auf all diese neuen Formen kann eine Gesamtdarstellung selbstverständlich nur kurz eingehen; gleichwohl werden sie hier, unter dem Aspekt der Moderne, mit verschiedenen Textbeispielen vorgestellt. Daneben berücksichtigt der Band auch die jüngsten Entwicklungen innerhalb der Spät- und der Postmoderne.

Noch eine Neuerung sei hier erwähnt: Zu den Arbeitsvorschlägen am Ende der einzelnen Kapitel gibt es jetzt, wie von den Lesern wiederholt gewünscht, Lösungshinweise, die im Internet zugänglich sind.

Vier Personen gilt es noch besonders zu danken: dem St. Galler Autor Matthias Kuhn für seine kritische Durchsicht des Kapitels „Digitale Literatur: Das Verschwinden des Autors im Netz", dem Zürcher Germanisten, Wirtschaftsinformatiker und Autor Oliver Bendel für seine wertvollen Anregungen zum Handy-Roman, meinem Sohn Fabio Andreotti für die Umsetzung der graphischen Darstellungen und meinem Verleger Matthias Haupt, ohne dessen spontane Bereitschaft die vorliegende Viertauflage der „Struktur" nicht realisierbar gewesen wäre.

St. Gallen, im Sommer 2009 M.A.

Hinweise zur Benützung des Bandes:

Aus Gründen der besseren Lesbarkeit wird bei Personenbezeichnungen stets nur die männliche Form (also z. B. „Autor", „Leser") verwendet.

Sämtliche Primärtexte (literarische Texte *und* Sachtexte) sind in **halbfetter Schrift** gesetzt. Allfällige Hervorhebungen und Erklärungen […] in diesen Texten, aber auch in Zitaten stammen vom Verfasser des Buches.

Für die zahlreichen literarischen Texte, die in leicht zugänglichen Buchausgaben greifbar sind, erfolgt aus Raumgründen kein bibliographischer Nachweis.

Auf eine eigenständige Bibliographie, so wünschenswert sie an sich wäre, musste, ebenfalls aus Raumgründen, verzichtet werden.

Lösungshinweise zu den Arbeitsvorschlägen finden Sie im Internet unter www.utb-mehr-wissen.de

Inhaltsverzeichnis

Vorwort 5
Vorwort zur vierten Auflage 10
Hinweise zur Benützung des Bandes: 11

1. **„Moderne Literatur": eine Bestimmung nach neuen, ganzheitlichen Kriterien** **17**
   1.1 Moderne Literatur aus herkömmlicher Sicht 17
   1.2 Moderne Literatur aus strukturaler Sicht:
        neue Wege in der Textinterpretation 20
   1.3 Zwei Konstanten des literarischen Textes: die Gestaltung
        der Figuren und der fiktionalen Wirklichkeit 26
   1.3.1 Die Gestaltung der literarischen Figur 26
   1.3.2 Die Gestaltung der fiktionalen Wirklichkeit 30
   1.4 Die Struktur traditioneller und moderner Texte:
        zwei Beispiele aus der Erzählprosa 34
   1.5 Gestisches Schreiben als Weg zu einem
        modernen Schreiben 44
   1.6 Traditionelle vs moderne Literatur: eine
        zusammenfassende Gegenüberstellung 46
   1.7 Subjekt- und Sprachkritik als epochale Vorgänge:
        der Beginn der literarischen Moderne 49
   1.7.1 Moderne Subjektkritik als Auflösung des
        traditionellen Subjektbegriffs 50
   1.7.2 Moderne Sprachkrise und Sprachkritik 54
   Arbeitsvorschläge zu Kapitel 1 59

2. **Vorläufer einer modernen Dichtung** **63**
   Arbeitsvorschläge zu Kapitel 2 66

3. **Im Spannungsfeld von Tradition und Moderne: die Entwicklung der deutschen Literatur seit dem Naturalismus** ... **69**
   Arbeitsvorschläge zu Kapitel 3 95

4. **Die geistigen Kräfte unserer Epoche: ihre Auswirkungen auf die moderne Literatur** **99**
   4.1 Naturwissenschaften, Technik und Wirtschaft 100
   4.1.1 Naturwissenschaften 101
   4.1.1.1 Physik 101

4.1.1.2	Mathematik	104
4.1.2	Technik und Wirtschaft	105
4.2	Geisteswissenschaften und Kunst	107
4.2.1	Philosophie	108
4.2.2	Christliche Religion und Kirchen	123
4.2.3	Sprach- und Literaturwissenschaft	126
4.2.4	Literatur und Markt: die Situation der Schriftsteller	128
4.2.5	Psychologie	131
4.2.6	Musik	135
4.2.7	Malerei	137

Arbeitsvorschläge zu Kapitel 4 139

5. Die Gattungsformen in der modernen Literatur 144
5.1 Grenzen der traditionellen Gattungsbegriffe 144
5.2 Überblick über die wichtigsten traditionellen
 und modernen Gattungsformen 147
Arbeitsvorschläge zu Kapitel 5 150

6. Epik: Erzählen in der modernen Prosa 153
6.1 Der Strukturwandel in der modernen Erzählprosa –
 ein erster Überblick 153
6.2 Allgemeines zur Erzählprosa:
 Merkmale epischen Erzählens 154
6.2.1 Der erzählende Text als Fiktion 155
6.2.2 Die Gestaltung des Erzählers 157
6.2.3 Vier typische Erzählsituationen 160
6.3 Traditionelles Erzählen:
 der feste, persönliche Erzähler 164
6.4 Modernes Erzählen: der entpersönlichte Erzähler 168
6.4.1 Der neutrale Erzähler 169
6.4.2 Die Auflösung des festen, persönlichen Erzählers 170
6.4.2.1 Der paradoxe Erzähler 170
6.4.2.2 Erlebte Rede und innerer Monolog 171
6.4.2.3 Die Textmontage:
 literarische Collage und Rückblende 175
6.5 Postmodernes Erzählen:
 der ironisch gebrochene Erzähler 182
6.6 Traditionelle Figurengestaltung: die feste Figur 184
6.7 Moderne Figurengestaltung: die gestische Figur 190
6.7.1 Drei Fälle moderner, gestischer Figurengestaltung 193
6.7.1.1 Der Gestus als Grund- und Kollektivhaltung 193

6.7.1.2	Figuren als Rollenträger: der Gestuswechsel	200
6.7.1.3	Die Montage als zentrales Stilprinzip der Moderne	206
6.7.1.3.1	Die Montage der Figur als Gestusmontage	207
6.7.1.3.2	Die Montage von Figur und Erzähler	215
6.7.2	Die Reduktion der modernen Figur: Der Held ohne Eigenschaften und ohne Namen	217
6.8	Traditionelle vs moderne Erzählprosa: ihre Merkmale im Überblick	222

Arbeitsvorschläge zu Kapitel 6 225

7. Die Gattungsformen der modernen Erzählprosa 235

7.1	Die Erzählung in Tradition und Moderne	235
7.2	Struktur und Entwicklung des bürgerlichen Romans	236
7.3	Exkurs: Der bürgerliche Trivialroman als Antipode der Moderne	240
7.4	Struktur und Entwicklung der Novelle	244
7.5	Struktur und Entwicklung des modernen Romans	249
7.6	Struktur und Entwicklung der modernen Kurzgeschichte	253
7.7	Traditionelle und moderne Parabel	261
7.8	Zwei epische Sonderformen: Tagebuch und Essay in der modernen Literatur	268
7.8.1	Tagebuchartige Elemente im modernen Roman	268
7.8.2	Essayistische Elemente im modernen Roman	270

Arbeitsvorschläge zu Kapitel 7 273

8. Lyrik: Das traditionelle Gedicht 276

8.1	Der populäre Lyrikbegriff: ein Missverständnis	276
8.2	Zum Begriff und Wesen der Lyrik	280
8.3	Struktur und Entwicklung der traditionellen Lyrik	282
8.3.1	Vorindividuelle Lyrik: das Gesellschaftsgedicht	286
8.3.2	Individuelle Lyrik: das Erlebnisgedicht	288
8.3.3	Objektive Lyrik: das Dinggedicht	290

Arbeitsvorschläge zu Kapitel 8 291

9. Moderne Lyrik als entpersönlichte Lyrik 297

9.1.	Was ist ein modernes Gedicht?	297
9.2	Lyrische Formen der klassischen Moderne: ästhetisch-autonome und politische Tradition	298
9.3	Lyrische Formen der nachklassischen Moderne	301
9.3.1	Lyrik der Neuen Subjektivität: die Wiederkehr des Ich	301

9.3.2	Postmoderne Lyrik: der Rückgriff auf die Tradition	303
9.3.3	Lyrik der ‚Zweiten Moderne': die Erneuerung des Sprachexperiments	304
9.4	Die Entpersönlichung des lyrischen Ich im modernen Gedicht	306
9.4.1	Die Abkehr vom Ich im modernen Gedicht	307
9.4.2	Der Perspektivenwechsel im modernen Gedicht	310
9.4.2.1	Exkurs: Die Verselbständigung der Teile im modernen Gedicht	312
9.4.2.2	Exkurs: Verdinglichung des Ich und Personifikation der Dinge im modernen Gedicht	314
9.4.3	Die Montage im modernen Gedicht	317
9.5	Traditionelles vs modernes Gedicht: Gegenüberstellung ihrer Hauptmerkmale	326
Arbeitsvorschläge zu Kapitel 9		329

10. Moderne politische Lyrik als spezifisch gestische Lyrik 337

10.1	Deutsche Lyrik: Dualismus von Kunst und Politik	338
10.2	Politische Lyrik: Einheit von Kunst und Tendenz	339
10.3	Formen moderner politischer Lyrik	342
10.3.1	Brechts „Die Nachtlager" als dialektische Lyrik	342
10.3.2	Erich Frieds „Aufhellung dunkler Punkte" als ideologiekritische Lyrik	345
10.3.3	Peter Maiwalds „Feindbild" und Enzensbergers „ins lesebuch für die oberstufe" als Agitations- und Protestlyrik	347
10.3.4	Peter Rühmkorfs „Der Feldherr" als parodistische Lyrik	351
10.3.5	Dieter Höss' „Personalabbau" als reduzierter Text	352
10.4	Subkultur und Avantgarde: Pop, Social Beat, Rap, Slam Poetry	354
10.4.1	Die Pop- und Beat-Lyrik	354
10.4.2	Spoken Word: Hip-Hop, Rap und Slam Poetry	357
10.5	Die moderne Ballade als Antiballade	363
10.5.1	Die Struktur der traditionellen Ballade	364
10.5.2	Die Struktur der modernen Ballade	366
Arbeitsvorschläge zu Kapitel 10		370

11. Experimentelle Literatur und konkrete Poesie 375

11.1	Die literarische Collage: Abkehr vom geschlossenen Kunstwerk	376

11.1.1	Das dadaistische Montagegedicht	376
11.1.2	Von der Montage zur Textcollage	380
11.2	Die konkrete Poesie: Sprache als autonomes Spielmaterial	383
11.2.1	Was ist konkrete Poesie?	383
11.2.2	Figurengedicht und konkrete Poesie	385
11.2.3	Akustische Poesie: Laut- und Sprechgedichte	387
11.2.4	Visuelle Poesie: Ideogramm, Typogramm und Piktogramm	392
11.3	Das Sprachexperiment: Sprache als eigenständige Realität	394
11.4	Digitale Literatur: Das Verschwinden des Autors im Netz	396

Arbeitsvorschläge zu Kapitel 11 402

12. Statt eines Nachworts: einige Kriterien guter literarischer Texte 406

Anmerkungen 411

Glossar zu literarischen, linguistischen und philosophischen Grundbegriffen 418

Namenregister 480

1. „Moderne Literatur": eine Bestimmung nach neuen, ganzheitlichen Kriterien

1.1 Moderne Literatur aus herkömmlicher Sicht

Wer von „moderner Literatur" hört, denkt unweigerlich an Dichtungen, die in unserer Zeit, in der unmittelbaren Gegenwart oder zumindest nach dem Beginn des 20.Jh. entstanden sind. Das Adjektiv **„modern"** leitet sich vom spätlateinischen „modernus" her, das als Gegensatz zu „antiquus" soviel wie ‚neu', ‚neuartig', ‚jetzig', ‚heutig' (zu lat. „modus": Art und Weise bzw. „modo": eben, erst, soeben, jetzt) heisst. Es gelangte anfangs des 18.Jh. über den französischen Ausdruck „moderne" (zu „la mode": Neuheit) oder „à la moderne", der den blossen Zeitbegriff mit der Vorstellung des Modischen verbindet, in der Bedeutung von „neuzeitlich" in die deutsche Sprache. Das Wort ist für uns heute von seinem umgangssprachlichen Gebrauch her gleichbedeutend mit Wörtern wie ‚gegenwärtig', ‚zeitgemäss', ‚neuartig', ‚aktuell', ‚modisch', ‚progressiv' usw. Von hier aus begreifen wir „moderne Literatur" zunächst einmal als die Literatur der Gegenwart, soweit uns diese in irgendeiner Weise als zeitgemäss, neuartig und damit als aktuell erscheint.

Diese gängige Vorstellung von „moderner Literatur" hat ihre Geschichte, die bis in die Romantik, bis zu Friedrich Schlegel, zurückreicht und die wir hier im Einzelnen nicht nachzeichnen können. Nur soviel sei erwähnt: Seit den Autoren des Jungen Deutschland und des Vormärz erschien der Begriff der „Moderne" in der Bedeutung des Aktuellen als Kampfruf gegen die Tradition und als Aufruf zu tagespolitischer Auseinandersetzung. Heinrich Heine wurde in diesem Sinne für das Junge Deutschland zum Prototyp des ‚modernen' Autors.

Gegen Ende des 19.Jh. waren es dann aber vor allem die **Naturalisten**, die das Schlagwort von der „Moderne" für ihre neuesten künstlerischen Bestrebungen, ihre Literaturprogramme und Dichtungen, verwendeten. Dabei verstanden sie jene Literatur als „modern", die sich bewusst in **Gegensatz zur bürgerlichen Dichtung des 18./19.Jh.**, besonders der Klassik, Romantik und des bürgerlichen Realismus, stellte und die überkommenen Gestaltungsmittel von Grund auf ablehnte. Arno Holz, der eigentliche Theoretiker des deutschen Naturalismus, beispielsweise forderte in seinem „Buch der Zeit" (1885) mit dem bezeichnenden Untertitel „Lieder eines Modernen" von einer Literatur, die sich „modern" nennen will, ein Zweifaches: die radikale Verneinung des Gewesenen und damit ein ebenso radikales Bekenntnis zur ‚Wahrheit', d. h. zu einem neuen, naturwissenschaftlichen Denken. Und Hermann Bahr erhob mit der Gründung seiner Monatsschrift „Die Moderne" (1890) Anspruch auf eine gänzliche kulturelle und moralische Erneuerung. Dies alles vor dem Hintergrund eines Dekadenzbewusstseins, der Feststellung eines Kultur- und Wertezerfalls in der zweiten Hälfte des 19.Jh.

Die von den Naturalisten vorgenommene Bestimmung dessen, was „moderne Literatur" ist, gilt in der gängigen Literaturkritik bis in unsere Tage als wegweisend: Unter „moderner Literatur" versteht man heute weitgehend jene Dichtung, die „der veränderten Realität des Daseins und dem gewandelten Lebensgefühl des modernen Menschen" verpflichtet ist und die daher, im Sinne der Innovationsästhetik, nach „neue(n) Möglichkeiten dichterischer Gestaltung"[1] sucht. Von einer solchen Begriffsbestimmung aus meint man den ungefähren Zeitraum festlegen zu können, in dem die Moderne in der deutschen Literatur einsetzt.

Doch da ergeben sich bereits Schwierigkeiten, weil es vor allem *zwei* literarische Epochen sind, die sich der Literaturgeschichte wegen ihrer bewussten Abkehr von bestimmten Traditionen als möglicher Beginn einer literarischen Moderne anbieten: der vorhin erwähnte **Naturalismus** und der **Expressionismus** zwischen 1910 und 1925. Während eine Reihe von Literarhistorikern erst seit dem frühexpressionistischen Reihungsstil von „moderner Literatur" sprechen wollen, glauben andere, das spezifisch „Moderne" in der deutschen Dichtung schon bei den Naturalisten und der von ihnen geforderten „Literaturrevolution" vorzufinden. Wieder andere – freilich eine viel kleinere Gruppe – gelangen zu einer ganz anderen Zäsur: Für sie bedeutet der im Zusammenhang mit Deutschlands bedingungsloser Kapitulation im Mai 1945 empfundene geschichtliche Nullpunkt einen ebenso radikalen literarischen Neuanfang, wie er sich etwa in der Metapher von der „Stunde Null" ausdrückt. Erhärtet wird ihre Ansicht durch die vollkommen veränderte Bewusstseinslage, durch das schon von Karl Jaspers beschriebene Bewusstsein eines umfassenden Werte- und Sinnverlustes in der Nachkriegszeit. Dementsprechend möchten sie unter „moderner Literatur" besonders die **Literatur nach dem Zweiten Weltkrieg**, d. h. die der Gegenwart, sofern sich in ihr zeittypische Elemente (Aufklärung, Fortschrittglauben, Innovation, Emanzipation usw.) spiegeln, verstanden wissen.

Zu diesen verschiedenen Versuchen, den Beginn der literarischen Moderne zu bestimmen, lässt sich nun Folgendes sagen: Zwar nimmt der *Naturalismus* für sich in Anspruch, die erste Epoche zu sein, die einen konsequenten Traditionsbruch vollzogen habe, doch künstlerisch verwirklicht hat er diesen Anspruch nur bedingt. Zu sehr sind die Naturalisten in ihrer Mimesisgläubigkeit, d. h. in ihrer Vorstellung, die Dichtung sei ein getreues Abbild der Wirklichkeit, noch der bis in die Aufklärung zurückreichenden, traditionellen Wirklichkeitserfahrung verhaftet, als dass da eine tiefgreifende Wende stattgefunden hätte. Anders verhält es sich für den *Expressionismus*: Hier zeigt die gegenüber dem 19.Jh. z. T. völlig veränderte Erfahrung des menschlichen Ich und der Wirklichkeit in der Tat eine Wende an; doch setzt diese Wende im Grunde schon früher, nämlich kurz nach 1900, ein; andersseits gibt es eine ganze Reihe expressionistischer Texte, vor allem Dramen, die von ihr kaum betroffen sind, die, im Gegenteil, etwa in der Idee des neuen Menschen, die literarische Tradition bewusst zu erneuern versuchen. Wieder anders liegen die Dinge *nach dem Zweiten Weltkrieg*: Abgesehen davon, dass sich in der unmittelbaren Nachkriegszeit, vor allem bei den Autoren der ‚inneren Emigration', eine auffallende literarische Kontinuität feststellen lässt, dass der Anschluss an die Moderne zudem erst nach 1950 mit Autoren wie Paul Celan, Ingeborg Bachmann und Ilse Aichinger, um nur ganz wenige Namen zu nennen, erfolgt, ist das Jahr 1945 nur indirekt zu einer literarischen Zäsur geworden: nur insofern nämlich, als mit der deutschen Katastrophe der Damm brach, der Deutschland über Jahre hinweg von der Entwicklung der modernen Literatur ausgesperrt hatte.

Die unterschiedlichen Auffassungen vom Beginn der literarischen Moderne machen ein grundsätzliches Problem der gängigen Hermeneutik sichtbar: das Problem nämlich, von traditionellen literarischen Kategorien her, die alle auf dem ‚alten' Inhalt/Form-Gegensatz beruhen, neuartige künstlerische Gestaltungsweisen beschreiben zu wollen. Ein solches Verfahren muss aus innerer Konsequenz scheitern, da sich der epochale Wandel in der Literatur nicht auf bestimmte Inhalte und Formen beschränkt, sondern die *ganzheitliche* Organisation der Texte erfasst, wie im nächsten Kapitel zu zeigen sein wird. Deshalb erstaunt es auch nicht, dass die herkömmlichen Literaturgeschichten den Beginn der literarischen Moderne, falls sie überhaupt darauf eingehen, recht unterschiedlich ansetzen, dass sie zudem das wirklich Moderne in der Literatur unserer Zeit z. T. nur sehr vage oder gar nicht definieren. So fällt denn in nicht wenigen dieser Literaturgeschichten die „moderne Literatur" mit der „Gegenwartsliteratur" faktisch zusammen, werden Autoren (z. B. Heinrich und Thomas Mann, Hermann Hesse, Siegfried Lenz), die bei genauerem Hinschauen in ungebrochener Erzähltradition stehen, unbesehen als „modern" bezeichnet.

Seit dem Anfang der achtziger Jahre spricht man auch im deutschen Sprachraum von einer literarischen **Postmoderne**. Doch dieser inzwischen inflationär gebrauchte Begriff, der das Ende der klassischen Moderne und ihrer ästhetischen Innovationen bezeichnen soll, harrt bis heute einer auch nur annähernd einheitlichen Definition. Das darf nicht verwundern: Wo sich mit dem Begriff der „Moderne", wie in der gängigen Literaturkritik, alles Mögliche verbindet, da muss auch jener der „Postmoderne", in seinem kritischen Bezug zur „Moderne", vage bleiben.

1.2 Moderne Literatur aus strukturaler Sicht: neue Wege in der Textinterpretation

Die begrifflichen Kategorien der traditionellen Hermeneutik gründen, wie im vorigen Kapitel bereits gesagt, auf dem überkommenen **Inhalt/Form-Gegensatz**. Der literarische Text wird dabei seit Herder, Goethe und Schiller als harmonische Verbindung zweier angeblich voneinander ablösbarer Elemente aufgefasst, auch wenn man sich in der Kunst seit der Klassik immer wieder darum bemüht, die dialektische Einheit dieser beiden Elemente zu betonen. Bezeichnend für die Denkweise der Hermeneutik ist, dass die sprachliche Ebene nur als ‚Form', die narrative nur als ‚Inhalt' gesehen wird.

Diese in der hermeneutischen Praxis immer noch vorherrschende Zweiteilung des Textes in ‚Inhalt und ‚Form' und die mit ihr zusammenhängende Vorstellung von einem ‚Innen' und ‚Aussen' des Kunstwerks, wobei das ‚Innen', eben der ‚Inhalt', stets *vor* dem ‚Aussen', der ‚Form', da sei, führte zu einer Überbetonung des Inhaltlichen gegenüber dem Formalen und dadurch zur Vernachlässigung einer *ganzheitlichen* Betrachtungsweise des literarischen Textes, nach der ‚Inhalt' und ‚Form' *untrennbar* miteinander verbunden sind. Aus diesem Mangel an Ganzheitlichkeit erwächst letztlich das oft genug beklagte Ungenügen der gängigen Interpretationsverfahren, vor allem wenn es darum geht, literarisch Neuartiges zu analysieren. Sehen wir uns beispielsweise die verschiedensten inhaltlichen und formalen Kriterien an, die von der traditionellen Hermeneutik für ‚moderne' Texte in der Regel vorgebracht werden (Zerfall der bürgerlichen Lebensordnung, Fehlen einer gesicherten Weltanschauung, Perspektivismus, Montage usw.), so erkennen wir, wie man damit immer nur mögliche Teilaspekte des literarischen Textes beschreibt, den Text als gestaltete Ganzheit aber kaum erfasst. Die traditionelle Hermeneutik vermag, bedingt durch ihren Gegensatz von Inhalt und Form, nicht ausreichend zu zeigen, dass die Gestaltungselemente literarischer Texte (z. B. die Gestaltung des Erzählers im Roman oder des lyrischen Ich im Gedicht) nicht nur etwas Formales sind, sondern dass sich in ihnen auch Inhalte, beispielsweise bestimmte Auffassungen von der Stellung des menschlichen Subjekts in der Welt, konkretisiert haben. Gerade dieses letztere Moment aber scheint uns für das Verständnis moderner Texte zentral zu sein.

Hier soll nun eine andere, neue Sicht auf den literarischen Text vorgeschlagen werden. Diese Sicht lehnt sich an Vorstellungen an, wie sie unter anderem von den Strukturalisten oder dem Strukturalismus nahe stehenden Forschern (C. Lévi-Strauss, A.J. Greimas, R.

Barthes, M. Foucault, J. Link u. a.) entwickelt worden sind. Danach dürfen „Inhalt" und „Form" nicht als zwei voneinander ablösbare Elemente betrachtet werden, die den literarischen Text gleichsam in zwei Hälften zerteilen: in einen ‚inneren' Inhalt und in eine ‚äussere' Form. Oder anders gesagt: Es gilt den herkömmlichen Inhalt/Form-Dualismus zu überwinden. An seine Stelle soll eine *ganzheitliche* Betrachtungsweise treten, die den literarischen Text als logische Organisation von Elementen begreift, in denen sich Inhaltliches und Formales untrennbar verbunden haben, die also die ‚alten' Begriffe „Inhalt" und „Form" in sich einschliessen und damit im Grunde bedeutungslos werden lassen.

Die Art und Weise, wie diese Elemente in einem literarischen Text organisiert sind, wollen wir „Struktur" nennen. Der Begriff **„Struktur"** meint demnach ein System textinterner Beziehungen zwischen bestimmten Elementen. Durch diese Beziehungen werden ‚Objekte' konstituiert, die wir analog dazu als **„Strukturelemente"** bezeichnen. Ein solches Strukturelement bildet in einem Erzähltext beispielsweise die Figurengestaltung, und zwar insofern, als sie sich aus der dialektischen Beziehung zwischen dem Charakter (der Figur) und der Handlung definiert. Auf sie werden wir, da ihr bei der Unterscheidung traditioneller und moderner Texte eine zentrale Bedeutung zukommt, im nächsten Kapitel näher eingehen. Vorderhand wichtig zu wissen ist, dass Strukturelemente nicht einfach formale Grössen sind, sondern dass sich in ihnen Formales *und* Inhaltliches zu etwas *Ganzheitlichem* verbinden. So enthält etwa die Figurengestaltung in einem Roman stets ein formales *und* ein inhaltliches Element, insofern nämlich, als sich in ihr, wie noch zu zeigen sein wird, immer auch ein bestimmtes Menschenbild, also ein bestimmter Inhalt, spiegelt.

Allgemein ausgedrückt, heisst das nun: Der literarische Strukturbegriff, wie wir ihn aus strukturaler Sicht definieren, ist, indem er auch Inhaltliches umfasst, nicht nur ein formaler, sondern ein ganzheitlicher Begriff. Er erweist sich damit als ein Instrumentarium, das uns hilft, gerade moderne Montagetexte besser zu erfassen, als dies mit begrifflichen Kategorien, die auf dem herkömmlichen Dualismus von Inhalt und Form beruhen, möglich ist.

Innerhalb der traditionellen Hermeneutik spricht man seit den russischen Formalisten (V. Šklovskij, R. Jakobson u. a.) und den ihnen nahestehenden Vertretern der werkimmanenten Interpretation (E. Staiger, W. Kayser u. a.) von Form- und Stilanalysen. An ihre Stelle soll hier, von unserem ganzheitlichen Ansatz aus, die *Strukturanalyse* oder, genauer gesagt, die **strukturale Textanalyse** treten. Darunter verstehen wir ein Interpretationsverfahren, das nicht mehr von einzelnen Aussagen der Figuren, von festen Inhalten, ausgeht, sondern den Blick auf das Gegen- und Miteinander der Figuren, auf das Problem ihrer Gestaltung und auf die Thematik ihrer Struktur lenkt. Im Zentrum steht für uns dabei das Problem des *Strukturwandels*, d. h. die Frage, wie es modernen Autoren gelingt, in ihren Texten eine veränderte Thematik auch strukturell zu gestalten (vgl. S. 49).

Dazu gilt es nun jene grundlegende Unterscheidung zu machen, welche die moderne Linguistik seit den Vertretern des Strukturalismus und der Generativen Grammatik macht: die Unterscheidung von Oberflächen- und Tiefenstruktur(en). Sie gründet in der Auffassung, dass jeder Satz aus zwei verschiedenen Ebenen besteht: aus einer konkreten Äusserungsform, eben der Oberflächenstruktur, und aus den *elementaren* semantischen und syntaktischen Beziehungen der Wörter untereinander, der Tiefenstruktur. Ähnlich verhält es sich in literarischen Texten. Auch da lassen sich eine Oberflächen- und eine Tiefenstruktur voneinander unterscheiden. Was mit diesen beiden literarischen Ebenen konkret gemeint ist, wollen wir an einem Textbeispiel illustrieren. Wir wählen dazu den Beginn von **Joseph von Eichendorffs** Novelle „**Aus dem Leben eines Taugenichts**" (1826):

Das Rad an meines Vaters Mühle brauste und rauschte schon wieder recht lustig[…]; ich sass auf der Türschwelle und wischte mir den Schlaf aus den Augen;[…]. Da trat der Vater aus dem Hause;[…], der sagte zu mir: „Du Taugenichts! da sonnst du dich schon wieder und dehnst und reckst dir die Knochen müde und lässt mich alle Arbeit allein tun. Ich kann dich hier nicht länger füttern. Der Frühling ist vor der Tür, geh' auch einmal hinaus in die Welt und erwirb dir selber dein Brot. – „Nun", sagte ich, „wenn ich ein Taugenichts bin, so ist's gut, so will ich in die Welt gehen und mein Glück machen."[…]. Ich ging also in das

Haus hinein und holte meine Geige, die ich recht artig spielte, von der Wand, mein Vater gab mir noch einige Groschen mit auf den Weg, und so schlenderte ich durch das lange Dorf hinaus. Ich hatte recht meine heimliche Freude, als ich da alle meine alten Bekannten und Kameraden rechts und links, wie gestern und vorgestern und immerdar, zur Arbeit hinausziehen, graben und pflügen sah, während ich so in die freie Welt hinausstrich.

In Eichendorffs Text werden wir mit verschiedenen Figuren und Handlungen konfrontiert: Da ist der Ich-Erzähler, der „Taugenichts", der, vom Vater fortgeschickt, in die Welt hinauszieht, um sein Glück zu machen. Und da sind seine „alten Bekannten und Kameraden", die als Daheimgebliebene ein arbeitsames, aber beschränktes Leben führen. Dies alles entnehmen wir mehr oder weniger unmittelbar dem Text. Wir haben es hier demnach mit der konkreten Äusserungsform, der *Manifestationsebene* des Textes oder seiner **Oberflächenstruktur,** zu tun.

Nun erfüllen die einzelnen Figuren durch ihre Handlungen bestimmte Funktionen. So erfüllt etwa der Ich-Erzähler, indem er in der Welt sein Glück machen, d. h. ein *Wunschobjekt* erwerben will, die Funktion des *Helden*. Er wird vom Vater beauftragt, in die Welt hinaus zu ziehen und sich sein eigenes Brot zu verdienen. Der Vater erweist sich damit als *Auftraggeber* – eine Funktion, die auch dem Frühling, der „vor der Tür" steht, und nicht zuletzt dem Freiheitsdrang des Helden selber zukommt. Bleiben da noch die „alten Bekannten und Kameraden", die in Bezug auf ihr bürgerlich-sesshaftes Leben in einem deutlichen Gegensatz zum aufbrechenden Helden stehen, so dass sie als dessen *Gegner* erscheinen. Wir haben es so mit vier zentralen Handlungsfunktionen zu tun: mit dem elementaren Gegensatz Held vs Gegner, dem Auftraggeber und dem Wunschobjekt. Als semantische Grundpositionen konstituieren sie zusammen die *Elementarebene* oder die **Tiefenstruktur** des Textes.

Freilich wären da noch weitere Elemente zu nennen, die zur Tiefenstruktur gehören. So etwa die *Mangellage,* in der sich der Held zu Beginn durch seinen noch unerfüllten Wunsch nach Freiheit und Glück befindet. Sie löst ein *narratives Programm,* d. h. einen Handlungsablauf, aus, dessen Ziel die *Überwindung dieser Mangellage,* das Auffinden des Glücks in der Person der Geliebten, ist.

All diese Elemente (Handlungsfunktionen, Mangellage, narratives Programm, Überwindung der Mangellage) bilden die Grund- oder Tiefenstruktur nicht nur des vorliegenden Eichendorff-Textes, sondern unzähliger narrativer Texte von den Homerischen Epen bis zum zeitgenössischen Roman.

Die Tiefenstrukturen verfügen im Gegensatz zu jenen der Textoberfläche, wie eben klar wurde, über eine historisch ausserordentliche Stabilität. Veränderungen in ihrem Bereich erhalten damit ein besonderes Gewicht; sie führen jeweils zu einem grundsätzlich neuen Texttyp. Wir wollen die **moderne Literatur** einen solch neuen Texttyp nennen, und zwar insofern, als sie sich von den traditionellen Dichtungen durch eine neuartige Gestaltung der Strukturelemente (z. B. des Erzählers oder des Helden), d. h. durch eine **veränderte Tiefenstruktur**, abhebt.

Es gibt seit dem 19.Jh. unzählige Texte, die sich in ihren Oberflächenstrukturen, beispielsweise in ihrer sprachlichen Form, gegenüber älteren Texten deutlich gewandelt haben, deren Tiefenstruktur sich von ihnen aber kaum oder gar nicht unterscheidet. Wir sprechen dann weiterhin von traditionellen Texten. „Traditionell" und „modern" sind für uns demnach keine primär zeitlichen Kategorien. Der Begriff „moderne Literatur" meint etwas entscheidend anderes als beispielsweise der rein zeitliche Begriff „Literatur der Gegenwart". Desgleichen bedeuten die beiden Kategorien „ältere Literatur" und „traditionelle Literatur" nicht grundsätzlich dasselbe: „älter" meint wie „Gegenwart" oder „zeitgenössisch" ein ausschliesslich zeitliches Kriterium (z. B. Texte des 18./19.Jh.), während „traditionell" auf eine bestimmte Beschaffenheit der Tiefenstruktur von Texten hinweist, die wir sowohl im 18. und 19. als auch im 20./21.Jh. vorfinden. Innerhalb der literarischen Tradition lässt sich dann etwa eine **bürgerliche Dichtung** ausscheiden, d. h. eine Dichtung, die, wie wir noch sehen werden, in den geistigen Grundlagen des Bürgertums, vor allem im Persönlichkeitsideal und im Streben nach Harmonisierung der Lebenswirklichkeit, wurzelt.

Wenn wir also beispielsweise Thomas Mann, trotz seiner Verwendung neuerer Erzähltechniken wie etwa der Zitat-Montage, als einen im Grunde immer noch der Tradition verpflichteten Autor betrachten, so deshalb, weil er im 20.Jh. an Erzähl*strukturen*, z. B. an der dominierenden Stellung eines persönlichen Erzählers, festhält, wie sie für den bürgerlichen Roman des 18./19.Jh. typisch waren. Darin unterscheidet er sich von den wirklich modernen Autoren, die in ihren Werken neue Inhalte auch in neuen Strukturen, etwa die Aufhebung der Vormachtstellung des Individuums in der Preisgabe der individuellen Optik eines persönlichen Erzählers, spiegeln.

1.3 Zwei Konstanten des literarischen Textes: die Gestaltung der Figuren und der fiktionalen Wirklichkeit

Im vorigen Kapitel definierten wir den Begriff „Struktur" als ein System textinterner Beziehungen. ‚Objekte', die durch solche Beziehungen konstituiert werden, nannten wir „Strukturelemente". Das wichtigste dieser Strukturelemente stellt die Gestaltung der literarischen Figur dar, die sich aus der strukturellen Beziehung zwischen Charakter und Handlung ergibt. Wir sprechen dann vereinfacht, wie bereits angedeutet, von der **Figurengestaltung**. Mit ihr eng verknüpft ist die Art und Weise, wie in einem Text Wirklichkeit gestaltet wird: Erscheint die Wirklichkeit, etwa in einem Roman, als kohärentes Geschehen oder als ein unzusammenhängendes Nebeneinander von Ereignissen? In beiden Fällen haben wir es jeweils mit einer bestimmten, wenn auch je andern Art von **Wirklichkeitsgestaltung** zu tun.

So bilden denn Figuren- und Wirklichkeitsgestaltung auf der Ebene der Struktur die beiden konstanten Grössen eines jeden literarischen Textes. Es handelt sich um Grössen, die für den literarischen Wandel offenbar zentral sind. Auf sie gehen wir deshalb näher ein.

1.3.1 Die Gestaltung der literarischen Figur

Wir haben zwischen der Oberflächen- und der Tiefenstruktur literarischer Texte unterschieden (vgl. S. 23 ff.). Nun lassen sich da noch zwei andere Strukturebenen auseinanderhalten: die beiden Ebenen der Makro- und der Mikrostruktur. Die Begriffe „Makrostruktur" (gr. „makros": gross) und „Mikrostruktur" (gr. „mikros": klein) stehen in der Linguistik für den Unterschied zwischen satzübergreifenden und satz- bzw. wortinternen Strukturen. Hier sollen sie noch in einer etwas anderen Bedeutung, die mit der eben genannten Bedeutung freilich zusammenhängt, verwendet werden. Unter der **„Makrostruktur"** wollen wir, vereinfacht gesagt, die *Handlungs*- und unter der **„Mikrostruktur"** die *Bild*ebene eines literarischen Textes verstehen. Die „Handlungsebene" meint dabei den unmittelbaren *Ereignisverlauf* und die in ihn eingefügten *Figuren*. Demgegenüber meint die „Bildebene" jenen eigenen Bereich der *Raumelemente* (Himmel, Sonne, Wolken, Morgenröte, Wasser usw.) im Text, der aber über verschiedene semantische Beziehungen mit der Handlungsebene verwoben sein kann. Wenn beispielsweise in der Brückenszene von **Gottfried Kellers** Novelle **Romeo und Julia auf dem Dorfe"** (1856) während des Kampfes der beiden verfeindeten Bauern Manz und Marti mitten im strömenden Regen plötzlich die Sonne durchbricht,:

[…] **und in diesem Augenblick erhellte ein Wolkenriss, der den grellen Abendschein durchliess, das nahe Gesicht des Mädchens,** […]

so kündigt dieser Übergang von /dunkel/ zu /hell/ im kosmischen Bereich, also auf der Bildebene, auch eine Veränderung auf der Handlungsebene, der Ebene der Makrostruktur, an: die beiden Kinder Sali und Vrenchen lösen sich, indem sie sich auf der Brücke die Hände geben, aus dem narrativen Programm ihrer verfeindeten Väter und treten – es handelt sich um die Peripetie der Novelle – aus dem Bereich der Dunkelheit, des Streites, in den der Helligkeit, der Versöhnung und Liebe, werden so aus negativen Helfern zu Helden. Ihr neues narratives Programm, das in der Entfaltung ihrer Liebe besteht, erhält durch den kosmischen Vorgang (Durchbruch der Sonne) gleichsam den Segen der Gestirne. Solch *kosmische Sanktionen* menschlichen Tuns im Bereich der Raumelemente, hier etwa des Raumelementes „Sonne", sind für unzählige traditionelle Texte, vor allem seit der Romantik, bezeichnend.

Betrachten wir jetzt den Bereich der Makrostrukturen, d. h. der Figuren und Handlungen, noch etwas näher. Es ist eine uralte, bis zu Aristoteles' „Poetik" im 4.Jh. v. Chr. zurückreichende Streitfrage, ob in literarischen Texten die Figur oder die Handlung die entscheidende narrative Grösse sei. Im Verlaufe der deutschen Literaturgeschichte wurde diese Frage unterschiedlich beantwortet. Während in den älteren Literaturepochen bis zum Ende des Barock das Schwergewicht der Aussage eindeutig auf der Handlung lag, setzte sich im 18./19.Jh. die Auffassung durch, die Handlung diene bloss als Demonstrationsfeld für den *Charakter* der Figuren, vor allem für den des Helden. Diese Auffassung, die zur Basis der ganzen *bürgerlichen Dichtung* wird, formuliert **Gotthold Ephraim Lessing** im 33.Stück seiner **„Hamburgischen Dramaturgie"** (1767/69) folgendermassen:

Ich habe mich...schon dahin geäussert, dass die Charaktere dem Dichter weit heiliger sein müssen, als die Fakta [d. h. die Handlungen]. Einmal, weil, wenn jene genau beobachtet werden, diese, insofern eine Folge von jenen sind, von selbst nicht viel anders ausfallen können [...] Zweitens, weil, das Lehrreiche nicht in den blossen Faktis, sondern in der Erkenntnis bestehet, dass diese Charaktere unter diesen Umständen solche Fakta hervorzubringen pflegen, und hervorbringen müssen [...] Die Fakta betrachten wir als etwas Zufälliges, als etwas, das mehrern Personen gemein sein kann; die Charaktere hingegen als etwas Wesentliches und Eigentümliches. Mit jenen lassen wir den Dichter umspringen, wie er will, solange er sie nur nicht mit den Charakteren in Widerspruch setzet.

Die Unterordnung der Handlung unter den Charakter der Figur, wie sie Lessing hier fordert, führt zu einem Figurentyp, der durch psychologische Kohärenz bestimmt ist. Auf ihn gehen wir im nächsten Kapitel ausführlicher ein (vgl. S. 34 ff.). Dort werden wir diesem Figurentyp im Hinblick auf die *moderne Dichtung* einen Gegentypus gegenüberstellen, bei dem die Handlung, indem sie sich vom Charakterlichen löst, wieder stärker ins Sinnzentrum tritt. So haben wir es in der neuzeitlichen Literatur grundsätzlich mit zwei verschiedenen Figurentypen zu tun, für deren Beschreibung wir auf zwei Kernbegriffe aus Bertolt Brechts theoretischem Werk zurückgreifen können (vgl. S. 37 ff.).

Der Wandel der literarischen Figurengestaltung, wie er eben angedeutet wurde, hängt zweifellos mit grundlegenden Veränderungen in der Auffassung des menschlichen Ich zusammen. Machen wir uns klar, dass das Ich in den verschiedenen literaturgeschichtlichen Epochen für ganz Unterschiedliches stehen kann. Wenn beispielsweise ein Barockdichter „ich" sagt, so ist das nicht dasselbe, wie wenn das rund zweihundert Jahre später die Romantiker oder die Realisten tun. Denn diese meinen das einmalige, unwiederholbare Subjekt, das eine Sonderstellung unter den ‚Dingen' der Welt einnimmt. Der Barockdichter aber sieht im Ich noch nicht dieses selbständige, individuelle Subjekt, sondern vielmehr eine Grösse, die bloss allgemeine Bestimmungen des Menschen repräsentiert und darin vollständig aufgeht. Wir sprechen dann von einem repräsentativen oder einem **exemplarischen Ich**, wie es im Grunde für alle ältere Literatur, für die Literatur des Mittelalters so gut wie für die des Barock, bezeichnend ist. Wenn etwa **Hans Jakob Grimmelshausen** in Sätzen wie den folgenden aus dem sechsten Buch seines Schelmenromans **„Abenteuerlicher Simplicius Simplicissimus"** (1669):

[…] fand ich [Simplex] einen oder mehr Steine, so zum Werfen bequem waren, so stellete ich mir vor Augen, wie die Juden Christum steinigen wollten; war ich in meinem Garten, so gedachte ich an das ängstige Gebet im Ölberg oder an das Grab Christi, und wie er nach der Auferstehung Maria Magdalena im Garten erschienen. Mit solchen und dergleichen Gedanken hantierte ich täglich; ich ass nie, dass ich nicht an das letzte Abendmahl Christi gedachte, und kochte mir niemal keine Speise, dass mich das gegenwärtige Feur nicht an die ewige Pein der Höllen erinnert hätte.

die für den Barock typische analogische Struktur alles Seienden deutlich macht, so ist das ein Hinweis auf die Heilsordnung der Welt, die der Mensch – in unserem Fall der Held Simplex – in einer Reihe exemplarischer Situationen beispielhaft zu repräsentieren hat. Diese bloss repräsentierende Funktion des Ich, die sich hier schon im sprechenden Namen Simplex (der „Einfältige") ausdrückt, erklärt übrigens, warum die Barocklyrik noch keine persönlichen Erlebnisse, der Barockroman noch keine subjektiven Schicksale darstellt (vgl. S. 287 f.).

Bei unseren bisherigen Ausführungen zur Figurengestaltung hatten wir vor allem die erzählte Figur in der Epik und die dargestellte Figur im Drama vor Augen. Nun finden sich in literarischen Texten neben diesen beiden Figurentypen weitere Gestaltungselemente, die den Charakter von Figuren haben. Unter ihnen dürften für die Epik die Figur des Erzählers, für die Lyrik die des lyrischen Ich von besonderer Bedeutung sein. Insofern Erzähler und lyrisches Ich als vom Autor gesetzte, fiktive Figuren erscheinen, lässt sich auch hier im weiteren Sinne von einer Figurengestaltung sprechen. So können wir denn unter dem Begriff der *Figurengestaltung* im Hinblick auf die drei literarischen Gattungen folgende Möglichkeiten unterscheiden:

Epik	Lyrik	Dramatik
Gestaltung des *fiktiven Erzählers* als vermittelnder Instanz zwischen Autor und Leser	Gestaltung des *lyrischen Ich* als des Sprechers im Gedicht	oftmals Gestaltung einer *Erzählerfigur* (z. B. Spielleiter im epischen Theater)
Gestaltung der *erzählten Figur(en)*	oftmals Gestaltung eines *Erzählers* (Ballade, Erzählgedicht u. a.)	Gestaltung der *dargestellten Figur(en)*, d. h. der Bühnenfigur(en)

© by Haupt Berne

1.3.2 Die Gestaltung der fiktionalen Wirklichkeit

Jede Dichtung, wann immer sie auch entstanden ist und wie immer sie auch erscheint, hat es mit ‚Wirklichkeit' zu tun. Eine Wirklichkeit an sich gibt es überhaupt nicht; es gibt nur die *Wahrnehmung* von ‚Wirklichkeit', die dem Prinzip der Subjektivität gehorcht, die also je nach Betrachter ganz verschieden sein kann. So unterscheiden sich denn die einzelnen literarischen Epochen voneinander nicht darin, dass die eine beispielsweise ‚wirklichkeitsnäher' wäre als die andere, sondern darin, dass sie die ‚Wirklichkeit' verschieden (der Realismus beispielsweise anders als die Romantik) wahrnehmen, d. h. unterschiedliche Wirklichkeitserfahrungen und Wirklichkeitsdeutungen beinhalten.

Nun handelt es sich bei den älteren Literaturepochen bis zum Naturalismus durchwegs um Wirklichkeitsdeutungen, die in einer gemeinsamen Vorstellung gründen: in der Vorstellung, alles Seiende stehe letztlich in einem Sinnzusammenhang, die ‚Wirklichkeit' sei etwas Ganzheitliches, Kohärentes, es gebe eine übergreifende Einheit in der Vielheit des Geschehens. Wir wollen diese traditionelle Deutung von ‚Wirklichkeit' als **„Wirklichkeitskohärenz"** bezeichnen. Sie wird in der Dichtung selber im uralten Glauben manifest, die Ordnung der Sprache entspreche der Ordnung des Seins, Wort und ‚Wirklichkeit', Bild und Sinn seien letztlich eine Einheit. Wenn beispielsweise **Eduard Mörike** in seinem Gedicht **„Septembermorgen"** (1827) das Fallen des Nebels im Bild des fallenden Schleiers darstellt,:

> Bald siehst du, wenn der Schleier fällt,
> Den blauen Himmel unverstellt…

so weist das, indem die Metapher „Schleier" etwas vom Wesen des Nebels ausdrückt, auf diese geglaubte Einheit von Bild und Sinn hin, wie sie für die traditionelle Dichtung insgesamt gilt.

Dem Glauben an eine ganzheitlich erfahrbare, in sich kohärente ‚Wirklichkeit', von dem vorhin die Rede war, entspricht ein bestimmtes Kunstprinzip, das auf die „Poetik" des Aristoteles zurückgeht: es ist das Prinzip der **Mimesis**, d. h. der nachahmenden Darstellung der Wirklichkeit durch die Kunst. Hinter diesem mimetischen Prinzip verbirgt sich die Auffassung, die ‚Wirklichkeit' lasse sich sprachlich abbilden, gleichsam einfangen – eine Auffassung, die in der Folge als imitatio naturae, als Nachahmung der ‚Natur', vor allem für das überkommene Dichtungsverständnis seit dem 18.Jh. kennzeichnend wird. **Traditionelle Dichtung,** wie sie historisch den Zeitraum von der Aufklärung bis zum Naturalismus umfasst, versteht sich danach, vielleicht mit Ausnahme einiger Werke der Romantik, als eine Kunst, die im weitesten Sinne **Wirklichkeitsabbildung**, eben Mimesis ist. Im konkreten Werk, etwa im Roman oder im Drama, spiegelt sich diese Mimesis in der kausallogischen Abfolge der Handlung, im zeitlichen Nacheinander, d. h. in der Darstellung einer geschlossenen Fiktionswelt.

Zu Beginn des 20.Jh. ändert sich die Situation z. T. grundlegend. Während sich eine ganze Reihe von Autoren weiterhin dem mimetischen Kunstprinzip verpflichtet fühlen, gehen andere, die wir in der Folge als „modern" bezeichnen, neue Wege. Sie geben die uralte, seit Renaissance und Aufklärung wiederentdeckte Vorstellung von der Dichtung als Mimesis preis, indem sie der Kunst grundsätzlich die Möglichkeit absprechen, ‚Wirklichkeit' nachahmend darzustellen. Die geistige Basis dazu bildet eine völlig veränderte Wirklichkeitserfahrung, nämlich die Erfahrung einer auseinanderfallenden, sich in isolierte Sphären auflösenden ‚Wirklichkeit', die dem Einzelnen das Bruchstück- und Ausschnitthafte seiner Weltschau bewusst macht. Wir können diese Erfahrung der Auflösung einer einheitlichen Perspektive auf die Welt behelfsmässig mit Begriffen wie **„Wirklichkeitsauflösung"** oder **„Dissoziation"** (lat. Trennung, Zerfall) umschreiben.[2]

Eines der frühesten literarischen Zeugnisse für die moderne Erfahrung einer sich auflösenden ‚Wirklichkeit' ist **Rainer Maria Rilkes** Tagebuchroman **„Die Aufzeichnungen des Malte Laurids Brigge"** (1910). Es sind die Aufzeichnungen eines jungen dänischen Adeligen in der Grossstadt Paris. Dem übersensiblen Menschen werden auch die unscheinbarsten Eindrücke, wie der nächtliche Lärm in einer Grossstadt, zu geradezu erschütternden Erlebnissen:

Dass ich es nicht lassen kann, bei offenem Fenster zu schlafen. Elektrische Bahnen rasen läutend durch meine Stube. Automobile gehen über mich hin. Eine Tür fällt zu. Irgendwo klirrt eine Scheibe herunter, ich höre ihre grossen Scherben lachen, die kleinen Splitter kichern. Dann plötzlich dumpfer, eingeschlossener Lärm von der anderen Seite, innen im Hause. Jemand steigt die Treppe. Kommt, kommt unaufhörlich. Ist da, ist lange da, geht vorbei. Und wieder die Strasse. Ein Mädchen kreischt: Ah tais-toi, je ne veux plus. Die Elektrische rennt ganz erregt heran, darüber fort, fort über alles. Jemand ruft. Leute laufen, überholen sich. Ein Hund bellt. Was für eine Erleichterung: ein Hund. Gegen Morgen kräht sogar ein Hahn, und das ist Wohltun ohne Grenzen. Dann schlafe ich plötzlich ein.

Während wir es in einem herkömmlichen Text der Erzählprosa mit einer räumlich wie zeitlich klar gegliederten Situation zu tun haben, scheinen im vorliegenden Text die Grenzen zwischen äusseren und inneren Vorgängen aufgehoben zu sein. In Tat und Wahrheit rasen ja die elektrischen Bahnen nicht durch die Stube, fahren auch die Autos nicht über den Erzähler hinweg. Was hier als angeblich äusseres Geschehen berichtet wird, ist in Wirklichkeit inneres Erleben des Erzählers. Dabei erlebt dieser die grossstädtische Welt nicht mehr als ein zusammenhängendes Ganzes, sondern als eine Anreihung heterogener Wirklichkeitsfragmente (Zufallen einer Tür, Klirren einer Scheibe, Kreischen eines Mädchens usw.). Erzählerisch handelt es sich um einen Bewusstseinsstrom von akustischen Eindrücken, denen sich der Tagebuchschreiber wehrlos ausgeliefert fühlt (zum „Bewusstseinsstrom" vgl. S. 175).

So haben wir es denn in Rilkes Text mit einer Folge von Einzelbildern zu tun, die beim Leser, schon weil sie völlig gleichberechtigt nebeneinander stehen, nicht mehr ein stimmiges Gesamtbild hervorrufen. Das hier dargestellte Geschehen erschliesst sich in diesem Sinne nur noch als eine dissoziierte ‚Wirklichkeit'.

Wo nun die Dichtung, wie in der Moderne, nicht mehr Mimesis ist, wo sie nicht mehr Wirklichkeitsabbildung zu fingieren, Illusion des Naturhaften auszulösen hat, da lenkt der Autor den Blick verstärkt von der Inhalts-, der Sinnebene weg auf die Ebene der Form, der Sprache zurück, da macht er auch die literarische Fiktion vermehrt als Fiktion sichtbar. Konkret kann sich das darin zeigen, dass er das Dargestellte ganz bewusst als Erfindung, als Konstruktion ausgibt, wie dies beispielsweise **Max Frisch** in seinem Roman **„Mein Name sei Gantenbein"** (1964) – man beachte den Konjunktiv im Titel – besonders eindringlich vorgeführt hat, wenn sich hier ein nicht näher identifizierbares Ich verschiedene Rollen, Varianten seines Lebens, vorstellt:

Ich stelle mir vor:
Ein Mann hat einen Unfall, beispielsweise Verkehrsunfall, Schnittwunden im Gesicht, es besteht keine Lebensgefahr, nur die Gefahr, dass er sein Augenlicht verliert. Er weiss das. Er liegt im Hospital mit verbun-

denen Augen lange Zeit [...] Eines Morgens wird der Verband gelöst, und er sieht, dass er sieht, aber schweigt; er sagt es nicht, dass er sieht, niemand und nie.
Ich stelle mir vor:
Sein Leben fortan, indem er den Blinden spielt auch unter vier Augen, sein Umgang mit Menschen, die nicht wissen, dass er sie sieht, seine gesellschaftlichen Möglichkeiten...dadurch, dass er nie sagt, was er sieht, ein Leben als Spiel, seine Freiheit kraft seines Geheimnisses usw.
Sein Name sei Gantenbein.

Die Literatur der Avantgarde, vor allem die experimentelle Literatur (konkrete Poesie, Sprachexperimente der „Wiener Gruppe", experimenteller Roman, digitale Literatur, teilweise auch Beat, Rap und Slam Poetry usw.), mit ihrer z. T. vollkommenen Regression vom Sinn zur Form bildet wohl die radikalste Absage an das mimetische Prinzip der traditionellen Kunst. Wir werden in Kapitel 11 darauf zurückkommen.

1.4 Die Struktur traditioneller und moderner Texte: zwei Beispiele aus der Erzählprosa

Nachdem im letzten Kapitel mehr Grundsätzliches zur Darstellung der Figuren und der Wirklichkeit in literarischen Texten gesagt worden ist, wollen wir jetzt an zwei konkreten Textbeispielen zeigen, worin sich diese beiden Strukturelemente in *traditionellen* und in *modernen* Texten unterscheiden. Wir verwenden dabei literarische Kategorien, die es uns ermöglichen, von der *Struktur* der Texte her spezifisch traditionelle bzw. moderne künstlerische Gestaltungsweisen zu beschreiben. Als Textbeispiele wählen wir Auszüge aus zwei Zeitromanen, die für traditionelles und modernes Erzählen besonders typisch sind. Beim ersten Auszug handelt es sich um den Beginn des 31.Kapitels von **Theodor Fontanes** Altersroman **„Effi Briest"** (1895): Landrat von Instetten hat sich von seiner jungen Frau Effi getrennt, nachdem er von ihrem über sechs Jahre zurückliegenden Verhältnis zu Major Crampas erfahren hatte. Der zweite Textauszug ist der Beginn des fünften Buches aus **Alfred Döblins** Grossstadtroman **„Berlin Alexanderplatz"** (1929):

Geschildert wird das Geschehen rund um den Alexanderplatz im Februar 1928.

Minuten vergingen. Als Effi sich wieder erholt hatte, setzte sie sich auf einen am Fenster stehenden Stuhl und sah auf die stille Strasse hinaus. Wenn da doch Lärm und Streit gewesen wäre; aber nur der Sonnenschein lag auf dem chaussierten Wege und dazwischen die Schatten, die das Gitter und die Bäume warfen. Das Gefühl des Alleinseins in der Welt überkam sie mit seiner ganzen Schwere. Vor einer Stunde noch eine glückliche Frau, Liebling aller, die sie kannten, und nun ausgestossen. Sie hatte nur erst den Anfang des Briefes gelesen, aber genug, um ihre Lage klar vor Augen zu haben. Wohin? Sie hatte keine Antwort drauf, und doch war sie voll tiefer Sehnsucht, aus dem herauszukommen, was sie hier umgab, also fort von dieser Geheimrätin, der das alles bloss ein „interessanter Fall" war, und deren Teilnahme, wenn etwas davon existierte, sicher an das Mass ihrer Neugier nicht heranreichte.

(Fontane)

Rumm rumm wuchtet vor Aschinger auf dem Alex die Dampframme. Sie ist ein Stock hoch, und die Schienen haut sie wie nichts in den Boden. Eisige Luft. Februar. Die Menschen gehen in Mänteln. Wer einen Pelz hat, trägt ihn, wer keinen hat, trägt keinen. Die Weiber haben dünne Strümpfe und müssen frieren, aber es sieht hübsch aus. Die Penner haben sich vor der Kälte verkrochen. Wenn es warm ist, stecken sie wieder ihre Nasen raus. Inzwischen süffeln sie doppelte Ration Schnaps, aber was für welchen, man möchte nicht als Leiche drin schwimmen.
Rumm rumm haut die Dampframme auf dem Alexanderplatz. Viele Menschen haben Zeit und gucken sich an, wie die Ramme haut. Ein Mann oben zieht immer eine Kette, dann pafft es oben, und ratz hat die Stange eins auf den Kopf. Da stehen die Männer und Frauen und besonders die Jungens und freuen sich, wie das geschmiert geht: ratz kriegt die Stange eins auf den Kopf. Nachher ist sie klein wie eine Fingerspitze, dann kriegt sie aber noch immer eins, da kann sie machen, was sie will. Zuletzt ist sie weg. Donnerwetter, die haben sie fein eingepökelt, man zieht befriedigt ab. […]
Über den Damm, sie legen alles hin, die ganzen Häuser an der Stadtbahn legen sie hin, woher sie das Geld haben, die Stadt Berlin ist reich, und wir bezahlen die Steuern.
Loeser und Wolff mit dem Mosaikschild haben sie abgerissen, 20 Meter weiter steht er schon wieder auf, und drüben vor dem Bahnhof steht er nochmal. Loeser und Wolff, Berlin-Elbing, erstklassige Qualitäten in allen Geschmacksrichtungen, Brasil, Havanna, Mexiko, Kleine Trösterin,

Liliput, Zigarre Nr. 8, das Stück 25 Pfennig, Winterballade, Packung mit 25 Stück, 20 Pfennig, Zigarillos Nr. 10, unsortiert, Sumatradecke, eine Spezialleistung in dieser Preislage, in Kisten zu hundert Stück, 10 Pfennig. Ich schlage alles, du schlägst alles, er schlägt alles mit Kisten zu 50 Stück und Kartonpackung zu 10 Stück, Versand nach allen Ländern der Erde, Boyero 25 Pfennig, diese Neuigkeit brachte uns viele Freunde, ich schlage alles, du schlägst lang hin.
Neben dem Prälaten ist Platz, da stehen Wagen mit Bananen. Gebt euren Kindern Bananen. Die Banane ist die sauberste Frucht, da sie durch ihre Schale vor Insekten, Würmern sowie Bazillen geschützt ist. Ausgenommen sind solche Insekten, Würmer und Bazillen, die durch die Schale kommen. Geheimrat Czerny hat mit Nachdruck darauf hingewiesen, dass selbst Kinder in den ersten Lebensjahren. Ich zerschlage alles, du zerschlägst alles, er zerschlägt alles. (Döblin)

Betrachten wir zunächst den Text aus Fontanes Roman. Effi ist, nachdem Innstetten ihr die Scheidungsnachricht durch ihre Eltern nach Bad Ems, wo sie sich zur Kur aufhält, hat zuschicken lassen, ohnmächtig zusammengebrochen. Inzwischen hat sie sich wieder erholt und blickt „auf die stille Strasse hinaus". Der Text ist bestimmt durch einen kausallogischen Ablauf der einzelnen Ereignisse, durch eine ‚reale' Zeitenfolge („Minuten vergingen; als Effi sich wieder erholt hatte, setzte sie sich…und sah…"), so dass sich die dargestellte Wirklichkeit dem Leser als kohärentes Geschehen, gleichsam als zusammenhängender Illusionsraum erschliesst. Wir haben diese einheitliche Gestaltung der Wirklichkeit in unserem Text, wie sie für die traditionelle Erzählprosa typisch ist, als „Wirklichkeitskohärenz" bezeichnet (vgl. S. 31). Zu ihr gehört ein *fester* Blickpunkt des Erzählers, von dem aus sich die Einzelbilder zu einem stimmigen Gesamtbild zusammenschliessen. Die fiktive Romanwelt erhält so den Anschein von Tatsachen, lässt sich unschwer als Nachahmung einer aussersprachlichen Wirklichkeit, als Mimesis, verstehen.

Nun haben wir es in der vorliegenden Romanpassage nicht nur mit einer geschlossenen, sondern auch mit einer plausibel begründeten Handlung zu tun: Von der Gesellschaft verstossen, umgeben von einem Gefühl des Alleinseins, will Effi aus Bad Ems möglichst rasch abreisen. Ihr Handeln ist in diesem Sinne psychologisch motiviert, wurzelt letztlich im Charakterlich-Individuellen der Figur.

Charakter und Handlung gehören hier offensichtlich untrennbar zusammen, wobei das Schwergewicht auf den Charakter, auf das Ich, die Psyche der Figur fällt. Wir haben damit eine bestimmte Figurenkonzeption vor uns, die es nun begrifflich zu fassen gilt.

In seinen Essays der 1930er Jahre setzt sich **Bertolt Brecht** u. a. mit dem Problem der Figurengestaltung im Roman auseinander. Nach ihm ist im *bürgerlichen* Roman die Figur vom Charakter aus konzipiert, erhält sie so eine naturgesetzliche, schicksalhafte Wirkung. Brecht bezeichnet eine solche, durch die Dominanz des Charakters definierte Figur als *fixierten Charakter*[3]. Was er mit diesem Kernbegriff meint, erläutert er in dem um 1930 erschienenen Essay **„Gibt es noch Charaktere für den modernen Romanschriftsteller?"** folgendermassen:

Der alte Roman…schildert bestimmte Menschen mit ganz bestimmten Charaktereigenschaften, die in gewisse interessante Situationen geraten, wo sie dann eben ihre Eigenschaften, ihren Charakter zeigen, sich als Charaktere bewähren. Es gibt dabei Romane, in denen die Charaktere mehr als nur reagierend geschildert werden, und andere, wo sie mehr agieren […] Es gibt auch Romane, wo diese beiden Elemente so gut gemischt sind, dass keines das Übergewicht erhält. Aber auch in diesen ist der betreffende Charakter im Grunde fest und einheitlich und von gewisser Dauerhaftigkeit, ob er nun von den Verhältnissen geleitet wird oder die Verhältnisse dirigiert.[4]

Der „alte Roman", d. h. wohl der Romantyp des 18./19.Jh., der aber durchaus auch heute noch vorherrscht, schildert nach Brecht „bestimmte Menschen mit ganz bestimmten Charaktereigenschaften". Dabei können die Figuren verschieden, mehr als agierend oder mehr bloss als reagierend, erscheinen. Stets aber sind sie „im Grunde fest und einheitlich und von gewisser Dauerhaftigkeit". Solch **„feste Figuren"**, wie wir sie jetzt nennen wollen, meint Brecht, wenn er von „fixierten Charakteren" spricht.

Für Brecht ist die feste Figur Ausdruck eines bestimmten Menschenbildes. In ihm spiegelt sich, wie es später ausführlicher zu zeigen gilt, der Glaube an die Individualität des Menschen, an seine psychische Kohärenz, seinen einmaligen und unteilbaren Kern (vgl. S. 184 ff.). Die feste Figur stellt in diesem Sinne etwas sowohl Formales als auch Thematisches dar. Sie lässt sich von unserer Definition des Strukturbegriffs her demnach als *Strukturelement* bezeichnen, das den traditionellen Roman, ja die *traditionelle Erzählprosa* überhaupt, wesentlich bestimmt.

Kehren wir damit zum Text aus Fontanes „Effi Briest" zurück. Kein Zweifel: Effi ist eine feste Figur im eben erwähnten Sinn. Indem sich ihr Handeln nach gängigen individualpsychologischen Mustern erklären lässt, erweist sie sich als eine in sich einheitliche, abgeschlossene Figur. Überdies schimmert in jeder ihrer Handlungen, in jedem ihrer Gefühle das Charakteristische der Figur (im Gefühl des Alleinseins etwa ihr ängstliches, unsicheres Wesen) durch. Zu all dem tritt ihr schon im Titel des Romans genannter Vor- und Nachname als unüberhörbarer Hinweis auf die fraglose Individualität und Identität ihrer Person.

Im vorigen Kapitel sagten wir, die Darstellung der Wirklichkeit als kohärentes Geschehen in traditionellen Texten werde besonders in der Einheit von Bild und Sinn manifest (vgl. S. 31). Anders ausgedrückt, heisst das: Traditionelle Texte weisen ein *vertikales* Grundgefälle von der Bild- zu einer Sinnebene auf, besitzen demnach eine ausgeprägt **symbolische Struktur**. Sie zeigt sich häufig darin, dass sich die Figuren, vor allem die Figur des Helden, in ihrer Umgebung spiegeln. So spiegelt sich in unserem Text, gleich zu Beginn, Effis „Gefühl des Alleinseins in der Welt" im Bild der stillen Strasse, auf der „nur der Sonnenschein...und dazwischen die Schatten" liegen.

Fassen wir abschliessend die Hauptergebnisse unseres ersten Textbeispiels zusammen. In Fontanes Text wird die Struktur durch zwei eng miteinander verknüpfte Strukturelemente bestimmt: durch die **feste Figur**, wie sie sich vor allem in der Zentralfigur des **Helden** manifestiert, und durch eine dargestellte Wirklichkeit, die sich als kohärentes Geschehen, als **Wirklichkeitskohärenz**, erschliesst. Diese beiden Strukturelemente bilden die Basis einer **mimetischen Berichtform**, die als solche an einen **festen Blickpunkt des Erzählers** gebunden ist. Zu ihr gehört eine **symbolische Schreibweise**, d. h. eine im Dienste der Figur stehende Symbolik. Bei der vorliegenden Passage aus Fontanes Roman „Effi Briest" handelt es sich in diesem Sinne um einen **traditionellen Text**.

Ganz anders als bei Fontane verhält es sich im Text von Alfred Döblin. Da gibt es die von einem festen Blickpunkt des Erzählers aus dargestellte, kohärente Wirklichkeit mit einem Helden im Zentrum nicht mehr. Doch schauen wir genauer hin.

Der erste Satz lenkt den Blick auf die schlagende Dampframme. Das Motiv des Schlagens dominiert in der Folge den ganzen Absatz, indem sich hier die Menschen an den Schlägen der Dampframme erfreuen. Im dritten und vierten Absatz ist dieses Motiv variiert, und zwar insofern, als am Alexanderplatz Häuser ‚abgerissen', gleichsam ‚zusammengeschlagen' bzw. zerstört, und anderswo neu aufgebaut werden. Gegen Ende des vierten, aber auch des fünften Absatzes schliesslich erscheint das Motiv gar im Konjugationsparadigma: Ich (zer)schlage alles, du (zer)schlägst alles… Semantisch haben wir es in unserem Döblintext demnach mit auffallenden Wiederholungen und Variationen, d. h. mit einer paradigmatischen Entfaltung, des Verbs „schlagen" zu tun. Dadurch wird dieses Verb derart ins Zentrum gerückt, dass die Figuren selber völlig in den Hintergrund treten. Verallgemeinert ausgedrückt, heisst das: In Döblins Text bildet nicht mehr, wie in traditionellen Erzähltexten, irgendein Held, sondern die Grundhaltung eines Kollektivs das Sinnzentrum. Eine solche Grundhaltung im *sozialen* Kontext, die anstelle charakterlicher Qualitäten des Helden, strukturell also anstelle der festen Figur, die Sinnmitte eines Textes darstellt, bezeichnet **Bertolt Brecht** in seinen Essays zum Theater als **„Gestus"**[5].

Das narrative Prädikat „schlagen" ist hier im Sinne von Brechts Definition zu einem Gestus entwickelt. Von diesem Gestus aus, der sich im Roman „Berlin Alexanderplatz" freilich mit andern Gestus, etwa mit dem des Eroberns (vgl. Franz Biberkopfs dreimalige ‚Eroberung' Berlins), verbindet, werden die Figuren gesehen. Sie werden damit, bildlich gesprochen, zu ‚Schlägern', zu ‚Zerstörern' und ‚Aufbauern', sind in diesem Sinne, ähnlich den Figuren Kafkas, entpersönlicht, d. h. auf wenige Grundvorgänge reduziert. Was das für die Figurengestaltung konkret heisst, erläutert wiederum Brecht in seinem Essay **„Die Strassenszene. Grundmodell einer Szene des epischen Theaters"** (1940). Brecht spricht hier zwar vom Theater, doch lässt sich das Folgende genauso auf die Erzählprosa beziehen:

Ein wesentliches Element der *Strassenszene* ist, dass unser Demonstrant seine Charaktere ganz und gar aus ihren Handlungen ableitet. Er imitiert ihre Handlungen und gestattet dadurch Schlüsse auf sie. Ein Theater, das ihm hierin folgt, bricht weitgehend mit der Gewohnheit des üblichen Theaters, aus den Charakteren die Handlungen zu begründen, die Handlungen dadurch der Kritik zu entziehen, dass sie als aus den Charakteren, die sie vollziehen, unhinderbar, mit Naturgesetzlichkeit hervorgehend dargestellt werden. Für unseren Strassendemonstranten bleibt der *Charakter* des zu Demonstrierenden eine Grösse, die er nicht völlig auszubestimmen hat.[6]

Brechts Forderung, die Handlungen nicht mehr, wie in der bürgerlichen Dichtung, vom Charakter der Figuren, sondern umgekehrt die Figuren von den Handlungen aus zu definieren, tönt wie ein Kommentar zu unserem Döblintext. Auch bei Döblin sind die Figuren und die nichtfigürlichen Elemente (z. B. die Dampframme), indem sie alle, direkt oder indirekt, mit ein und demselben Gestus des Schlagens verknüpft werden, gewissermassen von den Handlungen her gestaltet. Semantisch geht es hierbei um den Aufbau eines umfassenden **Figurenparadigmas**. Dadurch wird der Blick des Lesers auf eine Kollektivhaltung gelenkt, die als solche aus dem Bereich des Persönlichen, Schicksalhaften und Einmaligen herausgelöst und in jenen *kollektiver Grundkräfte*, wie etwa Schaffens- und Zerstörerdrang, eingefügt ist. Dass diese Grundkräfte dabei, wie im vorliegenden Döblintext, häufig antinomisch, also in sich gegensätzlich sind, wird uns im sechsten Kapitel in Verbindung mit dem Montagebegriff beschäftigen.

Die eben beschriebene Umgestaltung des üblichen Verhältnisses zwischen Charakter und Handlung, die Brecht fordert, führt strukturell zu einem neuen Figurentyp. Wir wollen diesen Figurentyp in der Tradition der Brechtästhetik als „gestisch gestaltete" oder einfach als **„gestische Figur"** bezeichnen. Analog dazu sprechen wir dann auch von einem **gestischen Text** und verstehen darunter einen Texttyp, in dem nicht mehr Figuren, etwa die Zentralfigur des Helden, sondern ein Netz von Handlungen, die zu bestimmten Grundhaltungen oder Gestus verdichtet sind, die Sinnmitte bilden. Ein solch gestischer Text ist zweifellos unser Auszug aus „Berlin Alexanderplatz", wird hier doch sowohl im Bild der alles übertönenden Dampframme, an deren Schläge sich die Menschen erfreuen, als auch im anonymen Abreissen und Wiederaufbauen ganzer Häuserreihen die Verlagerung der Sinnkonstitution von den Figuren auf einen für den Roman zentralen Gestus sichtbar. Übrigens signalisiert die auffallende Personifikation der schlagenden Dampframme (vgl. etwa „…ratz hat die Stange eins auf den *Kopf*"), d. h. die Verknüpfung der gegensätzlichen Bereiche /technisch/ und /menschlich/, dass die Schläge nicht nur der Stange, sondern im übertragenen Sinne auch den Menschen, unter ihnen vor allem Franz Biberkopf, gelten.

Wir sagten eingangs, im Text von Döblin gebe es den festen Blickpunkt des Erzählers nicht mehr. Das bedeutet ein gegenüber traditionellen Texten grundsätzlich verändertes Erzählen. Auf diesen Sachverhalt und seine Folgen für die dargestellte Wirklichkeit wollen wir anhand des Döblintextes noch kurz eingehen.

Hatten wir es im Text von Fontane mit einer auktorialen Erzählweise zu tun, so liegt bei Döblin ein vorwiegend personales Erzählen vor, d. h. ein Erzählen, bei dem der Erzähler als vermittelnde Instanz fast ganz hinter der erzählten Wirklichkeit verschwindet (vgl. S. 161). Dadurch entsteht der Eindruck der Unmittelbarkeit. Zu diesem Eindruck trägt das an die Stelle des epischen Präteritums tretende *epische Präsens* („Viele Menschen *haben* Zeit und *gucken* sich an…"), wie es im modernen Roman häufig anzutreffen ist, tragen aber vor allem Stilmittel wie *erlebte Rede* und *innerer Monolog* bei. Gerade mit Hilfe dieser beiden Stilmittel, die wir im sechsten Kapitel näher beschreiben, wird der persönliche Erzähler als Vermittler der Sicht ausgeschaltet, wird der Text damit gewissermassen aperspektivisch. So weiss der Leser in einer ganzen Reihe von Sätzen („Donnerwetter, die haben sie fein eingepökelt", „…wir bezahlen die Steuern", „Ich schlage alles, du schlägst alles…" usw.) nicht, aus welcher Perspektive – aus der des Erzählers, aus jener einer Figur oder aus einer von Erzahler und Figur gelösten Sicht? – sie gesprochen werden. Den Erzähler als festes Orientierungszentrum, wie er zur traditionellen Berichtform gehört, gibt es hier nicht mehr. Das bedeutet die Preisgabe einer dargestellten Wirklichkeit, die sich als kohärentes Geschehen erschliesst, die Verneinung der Abbildbarkeit der Welt. An ihrer Stelle spiegelt sich im Döblintext, sichtbar am häufigen Perspektivenwechsel, die Erfahrung einer sich in verschiedenste ‚Realitätspartikel' auflösenden Wirklichkeit. Wir haben diese Erfahrung, die eine Vielzahl moderner Texte bestimmt, als „Dissoziation" bezeichnet. Sie bildet u. a. die geistige Basis des Montageprinzips, wie es später, im sechsten Kapitel, noch zu zeigen gilt.

Im vorliegenden Auszug aus Döblins „Berlin Alexanderplatz" geht es um eine gegenüber traditionellen Texten grundsätzliche Veränderung zweier zentraler Strukturelemente: der Figuren- und der Wirklichkeitsgestaltung. Wir haben es hier demnach mit einer Art Umstrukturierung eines traditionellen Texttyps zu tun. Eine solche Umstrukturierung lässt sich im Anschluss an Brecht als **„Verfremdung"** definieren.[7] Dabei meint hier „Verfremdung" nicht bloss, wie heute üblich, das ‚Fremdmachen eines Gewohnten', sondern hängt darüber hinaus mit der Kritik an einem traditionellen Weltbild, das anthropozentrisch und harmonisierend ist, zusammen. Was das konkret heisst, werden wir gleich an unserem Döblintext illustrieren. Zunächst aber geht es darum, den Verfremdungsbegriff als solchen zu bestimmen, wobei wir auf eine strukturale Definition des deutschen Germanisten **Jürgen Link** zurückgreifen können. Link erläutert das Verfahren der Verfremdung in einer einprägsamen Metapher:

Als Beispiel nehmen wir ein einfarbig weisses, quadratisches Bild, das jedoch um 45 Grad gedreht aufgehängt ist, so dass die Ecken extrem zu liegen kommen. Wir wollen sagen, dass diese Drehung des Bildes eine *Verfremdung* darstellt. Die Struktur der Verfremdung besteht offenbar in Folgendem: der Betrachter nimmt nicht nur das realisierte, gedrehte Bild auf, sondern in der inneren Vorstellung auch ein normal aufgehängtes Bild. Diese zwei Bestandteile jeder Verfremdungsstruktur wollen wir als *automatisierte Folie* und *Novum* bezeichnen. Der Betrachter vergleicht beide und stellt den Unterschied zwischen automatisierter Folie und Novum fest. Diesen Unterschied nennen wir *Differenzqualität*. Da der Betrachter all das gleichzeitig aufnimmt, entsteht insgesamt ein neues, komplexes Zeichen, das sich als verfremdetes Zeichen bzw. als Verfremdung definieren lässt.[8]

Worauf es in Links Bestimmung des Verfremdungsbegriffs ankommt, ist dies: Bei der Lektüre eines verfremdeten Textes, eines Novums, nimmt der Leser gleichzeitig die Differenz zu einem gängigen Text, zu einer (automatisierten) Folie, wahr. Der verfremdete Text bildet so „insgesamt ein neues, komplexes Zeichen", weil er als Novum, mehr oder weniger verborgen, immer auch eine Folie enthält. So scheint beispielsweise in Franz Kafkas Erzählung „Die Verwandlung", wo ein Mensch zum Tier mutiert, als Folie das traditionelle Märchen durch, in dem es stets eine Entzauberung und Rückverwandlung des Tieres in den Menschen, d. h. einen harmonisierenden Schluss, gibt. Kafkas Erzählung als eine Art Antimärchen verfügt von da aus gesehen über eine **Folie/Novum-Struktur**, also über eine Doppelstruktur. Dabei kann diese Doppelstruktur zusätzlich thematisiert sein, wie das etwa auf Friedrich Dürrenmatts modernen Anti-Kriminalroman „Das Versprechen" zutrifft, wo der Autor im Untertitel „Requiem auf den Kriminalroman" das Schema des gängigen Kriminalromans, also die Folie, direkt zitiert.

Eine solche Doppelstruktur besitzt, insofern als er verfremdet ist, auch unser Döblintext. *Novum* ist dabei die neue, gestische Schreibweise, d. h. die Integration der Figuren in eine paradigmatisch angelegte Handlungsreihe. Zur *Folie* wird dementsprechend eine Figurengestaltung, die durch die Dominanz eines Helden als der Zentralfigur bestimmt ist. Döblins Text stellt so gesehen eine immanente Parodie auf das traditionelle Heldenprinzip dar. „Parodie" meint hier allerdings nicht, wie in der Gattungspoetik sonst üblich, die verspottende Nachahmung eines ernst gemeinten Werkes, sondern vielmehr die kritische Aufarbeitung der in das Novum hinein genommenen Folie und der mit ihr verbundenen ideologischen Setzungen. Als eine neuartige, **totale Parodie**, welche die Textstruktur selber, nicht nur einzelne Inhalte erfasst, lenkt sie den Blick auf die Grundlagen unseres Denkens, etwa auf die Vorstellung vom autonomen Ich, um eine bestimmte Tradition und ihre Grundwerte (z. B. den bürgerlichen Grundwert der Persönlichkeit) in ihrer historischen Relativität sichtbar zu machen. Sie weitet sich damit zu einer umfassenden **Ideologiekritik** aus.

1.5 Gestisches Schreiben als Weg zu einem modernen Schreiben

Nach dem Vergleich eines traditionellen Erzähltextes von Theodor Fontane mit einem modernen von Alfred Döblin lassen sich nun im Hinblick auf das Wesen der Moderne erste Schlussfolgerungen ziehen.

Wir haben moderne Texte als vorwiegend gestische Texte definiert. In ihnen ist, im Unterschied zu traditionellen Texten, häufig nicht mehr eine einzelne Heldenfigur, sondern ein Geflecht von Gestus, von menschlichen Grund- und Kollektivhaltungen, strukturbestimmend. So bildet beispielsweise in Franz Kafkas Romanfragment „Das Schloss" nicht etwa der auf eine Anstellung im Schloss hoffende Landvermesser K., sondern der ständige Wechsel von /Überlegenheit/ und /Unterlegenheit/, also der Gegensatz zweier Gestus, von dem aus K., aber auch die Dorfbewohner, ja selbst die Schlossbeamten, gefasst werden, das Strukturzentrum.

Nach Brechts Definition sind „Gestus" menschliche Verhaltensweisen im gesellschaftlichen Kontext. Besitzen diese Verhaltensweisen ein bestimmtes gemeinsames Merkmal, so lassen sie sich zu einer *Grund*verhaltensweise oder einem **Grundgestus**[9] zusammenfassen. Ein solcher Grundgestus wäre etwa „Kleinbürger", sofern in einem Text, wie beispielsweise in Martin Walsers Roman „Halbzeit", verschiedene Gestus (Anpassertum, Verbrauchertum, Materialismus, Kleinmut usw.) das semantische Merkmal /kleinbürgerlich/ aufweisen.

Aus dem bisher Gesagten ergeben sich für die Interpretation moderner Texte wichtige Forderungen. Zentral dürfte dabei die Forderung sein, in modernen Texten jeweils nicht von irgendeinem Interpretationsraster, sondern konsequent vom Text selbst, d. h. von der Organisation seiner Elemente, seiner Struktur, auszugehen. Konkret will das heissen, moderne Texte nicht einfach als eine Summe von Einzelelementen, die sich mehr oder weniger isoliert betrachten lassen, sondern als ein Netz von Beziehungen, also paradigmatisch, zu lesen. In zahlreichen Texten der Moderne sind nämlich die einzelnen Figuren und Handlungen nur verstehbar, wenn man sie nicht mehr als Sinnträger an sich, sondern als Teile ganzer Figuren- und Handlungsreihen (in Kafkas „Prozess" einen Josef K. beispielsweise als Teil einer antinomischen Reihe von Demütigern und Gedemütigten, von Schlägern und Geschlagenen) auffasst.

Strukturgeschichtlich bedeutet das den Übergang vom traditionellen Symbolbewusstsein zu einem **Paradigmabewusstsein**, d. h. zu einer Sichtweise, die davon ausgeht, dass in einem Text die einzelnen Elemente durch semantische Ähnlichkeits- oder **Homologiebeziehungen**[10] miteinander verknüpft sind. So zeigt sich etwa in Kafkas Erzählung „Das Urteil" die Homologie zwischen dem Vater und Georgs Freund in Petersburg daran, dass sie in vergleichbaren Lebensumständen sind: Ähnlich wie sich der Vater ins dunkle Hinterzimmer, hat sich der Freund in die Fremde zurückgezogen. Beiden Figuren eignet daher im Grunde das gleiche Merkmal /Heimatlosigkeit/. Zudem nimmt Georg dem Vater gegenüber dieselbe Haltung wie dem Freund gegenüber ein: er vernachlässigt beide. Sein Verhältnis zum Vater ist demnach homolog dem Verhältnis zum Freund.

Homologiebeziehungen finden sich selbstverständlich auch in traditionellen Texten. Doch in *modernen* Texten treten sie, weil hier, bedingt durch die vielfach gestische Schreibweise, oftmals ganze Figuren- und Handlungsreihen entstehen, gehäuft auf.

In auffallend vielen modernen Texten scheint, folgt man Brechts Figurenkonzeption, nicht mehr eine abgeschlossene, durch die Dominanz des Charakters definierte Figur im Zentrum zu stehen, sondern der von den Handlungen aus abgeleitete Gestus. Dieser Gestus hängt mit kollektiven Grundkräften verschiedenster Art zusammen, die den Menschen in weit stärkerem Masse bestimmen als alles, was im Charakterlich-Individuellen wurzelt. Für Brecht selber stehen dabei die *gesellschaftlichen* Kräfte im Vordergrund. Neben ihnen gibt es aber noch Kollektivkräfte anderer Art, die sich dem Sog des Charakterlichen, des Ich ebenfalls entziehen. Es sind dies hauptsächlich Kräfte im *existentiellen* und *triebhaften* Bereich. Zu ihnen zählen beispielsweise Lebens- und Todestrieb, Genusstrieb, Aggression, Hass, Angst (in der Todesangst gipfelnd), Machtstreben, Rächertum, Schaffenskraft, Helferdrang usw. Diese Grundkräfte sind, wie etwa die Umsetzung von Angst in Machtstreben, aber auch in Opferkraft und Liebe zeigt, häufig antinomisch, lassen somit die Ambivalenz des menschlichen Daseins unmittelbar manifest werden. In ihnen spiegelt sich eine vielschichtig gebrochene, zusammengesetzte Welt.

Moderne Texte bilden, wie deutlich wurde, strukturell verfremdete Texte. Dabei vollzieht sich die Verfremdung in ihnen primär über die Figurengestaltung, konkret also über die strukturelle Verschiebung von der festen zur gestischen Figur. Das Gestische spielt in diesem Sinne bei der Verfremdung eine zentrale Rolle. Es führt zu einem neuartigen Texttyp, der, indem er traditionelle Grundwerte, allen voran den Grundwert der Persönlichkeit, durch die Struktur negiert, immanent parodistisch ist. Im Hinblick auf moderne, gestische Texte sprachen wir deshalb von totalen Parodien. Zu ihnen gehört die Preisgabe oder, besser gesagt, die Unterwanderung jeglicher Art von *Topoi*, d. h. von feststehenden, einem ganzen Kulturkreis verfügbaren Motiven (Schicksals-, Natur-, Paradies-, Märchen-, Genietopos usw.), die in traditionellen Texten ein prägendes Stilmittel bilden. Wenn beispielsweise zahlreiche moderne Dramen und Romane einen gegenüber der Wirklichkeit radikal scheiternden Helden zeigen, so evozieren sie damit indirekt den traditionellen Helden- oder Erlösertopos, entlarven sie ihn zugleich als Überrest eines geschichtlich längst überholten Persönlichkeitsglaubens. In modernen Texten dienen denn auch Topoi in der Regel nur noch als Zitate.

1.6 Traditionelle vs moderne Literatur: eine zusammenfassende Gegenüberstellung

Im Folgenden lassen sich nun die wichtigsten strukturellen Merkmale der traditionellen und der modernen Literatur, wie wir sie in den vorigen Kapiteln beschrieben haben, einander in einer schematischen Anordnung entgegensetzen. Dabei sind wir uns bewusst, dass unsere tabellarischen Bestimmungen als tendenzielle und insofern verallgemeinerte Angaben verstanden werden müssen. In Wirklichkeit wird der Gegensatz „traditonell" vs modern", macht man den Schritt von idealtypischen Modellen zu konkreten Texten, in ein kontinuierliches Spektrum von Zwischenformen aufzulösen sein. Da werden sich beispielsweise moderne Romane finden, in denen das Geschehen, trotz gestischer Figurengestaltung, an die dominierende Erzählhaltung eines persönlichen Erzählers gebunden bleibt, und andere, in denen der persönliche Erzähler im sprachlichen Material vollkommen verschwindet. Im zweiten Fall liesse sich von *extrem* modernen Texten sprechen.

In unserer Gegenüberstellung beschränken wir uns auf die zentralen Merkmale, soweit sie alle drei literarischen Gattungen betreffen. Für die spezifischen Ausformungen dieser Merkmale in Erzählprosa und Lyrik verweisen wir auf die verschiedenen Schemen in den entsprechenden Kapiteln.

traditionelle Literatur	**moderne Literatur**
Figurengestaltung	
feste, in sich geschlossene Figur, vor allem die Zentralfigur des Helden, als dominantes Strukturelement, von dem aus der Text gestaltet ist.	verschiedene, z. T. gegensätzliche Grundkräfte oder Motive als dominantes Strukturelement, von dem aus die Figur gestaltet wird; damit verbunden Entpersönlichung der Figur, Auflösung ihrer personalen Einheit.
Wirklichkeitsgestaltung	
von einem festen Ich (Erzähler, Held, lyrisches Ich) aus dargestellte Wirklichkeit als kohärentes Geschehen, als stimmiges Gesamtbild: Wirklichkeitskohärenz.	im Zusammenhang mit dem Verzicht auf ein festes Ich als Vermittler der Sicht Neigung zur Dissoziationstechnik: anstelle eines Gesamtbildes eine Folge von Einzelbildern.

traditionelle Literatur	moderne Literatur
Sprache	
Sprache als Mittel zur Darstellung aussersprachlicher Wirklichkeit. Die Dichtung erscheint als *Mimesis*, d. h. als fingierte Wirklichkeitsabbildung.	Sprache vermehrt als eigenständige Realität, die immer wieder selber thematisiert wird. Anstelle der Wirklichkeitsabbildung geht es darum, die literarische Fiktion als *Fiktion* sichtbar zu machen.
vorwiegend *symbolisch* konzipierte Sprache, in der ein vertikales Grundgefälle vom Zeichen zum Bedeuteten, vom Bild zum Sinn, dominiert.	vorwiegend *paradigmatisch-syntagmatisch* konzipierte Sprache, in der das Augenmerk weniger vertikal auf das Bedeutete als vielmehr horizontal auf die vielfältigen verwandtschaftlichen (paradigmatischen) und nachbarschaftlichen (syntagmatischen) Beziehungen zwischen den Elementen fällt.
Wirkungsabsicht	
feste Figur (Held, Erzähler, lyrisches Ich) als *Identifikationsfigur*. Leser nimmt eine Haltung der Einfühlung (etwa ins Schicksal des Helden), der *Identifikation* (mit dem Helden) ein.	Auflösung der festen Figur führt zur Preisgabe eines gesicherten Orientierungszentrums, mit dem sich der Leser identifizieren kann. An die Stelle der Identifikation tritt die *Verfremdung*, d. h. die Distanzierung und Bewusstmachung des Geschehens.
der vom Autor intendierte Leser als ein sich identifizierender, durch das Textangebot mehr oder weniger *gelenkter Leser*.	der vom Autor intendierte Leser als ein sich distanzierender, kritisch-reflektierender und damit *emanzipierter Leser*.

© by Haupt Berne

1.7 Subjekt- und Sprachkritik als epochale Vorgänge: der Beginn der literarischen Moderne

In den vorangegangenen Kapiteln haben wir versucht, das gegenüber der traditionellen Dichtung grundsätzlich Neuartige moderner Texte von ihrer *Struktur* her zu beschreiben. Jetzt gilt es die Frage zu klären, seit wann die deutsche Literaturgeschichte Texte kennt, die sich aus struktureller Sicht als „modern" bezeichnen lassen. Es ist die Frage nach dem entscheidenden Paradigmawechsel innerhalb der neueren deutschen Literatur: nach dem Übergang von dem im 18.Jh. entstandenen bürgerlichen Diskurs zu einem neuen, modernen Diskurstyp.

Dabei erinnern wir daran, dass der Gegensatz von *traditioneller* und *moderner* Literatur, den wir so sehr betonen, für die Literaturkritik keineswegs feststeht, zumal immer wieder behauptet wird, innerhalb der abendländischen Literaturtradition fänden sich zu fast allen Zeiten Elemente, die äusserst modern seien. In der Tat: Fasst man das literarisch ‚Moderne' vor allem thematisch auf, wie das die herkömmliche Literaturkritik weitgehend tut, so können mit Blick auf die deutsche Dichtung eine ganze Reihe von Texten spätestens seit dem frühen 19.Jh., seit Kleists, vor allem aber seit Büchners Dramen und Erzählungen, in denen der Mensch erstmals sich selber zum Rätsel wird, schon als modern gelten. Erkennt man das wirklich ‚Moderne' aber daran, dass eine veränderte Thematik, etwa ein verändertes Menschenbild, auch *strukturell* gestaltet wird, dann erweisen sich selbst die ‚fortschrittlichsten' Werke des 19.Jh., indem sie u. a. die feste Struktur der Figuren beibehalten, noch keineswegs als modern. Dann gibt es erst zu Beginn des 20.Jh. einzelne literarische Texte, die tatsächlich Neuartiges enthalten und demzufolge modern sind.

Die Wende zu diesem Neuartigen, Modernen haben epochale Vorgänge eingeleitet, die eng miteinander zusammenhängen: **Friedrich Nietzsches Subjektkritik** und seine damit verbundene **Sprachskepsis** *und* die **Sprachkrise der Naturalisten**. Gehen wir auf diese epochalen Vorgänge nacheinander kurz ein.

1.7.1 Moderne Subjektkritik als Auflösung des traditionellen Subjektbegriffs

Nach dem französischen Sozialphilosophen und Historiker Michel Foucault (1926-1984) wurzelt jedes Denken im ideologischen Grundmuster einer Epoche, das allen Diskursen vorausgeht. Ein solches Grundmuster stellt der Glaube an das menschliche Subjekt als der Weltmitte dar, wie er für die ganze bürgerliche Epoche seit der Aufklärung bestimmend ist. Herausgebildet hat sich dieses Grundmuster seit der Wende zur neuzeitlichen Philosophie im 17.Jh., seit **René Descartes'** ‚Entdeckung' des menschlichen Ich als dem Ort ursprünglichster Existenzgewissheit, seinem berühmten „cogito ergo sum". Aufbauend auf dieser ‚Entdeckung', macht **Immanuel Kant** Ende des 18.Jh. das Ich zu jener zentralen Instanz, von der Erkenntnis und Bewertung aller Dinge abhängen, und **Fichte** und **Hegel** erklären es gar zum allein Wahren und Absoluten. Bei Hegel führt die Verabsolutierung des Ich überdies zur Idee der „Grossen Persönlichkeit" als einem Werkzeug des sich in der Geschichte entfaltenden „absoluten Weltgeistes", zu einer Idee also, die eine der Grundlagen der Heldenverehrung des Bürgertums bildet und die noch im 20.Jh., etwa im Faschismus, unmittelbar nachwirkt. So formt sich mit dem Beginn der bürgerlichen Epoche eine **anthropozentrische Weltsicht**, in welcher der Mensch und sein Ich die weltbestimmende Grösse, die Sinnmitte des Seienden darstellen.

Basis dieser anthropozentrischen Weltsicht ist die Vorstellung eines Subjekts, das als gleichförmige, mit sich selbst identische Ganzheit erscheint und damit den festen Kern des Menschen bildet. Mag der Mensch sich dauernd wandeln, sein Ich bleibt sich im Grunde gleich. Kant und Hegel betrachten die Identität des menschlichen Subjekts als etwas axiomatisch Gegebenes, das die psychische Kohärenz der Person ermöglicht. Wir nennen dieses Axiom **„festes Ich"** oder **„festes Subjekt"** und verstehen darunter die Idee einer letzten Einheit des Individuums, die bei aller menschlichen Entwicklung und Veränderung gewahrt ist. Sie bildet die geistige Grundlage eines zentralen Strukturelements der bürgerlich-traditionellen Dichtung: der bereits früher erwähnten festen Figur, als deren thematisches Korrelat, wie wir noch zeigen werden, sich der überkommene Persönlichkeitsbegriff erweist (vgl. S. 185).

Gelangen Fichte und Hegel und mit ihnen die Romantik zur Verabsolutierung des Subjekts, so setzt in der zweiten Hälfte des 19. Jh. ein Prozess ein, der sich metaphorisch als *Ichabbau* bezeichnen lässt. Ausschlaggebend für diesen Prozess dürften u. a. die Expansion der Naturwissenschaften und die damit verbundene Industrialisierung sein. Die *Naturwissenschaften* beginnen von zwei verschiedenen Seiten her, die Zentralstellung des menschlichen Subjekts zu problematisieren. Zum einen unterwerfen sie das beobachtende Subjekt völlig dem Objekt, um die reinen, objektiven Gesetze der Erscheinungen sichtbar zu machen. Und zum andern verneinen sie das angebliche Schöpfungsvorrecht des Menschen, indem etwa die Biologie unter dem bestimmenden Einfluss von **Charles Darwin** den Menschen auf die Abstammung aus dem Tierreich und auf die Unvertilgbarkeit seiner animalischen Natur verweist. Die *Industrialisierung* ihrerseits führt zu einer Übermacht der materiell-ökonomischen Verhältnisse, so dass die sozioökonomische Basis zunehmend als eine Art Kollektivkraft erscheint, welche die existentielle Situation, ja das ganze ‚Wesen' des Menschen bestimmt. **Karl Marx** beispielsweise sieht den Menschen nicht mehr als ‚feste', in sich ruhende Grösse, sondern als ein sich dauernd wandelndes, radikal in die Geschichte, in den Strom der Zeit hinein genommenes Wesen. Die Vorstellung von menschlicher Individualität und Identität im Sinne des deutschen Idealismus (Kant, Fichte, Hegel) ist damit preisgegeben. An ihre Stelle tritt die Auffassung, der Mensch sei blosser Repräsentant gesellschaftlicher Kräfte, sei ein *Kollektivwesen*.

Von da aus ist der Weg zur eigentlichen *Subjektkritik*, wie sie **Friedrich Nietzsche** in seiner Nihilismusanalyse gegen Ende des 19. Jh. formuliert hat, nicht mehr weit. Indem Nietzsche das menschliche Subjekt als etwas bloss Gesetztes durchschaut, wird für ihn die überkommene Stellung des Menschen an sich fraglich. Im Aphorismus **„Hinfall der kosmologischen Werte"** (1886) schreibt er dazu:

Das Gefühl der Wertlosigkeit wurde erzielt, als man begriff, dass weder mit dem Begriff „Zweck", noch mit dem Begriff „Einheit", noch mit dem Begriff „Wahrheit" der Gesamtcharakter des Daseins interpretiert werden darf. Es wird nichts damit erzielt und erreicht; es fehlt die übergreifende Einheit in der Vielheit des Geschehens. [...] Alle Werte, mit denen wir bis jetzt die Welt zuerst uns schätzbar zu machen gesucht haben ..., alle diese Werte sind, psychologisch nachgerechnet, Resultate bestimmter Perspektiven der Nützlichkeit zur Aufrechterhaltung und Steigerung menschlicher Herrschaftsgebilde: und nur fälschlich projiziert in das Wesen der Dinge. Es ist immer noch die hyperbolische Naivität des Menschen: sich selbst als Sinn und Wertmass der Dinge anzusetzen.[11]

Nach der traditionellen, werthaften Weltauffassung, die sich mit unserem Begriff „Wirklichkeitskohärenz" in Verbindung bringen lässt, kommt den Dingen, aber auch allem Geschehen a priori ein Sinn zu. Nietzsche hält diese Auffassung für fragwürdig, und zwar insofern, als es sich beim angeblichen Sinn der Welt um reine Projektionen des Menschen handle. Die Welt selber besitze keinen Sinn, fehle ihr doch „die übergreifende Einheit in der Vielheit des Geschehens". Damit entlarvt Nietzsche den alten Glauben an eine Wirklichkeit, in der Empirisches und Ideelles, Einzelnes und Allgemeines zu einer Totalität verbunden sind, als blosse Fiktion. An dessen Stelle tritt bei ihm die Erfahrung einer auseinanderfallenden, sich in isolierte Sphären auflösenden Wirklichkeit. Wir haben diese Erfahrung als „Dissoziation" bezeichnet (vgl. S. 32).

Von ihr aus deutet Nietzsche alle Werte, die der Mensch „in das Wesen der Dinge" projiziert, als „Resultate bestimmter Perspektiven der Nützlichkeit zur Aufrechterhaltung und Steigerung menschlicher Herrschaftsgebilde". Das will heissen: Die Werte der Menschheit, in denen sich vermeintlich eine sittliche Weltordnung spiegelt, sind letzlich nur Herrschaftsinstrumente eines permanenten „Willens zur Macht". Nietzsche kritisiert damit die für das abendländische Denken typische Anthropozentrik, wie sie besonders seit der Aufklärung vorherrscht (vgl. S. 50). Nach ihm muss sich ein künftiges Denken von der Idee befreien, der Mensch sei das Ziel, die Sinnmitte der Welt. Zum Ausgangspunkt eines solch künftigen Denkens wird für Nietzsche die Auflösung des traditionellen

Subjektbegriffs. Nietzsche umschreibt sie in seinen Essays aus dem **„Nachlass der Achtzigerjahre"** folgendermassen:

Die Annahme des einen Subjekts ist vielleicht nicht notwendig; vielleicht ist es ebenso erlaubt, eine Vielheit von Subjekten anzunehmen, deren Zusammenspiel und Kampf unserem Denken und überhaupt unserem Bewusstsein zugrunde liegt. […] Meine Hypothese: Das Subjekt als Vielheit.[12]

Das menschliche Subjekt, jene Kategorie, die für Kant und Hegel eine mit sich identische, harmonische Totalität war, löst sich bei Nietzsche in eine ‚Vielheit' teils gegensätzlicher Kräfte auf. Der bis zu Descartes zurückreichende Glaube an ein weltbestimmendes Subjekt, das sich als feste Einheit begreift, weicht damit der Vorstellung von der Dissoziation, der Auflösung des Ich. Wir wollen diese Vorstellung mit einem Begriff aus der Expressionismusforschung **„Ichdissoziation"**[13] oder **„Ichauflösung"** nennen. An die Stelle eines festen Ich tritt jetzt das dissoziierte Ich als eine in sich gespaltene, ständig wechselnde Grösse.

Hinter dem Begriff der „Ichauflösung" verbirgt sich ein epochaler Vorgang: die Krise des abendländischen Subjekts. Sie setzt, indem einzelne romantische Autoren (Tieck, E.T.A. Hoffmann u. a.) in ihren Erzählungen und Novellen die Identität der Figuren zu problematisieren beginnen, teilweise schon in der Romantik ein und wird noch in der ersten Hälfte des 19.Jh. auch in Sören Kierkegaards Erlebnis der menschlichen Selbstentfremdung (vgl. S. 110) manifest. Ihren Höhepunkt findet sie bei Nietzsche und im Expressionismus. Vor allem die Expressionisten haben diese Krise negativ, als Substanzverlust des Ich erfahren. Daher wohl der Versuch vieler ihrer Vertreter (Georg Kaiser, Else Lasker-Schüler, Ernst Stadler, Franz Werfel u. a.), sie durch eine Art Icherneuerung, thematisiert etwa in der Lehre vom ‚neuen Menschen', zu überwinden. Auch Nietzsches Idee des ‚Übermenschen', die so viele Missverständnisse ausgelöst hat, lässt sich wohl nur vor dem Hintergrund der Dialektik von Ichauflösung und Icherneuerung verstehen.

Die Subjektkritik als epochale Herausforderung Nietzsches wird zu Beginn des 20. Jh. durch **Sigmund Freud** weitergeführt und durch eine genauere Untersuchung der Triebnatur des Menschen fundiert.

Freud geht von einer bestimmten Beschaffenheit des menschlichen Innenlebens, nämlich von der prinzipiellen Dichotomie von Bewusstem und Unbewusstem aus, die er später zur dreiteiligen Struktur von Es, Ich und Über-Ich, der Kontrollinstanz des Ich, erweitert (vgl. S. 131 f.). Dem Unbewussten kommt hierbei die zentrale Rolle zu, hat doch nach Freud das menschliche Handeln in ihm und nicht so sehr in bewussten Absichten seinen Ursprung. Damit gibt Freud die idealistische Vorstellung eines Ich, das im Bewusstsein, in der Ratio gründet und so Herr seiner selbst ist, preis. Mit andern Worten: Für ihn existiert das Ich als feste, einheitliche Grösse nicht, ist der rational, in sittlicher Selbstbeherrschung über sich verfügende Mensch eine Illusion. Wissenschaftsgeschichtlich bedeutet das die Ablehnung der traditionellen, individualistischen Psychologie aus der Position der Psychoanalyse.

Das Subjekt als Vielheit – dieser durch Freud gewissermassen bestätigte Satz Nietzsches bildet den Ausgangspunkt für eine, von der bürgerlichen Erzähltradition aus gesehen, veränderte Gestaltung der literarischen Figur, wie sie einzelne Autoren, allen voran Döblin, Kafka und Carl Einstein, schon kurz nach 1900 versuchen. In der These von der Vielheit des Subjekts, der Ichauflösung wurzelt denn letztlich auch der Montagestil der ‚grossen' modernen Romane seit Marcel Proust, Dos Passos, James Joyce, Döblin, Kafka u. a. und nicht sosehr in der Technik des Films, wie immer wieder behauptet wurde.

1.7.2 Moderne Sprachkrise und Sprachkritik

Die Überzeugungskraft der älteren, traditionellen Literatur, etwa des bürgerlich-realistischen Romans, ergab sich daraus, dass die vom Autor gestaltete, fiktive Welt den Anschein nachgeahmter Wirklichkeit erweckte. Wir sprachen in diesem Zusammenhang von einem mimetischen Prinzip der Kunst (vgl. S. 31). Seine ideelle Basis bildet der uralte Glaube an die Einheit von Ich, Sprache und Welt, an eine in sich kohärente Wirklichkeit. Die Naturalisten haben das mimetische Prinzip, unter dem bestimmenden Einfluss des Positivismus, übersteigert, und zwar durch ihre Versuche, die ‚Wirklichkeit', d. h. das, was *sie* darunter verstanden, sprachlich vollkommen einzufangen. Darin ist der Naturalismus, entgegen der häufig vertretenen Ansicht, er markiere den Beginn der literarischen Moderne, noch in keiner Weise modern.

Gleichwohl haben die Naturalisten zur Entstehung einer modernen Literatur unmittelbar beigetragen. Ihre übersteigerte Mimesisgläubigkeit musste nämlich aus innerer Konsequenz in die Erkenntnis umschlagen, dass sich die ‚Wirklichkeit' sprachlich-dichterisch eben doch nicht vollständig abbilden lässt. Diese Erkenntnis führt um 1900 bei den antinaturalistischen Autoren (bei Hofmannsthal, Musil, Rilke u. a.) zu einer **Sprachkrise**, d. h. zur wachsenden Einsicht, dass Wort und Wirklichkeit einander nicht mehr decken, dass es eine Identität von Sprache und Sein nicht gibt. Mit dieser Sprachkrise, die zur Grunderfahrung der Moderne, allem voran der modernen Lyrik, wird, verbindet sich eine fundamentale Kritik an der festen Sprache, an ihrem vermeintlichen Abbildcharakter, aber auch an den ideologisch gewordenen Sprachkonventionen. Der erste Vertreter einer solch radikalen **Sprachkritik** – schon *vor* 1900 – ist Nietzsche. Für ihn sind die Wörter nur noch „Scheinbrücken zwischen Ewig-Geschiedenem"[14], ist es ein Irrtum zu glauben, der Mensch besitze „in der Sprache die Erkenntnis der Welt"[15]. Eine ähnlich kritische Haltung gegenüber der Sprache nehmen kurz nach der Jahrhundertwende u. a. Fritz Mauthner, Karl Kraus, Alfred Döblin und Rainer Maria Rilke ein. Ihren wohl deutlichsten Ausdruck findet die Sprachkritik aber in **Hugo von Hofmannsthal**s berühmtem „**Brief des Lord Chandos**" (1902), der, vielleicht zusammen mit Mauthners „Beiträgen zu einer Kritik der Sprache" und Döblins Nietzscheaufsätzen, beide ebenfalls um 1902, zweifellos die *Wende zur modernen Literatur* dokumentiert. Auf diesen „Brief" gehen wir hier deshalb näher ein.

In der erfundenen Gestalt des jungen Dichters Philipp Lord Chandos, der in einem 1603 an einen älteren Freund, den englischen Schriftsteller, Philosophen und Politiker Francis Bacon, gerichteten fiktiven Brief seinen Verzicht auf jede weitere literarische Betätigung erklärt, beklagt Hofmannsthal die Sprachnot des Dichters angesichts eines sich auflösenden Weltkosmos ohne verbindliche Wertordnungen. Wie soll der Dichter noch der Schilderer eines Ordo sein, wenn dieser gar nicht mehr existiert?

Einstmals erschien ihm „in einer Art von andauernder Trunkenheit das ganze Dasein als eine grosse Einheit: Geistige und körperliche Welt schienen" ihm „keinen Gegensatz zu bilden, ebensowenig höfisches und tierisches Wesen, Kunst und Unkunst, Einsamkeit und Gesellschaft". Das war noch das ‚Damals', die Situation Goethes und Hegels, ja noch eine spätere, als die Wissenschaftsgläubigkeit der Positivisten und Naturalisten die Welt immer noch zusammenhielt. Jetzt, wo es die Vorstellung einer in sich kohärenten Wirklichkeit nicht mehr gibt, entziehen sich die zufälligen, vereinzelten Dinge der Sprache, dem eingrenzenden Wort:

Mein Fall ist, in Kürze, dieser: Es ist mir völlig die Fähigkeit abhanden gekommen, über irgendetwas zusammenhängend zu denken oder zu sprechen. Zuerst wurde es mir allmählich unmöglich, ein höheres oder allgemeineres Thema zu besprechen und dabei jene Worte in den Mund zu nehmen, deren sich doch alle Menschen ohne Bedenken geläufig zu bedienen pflegen. Ich empfand ein unerklärliches Unbehagen, die Worte „Geist", „Seele" oder „Körper" nur auszusprechen. Ich fand es innerlich unmöglich, über die Angelegenheiten des Hofes, die Vorkommnisse im Parlament, oder was Sie sonst wollen, ein Urteil herauszubringen. Und dies nicht etwa aus Rücksichten irgendwelcher Art, denn Sie kennen meinen bis zur Leichtfertigkeit gehenden Freimut: sondern die abstrakten Worte, deren sich doch die Zunge naturgemäss bedienen muss, um irgendwelches Urteil an den Tag zu geben, zerfielen mir im Munde wie modrige Pilze. […] Es zerfiel mir alles in Teile, die Teile wieder in Teile, und nichts mehr liess sich mit einem Begriff umspannen. Die einzelnen Worte schwammen um mich; sie gerannen zu Augen, die mich anstarrten und in die ich wieder hineinstarren muss: Wirbel sind sie, in die hinab zu sehen mich schwindelt, die sich unaufhaltsam drehen und durch die hindurch man ins Leere kommt.

Im Chandosbrief als autobiographischem Zeugnis einer Schaffenskrise drückt sich letztlich der radikale Zweifel an der Möglichkeit aus, literarisch in der überkommenen, seit Jahrhunderten gültigen Weise weiterzuschreiben. Aus diesem Zweifel zieht Hofmannsthal indessen noch keine grundsätzlichen künstlerischen Konsequenzen, auch wenn der Chandosbrief seine Abwendung von der Lyrik und vom lyrischen Drama markiert. Hofmannsthals späteres literarisches Schaffen, seine Erneuerung des mittelalterlichen Mysterienspiels etwa, bewegt sich, ähnlich dem Schaffen zahlreicher anderer

Autoren im Umkreis des literarischen Jugendstils (Brüder Mann, G. Hauptmann, St. George, E. Lasker-Schüler, z. T. sogar R.M. Rilke u. a.), insgesamt weiterhin innerhalb der bürgerlichen Tradition.

Ganz anders eine Reihe avantgardistischer Autoren, zu denen kurz nach 1900 in erster Linie Döblin, Kafka, Carl Einstein und in gewissem Sinne auch Schnitzler und Musil gehören. Ausgehend von der geistigen und künstlerischen Krisensituation der Jahrhundertwende, vor allem von der Subjekt- und Sprachkrise, dabei unmittelbar beeinflusst von Nietzsche und Freud, gehen sie literarisch teilweise radikal neue Wege. Von ihrer veränderten Vorstellung des menschlichen Ich und der Sprache aus gelangen sie in ihren Texten zu einer neuartigen Figurengestaltung, erproben sie zugleich die Möglichkeit einer Spracherneuerung, indem sie die Sprache, etwa durch ungewohnte Wortkombinationen, von erstarrten Signifikaten zu befreien suchen. Dabei spielt das Montageprinzip in ihren Versuchen eine zentrale Rolle. Mit seiner Hilfe erreichen schon die modernen Autoren der Jahrhundertwende, Brecht gleichsam vorwegnehmend, eine weitgehend gestische Gestaltung ihrer Texte, verändern sie damit in folgenschwerer Weise eine innerhalb der Tradition als fest erachtete Textstruktur.

In Bezug auf diese strukturellen Neuerungen um 1900 steht wohl **Alfred Döblin**, der die Frage nach den Auswirkungen der Ichdissoziation auf die poetische Gestaltung als Erster reflektiert, an vorderster Stelle. Schon seit 1902 geht er in seinen Prosatexten, indem er die personale Einheit des Erzählers und der erzählten Figur aufzulösen beginnt, revolutionäre Wege als alle anderen Autoren, Kafka und Carl Einstein, deren frühe Prosa fast gleichzeitig einsetzt, vielleicht ausgenommen. So entsteht, nach einer Reihe kleinerer Erzählungen, um 1913 Döblins bedeutender Roman „Die drei Sprünge des Wang-lun", der mit Recht als erster grosser deutscher Montageroman gilt. Von ihm aus führt der Weg zu dem rund fünfzehn Jahre später erschienenen Grossstadtroman „Berlin Alexanderplatz", in dem, als einem Schlüsselwerk moderner Erzählkunst, das Montage- wie auch das gestische Prinzip nun voll entfaltet sind.

Neben Döblin gehört, wie bereits früher gesagt, auch **Bertolt Brecht** zu den Pionieren einer neuen Dichtkunst (vgl. S. 37 ff.). Döblins Ansätze weiterführend, setzt er seit Ende der zwanziger

Jahre zur Kritik an der Figurengestaltung im bürgerlichen Drama und von da aus zur Erneuerung des Theaters vom Verfremdungs- und vom Gestusbegriff her an. Dabei hat Brecht mit den beiden Kernbegriffen „fixierter Charakter" und „Gestus" der Literaturkritik zentrale Kategorien zur Unterscheidung bürgerlicher und moderner Texte angeboten. Für ihn ist die vom marxistischen Philosophen *Georg Lukács* in der *Expressionismus-Debatte* der 1930er Jahre erhobene Forderung nach ‚bleibenden Gestalten' ein Festhalten am „fixierten Charakter" und damit eine Verfälschung der Lebenswirklichkeit, weil man neue Inhalte in alten Strukturen wiedergeben will. So grenzt sich Brecht von jenen Autoren aus der ersten Hälfte des 20. Jh. (allen voran von den Brüdern Mann) ab, die im Sinne einer fortschrittlichen Traditionsaneignung an die künstlerische Methode der Realisten des 19. Jh. (Keller, Balzac, Tolstoi u. a.) anknüpfen.

Selbstverständlich wären zusammen mit Döblin und Brecht, neben den bereits genannten Kafka und Einstein, noch weitere Pioniere einer neuen Sprachkunst zu erwähnen. Hinzuweisen wäre da etwa auf Gottfried Benn, der, wie Gertrude Stein, T.S. Eliot, James Joyce und Ezra Pound, von Nietzsche unmittelbar beeinflusst, schon früh die Diskontinuität des Ich in seiner absoluten Prosa gestaltet. Zu nennen wären in diesem Zusammenhang die Expressionisten überhaupt mit ihrer Radikalisierung der Ichauflösung, wäre vor allem der von futuristischen Tendenzen geprägte Berliner Sturmkreis, dessen Wortkunst eine gegen das traditionelle Literaturverständnis gerichtete neue Ausdrucksmöglichkeit in Drama und Lyrik darstellt. Und schliesslich wären auch die Dadaisten (Hugo Ball, Kurt Schwitters, Hans Arp u. a.) nicht zu vergessen, die mit Hilfe von Montage- und Collagetechnik der Literatur ganz neue Dimensionen eröffneten. All diese Autoren und Autorengruppen haben, je auf ihre Weise, zur Entstehung der *literarischen Moderne* beigetragen.

Dass diese Moderne nicht zuletzt auch vom Erlebnis zweier Kriege und ihrer Materialschlachten gewaltig beeinflusst wurde, steht ausser Frage: vom russisch-japanischen Krieg, dem ersten ‚modernen' Krieg des 20.Jh., vor allem aber vom Ersten Weltkrieg, der, angesichts der verheerenden Zerstörung des Menschen durch den Menschen, die völlige Bedeutungslosigkeit des überkommenen humanistischen Persönlichkeitsideals, ja das Ende der zentralen Stellung des Individuums demonstrierte.

Arbeitsvorschläge zu Kapitel 1

1. Seit dem Beginn des 20. Jh. hat sich ein immer stärkerer Gegensatz zwischen einem breiten, an traditioneller oder gar traditionalistischer Literatur orientierten Leserpublikum und einer schmalen, an moderner Literatur interessierten Schicht herausgebildet. Für diesen Gegensatz gibt es verschiedene inner- und ausserliterarische Gründe. Nennen und diskutieren Sie einige mögliche.

2. Voraussetzung für die Entfaltung einer literarischen Moderne, vor allem aber einer Avantgarde, ist die Existenz eines Literaturkanons. Prüfen Sie, inwiefern diese Feststellung zutrifft, indem Sie auch konkrete literarische Beispiele beiziehen.

3. In seinem Essay „Betrachtung der Kunst und Kunst der Betrachtung" (1939) schreibt Bertolt Brecht:

   Man muss wissen, dass die Bildhauer lange Zeit ihre Aufgabe darin sahen, das ‚Wesentliche', ‚Ewige', ‚Endgültige', kurz, die ‚Seele' ihrer Modelle zu gestalten. Ihre Vorstellung war die: Jeder Mensch hat einen ganz bestimmten Charakter, den er mit auf die Welt bringt und den man beim Kind schon beobachten kann. Dieser Charakter kann sich entwickeln, das heisst, er wird sozusagen immer bestimmter, je älter der Mensch wird. [...] Der Künstler muss nun diesen Grundzug, dieses entscheidende Merkmal des Individuums herausarbeiten, alle andern Züge diesem einen Zug unterordnen und den Widerspruch verschiedener Züge bei ein und demselben Menschen ausmerzen, so dass eine klare Harmonie entsteht, die der Kopf selber in Wirklichkeit nicht bieten mag, die aber das Kunstwerk, die künstlerische Abbildung bietet.[16]

   Nach Brecht ist die Figur im bürgerlichen Roman oder Drama Ausdruck eines bestimmten Menschenbildes. Beschreiben Sie dieses Menschenbild, wie es sich im vorliegenden Text zeigt.

4. Zur traditionellen Literatur, wie sie auch heute noch mehrheitlich verfasst wird, gehört ein einheitlicher Blickpunkt, von dem aus sich die dargestellte Wirklichkeit als kohärentes Geschehen, d. h. als Einheit von Raum und Zeit, erschliesst. Prüfen Sie, inwiefern dies auf die folgende Textpassage aus Martin Suters Roman „Der Teufel von Mailand" (2006) zutrifft:

   Sonia nahm ihr Glas und ging auf die Terrasse. Die Nacht war noch immer mild und der Himmel so hell, dass sich die Berge auf ihm abzeichneten. Das Dorf klebte an seinem Hang wie ein Postkartenmotiv. Auf der Bergflanke darüber, achtlos hingestreut, die Lichter abgelegener Häuser, von denen ein paar davon geschwebt waren und jetzt als Sterne im nächtlichen Sommerhimmel blinkten. Sonia würde hier warten, bis das Piano verklungen war. Und noch ein wenig länger, bis Bob sich neben sie ans Geländer stellen und etwas über den schönen Abend sagen würde.

   Die Stimmen von Barbara Peters und ihren Bekannten wurden noch einmal lauter und verklangen dann in der Distanz. Auf eine der Föhren vor dem Hotel fiel plötzlich ein Lichtviereck. Sonia schaute hinauf. Oben in Barbara Peters' Rapunzelwohnung war Licht angegangen.

5. Die künstlerische Moderne versteht sich, auf eine einfache Formel gebracht, als Auflösung einer einheitlichen Perspektive auf die Welt. Diskutieren Sie diese These anhand von Barbara Köhlers Gedicht „Kein Kommentar" aus dem Band „Blue Box" (1995):

   > **Die Bilder sprechen für sich die Sprache**
   > **sagt zu: dir und mir Fürworte drittenfalls**
   > **uns redet sie ein die Bilder sind auf uns**
   > **gerichtet die Kamera zeigt Unbegreifliches sieht**
   > **den täglichen Terror Elend Angst für uns vor**
   > **sich den Mann mit der Stimme wir richten uns**
   > **nach den Bildern: du mich und ich dich.**

6. Joachim Zelter schildert in seinem Roman „Schule der Arbeitslosen" (2006) das Leben im Trainingslager „Sphericon", einer neuartigen, als „Wohnschule" organisierten Fortbildung für

Arbeitslose. Die Teilnehmer dieser Fortbildung schauen sich in ihrer Freizeit die Fernsehserie „Job Quest" an, eine Serie über die fortwährende Suche nach Arbeit:

Die berühmte Fernsehserie „Job Quest". Die ewige Serie fortwährender Suche, die Suche nach Arbeit, mit wechselnden Protagonisten, die auf abenteuerlichsten Wegen nach Arbeit suchen und sie am Ende auch finden. Sie suchen mit eigenen Papieren oder mit geliehenen Papieren oder mit gefälschten Papieren: zu Lande, zu Wasser, in der Luft; mit Freunden, ohne Freunde, gegen Freunde… Jede Folge zeigt die Suche eines neuen Protagonisten, der im letzten Moment, nach unzähligen Kämpfen und Rückschlägen eine Stelle bekommt, nicht einfach bekommt – vielmehr verdient, erkämpft, erzwingt – wie ein unabweisbares Schachmatt. Es gibt in der Welt von „Job Quest" kaum Zufälle, allenfalls glückliche Fügungen, vor allem aber die Unablässigkeit grenzenlosen Mutes. In manchen Fällen auch Verwegenheit. Ein Protagonist rast zu seinem Vorstellungsgespräch mit einem gekaperten Auto. Ein anderer springt während des Vorstellungsgesprächs aus dem Bürofenster auf einen fahrenden Lastwagen. Kein Mensch hat in dieser Welt Arbeit aus Zufall oder weil er sie immer schon hatte. Jede Arbeit verdankt sich vielmehr den Hasardstreichen heldenhafter Alltagsmenschen. Just do it! Mittlerweile gibt es die Serie auch als Computerspiel: Über Mauern, durch Rohre, aus der Luft überwindet der Protagonist endlose Hindernisse und Widersacher auf seinem Weg in das Innere einer schwer bewachten Fabrik…

a) Zeigen Sie auf, wie es dem Autor in diesem Text gelingt, die Handlungen zu einem Gestus zu entfalten, der anstelle der Figuren ins Zentrum tritt.
b) Wie liesse sich dieser Gestus benennen?
c) Was leistet hier die moderne, gestische Gestaltungsweise in Bezug auf das Bild vom Menschen?

7. Literarisches Schreiben ist, besonders wenn es sich um moderne Texte handelt, ein fortwährender Akt der *Spracherneuerung*. Untersuchen Sie vor dem Hintergrund dieser Feststellung den Beginn der Erzählung „Sieben Stunden vor 2000", die in einem Workshop entstanden ist, auf die Verwendung der Sprache hin: Wo wirken die Bilder, vor allem die Metaphern, echt, wo verfestigt, abgegriffen, verbraucht?:

Das alte Jahrtausend hat sich aufbrausend und ungestüm in die Vergangenheit zurückgezogen. Hart und unbarmherzig jagte der Orkan Lothar am 26.Dezember von Westen kommend über den Süden Europas, liess ganze Dächer polternd zu Boden schlagen, zerrte und zog an Bäumen und warf sie entwurzelnd Reihe um Reihe um, nahm schliesslich auch Menschen das Leben.
Ich bin zu meiner Hütte gefahren, zusammen mit Baldur, dem Dalmatiner-Schäferhund-Mischling, einem legalen Export aus Macedonien. So manches Wochenende habe ich schon hier in der Hütte verbracht, stets mit Baldur an meiner Seite. Der geniesst die Freiheit ohne Leine, jagt einem Falken nach, der sich eine Maus greifen will. Der Vogel entkommt mit Leichtigkeit in die Luft, der Hund bläfft dem königsgleichen Vogel verdutzt hinterher. Aber wenn es dunkelt und eine feierliche Stille die Landschaft überzieht, wenn alle Falken von ihren Jagdausflügen in ihre Horste zurückkehren, die Sterne anfangen zu blinken und schliesslich das Käuzchen vom nahen Wald her ruft, dann schliesse ich die Türe des Häuschens gerne von innen ab. […] Draussen die samtene Nacht, ich in der winzigen Hütte. Wie in einer Muschel. Abgeschieden, doch sicher. So hoffe ich.

2. Vorläufer einer modernen Dichtung

Kurz nach 1900 finden einzelne avantgardistische Autoren, die sich vor allem am Werk Nietzsches orientieren, in ihren Texten zu einer umfassenden Kritik am traditionellen Denken. Diese Kritik, die sich in einer neuartigen Figurengestaltung und in der Preisgabe des mimetischen Kunstprinzips spiegelt, betrifft, wie das erste Kapitel gezeigt hat, drei eng miteinander verbundene Begriffe: den **Wirklichkeits-**, den **Subjekt-** und den **Sprachbegriff**.

Nun gibt es Ansätze zu einer Subjekt- und Sprachkritik, aber auch zur Kritik an einem ‚naiven' Wirklichkeitsbegriff freilich schon lange vor der Jahrhundertwende. Gerade die letztere, die Kritik am Wirklichkeitsbegriff, reicht bis in die Barockzeit zurück. Kannte man noch im 16.Jh., also zur Zeit von Humanismus und Reformation, nur *eine* Wirklichkeit, in der Sein und Bedeutung zusammenfielen, so spaltet sich für das Denken des *Barock* diese eine Wirklichkeit auf: in eine vordergründige, sichtbare und in eine hintergründige, unsichtbare Wirklichkeit, wobei die zweite die wahre, die vordergründige Wirklichkeit bloss der Schein von ihr, d. h. ihr Abbild, ist. In dieser Spannung zu leben und sie auszuhalten, darin besteht das neue Lebensgefühl der Barockzeit gegenüber jenem des 16.Jh.

Noch wesentlich radikaler als der Barock in Bezug auf ein neues Lebensgefühl ist die *Romantik*. Eine Reihe moderner Elemente (Illusionsdurchbrechung, Verfremdung, Subjektkritik, Einbezug des Unbewussten, Sprachskepsis usw.) haben ihre Wurzeln in dieser Epoche, wie das nachstehend genannte Schema deutlich macht. Der Grund für die Schlüsselstellung der *Romantik* ist einigermassen klar: Hier bricht – entgegen dem in der Klassik noch gültigen Ideal eines mit sich und der Welt harmonisch vermittelten Menschen – erstmals die Erfahrung des menschlichen Identitätsverlustes und der Selbstentfremdung auf. Und dies so augenfällig, dass immer wieder die These vertreten wurde, die literarische Moderne habe schon mit der Romantik begonnen.

Das folgende Schema zeigt die wichtigsten Stationen auf dem Weg zu einem modernen Wirklichkeits-, Subjekt- und Sprachbegriff:

Wirklichkeitsbegriff	Begriff des menschlichen Subjekts	Sprachbegriff
Barock Aufspaltung der *einen* Wirklichkeit in eine hintergründige, unsichtbare, wahre Wirklichkeit des *Seins* und in eine vordergründige, sichtbare Wirklichkeit des *Scheins*, die nur Abbild der wahren ist; eine letzte Einheit der beiden Wirklichkeiten bleibt in der Idee eines Welt-Ordo indessen gewahrt.	Kants Erkenntniskritik Die menschliche Vernunft ist nicht in der Lage, hinter die erscheinende Wirklichkeit zum ‚Ding an sich' zu gelangen. Sichere Erkenntnis gibt es daher nur im Bereich der Erfahrungswissenschaften: Ansätze zur Preisgabe der Metaphysik.	Romantik Anfänge moderner **Sprachskepsis**: Beginnende Kluft zwischen Sprache und Dingwelt wird zum Ausgangspunkt einer Schreibweise, die, indem sie teilweise surrealistische Züge annimmt, nicht mehr Wirklichkeitsabbildung sein will (vor allem bei Novalis, Tieck und E.T.A. Hoffmann).
Romantik Nebeneinander verschiedener Wirklichkeiten (von natürlicher und übernatürlicher Welt), zwischen denen die Figuren hin und her gleiten, führt zu **Verfremdungen**, wie sie der Sache nach schon Novalis und F. Schlegel fordern. Besonders ausgeprägt in der *romantischen Ironie* als der spielerischen Aufhebung dichterischer Illusion (z.B. bei Tieck und Heine).	Kleists Kantkrise Dem Menschen kommt keine objektive Erkenntnis zu. Die Wirklichkeit widerfährt ihm als Unbegreifliches, Sinnloses, als blosser Schein: Preisgabe der Metaphysik.	französischer Symbolismus Die Einsicht, dass sich die Wirklichkeit der Sprache, die nur ein System von Zeichen/Symbolen ist, entzieht, führt zum Rückzug der Sprache auf sich selbst (Poesie als autonome Sprachkunst).

Vorläufer einer modernen Dichtung

| Nietzsche
Fin de siècle
Expressionismus	Romantik	Spracherneuerung der Naturalisten
Erfahrung einer **dissoziierten Wirklichkeit** führt (teilweise zusammen mit der Ichdissoziation) in modernen Texten zur Auflösung der Handlungs- und Bildkontinuität (am frühesten u.a. bei Döblin, Rilke, Benn, Trakl, Lasker-Schüler).	Die romantischen Motive des **Doppelgängers** und der **Ichspaltung** machen erste Anzeichen eines Identitätsverlustes der Figur sichtbar (z.B. bei Jean Paul, Kleist, Tieck und vor allem bei E.T.A. Hoffmann).	Arno Holz fordert die Sprengung überkommener sprachlicher Formen, den Gebrauch von Neubildungen, um so die Kunst wieder unmittelbar ans Leben heranzuführen (Betonung der Willkür, des Konventionscharakters der Sprache).

Surrealismus	Seit dem Realismus	Nietzsches Sprachkritik
Von Romantik und Psychoanalyse beeinflusste Vorstellung, die eigentliche Wirklichkeit des Menschen liege im Unbewussten, das sich den Gesetzen der Logik entziehe, in dem daher alles möglich sei. Damit Verwischung der Grenzen zwischen Traum und Realität, d.h. radikale **Absage an die Mimesis** traditioneller Dichtungen. Vor allem seit Kafka gewaltiger Einfluss auf die Moderne.	Zunehmender **Ichabbau**; unter dem Einfluss der positivistischen **Naturwissenschaften** und der **Industrialisierung** Umkehrung der Blickrichtung: Nicht mehr das Bewusstsein, wie im Idealismus, bestimmt das Sein, sondern das Sein formt das Bewusstsein.	Kritik am Glauben an eine feste Sprache, die Wirklichkeit (mimetisch) abzubilden vermag, löst die **moderne Sprachkrise** aus (Hofmannsthal, Kraus, Mauthner u.a.).

Nietzsches Subjektkritik
These von der **Vielheit des Subjekts** als eine der unmittelbaren geistigen Grundlagen der ersten Montagetexte kurz nach 1900 (Döblin, Kafka, C. Einstein u.a.).

© by Haupt Berne

Arbeitsvorschläge zu Kapitel 2

1. In der Romantik wird, die literarische Moderne gewissermassen vorwegnehmend, die Identität der Figuren und damit verbunden die herkömmliche Vorstellung einer zuverlässigen, durch Erfahrung verfügbar gewordenen Wirklichkeit häufig problematisiert. Zeigen Sie dies am Schluss von Ludwig Tiecks Märchennovelle „Der blonde Eckbert" (1797) auf:

   Er [Eckbert] stieg träumend einen Hügel hinan; es war, als wenn er ein nahes, munteres Bellen vernahm, Birken säuselten dazwischen, und er hörte mit wunderlichen Tönen ein Lied singen:
   >   „Waldeinsamkeit
   >   Mich wieder freut,
   >   Mir geschieht kein Leid,
   >   Hier wohnt kein Neid,
   >   Von neuem mich freut
   >   Waldeinsamkeit."

   Jetzt war es um das Bewusstsein, um die Sinne Eckberts geschehn; er konnte sich nicht aus dem Rätsel herausfinden, ob er jetzt träume oder ehemals von einem Weibe Bertha geträumt habe; das Wunderbarste vermischte sich mit dem Gewöhnlichsten, die Welt um ihn herum war verzaubert, und er keines Gedankens, keiner Erinnerung mächtig.
   Eine krummgebückte Alte schlich hustend mit einer Krücke den Hügel heran. „Bringst du mir meinen Vogel? Meine Perlen? Meinen Hund?", schrie sie ihm entgegen. „Siehe, das Unrecht bestraft sich selbst: niemand als ich war dein Freund Walther, dein Hugo."
   „Gott im Himmel!", sagte Eckbert stille vor sich hin – „in welcher entsetzlichen Einsamkeit hab ich dann mein Leben hingebracht!"
   „Und Bertha war deine Schwester."
   Eckbert fiel zu Boden. [...]

2. Die romantische Ironie hat, neben den Romantikern selber, vor allem Heinrich Heine verwendet. In seinem Gedicht „Das Fräulein stand am Meere..." (1844) gebraucht er eine Spielform dieses Stilmittels:

Das Fräulein stand am Meere	„Mein Fräulein! sein Sie munter,
Und seufzte lang und bang,	das ist ein altes Stück;
Es rührte sie so sehre	Hier vorne geht sie unter
Der Sonnenuntergang	Und kehrt von hinten zurück."

a) Worin besteht hier die romantische Ironie, und welche Funktion erhält sie offenbar?

b) Inwiefern lässt sich mit Blick auf Heines Gedicht eine Verbindung zwischen der romantischen Ironie und dem (modernen) Verfahren der Verfremdung herstellen?

3. Im Brief vom 22. März 1801 an seine Verlobte Wilhelmine von Zenge berichtet Heinrich von Kleist von einer tiefen Krise, die Immanuel Kants Philosophie bei ihm ausgelöst hat. Worin besteht diese „Kantkrise", wenn Sie im vorliegenden Briefauszug Kleists Vorstellung von der Wirklichkeit, in der er seiner Zeit weit voraus war, in den Blick rücken?

Wenn alle Menschen statt der Augen grüne Gläser hätten, so würden sie urteilen müssen, die Gegenstände, welche sie dadurch erblicken, *sind* grün – und nie würden sie entscheiden können, ob ihr Auge ihnen die Dinge zeigt, wie sie sind, oder ob es nicht etwas zu ihnen hinzutut, was nicht ihnen, sondern dem Auge gehört. So ist es mit dem Verstande. Wir können nicht entscheiden, ob das, was wir Wahrheit nennen, wahrhaft Wahrheit ist oder ob es uns nur so scheint. Ist das letzte, so ist die Wahrheit, die wir hier sammeln, nach dem Tode nicht mehr – und alles Bestreben, ein Eigentum sich zu erwerben, das uns auch in das Grab folgt, ist vergeblich –.

4. Zeigen Sie an folgendem Auszug aus Georg Büchners Brief an seine Strassburger Verlobte Minna (Louise Wilhelmine) Jaeglé vom 10.(?) März 1834 auf, inwiefern Büchner in Bezug auf sein Bild vom Menschen als ein Vorläufer der literarischen Moderne gelten kann:

Schon seit einigen Tagen nehme ich jeden Augenblick die Feder in die Hand, aber es war mir unmöglich, nur ein Wort zu schreiben. Ich studierte die Geschichte der Revolution. Ich fühlte mich wie zernichtet unter dem grässlichen Fatalismus der Geschichte. Ich finde in der Menschennatur eine entsetzliche Gleichheit, in den menschlichen Verhältnissen eine unabwendbare Gewalt, allen und kei-

nem verliehen. Der Einzelne nur Schaum auf der Welle, die Grösse ein blosser Zufall, die Herrschaft des Genies ein Puppenspiel, ein lächerliches Ringen gegen ein ehernes Gesetz, es zu erkennen das Höchste, es zu beherrschen unmöglich. [...] Das *muss* ist eins von den Verdammungsworten, womit der Mensch getauft worden. Der Ausspruch: Es muss ja Ärgernis kommen, aber wehe dem, durch den es kommt, – ist schauderhaft. Was ist das, was in uns lügt, mordet, stiehlt?

5. Otto Brahm, der Mitbegründer des privaten Theatervereins „Freie Bühne" in Berlin, schreibt 1890 in der von ihm geleiteten, gleichnamigen Zeitschrift über die „neue Kunst" des Naturalismus Folgendes:

Eine freie Bühne für das moderne Leben schlagen wir auf. Im Mittelpunkt unserer Bestrebungen soll die Kunst stehen; die neue Kunst, die die Wirklichkeit anschaut und das gegenwärtige Dasein. Einst gab es eine Kunst, die vor dem Tage auswich, die nur im Dämmerschein der Vergangenheit Poesie suchte und mit scheuer Wirklichkeitsflucht zu jenen idealen Fernen strebte, wo in ewiger Jugend blüht, was sich nie und nirgend hat begeben. Die Kunst der Heutigen umfasst mit klammernden Organen alles, was lebt, Natur und Gesellschaft; darum knüpfen die engsten und die feinsten Wechselwirkungen moderne Kunst und modernes Leben aneinander, und wer jene ergreifen will, muss streben, auch dieses zu durchdringen in seinen tausend verfliessenden Linien, seinen sich kreuzenden und bekämpfenden Daseinstrieben.

a) Wodurch unterscheidet sich für Otto Brahm die „neue Kunst" von der früheren: der Kunst von Klassik, Romantik und Realismus?

b) Inwiefern deckt sich Brahms Auffassung vom Verhältnis von Kunst und Leben mit der *moderner* Autoren, wenn Sie die einleitenden Ausführungen in Kapitel 4 (vgl. S. 99 f.) in Ihre Überlegungen miteinbeziehen?

3. Im Spannungsfeld von Tradition und Moderne: die Entwicklung der deutschen Literatur seit dem Naturalismus

Der Gegensatz von *traditioneller* und *moderner* Literatur, den wir programmatisch herausstreichen, steht für die Forschung keineswegs fest, zumal immer wieder argumentiert wird, schon in ältester Dichtung fänden sich Elemente (etwa das Element der Verfremdung im antiken Theater), die äusserst modern seien. Es galt deshalb, zunächst die sachliche Berechtigung einer Dichotomie „traditionell" vs „modern" nachzuweisen, indem wir die beiden bisher recht unscharfen Begriffe von der *Struktur* der Texte aus neu zu fassen versuchten. Als zentrale Strukturelemente boten sich dabei die Gestaltung der literarischen Figur und der fiktionalen Wirklichkeit an. Mit Blick auf sie hat sich, wie wir zeigen konnten, seit 1900 in einer Reihe von Dichtungen, die wir in der Folge als „modern" bezeichneten, ein grundlegender Wandel vollzogen.

Machen wir uns also klar, dass es im 20./21.Jh. aus struktureller Sicht zwei verschiedene Literaturen gibt: eine neuartige, eben *moderne* Literatur, deren Korpus an Texten freilich verhältnismässig klein ist, und eine dem alten, bürgerlich-individualistischen Weltbild weiterhin verpflichtete, *traditionelle*, der noch die meisten in unserer Zeit geschriebenen Texte angehören. Die zweite Gruppe besitzt dabei einen mehr oder weniger ausgeprägt epigonalen Charakter.

Damit ist die Situation der Dichtung des 20./21.Jh. bereits markiert: Sie besteht in der Preisgabe der für die vorhergehenden Jahrhunderte charakteristischen Struktureinheit, in der Spannung zwischen Kontinuität und Revolte, zwischen dem Rückgriff auf die Tradition und dem Bruch mit ihr. Seit Beginn des 20.Jh. hat sich deshalb eine immer stärkere Diskrepanz zwischen einem breiten, an traditioneller Literatur orientierten Publikum und einer äusserst schmalen, an avantgardistischen Texten interessierten Schicht herausgebildet. Das gilt vor allem in Bezug auf den Roman und das Theater, während in der Lyrik, die gesellschaftliche und geistige Veränderungen besonders schnell rezipiert, Neuerungen auf eine viel breitere Akzeptanz zu stossen scheinen.

Kann man bis zum bürgerlichen Realismus, freilich selbst da nicht ausnahmslos, einigermassen geschlossene literarische Epochen (Barock, Aufklärung, Sturm und Drang, Klassik, Romantik) und damit eigentliche *Epochalstile* voneinander unterscheiden, so ist dies spätestens seit dem Naturalismus, also seit etwa 1880, nicht mehr möglich. Zwar erscheint der Expressionismus (1910-1925) noch einmal so etwas wie eine letzte geistige und literarische Einheit zu markieren, doch bei näherem Hinsehen erweist auch er sich nur in seinen Grundtendenzen, z. B. in seiner kultur- und zivilisationskritischen Tendenz, als einigermassen homogen. Was *nach* ihm kommt, lässt sich nur noch als eine Vielzahl von Stilrichtungen und Bewegungen, von sog. *Gruppenstilen* (Neue Sachlichkeit, Trümmerliteratur, Wiener Gruppe, Kölner Schule, Neue Subjektivität usw.) ausmachen, die z. T. kontradiktorisch, traditionsbewahrend *und* traditionskritisch, nebeneinander verlaufen und die sich nach 1945 in immer kürzeren Abständen folgen. So ist denn, spätestens für die Zeit nach dem Expressionismus, jedes literarische Periodisierungsgerüst, das sich nicht an rein ausserliterarische Kriterien (etwa an realgeschichtliche, wie z. B. die Begriffe „Exilliteratur", „Nachkriegsliteratur", „Literatur der Nachwendezeit") hält, grundsätzlich problematisch. Und dies nicht nur aus dem viel gehörten Grunde, dass uns vorläufig für die Beurteilung der Gegenwartsliteratur die zeitliche Distanz zu ihr noch fehlt, sondern vor allem auch deshalb, weil das Bewusstsein einer ideellen Einheit spätestens seit dem Ersten Weltkrieg, seitdem die beiden das Abendland begründenden geistigen Ordnungsmächte Christentum und Humanismus als für *alle* verbindliche Werte mehr und mehr in Frage gestellt wurden, endgültig zerfallen ist.

Daher orientiert sich das Periodisierungsgerüst, das wir hier für die deutsche Literatur seit dem Naturalismus, der ersten sich als ‚modern' verstehenden Epoche, vorschlagen, zu einem grossen Teil an realgeschichtlichen Einschnitten. Es handelt sich um Einschnitte, die vielfach, wie etwa das Jahr 1945 oder der Jahreswechsel

1989/90, der den endgültigen Abschluss der deutschen Nachkriegsliteratur bringt, nur indirekt zu literarischen Daten geworden sind. Und noch eins: Von unserer Fragestellung her lenken wir den Blick in den einzelnen ‚Zeitabschnitten' vor allem auf die Entwicklungsmomente der literarischen Moderne.

Zeitabschnitt	Literarische Tendenzen
Naturalismus (1880-1900)	
Die Naturalisten bezeichnen sich selber erstmals als *modern* (vgl. S. 17 f.). Übergangssituation des Naturalismus: In seiner Radikalisierung des literarischen Anspruchs auf Mimesis (keine Ästhetisierung der Wirklichkeit mehr, Realismus ohne ideellen, metaphysischen Horizont) einerseits *revolutionär*, anderseits aber, gerade seines mimetischen Kunstprinzips wegen, immer noch eine *traditionelle* Epoche.	• Der Naturalismus setzt sich in Deutschland erst in der Spätphase des Realismus (Th. Fontane, W. Raabe) durch, während sich im europäischen Ausland, in Frankreich, Russland und in Skandinavien, schon früher bedeutende Autoren (E. Zola, F.M. Dostojewski, L.N. Tolstoi, M. Gorki, A. Strindberg, H. Ibsen u. a.) zu ihm bekennen. Ihr Einfluss, vor allem der Zolas und Ibsens, auf den deutschen Naturalismus ist gewaltig. • Zwei Voraussetzungen des Naturalismus: der Siegeszug der **Naturwissenschaften** und die zunehmende **Industrialisierung** während der ‚Gründerzeit'. Das stark naturwissenschaftliche Denken führt zu den Grundhaltungen des **Positivismus** (Auguste Comte), der nur überprüfbare Tatsachen, sinnliche Wahrnehmung und Erfahrung als Basis menschlicher Erkenntnis gelten lässt, und des mit ihm verbundenen **Determinismus**, nach dem

Zeitabschnitt	Literarische Tendenzen
Dass einerseits auch die angeblich objektivste Registrierung der Wirklichkeit das registrierende Subjekt miteinbezieht und dass anderseits Wirklichkeitsabbildung nie vollständig gelingt, sind die beiden Probleme des Naturalismus, die um 1900 eine epochale *Sprachkrise* auslösen und damit die **Wende zur literarischen Moderne** herbeiführen (vgl. S. 55).	die ‚Dinge' rein kausalmechanisch bestimmt sind. Positivismus und Determinismus bilden die Grundlagen der **Milieutheorie** und des aus ihr hervorgehenden **sozialen Dramas** (Holz, Schlaf, Hauptmann), das zu einem der Vorläufer des *epischen Theaters* (Piscator, Brecht) und des *‚neuen Volksstücks'* (Horváth, Fleisser, Kroetz, Sperr, Bauer, Turrini u. a.) wird.
Wiederaufleben naturalistischer Themen im *Expressionismus* (Grossstadt, Anonymität des Masse, Milieu der Verkommenheit, Generationen- und Geschlechterkonflikt usw.), in der *Literatur der Arbeitswelt* der 1960er Jahre (Gruppe 61, Günter Wallraffs Industriereportagen u. a.) und in der *Neuen Subjektivität* (Alltagserfahrungen in Erzählprosa und Lyrik und im ‚neuen Volksstück').	• **konsequenter Realismus (Sekundenstil)**: Wie die Naturwissenschaften das beobachtende Subjekt völlig dem Objekt unterwerfen, um die reinen, objektiven Gesetze der Erscheinungen sichtbar zu machen, so wollen die Naturalisten die Wirklichkeit ‚detailgetreu' und vor allem nackt, d. h. durch keine Zutat des Autors beschönigt, wiedergeben. Arno Holz, der Theoretiker des Naturalismus, hat dafür die Formel „**Kunst = Natur − x**" geprägt.
Literatur der Jahrhundertwende: Fin de siècle (1890-1910)	
Vielfalt literarischer Stilrichtungen (Stilpluralismus), die unter dem Einfluss des französischen Symbolismus und z. T. in Anlehnung an die bildende Kunst (Impressionismus, Jugendstil) mehr oder weni-	• Bewusstsein einer untergehenden bürgerlichen Spätzeit, des Zerfalls der bürgerlich-humanistischen Werte: Endzeitstimmung („Fin de siècle"), Kulturpessimismus (z. T. noch unter dem Einfluss

Zeitabschnitt	Literarische Tendenzen
ger extreme Gegenpositionen zum Naturalismus darstellen und die sich nicht scharf voneinander abgrenzen lassen: • *Impressionismus* („Eindruckskunst") als Kunst einer nur noch in Stimmungen wahrnehmbaren Welt. • *Symbolismus* als dem Ideal einer „reinen Dichtung" verpflichtete Kunst („l'art pour l'art"), in der das Geschaute nicht mehr Abbild, sondern reines *Sinn*bild ist. • *Jugendstil* als Kritik an den starren, zweckgerichteten Lebensformen; der Neuromantik verwandt. Begriff seiner unklaren Konturen wegen für den literarischen Bereich nur bedingt tauglich. • *Décadence, Dekadenz* als Dichtung der Krise, des Bewusstseins von Verfall und Niedergang des bürgerlichen Zeitalters; Fin de siècle ('Endzeit')-Stimmung. 'Dekadente' Züge auch in Impressionismus und Neuromantik. • *Neuklassik, Neuromantik* als an klassische und romantische Kunsttraditionen anknüpfende, antinaturalistische Stilrichtungen. Obwohl die Moderne erstmals in *Berlin* proklamiert wurde, gilt *Wien* als der eigentliche Ursprungsort der wissenschaftlichen und künstlerischen Moderne: **„Wiener Moderne"** (1890-1910), zu der die	von Arthur Schopenhauers pessimistischer Lebensphilosophie). • Nebeneinander zweier Literaturen: **Literatur des ausgehenden Realismus** (P. Heyse, Th. Fontane, W. Raabe, W. Busch, M. von Ebner-Eschenbach u. a.), die in der gegen Naturalismus und Avantgarde gerichteten *Heimatkunst* mit ihrer Darstellung einer vormodernen, zeitlos in sich ruhenden bäuerlichen Welt (L. Thoma, L. Ganghofer, H. Löns, G. Frenssen, C. Viebig u. a.) einen Ausläufer findet. Die Letztere geht ab 1933 teilweise nahtlos in die Blut- und Boden-Dichtung über. **Literatur der Avantgarde** (vor allem Jugendstil, aber auch Impressionismus und Symbolismus), die sich, indem sie die Wirklichkeit nicht mehr 'unmittelbar', sondern perspektivisch gebrochen zeigt, von der psychologisch-realistischen Schreibweise des 19. Jh. als der Schlüsseltradition zu lösen versucht. Angeregt durch Nietzsches Subjektkritik und z. T. schon beeinflusst von Freuds Psychoanalyse, wenden sich die Avantgardisten (Hofmannsthal, Schnitzler, Rilke, Musil, Döblin, Kafka, C. Einstein, Brüder Mann u. a.) besonders der *Thematik des Ich-Zerfalls* zu. Dabei stehen Döblin, Kafka und Einstein in der poetischen Gestaltung dieser

Zeitabschnitt	Literarische Tendenzen
avantgardistische Autorengruppe **„Junges Wien"** um Hermann Bahr, Arthur Schnitzler und Hugo von Hofmannsthal, aber auch Wissenschaftler, Musiker und Maler wie Ernst Mach, Sigmund Freud, Arnold Schönberg und Gustav Klimt gehören. Ihr Treffpunkt war das berühmte Wiener Café Griensteidl („Kaffeehausliteratur").	Thematik (erste Montagen) an vorderster Stelle. Für den Strukturwandel in der Erzählprosa folgenreich ist die Einführung des **inneren Monologes** durch Schnitzler und Döblin.
Autoren wie Schnitzler, Döblin, Kafka, Carl Einstein u. a. leiten, indem in ihren Texten die Ich-Problematik die Erzählstruktur selber erfasst, die eigentliche **Wende zur modernen Literatur** ein.	

Expressionismus (1910-1925)

Stilrichtung, die in radikalem Gegensatz zu den vorangehenden Stilrichtungen (Naturalismus, Impressionismus, Symbolismus, Jugendstil, Neuklassik, Neuromantik) steht. Ihr Zentrum ist Berlin. Begriff „Expressionismus" („Ausdruckskunst") zuerst in der Malerei verwendet, und zwar 1911 zur Charakterisierung von Bildern kubistischer und fauvistischer Maler (Braque, Picasso, Vlaminck u. a.). Im selben Jahr vom Publizisten Kurt Hiller auf die junge avantgardistische Literatur übertragen, die nicht mehr Wirklichkeitsabbildung	• Bewegung von Künstlern und Schriftstellern, die – sich als zweite Generation der Moderne verstehend – das von den Naturalisten vermeintlich nicht erreichte Ziel einer kulturellen Revolution verwirklichen wollen. Radikal **‚antitraditionell'** und **antibürgerlich**: Darstellung des (wilhelminischen) Bürgertums als einer geistig völlig erstarrten Schicht, vor allem bei Carl Sternheim und beim frühen Brecht. Der Konflikt zwischen Künstler und Bürger verdichtet sich literarisch, indem gerade der Vater als Repräsentant der gesellschaftlichen Ordnung

Zeitabschnitt	Literarische Tendenzen
sein will, sondern das ‚Wesen' der Erscheinungen zu erfassen sucht. Letzte literarische Bewegung, bei der sich noch von einer gewissen ‚Einheit der Epoche' sprechen lässt. Dialektik von aufbrechender Moderne und Erneuerung der Tradition kennzeichnet das Wesen des Expressionismus. Grosse Wirkung auf die Moderne nach 1945, vor allem auf Lyrik und Drama. In der Lyrik erbringen die Expressionisten (v. a. Heym, Trakl, Stadler, Stramm, Lasker-Schüler, Benn) ihre beachtlichsten Leistungen. Nahezu sämtliche Aspekte *moderner* Lyrik sind in ihren Gedichten bereits vorhanden. Als betont avantgardistische Spielformen des Expressionismus gelten: • *Futurismus* (etwa 1909-1924; von Italien ausgehend); fordert als radikaler Anti-Traditionalismus die Zerstörung der Syntax und des Ich in der Literatur; beeinflusst unmittelbar den Berliner *Sturmkreis*, einen Dichterkreis um die Zeitschrift „Der Sturm" (1910-32), dessen Leistung in der Ausbildung einer „Wortkunst" besteht.	erscheint, im **Vater/Sohn-Konflikt** (so etwa bei Kafka, Georg Heym, Hasenclever, Werfel, Barlach u. a.), einem Konflikt, der ganz wesentlich auch von Sigmund Freuds Vatermordthematik beeinflusst ist (vgl. S. 133). • Starker Einfluss von **Nietzsches und Freuds Subjektkritik**, aber auch des **Films** als neuer künstlerischer Ausdrucksform (Simultantechnik, Überblend- und Schnitttechnik usw.) auf die Entfaltung eines expressionistischen Montagestils besonders in der Lyrik (Reihungsstil) und im Roman (diskontinuierliches Erzählen). • Die Krise des abendländischen Subjekts erreicht in der Ichauflösung des Expressionismus ihren Höhepunkt. Die Expressionisten erleben diese Krise vorwiegend negativ, als Substanzverlust des Ich. Daher der Versuch vieler ihrer Vertreter, sie durch eine Art Icherneuerung, d. h. durch eine Erneuerung des Menschen aus seinem Wesen heraus, zu überwinden. Das führt zur **Idee des ‚neuen' Menschen**, wie sie sich vor allem im expressionistischen Verkündigungsdrama (G. Kaiser, E. Barlach, E. Toller u. a.) findet. • Angeregt durch die Sprachkritik Nietzsches und der italienischen Futuristen teilweise **Sprengung der traditionellen, festen Sprache**, vor allem der Syntax. Be-

Zeitabschnitt	Literarische Tendenzen
• *Dadaismus* (etwa 1916-1924; in Zürich im Zusammenhang mit dem „Cabaret Voltaire" entstanden); durch die totale anarchistische Ablehnung des bürgerlichen Kunst- und Gesellschaftsideals und durch eine Grundhaltung der Provokation bestimmt, schafft er eine Anti-Kunst des ‚Un-Sinns'. Vorläufer des Surrealismus. • *Surrealismus* (etwa 1920-1925; vor allem in Frankreich, mit starkem Einfluss auf die deutsprachige Moderne); ausgehend von der an Freuds Psychoanalyse orientierten Vorstellung, die eigentliche Wirklichkeit des Menschen liege im Unbewussten, in *vor*rationalen Tiefenschichten, hebt er die Grenzen zwischen Traum und Realität auf. Grosse Wirkung auf die literarische, meist antibürgerliche Avantgarde, vor allem auf die experimentelle Literatur, seit den fünfziger und sechziger Jahren (konkrete Poesie, Sprachexperimente der „Wiener Gruppe", Popliteratur, Happening, Social Beat, Rap, Slam Poetry u. a.). Das gilt besonders für den *Dadaismus*, dessen Einfluss auf die avantgardistischen Bewegungen nach dem Zweiten Weltkrieg so gross war, dass man einige dieser Bewegungen, wie beispielsweise Beat, Pop und Slam Poetry, gelegentlich als *Neodada(ismus)* bezeichnet.	sonders deutlich in der Lyrik mit ihrer oftmals äussersten Verknappung der Verszeile (etwa bei August Stramm). Damit Einsetzen eigentlicher **Sprachexperimente**, wie sie am radikalsten wohl von den Dadaisten in der Form des *Lautgedichts*, aber auch in der Technik der *Collage* realisiert werden. • Wirklichkeits- und Ichauflösung und die damit verbundene Preisgabe der Mimesis führen in den *modernen* Texten zum **Einbezug grotesker, absurder und surrealistischer Elemente**, vor allem in Dadaismus und Surrealismus. Von Freuds Tiefenpsychologie beeinflusst, hegen viele Autoren (Schnitzler, Hofmannsthal, Bahr, Kafka, Döblin, Hesse u. a.) ein starkes Interesse am Surrealen, d. h. an den Vorgängen des Unbewussten. • Im Zusammenhang mit der seit Ende des 19.Jh. oft beschworenen ‚Krise des Romans' Aufkommen einer neuen Gattungsform: der für das 20./21.Jh. typischen, offenen **Kurzgeschichte**. Sie löst mehr und mehr die Novelle mit ihrem strengen, geschlossenen Aufbau ab. In ihr wird auch das literarische Pendant zum neuen Medium des Kinofilms gesehen, für das sich gerade *moderne* zeitgenössische Autoren (vgl. Döblins Forderung nach einem „Ki-

Zeitabschnitt	Literarische Tendenzen
	nostil" im Roman) interessieren. Höhepunkt der Kurzgeschichte nach 1945 (vgl. S. 254). • Das expressionistische **Stationendrama** (Hasenclever, Kaiser, Toller u. a.), das als offenes Drama aus locker gereihten Einzelszenen (Stationen), zusammengehalten nur durch die Figur des Helden, besteht, kann als direkter Wegbereiter des modernen, *epischen Theaters* gelten.
Die Literatur ab 1920/25 bis zur jüngsten Gegenwart Bild eines **literarischen Pluralismus**: Anstelle relativ geschlossener literarischer Epochen lassen sich zunehmend nur noch ständig wechselnde literarische *Tendenzen* ausmachen, die überdies häufig kontradiktorisch oder sich ergänzend nebeneinander bestehen (wie z. B. die Postmoderne neben der ‚Spätmoderne'). Daher sind auch allfällige ‚Periodenbezeichnungen' (Exilliteratur, Trümmerliteratur, Literatur der Nachkriegszeit usw.) immer mehr auf rein realgeschichtliche Kontexte und nicht auf innerliterarische Kriterien bezogen.	• Während der Weimarer Jahre (1918-1933), vor allem im Zusammenhang mit der *Neuen Sachlichkeit*, der es als Gegenbewegung zum Expressionismus um eine nüchterne, dokumentarische Bestandesaufnahme der ‚Wirklichkeit' (Reportage als neues Genre) geht, endgültiger **Durchbruch der literarischen Moderne** (Döblin, Brecht, Jahnn, Musil, Broch u. a.). Dabei wird der *Roman* zur führenden modernen Literaturgattung. • Über den Bruch von 1933 (Beginn der nationalsozialistischen *Blut- und Boden-Dichtung*, die als reaktionäre Gegenströmung zur Avantgarde einer völkisch-nationalen Ideologie verpflichtet ist) hinweg setzt sich die Literatur der Weimarer Republik in der *Exilli-*

Zeitabschnitt	Literarische Tendenzen
	teratur fort und garantiert so u. a. die Kontinuität innerhalb der sich entfaltenden Moderne.
	• Neue, elektronische Medien wie Rundfunk, Schallplatte und Film leiten die Entstehung einer *Massenkultur* ein. Der Rundfunk ermöglicht zudem ein neues dramatisches Medium: das **Hörspiel**, als dessen Geburtsjahr das Jahr 1924 gilt.
	• Mitte der zwanziger Jahre Einsetzen von Brechts **epischem Theater** (mit Stücken wie „Mann ist Mann" und „Die Dreigroschenoper"), das als **gestisch-montageartiges Theater** im Hinblick auf das moderne Drama der Nachkriegszeit schulebildend wirkt.
a) Die Literatur ab 1945 bis etwa 1960	
1945 gibt es für die deutsche Literatur *keine* Stunde Null. Die ersten Jahre nach Kriegsende zeigen vielmehr eine fast ungebrochene Kontinuität, was Sprache und literarische Form angeht. 1945 bedeutet auch *nicht* den Beginn der Moderne, setzen doch die ersten *strukturell* modernen Texte schon kurz nach 1900 ein. Freilich lässt sich nach 1945 von einer zweiten Generation der Moderne sprechen. Sie wird zunächst, zwischen 1945 und 1950, durch die Autoren der *Trümmerlitera-*	• ‚Wiedereinsetzen' der während des Nationalsozialismus (1933-1945) „entarteten" deutschen Literatur nach *äusserer* Emigration (Brecht, Döblin, Brüder Mann, Musil, Sachs, Seghers, Broch, Werfel, Zuckmayer, Canetti u. a.) und *innerer* Emigration (Thiess, Hauptmann, Benn, Jünger, Wiechert, Bergengruen, R. Schneider, G. von Le Fort, Langgässer, Huch, u. a.). • Die ‚wiedereinsetzende' Literatur in Deutschland besitzt Anschluss an die:

Zeitabschnitt	Literarische Tendenzen
tur (Böll, Borchert, Eich, Schnurre u.a.), danach über Jahrzehnte hinweg vor allem durch die 1947 von Hans Werner Richter gegründete *Gruppe 47* (Andersch, Eich, Böll, Aichinger, Bachmann, Celan, Grass, Walser, Weiss, Enzensberger, Bichsel, Lenz u.a.) repräsentiert, die sich, durch Tagungen und Literaturpreise (seit 1950 Preis der Gruppe 47), gegen die konservative Kulturpolitik der Zeit und für eine moderne Nachkriegsliteratur einsetzte. Die Gruppe wurde, nachdem sie in den sechziger Jahren u.a. im Zusammenhang mit der Studentenrevolte in eine Krise geraten war, 1977 endgültig aufgelöst. Günter Grass hat am 5.Dezember 2005 nach dem Vorbild der Gruppe 47 eine neue Autorengruppe gegründet, die den Namen *Lübeck 05* trägt.	– Literatur der *äusseren* Emigration (Exilliteratur) als Literatur der nach 1933 emigrierten Autoren. – Literatur der *inneren* Emigration als Literatur der nach 1933 nichtemigrierten, den Nationalsozialismus aber ablehnenden Autoren. – deutsche Literatur von Nichtdeutschen (besonders an die Schweizer Frisch und Dürrenmatt). – ausserdeutsche Literaturen, vor allem im Drama (existialistisches und absurdes Theater Frankreichs, Stücke aus den angelsächsischen Ländern u.a.).
Ab 1945 sprechen wir in einem weiteren, ab etwa 1970 (seit der Tendenzwende) dann in einem engeren Sinne von einer Gegenwartsliteratur.	
Im Sinne der Zweistaatentheorie (BRD/DDR) formuliert Walter Ulbricht, Generalsekretär der SED, 1956 die These von den zwei deutschen Literaturen. Die 1949 gegründete Deutsche Akademie für Sprache und Dich-	• Aufspaltung der deutschen Literatur, entsprechend den beiden verschiedenen Gesellschaftssystemen, in eine westliche (BRD, Österreich, Schweiz) und in eine östliche Literatur (DDR). Während sich die westliche Literatur für die Moderne öffnet, verharrt die DDR-Literatur auf der Basis

Zeitabschnitt	Literarische Tendenzen
tung in Darmstadt verleiht seit 1951 jährlich den im deutschen Sprachraum bedeutendsten Literaturpreis: den *Georg-Büchner-Preis* für zeitgenössische Dichtung in deutscher Sprache. Der Preis ist seit 2003 mit 40'000 EUR dotiert. Deutschsprachige Autoren setzen sich zunehmend mit der internationalen literarischen Moderne auseinander. Beispielhaft dafür ist die Ende der fünfziger Jahre gegründete *Grazer Gruppe,* eine lose Vereinigung österreichischer Autoren (Frischmuth, Handke, Jelinek, Rosei, Waterhouse u. a.), die mit ihren Sprachexperimenten den Anschluss an die europäische Avantgarde suchen. Aber auch in Roman (Koeppen, Frisch, Andersch, Böll, Grass, Gaiser u. a.) und Drama (Dürrenmatt, Frisch), finden deutschsprachige Autoren in den fünfziger Jahren den Anschluss an die internationale Moderne wieder.	des **sozialistischen Realismus** (mit seiner Forderung nach dem *positiven Helden* und dem *Happy-End,* nach ‚Wirklichkeitsnähe', Parteilichkeit und Volkstümlichkeit) zunächst in einem betont antimodernen Provinzialismus (Agitationsreime, Traktorenlyrik, schematische Entwicklungsromane usw.). Ab Mitte der sechziger Jahre lässt sich dann freilich von einer „nachholenden Modernisierung" der DDR-Literatur, die sich zunehmend auch systemkritisch gibt, sprechen (Christa Wolf, Christoph Hein, Ulrich Plenzdorf, Irmtraud Morgner, Volker Braun, Reiner Kunze, Stefan Heym, vor allem aber die Autoren des „Prenzlauer Berges"). • Die **Kurzgeschichte** nach dem Vorbild der amerikanischen *short story* (Ernest Hemingway, William Faulkner, F.Scott Fitzgerald u. a.) wird, vor allem weil sie im Feuilleton der Zeitungen erscheinen kann, zur beliebtesten Prosaform der Nachkriegszeit (W. Borchert, W. Schnurre, H. Böll, I. Aichinger, H.E. Nossack, K. Kusenberg, G. Eich, G. Wohmann u. a.). • **Lyrik und Theater** werden von der veränderten geistigen Situation her theoretisch z. T. neu be-

Zeitabschnitt	Literarische Tendenzen
	gründet: Lyrik (Benn: „Probleme der Lyrik", 1951), Theater (Brecht: „Kleines Organon für das Theater", 1949; Dürrenmatt: „Theaterprobleme", 1955).
	• Die *Lyrik* wird, als Ausdruck einer tiefen Sprachskepsis nach dem Missbrauch der Sprache durch den Nationalsozialismus, zunehmend hermetisch, d. h. verschlossen und vieldeutig. Diese **hermetische Lyrik**, stellt eine radikale Absage an das epigonale Natur- und Erlebnisgedicht dar. Als ihr bedeutendster Vertreter gilt neben Gottfried Benn, der mit seinem Konzept vom „absoluten Gedicht" den Gegenpol zu Brecht bildet, Paul Celan, dessen Tod 1970 freilich das vorläufige Ende der hermetischen Lyrik markiert.
	• Im *Theater* Dominanz des **Parabelstücks** in der Nachfolge Brechts, z. T. aber auch, vor allem mit Blick auf die Deutung der Wirklichkeit, in kritischer Distanz zu ihm: Dürrenmatts Tragikomödien, Max Frischs, Martin Walsers und Peter Weiss' „Lehrstücke", Peter Hacks historische Stücke u. a. Das **absurde Theater,** das besonders in Frankreich (Beckett, Ionesco, Adamov, Tardieu) blüht, bleibt im deutschen Sprachraum (Grass, Hildesheimer), sieht man von seinem

Zeitabschnitt	Literarische Tendenzen
	späten Nachhall in Österreich (Bernhard, Bauer, Jelinek) ab, episodisch.
	• Blütezeit des **Hörspiels**, mit dem sich nicht nur ein Massenpublikum erreichen lässt, sondern das auch neue, *moderne* Darbietungsweisen (Rückblenden, Einblendungen, Montagen und Collagen usw.) erlaubt. Den Möglichkeiten des Rundfunks entsprechend, entstehen, neben Bearbeitungen von Bühnenstücken und Erzählungen, originale Hörspieltexte. Zu den bekanntesten Hörspielautoren der 1950er Jahre gehören Günter Eich, Ilse Aichinger, Ingeborg Bachmann, Wolfgang Hildesheimer, Alfred Andersch, Heinrich Böll, Martin Walser, Friedrich Dürrenmatt und Max Frisch. Mit der Ausbreitung des Fernsehens vermindert sich die Breitenwirkung des Hörspiels; anderseits findet das Hörspiel für ein exklusives Publikum zu ganz neuen Spielformen.
b) Abschluss der klassischen Moderne: die Literatur der sechziger Jahre	
Die sechziger Jahre stellen innerhalb der jüngsten deutschen Literaturgeschichte einen gewissen Einschnitt dar. Zum einen bedeuten sie Kulminationspunkt und Wende in der Entwicklung der modernen Literatur, und zum andern be-	• Der antibürgerliche Affekt der Naturalisten und Expressionisten weitet sich zum antigesellschaftlichen überhaupt: grundlegendes Misstrauen vieler Autoren gegenüber der bestehenden Gesellschaftsordnung.

Zeitabschnitt	Literarische Tendenzen
stimmen zwei an sich gegensätzliche Prozesse den Charakter dieses Jahrzehnts: • die zunehmende **Politisierung der Literatur**, die in der zweiten Hälfte der sechziger Jahre (Studentenrevolte, Ausserparlamentarische Opposition, Proteste gegen den Vietnamkrieg, antiautoritäre Bewegung) ihren Höhepunkt erreicht. Mit ihr zusammenhängend Tendenz zu einem neuen, psychologisch vertieften Realismus. • das Programm einer **experimentellen Literatur** (etwa der „Stuttgarter Schule"), deren Bezugspunkt nicht die aussersprachliche Wirklichkeit, sondern die Sprache selber als eine eigenständige Realität ist. Ihre wichtigsten Merkmale: – Ausschaltung des Ich als des Vermittlers der Sicht (aperspektivische Texte). – Orientierung an den Vorstellungen einer entpoetisierten, technischen Sprache. – häufig Verschleierung des fiktionalen Charakters der Texte (‚Entfiktionalisierung'). Im Zuge der Politisierung der Literatur zunehmende literarische Auseinandersetzung mit der industriellen Arbeitswelt und ihren so-	Die wirklich bedeutende Literatur definiert sich damit als grundsätzlich gesellschaftskritisch. Ihre zentrale Aufgabe wird die schonungslose Demaskierung unserer westlichen Wohlstandsgesellschaft mit ihrer Scheinsicherheit und Scheinmoral. • Unter dem Einfluss radikaler Provokation und Desillusionierung durch einen Grossteil der zeitgenössischen Literatur scheiden sich die Geister: Befürworter („Literatur als notwendige Provokation") und Gegner („Die zeitgenössische Literatur ist destruktiv") einer Öffnung des literarischen Lebens für die Moderne formieren sich. Höhepunkt der Kontroverse ist der „Zürcher Literaturstreit" von 1966 zwischen dem Germanisten Emil Staiger und seinen schriftstellerischen Gegnern (Max Frisch, Hugo Loetscher, Otto F. Walter, Paul Nizon, Peter Bichsel, Kurt Marti, Friedrich Dürrenmatt u. a.) um die Frage nach den moralischen und ästhetischen Grenzen der Literatur. Konservative Kritiker deuten die moderne Literatur gerne als Ausdruck einer künstlerischen Krisenlage („Krise des Romans", „Theaterkrise"). Die Problematik einer solchen Deutung zeigt sich schon darin, dass die bürgerliche Dichtung mit ihrer Forde-

Zeitabschnitt	Literarische Tendenzen

zialen Problemen. Bekannt geworden ist diesbezüglich die *Gruppe 61*, ein Arbeitskreis von Autoren, Journalisten, Kritikern und Lektoren (von der Grün, Wallraff, Delius, Runge, Mechtel u. a.), der 1961 von Fritz Hüser gegründet, 1972 freilich wieder aufgelöst wurde. Von sozialromantischem Pathos zwar entfernt, blieb die Gruppe doch mehrheitlich konventionellen Gestaltungsformen (lineares Erzählen usw.) verhaftet.

Neben der hochsprachlichen Literatur wohl im Zusammenhang mit der Aufwertung des Regionalismus vermehrte Bedeutung der **Mundartdichtung**, vor allem der **Mundartlyrik**, die teilweise im Traditionalistischen verharrt, teilweise aber als *modern mundart* auch neue Wege geht (Einbezug der Umgangssprache, Sprachexperimente, gesellschaftskritischer Grundzug usw.). Beispielhaft für das Letztere sind die Dialektgedichte der „Wiener Gruppe", aber auch die Dialektexperimente von Jandl, Gomringer, Ernst Burren und Kurt Marti.
Ihre Fortsetzung findet die Mundartlyrik in einer Lyrik, die Ausdruck einer spezifischen Jugendkultur ist: im *Mundart-Rock* der 1970er und 80er Jahre und im heutigen *Mundart-Rap* (vgl. S. 92).

rung nach bleibenden Gestalten und nach Harmonisierung der Lebenswirklichkeit, obwohl historisch bedingt, stets stillschweigend für die Wertung von Literatur schlechthin genommen wird.

- Entstehung neuer, meist sehr moderner Gattungsformen:
Epik: experimentelle Prosa (Anti-Roman, Computerroman), dokumentarischer Roman (etwa in der Form der zeitkritischen Reportage).
Lyrik: politisches Gedicht, vor allem Agitations- und Protestgedicht (Protestsong, Moritat) bis hin zum eigentlichen Agitprop-Gedicht; Pop-Lyrik, langes Gedicht (mit seiner Hinwendung zur ‚Realität'), Computerlyrik, konkrete Poesie, Abschluss der hermetischen Lyrik.
Drama: Dokumentartheater, neues Volksstück, Agitprop-Theater (Pop-Theater, Strassentheater, Happening, Living Theatre), Sprechstück, Pantomime, vereinzelt auch Tragikomödie und absurdes Theater (mit dem Antihelden), „Neues Hörspiel" als Parallele zum „nouveau roman".

Dabei wird die Verwendung der traditionellen Gattungsbegriffe, vor allem für die experimentelle Literatur, immer problematischer.

Zeitabschnitt	Literarische Tendenzen
Anknüpfen an Expressionismus, Dadaismus und Surrealismus, aber auch an die moderne Literatur der Weimarer Republik (vor allem an Döblin und Musil) und an moderne ausländische Autoren (Luigi Pirandello, Federico Garcia Lorca, John Dos Passos, James Joyce, Thornton Wilder, Arthur Miller, Jean Paul Sartre, Samuel Beckett, Autoren des Nouveau Roman u. a.). Betonte Brechtrezeption in Lyrik und Drama; daneben Wiederentdeckung Hermann Hesses, Friedrich Glausers und Robert Walsers. Hans Magnus Enzensbergers im „Kursbuch 15" geäusserte These vom „Tod der Literatur" im Jahre 1968 markiert literarisch das **Ende der klassischen Moderne**.	• Absage an bürgerlichen Kunstbegriff: Betonung des *gesellschaftlichen* Charakters der Literatur, die damit nicht mehr an überkommenen ästhetischen Kategorien, sondern an ihrem politischen Aktionswert gemessen wird („Gebrauchstexte' anstelle von ‚Dichtung'). • Neben wirklich neuartigen Texten (‚Verschwinden' des Subjekts, Montage- und Collagetechnik, Verzicht auf geschlossene Fiktionswelt, Reduktion auf Sprachreflexion usw.) häufig rein formale Rezeption der Moderne, vor allem in der politischen Lyrik (stilistische Verknappungen, Abbreviaturen, freier Vers, Enjambement, lakonische Sprechweise, dialektische Umkehrung u. a.).

c) Neue Subjektivität: die Literatur der siebziger Jahre

Seit den frühen siebziger Jahren *Tendenzwende*, die freilich mehr eine Kurskorrektur als eine völlige Abkehr von der Moderne bedeutet: Rückzug der Autoren aus dem unmittelbaren politischen Engagement und Hinwendung zum Privaten, zu einer Neuen Subjektivität und Innerlichkeit, Bekenntnis zum Ich und seiner Erfahrungswelt (Interesse an der eigenen Lebensgeschichte, an persönlichen Krisen,	Die „Neue Subjektivität" (auch „Neue Innerlichkeit" oder „Neue Sensibilität") äussert sich vor allem: • in der *Wiederkehr des Erzählers* und damit verbunden in einem biographischen, vor allem aber autobiographischen Erzählen (P. Härtling, E. Plessen, A. Muschg, Th. Bernhard, M. Frisch u. a.). • in der Ablösung des politischen Theaters durch das *Bewusstseins-*

Zeitabschnitt	Literarische Tendenzen
an der Befindlichkeit des Einzelnen usw.). Damit zusammenhängend Abkehr vom Fortschrittsglauben der sechziger Jahre: Ablösung der grossen Zukunftsperspektiven und Utopien durch die Beschränkung auf die Gegenwart und auf die private Welt, wobei die gesellschaftlichen Widersprüche keineswegs ausgeblendet werden. Diese „Tendenzwende", die sich vordergründig auf deutliche Krisensymptome (Ölkrise, Rezession, Umweltsterben, Reaktorangst usw.) zurückführen lässt, hängt letztlich mit der allmählichen Ablösung der Industriegesellschaft durch eine postindustrielle Informationsgesellschaft zusammen, die im Rahmen der Dritten Industriellen Revolution („Digitale Revolution") entsteht.	*theater* (Gerlind, Reinshagen, Thomas Bernhard, Botho Strauss u. a.), bei dem es (nach der Studentenrevolte) darum geht, die Befindlichkeit des *Individuums* in Modellsituationen zu demonstrieren. Hierzu gehört auch die Wiederaufnahme der Volksstücktradition, die schon in den sechziger Jahren einsetzt (M. Sperr, F.X. Kroetz, R.W. Fassbinder u. a.). • in der *Rückkehr des lyrischen Ich*, verbunden mit einer neuen Blüte der Lyrik, die sich vor allem als *Alltagslyrik* mit ihrer ‚einfachen' Sprache, ihrem Erzählton und ihrer Nähe zum Autobiographischen (Karin Kiwus, Nicolas Born, Wolf Wondratschek, Jürgen Theobaldy, Ralf Thenior u. a.) begreift. • in der Entstehung einer bedeutenden *Frauenliteratur* (Karin Struck, Verena Stefan, Christa Reinig, Brigitte Schwaiger, Eveline Hasler u. a.), in der es vor allem um die Suche nach weiblicher Identität in einer von männlich geprägten Seh- und Deutungsmustern dominierten Welt geht (Gründung eigentlicher Frauenverlage und Frauenbuchläden).

Zeitabschnitt	Literarische Tendenzen
d) Postmoderne: die Literatur der achtziger und neunziger Jahre	

Ausgehend von der These vom Ende der klassischen Moderne, besinnt sich die Postmoderne, unter dem starken Einfluss nichtdeutscher Autoren (Umberto Eco, Italo Calvino u. a.), wieder auf die Tradition, derer sie sich aber nicht ‚naiv', sondern auf neue, reflektierte Weise, gleichsam durch die Brille der Moderne bedient. Sie bedeutet daher in gewissem Sinne eine Rückkehr zur Tradition, aber im Bewusstsein, dass man diese jetzt anders sieht. Von da aus erklärt sich ihr *Spiel* mit den traditionellen Formen (z. B. mit der Novellen- und Sonettform, mit verschiedenen Reimformen). Geistesgeschichtlich meint die Postmoderne die Abkehr von der rationalistischen und gesellschaftskritischen Seite der Moderne und die Hinwendung zu einem *Neuen Irrationalismus*, der die Verabschiedung aufklärerischer Leitbegriffe wie „Vernunft", „Geschichte" und „Fortschritt" bedeutet, die in den sechziger Jahren hochgehalten worden sind; an ihre Stelle tritt eine Aufwertung des *Mythischen*, deutlich etwa in einer gewissen Vorliebe für esoterische und neureligiöse Lehren, allen voran für die Bewegung des „New Age", verbunden	Die *literarische Postmoderne* äussert sich u. a. an folgenden Merkmalen: • an der Abkehr vom Hermetismus der Moderne und der Verwendung populärer, ja selbst trivialer Darstellungsmuster, wie z. B. Unterhaltungsroman, Pop, Science-fiction, Western, die ein breites Leserpublikum ansprechen. Die Literatur wird zu einem Bestandteil der *Massenkultur* – zum Event (Rap, Hip-Hop, Poetry Slams, Talkshows usw.). • am spielerischen Umgang mit der künstlerischen Tradition nach dem Leitsatz „anything goes". • am Rückgriff auf traditionelle literarische Verfahren (auktorialer Erzähler, chronologische Erzählweise, Vorliebe für konventionelle Gedicht- und Strophenformen usw.), die freilich häufig ironisch gebrochen sind. • an der **Intertextualität**, d. h. an den auffallend vielen spielerischen Bezügen zwischen Texten in Form von Zitaten, Paraphrasen, Anspielungen, Parodien, Travestien usw. Es handelt sich dabei vor allem um Entlehnungen aus Werken des Literaturkanons. • an der **Mehrfachkodierung**, d. h. daran, dass ein Text so kodiert ist,

Zeitabschnitt	Literarische Tendenzen
mit einer allgemeinen Rückkehr zu konservativen Werten. Dem entspricht auch das wiedererwachte Interesse für ältere Epochen wie die griechische und römische Antike, den Barock, die Romantik und vor allem das Mittelalter. Dabei werden bekannte Mythen rezipiert und zur Gegenwart in Beziehung gesetzt (Christa Wolf, Christoph Ransmayr, Peter Handke, Tankred Dorst, Heiner Müller, Botho Strauss, Christoph Hein, Michael Köhlmeier, Adolf Muschg, Umberto Eco, Sibylle Berg u. a.). In diesen Bereich gehört auch die *Fantasy-Literatur* (z. B. die Romane um „Harry Potter" von Joanne K. Rowling). Mit der Abkehr von der Aufklärungstradition verbindet sich für die Vertreter der Postmoderne folgerichtig eine Hinwendung zu *Friedrich Nietzsche*, der Geschichte nicht als einen linearen Fortschritt, sondern als eine kreisförmige Bewegung und eine „ewige Wiederkehr des Gleichen" verstanden hat (vgl. S. 112). Im Gegensatz zur klassischen Moderne, die durch ihren Hermetismus einen elitären Zug erhielt, verwischt die Postmoderne mit ihrer Forderung, die Literatur solle sich der Darstellungsformen einer Massenkultur bedienen (Pop, Beat, Rap, Hip-Hop u. a.), ganz bewusst den	dass er auf verschiedene Weisen (z. B. als Bildungs- *und* als Kriminalroman) gelesen werden kann, dass wir es damit verbunden häufig mit einer Mischung von Hoch- und Unterhaltungsliteratur (E- und U-Literatur) zu tun haben. • am **Pastiche**, d. h. an der Imitation fremder Stile, die oft so konsequent durchgeführt ist, dass eine eigene stilistische Handschrift des Autors fehlt. Postmoderne Tendenzen in den einzelnen Gattungen: *Epik:* Rückgriff auf Mythos und Geschichte (Peter Handke, Patrick Süskind, Robert Schneider, Marcel Beyer, Christoph Ransmayr, Bernhard Schlink, Michael Köhlmeier u. a.). Katastrophen- und Endzeitthematik (Günter Grass, Christa Wolf, Thomas Bernhard, Max Frisch u. a.). Öffnung der Kunstprosa zu Trivialformen (Kriminalroman, Pop-Roman, Science-fiction, Comics, Fantasy-Geschichten usw.). *Lyrik:* Im Zusammenhang mit dem Schlagwort „anything goes" eine gewisse, oftmals ironisch gebrochene Rückkehr zur Formtradition (Vorliebe für den Endreim, für ältere Strophen- und Gedichtformen, wie etwa Sonett und Elegie), verbunden mit dem bewussten Verzicht auf Originalität. Vielfalt

Zeitabschnitt	Literarische Tendenzen
Unterschied zwischen elitärer und populärer Kunst, entsprechend der Devise des amerikanischen Literaturkritikers Leslie Fiedler: „Cross the border – close the gap!"[1]. Das erklärt den seit Ende der sechziger Jahre zunehmenden Einfluss der amerikanischen Beat Generation (William Burroughs, Allen Ginsberg, Jack Kerouac u. a.) auf die deutsche Untergrundliteratur (Rolf Dieter Brinkmann, Ralf-Rainer Rygulla, Jürgen Ploog, Hadayatullah Hübsch, Hubert Fichte, Jörg Fauser, Urban Gwerder u. a.).	der Formen. Ablösung der traditionellen Naturlyrik durch eine *Ökolyrik*, deren Thema die heutige Umweltzerstörung ist (Sarah Kirsch, Jürgen Becker, Jürgen Theobaldy u. a.). Lyrik oft als Form der Komik (z. B. bei Robert Gernhardt). *Drama:* Teilweise Ablösung des dramatischen durch ein **postdramatisches Theater**[2], in dem der literarische Text, also das Drama, nicht länger zentraler Gegenstand der Aufführung ist, sondern die Aspekte der Inszenierung (Gestik, Tanz, Musik usw.) besonders hervortreten, das folglich, konsequent zu Ende gedacht, keine Handlung mehr kennt. Postdramatische Züge finden sich in jüngster Zeit u. a. bei Autoren wie Botho Strauss, Heiner Müller, Werner Schwab, Elfriede Jelinek, Peter Handke, Heiner Goebbels, René Pollesch und Urs Widmer.
Die Wiedervereinigung Deutschlands im Jahre 1990 als deutliche politische Wende führt insofern auch zu einer literaturgeschichtlichen Zäsur, als sie zum einen das **Ende ‚zweier' deutscher Literaturen** (1998 Zusammenschluss von PEN-Ost und PEN-West) und zum andern den endgültigen **Abschluss der deutschen Nachkriegsliteratur** bedeutet, die sich zu einem guten Teil als Abrechnung mit der ‚Vätergeneration', d. h. der deutschen Geschichte des 20. Jh., verstanden hatte.	Die Antwort auf die deutsche Wiedervereinigung ist der sog. **Wenderoman**, der sich mit der Wende, dem Mauerfall, und der Nachwendezeit beschäftigt (G. Grass: Ein weites Feld, Th. Brussig: Helden wie wir, W. Hilbig: Ich, M. Maron: Animal triste u. a.).
Eine vergleichbare Zäsur markiert in der Literatur der deutschen Schweiz der Tod von Fried-	

Zeitabschnitt	Literarische Tendenzen

rich Dürrenmatt (1990) und Max Frisch (1991), in deren Schatten die Schweizer Literatur über Jahrzehnte gestanden hat.

e) Zweite Moderne: die Literatur der jüngsten Gegenwart

Resistenz der Moderne gegen die Postmoderne aus dem Bewusstsein der Autoren heraus, dass sich auf die Errungenschaften der literarischen Moderne nicht verzichten lässt, dass es keinen Weg hinter sie zurück gibt. Daher allmähliche ‚Rückkehr' der Moderne *ab Mitte der 1990er Jahre*, z. T. sogar in radikalisierter Form, vor allem in der Lyrik.
Gleichwohl wirken postmoderne Tendenzen, aber auch solche der neuen Subjektivität in Roman (mit seinem häufig stark biographischen Bezug) und Lyrik bis heute nach.

Trotz der Herausforderungen der Moderne wird heute der literarische Markt, vor allem im Bereich der Erzählprosa, weiterhin von mehr oder weniger konventionell geschriebenen Büchern beherrscht.

Tendenz zur Abkehr von jeder Form ‚engagierter' Literatur: Im Zusammenhang mit der alten

Folgende Merkmale kennzeichnen die Literatur der *Zweiten Moderne*:

Erzählprosa: Ab Mitte der 1990er Jahre neu gewonnene Unbefangenheit des Erzählens, neues Vertrauen in die Fiktion. Abkehr von der Reflexion des Erzählens, stattdessen wieder vermehrt Darstellung der gesellschaftlichen Wirklichkeit. Auffallend häufig sind dabei Kindheitsgeschichten (Hanna Johansen, Eleonore Frey, Ruth Schweikert, Klaus Merz u.a.).
Nach 2000 z. T. Rückkehr des episch-breiten, psychologisch-realistischen Romans (Bspe: Michael Köhlmeiers „Abendland", Arno Geigers „Es geht uns gut", Julia Francks „Die Mittagsfrau", Katharina Fabers „Fremde Signale", Pascal Merciers „Nachtzug nach Lissabon", Lukas Bärfuss' „Hundert Tage").
Erneuerung des *Pop-Romans* im Zusammenhang mit dem Auftreten einer neuen Popgeneration seit dem Beginn der 1990er Jahre. Da-

Zeitabschnitt	Literarische Tendenzen
Frage, wie *politisch* Literatur sein darf, mehrheitliches Eintreten für eine Trennung von Literatur und Politik, für eine Literatur der „autonomen Ästhetik" besonders vonseiten der Literaturkritik (Marcel Reich-Ranicki, Hellmuth Karasek, Sigrid Löffler, Iris Radisch, Volker Hage u. a.).	bei haben sich Inhalte, Formen und Intentionen gegenüber der älteren Popliteratur erheblich gewandelt: Von einer Literatur gesellschaftlicher Aussenseiter ist die Popliteratur zu einem Etikett der Unterhaltungsindustrie (lustvolles Abbilden der kapitalistischen Warenwelt bis hin zum ‚heiteren' Konsum- und Markenfetischismus) geworden (Christian Kracht, Florian Illies, Benjamin von Stuckrad-Barre, Joachim Bessing, Alexander von Schönburg, Thomas Brussig, Andreas Neumeister, Thomas Meinecke, Kathrin Röggla, Sibylle Berg u. a.).
Zur Zweiten Moderne gehören zunehmend auch Schreibweisen einer *interkulturellen* Moderne: Bedingt durch die Entstehung einer multikulturellen Gesellschaft, wird die deutsche Literatur vermehrt von *Immigranten* mitgeprägt, d. h. von eingewanderten Schriftstellern nichtdeutscher Muttersprache, für die aber Deutsch zur Literatursprache wurde. Wir sprechen dann von einer *Migrationsliteratur*. Ihre Inhalte werden weitgehend durch das Thema der Migration bestimmt: Erfahrungen in der Fremde wie Sprach- und Identitätsverlust, Orientierungssuche, Diskriminierung usw. (Franco Biondi, Gino Chiellino, Rafik Schami, Emine Sevgi Özdamar, Kundeyt Surdum, Zsuzsanna Gahse, Ilma Rakusa, Aglaja Veteranyi, Dragica Rajcic, die Rumäniendeutschen Herta Müller und Richard Wagner u. a.).	Renaissance der *Kurzgeschichte*, die in ihrem lakonischen, gänzlich unpathetischen Stil erneut an amerikanische Vorbilder anknüpft. Dabei gibt sie ihren Platz als Experimentierfeld der Prosa mehr und mehr an noch reduziertere Formen, wie die Kürzestgeschichte und die Ein-Satz-Geschichte, ab (vgl. S. 255 f.). Der Roman bleibt nach 2000 die dominierende Gattung.
Im Literaturbetrieb zunehmende Dominanz einer *Eventkultur:* Literaturtage und -festivals, Lesungen	*Lyrik:* Seit Mitte der 1990er Jahre auffallende Rückkehr der Moderne vor allem in der Form sprachexperimenteller, hermetischer Texte (Collagen, Neologismen, Lakonismus, Enjambements, verfremdete Schreibweisen usw.), die an den Dadaismus, den Hermetismus der

Zeitabschnitt	Literarische Tendenzen
an ungewöhnlichen Orten, Poesie in Strassen- und U-Bahnen, Poetry Slams, junge erfolgreiche Autorinnen (Zoë Jenny, Julia Franck, Felicitas Hoppe, Judith Hermann u. a.) als marktgerecht aufgebaute Medien- und Shootingstars („literarisches Fräuleinwunder") usw.	1950er Jahre und an die konkrete Poesie anknüpfen (Thomas Kling, Bert Papenfuss-Gorek, Peter Waterhouse, Barbara Köhler, Ulrike Draesner, Durs Grünbein, Oskar Pastior, Raoul Schrott, Raphael Urweider, Christian Uetz u. a.). Damit verbunden erneute Blüte der Lyrik. Neben der ‚Zweiten Moderne' Fortwirken der neuen Subjektivität: Gedichte als Momentaufnahmen (Reiner Kunze, Günter Kunert, Jürgen Theobaldy, Beat Brechbühl, Ulla Hahn, Jochen Kelter u. a.). Renaissance der Mundartlyrik vor allem in der Form des Mundart-Raps, also der ‚Spoken Word Poetry'. Viele Lyriker sind denn auch erfolgreiche Rapper (Pedro Lenz, Beat Sterchi, Guy Krneta, Michael Stauffer, Stefanie Grob, Jürg Halter u. a.). *Drama:* Die Entwicklung des zeitgenössischen Theaters – eine Entwicklung, die freilich schon seit Erwin Piscators „politischem Theater" der 1920er Jahre im Gange ist – zeichnet sich durch eine *Verlagerung vom Autoren- zum Regietheater* aus, indem der Regisseur auf Kosten des Autors, der zum blossen ‚Rohstofflieferanten' wird (beliebt sind Theaterfassungen von Romanen und Filmen, aber auch anderer Textsorten), immer mehr an Bedeutung gewinnt. Das Theater emanzipiert sich so vom Drama; es

Zeitabschnitt	Literarische Tendenzen
	erscheint als eigenständiges Kunstwerk, als postdramatisches Theater (vgl. S. 89). Damit zusammenhängend ergibt sich eine zunehmende *Theorieferne*: Die theoretische Auseinandersetzung über Ziele und Mittel des Theaters beschränkt sich auf die einzelne Inszenierung. Zunehmender Bedeutungsverlust des Theaters, für den es nicht an Gründen fehlt: Sie reichen von der Konkurrenz durch Film und Fernsehen über den Schwund des alten Stammpublikums als Folge mancher Auswüchse des Regietheaters bis hin zur mangelnden Faszination der neuen Stücke. Dabei fehlt es nicht an Nachwuchsdramatikern, zumal die Dramatikerförderung durch staatliche Zuschüsse und durch Werkaufträge der Theater in den letzten Jahren ständig verbessert wurde. Vielfalt bereits etablierter, aber auch neuer Theaterformen (Stationendrama, Dokumentarstück, Erörterungsstück, Volksstück, sprachexperimentelles Drama usw.), so dass der Geltungsbereich der traditionellen Gattungslehre (Tragödie, Komödie, Schauspiel usw.) endgültig verlassen ist. Die Vertreter des postdramatischen Theaters bezeichnen ihre Dramen denn auch bestenfalls noch als „Stücke".

Im Spannungsfeld von Tradition und Moderne

Abschliessend sei die Entwicklung der deutschen Literatur seit dem Beginn der Moderne in einem stark vereinfachten graphischen Schema dargestellt:

1900	10	20	30	40	50	60	70	80	90	2000	10
Klassische Moderne							Neue Subjektivität	Postmoderne		Zweite Moderne	
Fin de siècle	Expressionismus	Zwischenkriegszeit Neue Sachlichkeit	innere Emigration	Nachkriegszeit				Nachwendezeit			
			Exilliteratur	Trümmerliteratur							

© by Haupt Berne

Arbeitsvorschläge zu Kapitel 3

1 Der expressionistische Reihungsstil, der einen Grundzug aller modernen Lyrik vorwegnimmt, zeigt sich in Jakob van Hoddis' berühmtem frühexpressionistischem Gedicht „Weltende" (1911) besonders schön. Weisen Sie dies nach, und diskutieren Sie dann die im Gedicht gestaltete neue Erfahrung der ‚Wirklichkeit'.

> Dem Bürger fliegt vom spitzen Kopf der Hut,
> In allen Lüften hallt es wie Geschrei,
> Dachdecker stürzen ab und gehn entzwei
> Und an den Küsten – liest man – steigt die Flut.
>
> Der Sturm ist da, die wilden Meere hupfen
> An Land, um dicke Dämme zu zerdrücken.
> Die meisten Menschen haben einen Schnupfen.
> Die Eisenbahnen fallen von den Brücken.

2. Günter Eichs Gedicht „Inventur", 1945 in einem amerikanischen Kriegsgefangenenlager am Rhein entstanden und drei Jahre später im Lyrikband „Abgelegene Gehöfte" veröffentlicht, gilt als bekanntestes lyrisches Zeugnis für die Trümmer- oder Kahlschlagliteratur nach dem Ende des Zweiten Weltkrieges:

> Dies ist meine Mütze,
> dies ist mein Mantel,
> hier mein Rasierzeug
> im Beutel aus Leinen.
>
> Konservenbüchse:
> Mein Teller, mein Becher,
> ich hab in das Weissblech
> den Namen geritzt.
>
> Geritzt hier mit diesem
> kostbaren Nagel,
> den von begehrlichen
> Augen ich berge.
>
> Im Brotbeutel sind
> ein paar wollene Socken
> und einiges, was ich
> niemand verrate,
>
> so dient es als Kissen
> nachts meinem Kopf.
> Die Pappe hier liegt
> zwischen mir und der Erde.
>
> Die Bleistiftmine
> lieb ich am meisten:
> Tags schreibt sie mir Verse,
> die nachts ich erdacht.
>
> Dies ist mein Notizbuch
> dies ist meine Zeltbahn,
> dies ist mein Handtuch,
> dies ist mein Zwirn.

a) Inwiefern ist das Gedicht Ausdruck eines ‚Nullpunktbewusstseins', wie es in der unmittelbaren Nachkriegszeit (1945-1949) für die meisten deutschen Autoren bezeichnend war? Denken Sie dabei vor allem an die neue sprachliche Situation nach 1945.
b) Kennzeichnend für die Trümmerliteratur ist, wie überhaupt für zahlreiche Texte der jüngeren Moderne, ihr „neuer Realismus". Was meint wohl dieser Begriff in Bezug auf Günter Eichs Gedicht?
c) Welche sprachlichen Mittel im Gedicht wirken modern (vgl. dazu S. 326 ff.)?

3. Anlässlich der Verleihung des Kunstpreises der Stadt Zürich am 17. Dezember 1966 provozierte der Preisträger, der Zürcher Ordinarius für Neuere Deutsche Literatur Emil Staiger, mit der Preisrede „Literatur und Öffentlichkeit" eine heftige Kontroverse um die ästhetischen und moralischen Grenzen der Literatur. In seiner Rede, die den „Zürcher Literaturstreit" auslöste, sagte Staiger, indem er sich auf eine an der Klassik, vor allem an Friedrich Schiller, orientierte Ästhetik berief, unter anderem Folgendes:

So wenig – um ein weit entferntes Beispiel zu wählen – erotischer Zauber in den Stil Homers eingeht, so wenig gehen Adel und Güte in die moderne Dichtung ein. Doch hüten wir uns, daraus zu schliessen, dergleichen finde sich nirgends mehr! Billigen wir den Dichtern nicht ganz unbesehen einen solchen Rang zu, dass unsere Selbstachtung mit ihren Worten steht und fällt! Beachten wir lieber, wann und wo eine Trümmerliteratur gedeiht, in welchen Lagen sich nihilistische Stimmung auszubreiten pflegt. Die unmissverständliche Antwort, die die Geschichte gibt, ist überraschend. Es sind – nicht ausnahmslos, aber meistens – Zeiten des Wohlstands und der Ruhe, in denen der démon ennui, die dämonische Langeweile, die Verzweiflung an allem Leben gedeiht. Der Nihilismus ist, in erstaunlich vielen Fällen, ein Luxusartikel. Ernsthaft, wirklich, nicht nur in literarischem Spiel bedrängte Menschen, denen der Wind um die Ohren saust, die hungern, physische Schmerzen leiden, denen das Wasser bis an den Hals steht, solche Menschen sind nicht nihilistisch. Sie können es sich nicht leisten. Sie wehren sich ihrer Haut.

Sie schreien zu Gott und haben kein Verständnis dafür, wenn einer ihnen von seiner inneren Wüste zu erzählen beginnt. Wohl aber haben sie Verständnis für ein männliches, aus tiefer Not gesungenes Kirchenlied, für ein Beispiel von Mut und Geduld, das ihnen in weltlicher Dichtung begegnen mag, für einen Spruch, der eine bange Erfahrung in sich schliesst und meistert. So mute man uns nicht zu, die sogenannte Wahrheit der Verzweiflung ohne Vorbehalt anzunehmen.[3]

a) Was wirft hier Staiger der modernen Literatur vor, ohne diese näher zu bestimmen und ohne konkrete Namen von Autoren zu nennen?

b) Inwiefern sind die Vorwürfe Staigers an die Adresse der Moderne von den ihnen zugrunde liegenden Massstäben her problematisch?

4. Christoph Ransmayr macht den römischen Dichter Publius Ovidius Naso (43 v.Chr.-17 n.Chr.), heute bekannter unter dem Namen Ovid, zur Zentralfigur seines Romans „Die letzte Welt" (1988). Naso erhält den Auftrag, bei der feierlichen Einweihung eines neu erbauten, riesigen Stadions als Redner aufzutreten und dabei Kaiser Augustus und dem Senat gebührend zu huldigen. Was sich im Stadion abspielt, schildert der Erzähler so:

In diesem gewaltigen Kessel aus Stein, in dem in der Eröffnungsnacht zweihunderttausend Menschen ihre mit Buntpulver bestreuten Fackeln nach den Kommandos einer Schar von Zeremonienmeistern zu lodernden Ornamenten erhoben, im Tosen der Blutorchester der Armee, die sich auf den Aschenbahnen zur Parade formierten, inmitten dieser entsetzlichen Herrlichkeit, in der sich das Volk von Rom unter den Augen des Imperators in ein einziges, brennendes, rasendes Muster verwandelte, begann Nasos Weg in die äusserste Einsamkeit, sein Weg an das Schwarze Meer. Denn auf einen Wink des Imperators, der nach sieben Reden schon gelangweilt schien und der nun auch dem achten Redner das Zeichen aus einer solchen Ferne gab, dass Naso nur die tiefe Blässe in Augustus Antlitz wahrnahm, aber keine Augen, kein Gesicht…, auf einen müden, gleichgültigen Wink also, trat Naso in dieser Nacht vor einen Strauss schimmernder Mikrophone und liess mit diesem einen Schritt das römische Imperium hinter sich, verschwieg, vergass! die um alles in der Welt befohlene Litanei der Anreden, den Kniefall vor den Senatoren, den Generälen, ja dem Imperator unter seinem Baldachin, vergass sich selbst und sein Glück, trat ohne die geringste Verbeugung vor die Mikrophone und sagte nur: Bürger von Rom.

a) Inwiefern erhält der Textauszug eine *Doppelkodierung*, also ein typisches Merkmal postmodernen Schreibens?

b) Was könnte die Funktion dieser Doppelkodierung sein, wenn Sie an die Frage nach der Gattungszugehörigkeit des Romans denken?

5. Der Schweizer Schriftsteller und Journalist Christian Kracht hat mit seinem Roman „Faserland" (1995) ein für die Popliteratur der Gegenwart richtungsweisendes Werk verfasst. Krachts Pop-Roman, in dem ein jugendlicher Ich-Erzähler über eine auf der nordfriesischen Insel Sylt beginnende Deutschlanddurchquerung berichtet, setzt folgendermassen ein:

Also, es fängt damit an, dass ich bei Fisch-Gosch in List auf Sylt stehe und ein Jever aus der Flasche trinke. Fisch-Gosch, das ist eine Fischbude, die deshalb so berühmt ist, weil sie die nördlichste Fischbude Deutschlands ist. [...] Also, ich stehe da bei Gosch und trinke ein Jever. Weil es ein bisschen kalt ist und Westwind weht, trage ich eine Barbourjacke mit Innenfutter. Ich esse inzwischen die zweite Portion Scampis mit Knoblauchsosse, obwohl mir nach der ersten schon schlecht war. [...] Vorhin hab ich Karin wiedergetroffen. Wir kennen uns schon aus Salem, obwohl wir damals nicht miteinander geredet haben, und ich hab sie ein paar Mal im Traxx in Hamburg gesehen und im P 1 in München. Jetzt erzählt sie von Gaultier und dass er nichts mehr auf die Reihe kriegt, designmässig, und dass sie Christian Lacroix viel besser findet, weil der so unglaubliche Farben verwendet oder so ähnlich. Ich hör nicht genau zu.

a) Der Romananfang enthält eine Reihe typischer Popelemente. Nennen Sie einige dieser Elemente, indem Sie vor allem an die Erzählweise und an die Bedeutung und Funktion der verschiedenen Namen (Sylt, Salem, Jever, Barbour, Traxx, P 1) denken.

b) Was erfahren Sie über den Ich-Erzähler, wenn Sie sein Verhältnis zu den ‚Dingen' und zu den Mitmenschen betrachten?

4. Die geistigen Kräfte unserer Epoche: ihre Auswirkungen auf die moderne Literatur

Literarische Texte sind, sieht man von gewissen Grenzformen wie biographischen, essayistischen und dokumentarischen Werken ab, **fiktionale Texte**. Sie zeigen nicht die reale, sondern eine vom Autor erfundene, *fiktive Welt*, die beispielsweise nur im Erzähltwerden existiert. Damit geben sie, anders als pragmatische Texte, dem Leser auch keine (mehr oder weniger versteckten) Handlungsanweisungen, fordern sie ihn also nicht auf, ihre Aussagen auf den ‚äusseren' Wahrheitsgehalt hin zu überprüfen. Niemand wird demzufolge die künstlerische Qualität eines Romans daran messen, ob das erzählte Geschehen mit der historischen Realität übereinstimmt.

Freilich finden sich immer wieder Leser, die Fiktion und Realität miteinander verwechseln, die meinen, die vom Autor gestaltete, fiktive Welt entspreche ihrer realen Welt. Das Problem ergibt sich vor allem bei Schlüsselromanen, d. h. bei Romanen, in denen „verschlüsselt" auf wirkliche Personen und Ereignisse angespielt wird (wie etwa auf Marcel Reich-Ranicki und den Literaturbetrieb in Martin Walsers Schlüsselroman „Tod eines Kritikers"). Selbst dies ändert aber grundsätzlich nichts daran, dass sich das fiktionale Geschehen von der konkreten Erfahrung des Autors abgelöst hat und eine neue, eigene Welt bildet, dass Fiktion und Realität somit auseinander zu halten sind.

Nun darf aber die Fiktionalität literarischer Texte keineswegs so aufgefasst werden, als sei die Literatur überhaupt ein von der historischen Realität unabhängiges Phänomen, wie das teilweise die Romantiker oder die Vertreter einer „poésie pure", einer absoluten Poesie, verkündet haben. Literarische Texte beziehen sich zwar nicht, wie etwa Zeitungsberichte, als Aussage direkt auf die Realität; aber sie sind in all ihren Elementen, in Inhalt, Sprachform, Ideengehalt usw., deren Produkt, sind von einer bestimmten historischen Situation geprägt und können so auf indirektem Wege sehr wohl Aufschluss über die geschichtliche Wirklichkeit geben. Diese Erkenntnis bewahrt uns davor, die Dichtung als eine vermeintlich zeitenthobene Kunst misszuverstehen, wie es in der Rezeptionsgeschichte, vor allem in Bezug auf die deutsche Klassik und den Symbolismus, über Generationen hinweg geschehen ist und z. T. immer noch geschieht. Gerade die literarische Moderne rückt, indem sie, anders als die das Leben harmonisierende bürgerliche Dichtung mit ihrem Entwurf einer utopischen Gegenwelt, das Hässliche und Widerwärtige miteinbeziehet und so Kunst und Leben zusammenzubringen versucht, die historische und gesellschaftliche Bedingtheit der Literatur radikal ins Blickfeld.

Vor diesem Hintergrund wollen wir im vorliegenden Kapitel jenen geistigen Kräften in unserer Epoche nachspüren, von denen direkte Impulse für die Entstehung und Entfaltung einer modernen Literatur ausgegangen sind. Im Zentrum unseres Interesses steht dabei die Frage, wie die literarische Moderne auf diese Impulse reagiert hat, d. h., wie der seit Ende des 19.Jh. in den verschiedensten Bereichen menschlicher Kultur einsetzende epochale Wandel von ihr aufgenommen worden ist.

4.1   Naturwissenschaften, Technik und Wirtschaft

Die wissenschaftlichen, technischen und als Folge der fortschreitenden Industrialisierung auch wirtschaftlichen Umwälzungen seit dem Beginn des 20.Jh. führten zu einem fundamentalen Wandel des Welt- und Menschenbildes. Dieser Wandel, vor allem die allmähliche Entthronung des Menschen als Mittelpunkt der Welt durch die übermächtigen sozioökonomischen Bedingungen, hat die moderne Literatur stark beeinflusst.

4.1.1 Naturwissenschaften

Bedingungen	Auswirkungen auf die moderne Literatur
Seit 1900 erfährt das in der zweiten Hälfte des 19.Jh. vorherrschende, positivistische Weltbild, in dem die Natur lediglich das Ergebnis physikalischer und chemischer Gesetze und der Mensch ein blosses Produkt von biologischen und soziologischen Determinanten darstellt, eine Erschütterung, die zum grössten Teil das Werk der Physiker selber, aber auch das der Philosophen ist: Der Materialismus wird durch eine neue, dynmaischere Naturauffassung und durch ein differenziertes Menschenbild abgelöst. Die Naturwissenschaften werden, weil für sie die letzten Fragen nach der Entstehung des Lebens unentscheidbar bleiben, in die Grenzen ihrer Erkenntnismöglichkeit gewiesen. Das Geistige erhält seinen Eigenwert zurück; es ist, wie Wilhelm Dilthey fordert, mit eigenen Methoden zu erforschen. Metaphysisches wird wieder als eine mögliche Dimension der Wirklichkeit begriffen.	In der modernen und postmodernen Literatur erscheint das *Metaphysische* meist nur noch in verfremdeter, oftmals gar pervertierter Form (vgl. etwa die Pervertierung religiöser Gnade in Kafkas „Prozess" und im „Schloss" oder des traditionellen Gottesbildes in Süskinds „Parfum", die Verfremdung des christlichen Auferstehungsglaubens in Dürrenmatts „Meteor", der Messias-Erwartung des Volkes Israel in Celans Lyrik, der religiösen Endzeiterwartung bei Christa Wolf und Günter Grass usw.).

4.1.1.1 Physik

Epochale Entdeckungen führen um 1900 zum **‚Sturz' der klassischen Physik** und damit zu einem ganz neuen Weltbild. Die wesentlichsten der Entdeckungen sind:

Bedingungen	Auswirkungen auf die moderne Literatur
die **Atomtheorie**: Der englische Physiker **Ernest Rutherford** entdeckt 1902 die **Teilbarkeit der Atome**, die man bisher für unteilbarkeit gehalten hatte. Nach ihm setzt sich das Atom aus Elektronen zusammen, die um einen Kern kreisen. 1919 gelingt Rutherford die erste Kernreaktion durch Beschuss von Stickstoff mit α-Teilchen, 1938 dem deutschen Chemiker **Otto Hahn** gar die Zertrümmerung des Atomkerns. Damit war das Zeitalter der Kernenergie, aber auch der Atombombe angebrochen.	Mit der Kernenergie ist der Menschheit eine unvorstellbare Kraft in die Hände gegeben, die ihre Lebensbedingungen gewaltig verändert, die sie aber auch vernichten kann, wenn sie diese nicht sittlich zu beherrschen lernt. In der modernen Literatur, vor allem im modernen Theater, führt das zur Frage nach der moralischen Verantwortung der Naturwissenschafter, d. h. zur Warnung vor der Vorstellung einer ‚wertfreien' Wissenschaft. So etwa in Brechts „Leben des Galilei", in Dürrenmatts „Die Physiker" und in Kipphardts „In der Sache J. Robert Oppenheimer".
die **Quantentheorie**: Der deutsche Physiker **Max Planck** stellt 1901 die These auf, dass die Energie nicht kontinuierlich abgegeben und gleich verteilt werde, dass sie vielmehr aus Teilchen, sog. „Quanten", bestehe, die von der Materie *unkontinuierlich*, in Stössen ausgestrahlt würden. Das Wirkungsquantum selber sei dabei ein Produkt aus Raum und Zeit. 1913 verknüpft der Däne **Niels Bohr** in seinem **Atommodell** Rutherfords Atomtheorie mit der Quantentheorie. Nach ihm bestimmt das Plancksche Wirkungsquantum die Bahn der Elektronen; die Elektronen können diese Bahn in **„Quantensprüngen"** ändern, wobei sie entsprechende Energie-	Max Plancks Preisgabe des Determinismus, des Kausalitätsprinzips der klassischen Physik, also ihrer Grundüberzeugung, wonach die Natur keine ‚Sprünge' macht, lässt sich im modernen Roman mit der Preisgabe eines linearen, chronologischen Erzählens, mit dem Übergang zu einer diskontinuierlichen Erzählweise vergleichen.

Bedingungen	Auswirkungen auf die moderne Literatur
mengen entweder abgeben oder absorbieren. Das Gesetz von der Erhaltung der Energie, eine der Grundpfeiler der klassischen Physik, war damit nicht mehr haltbar: Energie lässt sich in Materie, Materie in Energie verwandeln.	
die **Relativitätstheorie**: Der deutsche Physiker **Albert Einstein** stellt 1905 in seiner „speziellen" Relativitätstheorie fest, das *Raum* und *Zeit*, indem sie vom Bewegungszustand der Körper abhängen, keine festen Grössen, sondern ‚relativ' sind, dass sich die Masse mit ihrer Geschwindigkeit verändert, dass die Materie eine besondere Form der Energie ist (Äqivalenzformel für Energie und Masse: $E=mc^2$). Damit widerlegt er die gesamte klassische Mechanik und bestätigt er zugleich die Quantentheorie auf dem Gebiet der Elementarteilchen. 1915 baut Einstein seine Theorie zur „allgemeinen" Relativitätstheorie aus.	In der Aufhebung der Chronologie und der Problematisierung der Zeit überhaupt, wie sie zur modernen Erzählprosa gehört, zeigt sich u. a. eine gewisse Anlehnung an Vorstellungen der Relativitätstheorie, etwa an die Vorstellung von der Relativität von Raum und Zeit. Gerade die für moderne Autoren typische Subjektivierung der Zeit („innere Zeit") erinnert in mancherlei Hinsicht an Einsteins Theorie über Zeit und Raum.
„Diskontinuität", „Sprünge", „Relativität" – all das erschütterte das bisherige Weltbild, das zwar als ergänzbar, aber doch als gesichert gegolten hatte. Anstelle bestimmter, für unumstösslich gehaltener Gesetze traten nur noch **Hypothesen, Modelle**. War das Weltbild der klassischen Physik (Galilei, Newton, Laplace) streng deterministisch ge-	Unmittelbare Wirkung von Einsteins Relativitätstheorie, aber auch von Heisenbergs Theorie der Unschärferelation auf Friedrich Dürrenmatts Weltbild; die Letztere vor allem im Hinblick auf die Rolle des **Zufalls**. Dürrenmatt hat sich literarisch und philosophisch intensiv mit den modernen Naturwissenschaften, insbesondere mit Astro-

Bedingungen	Auswirkungen auf die moderne Literatur
wesen, so musste dieser Determinismus nun aufgegeben werden. So besagt etwa **Werner Heisenbergs** um 1920 formulierte **Theorie der Unschärferelation**, dass in der Quantenphysik keine deterministischen, genauen Voraussagen, sondern nur noch Wahrscheinlichkeitsaussagen möglich sind.	nomie und Physik, auseinandergesetzt (vgl. seinen Einstein-Vortrag von 1979). Der Beschränkung der modernen Physik auf Hypothesen, Modelle entspricht in der modernen Literatur die Vorliebe für **Modellsituationen**, wie sich das vor allem in ihrem parabolischen Grundzug zeigt.

4.1.1.2 Mathematik

Die **Wahrscheinlichkeitsrechnung**, deren Aufschwung seit den 1930er Jahren (mit Arbeiten des russischen Mathematikers A.N. Kolmogorow) einsetzte, liefert Modelle zur mathematischen Beschreibung von Ereignissen, die *zufälligen* Einflüssen unterworfen sind, und trifft darüber hinaus Aussagen über deren Gesetzmäßigkeiten. Diese mathematische Spezialdisziplin formuliert Zusammenhänge, die sich auf Ereignisse beziehen, welche nur mit einer gewissen Wahrscheinlichkeit eintreten. Anders gesagt: Der Einzelfall geht nicht im Allgemeinen auf; er bleibt unbestimmt und unbestimmbar.	An die Stelle des alten Weltbildes der Ursachen und Wirkungen tritt ein **Weltbild „des momentan in der Welt sich Ereignenden"**, das den Menschen als möglichen Bezugspunkt ausklammert. Für die Entstehung einer modernen Dichtung ist dieses neue Weltbild von zentraler Bedeutung. Es bildet die Basis dafür, dass in der literarischen Moderne das teleologisch-schicksalhafte Denken einem Denken weicht, welches das Zufällige, das Sprunghafte betont. Beispielhaft dafür sind *Gestuswechsel* (Rollenwechsel) und *Gestusmontage*, sind von da aus u. a. auch Brechts episches und Dürrenmatts groteskes Theater.

4.1.2 Technik und Wirtschaft

Bedingungen	Auswirkungen auf die moderne Literatur

Der rasante Fortschritt in der Technik des 20./21. Jh. bringt dem Menschen beinahe unbegrenzte Möglichkeiten. Neue Verkehrs- (Auto, Schnellbahn, Flugzeug) und Kommunikationsmittel (Film, Funk, Radio, Fernsehen, Telegraphie, Telefon/NATEL, Telefax, Internet/E-Mail, Echo-Satelliten usw.) führen zu einer zunehmenden **Vernetzung der Welt**. Vor allem der **Siegeszug der Elektronik**, der um 1960 mit dem Bau leistungsfähiger Computer einsetzt, ermöglicht neue Formen der Information, aber auch der Massenbeeinflussung (Werbung, Propaganda). Er bewirkt eine allmähliche Ablösung der Industriegesellschaft durch die **postindustrielle Informationsgesellschaft** (vgl. S. 86), in der nicht mehr die Arbeit im Vordergrund steht, sondern die weltweite Nutzung eines gesammelten Wissens, also der weltweite Austausch von Informationen.
Die fortschreitende Technisierung der Welt birgt selbstverständlich auch Gefahren, von denen, neben der explosionsartig zunehmenden Informationsflut, die Entwicklung immer raffinierterer Waffensysteme, die Gentechnologie mit ihrer Möglichkeit, den Menschen technisch zu reproduzieren („re-

Der technische Fortschritt findet in der Literatur des 20./21. Jh. ganz unterschiedliche Resonanz. Sie reicht von der Fortschrittsgläubigkeit und Technikbegeisterung der Futuristen über die Frage nach der Verantwortung des Naturwissenschaftlers und Technikers (Brecht, Dürrenmatt, Frisch, Kipphardt u. a.) bis zu Technikkritik und Kulturpessimismus in den antimodernen Strömungen, aber auch in der Postmoderne (vgl. etwa die ‚Endzeiterwartungen' beim späten G. Grass, bei Ch. Wolf, W. Hildesheimer, Ch. Ransmayr, J. Federspiel u. a.).

Der für die moderne Literatur zentrale Begriff der **„Montage"** stammt aus dem technischen Bereich und wird meist als Übertragung filmischer Techniken (Blende, Schnitt, Kameraschwenk usw.) auf literarische Texte verstanden. Allerdings greift ein Montagebegriff, der sich ausschliesslich von der Filmtechnik herleitet, im Hinblick auf die Interpretation moderner Texte zu kurz (vgl. S. 206 f.).

Bedingungen	Auswirkungen auf die moderne Literatur

produktives Klonen"), und vor allem die globale Umweltzerstörung (Klimawandel) die wichtigsten sein dürften.

Die Entwicklung der Computer schreitet voraussichtlich weiter voran, bis sie es mit der Komplexität des menschlichen Gehirns aufnehmen können, ja den Menschen in allen Bereichen der Intelligenz überflügeln, bis also die elektronischen Systeme über die biologischen dominieren. Das könnte dazu führen, dass der Mensch als letzter Bezugspunkt des Denkens eines Tages zum Verschwinden gebracht wird – eine Möglichkeit, die schon Friedrich Nietzsche geahnt hat.

Der technische Fortschrittsglaube kennzeichnet die zivilisatorische *Moderne*; dagegen verhalten sich viele Vertreter der *Postmoderne* (vor allem in den achtziger Jahren) der Technik gegenüber kritisch bis ablehnend (Absage an Wachstumsideologie, Anti-Kernkraftbewegung, Aussteigertum usw.).

Der Siegeszug der elektronischen Medien veranlasst Kulturskeptiker, das Ende des „Gutenberg-Zeitalters", also der Printmedien (gedruckten Medien), zu verkünden. An die Stelle des Buches treten vermehrt audiovisuelle Medien und

Zum Spiegelbild der modernen technischen Welt ist nach 1950 vor allem die **experimentelle Literatur** und mit ihr die **konkrete Poesie** geworden. Angeregt vom Geist des wissenschaftlichen Experiments, orientiert sie sich in ihren Sprachspielen an den Vorstellungen einer entpoetisierten, technischen Sprache. Eine Sonderform des literarischen Experiments bildet seit dem Ende der fünfziger Jahre die *Computerliteratur*, die auf dem Zufall als Kombinationsprinzip basiert. Die Einführung des Internets um 1990 hat ihr ganz neue Möglichkeiten eröffnet; es entstand eine eigentliche Netzliteratur, d.h. eine Literatur im Internet, für die heute der umfassendere Begriff *digitale Literatur* verwendet wird (vgl. S. 396 ff.).

Bedingungen	Auswirkungen auf die moderne Literatur
Multimedia (E-Book, CD-ROM, Internet u. a.), ohne aber das Buch ganz verdrängen zu können.	
Rationalisierung und *Globalisierung* der Wirtschaft führen zu einer zunehmenden Verknappung der Arbeit, machen Menschen nach und nach überflüssig: Arbeitslosigkeit als grösstes soziales Problem unserer Zeit. Der Mensch wird zum ‚Abfallprodukt' einer Gesellschaft, die ‚nutzlose' Glieder einfach ausstösst (vgl. etwa Urs Widmers Stück „Top Dogs" von 1997).	Das anthropozentrische Weltbild, wonach der Mensch Mittelpunkt, Sinnmitte der Welt ist, scheint endgültig verabschiedet zu sein – ein Umstand, den Nietzsche mit seiner These vom Tod des Menschen vorausgesehen hat und der seit Döblin, Kafka und Musil zu einem Grundthema der literarischen Moderne geworden ist.

4.2 Geisteswissenschaften und Kunst

Seit dem Beginn des 20. Jh. wird nicht nur der naturwissenschaftlich-technische Bereich, sondern werden auch die Bereiche des geistigen und künstlerischen Lebens von einem epochalen Umbruch erfasst. Es handelt sich, gesamthaft gesehen, um gewaltige Auflösungsprozesse. Sie reichen von der Auflösung einer einheitlichen Perspektive auf die Welt in der Philosophie über die progressive Auflösung des Subjektbegriffs in der Psychoanalyse bis hin zur Auflösung des abgebildeten Gegenstandes in der Malerei und der Tonalität in der Musik. All diese Auflösungsprozesse haben auffallende Parallelen in der Literatur, was kaum verwundert, wenn man u. a. bedenkt, dass die verschiedenen Fachwissenschaften und Künste in ihrer Entwicklung, vor allem seit der Romantik, einander immer näher kommen.

4.2.1 Philosophie

Die Philosophie der letzten etwas mehr als hundert Jahre geht von einer zweifachen Voraussetzung aus: zum einen von der nachhaltigen Erschütterung des Glaubens an eine *vernünftige* Gestaltbarkeit der Welt, von der Erfahrung nämlich, dass nicht das seiner selbst gewisse menschliche Subjekt, sondern häufig blinde Kräfte Herr der Lage sind, und zum andern, damit zusammenhängend, von einer gewaltigen Sinnkrise, die inzwischen alle Schichten erreicht hat. Diese zweifache Voraussetzung erklärt den tiefgreifenden Wandel, der in der abendländischen Philosophie nach 1900 einsetzt und der seinerseits von zwei Grundtendenzen bestimmt wird:
- zum einen von der Abkehr vom materialistisch-positivistischen Weltbild des 19.Jh. mit seiner Wissenschafts- und Fortschrittsgläubigkeit.
- zum andern aber auch von der Ablehnung der ‚alten' Metaphysik, vom Verzicht auf jeden Anspruch auf apriorische Erkenntnis. An die Stelle der metaphysischen Fragestellung tritt die empirische: Aussagen müssen empirisch überprüfbar sein. Die Philosophie wird damit zur Grundlagendisziplin für andere Wissenschaften. Neben die ‚alte' Seinsfrage der Existenzphilosophie, einer der einflussreichsten Denkbewegungen des 20.Jh., treten, von Friedrich Nietzsche ausgehend, Sprachkritik (Hermeneutik, Logischer Positivismus, Analytische Philosophie, Semiotik u. a.), Methodenkritik (Phänomenologie, Mathematische Logik, Strukturalismus und Poststrukturalismus, Postmoderne u. a.) und Wissenschaftstheorie (Kritischer Rationalismus, Kritische Theorie der Frankfurter Schule u. a.) ins Zentrum ihres Forschens.

Ausserhalb dieser beiden Grundtendenzen gibt es eine Reihe philosophischer Positionen, die an die grossen Denker der Tradition anschliessen und ihr Gedankengut, den neuen gesellschaftlichen Gegebenheiten angepasst, weiterführen. Zu ihnen gehören vor allem Neukantianismus und Neuthomismus (Neuscholastik), aber auch Neopositivismus und Neomarxismus, der mit der Kritischen Theorie freilich teilweise identisch ist.

Von einem einheitlichen Bild der Philosophie des 20./21.Jh. ist, ähnlich wie in der Literatur, keine Rede mehr. Wir haben es vielmehr mit einem Positionenpluralismus, einer Vielfalt philosophischer Einzeldisziplinen zu tun, die nur noch Spezialisten überblicken. Als einziges verbindendes Element bleibt die *Sprache*, die zum Hauptthema der modernen Philosophie geworden ist.

Am Beginn der Moderne stehen fünf Philosophen, die zwar noch dem 19.Jh. angehören, deren Denken aber das geistige Leben unserer Epoche, besonders die moderne Literatur, massgebend beeinflusst hat.

Bedingungen	Auswirkungen auf die moderne Literatur
Ludwig Feuerbach (1804-1872)/ **Karl Marx** (1818-1883) Die beiden Philosophen machen den von Hegel eingeführten Begriff der „Entfremdung" zu einem Schlüsselbegriff der zeitkritischen Diskussion. **Feuerbachs Religionskritik:** Der Mensch versperrt sich durch die Religion, die ihn auf ein irreales Sein lenkt, den Zugang zu seinem wirklichen Sein, zur „objektiven Realität". Darin besteht der Prozess der menschlichen *Selbstentfremdung*. **Marx' Kapitalismuskritik:** Der besitzlose Arbeiter, der seine Arbeitskraft als Ware gegen Lohn dem Unternehmer verkauft, stellt ein Produkt her, das ihm nicht gehört.	In der modernen Literatur spielt der Begriff der *Entfremdung* eine zentrale Rolle: „Entfremdung" hier verstanden als ein Prozess, in dem etwas, das zum Menschen gehört, diesem fremd wird, d. h. sich verselbständigt und ihm als Fremdes, gleichsam ‚Verdinglichtes' gegenübertritt. Zahlreiche literarische Figuren seit den frühen Döblin, Kafka und Rilke sind in diesem Sinne Gestaltungen des entfremdeten, ‚verdinglichten' Menschen. Dahinter verbirgt sich der grundsätzliche Zweifel an der harmonischen Ganzheit der menschlichen Person, wie er für die literarische Moderne bestimmend ist. Ansätze zur „Entfremdung" der Figuren finden sich schon seit der

Bedingungen	Auswirkungen auf die moderne Literatur
Dadurch kann er sich im Produkt seiner Arbeit nicht selbst verwirklichen, entfremdet er sich vielmehr von ihm und – da die Arbeit wesentlich zum Menschen gehört – auch von sich selbst.	Romantik (Tieck, E.T.A. Hoffmann, u. a.) und dem Realismus (Büchner, Grabbe u. a.).

Sören Kierkegaard (1813-1855)
Der dänische Theologe und Philosoph leitet eine *antiidealistische Wende* ein, indem er nicht mehr wie Hegel die gesamte Wirklichkeit, sondern den einzelnen Menschen in der Not seines Existierens ins Blickfeld rückt. Dabei versteht er die Existenz als etwas Widerspruchsvolles, als ein *Paradoxon*. Für ihn gibt es keine Möglichkeit, die existentiellen Zustände, z. B. Daseinsangst und Glaube, im Leben miteinander zu versöhnen. Der Mensch muss sich mit den Paradoxien seiner Existenz abfinden. Damit sagt sich Kierkegaard vom Vermittlungsdenken, wie es bis zu Hegel hin den Idealismus geprägt hat, los. Das bedeutet auch die Preisgabe der Vorstellung von einem festen Kern, einem bleibenden Wesen des Menschen. Nach Kierkegaard steht das, „was das Selbst ist,…in keinem Augenblicke fest". An die Stelle einer Harmonisierung der Lebenswirklichkeit tritt bei ihm die Idee vom *Sprung*, vom *qualitativen Umschlag*. Der überkommene Glaube an das Subjekt als einem statischen Zentrum wird dadurch negiert.

Kierkegaards existentielles Denken hat nicht nur auf die Existenzphilosophie (Jaspers, Heidegger, Sartre, Camus, Marcel u. a.) und auf die dialektische Theologie (Barth, Bultmann, Brunner u. a.), sondern auch auf die moderne Literatur und hier vor allem auf die Gestaltung von Ichentfremdung und Ichvereinzelung, nachhaltig gewirkt. Eine ganze Reihe moderner Autoren (Rilke, Trakl, Kafka, Seghers, Frisch, Dürrenmatt, Bernhard, M. Walser u. a.) sind denn auch unmittelbar von ihm beeinflusst.

Bedingungen	Auswirkungen auf die moderne Literatur

Arthur Schopenhauer
(1788-1860)
Sein Denken ist geprägt von der Idee, das Dasein sei an sich frei von Sinn; die Welt werde durch Wille, d. h. durch ein blindes, sinnloses Schicksal, und durch Vorstellung, d. h. durch den blossen Schein, gestaltet (vgl. sein Hauptwerk „Die Welt als Wille und Vorstellung", 1819). Nach Schopenhauer sind Natur und Weltgeschichte von einer so fürchterlichen und stupiden Sinnlosigkeit, dass nur noch der Ekel möglich ist. Entgegen Leibniz ist für ihn unsere Welt nicht die beste, sondern die schlechteste aller möglichen Welten. Das menschliche Dasein bedeutet Leiden (Nähe zum Buddhismus), das nur durch das *Mitleid* der andern eine Minderung erfährt (Forderung nach einer Mitleidsethik).

Schopenhauer übte mit seinem pessimistischen Welt- und Menschenbild, in der die Teleologie keinen Platz mehr hat („Geschichte bleibt sich immer gleich"), u. a. durch die Vermittlung von Nietzsche und Freud einen bedeutenden Einfluss auf die frühe literarische Moderne, vor allem auf die Décadence (Schnitzler, Hofmannsthal, George, Spitteler, Th. Mann u. a.), aus. Seine Mitleidsethik wirkte zudem unmittelbar auf die Naturalisten (etwa auf Gerhart Hauptmanns Schauspiel „Die Weber").

Friedrich Nietzsche (1844-1900)
Dieser Philosoph am Ende des 19.Jh. ist, vor allem mit Blick auf seine Subjekt- und Sprachkritik, der wohl wichtigste Wegbereiter der Moderne.

Subjektkritik: Das menschliche Subjekt wird von Nietzsche nicht mehr als Einheit, sondern als Vielheit erfahren. Die uralte Vorstellung von einem festen Subjekt weicht damit der Idee von der Spaltung des Ich, der **Ichdissoziation**.

Die literarische Avantgarde kurz nach 1900 (Hofmannsthal, Wedekind, Morgenstern, Rilke, Döblin, Bruder Mann, Kafka, Benn, C. Einstein u. a.) orientiert sich, indem sie sich dem Thema der *Ich-Problematik* zuwendet, am Werk Nietzsches. Dabei werden Autoren wie Döblin, Kafka und Einstein, die sich durch ihre auch *strukturell* neuartige Prosa von der übrigen Avantgarde abheben, von Nietzsche vor allem in zweierlei Hinsicht beeinflusst:

Bedingungen	Auswirkungen auf die moderne Literatur
Indem Nietzsche das Subjekt als etwas bloss Gesetztes durchschaut, wird für ihn das überkommene, anthropozentrische Menschenbild fragwürdig.	Hinsichtlich der *Figurengestaltung:* Nietzsches These von der Vielheit des Subjekts führt (am frühesten wohl bei Döblin) zur Darstellung der Figur, vor allem des Helden, als neuartige Vielheit von Kräften und damit zum **Montagestil**. Durch ihn wird der individualistische Entwicklungsbegriff[1] des bürgerlichen Romans, die Idee von einem allmählichen Wachsen und Reifen des Helden, radikal in Frage gestellt.
Sprachkritik: Aus der Erfahrung vom Zerfall des Universellen, von der fortschreitenden Isolierung der Sphären gewinnt Nietzsche die Erkenntnis, dass Wort und Wirklichkeit sich nicht mehr decken, dass es eine Identität von Sprache und Sein nicht gibt. Sprachkritik ist für ihn daher, wie für Fritz Mauthner und später für Ludwig Wittgenstein, **Erkenntniskritik**	Hinsichtlich des *Kunstprinzips:* Von Nietzsches Sprachkritik beeinflusst, lehnen einzelne Autoren (am entschiedensten wohl Döblin) seit der Jahrhundertwende eine Kunst ab, die wie im 18./19.Jh. Wirklichkeitsabbildung, Mimesis sein will. Diese **Absage an das mimetische Kunstprinzip** bedeutet den **Übergang zur literarischen Moderne**.
Nietzsches Nihilismus führt ihn zu einer Umwertung aller Werte und damit verbunden zu einem ateleologischen Geschichtsverständnis, d. h. zur Lehre vom endlosen Kreislauf, der **ewigen Wiederkehr des Gleichen**: eine Lehre, die nicht nur die Moderne, sondern vor allem auch die Postmoderne stark beeinflusst hat (vgl. S. 88).	Die **Kreisstruktur** in zahlreichen modernen Werken der Erzählprosa und der Dramatik erscheint wie eine künstlerische Umsetzung von Nietzsches Gedanken der „ewigen Wiederkehr des Gleichen", seiner Ablehnung eines teleologischen Geschichtsbegriffs.

Bedingungen	Auswirkungen auf die moderne Literatur
Ernst Mach (1838-1916) Als Positivist und Vertreter des „Empiriokritizismus", in dem das Ich als „Komplex von Erinnerungen, Stimmungen, Gefühlen" erscheint, leugnet der Physiker und Philosoph Ernst Mach die von Kant postulierte Einheit des Bewusstseins. Nach ihm gibt es kein Ich, das wie bei Descartes einer Welt der Objekte autonom gegenübersteht, denn: „Nicht das Ich ist das Primäre, sondern die Elemente [Empfindungen]…bilden das Ich." Mit dieser **Preisgabe des Glaubens an das Ich als Urrealität** weist Mach in die Nähe von Nietzsches und Freuds Subjektkritik.	Von Ernst Mach, der um 1900 dem Kreis der „Wiener Moderne" angehört (vgl. S. 73 f.), gehen im Hinblick auf die Entstehung einer avantgardistischen Literatur entscheidende Impulse aus. Zu denken ist hier an den im Impressionismus (z. B. in Arthur Schnitzlers Novelle „Leutnant Gustl") erstmals verwendeten **inneren Monolog**, der im Sinne Machs mit der Auflösung des Ich in eine Vielheit von Kräften zusammenhängt. Neben Hermann Bahrs impressionistischer Ästhetik (Bahrs Formel „Das Ich ist unrettbar") sind vor allem die Ich- und die Todesthematik bei Schnitzler, Hofmannsthal und Musil von Ernst Machs Subjektkritik unmittelbar beeinflusst.
Lebensphilosophie/Vitalismus (als Vorläufer der Existenzphilosophie um 1900 entstanden)	
Sie berührt sich als *antirationalistische* Philosophie mit den Ideen der Romantiker, vor allem mit jenen von Friedrich Schlegel und Friedrich Wilhelm Schelling. Zentral ist die Lehre von der Lebensdynamik, vom „élan vital", unter dem der französische Philosoph Henri Bergson (1859-1941) einen Lebensdrang versteht, der dem Universum wie dem Menschen zukommt und	Die Vorstellung von der Spaltung des Subjekts in eine Vielfalt von ‚Teilsubjekten', die sich schon bei Nietzsche findet (vgl. S. 111), bildet eine der geistigen Wurzeln des **Montagestils**. Eine zentrale Rolle spielt dabei die Erfahrung der ‚**inneren' Zeit** als eine Gleich- und Allzeitigkeit von Tun und Erinnern. Sie wird zur Grundlage der Simultantechnik, wie sie sich im

Bedingungen	Auswirkungen auf die moderne Literatur
der nicht durch die ‚Ratio' kontrolliert oder begriffen werden kann. Das menschliche Subjekt entfaltet sich in eine Vielfalt, die ständig im Fluss und nur im eigenen Erleben festzuhalten ist. Für dieses Subjekt gibt es keine ‚äussere', sondern nur eine ‚innere' Zeitordnung, die „durée réelle" (Bergson), die wirklich gelebte Zeit, die in der Erinnerung gegenwärtig ist und dadurch Dauer besitzt. Vertreter: z. T. schon Nietzsche, Henri Bergson, Wilhelm Dilthey, Oswald Spengler u. a.	modernen Roman seit Proust, Joyce und Döblin vor allem in der **Technik des Bewusstseinsstroms**, in modernen Gedichten, aber auch im neuen Medium Film, seit dem Expressionismus im **Reihungsstil** spiegelt. Der Vitalismus mit seiner Idee einer irrationalen Lebenskraft wirkt unmittelbar auf die Dramen Frank Wedekinds (z. B. auf „Frühlings Erwachen").
Der Existentialismus/die Existenzphilosophie (aus der Phänomenologie hervorgegangene breite Kulturströmung in verschiedensten Ausformungen; dominierte die Philosophie in Deutschland und Frankreich von den 1920er bis in die 60er Jahre, wirkt indessen bis heute nach)	
Ausgehend von der gewaltigen Desillusionierung des Menschen durch den Ersten Weltkrieg und längst vorbereitet durch die deutsche Romantik (vor allem durch Schelling), durch Kierkegaard, Nietzsche und die Lebensphilosophen, tritt der Existentialismus ab 1930 an die Spitze der philosophischen Richtungen des 20. Jh. Im Gegensatz zum Idealismus (etwa Hegels) steht im existentialistischen Denken die *Existenz* des	Der Existentialismus hat seinen Niederschlag in der gesamten Kunst, vor allem aber in der Literatur, gefunden. Freilich gibt es in der deutschen Literatur (bei Büchner, Kafka, Jünger, Rilke u. a.) existentielles Denken schon vor und z. T. unabhängig von der Entstehung des Existentialismus Die Erfahrung der Existentialisten entspricht eben weitgehend einer Grunderfahrung unserer Zeit.

Bedingungen	Auswirkungen auf die moderne Literatur
Menschen ganz im Zentrum (vgl. Sartres „Existenz *vor* Essenz"). Daher verzichtet die Existenzphilosophie weitgehend auf ein metaphysisch-spekulatives Denken. Nach ihr ist die „Existenz" die bestimmungslose Freiheit des Menschen, zu der er quasi verurteilt ist; er muss sich stets von neuem selber bestimmen, ohne aber das Ziel, seine Selbstbestimmung, je zu erreichen. So bleibt er sich selbst und der Umwelt entfremdet. Daher sind Hoffnungslosigkeit und Angst als Ausdruck von *Selbst- und Weltentfremdung* die beiden Grundbefindlichkeiten des Menschen. Dasein bedeutet „Geworfensein" (Heidegger), wobei dem Menschen das „Woher" und das „Wohin" verborgen bleiben. Diese Bestimmungslosigkeit der menschlichen Existenz lässt sie zu einem Dasein in Angst und Sorge werden. Gewiss ist dem Menschen einzig der Tod, der ihm sein Leben zu einem „Sein zum Tode" macht. Der Tod stellt den Menschen endgültig auf sich selbst. Als deutsche Hauptvertreter der Existenzphilosophie gelten vor allem **Martin Heidegger** („Dasein als Geworfensein") und **Karl Jaspers** („Erfahrung der Brüchigkeit des Seins in den Grenzsituationen des Lebens").	Die Themen und Motive der Gegenwartsliteratur stehen dem existentialistischen Denken nahe oder sind von ihm gar direkt beeinflusst: der Mensch in Selbst- und Weltentfremdung, in existentiellen Grenzsituationen, in Ungeborgenheit und Angst, Freiheit und Verantwortung, im Sein zum Tode, auf der Sinnsuche in einer sinnlosen Welt usw. In der zentralen Frage nach der **Identität des menschlichen Ich** haben sich existentialistisches Denken und moderne Montageliteratur (z. B. bei Ingeborg Bachmann, Max Frisch und Wolfgang Koeppen) gegenseitig beeinflusst. Dasselbe gilt für die **Abkehr vom alten, teleologischen Weltbild**. Eine auffallende Nähe zum Existentialismus findet sich bei den Vertretern der amerikanischen und der deutschen **Beat Generation** (Kerouac, Ginsberg, Burroughs; Brinkmann, Hübsch, Ploog, Fauser, Renate Rasp u. a.). Ihr Motto „Leben ist jetzt!" oder „My life is my message" erinnert stark an Heideggers Kritik an der „Verfallenheit des Menschen an das Man", an seiner Flucht in eine „uneigentliche" Existenzweise in dem frühen, 1927 erschienenen Hauptwerk „Sein und Zeit".

Bedingungen	Auswirkungen auf die moderne Literatur
In Frankreich entsteht während und nach dem Zweiten Weltkrieg eine atheistische, aber auch eine christlich bestimmte Existenzphilosophie: Hauptvertreter der ersteren sind **Jean-Paul Sartre** („radikale Bestimmungslosigkeit der menschlichen Existenz") und **Albert Camus** („Absurdität der menschlichen Existenz"), Vertreter der letzteren ist **Gabriel Marcel** („Ich/Du-Beziehung als Kern der menschlichen Existenz; Gott als das absolute Du").	Im Gegensatz zur französischen Literatur (Sartre, de Beauvoir, Camus, Marcel) finden wir unter den deutschen Autoren der Gegenwart ‚reine' Existentialisten kaum. Dem französischen Existentialismus nahe stehen indessen Hans Erich Nossack, Elisabeth Langgässer, Alfred Andersch, Siegfried Lenz, Hermann Kasack, Wolfgang Koeppen, Peter Weiss, Max Frisch, Friedrich Dürrenmatt, Günter Kunert u. a. Einen christlichen Existentialismus vertritt etwa Stefan Andres.
	Die französische Existenzphilosophie in ihrer mehrheitlich antimetaphysischen Weltsicht (vgl. die Idee von der „Absurdität des Daseins") begründet ein eigenes existentialistisches Drama (Sartre, de Beauvoir, Camus u. a.) und wird von da aus zum unmittelbaren Wegbereiter des **absurden Theaters** (Ionesco, Beckett, Adamov, Tardieu u. a.).
Sprachphilosophie von **Ludwig Wittgenstein** (1889-1951) In Wittgensteins Denken lassen sich zwei einander z. T. entgegengesetzte Stadien unterscheiden (erstes Stadium: „Tractatus logico-philosophi-cus", 1922; zweites Stadium: „Philosophische Untersuchungen", 1953). Wir fassen hier jene wichtigsten Gedanken zusammen, die für Wittgenstein über	Im Anschluss an Wittgenstein erblickt man in der Welt- und Selbstbegegnung des Menschen einen primär sprachlichen Vorgang; das menschliche Individuum und die Formen gesellschaftlichen Zusammenlebens werden als Ergebnis sprachlicher Konventionen erkannt und literarisch fruchtbar gemacht,

Bedingungen	Auswirkungen auf die moderne Literatur
beide Stadien hinaus Gültigkeit haben:	besonders durch eine wiederauflebende **Sprachkritik**, wie sie bei vielen neueren Autoren (allen voran bei Helmut Heissenbüttel, Peter Handke und Ingeborg Bachmann) Eingang findet.
Grundidee des „Tractatus logico-philosophicus": Die Philosophie verdeutlicht das Unaussprechliche, indem sie das Aussprechliche möglichst klar ausdrückt. „Was sich überhaupt sagen lässt, lässt sich klar sagen... Wovon man nicht sprechen kann, darüber muss man schweigen." Damit setzt Wittgenstein dem Denken und der Sprache eine klare Grenze – ähnlich der Kants zwischen der Erscheinung und dem Ding an sich: **Metaphysisches ist weder klar denkbar noch sagbar**; also soll die Philosophie nichts darüber sagen.	Die Autoren der Nachkriegsmoderne, unter ihnen, neben Peter Handke, vor allem die Vertreter der hermetischen Lyrik (Bachmann, Kaschnitz, Benn, Celan u. a.) berufen sich in ihrer **Sprachskepsis**, d. h. in ihrem Misstrauen in die Tauglichkeit der konventionellen Sprache, die Wirklichkeit zu benennen, besonders häufig auf Wittgenstein. Die auffallende Tendenz moderner Gedichte zum sprachlichen ‚Verstummen' ist stark von seiner Sprachphilosophie beeinflusst. Daneben spielt noch ein weiter zurückliegendes ‚Ereignis', Hofmannsthals Sprachkrise, für den Hermetismus in der Nachkriegslyrik eine wichtige Rolle.
Grundidee der „Philosophischen Untersuchungen": Die philosophischen Schwierigkeiten und die ‚Verwirrungen' im Denken rühren daher, dass die Sprache vieldeutig ist. Die **Vieldeutigkeit der Sprache** hängt ihrerseits von ihrem Gebrauch ab: „Die Bedeutung eines Wortes ist sein *Gebrauch* in der Sprache." (Umkehrung der traditionellen linguistischen Auffas-	Wo die Sprache nichtentfremdetes Sprechen verhindert, da wird sie sich selber zum Problem. Das erklärt u. a., warum in zahlreichen modernen Texten gerade *nach* 1945 die Sprache selber thematisiert wird, warum hier eine **radikale Besinnung auf die Sprache** als dem Medium der Literatur stattfindet. Dieser ‚Sprachabsolutismus' zeigt sich im modernen Roman in der

Bedingungen	Auswirkungen auf die moderne Literatur
sung, die *Bedeutung* eines Wortes bestimme seinen Gebrauch.) Danach verlagert sich die Sprache vom sicheren Besitz zum offenen Gebrauch; während wir sie gebrauchen, ändert sie sich ständig, und zwar aufgrund der Situation und des sprachlichen Kontextes. Die Bedeutung eines Wortes wird also erst im Beziehungsfeld Sprecher-Hörer festgelegt. Diese Offenheit des Sprachgebrauchs führt zur dauernden **Entfremdung der Sprache**: Im Augenblick des Sprechens entfremdet sich die Sprache dem Sprecher; sie ist nicht mehr genau die, welche er für sich anwendet. Ausgangspunkt der modernen **Sprachkrise**, wie sie schon Hofmannsthal diagnostiziert hat (vgl. S. 55 ff.).	Verlagerung des Erzählten auf das Erzählen selber, in der Lyrik gleichsam in einer Verselbständigung der Sprache und im Theater in einer z. T. völligen Entleerung des dramatischen Dialogs.
Anhand der Methode der „Sprachspiele" untersucht Wittgenstein, wie ein Wort in bestimmten, wechselnden Situationen verwendet wird.	**Konkrete Poesie** und **Sprachexperiment** (etwa der „Wiener Gruppe") als Spiel mit dem Sprachmaterial besitzen eine gewisse Verwandtschaft mit Wittgensteins „Sprachspiel"-Konzeption.
Neomarxismus/Kritische Theorie (nach dem Ersten Weltkrieg vor allem in Europa als Reaktion auf sozialdemokratische und sowjetkommunistische Interpretationen des Marxismus entstanden; starken Einfluss auf die gesellschaftskritische Studentenbewegung der 1960er Jahre; Nachwirkung bis heute)	Die Politisierung der Literatur, d. h. die Aufhebung des alten Gegensatzes zwischen Kunst und Politik, seit dem Beginn der 1960er Jahre ist stark von neomarxistischem Gedankengut beeinflusst. Dieser Einfluss zeigt sich vor allem in der Lyrik und im Theater, aber auch in der Erzählprosa:

Bedingungen	Auswirkungen auf die moderne Literatur
Der Neomarxismus ist eine Verbindung Marxscher Ideen (vor allem aus dessen Frühschriften) mit modernen soziologischen und psychoanalytischen Theorien. Dabei lassen sich vier Grundtendenzen ausmachen: *Anthropologische Wende:* Der im Spätkapitalismus unterdrückte und ausgebeutete Mensch, der im technologischen System manipuliert wird, soll zu individueller, existentieller und herrschaftsfreier Entfaltung geführt werden. Seine *Verdinglichung* (Lukács), d. h. der Umstand, dass er sowohl sich selbst als auch andere Menschen als blosse ‚Dinge' ansieht, zu denen er ein rationales Verhältnis ausbildet, soll zusammen mit der Überwindung des Kapitalismus aufhören. *Demokratisierung:* Nach neomarxistischer Auffassung sind alle Ungleichheiten von Menschen, die sich gesellschaftlich auswirken, mit der Klassengesellschaft (Privateigentum an den Produktionsmitteln) entstanden und mit ihr auch zu beseitigen. Das gilt für die Ungleichheit von Mann und Frau, Erwachsenen und Kindern, Lehrenden und Lernenden, Arbeitgebern und Arbeitnehmern, ja allgemein von Herrschenden und Beherrschten.	*Lyrik:* Hier ist es das *politische Gedicht*, besonders das Agitations- und Protestgedicht (u. a. der Liedermacher), dessen appellativer Grundgestus sich zunehmend radikalisiert (Agitprop-Gedicht). Dazu gehört z. T. aber auch die *konkrete Poesie*, und zwar insofern, als sie durch die Aufhebung der hierarchischen Struktur des Satzes indirekt einen Protest gegen gesellschaftliche Herrschaftsverhältnisse darstellt. Und schliesslich bleibt auch die ganze *Beat- und Rap-Lyrik* seit den 1970er Jahren nicht ohne neomarxistische Einflüsse. *Theater:* Zu nennen sind hier das *Dokumentartheater* (Weiss, Kipphardt, Hochhuth, Grass u. a.), das *Agitprop-Theater* (Strassentheater, Polit-Happening, Revuetheater u. a.) und das *neue Volksstück* (Sperr, Kroetz, Fassbinder u. a.). *Erzählprosa:* Neben dem *dokumentarischen Roman* (Enzensberger, Kluge) gehört hier vor allem die *Literatur der Arbeitswelt* (Werkkreis Literatur, Industriereportagen u. a.) dazu. Die von den Neomarxisten kritisierte *Verdinglichung* des modernen Menschen spiegelt sich im Werk verschiedenster Autoren (Elfriede Jelinek, Thomas Bernhard, Peter Handke, Martin Walser, Franz Xa-

Bedingungen	Auswirkungen auf die moderne Literatur
Technologiekritik: Sie richtet sich gegen die gigantischen Technologien, durch die Wirtschaft und Staat die Menschen beherrschen und manipulieren. Für die Neomarxisten funktioniert die spätkapitalistische *Entfremdung* des Menschen technokratisch. Danach erzeugt ein mächtiger, staats- und monokapitalistischer Apparat eine Konsum- und Überflussgesellschaft, in der die im Grunde unterprivilegierten Massen entmündigt und mit scheinbarem Wohlstand abgespeist werden.	ver Kroetz, Christoph Hein, Urs Widmer, Julia Franck u. a.). Aus der Überzeugung heraus, dass literarisches Schreiben gesellschaftspolitisch relativ wirkungslos bleibt, kommt es auf dem Höhepunkt der Ausserparlamentarischen Opposition 1968 zur Forderung einiger Autoren, die Literatur überhaupt abzuschaffen (Enzensbergers These vom „Tod der Literatur") und an ihre Stelle die direkte politische Aktion als einzige legitime Form der künstlerischen Äusserung zu setzen.
Revolution: Die Neomarxisten halten deshalb eine Revolution für notwendig. Dabei stehen sie vor einem Problem: In der Arbeiterschaft, die in der kapitalistischen Gesellschaft die revolutionäre Klasse bilden sollte, ist keine revolutionäre Gesinnung vorhanden. *Objektiv*, so glauben die Neomarxisten, gibt es ein Proletariat, *subjektiv* will dieses Proletariat nichts von seiner proletarischen Situation wissen. Viele Neomarxisten resignierten und zogen sich auf den Standpunkt der „grossen Verweigerung" (Marcuse) zurück. Andere, vor allem Studenten als intellektuelle Elite, hielten sich selbst für die revolutionären Sachwalter der objektiven, wahren Interessen der Massen. Wieder andere gingen gar den Weg des Terrorismus (z. B. die	Innerhalb der neomarxistischen Literaturtheorie spielt das *Basis/Überbau-Modell* von Marx, wonach die literarische Produktion als ideologischer *Überbau* vom sozioökonomischen *Unterbau* (Produktionsverhältnisse und Produktivkräfte) bestimmt wird und sich dieser im literarischen Produkt dementsprechend spiegelt (Widerspiegelungstheorie), eine zentrale Rolle. Nach diesem Modell ist alle Kunst „Widerspiegelung" der „Totalität des Lebens", hat sie also ‚realistisch' (im Sinne des sozialistischen Realismus) zu sein. Das erklärt, warum viele Marxisten und Neomarxisten jede Art von Avantgardismus in der Literatur (z. B. das Montageprinzip) als vermeintlich ‚formalistisch' und ‚dekadent' ablehnen und

Bedingungen	Auswirkungen auf die moderne Literatur
RAF-Terroristen in den 1970/80er Jahren).	für eine konventionell-realistische Schreibweise eintreten.
Dem Neomarxismus lassen sich u. a. folgende Sozialphilosophen zurechnen: Georg Lukács („Geschichte und Klassenbewusstsein" 1922), Walter Benjamin, Herbert Marcuse, Ernst Bloch („Das Prinzip Hoffnung") und Erich Fromm. Neomarxistisches Gedankengut fliesst in den verschiedensten Ausformungen auch ins ‚bürgerliche' Denken ein, so in die kritischen Gesellschaftstheorien (Max Horkheimer, Theodor W. Adorno, Jürgen Habermas u. a.) und in verschiedene geistige und politische Bewegungen (Ausserparlamentarische Opposition, Studenten- und Frauenbewegung, ‚Grüne', alternative Lebensformen usw.).	
Postmoderne (Begriff seit den späten sechziger Jahren gebräuchlich; im deutschen Sprachraum aber erst in den achtziger Jahren weiter verbreitet; dann aber zu einem Modewort geworden. Zunächst für die Bereiche Architektur, Design, bildende Kunst, Musik und Literatur verwendet, erhält er später, vor allem bei Jean-François Lyotard, auch eine philosophische Prägung)	

Bedingungen	Auswirkungen auf die moderne Literatur
Historischer ‚Zustand', in dem die grossen Ideologien und Ordnungssysteme ihre Legitimationskraft verloren haben, der den bewussten Abschied von allen letzten, religiös, philosophisch oder politisch motivierten Prinzipien bedeutet. Stattdessen Anerkennung der **Gleichberechtigung des Verschiedenen** („Anything goes"), der Vielfalt der Lebens- und Denkweisen (vgl. etwa Jürgen Habermas' Stichwort von der „Neuen Unübersichtlichkeit", Karl Poppers Idee der „offenen Gesellschaft"). Die Postmoderne richtet sich letztlich, veranlasst auch durch Erfahrungen mit politischen Terrorsystemen (Faschismus, Stalinismus u. a.) gegen die Tradition der Aufklärung, d. h. gegen die Einschätzung der Vernunft als der geschichts- und fortschrittsbewegenden Kraft und gegen ihre Einsetzung zum utopischen Ziel der Geschichte (z. B. bei Peter Sloterdijk). Sie verneint, an Nietzsche anknüpfend (vgl. S. 112), folgerichtig jede Form von geschichtlichem Fortschritt (Postulat vom Ende der Geschichte). Damit verbunden leugnen die Postmodernen (am radikalsten wohl Michel Foucault), ähnlich wie schon die Vertreter der Moderne, auch die Sonderstellung des menschlichen Subjekts in der Geschichte, machen sie unter dem Titel des *Dekonstruktivismus*	Der Vielfalt der Lebens- und Denkweisen entspricht im Bereich der postmodernen Literatur eine Vielfalt der Formen und Schreibstile, d. h. ein **Stilpluralismus**. Die von Nietzsche herkommende, postmoderne Kritik am Subjektbegriff, wie sie in den *dekonstruktivistischen Interpretationsansatz* Eingang gefunden hat, führt zu einer kritischen Analyse des *Autorbegriffs*.[2] Das traditionelle Bild vom Autor als einem intensionalen Subjekt, das einen bestimmten Sinn in seinen Text ‚hineinlegt', der dann vom Leser wieder ‚herauszuholen' ist, wird preisgegeben. Statt des Autors rückt die sprachliche Äusserung als solche in ihrer Bedeutungsvielfalt, die stets mehrere gleichberechtigte Interpretationen ermöglicht, ins Zentrum. Der Autor erscheint in diesem Sinne, ganz im Unterschied zur alten Genieästhetik, nicht mehr als selbständiger Schöpfer eines autonomen Kunstwerks, sondern tritt als blosser Arrangeur hinter das Sprachmaterial zurück. Daraus erklären sich u. a. die auffallend vielen *intertextuellen Bezüge* und *Pastiches*, die beide für postmoderne Werke typisch sind. Der Vielfalt der Lebens- und Denkweisen entspricht im Bereich der postmodernen Literatur eine Vielfalt der Formen und Schreibstile, d. h. ein Stilpluralismus.

Bedingungen	Auswirkungen auf die moderne Literatur
(Jacques Derrida, Paul de Man) die Auflösung des Subjektbegriffs zu ihrem Programm.	

4.2.2 Christliche Religion und Kirchen

Im Zug der Individualisierung der Lebensverhältnisse verflüchtigt sich die Religion im 20./21.Jh. zunehmend ins Private. Damit verbunden haben die Kirchen als gestaltende Kraft in der Gesellschaft massiv an Einfluss verloren. Ihnen ist es, schon von ihrer barocken, formelhaften Sprache her, bisher zuwenig gelungen, ihre Botschaft so zu verkünden, dass der Mensch von heute sie versteht.
Parallel zur ‚Entleerung' der etablierten Kirchen gewinnen die traditionellen Freikirchen (Adventisten, Baptisten, Neuapostoliker u. a.), aber auch neue religiöse und pseudoreligiöse Gruppen (Evangelikale, Reinkarnationslehren, Jugendsekten, Okkultismus, Scientology u. a.) eine wachsende Anhängerschaft. Daneben lässt sich das zunehmende Eindringen von Elementen östlicher Religionen (wie etwa buddhistischen Formen der Meditation) selbst in den kirchlichen Raum feststellen.

Das urchristliche Thema von Sünde, Gnade und Erlösung des Menschen scheint in unserer völlig säkularisierten Welt wenig gefragt zu sein. Dies erklärt weitgehend, warum die christliche Literatur der Gegenwart, trotz der um 1900 in Frankreich entstandenen, später gesamteuropäischen literarischen Bewegung des „renouveau catholique" (P. Claudel, G. Bernanos, F. Mauriac, G. Marcel, T.S. Eliot, G. Greene, G. von Le Fort, L. Rinser, W. Bergengruen, E. Schaper u. a.), eine Randerscheinung darstellt und spätestens ab 1960 als mehr oder weniger ‚tot' gilt. Ihr fast gänzliches Verstummen hängt letztlich wohl mit der Diskrepanz zwischen dem Glauben an einen von Gott geordneten Kosmos, auf dem jede wirklich christliche Dichtung ruht, und der modernen Grunderfahrung einer in sich heillos zerrissenen, gesichtslosen Welt zusammen.
Zwar stehen die grossen Themen der religiösen Dichtung unserer Zeit, wie etwa die Bewährung

Bedingungen	Auswirkungen auf die moderne Literatur
Seit dem Beginn des 20. Jh. greifen die Theologen vermehrt in die natur- und geisteswissenschaftliche Diskussion ein: Der französische Jesuit und Paläontologe Pierre Teilhard de Chardin (1881-1955) beispielsweise verband die moderne Evolutionslehre mit dem christlichen Schöpfungsglauben. Der evangelische Theologe Karl Barth (1886-1968) wandte Hegels Begriff der „Dialektik" auf die Theologie an und sprach, als Reaktion auf die Krise des Ersten Weltkrieges, von einer „dialektischen Theologie („Gott, der Nahe und doch ganz Andere"). Sein Kollege Rudolf Bultmann (1884-1976) seinerseits deutete das Neue Testament, dessen „Entmythologisierung" er forderte, von Heideggers Existenzphilosophie her. Eugen Drewermann, Psychotherapeut und ehemals katholischer Priester, wiederum versucht den Glauben aus tiefenpsychologischer Sicht neu zu fassen. Und schliesslich trat Hans Küng, zusammen mit dem Literaturkritiker Walter Jens, u. a. für den Dialog zwischen Theologie und moderner Literatur ein. Indessen begegnet gerade die römische Kurie der Diskussion zwischen dem christlichen Glauben und den modernen Wissenschaften, aber auch neueren Strömungen innerhalb der Theologie selber (feministische Theologie,	des Menschen in den Anfechtungen der Welt, das Ausgesetztsein des Christen ohne Heilsgewissheit, menschliches Dasein zwischen Freiheit und Schuld (G. von Le Fort, E. Langgässer, W. Bergengruen, R. Schneider, St. Andres u. a.) dem modernen existentiellen Denken nahe, doch zu einer entscheidenden gegenseitigen Befruchtung kommt es kaum. Viele moderne Autoren sind Agnostiker, stehen von ihrem *Agnostizismus*, d. h. von ihrer Auffassung, dass die Existenz Gottes weder beweisbar noch widerlegbar sei, dass die Frage nach Gott demnach offen bleiben müsse, dem Christentum eher ablehnend gegenüber. Bei zahlreichen zeitgenössischen Autoren (Brecht, Böll, Grass, Thomas Bernhard, Günter Herburger, Frisch, Dürrenmatt, Kurt Marti, Fried, Hochhuth, Arno Schmidt, Gerold Späth, Josef Winkler u. a.) ist das ‚**Christliche**' **als negatives Element** noch vorhanden, nämlich als Religions- und als Gesellschaftskritik an den Christen, vor allem an den Kirchen, z. B. an ihrem unpolitischen Verhalten, ihrer Nähe zur Macht, ihrer Neigung, bestehende soziale Ordnungen, also Unterdrückung, religiös zu sanktionieren, ihrer ‚Doppelmoral'.

Bedingungen	Auswirkungen auf die moderne Literatur

Befreiungstheologie u. a.) immer noch mit Misstrauen.

Seit dem Zweiten Vatikanischen Konzil (1962-1965) vermehrte Öffnung der Kirchen gegenüber der Welt, aber auch gegenseitige Annäherung (Ökumene), allerdings begleitet von einem Wiedererstarken konservativer Tendenzen vor allem in der katholischen Amtskirche, deren ablehnende Haltung etwa gegenüber der Zulassung der Frau zum Priesteramt und der Lockerung des Zölibatsgebotes, aber auch gegenüber Geburtenregelung, und künstlicher Befruchtung und nicht zuletzt auch gegenüber der rechtlichen Gleichstellung Homosexueller bei vielen auf Unverständnis stösst.

Selbstverständlich wirken christliche Vorstellungen punktuell und partiell auch in der ‚weltlichen' Literatur des 20./21.Jh. weiter (vgl. etwa die Auferstehungsthematik bei Gerd Gaiser, das Leitmotiv des Lammes bei Heinrich Böll, das Bildnisthema bei Max Frisch, Dürrenmatts religiöse Narren, die religiöse Formelsprache bei Elfriede Jelinek, Thomas Hürlimanns Welt als ‚barockes' Theater, die Erinnerung an religiöse Traditionen bei Gertrud Leutenegger, liturgische Formeln bei Hugo Ball, Günter Grass, Peter Handke, Martin Mosebach u.a.).

Es wird eine der Hauptaufgaben der religiös engagierten zeitgenössischen Autoren sein, sich auf die Möglichkeiten des Christlichen in einer modernen Literatur zu besinnen. Das Christliche sollte nicht ausschliessliche Domäne einer traditionalistisch-provinziellen Dichtung sein, wie das heute weithin der Fall ist. Dazu bedürfte es vonseiten der religiösen Autoren freilich noch vermehrt der Einsicht, dass die Dichtung keine die geschichtliche Gegenwart verschleiernde Haltung einnehmen darf, indem sie sich ständig auf ein ‚Ewiges', auf eine das Leben angeblich sichernde Ordnung zurückzieht.

4.2.3 Sprach- und Literaturwissenschaft

In der *Sprachwissenschaft* zeichnet sich mit der vom Genfer Linguisten Ferdinand de Saussure in den Jahren 1906 bis 1911 begründeten strukturalistischen Linguistik ein Paradigmawechsel ab: An die Stelle der im 19.Jh. vorherrschenden, mit den Namen der Brüder Jacob und Wilhelm Grimm verbundenen historischen oder *diachronen* Sprachbetrachtung, die den Blick auf den *Wandel* der Sprache richtet, tritt mehr und mehr eine den sprachlichen *Ist-Zustand* beschreibende, *synchrone* Sprachbetrachtung; ihr Interesse gilt neben den Regeln des Sprachsystems (Lexikologie, Semantik, Morphologie, Syntax) zunehmend auch jenen des Sprach*gebrauchs*, d.h. dem pragmatischen Aspekt der Sprache. Dabei kommt es zur Ausbildung verschiedener synchroner Sprachtheorien, wie etwa der Wortfeldtheorie (Trier, Weisgerber), der Kommunikationstheorie (Watzlawick, Wiener, Habermas), der Sprechakttheorie (Austin) und der Zeichentheorie oder Semiotik (de Saussure, Peirce, Morris). Die Letztere, also die *Semiotik*, hat sich seit den 1960er Jahren (Greimas, Barthes, Todorov, Lévi-Strauss, Foucault, Baudrillard, Derrida, Lacan, Eco, Bense, Posner u.a.) zu einer Grundlagenwissenschaft entwickelt, die für die Auseinandersetzung mit der Sprache unverzichtbare Begriffe und übergreifende Konzepte liefert. Aus ihrer Sicht lässt sich die Sprache als ein verbales Zeichensystem neben anderen, nonverbalen Zeichensystemen und die Linguistik selber als Teildisziplin einer umfassenden Wissenschaft vom Zeichen definieren.

Die neueren Sprachtheorien rücken vermehrt die gesprochene Sprache, nach de Saussure die *Parole* im Gegensatz zur *Langue*, dem grammatischen System, ins Zentrum der Analyse. Gleichzeitig ergibt sich, unter dem starken Einfluss Ludwig Wittgensteins, eine kopernikanische Wende von der traditionellen, normativen Grammatik, d.h. von einer Ableitung der Grammatik aus vorgegebenen, vor allem lateinischen Regeln, zu mehr deskriptiven Grammatiken, welche die Sprache auf ihren *aktuellen* Gebrauch hin untersuchen. Unter ihnen nimmt die von Noam Chomsky 1957 vorgelegte Generative Grammatik, schon deshalb, weil sie weltweit rezipiert wurde, eine herausragende Stellung ein. Ihr sind eine Reihe von Textkonzeptionen verpflichtet, die in den linguistischen und poetischen

Strukturalismus Eingang gefunden haben. Dazu gehört insbesondere die Unterscheidung zwischen Oberflächen- und Tiefenstruktur, wie sie die Basis der strukturalen Textanalyse bildet (vgl. S. 23 ff.).

Das verstärkte Bemühen um die Funktion der Sprache im gesamtmenschlichen Bereich führt zur Begründung neuer linguistischer Disziplinen, in denen der Einfluss *aussersprachlicher Faktoren* (Schicht- oder Gruppenzughörigkeit der Sprecher, psychische Prozesse, situative Bedingungen usw.) auf Sprache und Sprachgebrauch analysiert wird: Textlinguistik, Sprechakttheorie oder Pragmalinguistik, Soziolinguistik, Psycholinguistik u. a.

In der *Literaturwissenschaft* kommt es kurz nach 1900 zur Abwendung von der an den exakten Naturwissenschaften orientierten Interpretationsmethode des *Positivismus*, der es um die Erforschung des „Ererbten, Erlernten und Erlebten" (Scherer) ging, und zur Hinwendung zur *geistesgeschichtlichen Methode* (Dilthey, Korff, von Wiese, Ermatinger u. a.), die das literarische Werk primär auf die in ihm gestalteten Ideen untersucht. Als Reaktion auf diese geistesgeschichtliche Methode, der es – so der Vorwurf ihrer Kritiker – mehr um die Darstellung philosophischer Denkgebäude als um die eigentliche Interpretation der Texte geht, entsteht die zwischen 1945 und 1966 führende Methode der *werkimmanenten Interpretation* (Staiger, Kayser, Emrich u. a.). Sie hält sich, ähnlich wie vor ihr schon der Formalismus (Walzel u. a.), strikt an innerliterarische Faktoren, vor allem an Stilkriterien, verzichtet also auf ausserliterarische Motivierung, etwa auf den Beizug weltanschaulicher, biographischer und entstehungsgeschichtlicher Daten. Wegen ihrer Ausklammerung der historisch-gesellschaftlichen Momente wird diese Methode bald als einseitig erkannt.

Nach 1960 lösen eine Reihe neuer Interpretationsmethoden (Literatursoziologie, Literaturpsychologie, Rezeptionsästhetik, poetischer Strukturalismus, Poststrukturalismus/Dekonstruktion, Textsemiotik) in der Literaturwissenschaft geradezu einen *Paradigmawechsel* aus. Dieser Paradigmawechsel äussert sich
- im verstärkten Bestreben nach rationalen und objektivierbaren Interpretationsverfahren, d. h. nach empirisch überprüfbaren Textbefunden.

- in der Durchdringung des linguistischen und des literaturwissenschaftlichen Ansatzes aufgrund der These, die Literatursprache sei als Abweichung von der Alltagssprache aufzufassen und zu analysieren.
- im Einbezug von Nachbardisziplinen, wie z. B. der Soziologie und der Tiefenpsychologie.
- in der Erweiterung des Literaturbegriffs (zur Literatur gehören heute neben sprachlichen auch bildliche und akustische Mitteilungsformen) und damit der Literaturwissenschaft zur Medien- und Kommunikationswissenschaft.

4.2.4 Literatur und Markt: die Situation der Schriftsteller

Seit der zweiten Hälfte des 18.Jh. sind die Schriftsteller nicht mehr von einem Fürstenhof, also von einem Arbeitgeber, sondern zunehmend von den Bedingungen des literarischen Marktes und von Verlegern, Lektoren und Literaturagenten (als den Mittlern zwischen Autor und Verlag) abhängig. Weil sie als freie Künstler keinen Arbeitgeber haben, ist ihr Schaffen nicht als Beruf und damit nicht als Erwerbsarbeit anerkannt, sind sie, zumindest im deutschen Sprachraum, gesellschaftlich auch kaum integriert. Daraus ergeben sich für die Schriftsteller zwangsläufig *Status- und Rollenunsicherheit*, aber auch wirtschaftliche Probleme: Nur ein sehr kleiner Teil der Autoren (in der Schweiz beispielsweise nur 8 %) können vom Schreiben leben; alle andern sind auf Brotjobs oder auf Unterstützung (Autorenverbände, Stiftungen, Mäzene u. a.) angewiesen. In Österreich leben zudem rund ein Drittel von ihnen unter der offiziellen Armutsgrenze.

Die schriftstellerischen Einkünfte beschränken sich heute auf die Autorenhonorare (in der Regel 5 bis 10 % des Ladenpreises bei Auflagen zwischen 3'000 und 7'000 Büchern)[3] , auf Honorare aus Lesungen, auf Nebenrechtsverwertungen (z. B. aus dem Erlös von Film-, Radio-, Fernseh- und Aufführungsrechten) und auf gelegentliche internationale, nationale und regionale Literaturpreise[4] (Haupt- und Förderpreise, Preise aus Schreibwettbewerben, Stadtschreiberpreise, Übersetzerpreise, Stipendien) und Werkbeiträge (in der Schweiz z. B. von Pro Helvetia). Wirtschaftlich besonders schwer haben es die Lyriker, und zwar aufgrund der geringen Auflagen (von höchstens 1'000 Büchern) und der fehlenden Nebenrechtsverwertung.

Die Belletristik, die ohnehin kaum 15 % der gesamten Buchproduktion ausmacht, verzeichnet aus vielfältigen Gründen (Konkurrenz durch Fernsehen, Internet, andere Freizeitbeschäftigungen usw.) immer weniger Leser. Diesem Leserschwund stehen paradoxerweise immer mehr Schreibende gegenüber. Renommierte Verlage erhalten täglich bis zu zehn unverlangte Manuskripte. Der einzelne Schriftsteller hat es daher zunehmend schwerer, für sein Manuskript einen Verlag zu finden (auf 1'000 an einen grösseren Verlag unaufgefordert eingesandte Manuskripte kommt *ein* tatsächlich gedrucktes!), zumal die Verlagsprogramme, bedingt durch die wachsende Konzentration im Verlagswesen, laufend gestrafft werden und die Verlage ständig auf der Jagd nach dem Bestseller sind. Im Bereich der Belletristik gibt es heute zudem kleinere Erstauflagen und nur noch wenig Neuauflagen, da sich diese für die Verlage häufig nicht rechnen. Vor allem unbekanntere Autoren veröffentlichen ihre Werke deshalb häufig in *Zuschussverlagen*, bei denen sie sich an den Herstellungskosten beteiligen (Druckkostenzuschuss), oder gar in *Selbst-* oder *Eigenverlagen*. Beides ist wegen der hohen Gestehungskosten, dem vom schlechten Renommee des „vanity publishing" überschatteten Image und dem beschränkten Marketing aber nur bedingt zu empfehlen! Immer mehr Autoren nutzen auch die Möglichkeit, ihre Bücher als *Books on Demand (BoD)* zu veröffentlichen, einer vergleichsweise kostengünstigen Herstellungsmethode, bei der die Bücher erst auf Bestellung durch den Handel produziert und ausgeliefert werden. Das Printing on Demand-Verfahren eignet sich vor allem für Titel mit kleinen Auflagen. Um das Marketing muss sich der Autor freilich meist selber kümmern.

Die zunehmende Digitalisierung der Bücher, die Produktion von *E-Books* (2008 waren bereits 40 % aller Fachbücher als E-Books erhältlich), machte auch vor der Literatur nicht Halt. Noch sind es vor allem ältere, bekannte Titel, die in digitaler Form oder auch als *Hörbücher* eine Neuauflage erfahren. Gerade das Hörbuch lässt dabei die uralte Tradition des Erzählens wieder aufleben.

Es gehört zu den ungeschriebenen Gesetzen des *Literaturbetriebs*, dass ein Schriftsteller, will er nicht in Vergessenheit geraten, alle zwei Jahre ein Buch veröffentlichen muss.

Im Zusammenhang mit der zunehmenden Tendenz, das schriftstellerische Schaffen zu professionalisieren, entstehen auch im deutschen Sprachraum *Literaturinstitute*, wo literarisches Schreiben als ‚Handwerk' gelehrt wird (Deutsches Literaturinstitut Leipzig, Institut für kreatives Schreiben in Berlin, schule für dichtung in Wien, Schweizerisches Literaturinstitut in Biel u. a.). Daneben finden sich in immer mehr Städten *Literaturhäuser*, die sich zum Ziel gesetzt haben, das literarische Schaffen öffentlich zu präsentieren (Lesungen, Ausstellungen, Vorträge, Schreibwerkstätten, Workshops für ‚Kreatives Schreiben' usw.). In diesen Zusammenhang gehört auch das 1955 gegründete *Deutsche Literaturarchiv Marbach* (am Neckar), dessen Hauptaufgabe es ist, Texte und Dokumente der neueren deutschen Literatur zu sammeln, zu ordnen und zu erschliessen. Ihm angegliedert ist das am 6. Juni 2006 eröffnete *Literaturmuseum der Moderne (LiMo)*, das u. a. Manuskripte jüngerer Werke (z. B. von Kafkas „Prozess", Döblins „Berlin Alexanderplatz", Hesses „Steppenwolf") aufbewahrt. Und schliesslich sind da noch die *Literaturwettbewerbe* (z. B. das Klagenfurter Wettlesen in Verbindung mit dem Bachmann-Preis, lokale Wettbewerbe) und die als Diskussionssendungen im Fernsehen organisierten *Literaturclubs*, in denen unter der Leitung eines Moderators ausgewählte Bücher kritisch besprochen werden; als öffentliche Vermittler und Verbreiter von Literatur spielen diese Clubs eine immer wichtigere Rolle.

Der Umstand, dass jede Kunst eine dynamische Einheit von Traditionellem und Neuem darstellt, ist gerade für die modernen Autoren zentral, und zwar insofern, als diese einerseits etwas Neues in neuen Strukturen sagen und anderseits ein möglichst grosses Leserpublikum erreichen möchten. Die Schwierigkeit, *beiden* Forderungen gerecht zu werden, erklärt weitgehend, warum zeitgenössische Autoren eine gewisse Scheu vor genuin modernen Schreibtechniken haben, warum es sich gerade bei den Bestsellern häufig um mehr oder weniger konventionell geschriebene Bücher handelt. Für die *Literaturkritik* indessen gehört es zum zentralen qualitativen Merkmal zeitgenössischer Dichtung, dass sie bestehende Lesererwartungen, also einen bestimmten Kode, immer wieder durchbricht; dies gilt ganz besonders in Bezug auf die Lyrik als die wandlungsfähigste der drei Literaturgattungen (vgl. S. 297).

Und noch etwas: Die öffentliche Funktion der Literatur, die mit der Entstehung der bürgerlichen Gesellschaft Ende des 18.Jh. einen Höhepunkt erreicht hat, scheint immer unbedeutender zu werden. Kein Autor mehr nimmt heute die Position ein, die einst beispielsweise Heinrich Böll besass, als er wie eine Art „Gewissen der Nation" respektiert und gehört wurde.

4.2.5 Psychologie

Bedingungen	Auswirkungen auf die moderne Literatur
Freuds Tiefenpsychologie Die moderne Tiefenpsychologie geht, im Unterschied zur Bewusstseinspsychologie des 19.Jh., von der Annahme aus, dass die meisten seelischen Vorgänge dem Bewusstsein verborgen sind, unser Erleben und Verhalten aber in erheblichem Masse beeinflussen. Sie setzt mit den Forschungen des Wiener Neurologen und Psychiaters **Sigmund Freud** (1856-1939) und seines Mitarbeiters **Josef Breuer** (1842-1925) ein, durch die sie die **Psychoanalyse** begründen. Freud unterteilt die menschliche Psyche in ein *Bewusstes* und ein unvergleichlich grösseres *Unbewusstes*, eine Unterteilung, die er später zur dreiteiligen Struktur von *Es* (dem durch den Sexual- und den Aggressionstrieb bestimmten Un-	Freuds Konzept einer dreiteiligen Struktur von Es, Ich und Über-Ich und seine damit verbundene **Preisgabe der Vorstellung von einer personalen Einheit des Ich** bilden eine der geistigen Wurzeln der kurz nach 1900 einsetzenden **modernen Montageliteratur**. Besonders die Verwendung neuer Gestaltungsmittel wie der *erlebten Rede*, dem *inneren Monolog* (mit seiner Technik des Bewusstseinsstroms) und der *Collage* ist direkt oder indirekt von der Freudschen Psychoanalyse beeinflusst. Ihr Einfluss auf die Literatur, freilich ohne dass er sich auf die *Struktur* der Figuren immer auswirkt, lässt sich vereinzelt schon kurz nach 1900 (Schnitzler, Hofmannsthal, H. Bahr, Lou Andreas-Salomé, Rilke, Musil, H. Hesse, R. Walser, Th. Mann u. a.), in grös-

Bedingungen	Auswirkungen auf die moderne Literatur
bewussten), *Über-Ich* (dem Bereich der übernommenen gesellschaftlichen Normen) und *Ich* (dem Bewusstsein als der Vermittlungsinstanz zwischen Über-Ich und Es) erweitert. Das Kernstück von Freuds Lehre ist die *Verdrängungstheorie*, d. h. die Vorstellung vom Absinken ‚verbotener' Wünsche ins Unterbewusste. Danach ist das Unbewusste vor allem ein Verdrängungsphänomen (das „alter ego" als verdrängte Ich-Strebungen), dessen Inhalte ehemals bewusst gewesen und in Verlust geratene Elemente der persönlichen Psyche darstellen, so dass sich Neurosen bilden können. Freuds Psychoanalyse arbeitet mit der Methode der ‚freien' *Assoziationen*, durch welche die verdrängten unbewussten Vorgänge dem Ichbewusstsein wieder zugeführt werden sollen.	serem Umfang dann aber seit Expressionismus (Kafka, W. Hasenclever, E. Barlach, Döblin, G. Benn, A. Zweig, St. Zweig, F. Glauser, H. Broch, H.v. Doderer u. a.) und Surrealismus nachweisen. Selbst in der Literatur der jüngeren und jüngsten Gegenwart wirkt Freuds Psychoanalyse unmittelbar nach (I. Bachmann, E. Jelinek, P. Weiss, E. Canetti, Th. Bernhard, B. Schlink, M. Walser, P. Süskind, U. Widmer, P. Bichsel u. a.).
Meist gelingt es, nicht zugelassene Wünsche und Bedürfnisse zu *sublimieren*, d. h. in andere, von der Gesellschaft als positiv bewertete Leistungen umzusetzen. So lässt sich z. B. die Hingabe einer Pflegefachfrau an pflegerische Aufgaben aus psychoanalytischer Sicht als Sublimation ihrer Sexualität deuten. In diesem Sinne ist letztlich die gesamte menschliche Kultur ein Ergebnis von **Sublimationen**. Die Existenz unbewusster Elemente lässt sich, wie Freud gezeigt	Als eine Art Sublimation lässt sich die Umsetzung von Grundkräften in *Gegen*kräfte, z. B. von Angst in Machtstreben, aber auch in Opferkraft und Liebe, bei zahlreichen Figuren im modernen Roman und Drama auffassen. Aus struktureller Sicht handelt es sich dabei um *Gestuswechsel* (vgl. S. 200 ff.).

Bedingungen	Auswirkungen auf die moderne Literatur

hat, anhand der Fehlleistungen (Versprechen, Vergessen, Verlesen) und vor allem anhand des Traumes nachweisen. Freuds epochemachendes Werk „Traumdeutung" (1900), in dem der Traum als Möglichkeit verhüllter Wunscherfüllungen erscheint, wird in diesem Sinn zur Grundlage der Psychoanalyse.

In Freuds Psychoanalyse zentral ist der sog. **„Ödipuskomplex"** (nach dem thebanischen König Ödipus, der, ohne es zu wissen, seinen Vater Laios erschlagen und seine Mutter Jokaste geheiratet hat) als Bezeichnung für die frühkindlich bei beiden Geschlechtern sich entwickelnde Bindung an den gegengeschlechtlichen Elternteil (Sohn/Mutter-, Tochter/Vater-Inzest als urzeitlicher Kindheitswunsch), zusammen mit Todeswünschen gegen den rivalisierenden gleichgeschlechtlichen Teil. Die Bindung des Mädchens an den Vater wurde von C.G. Jung als *Elektrakomplex* bezeichnet.

Das literarische Motiv des *Vater/Sohn-Konflikts*, das sich in der *Ambivalenz* des Sohnes gegenüber dem Vater (Liebe *und* Hass) zeigt und in der *Vatermordthematik* gipfelt und das seit dem Sturm und Drang (Schiller) immer wieder auftaucht, lässt sich im Zusammenhang mit Freuds „Ödipuskomplex" sehen. Dieser Zusammenhang wird in der modernen Literatur, hier vor allem im Expressionismus (vgl. 74f.), aber auch in der „Väterliteratur" der „Neuen Subjektivität" (Christoph Meckel, Peter Härtling, Elisabeth Plessen, Bernward Vesper, Ludwig Harig u.a.), besonders deutlich.

Als Nachfolger Freuds, von denen sich einige von ihm allerdings abgewandt haben, gelten etwa seine Tochter Anna Freud, Alfred Adler, Otto Gross, Erich Fromm und Leopold Szondi.

Besondere Bedeutung kommt dabei dem Schweizer **Carl Gustav Jung (1875-1961)** zu, der in seiner ana-

C.G. Jungs Archetypen verweisen auf das Eingebundensein des Menschen in kollektive, vielfach ambi-

Bedingungen	Auswirkungen auf die moderne Literatur

lytischen bzw. komplexen Psychologie neben dem individuellen ein *kollektives Unbewusstes* annimmt. Diesem kollektiven Unbewussten entstammen die sog. *Archetypen* als allen Menschen gemeinsame Urbilder oder Grundvorstellungen, die häufig in sich gegensätzlich angelegt sind. So finden sich nach Jung in Mann und Frau die Archetypen „Animus" und „Anima" als gegengeschlechtliche seelische Prinzipien; die *Anima* ist dabei die weibliche Seite im Unterbewusstsein des Mannes, der *Animus* dementsprechend die männliche im Unterbewusstsein der Frau. Jung geht in diesem Sinne von einer inneren ‚Gespaltenheit', einer personalen Nichtidentität des Menschen aus, die sich durch den Prozess der „Individuation", der ‚Selbstwerdung', freilich überwinden lässt.

valente Kräftefelder (vgl. z. B. den Archetyp „Herrscher", der /Tyrann/ *und* /Schwächling/ ist), wie sie sich auch in der Figurengestaltung moderner Texte spiegeln.

Der Einfluss von Jungs analytischer Psychologie auf die zeitgenössische Literatur (unmittelbar etwa auf Hermann Hesse, Carl Spitteler und Max Frisch), aber auch auf die literarische Textanalyse ist immer wieder spürbar.

Der **Behaviorismus** (Watson, Skinner), eine in den USA von John Broadus Watson 1913 begründete Richtung innerhalb der modernen Psychologie, macht das äussere, beobachtbare menschliche Verhalten (behavior) zum ausschliesslichen Gegenstand psychologischer Forschung. Zu seiner Methode gehört die Untersuchung der Zusammenhänge zwischen den Umwelteinflüssen und den verhaltensmässigen Reaktionen. Bewusstseinsphänomene wie Den-

Das Anliegen der Behavioristen, den Menschen vom Bereich des Handelns und Verhaltens her zu erfassen, hat vor allem Bertolt Brecht und dessen **gestische Figurenkonzeption**, nach der die Figuren nicht als feste Charaktere, sondern von wechselnden, z. T. widersprüchlichen Verhaltensweisen her gestaltet sind, stark beeinflusst. Auch in seiner Forderung, das Individuum als Sinnmitte des Kunstwerks zu entthronen, lehnt sich Brecht u. a. an den Behaviorismus, an des-

Bedingungen	Auswirkungen auf die moderne Literatur
ken, Fühlen oder Wollen werden dabei ausgeklammert.	sen Leugnung der Autonomie des Menschen an. Insofern bildet der Behaviorismus eine der mannigfaltigen geistigen Voraussetzungen der literarischen Moderne.

4.2.6 Musik

Das jahrhundertealte tonale System ist um 1900 an seine Grenzen gelangt. Die Bindung der Töne an einen gemeinsamen Grundton (und somit an eine Tonart) in Melodie und Harmonik wurde immer loser und löste sich schliesslich auf. Ein epochaler Bruch mit der Tradition war damit vollzogen.

Ähnlich wie in der Musik die Gesetze der funktionellen Harmonik gesprengt werden, löst sich in der Literatur die einheitliche Perspektive auf die Welt auf, wird das mimetische Kunstprinzip preisgegeben.

Nachdem schon Richard Wagner wiederholt die Gesetze der funktionellen Harmonik gesprengt und später Claude Debussy konsequent unaufgelöste dissonantische Akkordketten verwendet hatte, ohne aber mit einer ganzen Komposition den Boden der Tonalität (die Einhaltung einer Tonart) zu verlassen, wagte **Arnold Schönberg** (1874-1951) 1908 den Schritt zur völlig **atonalen Musik**, d. h. zu einer Musik, in der es keine Tonart, keinen Grundton und kein tonales Zentrum (z. B. Dur, Moll) im Sinne der klassischen Harmonielehre mehr

In der um 1905 entstandenen Schrift „Gespräche mit Kalypso. Über die Musik", publiziert in der Zeitschrift „Der Sturm" (1910), vergleicht Alfred Döblin die **Auflösung des festen Ich** in der modernen Literatur mit der **Preisgabe des Grundtones** in der modernen Musik. So wie in der Musik die Töne *vor* dem Ich seien, so müssten in der (modernen) Literatur die Dinge von der Vorherrschaft des Ich befreit werden.

Bedingungen	Auswirkungen auf die moderne Literatur
gibt. Bis Ende der 1920er Jahre schuf er die **Zwölftontechnik** als ein neues Kompositionsprinzip. Neben Schönberg waren es vor allem seine beiden Schüler Anton von Webern und Alban Berg, die schon in den 1920er Jahren die Zwölftontechnik verwendeten. Ihre Fortsetzung und Übersteigerung fand diese neue Technik u. a. in den aleatorischen Kompositionen, d. h. in Stücken, die nach dem Zufallsprinzip komponiert oder aufgeführt werden. Zu den musikalischen Neuerern der Zeit gehörten auch Paul Hindemith, Béla Bartók und Igor Strawinsky. Einer ihrer Vorläufer war Gustav Mahler, dessen Sinfonien in ihrer kühnen Harmonik auf die beginnende Moderne hinweisen.	Thomas Mann übernimmt in seinem Roman „Doktor Faustus" (1947) Arnold Schönbergs Prinzip der Zwölftonmusik.
In der Zeit des Expressionismus (um 1910) kommt es in der Musik ganz allgemein zur Ausbildung neuer Formen: schroffe Wechsel der Lautstärke, Aufsuchen extremer Tonlagen und Klangfarben, dissonante Harmonik und Betonung des Rhythmischen sind die wichtigsten Kennzeichen dieser neuen Sprache.	Der Dissonanz in der modernen Musik entspricht vor allem seit dem Expressionismus in der modernen Erzählprosa das diskontinuierliche Erzählen, in der modernen Lyrik die Auflösung der Bildkontinuität im Simultangedicht.

4.2.7 Malerei

Bedingungen	Auswirkungen auf die moderne Literatur
Wie die moderne Literatur, so bricht auch die moderne Malerei, vor allem seit dem Expressionismus, mit den realistisch-illusionistischen Traditionen des 19.Jh., d. h. mit dem Bestreben, ‚objektive' Wirklichkeit abzubilden. Der Begriff der ‚objektiven' Wirklichkeit aus dem 19.Jh. ist offenbar nicht mehr tragfähig. Bereits der **Jugendstil** der Jahrhundertwende mit seiner Neigung zum Ornament und zur Flächenhaftigkeit zeigt die beginnende Ablösung von der alten Wirklichkeitsdarstellung. Entschiedener brechen **Expressionismus**, **Neue Sachlichkeit** und **Dadaismus** mit der Tradition, indem sie den Bereich des angeblich Objektiven konsequent sprengen. **Wassily Kandinsky** (1866-1944) malt 1910 das erste abstrakte Bild und leitet damit die **abstrakte Malerei** ein.	Malerei und Literatur, unter ihr vor allem die Lyrik, treten, bedingt durch ihre vergleichbaren Gestaltungsweisen, seit den Symbolisten zunehmend in eine Wechselbeziehung. Das zeigen schon die immer häufigeren ‚Doppelbegabungen': Maler (Vlaminck, Macke, Picasso, Barlach, Kandinsky, Kokoschka, Schwitters u. a.), die dichten, und Dichter (Arp, Hesse, Dürrenmatt, Grass, Hildesheimer, Gernhardt, M. Walser u. a.), die zeichnen oder malen. Was für die moderne Malerei die **Preisgabe der Zentralperspektive**, wie sie seit der Renaissance (seit Masaccio im 15.Jh.) gültig war, bedeutet, ist für die moderne Literatur die **Auflösung des festen Ich**. Der abstrakten Malerei entspricht die **absolute Poesie** der Moderne, bei der nicht mehr die wahrnehmbare Realität, sondern die Vorstellungskraft bzw. die Phantasie des Autors das dichterische Prinzip bildet. In ihr wird sich das Dichten selber zum Thema.
Zur Entwicklung einer **konkreten Malerei**, d. h. einer Malerei, die sich von der realen Wirklichkeit mehr und mehr abhebt, so dass die	Das Prinzip der konkreten Malerei, wie überhaupt der konkreten Kunst, findet, vor allem durch Eugen Gomringer, auch in der nach

Bedingungen	Auswirkungen auf die moderne Literatur
Bilder, mit rein plastischen Mitteln (Farben, Flächen, Punkten, Linien) gestaltet, nur noch sich selbst bedeuten, führt vor allem der Ansatz von **Paul Cézanne** (1839-1906), dem eigentlichen Wegbereiter der modernen Malerei.	1950 entstehenden **konkreten Poesie** Anwendung (vgl. S. 383).
Cézannes Ansatz mündet in den **Surrealismus** (Ersetzen der ‚objektiven' Wirklichkeit durch eine Traumwirklichkeit, in der nur noch Bruchstücke der realen Welt auftauchen; z. B. bei Max Ernst, Salvador Dali, Marc Chagall, René Magritte, Paul Klee), den **Kubismus** (Präsentation des Objekts in einer facettenartigen Simultaneität verschiedener Ansichten; z. B. bei Pablo Picasso, Georges Braque, Fernand Léger), den italienischen **Futurismus** (Wiedergabe von Bewegung und Energie, Spiel mit Farben und Formen; z. B. bei Luigi Rossolo) und in den **Konstruktivismus** (von jeder Figürlichkeit losgelöste Malerei und Plastik; Kombination geometrischer Formen; z. B. bei Anton Pevsner) ein. Gesamthaft gesehen lässt sich die moderne Malerei als mehr oder weniger gegenstandslose, **abstrakte Kunst** bezeichnen.	In der Aufspaltung der Perspektive in zahllose Einzelperspektiven im Kubismus kommt die Verwandtschaft der modernen Malerei mit dem Thema der Ichauflösung und von da aus mit der Montage- und Collagetechnik in modernen Texten, etwa dem poly- und aperspektivischen Erzählen im modernen Roman, besonders prägnant zum Ausdruck.

Arbeitsvorschläge zu Kapitel 4

1 Diskutieren Sie anhand der folgenden Kurzrezension eines literarischen Werks, das auf einer wahren Begebenheit beruht, das Problem von Fiktion und Realität, wie es sich in der Erzählprosa, vor allem in Schlüsselromanen, immer wieder stellt. Beim besprochenen Werk handelt es sich um Rainer Wocheles modern und äusserst kunstvoll erzählte Novelle „Der Flieger" (2004), in der es um das Schicksal eines originellen, eigenwilligen Sportpiloten und Sprengmeisters geht, der sich nach einem Konflikt mit seinem auf Disziplin versessenen Vereinsvorsitzenden auf dem Platz seines Fliegerclubs in die Luft sprengt:

> **Ich habe mir das Buch gekauft, weil ich einige der Personen, die an der realen Handlung beteiligt waren, persönlich kenne. Die Hauptperson kannte ich allerdings nicht – ich kam erst später an den betreffenden Flugplatz. Aus dem Buch wollte ich nähere Details zur Hauptperson erfahren, weil mich ‚bunte Hunde' und besonders gute Piloten interessieren. Man erkennt die Bemühung des Autors, unparteiisch zu bleiben, und findet eine einigermassen gelungene Darstellung der Charaktere. (Stimmen zumindest mit meinem persönlichen Eindruck überein.) Der Autor hätte meiner Ansicht nach nicht so krampfhaft anonymisieren müssen. Natürlich sollte er reale Namen vermeiden, aber gleich einen ganz andern Flugplatz auszuwählen und ganz andere Flugzeugtypen, und diese geänderten Namen, Orte und Typen in jedem dritten Satz zu wiederholen, hätte er sich sparen können. […] Mir scheint, als wollte der Autor das Buch mit Gewalt aufblähen und die Mittel, die er dafür verwendete, als künstlerische Stilmittel darstellen. Ich würde das Buch auf keinen Fall mehr kaufen. Dennoch stelle ich es in mein Regal als Beispiel dafür, wie man eine eigentlich interessante Handlung kaputt künsteln kann.**[5]

2. In einem Interview von 1970 projizierte der Sozialphilosoph Max Horkheimer das Bild einer von der Technik beherrschten Welt in die Zukunft und wies auf die Folgen für das Menschsein hin:

> **Die immanente Logik der Geschichte, so wie ich sie heute sehe, führt […] zur verwalteten Welt. Durch die sich entfaltende Macht der Technik, das Wachstum der Bevölkerung, die unaufhaltsame**

Umstrukturierung der einzelnen Völker in straff organisierte Gruppen [...] scheint mir die totale Verwaltung der Welt unausweichlich geworden zu sein [...]. Ich glaube, dass die Menschen dann in dieser verwalteten Welt ihre Kräfte nicht mehr frei entfalten können, sondern sie werden sich an rationalistische Regeln anpassen, und sie werden diesen Regeln schliesslich instinktiv gehorchen. Die Menschen dieser zukünftigen Welt werden automatisch handeln: bei rotem Licht stehen, bei Grün marschieren. Sie werden den Zeichen gehorchen. Die Individualität wird eine immer geringere Rolle spielen. Im 19. Jahrhundert, im Zeitalter des Liberalismus, kam es noch sehr auf den Einzelnen, die Persönlichkeit an. Er hat grosse Unternehmungen geleitet, in eigener Verantwortung; es gab auch noch die Persönlichkeit in der Geschichte. Aber schon heute ist es relativ leicht, ein Mitglied eines Fabrikdirektoriums oder einen Minister auszuwechseln, durch eine andere Figur zu ersetzen.[6]

Wie spiegelt sich der von Horkheimer prognostizierte Wandel des Menschenbildes in der modernen Literatur nach 1945? Führen Sie konkrete Beispiele (etwa von Heissenbüttel, Dürrenmatt, Jelinek, Walser, Bachmann, Handke, Böll, Botho Strauss) an.

3. Die modernen empirischen Wissenschaften stellen die Idee einer Sonderstellung des Menschen im Kosmos, wie sie u. a. bei den christlichen Denkern der Antike und des Mittelalters galt, radikal in Frage. Ihre Deutung des Menschen als ganz und gar biologisches Wesen ist das Ergebnis einer langen Desillusionierung. Sigmund Freud hebt in seinen „Vorlesungen zur Einführung in die Psychoanalyse" (1917) drei historische Ereignisse auf dem Weg dieser Desillusionierung hervor:

Zwei grosse Kränkungen ihrer naiven Eigenliebe hat die Menschheit im Laufe der Zeiten von der Wissenschaft erdulden müssen. Die erste, als sie erfuhr, dass unsere Erde nicht der Mittelpunkt des Weltalls ist, sondern ein winziges Teilchen eines in seiner Grösse kaum vorstellbaren Weltsystems. Sie knüpft sich für uns an den Namen Kopernikus [...] Die zweite dann, als die biologische Forschung das angebliche Schöpfungsvorrecht des Menschen zunichte machte, ihn auf die Abstammung aus dem Tierreich und Unvertilgbarkeit seiner animalischen Natur verwies. Diese Umwertung hat sich in unseren

Tagen unter dem Einfluss von Ch. Darwin, Wallace und ihren Vorgängern nicht ohne das heftigste Sträuben der Zeitgenossen vollzogen. Die dritte und empfindlichste Kränkung aber soll die menschliche Grössensucht durch die heutige psychologische Forschung erfahren, welche dem Ich nachweisen will, dass es nicht einmal Herr ist im eigenen Hause, sondern auf kärgliche Nachrichten angewiesen bleibt von dem, was unbewusst in seinem Seelenleben vorgeht.[7]

a) Diskutieren Sie die drei von Freud genannten Situationen der Demontage des Sonderwesens „Mensch".

b) Wie lässt sich erklären, dass Freud innerhalb des Demontagevorgangs der Psychoanalyse die höchste Stelle zuweist?

4. Der Grazer Sozialpsychologe Fritz Heider stellte in seinem Buch „Psychologie der interpersonalen Beziehungen" (1977) die These auf, dass Menschen eher die handelnde Person als Ursache von Ereignissen wahrnehmen und den Einfluss der Bedingungen der jeweiligen Situation unterschätzen. Die Gründe für diese Denkweise liegen für Heider auf der Hand: Es ist viel einfacher, die Ursachen für das Verhalten eines Menschen in seiner Person zu finden (z. B. Aggressivität als Ursache für aggressives Verhalten); darüber hinaus verleiht die Zuteilung von überdauernden Persönlichkeitsmerkmalen unserer Wahrnehmungswelt Stabilität und Vorhersagbarkeit. Wir glauben, etwas über denjenigen zu wissen, der sich so verhält. Und wir schliessen dann von einem Persönlichkeitsmerkmal auf andere („Wer aggressiv ist, ist auch unberechenbar"); ja, wir können uns sogar denken, wie sich die beobachtete Person in anderen Situationen verhalten wird.

a) Heider problematisiert hier, indem er eine gewohnte Denkweise kritisch beleuchtet, im Grunde ein bestimmtes, traditionelles Menschenbild. Beschreiben Sie dieses Menschenbild. Verwenden Sie dazu auch unseren, von Brecht her gewonnen Kernbegriff.

b) Inwiefern lässt sich sagen, Heider plädiere hier aus sozialpsychologischer Sicht für eine Auffassung vom Menschen, wie sie analog in zahlreichen modernen Werken thematisiert wird?

5. Alle Musik unseres abendländischen Kulturkreises beruht auf demselben Tonsystem, einer lückenlosen Folge von Halbtönen, die sich von den tiefsten bis zu den höchsten Lagen (C, Cis, D, Dis, E, F...c''') erstrecken. In der modernen Musik, die auch Geräusche und elektronische Klänge verwendet, wird dieses Jahrtausende alte Tonsystem häufig aufgelöst.
   a) Kennen Sie konkrete Beispiele dafür?
   b) Mit welchem Wandel innerhalb der modernen Literatur liesse sich diese Auflösung des Tonsystems am ehesten vergleichen? Begründen Sie Ihren Entscheid.

6. Pablo Picasso malt in seinem „Porträt Dora Maar" (1937), für den Kubismus als moderne Kunstrichtung bezeichnend, Seiten- und Vorderansicht in *einem* Bild. Lässt sich darin eine Parallele zur Figurengestaltung in der modernen Literatur erkennen?

© 2009, ProLitteris, Zurich

5. Die Gattungsformen in der modernen Literatur

5.1 Grenzen der traditionellen Gattungsbegriffe

Die gängige Einteilung der Dichtung in die drei Gattungen *Epik, Lyrik* und *Dramatik*, die hauptsächlich nach den drei Grundfunktionen der Sprache, der Darstellungs-, der Ausdrucks- und der Appellfunktion, aber auch nach äusseren Formkriterien (Vers oder Prosa, Länge oder Kürze, Darbietungsform usw.) erfolgt, ist vor allem aus zwei Gründen nicht unproblematisch:

Zum *ersten* gibt es in der Gattungspoetik eine kaum endende Diskussion darüber, ob es sich bei den drei Gattungen Epik, Lyrik und Dramatik um zeitlose „Naturformen der Poesie" handelt, wie Goethe sie definiert hat, oder ob wir es bei ihnen mit mehr oder weniger zufälligen Ordnungsschemata und Etiketten ohne jeden realen Erkenntniswert zu tun haben, wie das u. a. vom italienischen Philosophen Benedetto Croce behauptet wurde. Der Diskussion um den Erkenntniswert der traditionellen Gattungsbegriffe kommt gerade innerhalb der literarischen Moderne eine besondere Brisanz zu, finden sich doch hier, vor allem im Bereich der avantgardistischen Literatur (etwa in der konkreten Poesie), eine ganze Reihe von Texten, die sich nicht mehr nach gattungstypologischen Begriffen klassifizieren lassen.

Zum *zweiten* ist eine eindeutige Abgrenzung der drei Gattungen, ähnlich wie die der drei Sprachfunktionen, häufig unmöglich, denn alle Epik enthält Lyrisches, alle Dramatik Episches und Lyrisches usw. Die Erfahrung, dass die Merkmale der verschiedenen Gattungen, wie z. B. in der Novelle oder der Ballade, einander durchdringen können, hat den Zürcher Germanisten Emil Staiger (1908-1987) bewogen, eine Akzentverschiebung vorzunehmen und nicht mehr von Epik, Lyrik und Dramatik, sondern vom *Epischen, Lyrischen* und *Dramatischen* als menschlichen Grundverhaltensweisen zu sprechen.[1] Danach sind die Begriffe „episch", „lyrisch" und „dramatisch" weniger gattungstypologisch als vielmehr stilistisch zu verstehen; es geht in diesem Sinne um allgemeine **Stilkategorien**. So kann etwa der Stil einer (zur Epik gehörenden) Novelle, falls das Moment der Handlungs- und Spannungsgeladenheit überwiegt, dramatisch sein, wie das beispielsweise auf Kleists „Michael Kohlhaas" zutrifft.

Für die gattungspoetische Diskussion entscheidend ist, dass es sich bei den traditionellen Gattungsbegriffen um historisch gebundene, d. h. dem geschichtlichen Wandel unterworfene Begriffe handelt. Die heute übliche Dreiteilung in Epik, Lyrik und Dramatik setzte sich erst in der Poetik des späten 18. Jh. durch. Die Griechen kannten sie noch nicht; Aristoteles unterschied in seiner „Poetik" dramatische Dichtung und Epos, ohne eine dritte Gattung der Lyrik explizit zu erwähnen. Opitz und Gottsched ihrerseits zählten die Elegien, Hirtengedichte und Epigramme nach antiker Tradition noch nicht zur Lyrik. Herder wiederum stellte, von seiner individualistischen Geschichtsauffassung her, jegliche Gattungspoetik überhaupt in Frage. Aus Hegels „Ästhetik" schliesslich stammt jene gattungspoetische Unterscheidung, nach der die Epik als objektive, die Lyrik als subjektive und die Dramatik als objektiv-subjektive Poesie erscheint. Diese Unterscheidung hat gerade im Bereich der Lyrik, und hier vor allem in Bezug auf *moderne* Gedichte, zu teilweise fatalen Missverständnissen geführt (vgl. S. 278).

Werden die Grenzen der herkömmlichen Gattungsbegriffe schon in der traditionellen Literatur sichtbar, so treten sie in der *modernen* vollends zutage. Zum einen sind gerade hier die Übergänge zwischen den einzelnen Gattungen vielfach fliessend. So unterscheidet sich beispielsweise das moderne Prosagedicht häufig nicht einmal mehr durch seine äussere Gliederung, sondern nur noch durch seine rhythmisch-klangliche Gestaltung von einem Text aus der Erzählprosa. Und zum andern verliert der Gebrauch von Gattungsbegriffen dort seinen Sinn, wo die Sprache ihre Mitteilungsfunktion preisgegeben hat, wie das in der experimentellen Literatur fast durchwegs der Fall ist. In einem Text wie dem folgenden von **Ernst Jandl** (1968),:

immer starrer
immer starrr
immer strrr
immer srrr
immerrrr
immrrrr
irrrr

der sich als konkrete Poesie auf nichts anderes als auf die Sprache selbst bezieht, wäre es daher völlig sinnlos, nach einer bestimmten Sprachfunktion (Darstellung, Ausdruck, Appell) bzw. Gattung zu fragen. Der Geltungsbereich der traditionellen Gattungspoetik scheint hier, auch wenn Texte dieser Art, schon ihrer Kürze wegen, gerne der Lyrik zugeordnet werden, endgültig verlassen zu sein.

Zu all dem kommt, dass sich die Stilkategorien „episch", „lyrisch" und „dramatisch" in der Moderne als wenig tragfähig erweisen, wenn es darum geht, die entsprechenden Gattungen zu beschreiben: Das moderne Drama ist bei weitem nicht mehr so dramatisch, wie dies Aristoteles und seine Nachfolger vom Drama gefordert haben; und die moderne Lyrik hat mit dem, was man von der Erlebnislyrik her häufig als das Wesen des Lyrischen bestimmt, kaum mehr etwas zu tun. Die literarische Moderne hat die von Goethe etablierte und von den traditionellen Poetiken übernommene Vorstellung, bei den Gattungen handle es sich um „Naturformen der Poesie", endgültig verabschiedet.

In der Moderne werden die traditionellen Gattungsbezeichnungen denn auch zunehmend durch mehr oder weniger neutrale Begriffe abgelöst. So verwendet man im Bereich des Theaters beispielsweise nur noch selten gattungspoetisch festgelegte Begriffe, wie Tragödie, Komödie oder Schauspiel, sondern spricht, wenn überhaupt eine Bezeichnung verwendet wird, in der Regel einfach von „Stücken", und so ersetzt man vor allem seit den 1960er Jahren die einzelnen Gattungsbezeichnungen häufig durch den gattungsübergreifenden Begriff „Texte" (vgl. etwa Helmut Heissenbüttels „Textbücher") oder lässt sie gar ganz weg (z. B. in Gerold Späths „Sindbadland"). Das Letztere hängt u. a. mit der in jüngster Zeit erfolgten Erweiterung des Literaturbegriffs zusammen, der nun auch Textsorten, wie z. B. Essays, Comic-Strips, Reportagen, Features,

Gebrauchstexte, Science-fiction, umfasst, die von den älteren Gattungsdefinitionen nicht berücksichtigt wurden. Seit Roland Barthes erwägt man, selbst nichtverbale Texte – Fotografie, Film – der Literatur zuzurechnen. Mit der sich seit Mitte der neunziger Jahre entwickelnden digitalen Literatur, die sich als völlig neues, multimediales Phänomen der Sprache von Wort, Bild und Ton gleichermassen bedient, erfährt der Literaturbegriff schliesslich nochmals eine gewaltige Erweiterung.

Wenn wir hier für die Beschreibung moderner Dichtungen, trotz der Auflösung der traditionellen Gattungsbegriffe, die ‚alte' Gattungstrias Epik, Lyrik und Dramatik beibehalten, so aus der Überlegung heraus, dass diese Einteilung als Orientierungshilfe in der Fülle literarischer Manifestationen weiterhin eine gewisse Berechtigung hat. Betrachtet man den Geltungsbereich der traditionellen Gattungslehre nämlich nicht als absolut, so verstellt man sich auch den Blick nicht auf abweichende Textmuster, deren Innovationswert im Sinne der Moderne gerade von den durchbrochenen Normerwartungen aus klar fassbar wird.

5.2 Überblick über die wichtigsten traditionellen und modernen Gattungsformen

Nach der herkömmlichen Gattungspoetik bilden Epik, Lyrik und Dramatik als *Hauptgattungen* die drei Grundmöglichkeiten dichterischer Gestaltung. Ihnen sind eine ganze Reihe von *Untergattungen* (wie Roman, Novelle, Elegie, Sonett, Tragödie, Komödie usw.) zugeordnet, die als **Gattungsformen** historische Ausformungen der Hauptgattungen darstellen. So ist beispielsweise der Roman als eine Gattungsform der Epik historisch ein geistiges Produkt des Bürgertums, löst er, wie schon Hegel erkannt hat, mit dem Übergang von der feudalistischen zur bürgerlichen Gesellschaft das Epos ab (vgl. S. 237). Die Tatache, dass es sich bei den Gattungsformen um historische Gattungen handelt, die man der Literaturgeschichte zuweist, ist für ihre Struktur folgenreich: Gattungsformen hängen, im Gegensatz zu den Gattungen als Oberbegriffen, vielfach mit dem Bereich der Tiefenstrukturen zusammen, sind sie doch häufig durch Elemente definiert (z. B. die Novelle durch das Element der Peripetie), die in diesem Bereich konstituiert werden. Das erklärt, warum wir etwa von spezifisch traditionellen Gattungsformen (Novelle, Ballade, Tragödie usw.) sprechen können. Gerade auf sie greifen ja dann moderne Autoren gerne *parodistisch* zurück, so wenn beispielsweise die Ballade, indem sie häufig an die Form des Bänkelsangs anknüpft, in Moderne und Postmoderne (bei Brecht, Biermann, Grass, Kunert, Ch.Reinig, R.Wolf, Helga M.Novak, bei den Slam-Poeten u. a.) eine auffallende Neubelebung erfährt.

In den folgenden drei Schemen geht es darum, die Gattungsformen nach ihrer tendenziellen Zugehörigkeit zur literarischen Tradition (Notation: – – – – –) bzw. zur Moderne (Notation: ——————) und in ihren wechselseitigen Bezügen darzustellen. Dabei beschränken wir uns, der besseren Übersichtlichkeit wegen, auf die wichtigsten Formen:

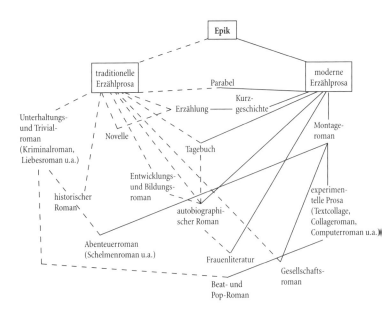

© by Haupt Berne

Überblick über die wichtigsten traditionellen und modernen Gattungsformen 149

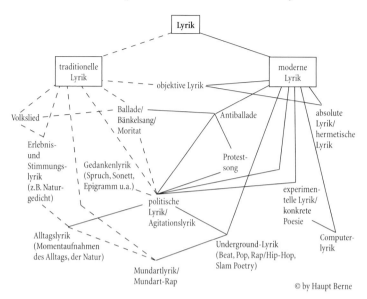

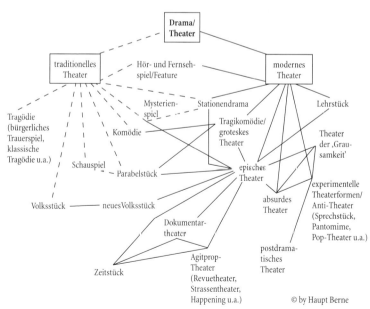

Arbeitsvorschläge zu Kapitel 5

1. Jedes der drei stark schematisierten Modelle ist, im Sinne der traditionellen Gattungspoetik, für eine der drei Hauptgattungen (Epik, Lyrik, Dramatik) typisch:

a

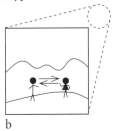
b

c

© by Haupt Berne

a) Welches Modell könnte für welche Gattung stehen?
b) Inwiefern wären diese Modelle im Hinblick auf moderne Texte (z. B. auf das epische Theater, den Montageroman, die experimentelle Lyrik) zu modifizieren?

2. Episch, lyrisch und dramatisch sind grundlegende Stilkategorien, an denen ein bestimmtes literarisches Werk, unabhängig von seiner Gattungszugehörigkeit, Anteil haben kann.
Welche Stilkategorie dominiert jeweils in den drei folgenden Texten aus Goethes Briefroman „Die Leiden des jungen Werthers" (1774), Kleists Sage „Das Bettelweib von Locarno" (1810) und Theodor Fontanes Gesellschaftsroman „Effi Briest" (1895)?:

Eine wunderbare Heiterkeit hat meine ganze Seele eingenommen, gleich den süssen Frühlingsmorgen, die ich mit ganzem Herzen geniesse. Ich bin allein und freue mich meines Lebens in dieser Gegend, die für solche Seelen geschaffen ist wie die meine. Ich bin so glücklich, mein Bester, so ganz in dem Gefühle von ruhigem Dasein versunken, dass meine Kunst darunter leidet. […]

(Goethe)

Am Fusse der Alpen, bei Locarno im oberen Italien, befand sich ein altes, einem Marchese gehöriges Schloss, das man jetzt, wenn man vom St. Gotthard kommt, in Schutt und Trümmern liegen sieht: ein Schloss mit hohen und weitläufigen Zimmern, in deren einem einst, auf Stroh, das man ihr unterschüttete, eine alte kranke Frau, die sich bettelnd vor der Tür eingefunden hatte, von der Hausfrau, aus Mitleiden, gebettet worden war. Der Marchese, der, bei der Rückkehr von der Jagd, zufällig in das Zimmer trat, wo er seine Büchse abzusetzen pflegte, befahl der Frau unwillig, aus dem Winkel, in welchem sie lag, aufzustehn und sich hinter den Ofen zu verfügen. […]

(Kleist)

In Front des schon seit Kurfürst Georg Wilhelm von der Familie von Briest bewohnten Herrenhauses zu Hohen-Cremmen fiel heller Sonnenschein auf die mittagsstille Dorfstrasse, während nach der Park- und Gartenseite hin ein rechtwinklig angebauter Seitenflügel einen breiten Schatten erst auf einen weiss und grün quadrierten Fliesengang und dann über diesen hinaus auf ein grosses, in seiner Mitte mit einer Sonnenuhr und an seinem Rande mit Canna indica und Rhabarberstauden besetztes Rondell warf. Einige zwanzig Schritte weiter, in Richtung und Lage genau dem Seitenflügel entsprechend, lief eine ganz in kleinblättrigem Efeu stehende, nur an einer Stelle von einer kleinen weissgestrichenen Eisentür unterbrochene Kirchofsmauer, hinter der der Hohen-Cremmener Schindelturm mit seinem blitzenden, weil neuerdings erst wieder vergoldeten Wetterhahn aufragte. […]

(Fontane)

3. In der literarischen Moderne, vor allem in der avantgardistischen Dichtung, finden sich häufig Texte, die von der traditionellen Gattungspoetik her nicht mehr bestimmbar sind. Machen Sie diese Feststellung an Helmut Heissenbüttels 1970 im „Textbuch 1" erschienenen „Shortstory" deutlich. Beachten Sie dabei vor allem den Titel und die Formgebung des Textes:

er hatte es mit ihr sie hatte es mit ihm
was hatte er mit ihr was hatte sie mit ihm
er hatte es auch mit dem da sie hatte es auch mit der da
was hatte er auch mit dem da was hatte sie auch mit der da
er hatte es mit ihr und auch mit dem da
was hatte er mit ihr und auch mit dem da

sie hatte es mit ihm und auch mit der da
was hatte sie mit ihm und auch mit der da

er hatte es mit sich selbst sie hatte es mit sich selbst
was hatte er mit sich selbst was hatte sie mit sich selbst

er hatte es hatte er es sie hatte es hatte sie es
er hatte es mit ihr und auch mit dem da und mit sich selbst
sie hatte es mit ihm und auch mit der da und mit sich selbst
er hatte es mit ihr und auch mit dem da und mit sich selbst
und sogar mit der da sie hatte es mit ihm und auch mit der
da und mit sich selbst und sogar mit dem da der da hatte es
mit ihm und ihr und der da die da hatte es mit ihr und ihm
und dem da hatte der da es auch mit sich selbst hatte die da
es auch mit sich selbst

4. Die Emanzipation aller formalen Möglichkeiten ist eines der sichersten Kennzeichen moderner Literatur. Erläutern Sie diese Feststellung an Gerold Späths Roman „Commedia" (1980), der im ersten Teil aus 203 fiktiven Porträts von Menschen quer durch alle sozialen Schichten und Altersgruppen besteht. Hier ein solches Porträt:

Reinhold Spitzer
Nach meiner Meinung kommt es im Leben vor allem auf den richtigen Lebenswillen an. Wer immer mal wieder einen Erfolg hat im Leben, dem flackert das Licht nicht dauernd, sondern es brennt relativ stark und ruhig und strahlt. Darum sind die meisten Philosophien, besonders der neueren Zeiten, so verheerend pessimistisch, weil es ihren Erfindern so verherrend schlecht erging im Leben, dass sie zwangsläufig alles immer öder und öder sahen. Man sollte die Philosophen und Künstler von Staates wegen wie Krösusse halten, damit ihnen weniger trübe lebensmüde und umso mehr lebensfrohe Gedanken kommen und Werke gelingen. […]

6. Epik: Erzählen in der modernen Prosa

6.1 Der Strukturwandel in der modernen Erzählprosa – ein erster Überblick

Die gegen Ende des 19.Jh. einsetzende Subjekt- und Sprachkritik, also die Preisgabe von Vorstellungen, wie der eines festen Ich und einer festen Sprache, die ‚Wirklichkeit' abbildet, haben kurz nach 1900 in der Erzählprosa ihren frühesten Niederschlag gefunden. Auf Döblins, Kafkas und C. Einsteins erste Prosatexte, die wegbereitend für die Entstehung einer neuen Erzählkunst geworden sind, wiesen wir bereits früher hin (vgl. S. 57). In diesem einleitenden Kapitel zur Erzähltheorie gilt es nun, in einem stark vereinfachten Schaubild einen ersten Überblick über den Strukturwandel in der modernen Erzählprosa, auf den wir in den nachfolgenden Kapiteln näher eingehen werden, zu gewinnen. Die direkten ursächlichen Zusammenhänge zwischen den einzelnen strukturellen Verschiebungen sind dabei durch ‚Pfeile' angedeutet.

Wenn wir hier den Strukturwandel vorwiegend ‚negativ', als *Preisgabe* von etwas, definieren, so ist dazu Folgendes zu sagen: Dem vermeintlich ‚negativen' Aspekt der Moderne tritt – das wird dieses sechste Kapitel zeigen – ein ‚positiver', nämlich ein Gewinn an neuen Gestaltungsmöglichkeiten, gegenüber. So ermöglicht etwa die Entpersönlichung der Figur ihre Gestaltung von kollektiven Grundkräften (wie z. B. Rächertum, Hass, Liebe, Aggression) her, die den Menschen in weit stärkerem Masse bestimmen als alles, was im Charakterlich-Individuellen wurzelt. Angesichts solch neuer Möglichkeiten erweist sich das verbreitete Schlagwort von der angeblichen Krise des modernen Romans, ja des modernen Erzählens überhaupt als zumindest fragwürdig.

Unsere Bestimmungen des Strukturwandels sind selbstverständlich als tendenzielle und insofern verallgemeinerte Angaben zu verstehen. Sie beschreiben ein generelles Entwicklungsbild, dessen Elemente nicht für jeden modernen Prosatext in *vollem* Umfang zutreffen:

154 Epik: Erzählen in der modernen Prosa

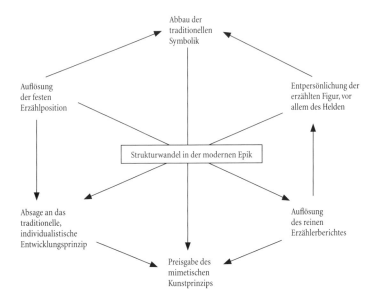

© by Haupt Berne

6.2 Allgemeines zur Erzählprosa: Merkmale epischen Erzählens

Bevor wir auf den Wandel vom traditionellen zu einem modernen Erzählen näher eingehen, haben wir in Bezug auf die Erzählprosa allgemein zwei Fragen zu klären: Da ist zunächst die Frage, was episches Erzählen, einen Roman oder eine Erzählung, von einem Sachbericht, wie wir ihn etwa als Nachricht in einer Zeitung vorfinden, grundsätzlich unterscheidet. Ihr schliesst sich die Frage nach dem Erzähler, nach seiner Gestaltung und seinen verschiedenen Erscheinungsformen, an.

6.2.1 Der erzählende Text als Fiktion

Das erste Textbeispiel stammt aus dem Beginn von **C.F. Meyers** historischem Roman **„Jürg Jenatsch"** (1876). Der Text schildert die Ankunft eines Wanderers – es ist Heinrich Waser, der Amtsbürgermeister von Zürich – auf der „Höhe des Julierpasses im Lande Bünden":

Endlich tauchte ein Wanderer auf. Aus der westlichen Talschlucht heransteigend, folgte er den Windungen des Saumpfades und näherte sich der Passhöhe. […] Jetzt erreichte er die zwei römischen Säulen. Hier entledigte er sich seines Ränzchens, lehnte es an den Fuss der einen Säule, wischte sich den Schweiss mit seinem sauberen Taschentuche vom Angesicht und entdeckte nun in der Höhlung der andern den kleinen Wasserbehälter. Darin erfrischte er sich Stirn und Hände, dann trat er einen Schritt zurück und betrachtete mit ehrfurchtsvoller Neugier sein antikes Waschbecken. Schnell bedacht zog er eine lederne Brieftasche hervor und begann eifrig die beiden ehrwürdigen Trümmer auf ein weisses Blatt zu zeichnen. Nach einer Weile betrachtete er seiner Hände Werk mit Befriedigung, legte das aufgeschlagene Büchlein sorgfältig auf sein Felleisen, griff nach seinem Stocke, woran die Zeichen verschiedener Masse eingekerbt waren, liess sich auf ein Knie nieder und nahm mit Genauigkeit das Mass der merkwürdigen Säulen.

Auf den ersten Blick lässt sich dieser Text als Aufzeichnung eines authentischen Geschehens, d. h. als Tatsachenbericht, lesen. Doch da fallen eine Reihe stilistischer Wendungen, wie z. B. „mit ehrfurchtsvoller Neugier", „schnell bedacht", „begann eifrig", „seiner Hände Werk" und „nahm mit Genauigkeit", auf, die ihres teilweise bildlichen Charakters wegen die Sachlichkeit, die man von einem solchen Bericht erwartet, zu stören scheinen. Liest man den Text im Kontext von Meyers Roman, so betrachtet man ihn auf keinen Fall mehr als Tatsachenbericht etwa im Sinne einer Zeitungsmeldung. Dann hält man ihn sogleich und unwillkürlich für einen literarischen, genauer gesagt, für einen episch erzählenden Text.

Von einem solchen Text erwartet der Leser nicht, dass er historische Realität wiedergibt. Der erzählende Text gestaltet mit sprachlichen Mitteln Vorgänge in einer vorgestellten, einer erzählten Welt, die nur im Erzähltwerden existiert. Es handelt sich demnach nicht um einen Wirklichkeitsbericht, sondern um eine literarische **Fik-**

tion (von lat. „fictio": Erdichtung), d. h. um den blossen *Schein* der Wirklichkeit, der aber stets zu erkennen gibt, dass er eben nur Schein, also Nicht-Wirklichkeit, Fiktion ist. Präzisierend kann man von einem fiktionalen oder **epischen Bericht** sprechen und ihn dem Sachbericht gegenüberstellen. Da das Geschehen in diesem epischen Bericht ein Produkt des Erzählens ist, nennen wir ihn auch einfach **„Erzählung"** (vgl. S. 235).

Die deutsche Literaturwissenschaftlerin Käte Hamburger (1896-1992) weist in ihrem Buch „Die Logik der Dichtung"[1] auf einen Wesenszug der Erzählung hin. Nach ihr wird eine fiktive Handlung grundsätzlich im Präteritum erzählt, also in jenem Tempus, das man auch für den historischen Wirklichkeitsbericht gebraucht. Gleichwohl besteht ein Unterschied. Im Wirklichkeitsbericht bezeichnet das Präteritum das *Vergangensein* der Vorgänge. Anders im epischen Bericht: Hier ist das präterital erzählte Geschehen für den Leser ebenso wenig ‚vergangen' wie das eines Films für den Betrachter. Lesend erlebt er das Geschehen, in unserem Meyertext etwa die Ankunft des Wanderers auf der Passhöhe, als gegenwärtiges; daher ist er auch auf den Fortgang, die ‚Zukunft' gespannt. So meint das Präteritum im epischen Bericht, also z. B. in einem Roman, nach Käte Hamburger nicht wie im Wirklichkeitsbericht reale Vergangenheit, sondern **fiktionale Gegenwärtigkeit**. Hamburger spricht deshalb in Bezug auf erzählende Texte von einem **epischen Präteritum** und stellt diese Variante dem historischen Präteritum im Wirklichkeitsbericht gegenüber.

Wie bereits gesagt, ist die grammatische Form von epischem und historischem Präteritum identisch. Die epische Variante lässt sich also nur indirekt erkennen: zum einen an der Darstellung innerer Vorgänge, der **Innensicht der Figuren** (z. B. „betrachtete *mit ehrfurchtsvoller Neugier*", „*Schnell bedacht* zog er", „betrachtete er… *mit Befriedigung*", „nahm *mit Genauigkeit*") , die sich nur ein Autor leisten kann, der diese Figuren selber geschaffen hat; zum andern an der Verwendung von Zeit- und Raumdeiktika. **Zeitdeiktika** sind dabei verweisende Zeitadverbien, wie z. B. „heute", „morgen", „jetzt" „bald", die aus leicht einsehbaren Gründen nur in der Fiktion, niemals aber in einem Wirklichkeitsbericht mit dem Präteritum verbunden werden können. So müsste ein Satz wie der folgende in unserem Meyertext „*Jetzt erreichte* er die zwei römischen Säulen" etwa in einer Reportage als paradox erscheinen. Das deiktische Zeitadverb „jetzt" wäre dort durch eine nicht-deiktische Adverbialkonstruktion („*Dann/schliesslich* erreichte er…") zu ersetzen.

Vergleichbares ist zu den **Raumdeiktika** (Sg. Raumdeixis), wie beispielsweise „hier", „da", „dort", „vorn", „hinten", „drüben", links", „rechts", zu sagen. Sie vermitteln dem Leser das Gefühl, er befinde sich mit dem Erzähler und den Figuren im gleichen Wirklichkeitsraum. Wenn es in Meyers Text vom Wanderer heisst „*Hier* entledigte er sich seines Ränzchens…", so erweckt das den Anschein, der Leser sei mit auf dem Platz des fiktiven Geschehens. Und wenn etwa Christa Wolfs Erzählung „Kassandra" mit den Sätzen „*Hier* war es. *Da* stand sie", also gleich mit zwei Raumdeiktika, beginnt, so ersteht damit vor den Augen des Lesers eine (fiktive) Sonderwelt, die eben nur im Erzähltwerden existiert.

Innensicht der Figuren, Zeit- und Raumdeiktika – das sind zentrale Fiktionalitätssignale, die den Leser veranlassen, sein reales Raum- und Zeitsystem zu verlassen und sich in die Gegenwart der literarischen Figuren zu versetzen. Erst die Beobachtung solcher Fiktionalitätssignale vermag, wenn nicht schon der Kontext jeden Zweifel ausschliesst, Aufschluss über den historisch berichtenden oder fiktional erzählenden Charakter eines Prosatextes zu geben.

6.2.2 Die Gestaltung des Erzählers

Texte der Erzählprosa weisen, wie im vorigen Kapitel gezeigt, bestimmte Merkmale auf, durch die sie sich dem Leser als fiktionale Texte zu erkennen geben. Das wohl wichtigste dieser Fiktionalitätsmerkmale, den Erzähler, haben wir uns bis jetzt freilich aufgespart. Auf ihn gehen wir im vorliegenden Kapitel ein, wobei wir die verschiedenen Elemente der Erzählergestaltung, die häufig verwechselt oder zumindest vermengt werden, sauber auseinander halten wollen. Wir wählen dazu den Anfang von **Robert Schneiders** post modernem Erstlingsroman **„Schlafes Bruder"** (1992):

Das ist die Geschichte des Musikers Johannes Elias Alder, der zweiundzwanzigjährig sein Leben zu Tode brachte, nachdem er beschlossen hatte, nicht mehr zu schlafen. Denn er war in unsägliche und darum unglück-

liche Liebe zu seiner Cousine Elsbeth entbrannt und seit jener Zeit nicht länger willens, auch nur einen Augenblick lang zu ruhen, bis dass er das Geheimnis der Unmöglichkeit seines Liebens zu Grunde geforscht hätte. Tapfer hielt er bis zu seinem unglaublichen Ende bei sich, dass die Zeit des Schlafs Verschwendung und folglich Sünde sei, ihm dereinst im Fegefeuer aufgerechnet werde, denn im Schlaf sei man tot, jedenfalls lebe man nicht wirklich. Nicht von ungefähr vergleiche ein altes Wort Schlaf und Tod mit Brüdern. Wie, dachte er, könne ein Mann reinen Herzens behaupten, er liebe sein Weib ein Leben lang, tue dies aber nur des Tags und dann vielleicht nur über die Dauer eines Gedankens? Das könne nicht von Wahrheit zeugen, denn wer schlafe, liebe nicht.
So dachte Johannes Elias Alder, und sein spektakulärer Tod war der letzte Tribut dieser Liebe. Die Welt dieses Menschen und den Lauf seines elenden Lebens wollen wir beschreiben.

Episch erzählende Texte – so sagten wir – gestalten Vorgänge in einer fiktiven Welt, die nur im Erzähltwerden existiert. In Robert Schneiders Text sind die Spuren dieses Erzähltwerdens („Das ist die Geschichte des Musikers Johannes Elias Alder...") so zahlreich, dass sich von der Anwesenheit eines persönlichen Erzählers sprechen lässt. Dieser Erzähler gibt sich nicht nur als solcher deutlich zu erkennen („Die Welt dieses Menschen...wollen wir beschreiben"), sondern sagt dem Leser zu Beginn auch gleich, wie die Geschichte enden wird. Zudem verstärkt sich durch die häufige Verwendung der indirekten Rede („...und folglich Sünde *sei*, ihm...aufgerechnet *werde*" usw.) der Eindruck noch, dass eine Instanz, eben ein Erzähler, dem Leser die Vorgänge vermittelt.

Der sich in Schneiders Text so unmittelbar manifestierende Erzähler ist in *allen* Texten der Erzählprosa anwesend. Bei genauerem Hinsehen lässt jeder Text, auch wenn er auf den ersten Blick keine Spuren des Erzähltwerdens zeigt, erkennen, dass er erzählt wird. Durch das Auswählen, das Weglassen, das Anordnen und das Kommentieren hinterlässt der Erzähler jeweils an jedem Teilchen seine Spur. Er ist im Text versteckt wie der Polizist im Vexierbild.

Das Textbeispiel von Robert Schneider macht eines klar: Zum epischen Bericht gehört ein vom Autor geschaffener, also **fiktiver Erzähler**, der sich gewissermassen zwischen ‚seinen' Autor und den Leser schiebt und so das fiktionale Geschehen vermittelt. Dieser Erzähler, der keinesfalls mit dem Autor gleichgesetzt werden darf, tritt bald stärker, bald weniger stark hervor. Immer aber erzählt er von einem bestimmten Standort aus, den wir als **„Erzählposition"** bezeichnen wollen. Diese Erzählposition kann, wie in unserem Textbeispiel, unverändert, also fest bleiben. Das ist in der traditionellen Erzählprosa grundsätzlich der Fall. In Texten der modernen Erzählprosa hingegen werden wir immer wieder feststellen können, dass sich die Erzählposition verändert, dass sie sich beispielsweise plötzlich ins Innere einer Figur verschiebt. Von ihr hängt demnach ganz wesentlich die strukturelle Gestaltung des Erzählers ab. So lässt sich denn sagen, die Erzählposition bilde ein zentrales Strukturelement der Erzählprosa.

Mit der Erzählposition hängt unmittelbar die **Erzählperspektive** zusammen, d. h. der Blickwinkel („point of view"), aus dem der Erzähler berichtet. Er kann, wie im Text von Robert Schneider, sehr weit, kann aber auch auf die Sicht einer Figur beschränkt sein. Die Erzählperspektive ist, im Sinne eines monoperspektivischen Erzählens, gewöhnlich fest an einen bestimmten Erzähler geknüpft. Freilich kann sie, vor allem in modernen Texten, unvermittelt zu einem andern Erzähler wechseln, ja sich sogar auflösen, so dass die Sicht gleichsam aperspektivisch wird. Im ersten Fall sprechen wir von einem polyperspektivischen, im zweiten von einem aperspektivischen Erzählen. Von der Erzählperspektive zu unterscheiden ist die **Erzählsituation**, d. h. die Erscheinungsform des Erzählers, also etwa die Frage, ob sich der Erzähler, wie in „Schlafes Bruder", persönlich zur Geltung bringt oder ob er eher im Hintergrund bleibt. Darauf gehen wir im nächsten Kapitel näher ein.

Fassen wir abschliessend die verschiedenen, eng miteinander verknüpften Elemente der Erzählergestaltung in einem stark vereinfachten Schema zusammen:

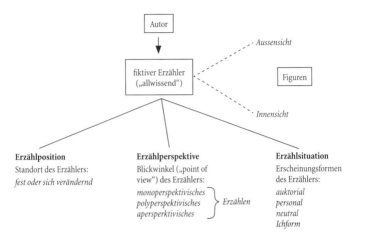

© by Haupt Berne

6.2.3 Vier typische Erzählsituationen

Der Grazer Anglist Franz K. Stanzel hat an vorwiegend traditionellen Texten der Erzählprosa drei typische Erzählweisen bestimmt, die er als „auktoriale", als „personale" und als „Ich-Erzählsituation" bezeichnete.[2] Wir nehmen diese Einteilung hier auf, unterscheiden aber noch eine weitere, nämlich eine „neutrale Erzählsituation", und sprechen dann insgesamt von *vier* typischen Erzählsituationen. Sehen wir uns diese vier Erzählsituationen kurz der Reihe nach an:

Da ist zunächst die **„auktoriale Erzählsituation"**. Sie meint eine Erzählweise, in der sich der Erzähler durch seine ‚Allwissenheit', deutlich gemacht in seiner ausgeprägten Innensicht der Figuren, und durch seinen Standort ausserhalb der Welt der Figuren („…lebte ein Mann, der zu den genialsten und abscheulichsten Gestalten…gehörte. […] Er hiess Jean-Baptiste Grenouille…"), durch Einmischungen, vor allem durch persönliche Wertungen, durch Vorausdeutungen und Rückblenden, oftmals auch durch das direkte Ansprechen eines fiktiven Lesers zu erkennen gibt, so dass er stellenweise mit dem Autor scheinbar identisch ist. Dies im Unterschied zur **personalen Erzählsituation,** bei welcher der Erzähler hinter das Geschehen zurücktritt, sein Standort innerhalb der Welt der Figuren liegt, das Geschehen demnach aus dem Blickwinkel einer Figur dargeboten wird („Hans Castorp träumte, den Blick auf Frau Chauchats Arm gerichtet. Wie die Frauen sich kleideten! Sie zeigten dies und jenes von ihrem Nacken…"), so dass der Leser glaubt, dem Geschehen unmittelbar gegenüberzutreten. Eine Spielform des personalen Erzählens bildet die **neutrale Erzählsituation**. Darunter verstehen wir eine Erzählweise, bei welcher der Erzähler auf jede individuelle Optik verzichtet, also weder wertet noch deutet. Zentral ist dabei, dass der Erzähler nur über Aussensicht verfügt, d. h., dass er nicht weiss, was im Innern seiner Figuren vorgeht. („Er war zum Fenster gegangen und sah ihr zu, wie sie langsam seinen Teller auf ihren stellte […] ‚Übrigens ist meine Hosennaht geplatzt', sagte er").

Wieder anders schliesslich die **Ich-Erzählsituation**. Sie besteht darin, dass der Erzähler ein Geschehen in der Ich-Form berichtet und so für den Leser als Figur unter anderen Figuren greifbar wird. Und dies auf zweifache Weise: als *erlebendes Ich*, das in die erzählte Geschichte verstrickt ist, und als *erzählendes Ich*, das aus erheblichem Abstand auf das erlebende Ich zurückblickt. („*Ich* [erlebendes Ich] habe ihn in den Tod gezogen. Und doch, sosehr mich dies drückt, kann *ich* [erzählendes Ich] es nicht bereuen…"). Der Ich-Erzähler besitzt, indem er selber Teil der erzählten Welt ist, einen hohen Grad an Unmittelbarkeit. Diese Unmittelbarkeit wird aber durch eine Verengung der Erzählperspektive auf den subjektiven Gesichtskreis des Erzählers erkauft. So lassen sich Drittpersonen nur in strenger Aussensicht schildern, so dass sich die Ich-Erzählung dem Wirklichkeitsbericht annähert, der ja auch keine Innensicht der Figuren kennt. In der Tat ahmt der Ich-Erzähler den Wirklichkeitsbericht nach, daher lehnt er sich vorzugsweise an entsprechende literarische Gebrauchsformen an, z. B. an die Autobiographie oder Memoiren, ans Tagebuch und an den Brief.

Selbstverständlich handelt es sich bei den vier verschiedenen Erzählsituationen um idealtypische Verallgemeinerungen; als solche kommen sie nur selten in reiner Form vor. Das gilt besonders für den personalen Typus, der sich in der Praxis häufig mit dem auktorialen, aber auch mit dem neutralen Typus vermischt.

Hinter den vier typischen Erzählsituationen verbergen sich **unterschiedliche Welthaltungen**. So verbirgt sich etwa hinter der *auktorialen* Erzählsituation, in welcher der Erzähler das Erzählte aus souveräner Position überblickt und wertet, häufig ein festes, gesichertes Weltbild, der Glaube an eine übersichtliche und deutbare Welt. Auktoriales Erzählen kommt deshalb besonders in der älteren Erzählprosa seit der zweiten Hälfte des 18. Jh. vor. Daneben begegnet man ihr u. a. ganz allgemein in humoristischer, aber auch in stark reflektorischer Erzählprosa, also etwa in Texten, in denen (wie beispielsweise in einigen Romanen Thomas Manns) das Problem des Erzählens selber erörtert wird. Schliesslich findet sich die auktoriale Erzählsituation, freilich in einer Spielform, die ironisch gebrochen ist, im Zusammenhang mit der ‚Wiederkehr' des Erzählers nach der klassischen Moderne, häufig auch in postmodernen Romanen (vgl. S. 182 ff.).

Anders die *personale* Erzählsituation: Als ein Erzählen aus der beschränkten Optik einer Figur, oftmals auch als *hypothetisches* Erzählen („Jemand *musste* Josef K. verleumdet haben…"), ist sie Ausdruck einer Weltsicht, wonach sich die Wirklichkeit in ihrer Komplexität, ihrer Undurchschaubarkeit letztlich jeder Deutung entzieht. Sie findet sich daher vor allem in der neueren Erzählprosa seit der Mitte des 19. Jh. Hier bildet sie auch eine ideale Darstellungsform für die Kommunikationslosigkeit zwischen Menschen. Die moderne Literatur kennt das personale Erzählen überdies in seinen beiden Spielformen der *erlebten Rede* und des *inneren Monologs* (vgl. S. 171 ff.). In ihnen tritt der für den personalen Typus bezeichnende Eindruck der Unmittelbarkeit des Geschehens besonders zutage. Gegenüber dem auktorialen Erzählen verändert sich beim personalen die Rolle des Lesers, der verstärkt zum Mitgestalten, zur Sinngebung ‚gezwungen' wird. Darin nähert sich der personale Typus dem neutralen Erzählen.

Die *neutrale* Erzählsituation selber ist als ein Erzählen, das auf jede individuelle Optik verzichtet, Ausdruck einer mehr oder weniger wertfreien Weltauffassung. Sie kommt daher, auch wenn sie fast nie in voller Reinheit zu finden ist, vorzugsweise in der modernen Erzählprosa vor, und hier besonders häufig in der Kurzgeschichte mit ihrer Tendenz zur Aussparung (vgl. S. 260). Daneben findet sie sich ganz allgemein in Texten, in denen *szenisches Erzählen*, d. h. der Dialog der Figuren fast ohne Zwischenbemerkungen des Erzählers, dominiert.

In der neutralen Erzählsituation gibt es, wie bereits angedeutet, weder Gedankenbericht noch Innensicht. Das bewirkt, dass sich der Leser mit den Figuren nur noch schwer identifizieren kann, dass die Interpretation des Textes, weil ein erkennbarer Erzählerkommentar fehlt, zudem stark erschwert ist. Der Leser wird immer wieder selbst zum Urteilen aufgefordert, ohne dass er im Text klare Anhaltspunkte für die ‚Richtigkeit' seiner Deutung zu finden vermag. Dies alles erklärt, warum neutrales Erzählen gerade in der *modernen* Erzählprosa relativ häufig vorkommt (vgl. S. 169 f.).

Schliesslich noch die *Ich*-Erzählsituation, die sich ihrer Beschränkung auf einen subjektiven Gesichtskreis wegen als ideales Medium für die Darstellung inneren Erlebens erweist. Sie gewinnt deshalb vor allem seit dem Durchbruch eines individuellen Ich, also seit dem 18. Jh., wo es zur Ausbildung des sog. Ich-Romans mit seiner formalen Nähe zur Autobiographie kommt (vgl. etwa Goethes Briefroman „Die Leiden des jungen Werthers"), an Bedeutung. In der modernen Literatur tritt die Ich-Erzählsituation hinter die personale und die neutrale zurück, behauptet sich aber überall da, wo Autoren an die Erzähltraditionen des 19. Jh. anknüpfen (H. Böll, G. Grass, S. Lenz u. a.) oder wo es Ihnen, wie beispielsweise im modernen Tagebuchroman (etwa von Max Frisch), um die Darstellung der Identitätsproblematik geht.

Nach 1970, in der Erzählprosa der Gegenwart, hat die Ich-Erzählsituation, im Zusammenhang mit der Tendenz zu einer Neuen Subjektivität, besonders in der Frauenliteratur, aber auch mit der Vorliebe für das Autobiographische überhaupt (Zoë Jenny, Hans-Ulrich Treichel, Urs Widmer, Michael Köhlmeier u. a.) erneut an Bedeutung gewonnen. Die Ich-Erzählsituation ist, ihrer Nähe zum Wirklichkeitsbericht wegen, zudem überall dort beliebt, wo es darum geht, die historische Glaubwürdigkeit eines Romans oder einer Erzählung zu verstärken; beliebt aber auch, weil sie sich quasi-autobiografisch gibt und die Identifikation des Lesers mit dem Erzähler, meistens dem Helden, fördert und weil sie nicht zuletzt einen unmittelbaren Einblick in die Gedanken- und Gefühlswelt des Erzählers ermöglicht. Sie ist heute insgesamt zweifellos die meistgebrauchte Erzählweise.

Fassen wir abschliessend die Hauptmerkmale der vier typischen Erzählsituationen auf der gegenüberliegenden Seite in einem schematischen Überblick zusammen:

In den folgenden Kapiteln geht es nun darum, Texte der traditionellen und der modernen Erzählprosa, im Hinblick auf die Gestaltung des Erzählers und der Figuren, miteinander zu vergleichen. Dabei beginnen wir mit dem Vergleich der Erzähler- und wenden uns dann jenem der Figurengestaltung zu – stets im Bemühen, auch die geistesgeschichtlichen Hintergründe traditionellen und modernen Erzählens, traditioneller und moderner Figurengestaltung aufzuzeigen.

6.3 Traditionelles Erzählen: der feste, persönliche Erzähler

Die traditionelle Gestaltung des Erzählers soll an zwei Textbeispielen erläutert werden, die unterschiedliche Erzählsituationen aufweisen. Den Auftakt macht ein Text, der in auktorialer Erzählsituation mit einem sich zur Geltung bringenden Erzähler erscheint, wie sie für traditionelles Erzählen typisch ist. Wir wählen dazu den Beginn von **Gottfried Kellers** realistischer Novelle „**Kleider machen Leute**" aus dem zweiten Band seines Novellenzyklus „Die Leute von Seldwyla" (1874):

An einem unfreundlichen Novembertage wanderte ein armes Schneiderlein auf der Landstrasse nach Goldach, einer kleinen reichen Stadt, die nur wenige Stunden von Seldwyla entfernt ist. Der Schneider trug in seiner Tasche nichts als einen Fingerhut, welchen er, in Ermangelung irgendeiner Münze, unablässig zwischen den Fingern drehte, wenn er der Kälte wegen die Hände in die Hosen steckte, und die Finger schmerzten ihn ordentlich von diesem Drehen und Reiben. Denn er hatte wegen des Falliments [Bankrotts] irgendeines Seldwyler Schneidermeisters

Traditionelles Erzählen: der feste, persönliche Erzähler

auktoriale Erzählsituation	**personale Erzählsituation**	**neutrale Erzählsituation**	**Ich-Erzählsituation**
Erzähler	*(Erzähler)*	*(Erzähler?)*	*(–)*
			Figur
Leser	Leser	Leser	Leser
• Erzählerstandort *ausserhalb* der Welt der Figuren.	• Erzählerstandort *innerhalb* der Welt der Figuren.	• Erzählerstandort mehr oder weniger unbekannt.	• Erzählerstandort mit dem der Hauptfigur identisch.
• ‚allwissender' Erzähler mit olympischem Ein- und Überblick: Aussen- *und* Innensicht der Figuren.	• Darbietung des Geschehens aus der Optik einer Figur: andere Figuren werden nur in Aussensicht geschildert.	• Erzähler verzichtet auf jede individuelle Optik. Er verfügt nur über Aussensicht der Figuren.	• Verengung der Optik auf den subjektiven Gesichtskreis des Erzählers: Erzähler besitzt nur Aussensicht der anderen Figuren.
• deutliche Spuren des Erzähltwerdens: Einmischungen des Erzählers (Wertungen, Reflexionen, Rückblenden, Vorausdeutungen, Ansprechen des Lesers usw.).	• nur wenige Spuren des Erzähltwerdens: Eindruck der Unmittelbarkeit, durch szenisches Erzählen noch verstärkt.	• Erzählen weitgehend auf Geschehenswiedergabe reduziert: Eindruck erzählerischer Objektivität/Neutralität.	• Spannung zwischen erlebendem und erzählendem Ich als typenbildendes Merkmal.
• starke Leserlenkung durch den Erzähler: Identifikation des Lesers mit der Figur.	• fast keine Lenkung des Lesers: Leser wird zur Sinngebung ‚gezwungen'.	• keinerlei Leserlenkung: kaum Identifikation des Lesers mit der Figur.	• Leser identifiziert sich mit der Perspektive der erlebenden Figur.
• ausschliesslich Erzählerbericht; grosse Distanz des Erzählers zum Erzählten.	• neben Erzählerbericht moderne Spielformen des Erzählens: erlebte Rede, innerer Monolog, Zitat-Montage.	• ausschliesslich Erzählerbericht; doch keine Distanz des Erzählers zum Erzählten.	• Erzählerbericht kann stellenweise in den inneren Monolog übergehen.
• festes, gesichertes Weltbild; Glaube an eine überschaubare und deutbare Welt.	• Glaube, dass Wirklichkeit in ihrer Vielschichtigkeit weder überschaubar noch deutbar ist.	• Bild einer wertfreien Welt, in der den ‚Dingen' kein Sinn mehr zukommt.	• Bild einer Welt, die nur im Aspekt des Subjekts erscheint.
• *vor allem in der älteren Erzählprosa seit der zweiten Hälfte des 18. Jh.*	• *in der jüngeren Erzählprosa seit der Mitte des 19. Jh.; Erzählweise der klassischen Moderne.*	• *fast ganz auf die moderne Erzählprosa beschränkt.*	• *vor allem in der Erzählprosa seit dem späten 18. Jh.; heute die wohl häufigste Erzählweise.*

© by Haupt Berne

seinen Arbeitslohn mit der Arbeit zugleich verlieren und auswandern müssen. Er hatte noch nichts gefrühstückt als einige Schneeflocken, die ihm in den Mund geflogen, und er sah noch weniger ab, wo das geringste Mittagsbrot herwachsen sollte. Das Fechten [Betteln] fiel ihm äusserst schwer, ja schien ihm gänzlich unmöglich, weil er über seinem schwarzen Sonntagskleide, welches sein einziges war, einen weiten dunkelgrauen Radmantel trug, mit schwarzem Samt ausgeschlagen, der seinem Träger ein edles und romantisches Aussehen verlieh, zumal dessen lange schwarze Haare und Schnurrbärtchen sorgfältig gepflegt waren und er sich blasser, aber regelmässiger Gesichtszüge erfreute.

Die Szene ist einfach: Ein Erzähler berichtet von einem arbeitslosen, hungrigen, durch seine edle Erscheinung aber vornehm wirkenden Schneider, der an einem regnerischen Novembertag nach Goldach wandert. Dabei gibt er sich ‚allwissend', hat er nicht nur Aussen-, sondern auch Innensicht der Figur, weiss er beispielsweise, was der Schneider in seiner Tasche trägt oder warum ihm das Betteln äusserst schwer fällt. Wir haben es hier, schon wegen des weiten Überblicks über Raum und Zeit, den der Erzähler besitzt, mit einer typisch auktorialen Erzählsituation zu tun.

Werfen wir nun einen Blick auf die Erzählposition: Sie liegt, für die auktoriale Erzählsituation bezeichnend, ausserhalb der Welt des Schneiders. Und sie ist vor allem fest, verändert sich also während des Erzählens nicht, so dass sich auch die Erzählperspektive nie vom Erzähler löst, das Erzählte damit ausschliesslich **Erzählerbericht** ist. Wir reden in diesem Sinne von einem **festen Erzähler**. Zu ihm gehört, dass er in der Regel eine individuelle Optik wählt, persönlich in Erscheinung tritt, so dass sich auch von einem **persönlichen Erzähler** sprechen lässt. Als solcher bildet er ein zentrales Strukturelement der gesamten **traditionellen Erzählprosa**.

Nun ist es, wie auch unser Keller-Text zeigt, für traditionelles Erzählen typisch, dass der Erzähler zur Hauptfigur, zum Helden in einer festen Beziehung steht, dass er ihn gewissermassen begleitet. Durch diese feste **Erzähler/Held-Relation**, wie wir sie nennen wollen, wird der Held selber für den Leser zur Identifikationsfigur – ein Befund, der mit Blick auf Texte der modernen Erzählprosa, wo die Funktion des Helden als Identifikationsfigur weitgehend wegfällt, zentral ist.

Beim zweiten Textbeispiel, an dem wir die traditionelle Gestaltung des Erzählers aufweisen wollen, handelt es sich um personales Erzählen, also um eine Erzählsituation, die wenig Spuren des Erzähltwerdens erkennen lässt und die bekanntlich vor allem in neueren Texten anzutreffen ist. Der Text stammt aus **Martin Walsers** Zeit- und Entwicklungsroman **„Ein springender Brunnen"** (1998), der die Kindheits- und Jugendgeschichte von Johann, einem Gastwirtssohn, im Dritten Reich erzählt. Im vorliegenden Textauszug geht es um ein Traumerlebnis mit Lena, Johanns späterer Geliebten:

Am nächsten Tag regnete es heftig. Johann fuhr wieder mit dem Zug in die Schule. Auf der Rückfahrt fiel ihm ein, was er in der vergangenen Nacht geträumt hatte. Er bemühte sich um eine Art Willenlosigkeit. Der Traum sollte ihm nicht gehorchen müssen. Lena und er in einem Doppelbett, sie sind allein im Zimmer. Lena ist Josefs Frau, Josef kommt dazu, das hätten Lena und er wissen müssen, dass sie so etwas nicht tun können, hier in Josefs Bereich, und Johann hatte Lena noch vorher gefragt, ob das nicht zu viel sei, die Frau des Bruders. Josef hatte von der Tür her nur ein Wort gesagt: Räuberzivil. Johann war in Josefs Jacke vor dem Spiegel gestanden. Aber er war auch ohne Kleider neben Lena im Bett gelegen.

Lag in Gottfried Kellers Text die Position des Erzählers ausserhalb der Welt der Figuren, bestand zwischen ihr und der Hauptfigur eine deutliche epische Distanz, so verhält es sich im Text von Martin Walser anders: Hier befindet sich die Erzählposition innerhalb der erzählten Welt, wählt der Erzähler gar den Blickwinkel einer der Figuren, nämlich der Figur des Johann. Aus ihrer Sicht ist nahezu der ganze Text erzählt. Diese Nähe des Erzählers zur Perspektive der Hauptfigur wird bei der Schilderung des Traumes besonders deutlich. Zwar tritt da, wenn von Johanns und Lenas Aufenthalt im Doppelbett die Rede ist, immer noch ein persönlicher Erzähler in Erscheinung, doch spricht dieser Erzähler sosehr aus dem Bewusstsein der Hauptfigur, dass der Leser glaubt, dem Geschehen unmittelbar gegenüberzutreten. Dieser Eindruck der Unmittelbarkeit wird durch den Wechsel vom epischen Präteritum zum epischen Präsens in den Sätzen 6 und 7 („sie *sind*…Lena *ist*…Josef *kommt* dazu") noch verstärkt. Wir haben es hier demnach mit einer ausgeprägt personalen Erzählsituation zu tun, die sich stellenweise gar der erlebten Rede, wie wir sie im nächsten Kapitel behandeln, nähert.

Personales Erzählen bedeutet eine Reduktion des Erzählers zugunsten der beschränkten Perspektive einer oder mehrer Figuren. Entscheidend ist dabei aber, dass dieser Erzähler, indem er stets aus der gleichen Perspektive berichtet, durchwegs eine feste Position einnimmt. Darin unterscheidet er sich, trotz seiner ganz anderen Optik, vom auktorialen und, wie sich unschwer zeigen liesse, auch vom Ich-Erzähler in keiner Weise. So gesehen handelt es sich auch beim personalen Erzähler, obwohl er oftmals fast nicht mehr sichtbar ist, um einen festen, persönlichen Erzähler, also um ein Strukturelement der traditionellen Erzählprosa.

Fassen wir das Ganze zusammen, so lässt sich Folgendes sagen: In der traditionellen Erzählprosa ist der Erzähler, gleichgültig ob es sich um einen Er- oder um einen Ich-Erzähler handelt, stets an eine feste, unverrückbare Erzählposition und Erzählperspektive gebunden, steht er demnach, den Blickpunkt einstellend, im Zentrum der Dinge. Die geistesgeschichtliche Basis dieser **Vormachtstellung des Erzählers** bildet der über Hegel und Kant bis zu Descartes zurückreichende Glaube an eine weltbestimmende, ganzheitliche Kraft des Ich. Wo dieser Glaube seit dem Beginn des 20.Jh. schwindet, da wird auch die dominierende Erzählhaltung eines persönlichen Erzählers fragwürdig, da bricht der Autor mit ihr z. T. radikal, wie es im nächsten Kapitel zu zeigen gilt.

6.4 Modernes Erzählen: der entpersönlichte Erzähler

Die traditionellen erzählerischen Verfahren sind, wie die beiden Texte von Gottfried Keller und Martin Walser beispielhaft gezeigt haben, durch den festen, persönlichen Erzähler als Strukturelement, d. h. durch die Ausschliesslichkeit des Erzählerberichtes, bestimmt. *Moderne* Autoren setzen, wenn es darum geht, ihr Erzählen zu verändern, hier an, indem sie auf die individuelle Optik eines persönlichen Erzählers häufig verzichten. Das gelingt ihnen grundsätzlich auf zwei Arten: zum einen durch die Verwendung eines neutralen

Erzählers, der ganz hinter das Geschehen zurücktritt, und zum andern, indem sie – für die Erzählstruktur ihrer Texte weit folgenreicher – die Position des festen Erzählers gar auflösen und so den Erzählerbericht als einziges Medium der Darstellung preisgeben.

6.4.1 Der neutrale Erzähler

Wie sich das Erstere, die Verwendung eines neutralen Erzählers, konkret zeigt, mag ein Textauszug aus **Peter Handkes** Erzählung **„Die Angst des Tormanns beim Elfmeter"** (1970) illustrieren. Der Monteur Josef Bloch, der in Wien lebt, fährt im Glauben, von seiner Firma entlassen worden zu sein, zum Naschmarkt:

Es war ein schöner Oktobertag. Bloch ass an einem Stand eine heisse Wurst und ging dann zwischen den Ständen durch zu einem Kino. […] Wieder auf der Strasse, kaufte er sich Weintrauben, die zu dieser Jahreszeit besonders billig waren. Er ging weiter, ass dabei die Trauben und spuckte die Hülsen weg. Das erste Hotel, in dem er um ein Zimmer fragte, wies ihn ab, weil er nur eine Aktentasche bei sich hatte; der Portier des zweiten Hotels, das in einer Nebengasse lag, führte ihn selber hinauf in das Zimmer. Während der Portier noch am Hinausgehen war, legte sich Bloch auf das Bett und schlief bald ein.

Am Abend verliess er das Hotel und betrank sich. Später wurde er wieder nüchtern und versuchte, Freunde anzurufen; da diese Freunde oft nicht im Stadtgebiet wohnten und der Fernsprecher die Münzen nicht herausgab, ging Bloch bald das Kleingeld aus.

Im vorliegenden Text berichtet der Erzähler über die Figur Josef Blochs nur Dinge, die er von aussen sieht („Bloch *ass*…und *ging* dann;…*kaufte* er sich…"); er versagt sich den Einblick in Blochs Gedanken und Empfindungen. Seine Erzählhaltung ist also durch reine *Aussensicht* bestimmt, so dass sich der Leser mit der Figur kaum mehr identifizieren kann. Der Erzähler verzichtet auf jeden Kommentar; er bringt sich nicht wie ein auktorialer Erzähler zur Geltung, wählt auch nicht wie ein Erzähler des personalen Typs die Optik Blochs, sondern gibt überhaupt jede individuelle Optik auf, bleibt als Beobachtender unbeteiligt, neutral. Wir sprechen denn auch von einem *neutralen Erzähler*. Zwar ist der Standort dieses neutralen Erzählers fest, haben wir es ausschliesslich mit einem Erzählerbericht zu tun. Doch erfährt der Erzähler, indem er ‚unsichtbar', anonym bleibt, eine gewisse *Entpersönlichung*, ist er auf jeden Fall als persönlicher Erzähler nur noch schwer fassbar. Darin deutet sich wohl ein Versuch an, von der dominierenden Erzählhaltung des traditionellen Erzählers, in der sich immer auch die für die bürgerliche Dichtung bezeichnende Vormachtstellung des Individuums spiegelt, abzurücken.

6.4.2 Die Auflösung des festen, persönlichen Erzählers

Nun lässt sich mit der Überlegenheit des Erzählers, wie sie die traditionelle Erzählprosa kennzeichnet, noch auf andere, weit folgenschwerere Weise brechen: durch die *Auflösung der festen Erzählposition* nämlich. Konkret kann dies wiederum auf zwei Arten geschehen, die wir an verschiedenen Textbeispielen illustrieren wollen.

6.4.2.1 Der paradoxe Erzähler

Das erste Textbeispiel stammt aus **Franz Kafkas** grotesker Erzählung **„Die Verwandlung"** (1915). Es handelt sich um jene Szene im 1.Kapitel, wo der zu einem Käfer verwandelte Gregor versucht, das Bett zu verlassen:

Als Gregor schon zur Hälfte aus dem Bette ragte – die neue Methode war mehr ein Spiel als eine Anstrengung, er brauchte immer nur ruckweise zu schaukeln –, fiel ihm ein, wie einfach alles wäre, wenn man ihm zu Hilfe käme. Zwei starke Leute – er dachte an seinen Vater und das Dienstmädchen – hätten vollständig genügt, sie hätten ihre Arme nur unter seinen gewölbten Rücken schieben, ihn so aus dem Bett schälen, sich mit der Last niederbeugen und dann bloss vorsichtig dulden müssen, dass er den Überschwung auf dem Fussboden vollzog, wo dann die Beinchen hoffentlich einen Sinn bekommen würden.

In traditionellen Texten wird eine Figur oder ein bestimmtes Geschehen vom Erzähler entweder /positiv/ oder /negativ/ gewertet. Im vorliegenden Kafkatext liegen die Dinge anders: Hier wertet der personale Erzähler Gregors Chance, in seiner Käfergestalt aus dem Bett steigen zu können /positiv/ und /negativ/ zugleich, insofern nämlich, als er das Vorhaben einerseits als /einfach/, anderseits aber, gerade umgekehrt, als /äusserst umständlich/ schildert.

Auffallend ist dabei, dass fast jede der Aussagen *beide* Wertungen enthält, also widersinnig, paradox ist. So braucht Gregor beispielsweise „immer nur ruckweise zu schaukeln", bekommt seine „neue Methode", die „mehr ein Spiel als eine Anstrengung" ist, durch die beschönigende Partikel „nur" das semantische Merkmal /einfach/, während sie – man beachte das *ruckweise* Schaukeln – im Vergleich zu einem normalen Verlassen des Bettes als /umständlich/ und /anstrengend/ erscheinen muss. Wir haben es hier mit einem in sich widersprüchlichen Erzählen, d. h. mit einem **paradoxen Erzähler**, zu tun. Aus struktureller Sicht handelt es sich um eine Sprengung der festen Erzählposition und damit um einen Fall von Montage, so dass sich auch von einem **montierten Erzähler** sprechen lässt.

Die Sprengung der festen Erzählposition, wie sie eben illustriert wurde, ist äusserst folgenreich: Sie führt zur Auflösung der festen Beziehung zwischen dem Erzähler als dem entscheidenden Orientierungszentrum und dem Erzählvorgang, besonders dem Helden. Für den Leser bedeutet dies, dass er die gesicherte Perspektive im Text verliert, dass er sich nicht mehr mit einem ihm vom Erzähler zugespielten Standpunkt identifizieren kann. Den an ‚feste' Bedeutungen gewöhnten Leser verunsichert das einerseits; anderseits gewinnt für ihn der Text, indem der feste Erzähler als Vermittler der Sicht ausgeschaltet ist, eine neue Art von Offenheit und Vieldeutigkeit.

6.4.2.2 Erlebte Rede und innerer Monolog

Bei den weiteren Textbeispielen geschieht die Auflösung der festen Erzählposition nicht durch widersprüchliche Wertungen des Erzählers, sondern durch die *Sprengung des Erzählerberichtes* selber, so dass dieser, wie bereits gesagt, als einziges Medium der Darstellung preisgegeben ist. Wir wählen als erstes Beispiel nochmals einen Text von **Franz Kafka**, und zwar diesmal die Schlussszene aus dem Roman **„Der Prozess"** (1925), wo Josef K., nachdem er am Vorabend seines Geburtstages von zwei Herren abgeholt worden ist, in einem Steinbruch seine Hinrichtung erwartet:

Seine Blicke fielen auf das letzte Stockwerk des an den Steinbruch angrenzenden Hauses. Wie ein Licht aufzuckt, so fuhren die Fensterflügel eines Fensters dort auseinander, ein Mensch, schwach und dünn in

der Ferne und Höhe, beugte sich mit einem Ruck weit vor und streckte die Arme noch weiter aus. Wer war es? Ein Freund? Ein guter Mensch? Einer, der teilnahm? Einer, der helfen wollte? War es ein Einzelner? Waren es alle? War noch Hilfe? Gab es Einwände, die man vergessen hatte? Gewiss gab es solche. Die Logik ist zwar unerschütterlich, aber einem Menschen, der leben will, widersteht sie nicht. Wo war der Richter, den er nie gesehen hatte? Wo war das hohe Gericht, bis zu dem er nie gekommen war? Er hob die Hände und spreizte alle Finger.

Betrachten wir in diesem Kafkatext die Erzählstruktur. Der Text beginnt als Erzählerbericht, und zwar in personaler Erzählform: Die Vorgänge in dem an den Steinbruch angrenzenden Haus werden aus der Sicht Josef K.s („fuhren…*dort* auseinander"), also von einer festen Erzählposition innerhalb der erzählten Welt aus berichtet.

In den darauf folgenden Fragen („Wer war es?…Gab es Einwände, die man vergessen hatte?") verändert sich die Erzählstruktur plötzlich: Die feste Erzählposition, von der aus in den ersten beiden Sätzen berichtet wurde, löst sich auf, d. h., die Erzählperspektive verlagert sich von dieser Erzählposition auf eine neue Ebene zwischen ihr und der erzählten Figur. Diese Verlagerung bewirkt, dass der Leser nicht mehr weiss, wer – der Erzähler *oder* die erzählte Figur? – die einzelnen Fragen eigentlich stellt, dass mit andern Worten überhaupt nicht mehr auszumachen ist, ob sie zum Erzählerbericht gehören oder unmittelbare Äusserungen der Figur, also Josef K.s, selber sind. Vom Satz „Gewiss gab es solche" an kehrt Kafka zum Erzählerbericht zurück, um dann in den beiden anschliessenden Fragen („Wo war der Richter…? Wo war das hohe Gericht…?") die Perspektive vom Erzähler erneut zu lösen. Der letzte Satz schliesslich ist wieder Erzählerbericht.

Was hier vorliegt, ist ein Fall von **erlebter Rede** (frz. style indirect libre), einem Stilmittel, das wir in der modernen Erzählprosa sehr häufig antreffen. Rein *formal* gesehen, bezeichnet die erlebte Rede die (im Unterschied zur direkten und indirekten Rede) *ohne* Redeankündigung („sagte er", „dachte er" usw.) erfolgte Wiedergabe der Gedanken einer Figur in der dritten Person im Indikativ Präteritum. Aus *struktureller* Sicht geht es dabei, wie am Kafkatext eben gezeigt wurde, um die Auflösung der festen Erzählperspektive, d. h. um die Verschiebung der Erzählposition zwischen den Erzähler und die erzählte Figur. Das aber lässt sich als Montage auffassen, so dass wir im Zusammenhang mit der erlebten Rede, ähnlich wie beim paradoxen Erzählen, von einem **montierten Erzähler** sprechen können.

Von da aus wird einsichtig, dass die erlebte Rede nicht, wie immer wieder zu hören ist, einfach dazu dient, den Leser näher, als im traditionellen Erzählerbericht möglich, an eine Figur heranzuführen, sondern dass bei ihr noch ganz anderes hinzukommt: die Preisgabe der individuellen Optik eines persönlichen Erzählers nämlich, wie sie in Ansätzen schon seit dem Naturalismus, dann aber vor allem seit dem Beginn des 20.Jh. als Ausdruck eines veränderten, modernen Erzählens gelten darf. Ihre geistesgeschichtliche Basis bildet die mit Nietzsche und Freud einsetzende Erfahrung der Entpersönlichung des menschlichen Subjekts, der Ichauflösung.

Wenn es darum geht, die Überlegenheit eines persönlichen Erzählers preiszugeben, dann finden sich, neben der erlebten Rede, noch weitere Möglichkeiten. Eine solche Möglichkeit, bei der die Position des Erzählers vollkommen umgestaltet wird, wollen wir an einer Textstelle aus **Alfred Döblins** Roman **„Berlin Alexanderplatz"** zeigen. Die Stelle findet sich gegen Ende des sechsten Buches. Franz Biberkopf möchte sich an seinem ‚Freund' Reinhold, der ihn zum Krüppel gemacht hat, rächen, fühlt sich ihm aber körperlich unterlegen:

Franz kann nichts sagen, er sieht immer bloss auf Reinholds Hände, der hat zwei Hände, zwei Arme, er hat bloss einen, mit den zwei Händen hat ihn Reinhold untern Wagen geschmissen, ach warum, ach darum, müsst ich nicht den Kerl totschlagen, ach bloss wegen dem Tschingdarada. Herbert meint, aber das mein ick alles nicht, was mein ick bloss. Ich kann nichts, ick kann gar nichts. Ick muss doch, ick wollt doch wat tun, ach bloss wegen dem Tschingdarada bumdarada – ich bin überhaupt keen Mann, ein Hahnepampen. Er sinkt in sich zusammen und dann bebt er wieder auf, er schluckt Kognak, und dann noch einen […]

Der Text setzt mit dem Erzählerbericht ein, d. h. mit der Darlegung des Erzählten aus der Sicht eines festen, persönlichen Erzählers. Dieser Erzählerbericht umfasst die beiden ersten Sätze, geht also bis zu „Reinholds Hände". Dann aber verlagert sich die Erzählposition plötzlich weg vom festen Erzähler auf eine neue Ebene zwischen ihn und die erzählte Figur Franz. Von „der hat zwei Hände" bis „untern Wagen geschmissen" haben wir es demnach mit erlebter Rede zu tun.

Unmittelbar daran verschiebt sich die Erzählposition erneut, und zwar ins Innere der erzählten Figur, so dass die Wiedergabe von Franzens Gedanken und Wunschvorstellungen ohne erzählerische Vermittlung in der *Ich-Form* erfolgt. Was hier, von „ach warum, ach darum" bis „ein Hahnepampen" vorliegt, ist nicht mehr erlebte Rede, sondern **innerer Monolog** (frz. monologue intérieur), ein Stilmittel, bei dem der Erzähler in der erzählten Figur vollkommen verschwindet, ohne dass es sich um eine gewöhnliche Ich-Erzählsituation – schon die Deckung von Erzählzeit und erzählter Zeit, der Sekundenstil, macht dies deutlich – handeln würde.

Wir haben es in unserem Text aus „Berlin Alexanderplatz" mit einem ständigen montageartigen Wechsel der Erzählperspektive vom Erzählerbericht über die erlebte Rede zum inneren Monolog zu tun. Dieser Wechsel ist für die Erzählstruktur des Textes folgenreich: er bedeutet nicht nur einen Rückzug des Erzählers, indem sich die Erzählposition immer mehr in die Figur verlagert, sondern auch dessen vollständige Auflösung, so dass der Erzähler als Vermittler der Sicht, wie er das in der traditionellen Epik ist, gleichsam ausgeschaltet wird. Es lässt sich dann geradezu von einem **aperspektivischen Erzählen** sprechen.

Dieses aperspektivische Erzählen darf aber, wie unsere Erzählanalyse zeigt, nicht mit einem ‚gewöhnlichen' Perspektivenwechsel, d. h. mit dem Wechsel der Sicht von einem (festen) Erzähler zu einem andern, gleichgesetzt werden. Ihn gibt es auch in der traditionellen Erzählprosa, und zwar teilweise schon im 19.Jh. Als Beispiel sei nur Mörikes 1855 erschienene Künstlernovelle „Mozart auf der Reise nach Prag„ mit ihrem ständigen Perspektivenwechsel zwischen dem Erzähler, der Figur Mozarts und der Konstanzes, seiner Frau, erwähnt. Wir reden in einem solchen Fall besser von einem *polyperspektivischen* Erzählen. Doch was in unserem Döblintext vorliegt, ist nicht einfach der Wechsel von einer Erzählposition zur andern, sondern vielmehr die Auflösung der Erzählposition selber und damit die Preisgabe der Einheit des Erzählers.

Aufgelöst wird hier aber nicht bloss die Einheit des Erzählers, aufgelöst wird auch die Festigkeit der erzählten Figur. Das geschieht vor allem durch den inneren Monolog, der die Sprengung des festen Ich (der Figur) in eine amorphe Folge von Bewusstseinsinhalten („ach warum, ach darum…Herbert meint…Ich kann nichts…") bewirkt, die man auch als **„Bewusstseinsstrom"** (engl. stream of consciousness)[3] bezeichnet. Die Figur erscheint dann im Sinne Nietzsches als eine „Vielheit" von Kräften. So gesehen stellt der innere Monolog ein genuin modernes Stilmittel dar. Er gelangt denn auch, einmal abgesehen von Ansätzen in Büchners Erzählung „Lenz", erst um 1900 mit Arthur Schnitzlers Novelle „Leutnant Gustl" in die deutsche Literatur.

Stilmittel wie erlebte Rede und innerer Monolog erlauben es, in der modernen Erzählprosa die überkommene Berichtform als einziges Medium der Darstellung preiszugeben. Gleichwohl bleibt die Berichtform auch in modernen Montagetexten in der Regel tragendes Element.[4] Das zeigt sich auch in unserem Textauszug. Auf den inneren Monolog folgt am Schluss ab „Er sinkt in sich zusammen…" wieder Erzählerbericht, in dem ein persönlicher Erzähler des personalen Typs fassbar ist.

6.4.2.3 Die Textmontage: literarische Collage und Rückblende

Erlebte Rede und innerer Monolog führen, wie eben zu zeigen war, zu einer Auflösung der einheitlichen Erzählperspektive, d. h. zu einem für die moderne Montageepik typisch aperspektivischen Erzählen. Diese Aperspektivik lässt sich nun noch verstärken, indem die Erzählperspektive von Erzähler und erzählter Figur vollständig gelöst wird. Das führt uns zu einem weiteren modernen Erzählelement; wir wollen es, zusammen mit erlebter Rede und innerem Monolog, ebenfalls an einer Textstelle aus **Alfred Döblins** Roman **„Berlin Alexanderplatz"**, und zwar aus dem ersten Buch, illustrieren. Franz Biberkopf, eben aus dem Gefängnis Tegel entlassen, wo er wegen Totschlags vier Jahre gesessen hat, irrt ziellos in den Strassen Berlins umher:

Er wanderte die Rosenthaler Strasse am Warenhaus Tietz vorbei, nach rechts bog er ein in die schmale Sophienstrasse. Er dachte, diese Strasse ist dunkler, wo es dunkel ist, wird es besser sein. Die Gefangenen wer-

den in Einzelhaft, Zellenhaft und Gemeinschaftshaft untergebracht. Bei Einzelhaft wird der Gefangene bei Tag und Nacht unausgesetzt von andern Gefangenen gesondert gehalten. Bei Zellenhaft wird der Gefangene in einer Zelle untergebracht, jedoch bei Bewegung im Freien, beim Unterricht, Gottesdienst mit andern zusammengebracht. Die Wagen tobten und klingelten weiter, es rann Häuserfront neben Häuserfront ohne Aufhören hin. Und Dächer waren auf den Häusern, die schwebten auf den Häusern, seine Augen irrten nach oben: wenn die Dächer nur nicht abrutschten, aber die Häuser standen grade. Wo soll ick armer Deibel hin, er latschte an der Häuserwand lang, es nahm kein Ende damit. Ich bin ein ganz grosser Dussel, man wird sich hier doch noch durchschlängeln können, fünf Minuten, zehn Minuten, dann trinkt man einen Kognak und setzt sich. Auf entsprechendes Glockenzeichen ist sofort mit der Arbeit zu beginnen. Sie darf nur unterbrochen werden in der zum Essen, Spaziergang, Unterricht bestimmten Zeit. Beim Spaziergang haben die Gefangenen die Arme ausgestreckt zu halten und sie vor- und rückwärts zu bewegen.
Da war ein Haus, er nahm den Blick weg von dem Pflaster, eine Haustür stiess er auf, und aus seiner Brust kam ein trauriges brummendes oh, oh. Er schlug die Arme umeinander, so mein Junge, hier frierst du nicht. Die Hoftür öffnete sich [...]

Die Gestaltung des Erzählers in diesem Text von Döblin erweist sich, vergleicht man sie mit der in einem herkömmlichen Prosatext, als sehr komplex: Erzählposition und Erzählperspektive verändern sich hier dauernd.

Der Text setzt mit einem Erzählerbericht ein, der bis zum Satz „Er dachte, diese Strasse ist dunkler, wo es dunkel ist, wird es besser sein" geht. Im nächsten Satz aber wird dieser Erzählerbericht und mit ihm der lineare Handlungsablauf jäh durchbrochen. Der Gedanke, dass es in der Strasse *dunkel* ist, ruft in Franz Biberkopf die Assoziation „Gefängnis" (auch dort war es *dunkel*), aus dem er gerade kommt, wach. An die Stelle einer syntagmatischen Verknüpfung der Elemente tritt hier, linguistisch gesprochen, eine paradigmatische: die Verknüpfung von „Strasse" und „Gefängnis" über das gemeinsame semantische Merkmal /dunkel/. Dabei wird nun aber das Gefängnis nicht aus dem Blickwinkel eines persönlichen Erzählers geschildert, sondern aus dem der amtlichen Gefängnisordnung, wobei es unbestimmt bleibt, ob Franz die Sätze aus dieser Verordnung liest, hört, selber denkt oder ob sie gar völlig unabhängig von ihm dastehen.

Was ist hier strukturell geschehen? Erzählposition und Erzählperspektive haben sich vom Erzähler und der erzählten Figur des Franz gewissermassen gelöst, so dass sich die Assoziation „Gefängnis" in der Gestalt der Gefängnisordnung vollkommen verselbständigt hat. Wir nennen eine solch verselbständigte Vorstellung, die als Versatzstück in den Erzählerbericht einmontiert und mit ihm paradigmatisch verknüpft ist, ein **„Zitat"** oder eine **„Zitat-Montage"**. Es handelt sich dabei um eine Form der **Textmontage**, nämlich um die Montage eines als *Fremdtext* erkennbaren Materials. Man verwendet dafür seit den Dadaisten den Begriff der **„Collage"**, einen Begriff, der aus der bildenden Kunst stammt und der dort ein Objekt meint, in das Fremdmaterialien (etwa ein Stofffetzen, ein Tapetenstück, ein Foto) eingeklebt wurden. In unserem Text von Döblin bewirkt die Collage, dass der Erzähler als Vermittler der Sicht ausgeschaltet, das Erzählen selber völlig aperspektivisch wird.

Schauen wir damit im Döblintext weiter: Nach der Wiedergabe der amtlichen Gefängnisordnung folgt von „Die Wagen tobten…" bis „…irrten nach oben" wieder der Erzählerbericht, deutlich gemacht am Wechsel vom Präsens ins epische Präteritum. Danach ändert sich, eingeleitet durch den Doppelpunkt, die Erzählperspektive erneut: der kurze, in der präteritalen Konjunktivform gehaltene Satz „wenn die Dächer nur nicht abrutschten" ist nicht mehr Erzählerbericht, sondern erlebte Rede, handelt es sich hier doch um einen Wunsch, von dem unklar bleibt, ob ihn der Erzähler oder die Figur des Franz äussert. In diesem Wunsch, die Dächer möchten auf ihrem Platz bleiben, drückt sich die Angst Franzens aus, der sich, nachdem er der Obhut des Gefängnisses entronnen ist, verlassen und preisgegeben fühlt. Der dem Wunsch anmontierte Satz „aber die Häuser standen grade" ist wiederum Erzählerbericht, dem sich mit der in der Ich-Form gestellten Frage „Wo soll ich armer Deibel hin?" ein innerer Monolog anschliesst.

Dem kurzen Erzählerbericht „er latschte an der Häuserwand lang, es nahm kein Ende damit" folgt im Satz „Ich bin ein ganz grosser Dussel…und setzt sich" abermals ein innerer Monolog, der ohne erzählerische Vermittlung in die Fortsetzung der amtlichen

Gefängnisordnung, also erneut in ein Zitat mündet: „Auf entsprechendes Glockenzeichen ist..." Die Verbindung besteht unter anderem im Kontrast zwischen der Absicht von Franz, *sich zu setzen*, und der Vorschrift in der Gefängnisordnung, auf das Glockenzeichen sofort mit der Arbeit zu beginnen, d. h. *sich zu erheben*. Es handelt sich hier einmal mehr um eine paradigmatische Beziehung.

Auf das collageartig eingefügte Zitat der Anstaltsordnung folgt – diesmal durch einen Absatz getrennt – wieder der Erzählerbericht: Aus der Häuserreihe löst sich ein Haus, das Franz nun betritt. Mitten im Satz aber wechselt dieser Bericht erneut in den inneren Monolog, der als stummes Selbstgespräch Franzens erscheint: „so mein Junge, hier frierst du nicht." „Beendet wird der Textauszug durch einen abermaligen Wechsel der Erzählperspektive. Der Satz „Die Hoftür öffnete sich..." ist eine Äusserung des Erzählers, also Erzählerbericht.

Textmontagen finden sich in der modernen Erzählprosa häufig auch in Form von **Rückblenden**, d. h. von Erzählsequenzen, die *nicht* der Chronologie der Ereignisse folgen. Zwar gibt es die Rückblende durchaus auch in traditionellen Erzähltexten: Sie besteht hier zumeist darin, dass der Erzähler selber, wie beispielsweise am Schluss von Gottfried Kellers Novelle „Kleider machen Leute" („Was die Ereignisse in Goldach betraf, so wies der Advokat nach, dass Wenzel...") in die Vergangeheit zurückgreift.

Nun kann ein solcher Rückgriff aber auch im Bewusstsein einer Figur geschehen, so dass er häufig *ohne formalen Übergang* an den Erzählerbericht anmontiert wird. Erst hier, wo die Rückblende als Textmontage erscheint, handelt es sich um ein wirklich modernes Erzählverfahren. Wir wollen es an einem Auszug aus **Bernd Jentzsch'** Erzählung **„Josefski"**, veröffentlicht im Band „19 Erzähler der DDR" (1978), illustrieren. Die Erzählung führt uns zurück in die Anfänge der NSDAP und der SA, die bei Parteiversammlungen als Saalschutz gegen sozialistische und kommunistische Ruhestörer auftrat:

Josefski ist eine stattliche Erscheinung.
Da kann das Bett schon mal knarren, wenn er sich ein bisschen herumwälzt und die Gedanken mit ihm auf und davon gehen. Schlaf findet er jetzt nicht, aber im Bus ist er doch tatsächlich eingeknickt. Da-

bei hatte er sich vorgenommen, „Jägersruh" nicht zu verpassen. Damals hätte er vor lauter Lärm kein Auge zugebracht. Er und Gustav sind als Saalschutz eingeteilt, Dotzauer spricht, und plötzlich fliegen Bier- und Schnapsgläser durch das Vereinszimmer. So ein Idiot, denkt Josefski, und es passiert ja auch nicht zum ersten Mal, dass Gustav, der vor der Türe steht, seinen Posten verlässt, um austreten zu gehen. Ein halbes Dutzend von diesen Kerlen, die drüben in der Gaststube sitzen, nutzen die Gelegenheit aus und stürmen mit ihren halb leer getrunkenen Gläsern herein. Gleich das erste Glas zerschellt am Rednerpult. Josefski läuft von der hinteren Fensterreihe, wo er Stellung bezogen hat, nach vorn und verteilt Saures. […] Und er merkt gar nicht, wie er im schönsten Fahrwasser ist und Schwester Brigitte in seinem Zimmer steht und dem Selbstgespräch zuhört und nun fast kleinlaut das Kaffetrinken ankündigt, das wiederum auf dem Zimmer vor sich geht, wenigstens in der ersten Woche. Die Ankündigung und wohl auch der Duft, der durch die angelehnte Tür hereinweht, lösen herrlichen Durst aus. Es wird sofort serviert.

Jentzsch' Erzählung beginnt damit, dass Josefski, weil „die Gedanken mit ihm auf und davon gehen", im Bett keinen Schlaf findet. Daran schliesst sich nahtlos eine erste, kurze Rückblende an, sichtbar schon am Wechsel vom epischen Präsens zum Perfekt und zum Plusquamperfekt: Der Erzähler greift, um Josefskis Wachbleiben im Bett hervorzuheben, zu dessen Busfahrt zurück, auf der „er doch tatsächlich eingeknickt" ist.

Im fünften Satz („Damals hätte er…") aber findet ein *Zeitsprung* statt. Das Zeitadverb „damals" bezieht sich nicht mehr auf Josefskis Busfahrt, sondern auf eine Zeit, die weiter zurück liegt, als „ein halbes Dutzend von diesen Kerlen" das Vereinszimmer gestürmt und einen fürchterlichen Lärm vollführt hatten. Entscheidend ist dabei, dass der fünfte Satz ohne formalen Übergang an das Vorangegangene anmontiert ist. Die Rückblende, die danach folgt, ist ein einziger, langer, montageartig eingefügter **Erinnerungsmonolog**, von dem wir hier nur einen kurzen Teil wiedergeben. Zum Schluss („Und er merkt gar nicht…") kehrt der Erzähler völlig unverhofft in die Erzählgegenwart zurück: Schwester Brigitte steht unbemerkt im Zimmer und hört Josefskis „Selbstgespräch" zu.

Bei der Rückblende, dem unvermuteten Rückgriff im Bewusstsein Josefskis, handelt es sich um eine **Textmontage**. Der personale

Erzähler verschiebt seine Position von der Erzählgegenwart *ohne jede erzählerische Vermittlung* auf eine neue Erzählebene in der Vergangenheit, so dass das zeitliche Nacheinander der beiden Erzählebenen in ein Nebeneinander, in eine Gleich- und Allzeitigkeit von Tun und Erinnern überführt wird. Letztlich bedeutet das die Aufhebung der Chronologie, der realen Zeit, wie sie seit Robert Musils „Mann ohne Eigenschaften" als Kennzeichen moderner Epik gilt. Sie stellt u. a. die erzählerische Konsequenz aus dem Identitätsverlust des modernen Menschen dar.

Die Auflösung der festen Erzählposition, wie sie bei der Textmontage vorliegt, ist nicht nur für die Erzählperspektivik, sondern für die gesamte Textstruktur folgenreich. Sie führt zur Preisgabe der Handlungskontinuität, zu einem **diskontinuierlichen Erzählen**. Dies wiederum bedingt den Verzicht auf die traditionelle Romanfiktion, auf das mimetische Kunstprinzip, wie es zum herkömmlichen Erzählerbericht gehört.

Doch damit nicht genug: Durch die Sprengung der festen Erzählposition löst sich, an der Simultaneität verschiedenster Bewusstseinsinhalte (Gedanken, Erinnerungsfetzen, Assoziationen usw.) sichtbar gemacht, auch die Festigkeit der Figur auf, wird die Figur zu einer ‚Vielheit' von Kräften. Wir haben es hier mit der bereits früher genannten Technik des Bewusstseinsstroms zu tun, die literarisch vor allem durch das Stilmittel des inneren Monologes umgesetzt wird. Bezeichnend für diese Erzähltechnik ist die häufige Auflösung der traditionellen Syntax, wie das etwa in James Joyce' „Ulysses" geschieht. In ihr spiegelt sich die Bewusstseinsauflösung der Figur, der ‚Verlust' ihrer Identität, am unmittelbarsten.

Bei den verschiedenen Formen des Perspektivenwechsels, wie sie uns in den Texten von Kafka, Döblin und Jentzsch begegnet sind, handelt es sich um Montagen. Durch sie verliert der Erzähler seine feste Position, die er im bürgerlichen Roman einnimmt, verschwindet er gleichsam im Text, so dass er stellenweise überhaupt nicht mehr fassbar ist. Die geistesgeschichtliche Basis für dieses Zurücktreten des Erzählers in der Moderne bildet wohl die seit Nietzsche einsetzende Subjektkritik, die Preisgabe also des Glaubens an die Zentralstellung des menschlichen Subjekts in der Welt (vgl. S. 51 f.).

Die Ich-Problematik erfasst hier, für die moderne Montageepik bezeichnend, die Erzählstruktur selber, passt die Struktur gewissermassen der veränderten Thematik an.

Von der traditionellen Erzählweise aus gesehen, erhält die Sprengung des festen Erzählers und die damit verbundene Auflösung des Erzählerberichtes in der modernen Epik zunächst einmal einen negativen Aspekt: Der Leser vermag die ‚eigentliche' Handlung, die sog. Fabel, nur mehr mit Schwierigkeiten zu erkennen; er vermisst die herkömmliche Handlungskontinuität, vor allem dann, wenn eine nicht-chronologische Erzählweise, also etwa der Einschub von Rückblenden, vorliegt, so dass Handlung und Fabel völlig auseinanderfallen.

Doch bei allen vermeintlichen Schwierigkeiten, die das Lesen von moderner Erzählprosa mit sich bringt, sind *zwei* Einsichten zentral:

1. Ein grundsätzlich verändertes Bewusstsein erfordert ein verändertes Erzählen. Wo der überkommene Subjektbegriff, d. h. die Vorstellung von einem autonomen Ich, das im Mittelpunkt der Dinge steht, fragwürdig geworden ist, da kann auch der traditionelle Erzählerbericht mit seinem festen, persönlichen Erzähler in seiner Ausschliesslichkeit nicht mehr tragfähig sein. Mit einer angeblichen Krise des modernen Romans, wie von einer konservativen Literaturkritik, für die der bürgerlich-realistische Roman den Idealtypus darstellt, immer wieder behauptet, hat dieser Strukturwandel nichts zu tun.

2. Der vermeintliche Verlust an Handlung (Fabel, Geschichte) in der modernen Montageepik wird durch den entscheidenden Gewinn an Unmittelbarkeit oder Intensität des Miterlebens längst aufgewogen. Gerade die Loslösung der Erzählperspektive von einem festen Erzähler erlaubt es dem Leser, den Blick über das Innere der erzählten Figur hinaus auf die sie beherrschenden antinomischen Grundkräfte (wie etwa Angst und Machtdrang) freizubekommen. Dies wird vor allem durch Erzählelemente wie innerer Monolog und Zitat-Montage, also durch die Technik des Bewusstseinsstroms, möglich.

6.5 Postmodernes Erzählen: der ironisch gebrochene Erzähler

Die moderne Erzählprosa mit ihrer Technik des Bewusstseinsstroms bedeutet, metaphorisch gesprochen, weitgehend den Tod des Erzählers. Mit dem Ende der klassischen Moderne zu Beginn der 1970er Jahre, der teilweisen Wiederkehr des psychologisch-realistischen Erzählens in Neuer Innerlichkeit und Postmoderne, kehrt logischerweise auch der Erzähler zurück. Und das häufig sogar in seiner ältesten, auktorialen Form, verbunden mit einer bewusst altertümlichen Sprache. Freilich gibt sich dieser auktoriale Erzähler nicht immer als „allwissend" im herkömmlichen Sinne, wie er das etwa in **Patrick Süskinds** postmodernem Roman **„Das Parfum. Die Geschichte eines Mörders"** (1985) tut, wo der Erzähler seine Innensicht der Figuren sosehr ausweitet, dass er selbst ihren Seelenzustand bis ins Letzte kennt. So beispielsweise, wenn er die Angst analysiert, die Grenouille befällt, als dieser seiner eigenen Geruchlosigkeit auf die Spur kommt:

Es war nicht dieselbe Angst, die er im Traum empfunden hatte, diese grässliche Angst des An-sich-selbst-Erstickens, die es um jeden Preis abzuschütteln galt und der er hatte entfliehen können. Was er jetzt empfand, war die Angst, über sich selbst nicht Bescheid zu wissen. Sie war jener Angst entgegengesetzt. Er musste – und wenn auch die Erkenntnis furchtbar war – ohne Zweifel wissen, ob er einen Geruch besass oder nicht. Und zwar jetzt gleich. Sofort.

Im Gegenteil: Oftmals stellt der auktoriale Erzähler gerade in postmodernen Romanen seine „Allwissenheit" ironisch infrage, indem er entweder sein Wissen bewusst beschränkt oder dann bestimmte Vorgänge nicht erklären kann. Ein Textbeispiel aus dem Roman **„Schlafes Bruder"** (1992) von **Robert Schneider** mag das illustrieren. Elias, voller Schmerz über die Unmöglichkeit der Liebe zu seiner Cousine Elsbeth, ist nachts allein in die Eschberger Kirche gegangen, um sich mit Gott auseinander zu setzen, ihn seines hoffnungslosen Schicksals wegen ‚anzuklagen':

Indem Elias redete, geschah ein Merkwürdiges. Wir können nicht beantworten, ob es nun die Folge seines grell halluzinierenden Geistes war,

der das Merkwürdige wahrnahm, oder ob es sich um einen tatsächlich existierenden Umstand handelte. Denn plötzlich dünkte es ihn wieder, als sei irgend jemand im Kirchenschiff zugegen. Er verspürte eine unbestimmte Kraft, eine Art lebendige Wärme, ja beinahe etwas von Hitze, die sich gleichmässig auf Nacken und Schultern ausbreitete und schliesslich auf den gesamten Rücken abstrahlte. Im selben Augenblick entstand ein leiser, aber gespenstischer Klang. Ein weicher Teppich aus unzähligen Tönen erfüllte das Schiff, und Elias war, als bliese ein einziger Mund all diese Töne. Und der Mund liess ab, und die Töne verhallten, und der Mund setzte wieder an, und die Luft geriet abermals in unendlich sanfte Bewegung.
Jemand spielte die Orgel. Elias Alder wandte sich um. Als er sah, was im Kirchenschiff vorging, blieb ihm schier das Herz stehen. Nun, das Phänomen des mysteriösen Klanges liess sich im nachhinein einigermassen plausibel erklären: Beim letzten Orgelspiel hatte Elias nämlich vergessen, die Register zurückzustellen. Überdies stand das nordseitige Emporenfenster offen, und so musste von aussen ein starker Windstoss in die Schleifladen gedrungen sein und die Luftsäulen der Pfeifen in Schwingung gebracht haben. Nicht erklären können wir allerdings, was Elias jetzt sah.

Zum auktorialen Erzähler gehört, wie bereits gesagt, dass er „allwissend" ist, d. h., dass er ein unbegrenztes Wissen über seine Figuren hat. Wenn im vorliegenden Text dieser auktoriale Erzähler gar in der wir-Form, dem pluralis majestatis, spricht, dann tritt die Unbegrenztheit seines Wissens noch deutlicher hervor, dann begibt er sich ganz bewusst in die Situation des olympisch Überblickenden. Wenn hier aber der gleiche Erzähler zweimal sein Nichtwissen („Wir können nicht beantworten"; „Nicht erklären können wir") hervorhebt, dann entsteht so etwas wie ein Bruch: Einerseits gibt der Erzähler vor, „allwissend" zu sein, anderseits scheint er doch nur ein beschränktes Wissen zu haben. Seine Rolle ist ironisch gebrochen; seine auktoriale Erzählweise erhält ein parodistisches Element.

Ein ähnlicher Bruch entsteht, wenn der vermeintlich „allwissende" Erzähler beispielsweise nicht weiss, wer die Orgel spielt, oder wenn sich für ihn „das Phänomen des mysteriösen Klanges" erst „im nachhinein einigermassen plausibel erklären" lässt, wenn er insgesamt also nicht mehr weiss als seine Figur Elias. Es ist der gleiche Bruch, der sich ergibt, wenn der „allwissende" Erzähler an anderer Stelle auf ein bestimmtes Ereignis wartet, von dem er weiss, dass es gar nicht eintreffen wird: „Vergeblich wartet der Leser *mit uns* auf ein äusserliches Ereignis, welches den jungen Mann endlich aus seinem eng bestirnten Dorf wegrufen möchte."

Was hier vorliegt, ist ein typisch postmodernes Erzählen. Es gehört zum Wesen der literarischen Postmoderne, dass sie sich der Gestaltungsmittel der Tradition bedient, freilich nicht ‚naiv', sondern gewissermassen durch die Brille der Moderne. Auf die Gestaltung des Erzählers in unserem Textbeispiel bezogen, heisst das: Robert Schneider verwendet den ‚alten', auktorialen Erzähler nicht in seiner originalen, sondern in einer ironisch gebrochenen, gleichsam modernen Form, indem er seine Erzählweise immer wieder ironisierend infrage stellt. Wir sprechen deshalb von einem **ironisch gebrochenen Erzähler**.

6.6 Traditionelle Figurengestaltung: die feste Figur

Wenn bürgerliche Autoren Figuren entwerfen, so setzen sie in der Regel deren Identität stillschweigend voraus. Zwar weiss beispielsweise Goethe um die Metamorphose bei Pflanze, Tier und Mensch; doch bei aller Entwicklung und Verwandlung bleibt ihm die ‚innere' Einheit, der feste Kern der Figur gewahrt. Wir haben eine solche Figurengestaltung, die, einmal abgesehen von einigen Texten der Romantik, für die gesamte bürgerliche Dichtung seit dem 18.Jh. bestimmend ist, mit einem aus der Brechtästhetik abgeleiteten Begriff als „feste Figur" bezeichnet. Diese *feste Figur* ist, wie bereits verschiedentlich angedeutet, durch folgende *drei Strukturmerkmale* definiert:

> 1. durch die Vorherrschaft des Charakters, so dass der Charakter der Figur deren Handlungen (Werthers Egozentrik beispielsweise dessen Verzweiflungstat) bestimmt – erkennbar schon daran, dass Texte der traditionellen Erzählprosa häufig mit der Charakterzeichnung des Helden einsetzen („John Kabys, ein *artiger* Mann von bald vierzig Jahren,…").

> 2. durch ihre Geschlossenheit, d.h. dadurch, dass sie in der Regel über feste narrative Attribute (Michael Kohlhaas z.B. über Attribute wie „rechtschaffen", „arbeitsam", „treu", „Gerechtigkeitssinn") vermittelt ist.
> 3. durch ihre feste semantische Position, d.h. durch den Umstand, dass die Figur innerhalb des Handlungsablaufs zwar verschiedene Funktionen (etwa die des Auftraggebers und des Helden) erfüllen kann, dass es sich dabei normalerweise aber nicht um gegensätzliche Funktionen (etwa um die Funktionen des Helfers und des Gegners) handelt.
>
> © by Haupt Berne

Thematisches Korrelat der festen Figur in der bürgerlichen Dichtung ist, vor allem seit Goethe und der Klassik, die Idee der Persönlichkeit. Mit ihr verbindet sich der Glaube an eine kontinuierliche, phasenweise Entwicklung des Menschen, durch die er zur vollen Identität, zu einer harmonischen Ganzheit finden kann. Der **Entwicklungs- und Persönlichkeitsbegriff** erweist sich in diesem Sinne als zentrale geistige Grundlage der bürgerlichen Dichtung. Von da aus erklärt sich auch die grosse Bedeutung, die dem Entwicklungs- und Bildungsroman innerhalb der traditonellen Erzählprosa zukommt (vgl. S. 238 f.). Nicht umsonst parodieren moderne, aber auch postmoderne Autoren, wenn sie die geistigen Grundlagen des Bürgertums kritisch aufarbeiten wollen, mit Vorliebe gerade den Entwicklungsroman und sein Persönlichkeitsideal, wie sich das etwa in Patrick Süskinds postmodernem Roman „Das Parfum", wo das Ergebnis menschlicher Entwicklung der jeder humanistischen Bildungsidee spottende Massenmörder ist, besonders eindrücklich zeigt.

Eine privilegierte Position im Figurengefüge bürgerlicher Texte nimmt die Figur des Helden ein. In ihrer Stellung im Text spiegelt sich ein anthropozentrisches Weltbild, das den Menschen und sein Ich zur weltbestimmenden Grösse macht. Daher erscheint der **bürgerliche Held**, sichtbar u. a. an seiner festen Beziehung zum Erzähler, als das eigentliche **Sinn- und Orientierungszentrum** des Kunstwerks. Bezeichnend hierfür ist, dass unzählige bürgerliche Dichtungen den Namen des Helden schon im Titel (Wilhelm Meister, Effi Briest, Tonio Kröger, Siddharta usw.) ins Blickfeld rücken.

Wir sprechen dann vom *Titelhelden* oder, speziell im Drama, von der *Titelrolle*.

Im bürgerlichen Helden drückt sich der Glaube an die Individualität, an ihre psychische Kohärenz, ihren einmaligen und unteilbaren Kern in ausgezeichneter Weise aus. Wie sich das konkret, d. h. auf der Manifestationsebene der Texte, zeigt, beschreibt **Alain Robbe-Grillet**, ein Hauptvertreter der von Frankreich ausgehenden Stilrichtung des *nouveau roman*, wenn er in seinem Aufsatz **„Über ein paar veraltete Begriffe"** (1969) für den Helden im traditionellen Sinn, sich von ihm kritisch distanzierend, folgende Eigenschaften fordert:

Ein Held muss einen Namen haben, wenn möglich einen doppelten, einen Vor- und einen Zunamen. Er muss Verwandte haben sowie Erbanlagen, er muss einen Beruf ausüben. Wenn er Besitz hat, umso besser. Schliesslich muss er einen ‚Charakter' besitzen, ein Gesicht, das diesen widerspiegelt, eine Vergangenheit, die den einen und das andere geformt hat. Sein Charakter bestimmt sein Handeln und lässt ihn auf eine bestimmte Weise auf jedes Geschehnis reagieren. Sein Charakter ermöglicht dem Leser, ihn zu beurteilen, ihn zu lieben oder zu hassen.[5]

Nach Robbe-Grillet besitzt der bürgerliche Held bestimmte, klar definierbare Eigenschaften. Dadurch wird er zu einer abgeschlossenen Figur, einem ‚runden' Charakter, mit dem sich der Leser identifizieren kann. Wenn demgegenüber in der *modernen* Erzählprosa der Held in einer auffallenden Eigenschafts- oder Charakterlosigkeit (vgl. etwa Musils „Mann *ohne* Eigenschaften"), sichtbar schon in seiner Namenlosigkeit, seiner Anonymität (in Kafkas „Prozess" oder im „Schloss" beispielsweise im Gebrauch der Initiale K., in Max Frischs Romanen etwa in den vielen Namenswechseln, bei Martin Walser, Markus Werner oder Judith Hermann in den nichts sagenden Namen und in Ingeborg Bachmanns „Malina" gar in der namenlos bleibenden Frau) erscheint, so äussert sich darin eine immanente Kritik an der traditionellen Konzeption der festen Figur und an der mit ihr zusammenhängenden Idee der Persönlichkeit.

Die feste Figur in der bürgerlichen Dichtung ist, wie bereits früher gesagt, Ausdruck eines bestimmten Menschenbildes (vgl. S. 37). Sie gründet im Glauben an die *Individualität*, an die personale Einheit, die *Identität* des Menschen. Ihr eignet daher auch die Möglichkeit der *Entwicklung* als einem allmählichen Wachsen und Reifen, so dass sich ihr fester Kern im Verlauf der Handlung herausschält. Individualität, Identität und Entwicklung bilden in diesem Sinne die drei grundlegenden Kriterien, welche die Struktur der festen Figur des bürgerlichen Romans und Dramas definieren. In einem Schema dargestellt, sieht das Ganze so aus:

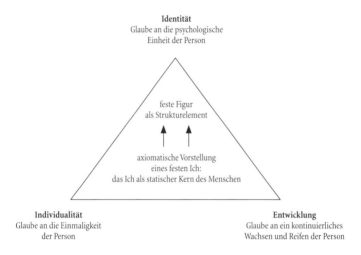

© by Haupt Berne

Illustrieren wir abschliessend an einem Textbeispiel nochmals, wie Figuren in der traditionellen Erzählprosa strukturell gestaltet sind und welche Auswirkungen ihre Gestaltung für die gesamte Erzählstruktur eines Textes hat. Wir wählen dazu den Anfang von **Heinrich von Kleists** Meisternovelle **„Michael Kohlhaas"** (1810), die vom Aufbegehren eines Einzelnen gegen fürstliche Willkür handelt:

An den Ufern der Havel lebte, um die Mitte des sechzehnten Jahrhunderts, ein Rosshändler, namens *Michael Kohlhaas,* **Sohn eines Schulmeisters, einer der rechtschaffensten zugleich und entsetzlichsten Menschen seiner Zeit. – Dieser ausserordentliche Mann würde, bis in sein**

dreissigstes Jahr für das Muster eines guten Staatsbürgers haben gelten können. Er besass in einem Dorfe, das noch von ihm den Namen führt, einen Meierhof, auf welchem er sich durch sein Gewerbe ruhig ernährte; die Kinder, die ihm sein Weib schenkte, erzog er, in der Furcht Gottes, zur Arbeitsamkeit und Treue; nicht einer war unter seinen Nachbarn, der sich nicht seiner Wohltätigkeit, oder seiner Gerechtigkeit erfreut hätte; kurz, die Welt würde sein Andenken haben segnen müssen, wenn er in einer Tugend nicht ausgeschweift hätte. Das Rechtsgefühl aber machte ihn zum Räuber und Mörder.
Er ritt einst, mit einer Koppel junger Pferde, wohlgenährt alle und glänzend, ins Ausland, und überschlug eben, wie er den Gewinst, den er auf den Märkten damit zu machen hoffte, anlegen wolle: teils, nach Art guter Wirte, auf neuen Gewinst, teils aber auch auf den Genuss der Gegenwart: als er an die Elbe kam, und bei einer stattlichen Ritterburg, auf sächsischem Gebiete, einen Schlagbaum traf, den er sonst auf diesem Wege nicht gefunden hatte. Er hielt, in einem Augenblick, da eben der Regen heftig stürmte, mit den Pferden still, und rief den Schlagwärter, der auch bald darauf, mit einem grämlichen Gesicht, aus dem Fenster sah.

Kleists Novelle setzt mit einer recht ausführlichen Beschreibung des Charakters von Michael Kohlhaas ein. Die narrativen Attribute (rechtschaffen, entsetzlich, ausserordentlich, guter Staatsbürger, wohltätig, gerecht, übersteigertes Rechtsgefühl) als *Wesens*merkmale dominieren hier eindeutig. Es handelt sich bei Kohlhaas demnach um eine vom Charakter aus konzipierte, *feste* Figur. Zu ihr gehört ein fester Erzähler, der hier, aus auktorialer Erzählposition, neben dem Aussprechen der Botschaft auch ganz deutlich Wertsetzungen vornimmt. Diese ausgeprägt wertende Funktion des Erzählers bewirkt die Dominanz der narrativen Attribute.

Die Makrostruktur traditioneller epischer Texte ist bekanntlich durch die Zweiheit **fester Erzähler-Held** bestimmt. Auch Kleists Text hat in den beiden Strukturelementen seine zwei sicheren Pole. Dadurch gewinnt der Leser ein klares Orientierungszentrum, wird er zur Identifikation mit dem Helden, also mit der Figur von Kohlhaas, geführt. Der **Held** selber erscheint, indem die Motivik attributiv angelegt ist, d. h. der Beschreibung seines Wesens dient, als **Sinnmitte des Textes**. Man beachte in dieser Beziehung etwa den Umstand, dass selbst das Dorf „noch von ihm den Namen" führt.

In der Kohlhaas-Novelle spielt der Eigenname überhaupt eine zentrale Rolle. Schon im Titel wird er, den Helden als Sinnzentrum andeutend, genannt. Dann, in der Novelle selber, taucht er gleich im ersten Satz wieder auf. Durch diese Betonung des Namens tritt neben der Individualität des Helden seine schicksalhafte Bestimmung besonders deutlich hervor. Es ist jene für die traditionelle Erzählprosa typische Schicksalhaftigkeit, die sich strukturell aus der Vorherrschaft des Charakterlichen ergibt. Sie ermöglicht die Illusion eines Naturhaften, die Fiktion von Mimesis, von Wirklichkeitsabbildung. Das mimetische Prinzip ist denn hier schon im ersten Satz, in dem der Held in die ihm gleichsam zugeordneten festen Kategorien von Raum und Zeit („An den Ufern der Havel lebte, um die Mitte des sechzehnten Jahrhundert,…") hineingestellt wird, sichtbar gemacht. **Raum** und **Zeit** als grundlegende Kategorien eines **traditionellen Weltbildes**, d. h. einer dargestellten Wirklichkeit als kohärentem Geschehen, sind damit auch für die Struktur von Kleists Novelle zentral. Wo sie in der modernen Erzählprosa (z. B. in der absoluten Parabel) zurücktreten oder sich montageartig, etwa durch die Verdoppelung der Erzählebenen, auflösen, da geht es letztlich immer um eine Preisgabe des mimetischen Prinzips.

Dominierte im ersten Absatz unserer Novelle die Charakterzeichnung des Helden, so setzt jetzt im zweiten die eigentliche Handlung ein. Sie entwickelt sich demnach, für das Erzählen in bürgerlichen Texten typisch, aus dem Charakter der Figur. Aus struktureller Sicht heisst dies: Das narrative Subjekt dominiert hier das Prädikat. Diese Dominanz des Subjekts wird, indem alles Geschehen vom Helden ausgeht, auch im zweiten Absatz deutlich. Man beachte zudem, wie in jeder Handlung das Charakterliche der Figur durchschimmert. „Michael Kohlhaas" gilt denn auch weithin als typische *Charakter*novelle.

Wir haben gezeigt, dass im ersten Absatz von Kleists Novelle die Figur des Rosshändlers über bestimmte narrative Attribute vermittelt wird. Ähnlich führt nun der Erzähler im zweiten Absatz auch die Figur des Schlagwärters ein. Dabei lässt sich hier sehr schön illustrieren, wie in traditionellen Texten ein Gefälle von den Attributen der äusseren *Erscheinung* („grämliches Gesicht") zum *Wesen* der Figur (‚böser' Mensch) entsteht. Es handelt sich um ein spezifisch symbolisches Gefälle, so dass die **Figur** selber als Trägerin eines Wesenhaften eine **symbolisch-schicksalhafte Wirkung** erhält. Auch in diesem Sinne sind die Kohlhaas- und die Wärter-Figur feste Figuren. Indem sie von gegensätzlichen Attributen her gezeigt werden, besetzen sie ganz offensichtlich auch gegensätzliche semantische Positionen im Text. So liesse sich etwa die Figur des Schlagwärters in der nachfolgenden Handlungssequenz als ein (negativer) Helfer von Kohlhaas' Gegner Junker Wenzel von Tronka ausmachen. Das alles deutet auf eine feste Struktur hin, die dem Kleistschen Text insgesamt eine schicksalhafte Wirkung verleiht.

6.7 Moderne Figurengestaltung: die gestische Figur

Im zweiten Kapitel nannten wir Anzeichen dafür, dass die Identität der erzählten Figur teilweise schon im 19.Jh. fragwürdig wird. Solche Anzeichen finden sich besonders in der Romantik, die sich ihrerseits immer wieder auf die alte Schein/Sein-Thematik des Barock beruft. Was ist beispielsweise die *romantische Ironie*, die Friedrich Schlegel als eine Form der Verfremdung begreift, letztlich anderes als das Eingeständnis, dass die Identität der Figur für die Romantiker zum Problem geworden ist. Ähnlich verhält es sich mit den zahlreichen *Doppelgängergestalten*, in denen sich bei einer Reihe romantischer und der Romantik nahe stehender Autoren (etwa bei Ludwig Tieck, Heinrich Heine oder bei E.T.A. Hoffmann, wenn dessen berühmter Kappellmeister Kreisler sein Ich und Ebenbild neben sich einherschreiten sieht) die Sorge um die eigene Identität ausdrückt. Diese Doppelgänger haben in der Moderne denn auch ihre Nachfolger gefunden. So beispielsweise in Kafkas Erzählung „Das Urteil", wo Georgs Vater und der Freund in Petersburg sich letztlich als ein und dieselbe Figur, als eine Art Doppelgänger erweisen, oder in Dürrenmatts Kriminalroman „Justiz", wo die Figur der Daphne Müller im Auftrag der zurückgezogen lebenden Gnomin Monika Steiermann deren Rolle in der Öffentlichkeit übernimmt.

Die Ich-Problematik, die in der Romantik aufbricht, wird im 19.Jh. freilich noch nicht formal wirksam, führt also noch nicht zu grundsätzlich Neuartigem in der Konzeption der Figuren. Eine *strukturell* wirklich neuartige Figurengestaltung findet sich doch erst in Texten seit Anfang des 20.Jh., seit sich einige Autoren, angeregt durch Nietzsches Subjektkritik und durch Freuds Psychoanalyse, mit den geistigen Grundlagen des Bürgertums auseinandersetzen und Vorstellungen, wie die eines festen Ich, preisgeben (vgl. S. 57). Erst hier beginnt man sich ernsthaft die Frage zu stellen, wie sich eine veränderte Auffassung vom Ich auf die poetische Gestaltung auswirken müsse. Und erst hier werden in der Folge auch Versuche unternommen, sich bei der Figurenkonzeption von den Vorstellungen des ‚alten' bürgerlichen Individualismus zu befreien, die Figuren dementsprechend weniger vom Charakterlichen als vielmehr von kollektiven und z. T. ambivalenten Grundkräften (wie etwa Angst und Machdrang) aus aufzubauen. Wir sprechen dann, auf Brechts Gestusbegriff zurückgreifend, von gestischen oder, wenn die Figuren in *gegensätzliche* Kräfte aufgespalten sind, von gestisch montierten Figuren. Es geht um einen Figurentyp, bei dem sich das Gewicht der Ausssage vom Charakter auf die Handlungsmotivik verlagert, so dass nicht mehr die Figur selber, die Beschreibung ihres Charakters, im Mittelpunkt steht.

Diese Verlagerung hat gerade für die Zentralfigur, den Helden, einschneidende Folgen. Erscheint in bürgerlichen Texten immer der Held als dominantes Strukturelement, so ist in modernen, gestischen Texten der Bereich der zu Gestus entwickelten Handlungen strukturbestimmend. Das wird in unzähligen Werken der modernen Erzählprosa schon im Titel angedeutet. So beispielsweise, wenn Max Frisch seinen wohl bekanntesten Roman nicht nach der Hauptfigur „Walter Faber", sondern „*Homo* faber" nennt und damit eine menschliche Grundhaltung, die eines rationalen Weltverständnisses nämlich, und keineswegs, wie etwa im bürgerlichen Roman, die charakterliche Entwicklung eines Helden ins Blickfeld rückt. Oder wenn, um noch ein Beispiel anzuführen, in Peter Handkes Erzählung „Die Angst des Tormanns beim Elfmeter" der Blick zuerst auf ein menschliches Grundverhalten, eine existentielle Angst, und erst danach auf eine Figur gelenkt wird.

Nun wird die strukturelle Verschiebung von der Figur auf den Gestus häufig durch die Bildung ganzer *Figurenreihen*, in die auch der Held integriert ist, erreicht. Gerade diese Integration einer Figur in Figurenreihen ist, wie bereits früher gesagt, für die Interpretation moderner Erzähltexte von zentraler Bedeutung: Sie zwingt den Leser, nicht mehr von einzelnen Aussagen der Figuren, von festen Inhalten auszugehen, sondern den Blick auf das Mit- und Gegeneinander der Figuren, auf das Problem ihrer Gestaltung und auf die Thematik ihrer Struktur zu lenken. (vgl. S. 23). So lässt sich beispielsweise Friedrich Dürrenmatts Detektivroman „Der Verdacht" erst dann als eine *moderne* Parodie auf den gängigen Kriminalroman lesen, wenn man sieht, dass die zwei Hauptgestalten Bärlach und Emmenegger, die als Held und Gegner an sich gegensätzliche Figuren darstellen, in Wirklichkeit *beide* /Jäger/ und /Gejagte/, /Henker/ und /Opfer/ zugleich sind. Und so wird, um noch ein jüngeres Beispiel zu nennen, ein Roman wie Elfriede Jelineks „ Die Liebhaberinnen" erst dann zur kritischen Auseinandersetzung mit dem traditionellen Liebesroman, wenn der Leser erkennt, dass die Figuren (Heinz, Brigitte, Paula, Susi), trotz ihrer unterschiedlichen Lebensschicksale, letztlich *alle* auf ihren ‚Marktwert' reduziert sind und damit eine Figurenreihe bilden.

Im vorigen Kapitel haben wir die feste Figur, wie sie uns in der traditionellen Erzählprosa begegnet, von drei strukturellen Kriterien her definiert. Analog dazu lässt sich nun der moderne, gestische Figurentyp gewissermassen durch die ‚Abwesenheit' dieser drei Kriterien bestimmen. Diese ‚negative' Bestimmung ist dabei selbstverständlich keineswegs abwertend, sondern rein definitorisch gemeint. Sie verbindet sich denn auch mit dem Hinweis auf neuartige Gestaltungsmöglichkeiten, die in den modernen Erzähltexten freilich unterschiedlich entwickelt sind. Das Ganze lässt sich schematisch folgendermassen darstellen:

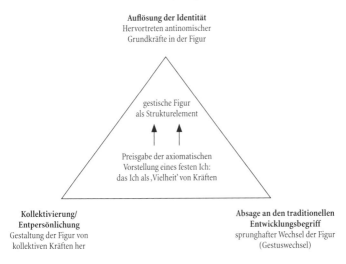

© by Haupt Berne

6.7.1 Drei Fälle moderner, gestischer Figurengestaltung

Nun kennt die moderne Erzählprosa verschiedene Möglichkeiten, Figuren gestisch zu gestalten. Es gilt vor allem *drei* solche Möglichkeiten zu unterscheiden: die Gestaltung einer Figur oder einer ganzen Figurenreihe von einem einzigen *Gestus* aus und den *Gestuswechsel* sowie die *Gestusmontage* einer oder mehrerer Figuren. Im Folgenden wollen wir diese drei Möglichkeiten an konkreten Textbeispielen illustrieren und dabei aufzeigen, wie der moderne Autor durch die gestische Schreibweise seine Figuren entpersönlicht, ja wie er sie häufig auf wenige Grundvorgänge reduziert. Diesem letzten Gesichtspunkt ist abschliessend ein eigenes Kapitel gewidmet.

6.7.1.1 Der Gestus als Grund und Kollektivhaltung

Eine Figur gestisch gestalten heisst zunächst, nicht ihren Charakter, sondern ihre Haltung in den Vordergrund rücken. Dies geschieht dadurch, dass die Figur vor allem von Handlungen her dargestellt wird, und zwar von Handlungen, die *alle* das gleiche semantische

Merkmal besitzen, die sich also zu einem *Handlungsparadigma* zusammenfassen lassen. Was das konkret heisst, mag der Anfang einer Erzählung von **Angelika Mechtel** aus dem Band „Die Träume der Füchsin" (1976) deutlich machen. Die Erzählung, die sich der ‚Frauenliteratur' innerhalb der Neuen Subjektivität zurechnen lässt, trägt den Titel **„Katrin"**:

Ich habe seine Kinder geboren. Ich habe mich eingeordnet. Ich habe versucht, ihn zu sehen, wie ich sah, dass meine Mutter ihren Mann gesehen hatte. Ich habe gelernt, Windeln zu waschen, Kinder zu trösten und Ordnung zu halten. Ich habe einmal Mathematik und Latein gelernt, Physik und Französisch. Ich war eine mittelmässige Schülerin. Ich habe mich streicheln lassen und schlagen. Ich habe zurückgeschlagen; habe gelernt, dass er mir überlegen ist. Ich habe meinen Leib beobachtet, wie er anschwoll. Ich habe die Geburten überstanden; habe mir gesagt, dafür bist du eine Frau. Ich habe mir zugeredet, ich wollte glücklich sein. Ich habe ihn zur Arbeit geschickt und das Essen gekocht. Ich habe seine Angst gesehen, als ich im Fieber lag, und seine Ungeduld, wenn das Baby schrie. Ich habe zugelassen, dass er meine Mutter fortschickte, weil sie in der Ein-Zimmer-Wohnung die Windeln am Ofen trocknete und die Milch vors Fenster stellte. Ich habe gelernt, dass er sagen durfte, was er dachte: Was sollen die Leute von uns denken? Ich habe nichts begriffen. Ich habe mich eingelebt. Ich habe nach seinem Ärger gefragt. Ich habe ihm zugehört; habe seinen Chef begrüsst, Kollegen bewirtet. […]

In Form eines Reflexionsmonologs denkt die Ich-Erzählerin über ihre Situation als Ehefrau und Mutter in einer patriarchalischen Gesellschaft nach. Auffallend ist dabei, dass sie vor allem geschlechtsspezifische Reaktionen nennt: *seine* Kinder gebären; sich einordnen; versuchen, den Mann aus der Perspektive der Mutter zu sehen; lernen, Windeln zu waschen, Kinder zu trösten und Ordnung zu halten; sich streicheln und schlagen lassen; lernen, dass er überlegen ist; die Geburten überstehen; ihn zur Arbeit schicken; das Essen kochen usw. Es handelt sich fast ausnahmslos um Haltungen und Vorgänge, die das semantische Merkmal /sich anpassen/ aufweisen, die sich also zu einer entsprechenden menschlichen Grundhaltung zusammenfassen lassen, und zwar zu einer Grundhaltung, die ganz entscheidend durch gesellschaftliche Erwartungen (an die Frau) bestimmt, die also sozial bedingt ist. Mit Brecht sprechen wir von einem *Gestus*. Wir haben es hier folglich mit einem Anpassergestus zu tun, von dem aus die Figur der Ich-Erzählerin gestaltet ist.

Was bedeutet dies für die Figur selber? Erinnern wir uns: Die traditionelle, feste Figur ist vom Charakter her konzipiert, hat ihr Zentrum also gewissermassen in sich. Anders die moderne, gestische Figur: Hier wird der Blick, indem durch die Paradigmatisierung der Handlungen nicht mehr charakterliche Qualitäten, sondern Haltungen in den Vordergrund treten, von der Figur weg auf den Bereich menschlichen Verhaltens in der Gesellschaft gelenkt. In Bezug auf unsere Erzählung heisst das: Nicht die Figur der Ich-Erzählerin, obwohl im Titel ihr Name genannt ist, bildet offenbar die Sinnmitte des Textes, sondern der von den Handlungen abgeleitete Anpassergestus. Dieser Gestus rückt das menschliche Verhalten als Bezugsnetz sozialen Lebens radikal ins Blickfeld, so dass es für den Leser auffallend und damit kritisierbar wird. Kritisierbar schon deshalb, weil sich dieses Verhalten nicht mehr auf feste Attribute der Figur zurückführen lässt und so nicht mehr schicksalhaft gegeben, sondern im Gegenteil veränderbar ist. Das wird am Schluss der Erzählung besonders deutlich, wenn dort die Ich-Erzählerin in einer Art Gestuswechsel davon spricht, dass sie ihre Tochter „zum Protest erzogen" habe.

Während in traditionellen Erzählungen, in denen ‚gesellschaftliche' Vorgänge immer an festen Charaktereigenschaften der Figuren gespiegelt werden, die Gesellschaftskritik durchwegs bloss thematisch angelegt ist, erfasst sie in der Erzählung von Angelika Mechtel, indem hier nicht mehr Charakterliches, sondern eine Grundhaltung ins Zentrum tritt, die *Struktur* der Figur selber. Darin erweist sich diese Erzählung als ein gegenüber traditionellen Texten grundsätzlich veränderter, moderner Text.

Stand im vorigen Text von Angelika Mechtel eine einzelne gestisch gestaltete Figur im Blickfeld, so haben wir es beim folgenden Textbeispiel mit *mehreren* Figuren zu tun, die alle von der gleichen Grundhaltung, vom gleichen Gestus, aus gefasst sind. Wir sprechen dann vom Gestus als einer *Kollektivhaltung*. Für die Struktur des Textes ist diese zweite Möglichkeit gestischer Figurengestaltung noch weit folgenreicher als die erste, wie ein Auszug aus **Heinrich Bölls** Erzählung **„Es wird etwas geschehen"** zeigen kann. Die Erzählung, in der Schrift „Doktor Murkes gesammeltes Schweigen" (1958) veröffentlicht, spielt in der Zeit des deutschen Wirtschaftswunders, also in den Jahren 1955 bis 1965. Ein Ich-Erzähler hat, nach bestandener Eignungsprüfung, in Alfred Wunsiedels Fabrik eine Stelle angetreten. Auf amüsant-satirische Weise, wie sie für Bölls Erzählen recht typisch ist, schildert er seine Erfahrungen als Angestellter dieser Fabrik:

Ich bekam die Stelle. Tatsächlich fühlte ich mich sogar mit den neun Telefonen nicht ganz ausgelastet. Ich rief in die Muscheln der Hörer: „Handeln Sie sofort!" oder: „Tun Sie etwas! – Es muss etwas geschehen – Es wird etwas geschehen – Es ist etwas geschehen – Es sollte etwas geschehen." Doch meistens – denn das schien mir der Atmosphäre gemäss – bediente ich mich des Imperativs.
Interessant waren die Mittagspausen, wo wir in der Kantine, von lautloser Fröhlichkeit umgeben, vitaminreiche Speisen assen. Es wimmelte in Wunsiedels Fabrik von Leuten, die verrückt darauf waren, ihren Lebenslauf zu erzählen, wie eben handlungsstarke Persönlichkeiten es gern tun. Ihr Lebenslauf ist ihnen wichtiger als ihr Leben, man braucht nur auf einen Knopf zu drücken, und schon erbrechen sie ihn in Ehren.
Wunsiedels Stellvertreter war ein Mann mit Namen Broschek, der seinerseits einen gewissen Ruhm erworben hatte, weil er als Student sieben Kinder und eine gelähmte Frau durch Nachtarbeit ernährt, zugleich vier Handelsvertretungen erfolgreich ausgeübt und dennoch innerhalb von zwei Jahren zwei Staatsprüfungen mit Auszeichnung bestanden hatte. Als ihn Reporter gefragt hatten: „Wann schlafen Sie denn, Broschek?", hatte er geantwortet: „Schlafen ist Sünde!" Wunsiedels Sekretärin hatte einen gelähmten Mann und vier Kinder durch Stricken ernährt, hatte gleichzeitig in Psychologie und Heimatkunde promoviert, Schäferhunde gezüchtet und war als Barsängerin unter dem Namen *Vamp 7* berühmt geworden. Wunsiedel selbst war einer von den Leuten, die morgens, kaum erwacht, schon entschlossen sind, zu handeln […]

Bölls Text führt in hyperbolischem Stil eine Reihe von Figuren vor, die alle, wie schon der Untertitel „Eine handlungsstarke Geschichte" andeutet, hauptsächlich von Handlungen her (vitaminreiche Speisen essen, den Lebenslauf erzählen, andere durch Nachtarbeit ernähren, Handelsvertretungen ausüben, zwei Staatsprüfungen bestehen usw.) definiert sind. Dabei geht es bei all diesen Handlungen im Grunde immer um das Gleiche: um ein unaufhörliches Tätigsein. Dieses Tätigsein erscheint so als gemeinsame Haltung der Figuren, als eine Kollektivhaltung. Mit Brecht sprechen wir von einem *Gestus*. Dieser Gestus rückt hier, anstelle einer Figur, in den Mittelpunkt, wird zum Strukturzentrum des Textes, so dass der ganze Text durch ihn seine Einheit erhält. Das unterscheidet diesen Bölltext strukturell von Texten der traditionellen Erzählprosa, in denen stets der Held die einheitsstiftende Grösse ist.

Indem hier Böll sämtliche Figuren vom gleichen Gestus her gestaltet, paradigmatisiert er sie, bildet er ein **Figurenparadigma**. Entscheidend ist dabei, dass sich auch der Held, also der Ich-Erzähler, wie besonders das erste Alinea zeigt, in dieses Figurenparadigma einfügt. Dadurch wird seine Position deutlich geschwächt, wird er als sinngebende Grösse entthront. Die Integration des Helden in ein Figurenparadigma ist daher, wenn es in modernen Erzähltexten um den Abbau der Heldenposition geht, ein zentrales Stilmittel. Ihre verfremdende Wirkung gewinnt sie vor allem daraus, dass sich in traditionellen Texten der Held in seinem Tun von den übrigen Figuren meist klar abhebt.

Nun ist hier aber die Paradigmatisierung der Figuren noch in anderer Weise folgenreich. Indem nämlich alle Figuren die gleiche Haltung einnehmen, werden sie in eine Reihe von unaufhörlich Tätigen gerückt, werden sie gewissermassen auf einen Grundvorgang reduziert und so entpersönlicht. Neu gegenüber Texten, die rein ‚inhaltlich' als modern erscheinen, ist dabei, dass diese **Entpersönlichung der Figuren** vom Erzähler nicht mehr bloss thematisiert wird, sondern sich in der Struktur des Textes selber spiegelt. Anders gesagt: In Bölls Erzählung wird die ‚Persönlichkeit' als zentraler geistiger Wert des Bürgertums durch eine veränderte, gestische Struktur, wie sie schon die Art des Titels andeutet, gewissermassen negiert. Von da aus lässt sich auch der Erzähler-Kommentar im zweiten Alinea, wonach die Leute in Wunsiedels Fabrik „handlungsstarke Persönlichkeiten" sind, nur noch als Zitat lesen.

Die Verlagerung der Sinnmitte von einem Helden auf einen alle Figuren erfassenden Gestus öffnet im Bölltext den Blick für **Verhaltenskritik**. Es ist die Kritik an einem angepassten, dem Leistungsprinzip unserer Konsumgesellschaft völlig unterworfenen Verhalten, wie es nach Erich Fromm den „bürgerlichen Sozialcharakter" kennzeichnet. Hinter dieser Kritik verbirgt sich Bölls Einsatz für den Schutz der menschlichen Individualität in einer zunehmend unpersönlichen, verwalteten Welt, ein Einsatz, der sich in vielen seiner Werke spiegelt.

Unser Textbeispiel macht deutlich, wie durch die Verlagerung des Sinnzentrums die Identifikation des Lesers mit einem Helden erschwert wird, wie an deren Stelle Reflexion und Kritik treten. Mit ihnen rückt die pragmatische Dimension der Sprache, für moderne Texte bezeichnend, stark in den Vordergrund.

Moderne Erzähltexte, in denen die Figuren von Kollektivhaltungen aus gestaltet sind, besitzen häufig eine Art *gestisches Zentrum*, um das diese Figuren gewissermassen kreisen. Ein eindrückliches Beispiel dafür bietet der folgende Text aus **Elfriede Jelineks** sozialkritischem Roman **„Die Liebhaberinnen"** (1975), einer Parodie auf den traditionellen Frauen- und Liebesroman. Geschildert wird im Text die entwürdigende existentielle und berufliche Situation der Mädchen und Frauen aus dem Dorf, in dem „paula", eine der vier Hauptfiguren des Romans, lebt:

die frauen bleiben bis zu ihrer heirat verkäuferin oder hilfsverkäuferin, wenn sie geheiratet worden sind, ist es aus mit dem verkaufen, dann sind sie selbst verkauft, und die nächste verkäuferin darf an ihre stelle rücken und weiterverkaufen, der wechsel geht fliegend vor sich.
so ist im laufe der jahre ein natürlicher kreislauf zustande gekommen: geburt und einsteigen und geheiratet werden und wieder aussteigen und die tochter kriegen, die hausfrau oder verkäuferin, meist hausfrau, tochter steigt ein, mutter kratzt ab, tochter wird geheiratet, steigt aus, springt ab vom trittbrett, kriegt selber die nächste tochter, der konsumladen ist die drehscheibe des natürlichen kreislaufs der natur, in seinem obst und gemüse spiegeln sich die jahreszeiten, spiegelt sich das menschl. leben in seinen vielen ausdrucksformen, in seiner einzigen auslagenscheibe spiegeln sich die aufmerksamen gesichter seiner verkäuferinnen, die hier zusammengekommen sind, um auf die heirat und das leben zu warten. die heirat kommt aber immer allein, ohne das leben. so gut wie nie arbeitet eine verheiratete frau im geschäft, ausser der mann ist gerade arbeitslos oder schwer verletzt. alkoholiker ist er immer.

Auffallend zunächst, neben sprachlichen Eigenheiten wie der konsequenten Kleinschreibung, die vollkommene Anonymität des Textes: Da fällt kein Name, tritt keine Figur aus dem Kollektiv der Figuren heraus, das aus Verkäuferinnen und Hilfsverkäuferinnen, aus Hausfrauen, Müttern und Töchtern besteht. Ja, mehr noch: All die zahllosen weiblichen Figuren tun im Grunde ein und dasselbe, werden auf die gleiche Haltung, den gleichen Gestus bezogen; sie alle sind, bildlich gesprochen, Ein- und Aussteigerinnen, drehen sich, als Sinnzentrum längst entthront, dem „natürlichen kreislauf[s] der natur" entsprechend, wie im Kreis. Den Mittelpunkt dieses Kreises, die „drehscheibe", wie es im Text heisst, bildet „der konsumladen" als eine Art *gestisches Zentrum*. Von ihm aus werden die Figuren bestimmt, werden sie eben zu Ein- und Aussteigerinnen, die alle „auf die heirat und das leben" warten. Der „konsumladen" in seinem ständigen Wechsel, seiner Rastlosigkeit ist damit Bild menschlichen Daseins.

Nun sind es in der modernen Erzählprosa vielfach Ortschaften, Städte, Strassen und Plätze, die zum gestischen Zentrum einer Erzählung oder eines Romans werden. Das wohl bekannteste Beispiel dafür dürfte Döblins Roman „Berlin Alexanderplatz" sein, dessen Haupttitel nicht einen Menschen, sondern einen Platz in der Grossstadt Berlin nennt, der als Schnittpunkt der grossen Verkehrsströme zweifellos ein solch gestisches Zentrum darstellt. Ähnlich verhält es sich im folgenden Textbeispiel. Es ist ein kurzer Auszug aus dem ersten Kapitel des Romans **„durch und durch. Müllheim/ Thur in drei Kapiteln"** (2004) von **Zsuzsanna Gahse**, einer gebürtigen Ungarin, die aber deutsch schreibt und heute in der Schweiz lebt:

Aber das Bedeutende und worüber das Dorf [Müllheim im schweizerischen Kanton Thurgau] nicht hinwegkommt, ist die Strasse, eine alte Strasse, die durch die Ortschaft führt, von Westen nach Osten, von Osten nach Westen, die halbe Welt fuhrt hier durch, Lastwagen, Lieferwagen, landwirtschaftliche Maschinen, Tiertransporter, Panzer, Reisebusse, Postbusse, und dass jemand einmal anhält, fällt kaum ins Gewicht. Sie halten so gut wie nie an, das ist kennzeichnend für einen Durchfahrtsort, unentwegt ziehen sie zwischen dem Platz mit der Linde

und unserem Haus vorbei. Zwischendurch gibt es Pausen, zwei oder sogar drei ruhige Minuten, dann rollen drei Wagen hintereinander über die Strasse, oder es sind acht, schnell kommen wieder zehn in die eine, zwölf in die andere Richtung, nach einer halbminütigen Pause dann sieben nach Osten und fünf nach Westen, manche können ihren Vorsprung ausbauen, den Hintermann um einige Meter abhängen, während ich zuschaue, und sie hören nicht auf zu fahren, mal schneller, mal langsamer, was auch den Ton verändert.

Im Unterschied zum Text von Elfriede Jelinek stehen hier nicht Menschen, sondern verschiedenste Arten von Fahrzeugen, von Lastwagen bis zu Postbussen, im Blickfeld. Sie alle sind, wie schon der Titel „durch und durch" andeutet, auf einen bestimmten Grundvorgang bezogen: auf ein, im anonymen Verkehrsstrom, rastloses in die eine oder andere Richtung Fahren. Sie werden damit in eine Reihe von Ost- und Westfahrern gerückt, werden alle vom gleichen Gestus gefasst. Dabei erscheint das unentwegte Vorbeiziehen der Fahrzeuge als eine Art Modell zum Zweck, menschliches Verhalten im sozialen Kontext sichtbar zu machen: Wenn manche Wagen „ihren Vorsprung ausbauen, den Hintermann um einige Meter abhängen" können, dann scheint hier im auffallenden Gebrauch personifizierender Metaphern wie „ausbauen", „Hintermann" und „abhängen" der permanente Kampf als eine Grundsituation des menschlichen Daseins durch. Schnittpunkt des ganzen Verkehrsstroms ist das Dorf Müllheim, das als typischer Durchfahrtsort all die unzähligen Ost- und Westfahrer, ihre Thematik bestimmt. Das Dorf bildet damit das *gestische Zentrum* des Textes, ja des ganzen Romans, auf das sämtliche ‚Figuren' bezogen sind.

6.7.1.2 Figuren als Rollenträger: der Gestuswechsel

In der Erzählung „Katrin" von Angelika Mechtel (vgl. S. 194f.) wechselt die Ich-Erzählerin am Schluss, wie bereits angedeutet, von der Haltung der Anpassung in die des Protests. Wir sprachen von einem **Gestuswechsel**. Darunter wollen wir jetzt den extremen Rollen- oder Haltungswechsel einer oder mehrerer Figuren verstehen, der sich meist völlig *unvermittelt* vollzieht. **Bertolt Brecht**, der sich für seine Figurenkonzeption u. a. auf den amerikanischen Behaviorismus berief, auf jene psychologische Schule, die das menschliche Verhalten allein aus Umwelteinflüssen zu erklären versuchte (vgl. S. 134f.), hat diesen Haltungswechsel in einem Interview vom 30.7.1926 gegenüber der Berliner Zeitschrift „Literarische Welt" folgendermassen begründet:

Auch wenn sich eine meiner Personen in Widersprüchen bewegt, so nur darum, weil der Mensch in zwei ungleichen Augenblicken niemals der gleiche sein kann. Das wechselnde Aussen veranlasst ihn beständig zu einer inneren Umgruppierung. Das kontinuierliche Ich ist eine Mythe. Der Mensch ist ein immerwährend zerfallendes und neu sich bildendes Atom.[6]

Beim Gestuswechsel handelt es sich gleichsam um eine sprunghafte ‚Umschaltung' der Figur(en) von einer semantischen Position in eine *Gegen*position, ohne dass diese ‚Umschaltung' individualpsychologisch motiviert ist. So findet etwa in **Franz Kafkas** Erzählung **„Das Urteil"** (1915) zwischen Vater und Sohn ein dauernder Rollenwechsel in der Abfolge von /Erniedrigung/ und /Erhöhung/ statt. Im folgenden Textauszug beispielsweise wechselt der Vater, der schon recht alt und schwach zu sein scheint, aus der Haltung der /Selbsterniedrigung/, der /Infantilität/ (vgl. sein kindliches Spiel mit der Uhrkette[7]) plötzlich in die der /Selbsterhöhung/, der /Machtentfaltung/, manifest gemacht in der sich im Fluge entfaltenden Bettdecke:

Auf seinen Armen trug er [Georg] den Vater ins Bett. Ein schreckliches Gefühl hatte er, als er während der paar Schritte zum Bett hin merkte, dass an seiner Brust der Vater mit seiner Uhrkette spielte. Er konnte ihn nicht gleich ins Bett legen, so fest hielt er sich an dieser Uhrkette. Kaum war er aber im Bett, schien alles gut. Er deckte sich selbst zu und zog dann die Bettdecke noch besonders weit über die Schulter. Er sah nicht unfreundlich zu Georg hinauf. [...] „Bin ich jetzt gut zugedeckt?" fragte der Vater, als könne er nicht nachschauen, ob die Füsse genug bedeckt seien. „Es gefällt dir also schon im Bett", sagte Georg und legte das Deckzeug besser um ihn. „Bin ich gut zugedeckt?" fragte der Vater noch einmal und schien auf die Antwort besonders aufzupassen. „Sei nur ruhig, du bist gut zugedeckt." „Nein!" rief der Vater, dass die Antwort an die Frage stiess, warf die Decke zurück mit einer Kraft, dass sie einen Augenblick im Fluge sich ganz entfaltete, und stand aufrecht im Bett. Nur eine Hand hielt er leicht an den Plafond. „Du wolltest mich zudecken, das weiss ich, mein Früchtchen, aber zugedeckt bin ich noch nicht. Und ist es auch die letzte Kraft, genug für dich, zuviel für dich. […] Georg sah zum Schreckbild seines Vaters auf.

Wichtig ist dabei, dass sich dieser Gestuswechsel nicht aus dem Charakter des Vaters erklären lässt, dass er nichts mit der Entfaltung eines Seelischen, mit einer psychologischen Entwicklung zu tun hat. Das unterscheidet ihn ganz offensichtlich vom alten Entwicklungsbegriff im bürgerlichen Roman oder Drama, der in der festen Figur als Strukturelement gründet. Der Gestuswechsel führt, so gesehen, zu einer veränderten Figurengestaltung: Durch ihn verliert die Figur ihre Festigkeit, ihre Kontinuität, erhält sie etwas Zufälliges, Unbestimmbares, wie es im überraschenden Umschlag der Situation durch den „Nein!"-Ruf des Vaters besonders augenfällig wird.

Ging es im Text von Kafka um einen einzigen Gestuswechsel, so wechselt im folgenden Text die Zentralfigur ständig den Gestus. Es handelt sich um eine Schlüsselszene aus dem 11.Kapitel von **Bernhard Schlinks** quasi-autobiographischem Roman **„Der Vorleser"** (1995). Der Ich-Erzähler Michael Berg hat sich nach einer mit Hanna, seiner rund zwanzig Jahre älteren Geliebten, verbrachten Nacht für kurze Zeit aus dem Gasthofzimmer entfernt, um das Frühstück und eine Rose zu holen. Nach seiner Rückkehr spielt sich folgende Szene ab, in der es vonseiten Hannas zu einem dauernden Wechsel von /Brutalität/, /Hilflosigkeit/ und /Zärtlichkeit/, ja /Mütterlichkeit/, kommt:

„Wie kannst du einfach so gehen!" Ich setzte das Tablett mit Frühstück und Rose ab und wollte sie in die Arme nehmen. „Hanna…" „Fass mich nicht an." Sie hatte den schmalen ledernen Gürtel in der Hand, den sie um ihr Kleid tat, machte einen Schritt zurück und zog ihn mir durchs Gesicht. Meine Lippe platzte, und ich schmeckte Blut. Es tat nicht weh. Ich war furchtbar erschrocken. Sie holte nochmals aus. Aber sie schlug nicht noch mal. Sie liess den Arm sinken und den Gürtel fallen und weinte. Ich hatte sie noch nie weinen sehen. Ihr Gesicht verlor alle Form. Aufgerissene Augen, aufgerissener Mund, die Lider nach den ersten Tränen verquollen, rote Flecken auf Wange und Hals. Aus ihrem Mund kamen krächzende kehlige Laute, ähnlich dem tonlosen Schrei, wenn wir uns liebten. Sie stand da und sah mich durch ihre Tränen an. Ich hätte sie in meine Arme nehmen sollen. Aber ich konnte nicht. Ich wusste nicht, was tun. Bei uns zu Hause weinte man nicht so. Man schlug nicht, nicht mit der Hand und erst recht nicht mit einem Lederriemen. Man redete. Aber was sollte ich sagen? Sie machte zwei Schritte zu mir, warf sich an meine Brust, schlug mit den Fäusten auf mich ein, klammerte sich an mich. Jetzt konnte ich sie halten. Ihre Schultern zuckten, sie schlug mit der Stirn auf meine Brust. Dann seufzte sie und kuschelte sich in meine Arme. „Frühstücken wir?" Sie löste sich von mir. „Mein Gott, Jungchen, wie siehst du aus!" Sie holte ein nasses Handtuch und säuberte meinen Mund und mein Kinn. „Und das Hemd ist voller Blut." Sie zog mir das Hemd aus, dann die Hose und dann zog sie sich aus, und wir liebten uns.

Hannas *sprunghafte* Gemütsschwankungen lassen sich weder aus ihrem Charakter noch aus der Situation restlos erklären. Zwar macht ihr brutales Verhalten im Umgang mit Michael den Bezug zu ihrer SS-Vergangenheit unmittelbar deutlich, spiegelt sich in ihm auch ihre Furcht vor einer Blossstellung, weil sie als Analphabetin Michaels Zettel, auf dem er ihr den Grund seiner kurzen Abwesenheit mitgeteilt hatte, nicht lesen konnte.

Gleichwohl reichen diese individualpsychologischen Begründungen zur Erklärung von Hannas brutalem Verhalten, aber auch ihrer verschiedenen extremen Haltungswechsel nicht aus. Hanna wird hier vielmehr in einer polaren Grundspannung gezeigt. Zerstörerische und erhaltende Kräfte, die weniger im Charakterlich-Individuellen als vielmehr in tieferen, kollektiven Schichten wurzeln, ringen in ihr. Auffallend dabei ist der Umschlag von äusserster Brutalität in sexuelle Liebe. Das erinnert nur allzu deutlich an Sigmund Freuds psychoanalytisches Modell, wonach der Mensch ein von sexuellen und aggressiven Trieben in ihrer Gegensätzlichkeit gelenktes Wesen ist. Überhaupt scheint im ganzen Roman, wenn Hannas Leben einem System von Verdrängungen und des Versteckens folgt, Freuds Lehre immer wieder durch.

Wie dem im Einzelnen auch sei: Entscheidend ist, dass die Sprunghaftigkeit in Hannas Verhalten nicht rein individualpsychologisch motiviert ist, dass wir es, nach unserer Definition, folglich mit einem ständigen Gestuswechsel zu tun haben. Durch ihn wird die innere Festigkeit der Figur von ambivalenten Grundkräften her aufgeweicht, wird Hannas psychische Kohärenz gewissermassen zersetzt, packend gespiegelt in ihrer dauernd schwankenden Stimmung.

Wechselt eine Figur permanent den Gestus, so agiert sie gewissermassen nur noch in Rollen, betreibt sie geradezu ein **Rollenspiel**. Solche Rollenspiele finden sich in der modernen Literatur, und hier vor allem im Roman und im Drama, recht häufig. Besonders bekannt geworden sind in dieser Hinsicht Max Frischs Romane und Theaterstücke, allen voran der Roman „Mein Name sei Gantenbein", wo der Erzähler, der keinerlei personale Identität mehr besitzt, in verschiedenen Rollen Gestalt annimmt, wo er sich einmal in die Figur Enderlins, dann in die Gantenbeins und schliesslich in die von Svoboda versetzt (vgl. S. 33 f.).

Ähnlich verhält es sich mit der Figur Anselm Kristleins in **Martin Walsers** berühmter Kristlein-Trilogie. Anselm Kristlein, der Mitmacher und Anpasser aus Walsers erstem Band „Halbzeit", wird im zweiten Band, im Roman **„Das Einhorn"** (1966), vom Vertreter und Werbetexter zum Schriftsteller. Früher für die materiellen Konsumwünsche der Wohlstandsgesellschaft tätig, sorgt er jetzt für ihre ideologischen Bedürfnisse: Er soll im Auftrag einer Schweizer Verlegerin einen Roman über die Liebe schreiben. So denkt die Romanfigur Kristlein über den Entwurf eines Romans nach, dessen Figur wiederum sie selbst ist. Martin Walser macht damit die Entstehung von Erzählliteratur selbst zum Thema. Das bedeutet eine Verlagerung des Akzents vom Erzählten auf das Erzählen *als solches*, wie sie seit Robert Musil für moderne, vor allem experimentelle Romane recht typisch ist. Lassen wir nun aus dem Roman „Das Einhorn" einen Textauszug folgen:

Datierung: **1960 ff.** *Beruf:* **geht der, den er hat? Aber was ist er eigentlich? Oder: ist er eigentlich was? O ja. Anno 60 hat er schon seine kleine Karriere hinter sich. Der Vertreter für Diesunddas ist schon Werbefachmann, Texter, Berater, Ideologe. Gewesen. In Amerika war er auch schon. Dort schreiben Texter frühzeitig ein Buch über sich und die Erfahrung. Hat er auch schon hinter sich. […] A.K. in allen Städten, die Universitäten oder Rundfunkstudios, oder Universitäten und Rundfunkstudios haben. […] An zweihundert Abenden spendet A.K. seinen Beitrag zur**

Besinnung auf jede Art von moderner Gefahr. Er wird Gesprächsteilnehmer. Anfangs war er vielleicht ein Anfänger. Zeigen, wie schnell er eine Sprache lernt. Zuerst ist es eine Fremdsprache. Seine Lehrer: Rundtischpartner, Podiumsbrüder, Forenasse. In Mainz ist er schon besser als in Freiburg und in Arnoldshain schon besser als in Mainz. In Göttingen hält ihn ein Soziologe schon für einen Soziologen und in Bergneustadt wird er von einem Parteisoziologen für einen Parteisoziologen gehalten. Der Speaker, der Master, der Moderator stellt immer die Teilnehmer vor. A.K. hört, dass man ihn vorstellt als Schriftsteller oder gar als Intelektuellen. Sein Erstaunen, Erröten. Sobald ihm das Wort erteilt wird, korrigiert er: Werbetexter. Das wird aufgenommen wie ironisch gemeinte Bescheidenheit. Schliesslich bringt er seine Korrektur tatsächlich bloss noch so vor. Ab Düsseldorf unterlässt er sie ganz.

Der bürgerliche Held, wie er in traditionellen Romanen auch heute noch gestaltet wird, zeichnet sich bekanntlich durch seinen einmaligen, unverwechselbaren Charakter aus, der ihn zu einer runden und ganzen Person, zu einer festen Figur, macht. Sein Charakter bestimmt seine Handlungen und lässt ihn auf jedes Geschehnis individuell reagieren.

Ein solcher Held ist der Schriftsteller Anselm Kristlein nicht mehr. Dies wird äusserlich schon am Kürzel A.K. deutlich, das, an Figuren Kafkas erinnernd, wohl Ausdruck seiner fehlenden Identität ist. Noch viel mehr wird dies aber daran sichtbar, dass Kristlein nicht durch bestimmte Charaktereigenschaften, sondern gleichsam durch die von aussen an ihn herangetragenen Erwartungen definiert ist. Die Gesellschaft bietet ihm verschiedene Rollen an, in denen er agieren kann und die ihn zum vollkommenen Anpasser werden lassen, der stets darauf erpicht ist, das gängige Verhalten zu studieren, um es sich, wie schon ein Hans Beumann in Walsers Erstlingsroman „Ehen in Philippsburg", möglichst rasch anzueignen. So ist Kristlein, was seinen ständigen Rollenwechsel, sein Rollenspiel betrifft, „in Mainz…schon besser als in Freiburg und in Arnoldshain schon besser als in Mainz". Und so kann ihn in Göttingen „ein Soziologe schon für einen Soziologen und in Bergneustadt ein Parteisoziologe „für einen Parteisoziologen" halten. Und so unterlässt er es schliesslich ganz, die verschiedenen Rollen, die ihm die Gesellschaft zuspielt – als öffentlicher Meinungsverkäufer, dann als Schriftsteller und als opportunistischer Intelektueller –, selbstkritisch zu hinterfragen. Kristlein ist zum reinen Rollenspieler, ohne jede persönliche Identität, geworden, zu einer Figur, die ganz vom Anpasser- und Mitmachergestus, also von zwei Grundgestus aus, konzipiert ist. Davon zeugt schon die Tatsache, dass er bereits zu Beginn alle möglichen rollenkonformen Verhaltensweisen realisiert hat: seine kleine Karriere hinter sich gebracht, verschiedene Jobs ausgeübt, in Amerika gewesen, ein Buch über sich verfasst.

Kein Zweifel: Kristleins ständiger Rollenwechsel, bei dem die Figur gleichsam in einzelne *Rollensegmente* zerfällt, hängt mit einer umfassenden Gesellschaftskritik zusammen: mit Walsers Kritik an unserer industriellen Wohlstandsgesellschaft, die den neuen Typ des ‚Massenmenschen' hervorgebracht hat, der sich, gelenkt von Werbung und Gruppendruck, in Erwerbs- und Konsumverhalten überall anpasst. Entscheidend ist dabei, dass diese Gesellschaftskritik, indem durch das permanente Rollenspiel die innere Einheit der Figur Kristleins aufgelöst wird, bis in die Struktur des Textes hinein wirkt.

6.7.1.3 Die Montage als zentrales Stilprinzip der Moderne

Der Montagebegriff stammt, wie hinlänglich bekannt ist, aus dem technischen Bereich und fand zunächst für Kunstarten Anwendung, die mit Apparaten hergestellt werden: für Foto und Film. Dabei entwickelte der Film seit seinen Anfängen im ersten Viertel des 20.Jh., also seit der Stummfilmzeit mit so berühmten Regisseuren wie David Wark Griffith und Sergej Eisenstein, verschiedene Möglichkeiten der Montage (Parallelmontage, Rückblende, Analogiemontage, Kontrastmontage, metaphorische Montage).

In der Literaturtheorie besteht heute weitgehend die Ansicht, die moderne Montagedichtung, wie sie kurz nach 1900 eingesetzt hat (Döblin, Kafka, C. Einstein u. a.), sei unmittelbar vom Film beeinflusst worden. Entsprechend wird dann unter „Montage" meist die Übertragung filmischer Techniken (Blende, Schnitt, Kameraschwenk usw.) auf literarische Texte verstanden. Daher spricht man auch in der Dichtung, ähnlich wie im Film, gerne von einer Montage*technik*. Im vorliegenden Kapitel gilt es allerdings zu zeigen, dass ein Montagebegriff der sich ausschliesslich von der Filmkunst herleitet, in Bezug auf die Interpretation moderner Texte zu kurz greift.

Bekanntlich verwendet man beim Film den Begriff der „Montage" u. a. dann, wenn verschiedene Wirklichkeitsbereiche (z. B. Szenen in räumlich und zeitlich unterschiedlichen Situationen) ohne eigentlichen Übergang miteinander verbunden werden. Diese Verwendungsweise des Begriffs ist heute auch in der Dichtung allgemein gebräuchlich. Es handelt sich dabei um die *Textmontage*, die häufig als Zitat-Montage, d. h. als Zitation von Fremdtexten ohne jede erzählerische Vermittlung, erscheint. Das bedeutet gewöhnlich die Sprengung des Erzählerberichtes, wie wir sie in Kapitel 6.4.2 an drei Textbeispielen illustriert haben (vgl. S. 171 ff.).

Nun gibt es aber auch eine Form der Montage, die weniger in einer Anreihung unterschiedlicher Elemente besteht, als vielmehr darin, dass die strukturelle Einheit der Figur, vor allem der Figur des Helden, durchkreuzt wird. Der Erzählerbericht bleibt zunächst davon unberührt. Auf diesen Montagetyp, der in ganz andern Bereichen als in der Filmkunst wurzelt, gehen wir im nächsten Kapitel ein.

6.7.1.3.1 Die Montage der Figur als Gestusmontage

Beginnen wir gleich mit einem Textbeispiel aus einer bereits früher angeführten Erzählung: mit dem Anfang von **Franz Kafkas „Die Verwandlung":**

Als Gregor Samsa eines Morgens aus unruhigen Träumen erwachte, fand er sich in seinem Bett zu einem ungeheueren Ungeziefer verwandelt. Er lag auf seinem panzerartig harten Rücken und sah, wenn er den Kopf ein wenig hob, seinen gewölbten, braunen, von bogenförmigen Versteifungen geteilten Bauch, auf dessen Höhe sich die Bettdecke, zum gänzlichen Niedergleiten bereit, kaum noch erhalten konnte. Seine vielen, im Vergleich zu seinem sonstigen Umfang kläglich dünnen Beine flimmerten im hilflos vor den Augen.
„Was ist mit mir geschehen?" dachte er. Es war kein Traum. Sein Zimmer, ein richtiges, nur etwas zu kleines Menschenzimmer, lag ruhig zwischen den vier wohlbekannten Wänden.

Kafkas Erzählung setzt mit einem rätselhaften Vorgang ein: mit der Verwandlung eines Menschen in ein Insekt. Dieser Vorgang als Initialereignis bestimmt alle nachfolgenden Ereignisse. Von ihm aus geht, wie sich zeigen liesse, ein Zwang zur Verwandlung auch der

Umgebung Gregors, der nacheinander den Vater, die Schwester, die Wohnsituation und schliesslich die Samsas insgesamt erfasst. Er tritt damit als eine Art Grundgestus anstelle eines ‚Helden', z. B. Gregors, ins Sinnzentrum der Erzählung. Daher wohl auch der Titel „Die Verwandlung", der, anders als gewöhnlich in traditionellen Erzählungen, nicht eine bestimmte Figur, sondern eben einen Gestus nennt.

Betrachten wir nun Gregors Verwandlung etwas näher. Sie bewirkt, indem sich Gregor vom Menschen übers Tier zur Sache ‚entwickelt', die am Schluss entsorgt wird, eine totale **Verdinglichung der Figur**. Das bedeutet für Gregor – schon der vorliegende Erzähleingang macht dies deutlich – eine radikale Entfremdung von sich selber und von der Umwelt, eine Situation also, wie sie ähnlich den Anfang zahlreicher moderner Romane und Erzählungen kennzeichnet. Der Handelsreisende Gregor Samsa ist über Nacht zum ‚Ungeziefer' geworden, und zwar so, dass er, indem er die neue Situation verdrängt und im Bezugsrahmen seiner früheren Welt weiterdenkt, zugleich Mensch bleibt. Dabei betrifft die Käferwerdung, entgegen einer in der Kafkaforschung viel gehörten Meinung, nicht nur Gregors ‚Äusseres', sondern erfasst nach und nach auch sein ‚Inneres', sein Bewusstsein. So schmecken Gregor als einem ‚richtigen' Käfer, wie sich später zeigt, beispielsweise nur verdorbene Speisen, drängt es ihn – auch das ein typischer Käferreflex – immer wieder zum Fenster, sieht er seine physische Schwierigkeit, das Bett zu verlassen, vorwiegend aus der Optik des Käfers.

Kein Zweifel: Gregor ist, zumindest was sein Bewusstsein betrifft, Mensch und Tier *in einem*. Er erscheint so als eine gespaltene, vollkommen entpersönlichte Figur, als eine Figur ohne psychische Kohärenz, ohne jede Identität im Sinne traditioneller Figuren. Wir haben es hier mit einer neuartigen Gestaltungsweise der Figur zu tun, die sich als **„Montage"** bezeichnen lässt. „Montage" freilich nicht verstanden als ein Aneinanderreihen heterogener Elemente im Text, sondern – und das ist entscheidend – als formale Umsetzung der modernen, seit Nietzsche und Freud thematisierten Ichauflösung. Sie führt zur Öffnung der Figur Gregors gegen den Bereich der antinomischen Grundkräfte des Menschlichen und des Animalischen, aber auch des Machtdrangs und der Ohnmacht, wie sich in Gregors Verhalten der Familie gegenüber ständig zeigt. Seit seiner Verwandlung ist Gregor Samsa in diesem Sinne eine **gestisch montierte Figur**, bis zu einem gewissen Grade sogar vergleichbar seinem Hauptgegner, dem Vater, der, wenn er beispielsweise „mit feindseligem Ausdruck die Faust" ballt und „sich dann unsicher im Wohnzimmer" umsieht, ebenfalls von wechselnden Haltungen der Macht und der Ohnmacht her dargestellt wird.

Unsere Kurzinterpretation sollte einmal mehr illustrieren, dass die Deutung eines modernen Textes weniger von irgendwelchen (biographischen, psychologischen, soziologischen oder religiösen) Interpretationsrastern als vielmehr vom Text selber, von der Organisation seiner Elemente, seiner Struktur ausgehen muss. Erst wenn im vorliegenden Erzähleingang, wenn in Kafkas „Verwandlung" überhaupt, die neuartige, nicht mehr individualpsychologisch motivierte Figurengestaltung erkannt und die mit ihr verbundene Subjektkritik reflektiert wird, lässt sich die Erzählung als das lesen, was sie im Grunde ist: als ein Zeugnis für jene fundamentalen gegensätzlichen Kräfte, beispielsweise des Fortschritts und der Regression, die das Leben unserer Epoche bestimmen.

Beim Gestuswechsel geht es, wie im letzten Kapitel gezeigt wurde, darum, dass eine Figur im Verlaufe einer Handlung ihre Haltung sprunghaft wechselt. Im vorigen Kafkatext haben wir es nicht primär mit einem solchen Haltungswechsel, sondern mit einer Art *Simultan*schaltung gegensätzlicher Haltungen zu tun, die beide auf die gleiche Figur, auf Gregor Samsa, bezogen sind. Wir sprechen in diesem Fall von einer **Gestusmontage**. Sie gewinnt, wie unser nächstes Textbeispiel besonders schön zu illustrieren vermag, mit Blick auf eine moderne Figurengestaltung zentrale Bedeutung. Das Textbeispiel stammt aus **Friedrich Dürrenmatts** Erzählung **„Der Sturz"** (1971), die den vom Zufall ausgelösten Machtwechsel vom Vorsitzenden des „Politischen Sekretariats" A auf seinen Nachfolger D beschreibt. Es handelt sich um jene Sequenz, in der die Figur des A näher vorgestellt wird:

A dagegen war unkompliziert. Seine Einfachheit war seine Kraft. In der Steppe aufgewachsen, von Nomaden abstammend, war ihm die Macht kein Problem, Gewalt etwas Natürliches. Er lebte seit Jahren in einem

bunkerartigen, schlichten Gebäude, das in einem Wald ausserhalb der Hauptstadt versteckt war, von einer Kompanie bewacht und von einer alten Köchin bedient, die beide vom Landstrich kamen, aus dem er stammte. Er kam nur zu Besuchen fremder Staatsoberhäupter oder Parteichefs, zu seltenen Audienzen und zu den Sitzungen des Politischen Sekretariats in den Regierungspalast, doch hatte jedes Mitglied des Sekretariats einzeln dreimal in der Woche in seinem Wohnsitz zum Rapport zu erscheinen, wo A den Herzitierten im Sommer in einer Veranda mit Korbmöbeln und im Winter in seinem Arbeitszimmer empfing, das nichts als ein riesiges Wandgemälde, sein Heimatdorf darstellend, mit einigen Bauern belebt und einen noch riesigeren Schreibtisch enthielt, hinter dem er sass, während der Besucher stehen musste. A war viermal verheiratet gewesen. Drei seiner Frauen waren gestorben, von der vierten wusste niemand, ob sie noch lebe und, falls sie noch lebte, wo sie lebte. Ausser seiner Tochter besass er keine Kinder. Manchmal liess er Mädchen aus der Stadt kommen, denen er nur zunickte und die nichts zu tun hatten, als neben ihm zu sitzen und stundenlang amerikanische Filme anzuschauen. Dann schlief er in seinem Lehnstuhl ein, und die Mädchen konnten gehen. Auch liess er jeden Monat in der Stadt das Nationalmuseum zusperren und wanderte allein stundenlang durch die Säle.

Schon der Titel von Dürrenmatts Erzählung, der den Blick auf einen bestimmten Vorgang lenkt, lässt vermuten, dass hier nicht mehr, wie in der traditionellen Erzählprosa, eine einzelne Heldenfigur das Sinnzentrum bildet. Diese Vermutung wird bei der Lektüre der Erzählung zweifach erhärtet: Zum einen stellen wir eine Vielzahl von Figuren fest, wobei *zwei* davon, A und D, in gewisser Hinsicht dominieren. Zum andern tragen all diese Figuren keine individuellen Namen, sondern werden nur mit Buchstaben (A-P) benannt.

Fassen wir damit unsern Textauszug ins Auge. Auf den ersten Blick unterscheidet er sich von einem traditionellen Text wenig: Auch da ist es *eine* Figur, die von verschiedenen Eigenschaften (unkompliziert, einfach, kraftvoll usw.) und Handlungen her dargestellt wird. Doch schauen wir uns die einzelnen Aussagen über diese Figur näher an.

A erscheint in den ersten drei Sätzen als eine Figur, der das semantische Merkmal /Macht/ zukommt. Das gilt an sich auch für den vierten Satz, wird hier doch berichtet, A lebe „seit Jahren in einem bunkerartigen, schlichten Gebäude, das in einem Wald ausserhalb der Hauptstadt versteckt" und „von einer Kompanie bewacht" sei. Wer sich ein solches Gebäude leisten und dazu noch von einer Kompanie bewachen lassen kann, hat zweifellos Macht. Aber besitzt er ‚nur' Macht? Hat er, indem er in einem *bunkerartigen*, im Wald *versteckten* und militärisch *bewachten* Gebäude wohnt, nicht auch Angst? Ohne Zweifel werden im genannten Satz *beide* Seme, /Macht/ *und* /Angst/, aktualisiert. Entscheidend ist dabei, dass sich diese beiden gegensätzlichen Seme auf die gleiche Figur A beziehen. Die Figur erweist sich demnach vom vierten Satz her als antinomisch gestaltet.

Das bestätigt sich nun auch in den weiteren Sätzen. Der fünfte Satz berichtet eine Reihe von Einzelheiten, die sich alle dem Merkmal /Macht/ wie dem der /Angst/ zuordnen lassen. Eine schematische Darstellung ergibt folgendes Bild:

Interessant sind auch die Sätze sechs bis acht: Hier ist von vier Frauen, die A ‚besessen' hat und die irgendwie auf mysteriöse Weise ‚verschwunden' sind, aber von einer einzigen Tochter die Rede. Konnotiert wird damit – Hat A selber die Frauen ‚verschwinden' lassen? – zunächst wieder ein Sem /Macht/. Dieser /Macht/ werden, indem der Erzähler eine mögliche Eheunfähigkeit oder gar Impotenz andeutet, Seme wie /Unvermögen/ und /Ohnmacht/, die unmittelbar mit /Angst/ zusammenhängen, gegenübergestellt. Auch da scheint also das antinomische Moment der Figur weitergeführt zu sein.

Ähnlich liegen die Dinge in den zwei vorletzten Sätzen. Liest man diese Sätze für sich allein, so ergibt sich kein ‚rechter' Sinn.

Liest man sie aber paradigmatisch, d. h. von den beiden Motiven /Macht/ und /Angst/ her, so fügen sie sich nahtlos in die Sinnkonstitution des Textes ein. Das Herbeirufen der Mädchen aktualisiert dann das semantische Merkmal /Macht/, während die Tatsache, dass A mit ihnen ‚nichts' anfangen kann, sich, möglicherweise wieder über das Element „Impotenz", auf die Seme /Ohnmacht/ und /Angst/ zurückführen lässt. Nicht viel anders verhält es schliesslich im letzten Satz: Auch hier finden sich die gegensätzlichen Seme /Macht/ und /Angst/, wenn A das Nationalmuseum *zusperren* lässt, um *allein* stundenlang durch die Säle zu wandern.

Aus unserer Textinterpretation ergibt sich das eine: Die Figur des A erscheint konsequent als von zwei gegensätzlichen Motiven her gestaltet. Wir haben diese beiden Motive mit den Sembezeichnungen /Macht/ vs /Angst/ umschrieben. Dabei ist uns bewusst, dass Sembezeichnungen vielfach rein behelfsmässig gewählt sind und deshalb nie in einem wörtlichen Sinne verstanden werden dürfen.

Die Anlage der Figur von einer gegensätzlichen Motivik her ist für die Struktur des Textes folgenreich. Zum ersten erweist sich der Text in seiner Tiefenstruktur damit als montiert. Zum zweiten wird die Figur, indem die Thematik nicht mehr wie in der bürgerlichen Dichtung aus ihr, aus ihrem Wesen, ihrer Psyche herauswächst, als Sinnzentrum entthront. Die Sinnkonstitution verlagert sich so von der Figur auf die sie definierende Motivik. Wir haben das vor uns, was wir als „gestische Schreibweise" bezeichnet haben. Sie besagt in Bezug auf Dürrenmatts Text, dass die Figur von gegensätzlich angelegten Gestus aus gezeigt wird, die in den kollektiven Grundkräften /Macht/ und /Angst/ wurzeln. Indem sich die Figur des A gegen diese kollektiven Grundkräfte hin öffnet, wird sie selber kollektiviert, gleichsam entpersönlicht.

Daraus ergeben sich nun wichtige Ansätze für die Interpretation des Dürrenmattschen Textes. Man hat bei der Deutung von Dürrenmatts Erzählung immer wieder auf die Parallelen zum sowjetischen Politbüro zur Zeit des Kalten Krieges bzw. zum Machtapparat aller absolutistischen Staaten verwiesen. Das ist auf den ersten Blick hin ein sehr einleuchtender Vergleich, vor allem dann, wenn man die Erzählung im Zusammenhang mit Dürrenmatts Russlandreisen in den Jahren 1964 und 1967 sieht. Doch dieser Vergleich berücksichtigt fast nur die Oberflächenstrukturen der Erzählung: die herrschende Clique, die, völlig losgelöst von ihrer Basis, ein gespenstisches Eigenleben führt. Bezieht man auch die Tiefenstrukturen, also z. B. das Problem der Figurengestaltung, mit ein, so kommt noch ganz anderes hinzu. Dann geht es nicht mehr bloss um eine Kritik an bestimmten Machtmechanismen, sondern um die Darstellung der Angst als einer kollektiven Grundkraft des Lebens und ihrer Umsetzung in Macht, wie sie zum Menschen schlechthin gehört, also um ein Phänomen, auf das schon Alfred Adler in seiner Individualpsychologie hingewiesen hat. Ziel ist dann einerseits die Preisgabe eines jeden Anspruchs auf menschliche Autonomie, andererseits aber auch eine neue Sicht auf das Problem jenes in tieferen, kollektiven Schichten wurzelnden Machtdrangs, durch den der Mensch über unsere Welt soviel Leid gebracht hat.

Unsere letzten Ausführungen sollten zeigen, wie wichtig es gerade bei modernen Texten ist, die Tiefenstrukturen, vor allem die Figurengestaltung, die paradoxerweise häufig ausgeblendet wird, in die Interpretation mit einzubeziehen.

Dass Gestusmontagen nicht immer leicht auszumachen sind, mag unser drittes Textbeispiel, **Angela Stachowas** Kurzgeschichte „Ich bin ein Kumpel", erschienen im Erzählband „Stunde zwischen Hund & Katz" (1979), illustrieren:

Ich bin ein Kumpel. Seit zehn Jahren sitze ich emanzipiert regelmässig nach Feierabend in einer Runde von Männern. Ich trinke das gleiche Quantum Bier und Schnaps. Ich bemühe mich, genau wie sie schallend, brüllend und wiehernd zu lachen und nicht durch weiblich-melodisches Lachen aufzufallen. Verfalle ich doch einmal in ein Kichern, sehe ich scheu um mich und hoffe, dass es keiner bemerkt hat. Frauen und Mädchen, die an unserem Tisch vorübergehen, beurteile ich ebenso fachmännisch wie alle in der Runde. Ich lächle wohlwollend, wissend und kennerisch, wenn einer der Rundenfreunde mit einem Mädchen davongeht. Wir Zurückgebliebenen zwinkern uns verständnisinnig zu, und das Gespräch und das Gelächter gehen weiter.
Wie ich Kumpel wurde? Ich liebte einen, der mit in der Runde sitzt. Ich wollte immer in seiner Nähe sein. Ich setzte mich in seinen Kreis und gedachte, ihn so zu gewinnen. Es brauchte damals anderthalb Jahre,

bis sich die Männer an mich gewöhnten. Heute, so glaube ich, haben sie Gottseidank vergessen, dass ich eine Frau bin. Ich lege auch kein Make-up mehr auf, tusche nicht mehr die Wimpern, färbe nicht mehr die Haare; ich bevorzuge flache Büstenhalter. Übrigens hat der Mann, den ich liebte, zwei Jahre nach meinem Eintritt in die Runde geheiratet. Nicht mich. In der Folgezeit weilte er vorübergehend nur selten unter uns. Aber irgendwann später ist er dann endgültig heimgekehrt in unseren Kreis. Meist sitze ich neben ihm. Seine Frau begleitet ihn nie. Ich kann mich schon ganz kumpelhaft nach ihr und den Kindern erkundigen. Er sieht mich dann an wie Hans und Franz und gibt Auskunft. Wir sind ja alle nur Menschen.
Seit zehn Jahren bin ich vollwertiges Mitglied der Runde. Letzte Woche sah ich im Waschraum im Spiegel ein seltsam fremdes Gesicht. Muss aber wohl doch meins gewesen sein.
Ich bin ein Kumpel. Nur Witze erzählen kann ich noch nicht. Irgendwann reisse ich kumpelhaft den Stuhl, auf dem ich sitze, in die Höhe, zerschmettere ihn und schlage mit einem Stuhlbein meinen Kumpels die Köpfe ein.

Folgt man den gängigen Interpretationen von Angela Stachowas Kurzgeschichte, so stösst man immer wieder auf das gleiche Urteil. Danach ist die Geschichte satirisch überspitzte Kritik an einem falschen Verhalten von Frauen gegenüber der Männerwelt, d. h. an einer falschen Auffassung von Emanzipation. Das trifft sicher zu. Doch die Geschichte ist, lenkt man den Blick vor allem auf die Figurengestaltung, noch weit mehr. Sie wird zu einer grundsätzlichen Auseinandersetzung mit Fragen nach der Identität des Menschen und nach den Formen menschlicher Entfremdung.

Auffallend zunächst, dass die Ich-Erzählerin von sich nicht einmalige Charaktereigenschaften, sondern wiederkehrende Verhaltensweisen vermittelt. Ihr ist wichtig, sich in ihrem Verhalten am Stammtisch nicht von den Männern zu unterscheiden, sich also /kumpelhaft-männlich/ zu geben. Diesem männlichen Verhalten steht nun aber, auf den ersten Blick nicht immer leicht erkennbar, ein typisch weibliches Rollenverhalten gegenüber. So etwa, wenn die Erzählerin, anstatt wie ihre Kumpels „brüllend und wiehernd zu lachen", ab und zu in ein Kichern verfällt oder wenn sie davon spricht, dass ihr Geliebter nicht *sie*, sondern eine andere Frau geheiratet habe, oder wenn sie schliesslich, gleichsam als Ersatz für diese

Frau, in der Männerrunde meist neben ihrem ehemaligen Geliebten sitzt. Wir haben es in diesem Sinne mit den beiden gegensätzlichen Haltungen

/kumpelhaft-männlich/ vs /weiblich/

zu tun, von denen aus die Ich-Erzählerin gestaltet ist. Sie führen zur Zersetzung der inneren Einheit der Figur, und zwar so, dass die Figur sich selber fremd wird. Bezeichnend für diese **Selbstentfremdung** ist die Episode mit dem „seltsam fremde[n] Gesicht", das die Ich-Erzählerin als ihr eigenes im Spiegel entdeckt. Die Geschichte endet mit der Ankündigung eines Rollenwechsels: der Wandlung der Erzählerin vom Kumpel zum Gegner („… und schlage […] meinen Kumpels die Köpfe ein").

Gestusmontagen, also Montagen von Kontrasthaltungen, sind, wie Angela Stachowas Kurzgeschichte gezeigt hat, nicht immer leicht auszumachen. Das hängt u. a. wohl damit zusammen, dass wir, unter dem Eindruck einer allmächtigen bürgerlichen Erzähltradition, dazu neigen, die Identität literarischer Figuren stillschweigend vorauszusetzen. Erzählungen und Romane, die keine festen Figuren mehr zeichnen, gelten dann häufig als künstlerisch missraten. Hier liegt übrigens auch einer der Gründe für die Skepsis vieler Literaturkritiker und Leser gegenüber *modernen* Montagetexten.

6.7.1.3.2 Die Montage von Figur und Erzähler

Nun kann das Montageprinzip in epischen Texten nicht nur die Figurengestaltung, sondern beide Strukturelemente, die Figuren- *und* die Erzählergestaltung, erfassen. Wir haben es dann mit einer Auflösung der Figuren, aber auch des Erzählerberichtes, also mit einer äusserst komplexen Erzählweise, zu tun. Machen wir dies gleich an einem Textbeispiel deutlich, und zwar am Schluss von **Alfred Döblins** bereits mehrfach zitiertem Roman **„Berlin Alexanderplatz"**. Der Text zeigt Franz Biberkopf, wie er am Fenster marschierenden Kolonnen nachblickt:

Biberkopf tut seine Arbeit als Hilfsportier, nimmt die Nummern ab, kontrolliert Wagen, sieht, wer rein- und rauskommt. Wach sein, wach sein, es geht was vor in der Welt. Die Welt ist nicht aus Zucker gemacht.

Wenn sie Gasbomben werfen, muss ich ersticken, man weiss nicht, warum sie geschmissen haben, aber darauf kommt's nicht an, man hat Zeit gehabt, sich drum zu kümmern.
Wenn Krieg ist, und sie ziehen mich ein, und ich weiss nicht warum, und der Krieg ist auch ohne mich da, so bin ich schuld und mir geschieht recht. Wachsein, wach sein, man ist nicht allein. Die Luft kann hageln und regnen, dagegen kann man sich nicht wehren. Da werde ich nicht mehr schreien wie früher: das Schicksal, das Schicksal. Das muss man nicht als Schicksal verehren, man muss es ansehen, anfassen und zerstören. Wach sein, Augen auf, aufgepasst, tausend gehören zusammen, wer nicht aufwacht, wird ausgelacht oder zur Strecke gebracht. Die Trommel wirbelt hinter ihm. Marschieren, marschieren. Wir ziehen in den Krieg mit festem Schritt, es gehen mit uns hundert Spielleute mit, Morgenrot, Abendrot, leuchtest uns zum frühen Tod.
Biberkopf ist ein kleiner Arbeiter. Wir wissen, was wir wissen, wir haben's teuer bezahlen müssen.
Es geht in die Freiheit, die Freiheit hinein, die alte Welt muss stürzen, wach auf, die Morgenluft. Und Schritt gefasst und rechts und links, marschieren, marschieren, wir ziehen in den Krieg, es ziehen mit uns hundert Spielleute mit, sie trommeln und pfeifen, widebum, widebum, dem einen geht's grade, dem andern geht's krumm, der eine bleibt stehen, der andere fällt um, der eine rennt weiter, der andere liegt stumm, widebum, widebum.

Der Text ist mehrheitlich innerer Monolog. Einzig die Sätze „Biberkopf tut seine Arbeit als Hilfsportier…sieht, wer rein- und rauskommt", „Die Trommel wirbelt hinter ihm" und „Biberkopf ist ein kleiner Arbeiter", in denen ein persönlicher Erzähler fassbar wird, erscheinen als Erzählerbericht. Im übrigen Text aber ist die Einheit des Erzählers, vor allem auch durch die zitatartigen Einschübe (z. B. „Morgenrot, Abendrot, leuchtest uns…"), zersetzt, die Erzählperspektive demnach aufgespalten. Wir sprachen in einem solchen Fall von einem montierten Erzähler.

Montiert ist in diesem Romanschluss aber nicht nur der Erzähler, montiert ist ebenso die erzählte Figur Franz Biberkopf. Auffallend sind dabei zunächst einmal die zwei verschiedenen Schriftbilder. Sie deuten die Montage der Figur schon im Bereich der Oberflächenstruktur an.

Betrachten wir die längere, nichtkursive Textpassage: Das Bild zeigt, wie eingangs gesagt, Franz Biberkopf, der marschierenden

Kolonnen nachblickt. Er ist ein Wissender geworden, will wachsam sein, will sich in die grosse Gemeinschaft einordnen und den Schicksalsglauben zerschlagen. Auf der Ebene der Tiefenstruktur ergeben sich daraus Seme wie /reflektiert/, /kooperativ/, /solidarisch/ und /nicht schicksalsgläubig/.

Werfen wir jetzt einen Blick auf den Kursivtext: Er evoziert durch seine kriegerischen Motive – man beachte das wiederholte „widebum" als Gegensatz zum „wach sein" – die von Franz scheinbar überwundene Position des Eroberertums, stellt sie neben sein neues Leben. Dadurch werden im Tiefenbereich die Seme /unreflektiert/, /nicht kooperativ/, /nicht solidarisch/, /gewalttätig/ und vor allem /schicksalsgläubig/ sichtbar gemacht.

Die Figur Biberkopfs erweist sich so insgesamt als von gegensätzlichen semantischen Merkmalen her dargestellt, ist in diesem Sinne montiert. Da die genannten Merkmale zudem Ausdruck bestimmter Kontrasthaltungen wie Helfer- und Eroberertum sind, lässt sich hier von einer Gestusmontage sprechen. In ihr treten die unaufhebbaren Antinomien des Daseins hervor, denen Franz Biberkopf, ganz im Gegensatz zu den bürgerlichen Helden, auch am Schluss, ohne jede Schlussmediation, ausgesetzt bleibt. Wir haben es in „Berlin Alexanderplatz" demnach mit einem *offenen* Schluss zu tun, den schon Döblin selber gegen seine Kritiker, die nach dem Muster des bürgerlichen Entwicklungs- und Bildungsromans einen *vermittelnden* Schluss erwartet hatten, verteidigen musste.

6.7.2 Die Reduktion der modernen Figur: Der Held ohne Eigenschaften und ohne Namen

Erinnern wir uns: Der bürgerliche Held besitzt, indem er vom Charakter aus konzipiert ist, bestimmte, klar definierbare Eigenschaften. Demgegenüber ist der moderne ‚Held' als gestisch gestaltete Figur häufig entpersönlicht, auf wenige Grundvorgänge reduziert, ja eigenschaftslos. Ein wichtiges Merkmal dieser Entpersönlichung, dieser Eigenschaftslosigkeit vieler moderner ‚Helden' bildet ihre Namenlosigkeit, die sich u. a. in nichts sagenden oder gar ständig wechselnden Namen zeigt (vgl. S. 186).

Machen wir die extreme Reduktion der Figur, wie sie für zahlreiche moderne Erzähltexte strukturbestimmend ist, an einem Auszug aus **Peter Bichsels** Roman **„Die Jahreszeiten"** (1967) deutlich. Es geht uns dabei um die Art, wie Bichsel den ‚Helden' Kieninger beschreibt:

Wenn es heiss ist, im Juli, schwitzt Kieniniger; wenn es kalt ist, friert er. Innerhalb dieser Geschichte wird er nicht sterben, er wird nach Wien reisen, das ist alles. Das ist wenig. […] Ich habe vergessen, wie er aussieht. Keiner gleicht ihm, keiner ist so wenig wie Kieninger. Kieninger kann die Arme bewegen, den Unterarm und den Oberarm, aufwärts und abwärts. Er kann mit der Speiche eine halbe Drehung um die Elle ausführen. Er kann ein Bein vor das andere setzen, den Kopf drehen, den Mund öffnen und wieder schliessen, er kann die Zunge an die Zähne legen, einatmen, Luft durch die Kehle pressen. Er hat eine Stimme in der Kehle. Er kann Nahrung aufnehmen, er kann kundtun, ob sie ihm schmeckt. Kieninger kann alles. […].
Ich suche ihn. Er sagte, er halte es nicht aus, und dann ging er, und ich begann ihn zu suchen. […] Ich fragte nach Binswanger, nach Haberthür, nach Kurattli, dachte dabei an Kieninger, nicht einmal der Name spielt mehr eine Rolle (Kinsey, Kiesewetter, Kilroy).

In der traditionellen Erzählprosa werden die Figuren gewöhnlich durch die Nennung ganz bestimmter Eigenschaften, die der Charakterzeichnung dienen, eingeführt. Dabei werden meist nur Eigenschaften genannt, welche die Figuren voneinander abheben, denn aus der Sicht realistischer Poetik ist allein das Abweichende erzählenswert. In Bichsels Text verhält es sich gerade umgekehrt. Hier enthält die Figurenbeschreibung ausschliesslich Eigenschaften, die zu jedem Menschen gehören und die man deshalb normalerweise gar nicht nennt: die Tatsache, dass Kieninger schwitzt, wenn es heiss, und friert, wenn es kalt ist, dass er die Arme auf- und abwärts bewegen, ein Bein vor das andere setzen, den Kopf drehen, den Mund öffnen und schliessen kann, dass er eine Stimme in der Kehle hat usw.

Kein Zweifel: Bei Kieninger handelt es sich im Grunde um eine eigenschaftslose Figur. Die ihm zugeschriebenen ‚Eigenschaften' begründen nicht, wie in einem traditionellen Roman, seine Individualität, sondern ganz im Gegenteil seine Zugehörigkeit zu einem Kollektiv. Wir haben es demnach mit einer Entpersönlichung, einer

Kollektivierung der Figur Kieningers zu tun. Bichsel gelingt es hier, die in der traditionellen Erzählprosa gültige individualistische Figurengestaltung parodistisch aufzulösen, sie durch eine andersartige zu ersetzen. Seine veränderte, nicht mehr vom Charakter her konzipierte Figur lässt sich in diesem Sinne als *gestisch* bezeichnen.

Bei traditionellen Figuren, allen voran bei der Hauptfigur, dem Helden, spielt neben der Herkunft besonders der Eigenname eine zentrale Rolle. Er ist Zeichen ihrer Individualität, mehr noch ihrer Identität. Wenn nun Bichsel im vorliegenden Textauszug Kieningers Namen durch andere Namen (Binswanger, Haberthür, Kurattli) ersetzt, so stellt er damit die Identität dieser Figur in Frage, löst er sie gewissermassen auf. Der **Namenswechsel** führt hier faktisch zur **Namenlosigkeit** der Figur als Ausdruck ihrer Eigenschaftslosigkeit, ja ihrer Anonymität. Wechselnde, auch falsche Namen finden sich in der modernen Erzählprosa und im Drama, wenn es darum geht, Individualität und Identität einer Figur zu problematisieren, recht häufig. Zitieren wir dazu noch ein jüngeres Textbeispiel, das den Zusammenhang zwischen ‚Namenlosigkeit' und extremer (auch körperlich angedeuteter) Reduktion der Figur besonders schön zeigt. Es handelt sich um den Beginn von **Arnold Stadlers** Roman **„Der Tod und ich, wir zwei"** (1998), der Geschichte des ewigen Verlierers Engelbert Hotz:

Obwohl ich doch so unscheinbar war, dass ich nicht übersehen werden konnte, wie ich glaubte, erinnerte sich kaum jemand an mich. Ich musste mich immer wieder neu vorstellen und immer wieder neu vorgestellt werden. Bei den Geburtstagsfeiern hat man ein Jahr später schon wieder getuschelt: „Wer ist denn das?" Meist hat man mich mit falschem Namen angeredet. Das war schon im Kindergarten so. Ja, schon zu Hause und in der Schule, bis zuletzt ist das immer wieder geschehen. Man sagte *Ekbert* oder *Erhart*, *Eberhard* oder gar *Engelhard* zu mir, statt *Engelbert*. Mir prägte sich diese Welt dadurch ein, dass sie jene war, die mich nie recht wahrgenommen hat. Die Grosstante aus Mannheim sagte manchmal sogar *Erich* zu mir oder *Ernstle*. Und wenn ich ins Rössle zurückkam, konnte es geschehen, dass mich meine Mutter mit *Engelfried* anredete und es nicht einmal bemerkte. Sie hat es nicht so gemeint. Und meine Brüder musterten mich zuweilen, als ob sie nicht wüssten, wo sie mich hintun sollten. Ich fürchte, dass mich nicht einmal unser Hund wiedererkannte.

Kehren wir abschliessend nochmals zu Bichsels Text zurück. Die Art, wie Peter Bichsel die Figur Kieningers gestaltet, lässt sich als Kritik an der traditionellen Figurenkonzeption und ihren ideologischen Voraussetzungen lesen. Es handelt sich dann zweifellos um eine immanente Parodie auf den Helden des bürgerlichen Romans, dessen Basis die Persönlichkeit, d. h. die in sich ruhende, mit sich identische Individualität, bildet. Die Reduktion der Figur Kieningers bedeutet so gesehen eine Absage an das bürgerliche Persönlichkeitsideal, das angesichts der Kollektivkräfte (Angst, Machdrang, Hass, Aggression usw.), die den Menschen in weit stärkerem Masse bestimmen als alles im Charakterlich-Individuellen Wurzelnde, blosse Fiktion ist, eine Fiktion freilich, die sich trotz aller gegenteiligen Erfahrung, etwa der Vermassung des Menschen, bis heute mit beachtlicher Zähigkeit am Leben hält. Notwendig wäre es daher, die Persönlichkeitsverehrung, den Mythos vom grossen Einzelmenschen, wie er gerade im 20.Jh. katastrophale Folgen zeitigte, kritisch zu hinterfragen. Einen Weg dazu bieten die *modernen* Texte von Kafka und Döblin über den Nouveau Roman bis in die jüngste Gegenwart an, sofern sie vom Leser als solche reflektiert werden.

Zur Eigenschafts- und Namenlosigkeit vieler moderner Figuren tritt vor allem in der Lyrik, wie wir in Kapitel 9 zeigen werden, aber auch in der Erzählprosa ein seit dem Expressionismus häufig zu beobachtendes Stilmittel: die **Verdinglichung der Figur**. Was damit gemeint ist, mag der folgende Text aus **Elfriede Jelineks** Roman **„Die Liebhaberinnen"** deutlich machen. Geschildert wird die Situation Brigittes, die als Näherin durch eine Ehe mit Heinz, dem zukünftigen Besitzer eines Elektroinstallateurgeschäftes, sozial aufsteigen möchte:

vorläufig pinkelt […] der säugling von heinzens schwester der armen brigitte noch kräftig auf den kopf, mitten hinein in die frische haartönung, in die neue dauerhafte dauerwelle, was erneutes gelächter gibt. Brigitte, die gerade ein versilbertes löffelchen aufhebt, steht auf, und ihre finger krallen sich automatisch zu vogelklauen, es sind finger, die für gewöhnlich um alles kämpfen müssen.
brigitte kann eine solche demütigung vor allen leuten gar nicht aushalten. ein mensch wie brigitte kann oft an kleinigkeiten schon zerbrechen.

Es gibt viele grosse dinge, die schon geschehen sind, und brigitte auch nicht zerbrochen haben.
alle lachen über babys scherz, sogar der heinzvater, der kaum mehr was zu lachen hat. sogar die bandscheiben lachen heute mal mit. Die frucht der liebe lacht am meisten. auch die liebe, die in der kleinen welt zuhause ist, lacht mit. Brigittes welt ist die kleine welt der liebe. sie patscht baby ab, brave frucht! die heinzmutter scheucht brigitte in die küche zurück. das fehlt noch, dass die hilfsarbeiterin auch so eine frucht haben will, und womöglich noch von unserem heinzbuben!
aus der ferne grüsst drohend das altersheim, von dem noch nie die rede war, das aber trotzdem vorhanden ist.

Die Szene wirkt beinahe grotesk: Brigitte muss sich, weil sie ihr materielles Glück in einer Zukunft mit Heinz sieht, von den Mitgliedern seiner Familie alle erdenklichen Demütigungen gefallen lassen. Auffallend dabei, wie der Erzähler in Bezug auf die einzelnen Personen Verben und Nomen verwendet, die der Dingwelt entstammen, wie er die Personen also gewissermassen verdinglicht. So etwa, wenn davon die Rede ist, dass die „viele[n] grosse[n] Dinge… brigitte auch nicht *zerbrochen* haben oder wenn das Kind als *Frucht der Liebe* erscheint oder wenn gar der „heinzvater", auf seine *Bandscheiben*, also auf einen einzelnen, verselbständigten Körperteil, der selbst Subjekt geworden ist, reduziert wird.

Zu dieser **Verdinglichung der Figuren** gehört auch die Verwischung der Grenzen zwischen dem menschlichen und dem animalischen Bereich, wie das der Fall ist, wenn Brigittes Finger „sich automatisch zu *vogelklauen krallen*" oder wenn die „heinzmutter" Brigitte in die Küche zurück *scheucht*. Zu ihr gehört aber auch das Gegenteil: die **Personifikation der Dinge**, wie sie im letzten Satz unseres Textes, im Altersheim, das „aus der ferne […] *drohend*" *grüsst*, sichtbar wird.

Die Verdinglichung der Figur, häufig verbunden mit einer Personifikation der Dinge, ist in der modernen Erzählprosa letztlich Ausdruck einer Auflösung der Inneren Einheit, der Identität der Figur, einer radikalen **Entfremdung**, indem etwas, das zur Figur gehört, sich verselbständigt und ihr als Fremdes, gleichsam ‚Verdinglichtes' gegenübertritt. Es handelt sich, anders gesagt, um eine extreme Reduktion der Figur, so dass die Figur, indem sie eine grotesk-komische Wirkung erhält, in eine gewisse Distanz gerückt und damit total verfremdet wird. Die Reduktion der Figur ist in diesem Sinne eine Spielform der Verfremdung. Im vorliegenden Text bekommt die Verfremdung durch die für Jelinek typische Abweichung von sprachlichen Normen noch einen zusätzlichen Akzent.

6.8 Traditionelle vs moderne Erzählprosa: ihre Merkmale im Überblick

Fassen wir abschliessend die wichtigsten Merkmale traditioneller und moderner Erzähltexte, soweit sie alle Gattungsformen der Epik betreffen, in einer schematischen Gegenüberstellung zusammen. Für die spezifischen Ausformungen dieser Merkmale in Roman, Novelle, Kurzgeschichte und Parabel sei auf die verschiedenen Schemen im nächsten Kapitel verwiesen.

traditionelle Erzählprosa	moderne Erzählprosa
Erzählergestaltung	
Dominanz eines persönlichen Erzählers, von dessen *fester Erzählposition* aus sich die dargestellte Wirklichkeit als kohärentes Geschehen erschliesst.	Reduktion des Erzählers bis hin zu seinem Verschwinden im ‚Material': häufig polyperspektivisches, ja sogar aperspektivisches Erzählen, indem sich die feste Erzählposition auflöst.
fast ausschliesslich *Erzählerbericht* („erlebte Rede" nur am Rande und meist noch unreflektiert).	häufig *Sprengung des Erzählerberichts* durch erlebte Rede, inneren Monolog (Technik des Bewusstseinsstroms), Rückblende und Collage (Zitate, Werbeslogans usw.).
vorwiegend *auktoriales* Erzählen (vielfach durchsetzt mit Passagen personalen Erzählens) als Aus-	vorwiegend *personales*, oft gar *neutrales* Erzählen als Ausdruck einer komplexen, undurchschaubar gewordenen Welt.

traditionelle Erzählprosa	moderne Erzählprosa
druck einer überschaubaren und der Deutung zugänglichen Welt.	Wo der Erzähler auktorial hervortritt, da erscheint er häufig als Medium ironischer Brechung oder der Reflexion.
verbreitet auch *Ich-Erzähler*, um Unmittelbarkeit und Authentizität des Erlebens zu betonen.	*Ich-Erzähler* meist dann, wenn es darum geht, die Spannung zwischen erzählendem und erlebendem Ich und damit das Thema der *Identitätskrise* zu akzentuieren.

Figurengestaltung

feste Figuren als *unverwechselbare* Charaktere, sichtbar vor allem an ihren festen, individuellen (meist aussergewöhnlichen) Eigenschaften und an ihren ebenso individuellen Namen.	*gestische Figuren* als Figuren, die von *kollektiven* Grundhaltungen, von gesellschaftlichen Denk- und Verhaltensmustern, her gestaltet sind und so auf das Spannungsfeld elementarer, das Dasein des Menschen bestimmender Kräfte verweisen.
Identität der Figur wird fraglos vorausgesetzt: Bei aller Entwicklung der Figur bleibt ihre personale Einheit gewahrt.	*Nichtidentität der Figur*, häufig sichtbar an ihrer ‚Namenlosigkeit' (fehlende, falsche oder nichts sagende Namen, Namenswechsel), aber auch an ihrer *Rollenfixierung* und ihrem *Rollenwechsel*.

narrative Struktur

Mehr oder weniger *konventioneller* Erzähleingang: häufig Personen- und Milieuschilderung („In einer Gegend des Harzes wohnte ein Ritter …").	*Durchbrechen* des konventionellen Erzähleingangs: häufig Sprung in „medias res" („Als ich fünfzehn war,…"); oft auch Beginn eines Entfremdungsprozesses („Dem Monteur Josef Bloch […] wurde […] mitgeteilt, dass er entlassen sei").

traditionelle Erzählprosa	moderne Erzählprosa
lineare, chronologische Erzählweise; Einheit von Raum und Zeit (Prinzip der Kontinuität).	diskontinuierliche Erzählweise, indem Vergangenes, Gegenwärtiges und Zukünftiges montageartig ineinander verwoben sind („innere' Zeit anstelle einer realen Zeitabfolge), etwa in der Form von Rückblenden, Erinnerungsmonologen, von Wiederholungen und Variationen, von Vorausdeutungen usw. (Prinzip der Simultaneität).
Entwicklung als ein kontinuierliches Wachsen und Reifen der Figuren, vor allem des Helden.	*Gestuswechsel* als ein meist extremer, nicht primär charakterlich motivierter Haltungs- oder Rollenwechsel der Figuren, vor allem des Helden.
Überwindung der Mangellage, indem die Gegensätze, welche die Mangellage erzeugen, am Schluss aufgehoben werden (geschlossene Form).	keine Überwindung der Mangellage, indem die Gegensätze am Schluss bestehen bleiben oder gar noch verschärft werden (offene Form).

Darstellungsform

Wirklichkeitsabbildung (Mimesis), indem der Autor seinen Fiktionen den Anschein von Tatsachen gibt.	Abkehr von der Wirklichkeitsabbildung, indem der Autor die literarische Fiktion (z. B. durch Unterbrechungen) sichtbar macht. Tendenz, das Erzählen selbst zu thematisieren.
fast ausnahmslose Verwendung des *epischen Präteritums* als Ausdruck eines ‚geschlossenen', streng funktionalen Kunstwerks.	anstelle des epischen Präteritums häufig *episches Präsens* oder gar ständiger Tempuswechsel (Präsens, Perfekt, Präteritum usw.) als Ausdruck eines ‚offenen', das Gemeinte in der Schwebe belassenden Kunstwerks.

© by Haupt Berne

Arbeitsvorschläge zu Kapitel 6

1. Für die Fiktionalität eines Textes, d. h. dafür, dass er nicht ein pragmatischer, sondern ein *literarischer* Text ist, gibt es eine Reihe textinterner Signale. Suchen Sie an folgendem Romananfang – es handelt sich um Robert Heinrich Oehningers Roman „Die Bestattung des Oskar Lieberherr" (1966) – möglichst viele solche Signale:

   Wären die beiden jungen Herren, die abends sechs Uhr aus der Universität Zürich heraus ins Freie traten, noch unternehmenslustiger gewesen, so hätten sie munterer stadtwärts ausgeholt. Der schwüle Sommernachmittag war nur sehr mühsam vorübergegangen. Die Hitze hatte den Aufenthalt in den Hörsälen unerträglich gemacht und den Gang aller Uhren verlangsamt. Nun bewegten sich die beiden die Rämistrasse hinab, unauffällig und ohne Eile.
   Keiner hatte auf den Abend eine Abmachung getroffen, keiner dachte daran, heute nochmals ein Buch aufzuschlagen. Es war ihnen genug, dass sich ein ereignislos anstrengender Tag seinem Ende zuneigte.

2. Ordnen Sie jeden der sechs folgenden Texte je einer der hier aufgeführten sechs Möglichkeiten zu, zeitliche Vorgänge wiederzugeben: aktuelles Präsens, generelles Präsens, episches Präsens, historisches Präsens, historisches Präteritum und episches Präteritum. Begründen Sie dabei Ihren Entscheid jeweils:

   a) Am Nachmittag musste sie noch die Eier färben, denn tags darauf war Ostern.

   b) Vorgestern, in einer Aprilnacht 1973 – du kommst, einer Umleitung wegen, nicht auf der Hauptstrasse, sondern über die Dörfer allein im Auto nach Hause, etwas müde, daher angespannt, aufmerksam.

   c) Ich kam gerade aus dem Hause, da sehe ich plötzlich einen Mann aus dem Fenster steigen. Erschrocken blieb ich stehen.

   d) Er stand vor dem Tor des Tegeler Gefängnisses und war frei. Gestern hatte er noch hinten auf den Äckern Kartoffeln geharkt mit den andern, in Sträflingskleidung, jetzt ging er im gelben Sommermantel; sie harkten hinten, er war frei.

e) Der Mensch hat wohl täglich Gelegenheit, [...] Betrachtungen über den Unbestand aller irdischen Dinge anzustellen, wenn er will [...].

f) Eben erhalten wir neue Informationen, was auf der andern Seite des Tales geschieht.

3. Das Verhältnis von Erzählzeit und erzählter Zeit kann in der modernen Erzählprosa recht kompliziert sein. In Heinrich Bölls Kurzgeschichte „Wanderer, kommst du nach Spa..." (1950), einer der Trümmerliteratur zugerechneten Erzählung, wird dies besonders deutlich. Der Ich-Erzähler, den man als Verwundeten in eine als Hilfslazarett dienende Schule gebracht hat, erkennt seine eigene Schule, ein humanistisches Gymnasium, wieder:

Ich sah mir den Zeichensaal an, aber die Bilder hatten sie abgehängt, und was ist schon an ein paar Bänken zu sehen, die in einer Ecke gestapelt sind, und an den Fenstern, schmal und hoch, viele nebeneinander, damit viel Licht hereinfällt, wie es sich für einen Zeichensaal gehört? Mein Herz sagte mir nichts. Hätte es nicht etwas gesagt, wenn ich in dieser Bude gewesen wäre, wo ich acht Jahre lang Vasen gezeichnet und Schriftzeichen geübt hatte, schlanke, feine, wunderbar nachgemachte römische Glasvasen, die der Zeichenlehrer vorne auf einen Ständer setzte, und Schriften aller Art, Rundschrift, Antiqua, Römisch, Italienne. Ich hatte diese Stunden gehasst wie nichts in der ganzen Schule, ich hatte die Langeweile gefressen stundenlang, und niemals hatte ich Vasen zeichnen können oder Schriftzeichen malen. Aber wo waren meine Flüche, wo war mein Hass angesichts dieser dumpf getönten, langweiligen Wände? Nichts sprach in mir, und ich schüttelte stumm den Kopf.
Immer wieder hatte ich radiert, den Bleistift gespitzt, radiert... nichts...
Ich wusste nicht genau, wie ich verwundet war; ich wusste nur, dass ich meine Arme nicht bewegen konnte und das rechte Bein nicht, nur das linke ein bisschen; ich dachte, sie hätten mir die Arme an den Leib gewickelt, so fest, dass ich sie nicht bewegen konnte.

Mit welchen Mitteln der Zeitgestaltung (Zeitraffung, Zeitsprung, Zeitdeckung, Zeitdehnung) gelingt es hier Böll, in einem so kurzen Textauszug einen Zeitraum von mehreren Jahren zu überbrücken? Markieren Sie die gefundenen Mittel im Text.

4. „auktorial" und „personal" beschreiben die Erzählposition danach, ob sie *ausserhalb* oder *innerhalb* der ‚Welt' der Figuren liegt. Handelt es sich beim folgenden Auszug aus Thomas Manns früher Novelle „Tobias Mindernickel" (1896) demnach um auktoriales oder um personales Erzählen? Begründen Sie Ihren Entscheid.

Geht man, mit dem Durchblick auf einen Hofraum, in dem sich Katzen umher treiben, über den Flur, so führt eine enge und ausgetretene Holztreppe, auf der es unaussprechlich dumpfig und ärmlich riecht, in die Etagen hinauf. Im ersten Stockwerk links wohnt ein Schreiner, rechts eine Hebamme. Im zweiten Stockwerk links wohnt ein Flickschuster, rechts eine Dame, welche laut zu singen beginnt, sobald sich Schritte auf der Treppe vernehmen lassen. Im dritten Stockwerk steht linker Hand die Wohnung leer, rechts wohnt ein Mann namens Mindernickel, der obendrein Tobias heisst. Von diesem Mann gibt es eine Geschichte, die erzählt werden soll, weil sie rätselhaft und über alle Begriffe schändlich ist.

5. Erläutern Sie, warum die folgende Textstelle aus dem ersten Kapitel von Franz Kafkas unvollendetem Roman „Das Schloss" (1926) für personales Erzählen, also für das Erzählen aus der Optik einer Figur, besonders typisch ist.

Nun sah er [K.] oben das Schloss deutlich umrissen in der klaren Luft und noch verdeutlicht durch den alle Formen nachbildenden, in dünner Schicht überall liegenden Schnee. Übrigens schien oben auf dem Berg viel weniger Schnee zu sein als hier im Dorf, wo sich K. nicht weniger mühsam vorwärts brachte als gestern auf der Landstrasse. Hier reichte der Schnee bis zu den Fenstern der Hütten und lastete gleich wieder auf dem niedrigen Dach, aber oben auf dem Berg ragte alles frei und leicht empor, wenigstens schien es so von hier aus.

6. Machen Sie am vorliegenden Schluss von Zoë Jennys Erstlingsroman „Das Blütenstaubzimmer" (1997) die Eigenart des Ich-Erzählers, die Tatsache etwa, dass sein Wissen über andere Figuren begrenzt ist, deutlich:

> Zwei alte Frauen sitzen wie ausgestopft dicht aneinander gedrängt auf einer Parkbank. Sie machen den Eindruck, es warm zu haben, und ich bin schon so lange in der Kälte, dass ich sie langsam vergesse.
> Als ich mich auf eine Bank neben der ihren setze, blicken sie zu mir herüber; in ihren Augen ist nichts Freundliches. Ich weiss, ich störe sie. Aber ich bleibe trotzdem hier. Und sage ihnen nicht, dass ich zusehen will, wie der Schnee auf den Boden fällt. Solcher, der nicht haften bleibt und eine dicke weiche Schicht bildet, sondern schmilzt, und dass ich deshalb immer auf die nächste Flocke warte, auf den sekundenschnellen Augenblick, in dem sie auftrifft und noch nicht geschmolzen ist. […]

7. Der neutrale Erzähler lässt sich als Spielform des personalen Erzähltypus auffassen. Zeigen Sie am vorliegenden Text aus dem zweiten Kapitel von Martin Suters Liebesroman „Lila, Lila" (2004) auf, inwiefern die neutrale Erzählsituation auch Elemente personalen Erzählens enthält: Wo überall berichtet der Erzähler ‚neutral', wo allenfalls ‚personal'?

   Normalerweise wurde David vom Geruch des Mittagessens geweckt, das Frau Haag in der Nachbarwohnung kochte. Aber heute erwachte er von einem Brennen am rechten Ohr. Typisch, die Hälfte seiner Generation war gepierct, aber er brauchte sich nur einen einzigen Goldstecker in die Ohrmuschel machen zu lassen, und schon hatte er eine Infektion. Er angelte seine Armbanduhr von der leeren Weinkiste, die ihm als Nachttisch diente. Noch nicht einmal zehn Uhr, er hatte knapp fünf Stunden geschlafen.
   David setzte sich auf den Bettrand. Der Tag, der unter den zu kurzen Vorhängen zu sehen war, tauchte das Zimmer in ein fahles Licht, das die Einrichtung aus Secondhandmöbeln – Tisch, Stühle, Polstersessel, Kleiderständer, Bücherregal – wie ein dreidimensionales Schwarzweissfoto erscheinen liess. Die einzigen Farbtupfer waren die roten und grünen Stand-by-Lämpchen seiner Anlage, seines Druckers und seines Computers. Er zog einen verwaschenen hellblauen Frotteemantel mit der Aufschrift „"Sauna Happy"an, schloss die Wohnungstür auf und ging hinaus.

8. Der Vorarlberger Autor Christian Mähr erzählt in seinem Roman „Semmlers Deal" (2008) von der Begegnung eines reichen Unternehmensberaters mit einer sonderbaren Frau, die er eben aus einem reissenden Fluss vor dem Ertrinken gerettet hat:

Ihre Bemerkung hatte ihn verstimmt. Es war nicht die Unterstellung, Journalist zu sein, er pflegte keinen Dünkel in dieser Sache; die wenigen Menschen, zu denen er überhaupt ein freundschaftliches Verhältnis unterhielt, waren Journalisten. Es waren nicht ihre Worte, die ihn störten, sondern die Art, wie sie die ausgesprochen hatte – Tonfall, und Duktus so falsch, so talentfrei gespielt, dass es jedem aufgefallen wäre; ein absichtlich verunglücktes Ablenkungsmanöver. Was bezweckte sie damit? Wollte sie sich über ihn lustig machen? Hielt sie ihn für so dumm, dass er es nicht merkte? Aber genau das, wonach es sich anhörte, konnte es nicht sein: wer würde seinen Lebensretter verhöhnen wollen, keine Stunde nach der Rettungstat? Vielleicht war sie ein bisschen verrückt? Oder total?

a) Was für eine Erzählsituation verwendet der Autor im vorliegenden Textauszug? Begründen Sie Ihren Entscheid.
b) Markieren Sie alle Sätze, die erlebte Rede sind.
c) Liessen sich diese Sätze auch im inneren Monolog schreiben? Versuchen Sie es. Welch zusätzliche Wirkung erreichen Sie damit?

9. Markieren Sie im folgenden Text aus dem fünften Buch von Alfred Döblins Roman „Berlin Alexanderplatz" (1929) die Stellen im Erzählerbericht, in der erlebten Rede, im inneren Monolog und in der Form der Collage. Reinhold, ein Verbrecher, hat Franz Biberkopf gezwungen, an einem Einbruch teilzunehmen:

Franz lacht lautlos weiter, er sieht nach rückwärts durch das kleine Autofenster auf die Strasse, ja, das Auto verfolgt sie, sie sind entdeckt; warte, das ist ihre Strafe, und wenn ich selbst bei verschütt gehe, die sollen nicht mit mir umspringen, die Gauner, die Strolche, die Verbrecherbande. Verflucht ist der Mann, spricht Jeremia, der sich auf Menschen verlässt. Er gleicht einem Verlassenen in der Steppe. Er weilt im Dürren auf salzigem Boden, der nicht bewohnt ist. Das Herz ist trügerisch und verderbt; wer mag es kennen? Da hat Reinhold dem Mann ihm gegenüber ein heimliches Zeichen gegeben, im Wagen wechselt Finsternis und Licht, es wird eine Jagd.

10. Karl-Heinz Otts Roman „Ob wir wollen oder nicht" (2008), dessen Ich-Erzähler, ein Tankstellenpächter, zu Unrecht verhaftet wurde, ist ganz im inneren Monolog verfasst. Hier der Beginn des Romans:

Dass ausgerechnet ich hier sitzen muss, ausgerechnet ich, in diesem Loch mit einem Waschbecken, einer Kloschüssel und kahlen Wänden, Wänden mit Schmierereien, allen voran ein Venceremos mit zehn Ausrufezeichen, und das bei schönstem Wetter, an einem fast hochsommerlichen Herbstmorgen, von dem hier drinnen nur ein winziges Viereck zu sehen ist, ein wolkenloser Himmelsausschnitt, ausgerechnet heute, an einem Tag, zu dem Regen weit besser passen würde, einem Tag, der an mir hängen bleiben wird wie kein zweiter, weil längst alle wissen, dass ich abgeholt worden bin, zwar anonym, von sogenannten Zivilen. was aber nichts nützt, da den Walter aus dem Nachbardorf jeder kennt und es ihm mehr als peinlich war, ausgerechnet mich zum Mitkommen zwingen zu müssen, mich, von dem jedes Kind weiss, dass ich keinem etwas antun könnte, ausgerechnet ich, der überhaupt keinen Grund hätte, für etwas Vergeltung zu üben, das mir gar nicht angetan wurde. Als könnten diese Beamten nicht auf drei zählen, haben sie mich bloss deshalb festgenommen, weil Lisa und der Pfarrer verschwunden sind und der Maler gesehen haben will, wie ich an diesem Abend aus dem Hof der Wirtschaft gebogen sein soll […]

a) Suchen Sie alle stilistischen Merkmale, die den Text als inneren Monolog (im Unterschied zur Ich-Erzählsituation) ausweisen.

b) Schreiben Sie den Text in einen herkömmlichen Erzählerbericht um und vergleichen Sie dann die beiden Fassungen in Bezug auf ihre unterschiedliche Wirkung.

11. Beim folgenden Text handelt es sich um den Beginn von Jeremias Gotthelfs Erzählung „Hans Berner und seine Söhne" (1842). Begründen Sie, warum hier eine betont traditionelle Figurengestaltung vorliegt, indem Sie an der Figur Hans Berners das Verhältnis zwischen Charakter und Handlung untersuchen.

Hans Berner war ein wackerer Metzgermeister, verstand sein Handwerk wohl und war ein braver Mann dazu. Er war aber auch ein starker, und wenn er, seinen Schnauz, so hiess sein Hund, hinter sich,

über Feld ging, so trug er unbesorgt seinen Gurt voll Geld; drei oder viere nahmen denselben ihm nicht ab, das wusste er wohl. Es hättens aber ein halbes Dutzend kaum gewagt, denn Hans Berner sah man es von weitem an, dass er Mark in den Knochen hatte, mehr als ein anderer, so gross und vierschrötig war er und zudem weit und breit bekannt mit seiner Kraft.

In seinen jungen Jahren war er nicht immer ein zahmes Lamm gewesen, sondern zuweilen ein wilder Hecht, und manche Tanzstube hatte er ausgeräumt mit seinen gewaltigen Armen. [...] Und wenn er am Sonntag sich auf Tod und Leben geprügelt hatte, und er ging am Montag über Feld, so kaufte er im lieben Frieden seinen ärgsten Gegnern ihr Vieh ab, und sie waren wieder die besten Freunde und trugen einander nichts nach. Hans Berner war nicht boshaft, schlug nie härter, als er mochte, und nie länger, als es nötig war, und morgens hatte er alles vergessen, und weil er so biederherzig war, so trugen ihm auch die andern nichts nach, und allenthalben war er beliebt und gerne gesehen.

12. In Max Frischs Tagebuchroman „Stiller" (1954) findet sich das Höhlenabenteuer, das der Ich-Erzähler Jim White, der in Wirklichkeit der seit Jahren verschollene Anatol Stiller ist, mit seinem Freund Jim in Amerika erlebt haben will und das er jetzt im Schweizer Untersuchungsgefängnis dem Gefängniswärter Knobel erzählt:

‚Rock of Ages' nennen Sie heutzutage jene Stelle, wo sich der Rest unserer Freundschaft abspielte. Jim weinte plötzlich: Ich werde nie wieder herauskommen. Ich sagte: Unsinn, Unsinn. Nach einem ersten und einem zweiten Versuch, Jim anzuseilen – er hatte eine irre Angst, ich würde nur vorausklettern, um mich oben von dem Seil zu lösen, eine vielleicht begreifliche Angst –, waren wir nicht nur beide erschöpft, sondern auch beide verwundet. Ich hatte eine Schramme an der Stirn. Ich weiss nicht, ob Jim aus Angst, dass ich mich von dem Seil lösen würde, plötzlich gezogen hatte oder ob er auf den glasigen Tropfsteinen ausgerutscht war, zumal er ja nur auf einem Fuss stehen konnte; der Ruck hatte jedenfalls genügt, um mich in die Tiefe zu holen. Er bestritt jegliche Absicht. Schlimmer als die Schramme, deren Blut mir über das linke Auge rann, waren die aufgerissenen Hände. Ich war vollkommen verzweifelt. Jim sagte: Unsinn, Unsinn. Seine Zuversicht machte mich nur misstrauisch, über alle Erschöpfung hinaus wach wie ein lauerndes Tier, während Jim meine Hände verband, dafür sogar den Ärmel seines eigenen Hemdes opferte. Er war rührend; aber was half es! Einer von beiden, in der Tat, war immer sehr rührend, einmal Jim, einmal Ich. Es war wie eine Schaukel.

a) Inwiefern lässt sich in Bezug auf das Verhalten der beiden Figuren (Jim, Ich-Erzähler) von einem Gestuswechsel sprechen?

b) Mit welchem Vergleich spielt Frisch auf diesen Gestuswechsel an?

c) Wie wirkt sich der Gestuswechsel auf die Gestaltung der Figuren aus?

13. Beim folgenden Auszug aus Elfriede Jelineks Roman „Die Liebhaberinnen" (1975), der aus feministischer Sicht die Situation der Frau in unserer Gesellschaft schildert, handelt es sich um einen gestischen Text:

der verschwindend kleine rest kommt auch manchmal auf besuch nach hause, um der mutter und dem vater die kinder zu zeigen, wie gut sie es haben, und der mann ist brav und gibt das ganze geld her und säuft nur wenig, und die küche ist ganz neu und der staubsauger ist neu und die vorhänge sind neu und der ecktisch detto und der fernseher ist neu, und die neue couch ist neu und der neue herd ist zwar gebraucht, aber wie neu, und der fussboden ist zwar abgetreten, aber geputzt wie neu. und die tochter ist noch wie neu, wird aber bald verkäuferin werden und rapide altern und gebraucht werden. aber warum soll die tochter nicht verbraucht werden, wenn die mutter auch verbraucht worden ist? die tochter soll bald gebraucht werden, sie braucht es schon nötig, und her damit mit dem neuen besseren, als da sind pfarrer, lehrer, fabrikarbeiter, spengler, tischler, schlosser, uhrmacher, fleischhauer! und selcher! und viele andre, u.v. a.. und alle brauchen sie ununterbrochen frauen und verwenden sie auch, aber selber wollen sie auf keinen fall eine schon gebrauchte frau kaufen und weiterverbrauchen. nein. das wird dann schwierig, weil wo nimmt man ungebrauchte frauen her, wenn frauen dauernd verbraucht werden?

a) Welche Gestusopposition liegt dem Text zugrunde?

b) Ein häufig anzutreffendes Merkmal moderner Texte ist die Verdinglichung der Figur (vgl. etwa S. 220 ff.). Wie manifestiert sie sich im vorliegenden Text?

14. In Urs Widmers Roman „Ein Leben als Zwerg" (2006) haben wir es mit einer modernen Figurengestaltung, d. h. mit einer gespaltenen, vollkommen entpersönlichten Hauptfigur, zu tun. Wie zeigt sich dies bereits zu Beginn des Romans?

Ich heisse Vigolette alt. Ich bin ein Zwerg. Ich bin acht Zentimeter gross und aus Gummi. Hinten, so etwa im Kreuz, hatte ich einmal ein rundes Etwas aus Metall, und wenn mir jemand, ein Mensch mit seinen Riesenkräften, auf den Gummibauch drückte, pfiff es. Pfiff ich. Das Metallding ist aber längst von mir gefallen, und ich pfeife nicht mehr. Die Menschen – die Kinder der Menschen vor allem – denken, ich sei ein Spielzeug. Ein Spielzwerg. Sie haben recht, aber sie kennen nur die halbe Wahrheit. Wenn ein Menschenblick auf einen von uns fällt, auf einen Zwerg, wird er steif und starr und ist gezwungen, in der immer selben Haltung zu verharren. Eine Lebensstarre, die jeden von uns so lange beherrscht, als Menschenaugen auf uns ruhen. Sie überfällt uns eine Hundertstelsekunde, bevor der Blick uns erreicht, und verlässt uns ebenso sofort, wenn der Mensch wieder woandershin blickt. Ich habe dann die Arme am Körper wie in einer etwas nachlässigen Habtachtstellung und mache ein dummes Gesicht. Mein Mund steht offen, und meine Augenlider sind bis über die Mitte der Iris gesenkt. Wenn aber niemand schaut, sind wir Zwerge äusserst fix. Wir können wie Irrwische durch die Wohnungen sausen, Tischbeine hinauf, Tischbeine hinunter, wir gehen die glatten Wände hoch, wenn es sein muss.

15. Die folgenden fünf Erzählanfänge stimmen in einem bestimmten Erzählmuster miteinander überein.
    a) Zeigen Sie diese Übereinstimmung auf.
    b) Inwiefern handelt es sich dabei um ein *modernes* Erzählmuster?

Als Gregor Samsa eines Morgens aus unruhigen Träumen erwachte, fand er sich in seinem Bett zu einem ungeheuren Ungeziefer verwandelt.
Franz Kafka: Die Verwandlung (1915)

Jemand musste Josef K. verleumdet haben, denn ohne dass er etwas Böses getan hätte, wurde er eines Morgens verhaftet.
Franz Kafka: Der Prozess (1925)

Detlev steht abseits von den andern auf dem Balkon. Die Waisenhauszöglinge warten, dass Schwester Silissa und Schwester Appia in den Esssaal treten,...
Hubert Fichte: Das Waisenhaus (1965)

Dem Monteur Josef Bloch, der früher ein bekannter Tormann gewesen war, wurde, als er sich am Vormittag zur Arbeit meldete, mitgeteilt, dass er entlassen sei.
Peter Handke: Die Angst des Tormanns beim Elfmeter (1970)

Als meine Mutter ein paar Strassen weiter in eine andere Wohnung zog, blieb ich bei Vater. Das Haus, in dem wir wohnten, roch nach feuchtem Stein.
Zoë Jenny: Das Blütenstaubzimmer (1997)

16. Erzählausgänge erhalten in Bezug auf die Erwartungen des Lesers besonderes Gewicht. Der folgende Text bildet den Schluss einer Ich-Erzählung, die 2008 in einem Seminar für kreatives Schreiben entstanden ist. Prüfen Sie, ob dieser Schluss die üblichen Lesererwartungen erfüllt oder ob er sie durchbricht, und versuchen Sie von da aus, den Text literarisch zu werten. Eine Hilfe dazu bieten Ihnen die ästhetischen Kriterien in Kapitel 12 (S. 406 ff.).

Herr Sonnenschein war ein anderer Mensch geworden. Ich wunderte mich lange darüber. Endlich traute ich mich, ihn zu fragen: „Hermännle, du bist so viel netter geworden, so viel umgänglicher. Sag, du hast doch nicht etwa eine Freundin?" Und dabei klopfte mein Herz fast zum Zerspringen. Hermann Sonnenschein sah mich an, ganz lange, ganz fest. „Meine liebe Lilo", sagte er schliesslich, und er lächelte dabei schon wieder. „Manchmal geschieht eben so etwas: An einem Tag, der wie viele, viele Tage beginnt, begegnet man einem kleinen Mädchen, dessen Lachen klingt wie eine Melodie. Man sieht das Kind, man vernimmt das Lied, und man ändert sich." Dann nahm mich Hermann fest in die Arme und küsste mich, seine Frau, zärtlich und liebevoll.

7. Die Gattungsformen der modernen Erzählprosa

7.1 Die Erzählung in Tradition und Moderne

Der Begriff „Erzählung" wird in der Poetik auf zwei verschiedene Weisen verwendet. Im *weiteren* Sinne sind darunter alle Texte zu verstehen, die über einen fiktiven **Erzähler** als vermittelnder Instanz zwischen Autor, Geschichte und Leser verfügen und die demzufolge, im Gegensatz zu Gebrauchstexten, fiktionale Handlungen darstellen. Der Begriff ist, so aufgefasst, gleichbedeutend mit dem, was die neuere Erzählforschung „narrative Texte" nennt. Im *engeren* Sinne meint „Erzählung" eine bestimmte **Gattungsform** innerhalb der Erzählprosa, die sich in erster Linie vom Roman und von der Novelle, in zweiter aber auch von einigen Formen der Kurzprosa (Märchen, Sage, Legende, Kurzgeschichte, Essay u. a.) unterscheidet. Es geht hier um einen gattungsspezifischen Begriff. In der traditionellen Gattungspoetik erscheint die „Erzählung" als jene epische Form mittleren Umfangs, die durch Gattungsmerkmale am wenigsten bestimmt ist und die daher in den verschiedensten Unterarten (Schwank, Anekdote, Fabel, Parabel, Kalendergeschichte u. a.) auftreten kann. Gattungsgeschichtlich hat sie sich aus der spätmittelalterlichen Verserzählung oder Versnovelle entwickelt, die ihrerseits ein Nachfahre des höfischen Epos des 12./13. Jh. ist.

Eine gattungspoetische Bestimmung von Texten steht unter dem Zwang, einerseits idealtypisch zu verallgemeinern, andererseits historisch zu differenzieren. Das gilt für die Erzählung in besonderem Masse. Geht man normativ vor, so ist ihre Abgrenzung gegenüber dem Roman und der Novelle relativ klar: Vom Roman unterscheidet sie sich durch ihren geringeren, gewöhnlich unter 200 Seiten (ca. 1'500 bis 15'000 Wörter) liegenden Umfang, aber auch durch ihre geringere Komplexität. Gerade zur Erzählung, vor allem in ihrer traditionellen Form, gehört, dass komplexe Vorgänge auf übersichtliche Grunderfahrungen reduziert werden. Von der Novelle wiederum hebt sich die Erzählung durch ihre weniger strenge

Bauweise, ihre Offenheit für verschiedenste Gestaltungsmöglichkeiten ab. Diese Offenheit hängt damit zusammen, dass die Erzählung nicht durch ein bestimmtes, geschlossenes Weltbild festgelegt ist wie die Novelle (vgl. S. 247f.).

Doch in der Praxis versagen solch normative Abgrenzungsversuche häufig. Bereiten sie schon innerhalb der traditionellen Erzählprosa einige Mühe, so erweisen sie sich in der modernen teilweise als geradezu unmöglich. Das dürfte zum einen in der grundsätzlichen Auflösung der überkommenen Gattungsbegriffe, wie sie für die Moderne konstitutiv ist, begründet sein (vgl. S. 145), zum andern aber auch darin, dass sich die zeitgenössischen Autoren immer weniger an bestimmte Gattungskonventionen gebunden fühlen, dass sie für ihre Themen und Stoffe zunehmend eigene gestalterische Möglichkeiten suchen. So werden denn gerade in der Spätmoderne die Gattungsbegriffe „Erzählung" und „Roman" oftmals durch konkretere Begriffe ersetzt: Bericht, Tagebuch, Fragment, Essay, Protokoll, Reportage, Prosaskizze usw. Auch die Grenzen zwischen dem Roman, dem nach wie vor dominierenden Genre der Moderne, und der Erzählung selber sind heute vielfach verwischt: Immer öfter erscheinen Prosatexte, die von ihrer komplexen Anlage her eigentlich Romane sind, einfach als „Erzählungen". Darin äussert sich möglicherweise ein postmodernes Phänomen, nämlich ein grundsätzliches Misstrauen gegenüber der „grossen Erzählung", die nach Jean-François Lyotard ein zusammenhängendes Weltbild, einen grossen Sinn-Entwurf erfordert.

7.2 Struktur und Entwicklung des bürgerlichen Romans

Gattungspoetisch fast ähnlich wenig bestimmt wie die Erzählung ist der Roman. Daher tritt er als die am weitesten verbreitete Literaturgattung, sich ständig wandelnd, in den verschiedensten Formen auf. Der *Roman* meinte in Frankreich, woher auch das Wort stammt, ursprünglich jedes Schriftwerk, das nicht mehr in der lateinischen Gelehrtensprache, sondern in der lingua *romana*, der romanischen Volkssprache, verfasst war. Im 13.Jh. erfuhr der Begriff eine Verengung auf Erzählungen in Versform und in Prosa; seit dem Ende des 13.Jh. wird er nur noch für Prosaerzählungen verwendet. Im Gegensatz zum Epos, das als Verserzählung gewissermassen der Vorläufer des heutigen Romans ist, verzichtet der Roman auf die Darstellung des Mythischen; sein Darstellungsbereich entspringt wie jener von Novelle und Erzählung, wenn man die letztere gattungspoetisch von Sage und Märchen abtrennt, der natürlichen Umwelt, der empirischen Realität.

Innerhalb der Geschichte des Romans spielt der **bürgerliche Roman**, der im Realismus des 19.Jh. seine wichtigste Ausformung erfährt und in dessen Schlüsseltradition im 20./21.Jh. zahlreiche Autoren fortschreiben, eine tragende Rolle. Als geistige Basis dieses realistischen Romantyps erweist sich der Glaube an die Abbildbarkeit der Welt durch die Sprache, aber auch an die Vormachtstellung des Individuums. Er führt zu einer Erzählkunst, die durch folgende *sieben* Elemente bestimmt ist:

- durch den Aufbau einer **geschlossenen Fiktionswelt**, sichtbar gemacht an der raumzeitlichen Kohärenz der Handlung, an der geradlinigen, aus einheitlichem Bewusstseinsstand erzählten Geschichte.
- durch die **individualpsychologische Motivierung** der Figuren, d.h. durch die Erklärbarkeit ihres Handelns nach gängigen psychologischen Mustern.
- durch das **Heldenprinzip**, d.h. durch den Umstand, dass das individuelle Schicksal und die Entwicklung des Helden das Sinnzentrums des Romans bilden. Bezeichnend dafür ist, dass viele traditionelle Romane den Namen des Helden schon im Titel führen.
- durch die Vorherrschaft eines festen, den Helden begleitenden Erzählers und damit des **Erzählerberichts**.
- durch das **teleologische Prinzip**, d.h. dadurch, dass alles Geschehen auf einen vermittelnden Schluss, etwa auf die Integration des Helden in die ihn umgebende Welt, hin angelegt ist und von dort seinen Sinn erhält.
- durch eine **symbolische Schreibweise**, d.h. durch die Spiegelung der Figur, vor allem der Figur des Helden, in ihrer Umgebung (z.B. in der Natur).
- durch eine in der Regel **einheitliche Sprache** bzw. Stillage.

© by Haupt Berne

Obwohl sich der Roman als eigenständige epische Gattungsform bereits im Spätmittelalter und in der Renaissance mit der Prosaauflösung der mittelalterlichen Epen, etwa in den Volksbüchern, herausbildet, hält ihn die Literaturtheorie bis zum 17.Jh. gegenüber dem Epos, der Tragödie u. a. für minderwertig. Mehr noch: Als Parvenu unter den Gattungen wird der Roman in den älteren einschlägigen Poetiken nicht einmal behandelt. Anderseits wiederum korrespondiert seinem geringen Ansehen über Jahrhunderte die Freiheit, unbehindert von einem starren Regelkanon mit neuen Inhalten und Formen zu experimentieren. Das erklärt zum einen die Entstehung einer kaum überblickbaren Vielfalt von Romantypen (nach Stoffen, Themen und Formen) und zum andern die Tatsache, dass der Roman jene Gattung ist, die auf geistige und gesellschaftliche Veränderungen besonders schnell reagiert.

Ab dem 17.Jh., dem Einsetzen des barocken **Schelmenromans** (etwa bei Grimmelshausen und Reuter), dessen Ausläufer bis weit in die Moderne (Thomas Mann, Günter Grass, Gerold Späth, Irmtraud Morgner, Thomas Brussig u. a.) reichen, erfreut sich der Roman – der Begriff selber ist in Deutschland erst seit der Barockzeit gebräuchlich – wachsender Beliebtheit, und im 18.Jh., seit Goethes „Leiden des jungen Werthers" (1774), setzt er in Theorie und Praxis seine Anerkennung durch, zunächst als Medium der Unterhaltung und Unterweisung, dann auch als Kunstform. Jean Paul erhebt ihn um 1800 zur führenden Gattung im deutschen Sprachraum. Seine zunehmende literarische Bedeutung hängt mit der Emanzipation des menschlichen Individuums und als Folge davon mit der verstärkten Betonung der Psychologie, vor allem seit Rousseau und dem Sturm und Drang, zusammen.

Trotz der grossen Wirkung des psychologisierenden Romantyps im späten 18.Jh., insbesondere des **Briefromans** (vgl. Goethes „Werther" oder Hölderlins „Hyperion"), wird die deutsche Romantradition im 19., und, wo es sich um die Weiterführung dieser bürgerlich-individualistischen Tradition handelt, auch im 20./21.Jh. von einer andern Variante geprägt: von der Variante des **Entwicklungs- und Bildungsromans**. Der Grund dafür dürfte in dem für den Entwicklungsroman zentralen *Persönlichkeitsglauben* liegen, wie ihn die Klassik ausgebildet und das 19.Jh. geradezu kanonisiert und so zur entscheidenden geistigen Grundlage des Bürgertums gemacht hat. Goethes „Wilhelm Meister", vor allem der erste Teil, „Wilhelm Meisters Lehrjahre" (1795/96), stellt in diesem Sinne den Prototyp des deutschen Entwicklungsromans dar, der im 19.Jh., besonders bei den Realisten (Keller, Stifter, Raabe u. a.) seine unmittelbaren Nachfolger findet.

Bedingt durch den Wandel der geistigen Grundlagen, der zu einer veränderten Vorstellung vom Ich und damit zur Preisgabe des traditionellen Helden und des mit ihm zusammenhängenden Entwicklungsbegriffs führt, wird der bürgerliche Entwicklungsroman in der modernen Literatur verunmöglicht. Im 20./21.Jh. tritt er, wenn er nicht, wie in der Moderne häufig, überhaupt bloss ironisiert oder parodiert wird, fast nur mehr bei jenen Autoren auf, die der bürgerlich-individualistischen Tradition des 19.Jh. noch verpflichtet sind (beispielsweise bei Thomas Mann, Ernst Weiss und Hermann Hesse). Die Skepsis gegenüber den geistigen Grundlagen des Bürgertums am Ende des 19. und zu Beginn des 20.Jh. hat sich eben zuerst und am nachhaltigsten im Roman niedergeschlagen.

Ein zentrales Merkmal der Schlüsseltradition des bürgerlich-realistischen Romans ist ihre Langlebigkeit. Trotz aller Angriffe auf die traditionellen Erzählverfahren durch die modernen Autoren konnte sich der bürgerliche Roman bis heute, und zwar nicht nur im Bereich der Trivialliteratur, bestens behaupten. Das hat vor allem *vier* Gründe:

Zum einen ermöglicht die realistische Schreibweise dem Autor, seinen Fiktionen den Anschein von Tatsachen zu geben, und zum andern ist sie ein Stilprinzip, das auch eher mittelmässige Autoren mit einer gewissen handwerklichen Geläufigkeit praktizieren können. Zum dritten lassen sich gerade bürgerliche Romane häufig auf bekannte Lesemuster zurückführen, erlauben sie also beispielsweise eine autobiographische Lektüre oder eine Lektüre als Kriminalroman. Das sichert ihnen zum vornherein einen gewissen Verkaufserfolg. Hinzu tritt wohl als wichtigster Grund, dass der bürgerliche Roman, indem er auf dem Heldenprinzip aufbaut, einem urmenschlichen Bedürfnis nicht nur nach ‚Unterhaltung', sondern vor allem auch nach einer *Harmonisierung der Lebenswirk-*

lichkeit entgegenkommt. Die vielgehörte Rede von der angeblichen Krise des modernen Romans dürfte u. a. gerade darin begründet sein, dass der moderne Roman dieses Grundbedürfnis, das seinerseits in der menschlichen Illusionsbedürftigkeit wurzelt, nicht mehr befriedigt. Übrigens setzt die Rede von der Romankrise stillschweigend den bürgerlich-realistischen Roman als den einzig ‚richtigen' voraus. Nicht umsonst ist auch die im deutschen Sprachraum äusserst einflussreiche Romantheorie von Georg Lukács, die sich gegen jede Form von Avantgarde richtet, ganz am bürgerlich-realistischen Roman orientiert (vgl. dazu S. 58).

7.3 Exkurs: Der bürgerliche Trivialroman als Antipode der Moderne

Dem bürgerlichen Roman begegnen heute die meisten Leser in der Art des Unterhaltungs- oder gar des Trivialromans. Gerade der letztere hat, vor allem in Form von Heftromanen, seit den sechziger Jahren des 20.Jh. eine enorme Verbreitung gefunden: Seither erscheinen diese Hefte im deutschen Sprachraum in über 370 Millionen Exemplaren jährlich. Entsprechend ist das Leseverhalten in der breiten Bevölkerung: Während im Durchschnitt rund 55% der persönlichen Lektüre auf Trivialromane (Heimatromane, Krimis, Science-fiction u. a.) entfallen – der überwiegende Rest sind historische Romane und Sachbücher – ‚bringen es die Leser bei den Romanen aus dem Bereich der ‚Hochliteratur' nicht einmal auf 5 %. Diese wenigen Zahlenbeispiele machen bereits deutlich, dass wir es beim Trivialroman bzw. bei der **Trivialliteratur** (von lat. „trivialis": zum ‚Dreiweg' gehörend, allgemein zugänglich, gewöhnlich) mit einem Phänomen zu tun haben, das wir bei der Betrachtung des bürgerlichen Romans nicht einfach ausser acht lassen können.

Seit sich mit Hilfe von Strukturanalysen zeigen liess, dass Texte der Trivialliteratur, etwa Liebes- oder Schicksalsromane, auf den gleichen narrativen Strukturen und Topoi beruhen wie ‚hochliterarische' Texte, ist die Bestimmung dessen, was Trivialliteratur eigentlich ist, was sie von andern Formen der Literatur abgrenzt, problematisch geworden. Es bleibt z.B. unklar, was den trivialen

Gemeinplatz, das Klischee, vom dichterischen Gemeinplatz, dem Topos, trennt. Der Umstand, dass die Trivialliteratur ein typisch deutsches Phänomen darstellt, dass es im Englischen und Französischen diese Gattungsbezeichnung nicht einmal gibt, macht die Sache noch problematischer. In der Tat unterscheiden wir nur im deutschen Sprachraum, und zwar erst seit Aufklärung und Klassik, seit dem Vorhandensein eines grösseren Leserpublikums nämlich, ähnlich wie zwischen Kunst und Kitsch, zwischen einer sog. ‚hohen' oder ‚gehobenen' Literatur und einer Literatur mit geringem ästhetischem Anspruch, einer „Trivialliteratur" eben.[1] Die Übergänge zwischen den beiden Literaturformen, vor allem aber zwischen der Trivial- und der ihr verwandten Unterhaltungsliteratur (etwa dem Thriller), die freilich mit ästhetisch differenzierteren Mitteln arbeitet, sind dabei mehr als fliessend. Wenn hier gleichwohl der Versuch unternommen wird, einige **Merkmale der Trivialliteratur** zu skizzieren, so geschieht das mit Vorbehalt. Es sind hauptsächlich *zehn Merkmale*, durch die triviale Texte als solche erkennbar sind:

- durch *Rollenklischees*, d. h. durch schwarz/weiss gezeichnete, typisierte Figuren, die beim Leser eine emotional starke Identifikation mit dem Helden und eine ebenso starke Ablehnung des Gegners bewirken.
- durch formelhaft *stilisierte Landschaften* (blauer Himmel, blühende Bäume, lockende Berge usw.).
- durch einen *schematisierten Handlungsablauf*: von der stereotyp gezeichneten Mangellage (z. B. Standesunterschiede zwischen Liebenden) über spannungsfördernde Hindernisse zum stets gesicherten Happy-End, oftmals herbeigeführt durch das unerwartete Eingreifen der Figur eines Deus ex machina.
- durch *ständisch gebundene Figuren* vorwiegend aus sozial fernen, höheren Gesellschaftskreisen (Adel, Ärzte, Reiche, Schauspieler, Künstler usw.), die idealisiert gezeigt werden.
- durch eine überschaubare, in ‚Gute' und ‚Böse' gegliederte, grundsätzlich *heile Welt*, die als kompensatorische Welt den Lesern eine Art Ersatzbefriedigung gewähren soll.
- durch die gehäufte Verwendung von Topoi: allen voran des Schicksalstopos (z. B. „Liebe auf den ersten Blick"), aber auch von

Heldentopos, Paradiestopos, Naturtopos, Stadt/Land-Topos, Beschreibungstopos (etwa nach dem Muster, dass gute Menschen auch schön sind) usw.
- durch eine *einfache, bildhafte Sprache,* die verschiedene Anzeichen aufweist: leicht verständliche Wortwahl, Neigung zu parataktischen Sätzen, Häufung abgegriffener, klischeehafter Wendungen, Gebrauch auffallend vieler Adjektive, Vorherrschen von Dialogen usw.
- durch *Konformität,* d. h. durch die Gestaltung der Handlungsabläufe nach den Erwartungshaltungen eines lesenden Massenpublikums.
- durch eine betont mythische Sicht auf die Welt, vor allem durch den Gebrauch von Trivialmythen, wie etwa dem Mythos vom grossen Einzelnen, von der ‚ewigen' Liebe, von der ausgleichenden Gerechtigkeit, von der naturhaften Güte des Menschen, von einer geordneten Welt usw.
- durch das Fehlen jeder kritischen oder ironischen Distanz zum Erzählten.

© by Haupt Berne

Betrachtet man die eben genannten Merkmale des bürgerlichen Trivialromans, so wird eines klar: die Trivialliteratur bildet von ihrer Gestaltung der Wirklichkeit, der Figuren, der Handlung und der Sprache her einen eigentlichen Gegenpol zur Literatur der Moderne. Das erklärt weitgehend, warum moderne Autoren, wenn es darum geht, in ihren Texten traditionelle Strukturen zu parodieren, häufig auf das Schema der Trivial-, aber auch der Unterhaltungsliteratur, bis hin zu deren Imitation in der Frauenliteratur (Elfriede Jelinek, Marlene Streeruwitz u. a.), zurückgreifen.

Zeigen wir dies kurz am Beispiel des Kriminalromans auf. Der konventionelle **Kriminalroman** besteht aus drei konstituierenden Handlungselementen: aus der *Vorgeschichte,* die meist mit der Planung des Verbrechens zusammenfällt, dem *Fall* und der *Aufklärung des Falls.* Auf der Ebene der Tiefenstruktur haben wir es mit einer klaren Mangellage und deren Überwindung durch den Helden, d. h. durch den Detektiv, zu tun. Die geistige Basis dafür bildet der Glaube an eine geschlossene, sinnvoll gefügte und damit rational durchschaubare Welt. Im *modernen* Kriminalroman nun wird dieser Glaube als blosse Fiktion, als Überrest von axiomatischen

Vorstellungen aus der Tradition der Aufklärung entlarvt. Wir sprechen dann von einem **Anti-Kriminalroman**. Zu seinen bekanntesten deutschsprachigen Autoren gehört, neben Peter Handke, Doris Gercke, Ingrid Noll, Robert Hültner, Bernhard Schlink u. a., wohl **Friedrich Dürrenmatt**, dessen Kriminalromane (Der Richter und sein Henker, Der Verdacht, Die Panne, Das Versprechen) ab 1950 einsetzen. Aus einem dieser Kriminalromane, aus dem Roman „**Das Versprechen**" (1958) mit dem bezeichnenden Untertitel „Requiem auf den Kriminalroman", stammt folgender Text, in dem die gängige Idee von der Entlarvung und Bestrafung des Täters parodiert wird. Detektiv Matthäi, der dem Sexualverbrecher und Kindsmörder eine Falle stellt, mietet an der Strecke Zürich-Chur eine Tankstelle, da er annimmt, der Mörder befahre mit seinem Auto diese Strecke. Er stellt eine Haushälterin ein, deren Kind er als ‚Lockvogel' am Strassenrand spielen lässt. Doch der Verbrecher taucht nicht auf, da er, wie es der Zufall will, ausgerechnet auf seiner Fahrt zu seinem letzten Opfer tödlich verunfallt ist. Matthäi, der von diesem Unfall nichts weiss, verzweifelt an sich selbst und ergibt sich dem Alkohol, bis er, alt geworden, total verkommt:

„Gehen wir", meinte der Kommandant. Draussen zahlte er nach einem Blick auf die Tanksäule. Der Alte hatte Benzin nachgefüllt und auch die Scheiben gereinigt. „Das nächste Mal", sagte der Kommandant zum Abschied, und wieder fiel mir seine Hilflosigkeit auf; doch antwortete der Alte auch jetzt nichts, sondern sass schon wieder auf seiner Bank und stierte vor sich hin, verblödet, erloschen. Als wir aber den Opel Kapitän erreicht hatten und uns noch einmal umwandten, ballte der Alte seine Hände zu Fäusten, schüttelte sie und flüsterte, die Worte ruckweise hervorstossend, das Gesicht verklärt von einem unermesslichen Glauben: „Ich warte, ich warte, er wird kommen, er wird kommen."

Aus der Sicht der Logik müsste der Verbrecher ausweglos in die Falle tappen, die ihm der Detektiv gestellt hat. Doch Matthäi rechnet nicht mit dem Zufall, der seinen scharfsinnigen Plan zunichte macht. Indem der Detektiv den Mörder nicht mehr überführen kann, stellt sich der konventionelle Kriminalroman selbst in Frage, ist er als Gattungsform – der Untertitel weist schon daraufhin – im Grunde zu Ende. In einer Welt, die vom Zufall regiert wird, in der nach der Wahrscheinlichkeitsrechnung der Einzelfall unbestimmt und unbestimmbar bleibt, kann das Schema des trivialen Kriminalromans keine Gültigkeit mehr beanspruchen, erweist es sich als anachronistisch. Dürrenmatts Roman „Das Versprechen", wie auch seine übrigen Kriminalerzählungen, sind so gesehen als totale Parodien zu lesen.

Das wird schon an der Gestaltung der Figur des Detektivs deutlich. Zeigt der konventionelle Kriminalroman eine als übersichtlich in ‚Gute' und ‚Böse' geordnete Welt, also eine Welt fester Figuren, so verhält es sich hier anders: Der Detektiv ist keine feste, sondern vielmehr eine *ambivalente* Figur, und zwar insofern, als einerseits sein Gerechtigkeitssinn besticht, als er anderseits aber, indem er ein Kind als ‚Köder' gegen den Mörder ausspielt, ins Zwielicht des Unredlichen gerät. Am Schluss des Romans, wie er sich im vorliegenden Text findet, wird die Detektivfigur, wenn sie nur noch „verblödet, erloschen" vor sich hin stiert, vollständig zersetzt: Matthäi hat sich auf der Suche nach dem Verbrecher, die zur fixen Idee wurde, selbst zerstört. „Das Gesicht verklärt von einem unermesslichen Glauben", den Mörder einmal zu überführen, ist er, am Strassenrand sitzend und auf den nicht eintreffenden Mörder wartend, zu einer halb wahnsinnigen Gestalt verkommen, deren Glaube an die Rationalität der Welt in eine groteske, pervertierte messianische Heilserwartung umschlägt („Ich warte, ich warte..."). Indem Dürrenmatt Matthäi als eine gegenüber der unberechenbaren Wirklichkeit scheiternde, lächerliche Figur zeigt, parodiert er in seinem Anti-Kriminalroman die konventionelle Detektivfigur und mit ihr letztlich den klassischen Helden.

7.4   Struktur und Entwicklung der Novelle

Im Unterschied zur Erzählung und zum Roman gehorcht die Novelle (von it. novella: Neuigkeit) relativ strengen Formgesetzen. Ihre Bauform ist durch drei klar definierte Handlungselemente bestimmt: durch die *Exposition,* die *Peripetie* und durch den spannungslösenden *Ausklang,* der sich aus der traditionellen Vermittlungsstruktur ergibt, wie sie in der Novelle besonders ausgeprägt ist. In ihrem geschlossenen Bau drückt sich die Verwandtschaft der Novelle mit dem klassischen, aristotelischen Drama aus, so dass Theodor Storm in seiner „Vorrede aus dem Jahre 1881" diese Gattungsform metaphorisch als „Schwester des Dramas" bezeichnen konnte.

Von den drei eben genannten Handlungselementen ist die **Peripetie**, d. h. der Wendepunkt im Schicksal des Helden, für die Novelle besonders typisch. Sie hängt mit einem deutlich hervortretenden Entwicklungsprinzip zusammen, das im bürgerlichen Diskurs zentral ist. Die Basis dieses Entwicklungsprinzips bildet der Glaube an eine teleologisch-schicksalhafte Bestimmung des Menschen, d. h. letztlich an eine sinnvoll gefügte Welt, eine das Leben sichernde Ordnung. Wo es, wie für die Moderne, eine solche Ordnung nicht mehr gibt, wo an die Stelle des *Schicksals*, einer ‚höheren' Sinngebung, der *Zufall* tritt, da hat die Novelle ihre Berechtigung verloren. Hier liegt der eigentliche Grund dafür, warum moderne Autoren die Novellenform nur noch in vereinzelten Fällen, dann aber (wie z. B. Günter Grass in „Katz und Maus") meist im Sinne einer bewussten Zitierung dieser Form verwenden oder warum sie die Gattungsbezeichnung „Novelle" (wie z. B. Gottfried Benn in seinen verschiedenen ‚Novellen') gar nur noch parodistisch beibehalten.

Bereits im Naturalismus werden im Zusammenhang mit der einsetzenden Entteleologisierung der Wirklichkeit Zweifel an den Möglichkeiten des herkömmlichen Novellentypus laut: Wenn beispielsweise Gerhart Hauptmann seinen „Bahnwärter Thiel" (1888) nicht mehr „Novelle", sondern nur noch „Novellistische Studie" nennt, so drückt er damit, angesichts von Thiels fatalistischem Lebensgefühl, dem jede ‚höhere' Sinngebung fehlt, als einer der ersten die Fragwürdigkeit der traditionellen Novellenform aus.

Ansätze zur späteren Novelle, um gattungsgeschichtlich kurz zurückzublicken, gibt es in der deutschen Literatur schon im 13.Jh., in dem die **Versnovelle** (Rudolf von Ems, Wernher der Gartenaere, Der Stricker u. a.) als Nachfahre des höfischen Epos mehr und mehr an Bedeutung gewinnt. Dieser Versnovelle, deren Grenzen zur meist kürzeren Verserzählung fliessend sind, fehlt aber noch ein klar gegliederter Aufbau. Ihre Ausläufer finden sich bis ins 18./19., ja ins 20.Jh. hinein (Gellert, Hagedorn, Heyse, C.F. Meyer, Spitteler u. a.).

Als ‚Väter' der Prosanovelle gelten der Italiener **Giovanni Boccaccio** mit seinem „Decamerone" (1353) und der Spanier **Miguel de Cervantes** mit den „Novelas ejemplares" (1613). Die Namen dieser beiden Autoren stehen auch für eine erste gattungspoetische Unterscheidung: Während Boccaccio die **Handlungsnovelle**, in der die Figuren situationsbedingt handeln, in die Erzählprosa einführt, ist bei Cervantes bereits die Entwicklung von der Handlungs- zur **Charakternovelle** angelegt, wo sich die Handlung zwangsläufig aus der psychischen Eigenart des Helden ergibt. Die Letztere findet sich in der deutschen Literatur vor allem seit Kleists „Michael Kohlhaas". Dennoch sind Boccaccios Novellen und weniger jene von Cervantes zum entscheidenden Vorbild für die europäische Novellistik seit dem 19. Jh. geworden. Das hängt mit der besonderen Form des „Decamerone" zusammen: Dieser Novellenzyklus besteht aus *Rahmen-* und *Binnenerzählung*, und zwar dergestalt, dass der Rahmen eine Gesellschaft von sieben Damen und drei Herren vorführt, die vor der Pest von 1348 aus Florenz auf ein Landgut geflüchtet sind und sich dort an zehn Tagen insgesamt hundert „novelle", meist erotischer Thematik, erzählen, um die Wartezeit zu verkürzen.

Eine dieser Novellen, nämlich die „Falkennovelle" – es handelt sich um die neunte Geschichte des fünften Tages –, wurde dabei wegen ihres leitmotivisch verwendeten Falken berühmt. An ihrem Vorbild entwickelte **Paul Heyse** gegen Ende des 19. Jh., den literarischen Auflösungstendenzen der Zeit die strengen Formgesetze der Renaissance-Novelle gegenüberstellend, seine **Falkentheorie:** Heyse fordert von jeder guten Novelle einen „Falken", d. h. ein dingliches Leitmotiv, gewissermassen ein Dingsymbol, das als verbindendes Formelement an wesentlichen Stellen immer wieder erscheint und das oftmals schon im Titel genannt wird (A. von Droste-Hülshoff: Die Judenbuche, C.F. Meyer: Das Amulett, Emil Strauss: Der Schleier, Martin Walser: Ein fliehendes Pferd u. a.). Die Forderung nach diesem „Falken", ihres allzu normativen Charakters wegen längst als unhaltbar erkannt, hat die Novellentradition bis in unsere Gegenwart dennoch entscheidend bestimmt.

In Deutschland entsteht die Novelle, an die ausländischen Vorbilder anknüpfend, im literarischen Rokoko als Zyklus von Novellen, die durch eine Rahmenerzählung miteinander verbunden sind. Den Novellenbegriff selber, den man in der Literatur seit der italienischen Renaissance kennt, setzen im deutschen Sprachraum Wieland und Goethe durch, der Letztere mit seiner 1828 erschienenen Erzählung „Novelle". Berühmt geworden ist Goethes Definition der Novelle als „eine sich ereignete unerhörte Begebenheit", d. h. als eine Handlung, die sich auf einen Einzelfall konzentriert, der ungewöhnlich und daher als *Neuigkeit* erwähnenswert ist. Berühmt ist aber auch A.W. Schlegels und vor allem Tiecks Forderung nach einem völlig unerwarteten, doch natürlich entwickelten und scharf herausgearbeiteten *Wendepunkt*, einer Peripetie, in der Novelle. Sie bildet den Ausgangspunkt für Paul Heyses Falkentheorie.

Zwar nimmt die Novelle schon in der Romantik (Tieck, Brentano, E.T.A. Hoffmann, Eichendorff u. a.), hinter dem Roman und dem Märchen, einen bedeutenden Platz ein, ihre eigentliche Blütezeit aber erlebt sie im bürgerlichen Realismus zwischen 1850 und 1880. Der Realismus bevorzugt die Novelle einerseits wegen ihres **starken Symbolcharakters**, der sich u. a. in der gehäuften Verwendung von *Dingsymbolen* zeigt, und anderseits wegen ihrer **objektivierten Erzählweise**, wie sie vor allem im Typus der *Rahmennovelle* sichtbar wird. Hier entstehen denn auch die klar gegliederten Rahmennovellen (schon bei Gotthelf, dann aber besonders bei Keller, Storm, Heyse und C.F. Meyer), in deren Rahmen sich meist ein geselliges Publikum vorstellt, das der Binnenerzählung eines fiktiven Erzählers zuhört. Die Rahmenform der Novelle trägt dabei wesentlich zu ihrer Geschlossenheit bei, vor allem aber auch zu ihrer objektivierten Perspektivik, wie wir sie etwa von der im 19.Jh. vorherrschenden historischen Novelle her kennen.

Seit dem Naturalismus tritt die Novelle, als Folge der literarischen Auflösungstendenzen, zugunsten von Erzählung und Kurzgeschichte zurück, um in der *klassischen Moderne* fast ganz zu verschwinden. Im 20.Jh. beschränkt sie sich, mit wenigen Ausnahmen (A. Schnitzler, Th. Mann, F. Werfel, G. Hauptmann, St. Zweig[2], G. Grass u. a.), auf die bewusst traditionelle, rückwärtsgewandte Dichtung, etwa auf die Dichtung von Neuklassik und Neuromantik (P. Ernst, I. Kurz, R. Huch, E. Strauss u. a.), sowie auf die der christlichen Autoren, die eine Welt verbindlicher Wertmassstäbe voraussetzt. Allerdings werden von der Literaturkritik, aber auch von den Autoren selber Geschichten, die aufgrund ihrer offenen Form in Wirklichkeit Erzählungen sind, immer wieder als „Novellen" klassifiziert. So bezeichnet beispielsweise Kafka seine frühen Erzählungen einerseits als „Geschichten", anderseits aber, vor allem seinem Verleger gegenüber, auch als „Novellen"[3], obwohl sie keine für die Novelle typische Vermittlungsstruktur, also keinen die Gegensätze vermittelnden Schluss, mehr besitzen.

Innerhalb der *Postmoderne*, vereinzelt aber auch der *Spätmoderne* lässt sich bei einer Reihe von Autoren (M. Walser, G. Grass, F. Dürrenmatt, P. Süskind, H. Stern, D. Wellershoff, Ch. Hein, B. Kirchhoff, H. Lange, N. Gstrein, Th. Hürlimann, F. Hohler, U. Timm, P. Mercier, M. Köhlmeier, G. Späth u. a.) eine gewisse Renaissance der streng komponierten Novelle feststellen. Diese teilweise Rückkehr zur strengen Form dürfte, ähnlich wie in der Lyrik seit 1980 die Erneuerung des Reims, einerseits mit dem gesteigerten Formbewusstsein vor allem der Postmoderne und anderseits mit ihrem Bestreben, im Sinne postmoderner Beliebigkeit auf ältere Formen zurückzugreifen, ja mit ihnen zu spielen, zusammenhängen. Gerade das Letztere, das Spiel mit der traditionellen Novellenform, ist für viele jüngere Erzählungen bezeichnend, wie **Patrick Süskinds** 1987 erschienene Erzählung **„Die Taube"** beispielhaft illustrieren mag. Schon der erste Satz dieser Erzählung weist auf jene „sich ereignete unerhörte Begebenheit" mit dem plötzlichen Auftauchen einer verirrten Taube (als einem Dingsymbol) hin, die den unauffälligen Pariser Angestellten Jonathan Noel in eine Lebenskrise stürzt – ein Hinweis, in dem sich die für jede Novelle typische Peripetie, der Wendepunkt, ankündigt:

Als ihm die Sache mit der Taube widerfuhr, die seine Existenz von einem Tag auf den andern aus den Angeln hob, war Jonathan Noel schon über fünfzig Jahre alt, blickte auf eine wohl zwanzigjährige Zeitspanne von vollkommener Ereignislosigkeit zurück und hätte niemals mehr damit gerechnet, dass ihm überhaupt noch irgend etwas anderes Wesentliches würde widerfahren können als dereinst der Tod.

7.5 Struktur und Entwicklung des modernen Romans

Die zunehmende Bedeutungslosigkeit des Individuellen, des Persönlichen in der arbeitsteiligen Massen- und Konsumgesellschaft und die immer komplexer werdende Wirklichkeit einer technisierten Welt, die sich seit dem Ende des 19.Jh. fortlaufend differenziert, haben sich literarisch zuerst und am stärksten im Roman niedergeschlagen. Sie führten bei den avantgardistischen Autoren nach 1900 zur Preisgabe des Glaubens, die fiktive Romanwelt sei eine Nachahmung der Wirklichkeit, aber auch zur Absage an die Vormachtsstellung des Individuums und damit zu einer gegenüber dem bürgerlichen Roman neuen Erzählkunst. Diese Erzählkunst des **modernen Romans**, wie er uns heute in den verschiedensten Formen begegnet, lässt sich, analog zu jener des bürgerlichen Romans, durch folgende *sieben* Elemente definieren:

- durch die Auflösung der geschlossenen Form: An die Stelle der Kontinuität einer durchgehenden Handlung tritt häufig die **Montage als Aufbauprinzip** eines aus verschiedenartigsten Elementen (Erzählerbericht, erlebte Rede, innerer Monolog, Zitat-Montage, Reflexionen usw.) komplex zusammengefügten Textes. Dazu gehört auch die **Aufsplitterung der Handlung in verschiedene Erzählebenen** (Erzählgegenwart, Rückblenden, Vorausdeutungen usw.).
- durch eine **gestische Figurengestaltung**, d. h. durch die Verlagerung des Schwergewichts von der Charakterzeichnung auf die Darstellung typischer, existentiell und gesellschaftlich bedingter Verhaltensweisen der Figuren, die zudem in sich vielfach gegensätzlich sind. Diese Verhaltensweisen oder *Gestus* werden oft schon im Titel der Romane genannt.
- durch den **Abbau des Heldenprinzips**, d. h. dadurch, dass der Held und sein Schicksal als thematisches Zentrum des Romans relativiert werden. Ins Zentrum tritt vermehrt eine den ganzen Roman dominierende Motivik, welche die Figuren, ihre Thematik bestimmt. Diese Motivik spiegelt sich vielfach schon im Titel der Romane (vgl. etwa Franz Kafka: Der Prozess, Alfred Döblin: Berlin Alexanderplatz).

- durch die **Reduktion des Erzählers** bis hin zum Verzicht auf jede erzählerische Vermittlung: teilweise Preisgabe der an einen persönlichen Erzähler gebundenen Erzählperspektive mit Hilfe neuer Erzähltechniken (erlebte Rede, innerer Monolog, Zitat-Montage). Damit wird der traditionelle Erzählerbericht als einziges Medium der Darstellung aufgelöst.
- durch die **Preisgabe des teleologischen Prinzips**: An die Stelle der herkömmlichen Entwicklungsstruktur (z. B. der Entwicklung des Helden zur persönlichen Reife) tritt häufig eine *Kreisstruktur*, d. h. der Umstand, dass der Roman am Schluss keine grundsätzliche Veränderung der Ausgangslage erfährt, dass das Geschehen als beliebig fortsetzbar und wiederholbar erscheint.
- durch eine (der Vielfalt der modernen Welt entsprechende) **sprachliche Vielfalt**, d. h. dadurch, dass häufig verschiedene Stillagen (Hochsprache, Umgangssprache, Soziolekt, Berichtsstil, Fachjargon u. a.) unvermittelt aufeinander treffen und sich so gegenseitig relativieren.
- durch die Verlagerung des Akzents vom Erzählten **auf das Erzählen selber**: Der moderne Roman macht die Fiktionalität des Dargestellten, seinen *Kunst*charakter (durch eine nicht-chronologische Erzählweise, durch Unterbrechungen, durch die Betonung des Erfundenen, durch Mischungen aus Erzählung und Reflexion usw.) immer wieder sichtbar. Auffallend ist dabei die Tendenz, das *Erzählen selbst* zu thematisieren.

© by Haupt Berne

Als Begründer des modernen Romans gelten im Bewusstsein der literarischen Öffentlichkeit ausländische Autoren wie Marcel Proust, John Dos Passos, James Joyce und die als „Mutter der Moderne" bekannt gewordene Gertrude Stein. Tatsächlich aber setzen, wie bereits mehrfach gesagt, auch im deutschen Roman – als Folge der Subjektkrise – kurz nach 1900 erste Anzeichen eines Strukturwandels ein, wie es ihn in der Geschichte des bürgerlichen Romans seit der Aufklärung nicht mehr gegeben hat. Für diese Frühphase des modernen Romans lassen sich etwa Döblins „Schwarzer Vorhang" (1902/03), Rilkes „Malte Laurids Brigge" (1910), Carl Einsteins „Bebuquin" (1912) und bedingt auch Robert Walsers „Jakob von Gunten" (1908) nennen.

Den entscheidenden Durchbruch zu wirklich Neuartigem, d. h. zu einer konsequent gestischen Schreibweise, bringen dann aber doch erst die grossen Romane der zehner und zwanziger Jahre, also vor allem der Weimarer Zeit: Döblins „Die drei Sprünge des Wanglun" (1915), „Wallenstein" (1920) und „Berlin Alexanderplatz" (1929), Hans Henny Jahnns „Perrudja" (1929) und Kafkas postum veröffentlichte Romane („Der Prozess", „Das Schloss", „Amerika") u. a. Dabei gilt der von Joyce' Dublin-Epos „Ulysses" (1922) beeinflusste „Berlin Alexanderplatz", seines voll entfalteten Montageprinzips wegen, als *das* Schlüsselwerk der modernen deutschen Erzählkunst. Eine vergleichbare Bedeutung als Epos der Moderne hat nur noch Robert Musils ab 1931, fast gleichzeiig mit Hermann Brochs „Schlafwandler"-Trilogie erschienener fragmentarischer Roman „Der Mann ohne Eigenschaften" erlangt.

In enger Wechselbeziehung mit der epischen Produktion entstehen seit 1900 eine Reihe theoretischer Schriften zum modernen Roman. Neben Carl Einstein[4] sind in diesem Zusammenhang vor allem Döblin[5] und Brecht zu nennen. Ihre unablässige Kritik an einer allmächtigen individualistischen Erzähltradition macht dabei den folgenschweren Schritt von einer Romankonzeption sichtbar, die noch durch die feste Figur, d. h. durch den Helden und ‚seinen' persönlichen Erzähler, bestimmt ist, zu einer neuen, montageartigen Konzeption, wo die feste Figur als Axiom preisgegeben ist. Döblin und Brecht haben mit ihren Reflexionen über eine veränderte Figurengestaltung die entscheidenden Ansätze entwickelt, von denen aus sich der Umbruch in der Erzählkunst der Moderne, die Entstehung des modernen Montageromans, erfassen lässt.

Der konsequent moderne deutsche Roman der Nachkriegszeit ist der Montageroman, in der direkten oder indirekten Nachfolge von Döblins „Berlin Alexanderplatz". Er setzt, abgesehen von einzelnen schon vor 1950 erschienenen Werken (Broch, Benn u. a.), in den fünfziger Jahren mit einer Reihe vorwiegend zeitkritischer Romane ein: mit Wolfgang Koeppens „Tauben im Gras" (1951) und „Der Tod in Rom" (1954), mit Max Frischs „Stiller" (1954), Gerd Gaisers „Schlussball" (1958), Uwe Johnsons „Mutmassungen über Jakob" (1959), Otto F. Walters „Der Stumme" (1959) und vor allem mit Heinrich Bölls „Billard um halbzehn" (1959), dem neben Günter Grass' „Die Blechtrommel" (1959) wohl bedeutendsten deutschen Nachkriegsroman.

In den sechziger Jahren beginnen eine Reihe von Autoren (P. Weiss, A. Schmidt, W. Hildesheimer, P. Handke, K. Bayer, H. Heissenbüttel, H.M. Enzensberger, O. Wiener, H. Fichte, P. Chotjewitz, P. Bichsel, R. Wolf u. a.), teilweise unter dem Einfluss des ‚nouveau roman', mit der Form des Romans zu experimentieren, verzichten sie immer mehr auf das fiktionale Erzählen überhaupt. An die Stelle der herkömmlichen Romanfiktion tritt für sie die Aneinanderreihung sprachlicher Fertigteile, d. h. die Technik der Collage, die den Erzähler im ‚Material' fast ganz verschwinden lässt. Diese Radikalisierung des Bruchs mit der traditionellen, realistischen Erzählweise führt, von der Literaturkritik gerne als Krise des Erzählens apostrophiert, zum sog. **experimentellen Roman**, in Anlehnung an die Nouveau Romanciers häufig auch *Anti-Roman* genannt. Neben ihm prägt freilich der Montageroman vergleichsweise ‚konventioneller' Art, zu dem Werke wie Martin Walsers „Anselm Kristlein-Trilogie" (1960-1973), Uwe Johnsons „Das dritte Buch über Achim" (1961) und Max Frischs „Mein Name sei Gantenbein" (1964) gehören, die wirklich moderne Literatur der sechziger Jahre mit.

Seit den siebziger, vor allem aber den achtziger Jahren, also in der Gegenwartsliteratur, finden wir in Bezug auf den deutschen Roman ein Nebeneinander von postmodernen Tendenzen und dem Fortwirken der ‚klassisch' gewordenen Moderne. Als *postmoderne* Tendenzen erweisen sich dabei, formal gesehen, die Rückkehr des Erzählers und ‚seines' (freilich unheroischen) Helden und damit verbunden die erneute Betonung von Fiktion und Identifikation (vgl. S. 87). Was das Fortwirken der Moderne, die sog. *Spätmoderne*, betrifft, so entstehen seit 1970 weiterhin experimentelle Texte, die sich der Montage- und Collagetechniken bedienen. Zu ihren Autoren gehören unter vielen andern etwa Arno Schmidt, Helmut Heissenbüttel, Herbert Achternbusch, Uwe Johnson, Christa Wolf, Friederike Mayröcker, Otto F. Walter, Hugo Loetscher, Ludwig Harig und Elfriede Jelinek, die mit ihrem Buch „wir sind lockvögel baby" (1970), einer Collage aus Beat, Schlager, Comics, Werbung, Trivialliteratur usw., zudem den ersten deutsprachigen Pop-Roman veröffentlicht. All diese Autoren kommen der postmodernen Forderung nach einer Literatur, welche die Kluft zwischen der Bildungselite und der Kultur der Massen schliesst, wie sie der amerikanische Literaturkritiker Leslie Fiedler schon Ende der sechziger Jahre formuliert hat, nur sehr bedingt oder gar nicht nach.

War der moderne Roman der siebziger und achtziger Jahre durch den Verdacht der Autoren geprägt, das Erzählen einer Geschichte sei trivial und überholt, so setzt in den neunziger Jahren, vor allem in ihrer zweiten Hälfte, eine Renaissance, ja eine neu gewonnene Unbefangenheit des Erzählens, verbunden mit einem neuen Vertrauen in die Fiktion, ein. Es handelt sich um eine Trendwende, die bis heute anhält. Sie äussert sich in jüngster Zeit in der Wiederkehr eines episch-breiten, psychologisch-realistischen Erzählens. In Bezug auf künftige Romane gilt es freilich festzuhalten, dass letztlich nur ein Erzählen, das die Errungenschaften der literarischen Moderne mit einbezieht, die Voraussetzung dafür bildet, dass ein Werk nicht nur ein kurzzeitiger Saisonerfolg bleibt, sondern dauerhafte Wirkung entfaltet.

7.6 Struktur und Entwicklung der modernen Kurzgeschichte

Die Kurzgeschichte ist, vor allem in der deutschen Literatur, aufs Ganze gesehen ein unterbetreutes Genre. Während etwa den amerikanischen Autoren – viele unter ihnen, wie z. B. Ernst Hemingway, der Meister der „short story", sind Journalisten – ein reiches Spektrum an Zeitungen und Zeitschriften zur Verfügung steht, um die kleine Form zu pflegen, schliessen sich im deutschen Sprachraum Literatur und Journalismus häufig aus.

Der Begriff „Kurzgeschichte", der sich in der deutschen Literatur seit etwa 1920 nachweisen lässt, ist eine Lehnübersetzung der englischen Bezeichnung „short story". Dabei trat gegenüber dem Englischen, wo auch kürzere Erzählungen und Novellen „short stories" genannt werden, eine Bedeutungsverengung ein: Als „Kurzgeschichte" bezeichnet man im deutschen Sprachraum gewöhnlich nur jene Kurzform der Erzählprosa des 20./21.Jh., die von ihren

Formelementen her in betontem Gegensatz zum älteren, etablierten Gattungstypus der Novelle steht. Ihre Anfänge finden sich, sieht man von ihren Vorläufern im 19.Jh. ab, in der ersten Hälfte des 20.Jh. bei Autoren wie Kafka, Brecht und Robert Walser, deren Einfluss auf die Kurzprosa noch heute unverkennbar ist. Die eigentliche Blütezeit der Kurzgeschichte setzt aber erst nach 1945, im Zusammenhang mit der Rezeption der amerikanischen „short story" (E. Hemingway, W. Faulkner, J. Steinbeck u. a.), ein. In der ersten Nachkriegszeit galt die Kurzgeschichte, mit der sich ihre Autoren (W. Borchert, H. Böll, W. Schnurre, S. Lenz, I. Aichinger, M. L. Kaschnitz, K. Kusenberg u. a.), nach den Erfahrungen des Zweiten Weltkrieges, gegen eine Literatur des schönen Scheins wandten, als *die* zeittypische literarische Form (vgl. S. 80). Ihr Modell wirkt, in den verschiedensten Formen (Kürzestgeschichte, experimentelle Kurzprosa, moderne Fabel, Satire, Groteske usw.), bis in die jüngste Gegenwart nach.

Die Kurzgeschichte erscheint in der Auseinandersetzung mit der bürgerlichen Novelle als eine genuin moderne Erzählform. Diese Modernität bezieht sich zunächst auf ihre Oberflächenstruktur, nämlich auf ihren **offenen Bau**, sichtbar etwa am unvermittelten Einsetzen der Geschichte mit einem bestimmten Artikel, einem Personalpronomen oder einem Vornamen („*Die* Frau lehnte am Fenster..."). Anderseits aber hängt sie auch, da ja die Oberflächen- durch die Tiefenstrukturen determiniert sind, mit Verschiebungen im Tiefenbereich zusammen. Gegenüber der Novelle geht es dabei vor allem um *zwei* Verschiebungen: Die erste Verschiebung betrifft die **Preisgabe der Peripetie**, d. h. des entscheidenden Wendepunktes. Damit tritt in der Kurzgeschichte das schicksalhafte Moment zugunsten eines Moments des Zufälligen, deutlich schon am scheinbar zufällig herausgegriffenen Augenblicksgeschehen, zurück. Die zweite Verschiebung ist mit der ersten eng verknüpft. Sie besteht in der Absage an eine narrative Struktur, die, wie für die Novelle besonders typisch, auf einen vermittelnden Schluss, also auf eine Schlussmediation hin angelegt ist. Wir haben es in der Kurzgeschichte demnach mit einem **offenen Schluss** zu tun.

Bedingt durch ihre strukturelle Offenheit, rückt in der Kurzgeschichte die sinngebende Funktion des Schlusses in den Hintergrund, lässt sich der Gehalt der Geschichte somit nicht mehr aus dem Schluss gewinnen. In den Blick des Lesers tritt dafür vermehrt die einzelne Sequenz, das oftmals ‚überbelichtete' Detail, das metonymisch auf das Ganze verweist. So erklärt sich u. a. auch der in der Kurzgeschichte häufige Gebrauch von **Dingsymbolen**, d. h. von Gegenständen der alltäglichen Umwelt, die zum Kristalisationspunkt der Sinnbezüge werden. Zahlreiche Kurzgeschichten (wie beispielsweise „Die Küchenuhr" und „Das Brot" von Wolfgang Borchert, „Die Waage der Baleks" von Heinrich Böll, „Die Wachsfiguren" von Gabriele Wohmann oder „Im Spiegel" von Margret Steenfatt) führen das Dingsymbol sogar im Titel.

Die beiden grundsätzlichen Verschiebungen, welche die narrative Struktur der Kurzgeschichte bestimmen, hängen geistesgeschichtlich mit dem **Abbau des alten, teleologischen Weltbildes** zusammen, wie er für das Denken seit dem ausgehenden 19.Jh., vor allem seit Nietzsche, bezeichnend ist (S.112). Wo sich hinter dem Lauf der Weltgeschichte kein höherer Sinn mehr erkennen lässt, auf den hin das menschliche Leben, ja das Seiende überhaupt ausgerichtet wäre, wo der Glaube an ein transzendentales ordnendes Prinzip fehlt, die Überschaubarkeit des Lebensganzen verloren gegangen ist, da treten in der Literatur auch die traditionellen Vermittlungsstrukturen in den Hintergrund, da rückt demzufolge die Kurzgeschichte an den Platz der Novelle. Es ist kein Zufall, dass die moderne Kurzprosa in ihren Wurzeln bis in den Naturalismus mit seiner Kritik an der Metaphysik zurückreicht. Ihre Anfänge, etwa bei Arno Holz und Johannes Schlaf, lassen sich überdies sozialgeschichtlich mit dem entwickelten Industrialismus und der Entstehung einer Massengesellschaft unmittelbar in Verbindung bringen. Die Novelle ihrerseits erweist sich, so gesehen, im modernen, demokratischen Industriezeitalter bestenfalls als anachronistisch und museal.

In jüngster Zeit erlebt die Kurzgeschichte im deutschen Sprachraum, etwa bei Autoren wie Ingo Schulze, Peter Stamm, Judith Hermann und Anna Kaleri, eine neue Blüte, und zwar vor allem unter dem Einfluss amerikanischer Vorbilder (Raymond Carver, John Cheever, Richard Ford u. a.). Dabei scheint es, als gebe sie ihren Platz als Experimentierfeld der Prosa mehr und mehr an noch reduziertere Formen ab. Die Rede ist von der sog. **Kürzestgeschichte** („short short story"), d. h. von einer der experimentellen Prosa und der Parabel nahestehenden Erzählform, die extrem, mitunter auf einen einzigen Satz, verknappt ist. Im letzteren Fall sprechen wir von einer **Ein-Satz-Geschichte**; ihre häufigste Erscheinungsweise ist der paradox angelegte, labyrinthisch verschachtelte Satz, wie wir ihn schon von Robert Walsers, Heimito von Doderers und Ludwig Hohls frühen Formen der Kürzestgeschichte her kennen.

Die erneute Blüte der Kurzgeschichte hängt wohl auch mit den in den letzten Jahren und Jahrzehnten entstandenen Literaturinstituten und den unzähligen Schreibwerkstätten zusammen, in denen die verschiedenen Formen der Kurzprosa besonders gepflegt werden. Im Internet und durch Books on Demand (BoD), einem seit Mitte der 1990er Jahre angewandten kostengünstigen Publikationsverfahren, ergeben sich gerade für diese Kurzformen zudem neue Möglichkeiten der Veröffentlichung.

Der Begriff der „Moderne" stellt in der Literatur, wie wir immer wieder sahen, ein Extrem dar. Die Kurzgeschichte macht das besonders deutlich: Während sie sich aufgrund ihres offenen Baus als höchst modern erweist, können in dieser Gattungsform die Figuren weiterhin konventionell gestaltet, also fest, sein. Zwar lässt sich in der Kurzgeschichte fast durchwegs eine Typisierung, ja eine **Entindividualisierung der Figuren**, sichtbar schon an ihrer Namenlosigkeit, ihrer Anonymität (der Fremde, die Dame am Nebentisch, zwei Menschen usw.) beobachten; diese Entindividualisierung führt aber, einmal abgesehen von der *experimentellen* Kurzprosa, längst nicht in allen Fällen zu einer wirklich modernen, gestischen Figurengestaltung.

Im folgenden Textbeispiel allerdings haben wir es mit gestisch gestalteten Figuren zu tun. Es handelt sich um den Beginn von **Peter Bichsels** 1964 im Band „Eigentlich möchte Frau Blum den Milchmann kennen lernen" veröffentlichten Kurzgeschichte „**Die Tochter**", die von der Entfremdung der Generationen erzählt:

Abends warteten sie auf Monika. Sie arbeitete in der Stadt, die Bahnverbindungen sind schlecht. Sie, er und seine Frau, sassen am Tisch und warteten auf Monika. Seit sie in der Stadt arbeitete, assen sie erst um

halb acht. Früher hatten sie eine Stunde eher gegessen. Jetzt warteten sie täglich eine Stunde am gedeckten Tisch, an ihren Plätzen, der Vater oben, die Mutter auf dem Stuhl nahe der Küchentür, sie warteten vor dem leeren Platz Monikas. Einige Zeit später dann auch vor dem dampfenden Kaffee, vor der Butter, dem Brot, der Marmelade.
Sie war grösser gewachsen als sie, sie war auch blonder und hatte die Haut, die feine Haut der Tante Maria. „Sie war immer ein liebes Kind", sagte die Mutter, während sie warteten.

Auffallend zunächst das unvermittelte Einsetzen der Geschichte, das sich im pronominalen Beginn („warteten *sie*"), in der Erwähnung eines Vornamens („Monika") und im Gebrauch des bestimmten Artikels („in *der* Stadt") äussert, ohne dass die gemeinten Personen genau bezeichnet oder der Name der Stadt genannt würden. In diesem offenen Beginn, wie er für moderne Kurzgeschichten typisch ist, wird bereits ein personales Erzählen sichtbar: alles bisher Genannte ist aus der Perspektive der Eltern erzählt, denn sie verwenden selbstverständlich den Vornamen, wenn sie an ihre Tochter denken, und sie selber wissen natürlich, in welcher Stadt Monika arbeitet. Bezeichnend für die personale Erzählsituation ist auch der Tempuswechsel vom Präteritum ins Präsens im zweiten Satz („Sie *arbeitete…*, die Bahnverbindungen *sind…*"). Er markiert, indem der Teilsatz im Präsens unausgesprochene Gedanken der Eltern wiedergibt, den Übergang vom Erzählerbericht zum inneren Monolog.

Auffallend auch die fünfmalige Nennung des Wartens, einer Haltung, die der Vater und die Mutter gegenüber ihrer Tochter einnehmen. Diese Wiederholung deutet etwas von der resignativen Ergebung der Eltern und der Monotonie ihres Alltags an. Doch damit nicht genug: Sie bewirkt, indem beide Figuren auf eine gemeinsame Haltung des Wartens bezogen sind, dass diese Haltung ganz ins Zentrum tritt. Das Warten als eine Art Kollektivhaltung ist in diesem Sinne zu einem Gestus entwickelt; von ihm (und nicht von charakterlichen Qualitäten) aus sind die beiden Figuren gestaltet, so dass wir es nicht mehr mit festen, sondern mit gestischen Figuren zu tun haben. Als solche sind sie, indem sie in eine Reihe von Wartenden gerückt werden, gewissermassen entpersönlicht – eine Entpersönlichung, die auf der Manifestationsebene, für die moderne Kurzgeschichte bezeichnend, schon in ihrer Namenlosigkeit, ihrer Anonymität sichtbar wird.

So haben wir es denn hier mit dem Beginn einer Kurzgeschichte zu tun, der als gestischer Text gestaltet ist. Dieser Beginn erweist sich damit nicht nur von seiner offenen Form und der personalen Erzählsituation, sondern auch von seiner gestischen Figurengestaltung her als betont modern.

Abschliessend wollen wir die gattungstypischen Merkmale der deutschen Kurzgeschichte seit 1945 jenen der bürgerlichen Novelle zusammenfassend gegenüberstellen, wohl wissend, dass sich diese Merkmale nicht alle in jeder Kurzgeschichte gleichermassen finden lassen, dass sie vielmehr ein Grundschema bilden, das in mannigfachen Variationen realisiert ist:

Novelle	Kurzgeschichte
bestimmte Länge (in der Regel länger als die Erzählung, aber kürzer als der Roman), die sich aus ihrem geschlossenen Bau ergibt.	**Kürze** (ca. 500 bis 1'500 Wörter) als zunächst rein äusseres Merkmal, das jedoch mit weiteren typenbildenden Merkmalen (beschränkte Figurenzahl, Verzicht auf Nebenhandlungen u. a.) zusammenhängt.
geschlossene, dramatische Form, die ähnlich wie im aristotelischen Drama durch folgende drei Handlungselemente bestimmt ist: durch die **Exposition** (als Ausgangslage), die **Peripetie** (als Wendepunkt) und durch den spannungslösenden **Ausklang**. In der Gestalt der *Rahmennovelle* tritt diese geschlossene Form besonders deutlich zutage.	**offene, epische Form**, die durch das *unvermittelte* Einsetzen der Geschichte (etwa mit einem bestimmten Artikel, einem Personalpronomen oder einem Vornamen) und durch ihren häufig ebenso *abrupten* Schluss, ohne dass es eine Peripetie gibt, definiert ist.
Konzentration auf das Besondere des Geschehens, der Schauplätze und der Zeit (Zeit- und Lokalkolorit).	Neutralisierung von Zeit und Raum: Handlung beginnt irgendwo und endet irgendwo.
Milieu und Entwicklung vornehmlich **ständisch gebundener Figuren** (Adel, Bürgertum, Bauerntum).	Nicht mehr ständisch geordnete, sondern **industrielle Massengesellschaft**, die sich vor allem in der Welt der ‚kleinen Leute' spiegelt.
Charakterisierung der Figuren als Ausdruck ihrer Individualität.	**Typisierung der Figuren** als Ausdruck ihrer Kollektivierung, ihrer Entpersönlichung. Figuren sind häufig der Konvention verhaftete *Rollenträger*.

Novelle	Kurzgeschichte
dem streng kausallogischen Verlauf der Novelle entsprechend Tendenz zur **Hypotaxe**, d. h. zum *unterordnenden* Satzbau, zur Fügung aus Haupt- und Nebensätzen.	Tendenz zur **Verknappung** und zum **Understatement** bis hin zur **Aussparung**, zum Weglassen, so dass der Leser ständig zum Deuten, zum Lesen zwischen den Zeilen gezwungen wird. Damit verbunden Neigung zur **Parataxe**: zu konjunktionslosen Fügungen oder zur Reihung mit „und"; zu elliptischen Sätzen, zu Wort- und Satzwiederholungen; zur Umgangssprache und mit ihr häufig zum Dialog, also zum **szenischen Erzählen**.
Sinngebung des Ganzen, auch des Negativen, vom Ende des Werkes her als Ausdruck des Glaubens an eine sinnvoll gefügte Welt.	Auflösung des Ganzen ins Episodische: Betonung der einzelnen Sequenz bis hin zur ‚Überbelichtung' des Details als Ausdruck des verlorenen Sinnzusammenhangs der Welt.
Tendenz zum **auktorialen Erzählen**, d. h. zum Einschub von Erzählerkommentaren.	Tendenz zum **personalen** oder gar zum **neutralen Erzählen**, d. h. zum Fehlen erkennbarer Erzählerkommentare.
symbolisch überhöhte Sprache, u. a. sichtbar an der gehäuften Verwendung von Leitmotiven und vor allem von Dingsymbolen, die oft schon im Titel genannt sind.	‚einfache' Sprache, die sich jedoch als hintergründig, als zeichenhaft erweist. Gegenstände des Alltags erhalten dabei vielfach die Funktion von Dingsymbolen.

© by Haupt Berne

7.7 Traditionelle und moderne Parabel

Eine besonders wichtige Gattungsform innerhalb der modernen Erzählprosa stellt die Parabel (von gr. „paraballein": nebeneinander werfen) dar, die in ihrer bildlichen Redeweise mit dem einfachen *Vergleich* und vor allem mit dem *Gleichnis* eng verwandt ist. Doch im Unterschied zu diesen beiden Erzählformen besitzt die Parabel keine ‚so-wie'-Struktur, handelt es sich bei ihr vielmehr um einen Typus, der eine Analogie narrativ entfaltet und den ‚gemeinten' Sinn bloss nahe legt, nicht explizit macht. Freilich sind die Grenzen zwischen ihr und dem Gleichnis fliessend. Die Parabel tritt grundsätzlich in zwei verschiedenen Formen auf: in der Form der *selbständigen* Parabel, die sowohl als Parabelerzählung (z. B. Kafkas und Brechts Parabeln) wie auch als Parabelstück (z. B. Max Frischs Modell „Andorra") verwirklicht sein kann, und in jener der *unselbständigen*, etwa in einen Roman oder ein Drama eingefügten Parabel (z. B. die ‚Treppenparabel' im 7.Kapitel von Kafkas Roman „Der Prozess"; die Tierparabel in Schillers Tragödie „Fiesco" II,8).

Die Parabel reicht in ihren Anfängen bis in die Antike sowie in die buddhistische und hebräische Literatur zurück. In unserem Kulturkreis bekannt geworden sind vor allem die Parabeln Jesu im Neuen Testament (etwa die Parabel vom verlorenen Sohn in Lk 15, 11-32). Als unmittelbarer Vorläufer der neuzeitlichen Parabel gilt das mittelhochdeutsche *Bîspel*, die meist in Versform verfasste lehrhafte, kurze Beispielerzählung, die sich an das aus der antiken Rhetorik stammende *Exempel* anlehnt, einer kurzen Erzählform zur moralischen oder religiösen Belehrung und Veranschaulichung.
 Einen ersten Höhepunkt erreicht die Parabel im 18. Jh., im Zeitalter der Aufklärung. Ihre grosse Beliebtheit hängt hier, ähnlich wie die der Fabel, mit ihrem Charakter als Lehrdichtung zusammen, der dem aufklärerischen Glauben an die vernünftige Einsicht und die moralische Besserungsfähigkeit des Menschen, an seine naturhafte Güte, entspricht. So handelt es sich denn bei der **traditionellen Parabel**, wie sie im Denken der Aufklärung wurzelt, weitgehend um die Form der **lehrhaften Parabel**; sie dient der Erhellung

einer kosmischen, statischen Wahrheit, gründet auf der Idee eines geschlossenen, in festen sittlichen Werten ruhenden Weltganzen. Das wohl berühmteste Beispiel für diesen Parabeltyp ist Lessings Ringparabel, in der sich die ‚Echtheit' der drei Offenbarungsreligionen einzig in der sittlichen Bewährung ihrer Anhänger beweist.

In der **literarischen Moderne** erreicht die Parabel ihren zweiten Höhepunkt. Das hat zunächst einmal damit zu tun, dass es in der Parabel nicht um die Individualität von Figuren und um das Besondere von Geschehnissen, sondern um menschliche Grundsituationen und Verhaltensweisen geht, dass ihr also an sich schon eine **Neigung zum Gestischen** innewohnt. Allerdings ist in der Moderne weniger die Parabel als selbständige oder unselbständige Erzählung als vielmehr die Form des Parabolischen als solche zentral. Sie hängt strukturell direkt mit der neuartigen Wirklichkeits- und Figurengestaltung in modernen Texten zusammen.

Wo, wie in der Moderne, das mimetische Prinzip preisgegeben ist, wo die fiktive Welt nicht mehr als Nachahmung der Wirklichkeit verstanden wird, da beschränken sich die Autoren weitgehend auf die Darstellung von **Modellsituationen**, begnügen sie sich mit dem Gestus des Zeigens, da werden ihre Texte parabolisch. Besonders deutlich äussert sich dieser parabolische Grundzug im modernen *Drama*, und zwar in seinem bewussten Spielcharakter, seiner anti-illusionistischen Tendenz. Wir sprechen dann häufig ausdrücklich von **Parabelstücken** und verstehen darunter Dramen mit Modellcharakter, d. h. als Modelle *gesellschaftlichen* Verhaltens, wie sie vor allem in der Tradition des epischen Theaters entstanden sind. Im modernen *Roman* seinerseits wird das parabolische Element u. a. am ausgeprägten Gleichnischarakter der Bilder sichtbar; die Bilder verweisen hier immer wieder auf existentielle Grundsituationen, auf kollektive, vielfach ambivalente Kräftefelder (wie z. B. Macht *und* Angst, Lebens- *und* Todestrieb), in die der Mensch hineingenommen und durch die er bestimmt ist, sind in diesem Sinne parabolisch. Von ihnen aus tendiert der moderne Roman zum **parabolischen Roman**, zu einer Art grossangelegten Parabel. So lassen sich beispielsweise sämtliche Romane und Erzählungen Kafkas von ihren parabolischen Bildern her als ausgedehnte Parabeln lesen.

Man vergleiche etwa das bei Kafka immer wiederkehrende Bild von der Welt als Gericht oder als einer gewaltigen Bürokratie, der sich der Mensch gnadenlos ausgeliefert sieht.

Doch in modernen Texten sind nicht nur die Bilder, da ist die Figurengestaltung selber in hohem Masse parabolisch. Die Parabolik der Figuren hängt hier strukturell mit ihrer gestischen Gestaltung , d. h. mit ihrer Reduktion auf wenige Grundvorgänge, ihrer Entpersönlichung, zusammen. Durch sie erhalten die Figuren, ähnlich wie die Bilder, Gleichnischarakter, werden sie zu Repräsentanten menschlicher Grundsituationen. Nicht zufällig fordert gerade Alfred Döblin, der in „Berlin Alexanderplatz" ein Modell moderner Existenz, ihrer unlösbaren Antinomien gezeichnet hat, vom Autor, er habe im epischen Werk „zu den einfachen, grossen, elementaren Grundsituationen und –figuren des menschlichen Daseins zu gelangen"[6]. Das bedeutet, gleichsam Brecht vorwegnehmend, die Forderung nach einer **Figurengestaltung**, die nicht mehr individualistisch, sondern **gestisch und parabolisch** ist.

Neben den Formen des Parabolischen kommt in der Moderne auch die Parabel als eigene Gattungsform recht häufig vor. Allerdings haben wir es hier weniger mit der Parabel in der Tradition der Aufklärung, also mit der lehrhaften Parabel, zu tun als vielmehr mit einem Parabeltyp, wie er sich vor allem in der Kafkarezeption findet. Wir wollen diesen modernen Parabeltyp, bei dem die Texte nicht mehr auf einen bestimmten Sinn hin aufschliessbar sind, analog zur absoluten Metapher, als **„absolute Parabel"** bezeichnen. Ihre Strukturmerkmale lassen sich den Merkmalen der herkömmlichen, lehrhaften Parabel wie folgt gegenüberstellen:

traditionelle, lehrhafte Parabel	moderne, absolute Parabel
Vermittlung von Bild und Sinn in einem verbindenden Gemeinsamen (tertium comparationis) als Ausdruck der uralten Idee eines geschlossenen, sinnvoll gefügten Weltganzen.	**keine hinreichende Vermittlung von Bild und Sinn**, ja oftmals gar Unerschliessbarkeit des Parabelsinns als Ausdruck der Erfahrung einer dem Menschen entfremdeten Welt, die sich jeder Deutung entzieht. Das Dunkelbleiben des Sinns wird dabei paradoxerweise selbst zum Sinn der Parabel.
Ausrichtung auf einen mehr oder weniger ‚eindeutigen' Parabelsinn, auf eine vom Text intendierte ‚**Lehre**'.	keine Ausrichtung auf einen bestimmten Parabelsinn, auf eine ‚Lehre': gipfelt meist vielmehr in einem **Paradoxon**, das rätselhaft und damit vieldeutig bleibt.
im **Charakter des einzelnen Menschen** begründete Sittlichkeit als Basis der dargestellten Modellfälle menschlichen Verhaltens (z. B. Nächstenliebe, Toleranz).	in **Kollektivkräften existentieller und gesellschaftlicher Art** wurzelnde Grundsituationen des Menschen (z. B. Verlorenheit, Bedrohtheit, Ausbeutung).

© by Haupt Berne

Schliessen wir dieser Gegenüberstellung ein Beispiel für eine moderne, absolute Parabel an. Es soll u. a. illustrieren, wie der Parabelsinn, durch das Fehlen eines deutlich vermittelnden und sanktionierenden Erzählers, dunkel bleibt. Die Parabel findet sich im Band „Beschreibung eines Kampfes", den Max Brod 1936 aus nachgelassenen Papieren **Franz Kafkas** zusammengestellt und veröffentlicht hat:

Es war sehr früh am Morgen, die Strassen rein und leer, ich ging zum Bahnhof. Als ich eine Turmuhr mit meiner Uhr verglich, sah ich, dass es schon viel später war, als ich geglaubt hatte, ich musste mich sehr beeilen, der Schrecken über diese Entdeckung liess mich im Weg unsicher werden, ich kannte mich in dieser Stadt noch nicht sehr gut aus, glücklicherweise war ein Schutzmann in der Nähe, ich lief zu ihm und

fragte ihn atemlos nach dem Weg. Er lächelte und sagte: „Von mir willst du den Weg erfahren?" „Ja", sagte ich, „da ich ihn selbst nicht finden kann." „Gibs auf, gibs auf", sagte er und wandte sich mit einem grossen Schwunge ab, so wie Leute, die mit ihrem Lachen allein sein wollen.

Der äussere Vorgang dieser Parabel, in der Ich-Form erzählt, erscheint auf den ersten Blick einfach und ganz natürlich: Da geht zu früher Morgenstunde ein Fremder durch die leeren Strassen einer Stadt zum Bahnhof und bemerkt beim Vergleich seiner Uhr mit der am Turm, dass es schon viel später ist, als er geglaubt hat. Er beginnt sich zu beeilen, und da er im Weg unsicher geworden ist, bittet er einen Schutzmann um Hilfe. Es sind dies alles Handlungen, die so auch in einer realistischen Erzählung des 19. Jh. stehen könnten.

Und trotzdem stimmt hier etwas nicht. Wir ahnen es bereits im zweiten Satz, wenn da von den unterschiedlichen Zeiten der beiden Uhren, d. h. vom Auseinanderklaffen zweier Zeitsysteme, die Rede ist. Fast wie ein Kommentar zu diesem Satz liest sich eine Tagebuchnotiz Kafkas vom 16. Januar 1922, wo es heisst: „Die Uhren stimmen nicht überein, die innere jagt in einer teuflischen oder dämonischen oder jedenfalls unmenschlichen Art, die äussere geht stockend ihren gewöhnlichen Gang. Was kann anderes geschehen, als dass sich die zwei verschiedenen Welten trennen, und sie trennen sich oder reissen zumindest aneinander in einer fürchterlichen Art […]."[7]

Im Bild von den nicht übereinstimmenden Uhren, von den „zwei verschiedenen Welten" thematisiert Kafka wohl die Erfahrung, dass die wechselseitige Durchdringung von Idee und Erscheinung, von Denken und empirischer Realität, an die man im 19. Jh. noch weithin glauben konnte, in der Moderne einer zunehmenden Isolierung der Sphären gewichen ist. Diese dissoziierte Wirklichkeitserfahrung wird, besonders vor dem Hintergrund des rätselhaften Schlusses, auch im zweiten Satz der Parabel evoziert. Von ihr her erklärt sich der „Schrecken", der den Fremden ob der Entdeckung seiner ‚falschen' Zeit erfasst. In der Antwort des Schutzmanns, der offensichtlich einen anderen Weg als den vom Fremden erfragten, realen Weg zum Bahnhof meint, tritt sie vollends zutage. Was hier, in dieser Antwort auf die Frage nach dem *Weg*, geschieht, lässt sich als Preisgabe des ‚alten' Glaubens an die Einheit von Begriff und Sein oder, strukturell formuliert, von Signifikant und Signifikat auffassen, wie sie für die literarische Moderne insgesamt kennzeichnend ist.

Betrachten wir nun die beiden Figuren in der Parabel. Da ist zunächst das anonyme Ich, der Fremde, der sich, indem er „im Weg unsicher" wird, in einer Mangellage befindet. Wenn er den Schutzmann nach dem Weg fragt, so versucht er, diese Mangellage zu überwinden, wird er aus struktureller Sicht zum Helden. Der *Schutz*mann selber – man beachte die Bezeichnung für den Polizisten – besetzt von seinem Amt und mit ihm von den Erwartungen des Wegsuchenden her die Position eines Helfers. Doch anstatt dem Fremden den Weg zu weisen, wie das sein Amt gebietet, stellt er ihm eine Gegenfrage, wendet er sich dann „mit einem grossen Schwunge ab". Dadurch wird er für den Fremden zum Gegner. So gesehen, erfüllt der Schutzmann zwei einander entgegengesetzte Handlungsfunktionen: die durch sein Amt gegebene Funktion des Helfers *und* die des Gegners, ist seine semantische Position, anders als die einer traditionellen Figur, aufgelöst. Zur Auflösung der ,Wirklichkeit' tritt in unserer Parabel demnach die Auflösung der Figur, der Identität von Amt und Person.

Aber damit nicht genug: Der Schutzmann ist nicht nur auf eine paradoxe Weise Helfer und Gegner, sondern darüber hinaus auch Auftraggeber, insofern nämlich, als er den Fremden auffordert, die Suche nach dem Weg aufzugeben. Wir haben es hier mit einer ,Aufsplitterung', einer *Montage* der Figur zu tun, wie wir sie ähnlich auch in **Kafkas** berühmter Parabel **„Vor dem Gesetz"** (1914) vorfinden, wo der Türhüter, indem er dem „Mann vom Lande" einerseits den Eintritt ins Gesetz verwehrt, anderseits aber das Tor bewacht, das nur für diesen Mann bestimmt ist, zwei *gegensätzliche* Funktionen, nämlich die Funktion des Gegners *und* des Helfers, erfüllt und wo der gleiche Türhüter, wenn er den Mann auffordert, trotz seines Verbotes, hineinzugehen, auch Züge eines Auftraggebers annimmt. Diese *Montage* der Türhüter-Figur zeigt sich an der Eingangs- und der Schlusssequenz der Parabel besonders schön:

Vor dem Gesetz steht ein Türhüter. Zu diesem Türhüter kommt ein Mann vom Lande und bittet um Eintritt in das Gesetz. Aber der Türhüter sagt, dass er ihm jetzt den Eintritt nicht gewähren könne. […] Da

das Tor zum Gesetz offen steht wie immer und der Türhüter beiseite tritt, bückt sich der Mann, um durch das Tor in das Innere zu sehn. Als der Türhüter das merkt, lacht er und sagt: „Wenn es dich so lockt, versuche es doch, trotz meines Verbotes hineinzugehn. […]
Der Türhüter erkennt, dass der Mann schon am Ende ist, und, um sein vergehendes Gehör noch zu erreichen, brüllt er ihn an: „Hier konnte niemand sonst Einlass erhalten, denn dieser Eingang war nur für dich bestimmt. Ich gehe jetzt und schliesse ihn.

Kehren wir nun wieder zu unserer Weg-Parabel zurück: Dass der Schutzmann einen andern Weg als den realen meint, wurde bereits gesagt. Doch um was für einen Weg es sich handelt. bleibt offen. Offen bleibt damit auch der ‚Sinn' der Parabel: Ist er, wie in der Kafkarezeption üblich, im biographischen, im psychologischen, im sozialen oder gar im religiösen Bereich zu suchen? Wir erfahren es nicht. Einzig die Endgültigkeit der Worte „Gibs auf", durch ihre Wiederholung noch unterstrichen, ist uns gewiss. Anstatt mit einem vermittelnden Schluss und einer deutlichen Schlusssanktion des Erzählers wird hier der Leser mit einem ‚offenen Bedeuten', einer latenten Unbestimmtheit konfrontiert. Diese Unbestimmtheit, die weniger die Möglichkeit unterschiedlicher Interpretationen als vielmehr die *Unmöglichkeit* einer ‚eindeutigen' Auslegung meint, ist nicht nur ein Merkmal der absoluten Parabel, sondern grundsätzlich aller wirklich modernen Texte. Freilich hat Kafkas Parabel, indem sie auf eine ‚feste' Bedeutung verzichtet, nicht einfach keinen ‚Sinn'; vielmehr zeigt sie auf, wie der Mensch immer von Neuem versucht, seiner Existenz einen Sinn abzugewinnen, auch wenn er weiss, dass dieser Versuch in einer sinnentleerten Welt zum Scheitern verurteilt ist. Ihre Nähe zum Existentialismus, vor allem zum Denken Albert Camus', ist denn auch auffallend (vgl. S. 114 ff.).

7.8 Zwei epische Sonderformen: Tagebuch und Essay in der modernen Literatur

Als epische Sonderformen bezeichnen wir hier das literarische Tagebuch und den literarischen Essay deshalb, weil es sich bei diesen zwei Textsorten nur bedingt um Erzählgattungen handelt. Tagebuch und Essay stellen wegen ihrer Nähe zu den (nichtliterarischen) Gebrauchstexten literarische Grenzfälle dar. Sie finden sich aber vor allem in der modernen Erzählprosa, indem hier die Texte mit tagebuchartigen und essayistischen Elementen durchsetzt und so die traditionellen Gattungsgrenzen aufgelockert werden, sehr häufig.

7.8.1 Tagebuchartige Elemente im modernen Roman

Unter einem „Tagebuch" verstehen wir ganz allgemein in regelmässigen Abständen, meist täglich verfasste und chronologisch aneinandergereihte (fast durchwegs mit Datenangaben versehene) Aufzeichnungen, in denen der Schreiber Erfahrungen mit sich und seiner Umwelt, vorwiegend zum Zwecke der kritischen Selbst- und Gesellschaftsanalyse, unmittelbar festhält. Entscheidend für jede Art von Tagebuch ist die bewusst **subjektiv-fragmentarische Sehweise** des Autors.

Seit der Renaissance und besonders seit der Zeit des Sturm und Drang mit ihrer endgültigen Emanzipation des Subjektes tritt das **literarische Tagebuch**, d. h. das Tagebuch als literarische Fiktion (vgl. Goethes Tagebuchroman „Die Leiden des jungen Werthers"), neben die sog. authentischen Tagebücher. Dabei bedeutet die Entstehung des literarischen Tagebuchs den Übergang von der rein privaten Aufzeichnung zur Kunstgattung, da bei ihrer Abfassung bewusst oder unbewusst der Gedanke an Veröffentlichung und Eingliederung ins Gesamtwerk des Autors mitgewirkt hat (z. B. bei Goethe, Hebbel, Musil, Kafka, Th. Mann, Jünger, Frisch, Canetti, K. Marti, A. Mechtel u. a.). Dies auch im Zusammenhang damit, dass das Tagbuch nicht selten die ersten Entwürfe für Dramen, Romane oder Erzählungen enthält.

In der **modernen Literatur** erlangt das Tagebuch oder, besser gesagt, der tagebuchartige Aufbau erzählerischer Texte, vor allem von Romanen, seit Rilkes „Aufzeichnungen des Malte Laurids Brigge" (1910), besondere Bedeutung: Wo man die traditionelle Romanfiktion, d. h. die Fiktion einer geschlossenen Welt, aber auch die Vorstellung eines festen Ich bewusst preisgeben will, wo es um die Problematisierung der Zeit überhaupt geht, da wird der Typus des Tagebuchs bzw. des **Tagebuchromans** mit seinen Möglichkeiten, Fragmentarisches (Erinnerungen, Reportagen, Zitate, Reflexionen, Erzählteile usw.) montageartig nebeneinander zu stellen, zu einem beliebten Ausdrucksmittel. So besteht etwa Wolfgang Hildesheimers zwar als „Roman" bezeichnetes Buch „Masante" von 1973 nur noch aus tagebuchartigen Einträgen, kurzen Erzählskizzen, Reflexionen und Kommentaren. Ähnliches gilt beispielsweise für Barbara Frischmuths 1968 publizierten Roman „Die Klosterschule", einer Mischform aus Bericht, Tagebuch und Brief. Im Tagebuch lässt sich die moderne Thematik einer vielschichtig gebrochenen, zusammengesetzten Welt und mit ihr verbunden auch die der Ichauflösung formal besonders eindringlich zeigen.

Der folgende Auszug aus dem Schluss von **Max Frischs** analytisch gebautem Roman **„Homo faber"** (1957) mag ein Beispiel für die formale Umsetzung dieser epochalen Thematik sein. Der Text besteht aus Walter Fabers tagebuchartigen Aufzeichnungen im Athener Krankenhaus: aus zwei Rückblenden und drei *kursiv* gedruckten Passagen in der Erzählergegenwart, die ineinander montiert sind, so dass an die Stelle einer realen Zeitabfolge die ‚innere' Zeit mit ihrer Gleich- und Allzeitigkeit von Tun und Erinnern tritt. Man beachte in der ersten Rückblende zudem das für modernes Erzählen typische willkürliche Tempusgemisch (Präsens, Perfekt, Präteritum) als Ausdruck dieser simultanen Zeiterfahrung im Bewusstsein der Figur:

Ich löse meinen Gürtel -
Hanna am Flughafen.
Ich sehe sie durch mein Fenster -
Hanna in Schwarz.
Ich habe nur meine Mappe, meine Hermes-Baby, Mantel und Hut, so dass der Zoll sofort erledigt ist; ich komme als erster heraus, aber wage

nicht einmal zu winken. Kurz vor der Schranke bin ich einfach stehengeblieben (sagt Hanna) und habe gewartet, bis Hanna auf mich zuging. Ich sah Hanna zum ersten Mal in Schwarz. Sie küsste mich auf die Stirn. Sie empfahl das Hotel Estia Emborron.
Heute nur noch Tee, noch einmal die ganze Untersucherei, nachher ist man erledigt. Morgen endlich Operation.
Bis heute bin ich ein einziges Mal an ihrem Grab gewesen, da sie mich hier (ich verlangte ja nur eine Untersuchung) sofort behalten haben; ein heisses Grab, Blumen verdorren in einem halben Tag -
18.00 Uhr
Sie haben meine Hermes-Baby genommen.
19.30 Uhr
Hanna ist nochmals dagewesen.

Seit der ‚Tendenzwende' in der Literatur, also seit der vermehrten Hinwendung der Autoren zum eigenen Ich, zum Alltäglichen und Privaten nach 1970, hat die Tagebuchform im Umfeld der *Autobiographien* neue Bedeutung erlangt; die Erzählprosa zeigt in jüngster Zeit im Ringen um den authentischen Ausdruck einen verstärkten Hang zum Diaristischen, wie sich nicht nur an der sog. Frauenliteratur (etwa an Karin Reschkes „Findebuch der Henriette Vogel"), sondern auch an den modernen Formen des Briefromans (z. B. an Daniel Glattauers E-Mailroman „Gut gegen Nordwind") illustrieren liesse.

7.8.2 Essayistische Elemente im modernen Roman

Der Essay (von engl.-frz. „essai": Versuch) ist eine kürzere Abhandlung über einen wissenschaftlichen Gegenstand, eine aktuelle Frage des geistigen, kulturellen oder sozialen Lebens in bewusst künstlerisch-literarischer und bildungsmässig anspruchsvoller Sprache.

Im Gegensatz zu der um höchstmögliche Objektivität bemühten, rein wissenschaftlichen Abhandlung ist der Essay in bewusst subjektiv-intuitiver Tendenz gehalten; er verzichtet auf eine objektiv-systematische und erschöpfende Analyse des Gegenstandes zugunsten mosaikhaft-lockerer und teilweise fragmentarischer Gedankenführung. Damit nimmt der Essay eine Art Mittelstellung zwischen der streng wissenschaftlichen Abhandlung und der dichterischen Prosa ein. Sein *Reflexionscharakter* verbindet ihn mit dem Tagebuch, in seinem *Kunstwillen* ist er dem ihm gegenüber breiteren und meist weniger tiefgängigen (journalistischen) Feuilleton verwandt.

Der Essay setzt in allen Literaturen mit der Ausbildung einer Kunstprosa ein. Den Begriff prägte der französische Dichter und Philosoph **Michel de Montaigne** („Les essais", 1580) in Anlehnung an römische Vorbilder, etwa an Plutarchs „Moralia" oder an Senecas „Epistulae morales". Seit Hermann Grimms „Essays" (1859) tritt in Deutschland das Fremdwort an die Stelle des bis dahin üblichen „Versuchs".

Innerhalb der deutschen Literatur erlangt der Essay vor allem seit dem Zeitalter der Aufklärung mit seiner Tendenz zum Lehrhaften Bedeutung. Er gehört denn auch zu den Formen der didaktischen Dichtung. Als Beispiele berühmter deutscher Essays gelten etwa Lessings „Die Erziehung des Menschengeschlechts" (1780), Herders „Fragmente über die neuere deutsche Literatur" (1767), Schillers „Über Anmut und Würde" (1793), Kleists „Über das Marionettentheater" (1810), Nietzsches „Hinfall der kosmologischen Werte" (1886), Hermann Bahrs „Zur Kritik der Moderne" (1890), Hofmannsthals Chandosbrief (1902), Walter Benjamins „Versuche über Brecht" (1936), Dürrenmatts „Theaterprobleme" (1955), Adornos „Noten zur Literatur" (1958).

In der **modernen Literatur** spielt der Essay als *selbständiger* Prosatyp, d. h. als **Romanessay** (z. B. Bernward Vespers biografischer Romanessay „Die Reise"), aber noch mehr als *integrierter* Bestandteil des Romans (z. B. bei R. Musil, O. Flake, H. Broch, U. Johnson, A. Schmidt, B. Strauss, Ch. Wolf), in dem sich Roman- und Essayelemente häufig montageartig überlagern, eine wichtige Rolle. Es vollzieht sich hier geradezu eine **Essayisierung** und damit auch eine **Intellektualisierung des Romans**. Sie hängt mit einer grundsätzlich veränderten Auffassung vom Autor und vom literarischen Werk zusammen.

Traditionelle Autoren und teilweise auch wieder die Autoren der Postmoderne wollen, im Sinne der alten Horazschen Zweckbestimmung der Dichtung als „prodesse et delectare", d. h. als ‚Belehrung' und ‚Unterhaltung', vor allem ‚Geschichten' erzählen, in ihnen die Welt abbilden. An ihre Stelle tritt in Bezug auf den **modernen, essayistischen Roman** ein Autor, der, seiner vielfältig gebrochenen Wirklichkeitserfahrung entsprechend, die Kontinuität einer durchgehenden Handlung auflöst, indem er ausgedehnte Reflexionen in sein Werk einbaut. Damit gibt er die individuelle Optik eines persönlichen Erzählers teilweise preis, relativiert er auch das Individuum und seine Problematik als thematisches Zentrum des Romans. Die essayistischen Elemente im modernen Roman stellen, so gesehen, eine von der Vorherrschaft der Figur befreite, absolute Prosa dar. Sie führen überdies, indem sie die herkömmliche, geschlossene Form des Romans sprengen, zu einer für die Moderne typischen Auflockerung der traditionellen Gattungsgrenzen. Der folgende Text aus **Christa Wolfs** Prosaband **„Störfall. Nachrichten eines Tages"** (1987) soll diesen modernen Essayismus, bei dem die Handlungskontinuität durch eingeschobene Reflexionen des Erzählers, also durch essayistische Elemente, immer wieder gesprengt und so eine vielschichtig gebrochene Welt sichtbar wird, abschliessend illustrieren. Es handelt sich um den Bericht über einen Tagesablauf, dessen Hintergrund das Reaktorunglück von Tschernobyl vom 26. April 1986 ist:

Der Himmel ist an jenem Tag wolkenlos gewesen. […]
O Himmel, strahlender Azur.
Nach welchen Gesetzen, wie schnell breitet sich Radioaktivität aus, günstigenfalls und ungünstigenfalls. Günstig für wen? Und nützte es denn den unmittelbar am Ort des Ausbruchs Wohnenden wenigstens, wenn sie sich, durch Winde begünstigt, verbreitete? Wenn sie aufstiege in die höheren Schichten der Atmosphäre und sich als unsichtbare Wolke auf die Reise machte? Zu meiner Grossmutter Zeiten hat man sich unter dem Wort „Wolke" nichts anderes vorstellen können als kondensierten Wasserdampf. Weiss, womöglich, ein mehr oder weniger schön geformtes, die Phantasie anregendes Gebilde am Himmel. Eilende Wolken, Segler der Lüfte / Wer mit euch wanderte, wer mit euch schiffte… Der käm woanders hin. Kommentar unserer Grossmutter, die niemals reiste, wenn man sie nicht aussiedelte. Warum, Bruder, sind wir so bewegungssüchtig?
Das Pflaumenmus, das wir voriges Jahr, stöhnend unter der Last der Pflaumenernte, selber hergestellt haben, fände ihren Beifall. Sie pflegte es mit Zimt zu überpudern […].

Arbeitsvorschläge zu Kapitel 7

1. Beim folgenden Text handelt es sich um den Beginn eines Trivialromans von Monika Bauer mit dem Titel „Wie roter Mohn flammte ihre Liebe" (2006). Finden Sie im Text möglichst viele Merkmale für Trivialität, indem Sie die Zusammenstellung auf Seite 241 f. zu Rate ziehen. Achten Sie dabei vor allem auf die verwendeten Topoi:

   Das kleine, malerische Dorf unweit der Nordsee schien von der lauten, hektischen Welt da draussen völlig vergessen worden zu sein. Still und beschaulich führten die Bewohner ihr Leben, wie es schon ihre Väter vor ihnen geführt hatten. Sie waren zufrieden mit dem wenigen, was sie besassen.
   Das Dorf lag inmitten bewaldeter Berge, die hoch in den Himmel ragten und weithin wie dunkle Wände über das Meer hinaus sichtbar waren. Wenige der Menschen, die hier auf ihren stolzen Schiffen vorbeifuhren, konnten sich vorstellen, dass hinter dieser mächtigen, dunklen Wand Menschen wohnten, dass sich dahinter menschliche Schicksale abspielten.

2. Im Rahmen eines Workshops hat ein jugendlicher Autor folgenden Text verfasst:

   Der Mann, der durch die Strasse ging, sah einfach aus. Grauer Mantel, graues Gesicht. Zögernd und ziellos zog er seine Bahn durch die Häuserschluchten. Er wollte es nicht, aber plötzlich stand er vor seinem Restaurant. Er war einfach den Weg gegangen, den er immer ging. Dieser Weg war sein Geleise.
   Langsam, unsicher trat er ein. Es roch nach abgestandenem Bier, kaltem Rauch, Schweiss. Die Lampe brannte nackt und weiss, ein nüchternes, steriles Licht. Er kannte es, dieses Licht. Er kannte auch den Tisch, seinen Tisch. Er war frei. „Ein Bier", sagte er. Seine Stimme tönte hohl, leer. Er horcht ihr nach. Immer: „Ein Bier." Er wird wütend. Eine sinnlose, ziellose, grenzenlose Wut auf alles packt ihn. Er trinkt sein Bier. Es ist schön. Grausam schön.
   „Noch ein Bier." Er lächelt. Kalt. Noch ein Bier. Schwankend geht er nach Hause. Ein gewöhnlicher, grauer Mann. Betrunken, ausgehöhlt, leer, und niemand fragt nach ihm.

a) Welche Merkmale von Bauform, Erzählsituation und Sprache her weisen darauf hin, dass der Verfasser die Form der Kurzgeschichte gewählt hat? Ziehen Sie dazu die Zusammenstellung auf S. 259 f. bei.

b) Der Text zeigt deutliche literarische Schwächen. Wo überall finden sich diese Schwächen, wenn Sie etwa an das für die moderne Kurzgeschichte zentrale Stilmittel der Aussparung denken?

3. Kürzestgeschichten sind mitunter auf einen einzigen Satz verknappt, so dass sich von Ein-Satz-Geschichten sprechen lässt. Zeigen Sie an der 2005 veröffentlichten Ein-Satz-Geschichte des Schweizer Autors Hans Peter Niederhäuser die Nähe zur experimentellen Prosa auf, wie sie für die Kürzestgeschichte vielfach typisch ist:

Er ging ins Theater, weil er ein Abonnement hatte, und sass wie gewohnt in der vordersten Reihe, bis ihn der verzweifelte Blick der Schauspielerin traf und er unversehens auf die Bühne sprang, um sie vor den Attacken ihres jähzornigen Mannes zu schützen, so dass ihn der Securitas-Wächter mit geübtem Handgriff aus dem Spiel ziehen musste.

4. Inwiefern ist der folgende Text aus Wolfgang Borcherts nachgelassenen „Lesebuchgeschichten" (1947) eine *moderne* Kurzgeschichte, wenn Sie davon ausgehen, dass modernes Schreiben vor allem gestisches Schreiben bedeutet? Beziehen Sie auch die im Text als Folie anklingende Gattungsform des Märchens in Ihre Überlegungen mit ein:

Es waren mal zwei Menschen. Als sie zwei Jahre alt waren, da schlugen sie sich mit den Händen.
Als sie zwölf waren, schlugen sie sich mit Stöcken und warfen mit Steinen.
Als sie zweiundzwanzig waren, schossen sie mit Gewehren nach einander.
Als sie zweiundvierzig waren, warfen sie mit Bomben.
Als sie zweiundsechzig waren, nahmen sie Bakterien.
Als sie zweiundachtzig waren, da starben sie. Sie wurden nebeneinander begraben.

Als sich nach hundert Jahren ein Regenwurm durch ihre beiden Gräber frass, merkte er gar nicht, dass hier zwei verschiedene Menschen begraben waren. Es war dieselbe Erde. Alles dieselbe Erde.

5. Zusammen mit andern kürzeren Texten hat Franz Kafka 1913 unter dem Titel „Betrachtung" (enthalten in „Sämtliche Erzählungen") den vorliegenden Text „Die Bäume" veröffentlicht:
   Denn wir sind wie Baumstämme im Schnee. Scheinbar liegen sie glatt auf, und mit kleinem Anstoss sollte man sie wegschieben können. Nein, das kann man nicht, denn sie sind fest mit dem Boden verbunden. Aber sieh, sogar das ist nur scheinbar.
   Inwiefern haben wir es hier von der Erzählform her mit einem Gleichnis, von der Struktur her aber mit einer absoluten Parabel zu tun?

6. Der Schluss von Jakob Wassermanns Erzählung „Das Gold von Caxamalca" (1930) zeigt, wie ein moderner Erzähltext *nicht* aussieht. Machen Sie das an der Sprache des Textes deutlich. Eine Hilfe dazu bieten die Kriterien der literarischen Wertung in Kapitel 12 (vgl. S. 406 ff.).
   Ich sah den Tod in jeglicher Gestalt, die er auf Erden annimmt; ich sah die Freunde hingehn und die Führer fallen und die Völker enden und die Unbeständigkeit jedes Glücks und den Betrug jeder Hoffnung und schmeckte den bittern Bodensatz in jedem Trunk und das heimliche Gift in jeder Speise und litt an der Zwietracht der Gemeinden und an der Torheit selbst der Erleuchteten und an dem grausam gleichmütigen Rollen der Zeit über diese schmerzbeladene Erde und erkannte die Nichtigkeit alles Habens und die Ewigkeit alles Seins, und mich erfüllte das Verlangen nach einem besseren Stern, den die herrliche Sonne reiner durchglüht und edler beseelt hat. Dieser, auf dem ich lebe, ist vielleicht von Gott verstossen.

8. Lyrik: Das traditionelle Gedicht

8.1 Der populäre Lyrikbegriff: ein Missverständnis

Ein Versuch, das Wesen des Gedichtes zu beschreiben, muss von einer grundlegenden Bedingung ausgehen, von der Korrektur der heute noch weit verbreiteten Auffassung über Lyrik. Diese Korrektur betrifft ein Dreifaches:

Zum Ersten handelt es sich um die **Gleichsetzung von Lyrik und Versdichtung**, d. h. um die gängige Vorstellung, der Vers als metrisch gebundene und als Zeile hervorgehobene Sprecheinheit sei ein Merkmal *aller* Gedichte. Diese an einer älteren Lyrik orientierte Auffassung konnte sich bis heute hartnäckig halten, obwohl gerade die *moderne* Lyrik, in ihrer auffallenden Nähe zur Prosa, auf den traditionellen, metrisch regulierten Vers, ihn durch den *freien* Vers ersetzend, seit ihren Anfängen im französischen Symbolismus weitgehend verzichtet. Ganz zu schweigen von jüngsten Kompositionsformen, die dem Gedicht ein kastenförmig abgeschlossenes Aussehen verleihen, oder gar von der konkreten Poesie, in der die Versform zugunsten des visuellen und akustischen Momentes überhaupt preisgegeben wird.

Gedichttexte werden zwar erst durch die Zeilenanordnung als Gedichte erkennbar. Dennoch ist die Untergliederung in Zeilen für zahlreiche, vor allem zeitgenössische Gedichte nur ein ‚äusseres', rein formales Merkmal. Die ersten Zeilen aus **Kathrin Schmidts** Gedicht **„hochzeit"** (1995), das sich ohne Mühe in einen laufenden Prosatext umschreiben liesse, mögen dies beispielhaft illustrieren:

> liebe schwester dies ist kein beklemmender brief aus
> der schule der ohnmacht dies ist nur eine versteckte
> aufforderung ein auto zu kaufen ein bisschen
> buchsbaum und myrthe zu streuen und einen kleinen
> hund neben dem sofa wohnen zu lassen auf keinen fall
> ist dies ein aufruf zu begeisterter schwangerschaft
> oder mütterlichen gefühlen [...]

Was hier optisch noch als Versdichtung erscheint, ist in Wirklichkeit schon längst keine mehr. Wir spüren es beim Sprechen dieses Textes sofort: Das ist aufgelöste, nicht einmal mehr rhythmische Prosa. Der ‚Vers' hat in diesem Gedicht keine konstitutive, sondern eben lediglich optische Funktion; kaum mehr als die *äussere* Gliederung hebt das Gedicht von gewöhnlicher Prosa ab. Als sog. *Prosagedicht* stellt es gerade innerhalb der modernen Lyrik, unter anderem wegen seiner Nähe zur Alltagssprache, seines antipoetischen Affekts, eine auffallend häufig verwendete Gedichtform dar.

An dieser Stelle ist ein Wort zum **Endreim** zu sagen, in dem literarisch weniger Sachkundige häufig ein unverzichtbares Charakteristikum des Gedichtes sehen. Zum einen ist der Endreim mit seinen beiden Spielarten, dem Anfangs- und dem Binnenreim, nur eine von mehreren möglichen Reimformen, und sogar die historisch jüngste. In der deutschen Dichtung begegnet er uns erst um 870 bei Otfrid von Weissenburg, der ihn von der frühmittelalterlichen lateinischen Hymnendichtung übernommen hat; er löst in Otfrids Evangelienharmonie den wesentlich älteren, germanischen Stabreim ab. Und zum andern muss ein Gedicht überhaupt nicht gereimt sein: die gesamte antike Lyrik ist es nicht; ähnlich verzichtet auch ein bedeutender Teil der deutschen Versdichtung auf den Reim. So ist etwa die Lyrik Klopstocks und Hölderlins, aber auch die der Stürmer und Dränger im späten 18.Jh. weitgehend reimlos. Und so überwiegt auch in der Lyrik des 20./21.Jh., vor allem in der genuin *modernen* Lyrik, das reimlose Gedicht.

Im Übrigen gilt es zu bedenken, dass der Endreim seit seinen Anfängen nicht nur ein sinntragendes Element des Verses, sondern, indem er die Teile eines Gedichtes verbindet, ordnend wirkt, auch ein **harmonisierendes Stilmittel** bildet. Daher ist er für die Darstellung einer modernen, disharmonischen Welt kaum mehr tragfähig. Dies hat am klarsten wohl Brecht erkannt, wenn er in seinem Exil-Gedicht „Schlechte Zeit für Lyrik" aus dem Jahr 1939 vom Reim sagt, er komme ihm „fast vor wie Übermut"[1]. Zu Brechts weltanschaulich-politischer Kritik am Reim tritt jene ästhetische, die schon der Literaturkritiker Johann Jakob Bodmer 1722 unter dem Eindruck der reimlosen antiken Dichtung, dann aber vor allem Arno Holz Ende des 19.Jh. formuliert hatte, wenn er den Reim

u. a. als längst „abgegriffen" und „langweilig" bezeichnete[2]. Die *Abnutzung des Reims* durch die vielen altbekannten, gleichsam stehenden Reimverbindungen (z. B. Herz/Schmerz, Sonne/Wonne) ist für die deutsche Lyrik in der Tat zu einem wichtigen künstlerischen Problem geworden. Das hängt letztlich wohl auch damit zusammen, dass die deutsche Sprache, ganz im Unterschied zu den romanischen Sprachen, relativ arm an Reimen ist, so dass deren ständige Wiederholung mit der Zeit ermüdet.

Freilich gab und gibt es in der Geschichte der deutschen Lyrik immer wieder Ansätze zu einer Erneuerung, einer **Entautomatisierung des Reims**. So etwa, wenn in neueren Gedichten der Reim, indem er, im Zusammenhang mit Fremdwörtern, entlegenen Wörtern und seltenen Komposita, häufig als grotesker *Reimgegensatz* (z. B. Teetisch/ästhetisch) oder als auffallend *unreiner Reim* (z. B. viel/ Gefühl) auftritt, eine parodistische Funktion erhält, d. h. als zusätzliches Stilmittel eingesetzt wird. Was in strengen lyrischen Formen als künstlerischer Fehler gilt, dient hier der Verfremdung vorgegebener Konventionen. Ein Textbeispiel, die dritte Strophe aus **Peter Rühmkorfs** Gedicht **„Hochseil"** (1976), soll dies zeigen:

> **Wer von so hoch zu Boden *blickt*,**
> **der sieht nur Verarmtes/Verirrt*es*.**
> **Ich sage: wer Lyrik schreibt, ist ver*rückt*,**
> **wer sie für wahr nimmt, wird *es*.**

Zum Zweiten geht es um die immer noch weit verbreitete **Verengung des Lyrikbegriffs**, der sich vorwiegend an den Gedichten von der Sturm und Drang-Zeit bis zum Realismus, besonders an jenen Goethes und der Romantiker, orientiert. Diese Verengung des Lyrikbegriffs hängt mit dem seit dem späten 18.Jh. eingebürgerten Glauben an die absolute Subjektivität dieser Gattung zusammen. Ein Gedicht bedarf danach notwendigerweise eines **lyrischen Ich**, das zu unmittelbarem Erleben und zum völligen Aufgehen im lyrischen Gegenstand (z. B. in der angedichteten Natur) fähig ist. Ganz in diesem Sinne meinte Hegel, dass es „im Lyrischen das *Subjekt* ist, das sich ausdrückt", durch „die Innerlichkeit nämlich der Stimmung oder Reflexion"[3].

Die traditionelle Lyriktheorie, deren entschiedenster Wortführer wohl Emil Staiger war, begreift den obersten Wesenszug des Lyrischen als Innerlichkeit. Damit verengt sie, wie bereits angedeutet, den Lyrikbegriff auf die klassische und romantische Liedtradition und kann so weder für die ältere, vorindividuelle Lyrik noch für die nachromantische, vor allem für die moderne, entpersönlichte Lyrik das notwendige Verständnis entwickeln. Dieses Verständnis beispielsweise für barocke und moderne Gedichte ist erst möglich, wenn man die historische Bedingtheit des heute noch vorherrschenden Lyrikbegriffs, der mit dem Natur- und Gefühlskult des 18.Jh., vor allem der Empfindsamkeit und des Sturm und Drang, zusammenhängt, einsieht, wenn man überdies zur Kenntnis nimmt, dass in dem für die konventionelle Lyrik zentralen Begriff der **„Stimmung"** die alte, mit dem Namen von Leibniz verknüpfte Vorstellung vom harmonischen Einklang aller Dinge in der „besten aller möglichen Welten" weiterlebt: eine Vorstellung, die angesichts unserer vielschichtig gebrochenen, modernen Welt überholt ist. Von da aus muss sich der Leser moderner Lyrik rigoros von den Massstäben befreien, die er an klassisch-romantischen Gedichten gewonnen hat. Tut er dies nicht, so versperrt er sich den Zugang zum modernen Gedicht und vermag dem grundsätzlich Neuartigen an ihm, etwa seinem mitunter vollständig anonymen Charakter, in keiner Weise gerecht zu werden.

Zum Dritten schliesslich handelt es sich um die gängige Meinung, **ein Gedicht zu schreiben sei weniger anspruchsvoll** als das Verfassen etwa eines Romans oder gar eines Theaterstücks. Diese Meinung erklärt zu einem guten Teil, warum so viele Gedichte geschrieben werden, vor allem aber, warum die Mehrheit derer, die schriftstellerische Neigungen haben, sich nicht zuerst an Erzählungen oder Romanen, sondern an Gedichten versuchen.

In Tat und Wahrheit ist die Lyrik die ästhetisch anspruchsvollste der drei Literaturgattungen. Verantwortlich dafür sind vor allem zwei Umstände: zum einen die *Überstrukturierung*, d.h. der Umstand, dass in Gedichten die lexikalische Bedeutung der Wörter auf vielfältige Weise von sprachlichen Bezügen (Metrum und Rhythmus, Reimformen, klangliche Gestaltungsmittel, Wiederholungen,

Inversionen usw.) überlagert wird, und zum andern der ausgesprochen *innovative Charakter* der Lyrik, also ihre starke Wandlungs- und Entwicklungsfähigkeit. Gottfried Benn, einer der bedeutendsten deutschen Lyriker des 20.Jh., folgert daraus zu Recht: „Mittelmässige Romane sind nicht so unerträglich; sie können unterhalten, belehren, spannend sein, aber Lyrik muss entweder exorbitant sein oder gar nicht. Das gehört zu ihrem Wesen."[4]

8.2 Zum Begriff und Wesen der Lyrik

Die Lyrik hat wie kaum eine andere literarische Gattung im Laufe ihrer Geschichte eine grosse Zahl verschiedener Formen (Volkslied, Ballade, Ode, Hymne, Sonett, Romanze, Madrigal, Figurengedicht, Elegie, Spruch, Epigramm, Prosagedicht, Mittelachsengedicht, Lautgedicht, Haiku, Tanka, Rap u.v. a.) entwickelt und eine Vielfalt an Entwicklungsstufen durchlaufen (vgl. S. 282 ff.). Daher ist es kaum möglich, ihre Wesensmerkmale allgemein, d. h. für all ihre Formen und Entwicklungsstufen, gültig zu bestimmen. Die Merkmale romantischer Stimmungs- und moderner Montagegedichte beispielsweise unterscheiden sich derart stark voneinander, dass von „Lyrik" als einem (gemeinsamen) Idealtypus schon fast nicht mehr die Rede sein kann. Das von der traditionellen Lyriktheorie idealtypisch geforderte **lyrische Ich** – der Begriff selber gelangt bezeichnenderweise erst um 1900 in die Poetik – ist für die vorgoethische Lyrik nur sehr bedingt, für die moderne, entpersönlichte Lyrik kaum mehr tragfähig.

Dabei hängt die Auffassung, dass das lyrische Ich als individuelles Subjekt ein Wesensmerkmal des Gedichtes sei, mit der besonders an Herder, Goethe und den Romantikern orientierten Vorstellung zusammen, alle Lyrik sei ausschliesslich eine Manifestation individuellen, persönlichen Erlebens, sei von ihrem Wesen her also stets subjektiv (vgl. S. 278 f.). Vor dem Hintergrund dieser Auffassung ist es zu verstehen, dass Begriffe wie „Erlebnis-," und „Stimmungslyrik" zum Inbegriff des Lyrischen überhaupt werden konnten. Ist der Begriff „Erlebnislyrik"[5] aber in seiner Verengung auf das Moment des individuellen Erlebens oder der Confessio hin nicht einmal für alle Lyrik der Goethezeit (beispielsweise für Schillers Gedankenlyrik, für die Epigramme) und der Romantik unproblematisch, so wird er zur Kennzeichnung nachromantischer, vor allem moderner Gedichte, aus denen das empirische Ich ausgezogen ist, geradezu falsch.

Unsere Überlegungen machen deutlich, dass bei der Bestimmung des Lyrischen richtiger von verschiedenen, historisch bedingten Realtypen als von einem Idealtypus „Lyrik" mit Totalitätsanspruch ausgegangen wird. Die traditionellen Merkmale des Gedichtes (primär: Rhythmus, Vers, Versmass oder Metrum; sekundär: Reim, Strophe) treffen in Wirklichkeit keineswegs auf sämtliche Lyrik, sondern eben nur auf einige Realtypen zu. Konstante Eigenschaften für alle Typen von Lyrik finden zu wollen ist daher, vor allem wenn man die Moderne mit einbezieht, kaum möglich. Immerhin lässt sich als gemeinsamer Grundzug *aller* Gedichte die **Verabsolutierung der poetischen Sprachfunktion** nennen, d. h., die Tatsache, dass die Lyrik von allen Gattungen am wenigsten von den Inhalten und am meisten von der *Form* her bestimmt ist. Sie drückt sich vor allem in den folgenden vier, nur sehr unscharf bestimmbaren Formelementen des Gedichtes aus: in der relativen **Kürze**, im **lyrischen Präsens**, d. h. in der weithin üblichen Gegenwartsform als Ausdruck der Dauer eines Geschehens, in der bereits genannten **Überstrukturierung** und in der ausgeprägten **Bildlichkeit** (Metaphorik, Symbolik).

Der Begriff **„Lyrik"** (von gr. „lyra": Leier, einem altgriechischen Zupfinstrument mit fünf oder sieben Saiten) besass von der Antike bis ins 18.Jh. eine engere Bedeutung als heute: Man verstand darunter nicht einfach Gedichte, sondern nur die ursprünglich zur Lyra oder zu der ihr ähnlichen Kithara gesungenen strophischen Lieder, die seit der Renaissance „Oden" (von gr. „ode": Gesang) heissen. Erst als in Epik und Drama im späten 18.Jh., vor allem im Sturm und Drang, die Prosa den Vers zu verdrängen begann, erhielt der Lyrikbegriff den bis heute gültigen Sinn eines kürzeren, an bestimmte Themen gebundenen Gedichttextes. Damit wurde die Lyrik, neben Epik und Dramatik, zur dritten literarischen Gattung. In diesem Zusammenhang sei erwähnt, dass im älteren oder historischen Sinne *alle* Verstexte, also auch Versepen und -dramen, „Gedichte" sind. Wieland nannte sein Versepos „Oberon" (1780) ein „romantisches Heldengedicht", Lessing sein Schauspiel „Nathan der Weise" (1779) ein „dramatisches Gedicht".

Dass der Gattungsbegriff „Lyrik" mit dem Stilbegriff des Lyrischen nicht identisch ist, hat neben Benedetto Croce vor allem Emil Staiger betont (vgl. S. 144 f.). Gerade die *moderne* Lyrik gibt sich, wie bereits gesagt, in den meisten Fällen alles andere als lyrisch; ja, für zahlreiche moderne Gedichte, etwa für Texte aus der experimentellen Lyrik (Lautgedichte, konkrete Poesie, Sprachexperimente usw.), die sich nicht mehr nach der Haltung eines Ich zu sich selber und zur Welt charakterisieren lassen, dürfte es sogar sinnlos sein, überhaupt noch irgendwelche Stilbegriffe zu verwenden. An solchen Gedichten zeigt sich wohl am eindrücklichsten, dass „episch", „lyrisch" und „dramatisch" keine alle literarischen Texte umfassenden typologischen Grundbegriffe darstellen, wie in der älteren Gattungspoetik angenommen wurde.

8.3 Struktur und Entwicklung der traditionellen Lyrik

In zahlreichen, aber längst nicht in allen Gedichten lässt sich ein bestimmter Sprecher bzw. eine bestimmte Sprecher-Perspektive erschliessen (vgl. etwa „Wie herrlich leuchtet *mir* die Natur…"), die wir bekanntlich als **„lyrisches Ich"**[4] bezeichnen. Dieses lyrische Ich, das ähnlich wie der Erzähler in der Epik vom Autor des Gedichts zu unterscheiden ist, kann sich ganz verschieden äussern. So ist beispielsweise das sich in einem barocken Gedicht aussprechende Ich ein völlig anderes Ich als jenes lyrische Ich, das sich dann rund 150 Jahre später in Gedichten der Klassik oder der Romantik mitteilt.

Diese Tatsache steht in einem grösseren geistesgeschichtlichen Zusammenhang. Machen wir uns klar, dass die deutsche Geistesgeschichte bis über die Barockzeit hinaus ein individuelles menschliches Subjekt kaum oder nur in Ansätzen kennt. Im Mittelalter beispielsweise meint Subjektsein noch keineswegs individuelles Sein des Menschen, sondern lediglich dessen Existenz als Mitglied einer Gruppe bzw eines Standes. Das erklärt unter anderem, warum kein mittelalterlicher Dichter urkundlich beglaubigt ist. Wo sich der Mensch nur als Teil eines Kollektivs erfährt, da tritt er eben noch nicht als Individuum hervor. Nicht viel anders liegen die Dinge im Barock: Auch hier wird der Mensch, mindestens in der Dichtung, noch nicht als einmaliges, unwiederholbares Subjekt gesehen, erscheint er vielmehr als blosser Repräsentant existentieller Grundmöglichkeiten (etwa des Märtyrers oder des Tyrannen).

Wenn also beispielsweise ein Barocklyriker „ich" sagt, dann versteht er darunter in der Regel nicht ein individuelles, psychologisches Ich, das zu einem persönlichen Erlebniston fähig ist, ein persönliches Schicksal schildert, sondern eine Art von kollektivem Ich, das allgemeine Bestimmungen des Menschen repräsentiert und darin vollständig aufgeht. Wir haben dieses barocke Ich, mit eingeschlossen auch das Ich früherer Epochen, etwa das des höfischen Minnesangs, bereits im 1. Kapitel als **„exemplarisches Ich"** bezeichnet (vgl S. 29). Zu ihm gehört, dass es noch nicht die psychologische Einheit der Person auszudrücken vermag wie z. B. das Goethesche Ich oder das Ich der Romantiker. Von da aus versteht es sich, dass die Lyrik des Barock, ja die ältere Lyrik überhaupt, noch keine individuell verstandene, keine Erlebnislyrik sein kann. Bei ihr handelt es sich vielmehr um das, was wir behelfsmässig **„vorindividuelle Lyrik"** nennen wollen. Sie ist als solche fast durchwegs an gesellschaftliche Konventionen, d. h. an die inhaltlichen und formalen Normen eines festen Hörerkreises, gebunden, lässt sich deshalb, in unmittelbarem Gegensatz zur späteren Erlebnislyrik, zudem als **„Gesellschaftslyrik"** definieren.

Selbstverständlich gibt es schon in der älteren deutschen Lyrik immer wieder Anklänge an einen persönlichen Erlebniston. Sie finden sich bereits im höfischen Minnesang, verstärkt dann aber besonders in den Barockgedichten Paul Flemings und Johann Christian Günthers, der, seiner Zeit weit voraus, auf die Erlebnislyrik der Goethezeit weist. Doch der eigentliche Durchbruch zu einem individuellen Erlebniston vollzieht sich erst in der zweiten Hälfte des 18.Jh. im Zusammenhang mit dem Gefühlskult der Empfindsamen, etwa Klopstocks. Geistig vorbereitet haben diesen Durchbruch neben **Humanismus** und **Reformation**, die beide auf je andere Weise den Wert des Individuums betonen, vor allem die **Mystik** des Spätmittelalters und des Barock sowie der **Pietismus** mit ihrer ‚Entdeckung' des *persönlichen* Gottesverdhältnisses und der deutlichen Aufwertung des *Gefühls*. Entscheidende Impulse gehen um 1640 auch von **René Descartes**, dem Begründer eines subjektiven Rationalismus, aus (vgl. S. 50); seit Descartes gibt es jenen Vorrang des psychologisch betrachteten Subjekts *vor* dem Objekt, der für die ganze bürgerliche Dichtung, insbesondere für die immer noch vorherrschende subjektivistische Lyrikauffassung bestimmend geworden ist.

Den Höhepunkt der literarischen Emanzipation des Subjekts, und zwar so, dass dieses Subjekt zur wirklichkeitsstiftenden Macht wird, bildet der **Sturm und Drang**. Sichtbarster Ausdruck dafür ist die um 1770 einsetzende **Erlebnislyrik**, repräsentiert vor allem in den Gedichten des jungen Goethe, die er nach seiner Strassburger Begegnung mit Herder und durch ihn mit den Ideen Rousseaus schrieb. Sie stellt die persönlichste, subjektivste Aussagegestalt der Lyrik dar und kann als solche, etwa im Typus des Liebesgedichtes (vgl. Goethes „Sesenheimer Lieder" um 1770), stark autobiographische Züge annehmen. Ihre unmittelbare Nachfolgerin findet die Erlebnislyrik in der **Stimmungslyrik** der Romantik; diese führt im stimmungsvollen *Naturgedicht*, das sich mit seiner Naturbeseelung an Schellings pantheistische Naturphilosophie[6], an seine Idee einer letztendlichen Identität von Geist und Natur anlehnt, eine von Herder und Goethe herkommende lyrische Tradition weiter. Es handelt sich um eine Tradition, die fast ungebrochen bis in unsere Tage reicht, auch wenn sie heute, ähnlich wie übrigens die gegenwärtig recht populäre altjapanische Form des Haiku, grösstenteils epigonal wirkt. Das stimmungsvolle Naturgedicht ist denn auch, trotz seines epigonalen Charakters, bis heute das Idealgedicht des deutschen Lyrikpublikums geblieben.

Bei der Erlebnis- und der Stimmungslyrik geht es insgesamt um eine Lyrik, in der sich zum einen im unmittelbar Erlebnishaften ein **individuelles Ich** ausdrückt und die zum andern nicht mehr wie das Barockgedicht an konventionelle Formen (Alexandriner,

Epigramm, Sonett) gebunden ist. Wir können demnach von einer **individuellen Lyrik** sprechen. Sie stellt über Hegel, Vischer und Dilthey hinaus den Inbegriff des heute noch vorherrschenden Lyrikverständnisses dar. Ihre teilweise Erneuerung durch die ‚Neue Subjektivität' in den 1970er Jahren, aber auch noch später, ist auffallend.

Erlebnis- und Stimmungslyrik sind Ausdruck des Glaubens an das Ich als Urrealität, an seine Zentralstellung in der Welt. Dieser Glaube erreicht in der Romantik, etwa in Fichtes Ich-Philosophie[7], in seinem Versuch, die gesamte Wirklichkeit als eine Schöpfung des Ich zu deuten, seinen Höhepunkt und schwindet dann seit dem Realismus, im Zusammenhang mit dem Sieg der Naturwissenschaften und mit der Industrialisierung, zunehmend. Beispielhaft dafür sind die nachromantischen Objektivierungsversuche, wie sie sich am ausgeprägtesten in der dem Symbolismus nahestehenden **objektiven Lyrik**, dem **Dinggedicht**, zeigen, bei dem das vom Dichter geschaute Objekt (z. B. der römische Brunnen bei Meyer und Rilke) allein durch sich selber spricht.

Kein Zweifel: Mit dem Dinggedicht setzt in der deutschen Literatur seit dem Spätrealismus eine gewisse **Entpersönlichung der Lyrik** ein, mindestens in dem Sinne, dass hier die Lyrik, indem das lyrische Ich seine Zentralstellung aufgibt, nicht mehr als Manifestation individueller Seelenzustände erscheint, dass das angedichtete Objekt nicht mehr in erster Linie Spiegelung eines erlebenden Ich wie in der Erlebnislyrik ist, sondern eben für sich selber steht. So gesehen, lässt sich das Dinggedicht durchaus als eine Vorstufe der modernen, entpersönlichten Lyrik auffassen, auch wenn es in seiner Gegenstandsbezogenheit noch keine reine Wortkunst ist wie etwa die *absolute Lyrik* der französischen Symbolisten (Baudelaire, Verlaine, Rimbaud, Mallarmé, Valéry u. a.).

In diesem Kapitel konnten wir zeigen, dass sich innerhalb der traditionellen Lyrik vor allem im Hinblick auf den Wandel des lyrischen Ich, der für das Verständnis der verschiedenen Gedichttypen zentral ist, drei historische Entwicklungsstufen unterscheiden lassen: eine ältere, vorindividuelle, eine individuelle und eine objektive Lyrik am Ausgang des 19. und zu Beginn des 20.Jh. Im Folgenden sollen diese drei Entwicklungsstufen an konkreten Beispielen veranschaulicht werden.

8.3.1 Vorindividuelle Lyrik: das Gesellschaftsgedicht

Für die älteste der drei Entwicklungsstufen des traditionellen Gedichts wählen wir *zwei* Textbeispiele. Das erste Beispiel stammt aus dem höfischen Minnesang. Es ist die Eingangsstrophe eines mittelhochdeutschen Minneliedes von **Heinrich von Morungen** (1158-1222), das wohl im letzten Jahrzehnt des 12.Jh. entstanden ist:

> **In sô hôe swebender wunne**
> **sô gestuont mîn herze an fröiden nie.**
> **ich var alse ich fliegen kunne**
> **mit gedanken iemer umbe sie,**
> **sît daz mich ir trost enpfie,**
> **der mir durch die sêle mîn**
> **mitten in das herze gie.**[*]

Der Vorgang ist ein typischer, keinesfalls ein einmaliger: Hinter dem Ausgesagten steht kein individuelles Liebeserlebnis, das ein ebenso individuelles Ich ausspricht, sondern das für den Minnesänger bezeichnende Verhalten seiner „frouwe", also seiner Herrin, gegenüber. Die höfische Gesellschaft verlangt von ihm die Darstellung der Minne, die sich, zumindest in den Liedern der „hohen Minne", innerhalb genau bestimmter Konventionen zu bewegen hat. Zu ihnen gehört die Erhöhung und Stilisierung der „hêren frouwe": Das lyrische Ich in der Rolle des Sängers – es handelt sich um ein für den Minnesang typisches Rollengedicht – besingt ‚seine' mit allen Vorzügen ausgestattete Herrin, in der er das Idealbild der Frau schlechthin erblickt, die für ihn aber, weil sie sozial höher gestellt und stets verheiratet ist, unerreichbar bleibt. Das ‚Erlebnis' ist also kein persönliches, sondern eben ein kollektives, das sich beliebig wiederholen oder auswechseln lässt, da es nicht an ein individuelles Subjekt gebunden ist. Fühlen wir uns in die Situation ein, in welcher der Sänger das Lied singt: am Hofe eines Ritters zur Kurzweil. Bei

---

[*] In so hoher Glückeswonne hat mein Herz noch nie geschwebt. Als könnte ich fliegen, so umkreise ich die geliebte Herrin immerfort in Gedanken, seitdem sie mir eine Ermunterung zuteil werden liess, die mir meine ganze Seele bis mitten in das Herz durchdrungen hat.

Hoffesten zählt der Minnesang wie Tanz und Turnier zu den Gesellschaftsspielen, die auf Geheiss des Herrn oder der „frouwe" durchgeführt werden.

Freilich werden schon im Minnesang, vor allem in den Mädchenliedern der „niederen Minne" (z. B. bei Walther von der Vogelweide), immer wieder Anklänge an einen persönlichen Erlebniston spürbar. Gleichwohl ist diese Lyrik als Ganzes noch nicht Ausdruck individuellen Erlebens. Man beachte nur die Häufung literarischer Topoi, also *vorgeprägter* Bilder (Verzauberung, Verjüngung, Nennung der Stände u. a.), die kaum auf persönliches Erleben schliessen lässt.

Beim zweiten Beispiel handelt es sich um ein Gedicht aus dem Barock, um **Andreas Gryphius' Sonett „Es ist alles eitel"** (1643). Wir geben hier nur die beiden ersten Strophen, die zwei Quartette, wieder:

Du siehst, wohin du siehst, nur Eitelkeit auf Erden.
Was dieser heute baut, reisst jener morgen ein;
Wo jetzund Städte stehn, wird eine Wiese sein,
Auf der ein Schäferskind wird spielen mit den Herden.

Was jetzund prächtig blüht, soll bald zertreten werden;
Was jetzt so pocht und trotzt, ist morgen Asch und Bein;
Nichts ist, das ewig sei, kein Erz, kein Marmorstein.
Jetzt lacht das Glück uns an, bald donnern die Beschwerden.

In einer Reihe von deutlichen Kontrasten (bauen vs einreissen, blühen vs zertreten werden usw.), metrisch an der Verwendung des antithetisch gebauten Alexandriners sichtbar, will Gryphius eine objektiv gültige Aussage machen: Im Sinne des alten, biblischen Vanitas-Topos – schon der Titel „Es ist alles eitel" ist nach einem Spruch aus dem alttestamentlichen Buch „Prediger I,2" gewählt – soll die unabdingbare Hinfälligkeit jeder Existenz gezeigt werden. Das Gedicht ist also, so viel auch von Gryphius' Erfahrungen aus dem Dreissigjährigen Krieg in es eingegangen sein mag, nicht aus einem unmittelbaren Erlebnis, einer einmaligen pessimistischen Lebenshaltung heraus entstanden. Entsprechend meint das in der ersten Zeile genannte Du keineswegs ein individuelles Du; es ist vielmehr ein Du, in dem *alle* Menschen oder Hörer angesprochen sind. Selbst der Sprecher bezieht sich in dieses allgemeine Du mit ein. Auch er spricht nicht aus der Haltung eines individuellen Ich, sondern aus der eines Ich, das die Allgemeinheit *beispielhaft* repräsentiert und darin vollkommen aufgeht. Wir reden in einem solchen Fall bekanntlich von einem **exemplarischen Ich**. Ihm entspricht als Gedichttyp das, was wir bereits früher als „**vorindividuelle Lyrik**", eben als eine Lyrik, deren Thematik noch nicht durch individuelles Erleben bestimmt ist, bezeichnet haben (vgl. S. 283).

So wie hier das Ich, analog dem Du, nur Exempel-Charakter besitzt, so haben die einzelnen, geradezu apodiktisch vorgetragenen Bilder der Vergänglichkeit nur die eine Funktion, auf die Nichtigkeit, die Leere der Welt hinzuweisen; Denotate und Konnotate sind einander, vor dem Hintergrund eines festgefügten religiösen Weltbildes, fest zugeordnet. Gryphius' Gedicht ist in diesem Sinne, für den Barock bezeichnend, streng *allegorisch* gebaut, d.h., seine Bilder erschöpfen sich in der Funktion des Bedeutens.

Bleibt da noch die strenge Form des Sonetts, die im Barock äusserst beliebt ist, kommt sie doch den hohen ästhetischen Formerwartungen der barocken Gesellschaft sehr entgegen. An ihr wird besonders deutlich, dass wir es bei Gryphius' Gedicht, ähnlich wie bei Morungens „Minnelied", mit **Gesellschaftslyrik** zu tun haben.

8.3.2 Individuelle Lyrik: das Erlebnisgedicht

Für die zweite Stufe innerhalb der Entwicklung der traditionellen Lyrik, die historisch den Zeitraum vom späten 18.Jh. bis gegen Ende des 19.Jh. umfasst, mag ein Beispiel aus der Weimarer Klassik stehen. Es ist „**Wandrers Nachtlied**" von **Goethe**. Das Lied, im Februar 1776 auf dem Kickelhahn bei Ilmenau niedergeschrieben, gehört zu den „Gedichten für Frau von Stein", mit welcher der Dichter durch eine längere Liebe verbunden war:

> **Der du von dem Himmel bist,**
> **Alles Leid und Schmerzen stillest,**
> **Den, der doppelt elend ist,**
> **Doppelt mit Erquickung füllest,**
> **Ach, ich bin des Treibens müde!**
> **Was soll all der Schmerz und Lust?**
> **Süsser Friede,**
> **Komm, ach komm in meine Brust!**

Schon der Hinweis auf die Entstehung des Gedichtes macht es deutlich: In diesen Zeilen geht es nicht mehr um rein allegorische, allgemeingültige Sinnbezüge, sondern um die Gestaltung eines individuellen Erlebnisses, um den Ausdruck persönlicher Empfindungen, auch wenn diese Empfindungen schliesslich zu einem Symbol, einem Gleichnis menschlichen Seins werden. Goethes Gedicht besitzt Erlebnis- und Bekenntnischarakter: Umfangen vom geschäftigen Treiben am Weimarer Hof, bei dem der Dichter, inzwischen zum Geheimen Legationsrat ernannt, wenig Zeit zu schöpferischer Ruhe findet, verlangt er voll Sehnsucht nach Ruhe und Frieden, die er vor allem unter dem mässigenden Einfluss der sieben Jahre älteren Hofdame Charlotte von Stein zu erlangen hofft.

Das sich im Gedicht aussprechende lyrische Ich des Wanderers ist kein rein exemplarisches Ich mehr wie etwa in der Lyrik des Barock; es ist vielmehr ein individuelles, ganz **persönliches Ich**, das als solches, gerade weil sich das Gedicht aus biografischen Fakten aufhellen lässt, dem Leser den Eindruck vermittelt, es handle sich um das Ich des Dichters selber.

„Wanderers Nachtlied" gehört als Manifestation individuellen Fühlens und Erlebens zur **Erlebnislyrik** – zu einer Gedichtform, die nicht nur als Inbegriff des traditionellen Gedichts gilt, sondern die darüber hinaus das populäre Lyrikverständnis bis heute prägt, findet sich doch weit herum immer noch die Vorstellung, alle ‚echte' Dichtung wurzle im Erlebnis. Wenn beispielsweise **Hermann Hesses** berühmtes Gedicht **„Im Nebel"** (1911) für viele zu einem ihrer Lieblingsgedichte geworden ist, so hängt das unter anderem mit dieser Vorstellung zusammen und damit selbstredend mit der Tatsache, dass es sich um Erlebnislyrik handelt. Das Gedicht ist denn auch in einer Weise gebaut, die für zahllose Erlebnisgedichte seit Goethes Nachtlied „Ein Gleiches" (vgl. S. 320) typisch ist: Es besteht in einem ‚Andichten' der Natur mit nachfolgender Wendung zum lyrischen Ich, wie dies bereits die beiden ersten Strophen deutlich machen:

> Seltsam im Nebel zu wandern!
> Einsam ist jeder Busch und Stein,
> Kein Baum sieht den andern,
> Jeder ist allein.
>
> Voll von Freunden war mir die Welt,
> Als noch mein Leben licht war;
> Nun, da der Nebel fällt,
> Ist keiner mehr sichtbar.

Gottfried Benn hat in seinem Marburger Vortrag über „Probleme der Lyrik"[8] dieses ‚Andichten' der Natur, verbunden mit der Wendung zum Ich, mit Recht als ein Merkmal veralteter Lyrik bezeichnet. Veraltet wohl deshalb, weil es spätestens seit dem Beginn der Moderne Ausdruck eines überholten, anthropozentrischen Weltbildes ist. Daran vermag in Hesses Gedicht auch der pessimistische Grundton, der das Gedicht *inhaltlich* als modern erscheinen lässt, nichts zu ändern.

8.3.3 Objektive Lyrik: das Dinggedicht

Für die jüngste der drei Entwicklungsstufen innerhalb der traditionellen Lyrik, bei der es um einen Abbau der gefühlvollen Subjektivität des Gedichts, um Möglichkeiten der Objektivierung geht, ziehen wir **C.F. Meyers** Gedicht **„Der römische Brunnen"** in seiner letzten Fassung von 1882 heran:

> **Aufsteigt der Strahl und fallend giesst**
> **Er voll der Marmorschale Rund,**
> **Die, sich verschleiernd, überfliesst**
> **In einer zweiten Schale Grund;**
> **Die zweite gibt, sie wird zu reich,**
> **Der dritten wallend ihre Flut,**
> **Und jede nimmt und gibt zugleich**
> **Und strömt und ruht.**

Im vorliegenden Gedicht scheint sich der Dichter eines jeglichen persönlichen Bezuges zum Geschauten zu enthalten. In der Darstellung des Brunnens ist die reine Dinglichkeit, scheinbar ohne jede Reflexion, Sprache geworden, sichtbar schon an der kunstvollen Verwendung des Enjambements; das Objekt spricht, vom Dichter ins Bild gerufen, durch sich selber. Ein lyrisches Ich scheint gar nicht vorhanden zu sein: Vom persönlich geschauten und in sich aufgenommenen Brunnen unter den schattigen Steineichen der römischen Villa Borghese, auf den das Gedicht zurückgeht, ist vordergründig nichts mehr übrig. Die reine Anschauung des Objektes hat hier derart Priorität erhalten, dass das lyrische Ich in ihm gleichsam aufgegangen, dass es zu einem Teil des lyrisch Geschauten selber geworden ist. Im „Römischen Brunnen" verschmelzen so lyrisches Ich und Geschautes in einer Weise, dass das einstmals individuelle Erlebnis nun zu einem reinen Symbol menschlichen Nehmens und Gebens hinaufgehoben wird. Oder anders gesagt: Der Brunnen ist hier Sinnbild, nicht mehr Abbild, wie das in der Erlebnislyrik der Fall wäre.

Meyers Gedicht ist, in seiner Nähe zum französischen Symbolismus, beispielhaft für das, was man als **„Dinggedicht"** oder als **„objektive Lyrik"** bezeichnet. Der Begriff „objektive Lyrik" meint dabei jenes Zurückdrängen des subjektiv-individuellen Erlebnistones im Gedicht, jene Auflösung der für die Erlebnislyrik typischen Einheit von Dichtung und Person, die sich als beginnende **Entpersönlichung der Lyrik** auffassen lässt. Im Begriff kündigt sich zudem jenes Ideal einer reinen Poesie (poésie pure), einer Kunst um der Kunst willen an, das nach 1900, etwa bei Stefan George und Gottfried Benn, schliesslich zur **absoluten Lyrik der Moderne** führt, in der sich das Dichten selber zum Thema wird.

Arbeitsvorschläge zu Kapitel 8

1. Frühlingsgedichte, etwa von Eduard Mörike oder Ludwig Uhland, gehören in der Regel zur Erlebnislyrik. Inwiefern gilt das aber für Walther von der Vogelweides bekanntes mittelhochdeutsches „Mailied" (um 1200) nicht? Zeigen Sie dies an der hier angeführten ersten Strophe auf, indem Sie vor allem die verwendeten literarischen Topoi untersuchen:

    > **Muget ir schouwen waz dem meien**
    > **wunders ist beschert?**
    > **seht an pfaffen, seht an leien,**
    > **wie daz alles vert.**

> grôz ist sîn gewalt:
> ine weiz obe er zouber künne:
> swar er vert in sîner wünne,
> dân ist niemen alt.*

2. Der Barockmystiker Daniel von Czepko arbeitet im folgenden Epigramm aus seiner Sammlung „Sexcenta Monodisticha Sapientium" (1640) mit einer Buchstabenanalogie. Welche Funktion erhält hier das Ich?

   > I Gott, C Christus, H, das ist der Heilig Geist!
   > Mensch, wenn du sprichst ICH, schau, wo es hin dich weist.

3. Im Mai 1775 tritt der 25-jährige, mit Lili Schönemann verlobte Johann Wolfgang Goethe zusammen mit drei Freunden, den beiden Grafen Stolberg und dem Grafen Haugwitz, eine Reise in die Schweiz an. Am 15.Juni machen sie zusammen mit anderen Freunden, die sie in der Schweiz aufgesucht haben, eine längere Fahrt auf dem Zürichsee. In seinem Reisetagebuch notiert Goethe unter dem Datum „15.Junius, aufm Zürichersee" die erste Fassung eines Gedichtes, das er in einer überarbeiteten Fassung unter dem Titel „Auf dem See" im Jahre 1789 veröffentlicht:

   > Und frische Nahrung, neues Blut
   > Saug ich aus freier Welt;
   > Wie ist Natur so hold und gut,
   > Die mich am Busen hält!
   > Die Welle wieget unsern Kahn
   > Im Rudertakt hinauf,
   > und Berge, wolkig himmelan,
   > Begegnen unserm Lauf.
   >
   > Aug, mein Aug, was sinkst du nieder?
   > Goldne Träume, kommt ihr wieder?
   > Weg, du Traum, so gold du bist;
   > Hier auch Lieb und Leben ist.

---

* Könnt ihr ermessen, was dem Mai an Wundern beschert ist? Seht Geistliche, seht Laien, wie sich das alles regt. Gross ist seine Gewalt: ich weiss nicht, ob er zaubern kann: wohin er in seiner Herrlichkeit kommt, da ist niemand alt.

> Auf der Welle blinken
> Tausend schwebende Sterne,
> Weiche Nebel trinken
> Rings die türmende Ferne,
> Morgenwind umflügelt
> Die beschattete Bucht,
> Und im See bespiegelt
> Sich die reifende Frucht.

a) Goethes Gedicht trägt, wie unser Arbeitsvorschlag zeigt, biografische Züge. Inwiefern drückt sich darin ein gegenüber der älteren Gesellschaftslyrik neues Verständnis von Lyrik aus?

b) Erklären Sie die metrischen, rhythmischen und strophischen Eigenarten des Gedichts von diesem neuen Lyrikverständnis her?

c) Das Gedicht besitzt, für die Struktur traditioneller Texte typisch, einen vermittelnden, harmonisierenden Schluss. Weisen Sie dies anhand der zentralen Semopposition /oben/ vs /unten/ nach, die dem Gedicht zugrunde liegt.

4. Das nachromantische Dinggedicht stellt einen Versuch dar, die Lyrik zu objektivieren. Illustrieren Sie dies an Rainer Maria Rilkes Gedicht „Der Panther" (1907). Inwiefern lässt sich hier aber noch nicht von einer entpersönlichten Lyrik im Sinne der Moderne sprechen?

> Sein Blick ist vom Vorübergehen der Stäbe
> so müd geworden, dass er nichts mehr hält.
> Ihm ist, als ob es tausend Stäbe gäbe
> und hinter tausend Stäben keine Welt.
>
> Der weiche Gang geschmeidig starker Schritte,
> der sich im allerkleinsten Kreise dreht,
> ist wie ein Tanz von Kraft um eine Mitte,
> in der betäubt ein grosser Wille steht.
>
> Nur manchmal schiebt der Vorhang der Pupille
> sich lautlos auf -. Dann geht ein Bild hinein,
> geht durch der Glieder angespannten Stille -
> und hört im Herzen auf zu sein.

5. Für den Naturalisten Arno Holz hängt das von ihm propagierte Mittelachsengedicht mit dem Versuch zusammen, die Lyrik von einem veränderten, naturwissenschaftlichen Weltbild her zu revolutionieren, d. h. eine *moderne* Lyrik zu schaffen. Lesen Sie in dieser Beziehung das Gedicht „Erinnerung" aus seinem Gedichtzyklus „Phantasus" (1898) und erläutern Sie dann, was an ihm gegenüber herkömmlichen Gedichten neu ist, warum es sich aber, vor allem hinsichtlich der Gestaltung des lyrischen Ich, gleichwohl noch nicht um moderne Lyrik handelt.

> Rote Dächer.
> Aus den Schornsteinen, hier und da, Rauch,
> oben, hoch, in sonniger Luft, ab und zu, Tauben.
> Es ist Nachmittag.
>
> Aus Mohdrickers Garten her gackert einen Henne,
> die ganze Stadt riecht nach Kaffee.
>
> Ich bin ein kleiner, achtjähriger Junge
> und liege, das Kinn in beide Fäuste,
> platt auf dem Bauch
> und gucke durch die Bodenluke.
>
> Unter mir, steil, der Hof,
> Hinter mir, weggeworfen, ein Buch,
> …Franz Hoffmann…   Die Sklavenjäger…
>
> Wie still das ist!
>
> Nur drüben in Knorrs Regenrinne
> zwei Spatzen, die sich um einen Strohhalm zanken,
> ein Mann, der sägt,
> und dazwischen deutlich von der Kirche her,
> in kurzen Pausen, regelmässig hämmernd,
> der Kupferschmied Thiel.
>
> Wenn ich unten runter sehe,
> sehe ich grade auf Mutters Blumenbrett:
> ein Topf Goldlack, zwei Töpfe Levkojen, eine Geranie
> und mitten drin, zierlich in einem Zigarettenkistchen,
> ein Hümpelchen Reseda.
>
> Wie das riecht! Bis zu mir rauf!
> Und die Farben! Jetzt! Wie der Wind drüber weht!
> Die wunder-, wunderschönen Farben!
>
> Ich schliesse die Augen. Ich sehe sie noch immer.

6. Bei Theodor Fontanes Gedicht „Ausgang" (1889), einem Gedicht über das Altern, handelt es sich um Gedankenlyrik:

> Immer enger, leise, leise
> Ziehen sich die Lebenskreise,
> schwindet hin, was prahlt und prunkt,
> Schwindet Hoffen, Hassen, Lieben,
> Und ist nichts in Sicht geblieben
> Als der letzte dunkle Punkt.

a) Zeigen Sie an diesem Gedicht auf, worin sich die Gedankenlyrik von der Erlebnislyrik unterscheidet.

b) Wie erklärt es sich, dass die Gedankenlyrik innerhalb der Lyrik der Gegenwart nur noch eine marginale Rolle spielt, wenn Sie wissen, dass diese lyrische Gattungsform die Trennung von Denken und Empfinden mit einschliesst?

7. Bei Erich Frieds Gedicht „Strauch mit herzförmigen Blättern" (1979) handelt es sich um ein Tanka, also um eine japanische Gedichtform. Zeigen Sie anhand der *Struktur* dieses Tanka auf, dass wir es mit einem traditionellen Gedicht zu tun haben. Ein Hinweis dazu findet sich in Kapitel 8.3.2, Seite 288 ff.

> Sommerregen warm:
> Wenn ein schwerer Tropfen fällt
> bebt das ganze Blatt.
> So bebt jedes Mal mein Herz
> wenn dein Name auf es fällt.

8. Beim folgenden Gedicht mit dem Titel „Nacht" handelt es sich um einen freien Gestaltungsversuch aus einer Schulzeitung:

> Wieder   Schatten verbreitend
> Steiget empor   Und Sammetheit
> Aus dem Tale   Mild
> Die Nacht
>   Und wie sie verbreitet
> Dumpf   Schweigende Ruh
> Und schwer   Erwürgt sie
> Quillt sie auf   Das Licht
> Zu den Höhn   Und der Tag muss sterben.

a) Wo im Gedicht finden sich, vor allem was die Nachvollziehbarkeit der Bilder betrifft, gelungene, wo eher schwache Stellen?
b) Lassen sich für das Gedicht mögliche Vorbilder ausmachen?

9. Moderne Lyrik als entpersönlichte Lyrik

9.1. Was ist ein modernes Gedicht?

Von allen drei Literaturgattungen reagiert die Lyrik auf geistige Umwälzungen und Krisen erfahrungsgemäss am stärksten. Deshalb gilt sie als die wandlungs- und entwicklungsfähigste Gattung, hat sie gerade in der Moderne den radikalsten Wandel vollzogen. Das bleibt für die Autoren nicht ohne Folgen: Lässt sich beispielsweise ein Roman heute von der Erzähltechnik her noch durchaus in der Art Gottfried Kellers oder Theodor Fontanes, also in der Schlüsseltradition des realistischen Romans, schreiben, so ist in der Lyrik etwas Ähnliches undenkbar. Ein zeitgenössisches Gedicht kann, will es nicht als völlig veraltet erscheinen, kaum mehr im Stile Mörikes, teilweise nicht einmal mehr in dem Rilkes oder Trakls verfasst werden. Das erklärt übrigens, warum der produktive Umgang mit Lyrik heute ästhetisch besonders anspruchsvoll ist, warum es auf jeden Fall leichter sein dürfte, einen guten Roman, eine gute Erzählung zu schreiben als ein zeitgemässes, gutes Gedicht (vgl. S. 279 f.).

Nun hat sich der seit dem Beginn der Moderne einsetzende fundamentale Wandel in der Lyrik, wie grundsätzlich in allen literarischen Gattungen, auf zwei verschiedenen Textebenen vollzogen: auf der Ebene der Form *und* auf jener der Struktur, also auf der Manifestations- *und* auf der Elementarebene des Textes. Auf der Ebene der *Form* betrifft er die verschiedenen Formelemente (Rhythmus, Metrum, Vers, Reim, Strophen- und Gattungsformen). So zeichnen sich moderne Gedichte häufig durch die Verwendung des freien, der Prosa nahestehenden Verses ohne Metrum, Reim und ohne regelmässigen Rhythmus aus. Auf der Ebene der *Struktur* hingegen betrifft der Wandel das lyrische Ich und dessen Gestaltung im Gedicht. Hier werden wir innerhalb der modernen Lyrik eine Entpersönlichung des lyrischen Ich feststellen, so dass die Gedichte mitunter in vollständiger Anonymität erstarren.

Erinnern wir uns: Als Inbegriff traditioneller Lyrik gilt die Erlebnis- und Stimmungslyrik, wie sie sich seit dem späten 18.Jh. entwickelt hat und wie sie in weiten Kreisen das Lyrikverständnis bis heute prägt. Ihre geistige Basis bildet zum einen der Glaube an die anthropozentrische Position des Ich und zum andern die Vorstellung vom harmonischen Einklang aller Dinge. Wo diese beiden Prämissen, wie im ausgehenden 19.Jh., zu schwinden beginnen, da setzt in der Lyrik ein Entpersönlichungsprozess, ja ein grundsätzlicher Auflösungsprozess ein. Ansätze dazu, mindestens was die Entpersönlichung der Lyrik betrifft, finden sich schon im Symbolismus, vor allem im symbolistischen Dinggedicht (vgl. S. 285). So gesehen, steht in Frankreich, aber auch im deutschen Sprachraum der Symbolismus am Anfang der modernen Lyrik.

9.2 Lyrische Formen der klassischen Moderne: ästhetisch-autonome und politische Tradition

Eine im eigentlichen Sinne moderne Lyrik gibt es im Deutschen seit dem Expressionismus. Ihre Entstehung hängt eng mit der Rezeption von Nietzsches These von der „Vielheit", der Auflösung des Ich zusammen, die ihrerseits durch verschiedene Faktoren motiviert ist: beispielsweise durch den gewaltigen Einfluss von Freuds Lehre vom Unbewussten, durch die veränderten wahrnehmungspsychologischen Bedingungen in der Grossstadt und durch die tiefgreifende Erfahrung des Krieges, aber auch der Massen. Unmittelbarer Ausdruck der Ichauflösung ist der frühexpressionistische Reihungsstil, der in seiner Sprengung der Bildkontinuität ein Strukturmerkmal der ganzen modernen Lyrik vorwegnimmt. An **Alfred Lichtensteins** Gedicht **„Dämmerung"** (1911) wird dieser Reihungsstil in der Verknüpfung heterogener Bilder, sichtbar schon daran, dass jeder Vers ein neues Subjekt exponiert, aber auch am Zeilenstil, besonders deutlich. Wir zitieren hier die letzte der drei Strophen:

> **An einem Fenster klebt ein fetter Mann.**
> **Ein Jüngling will ein weiches Weib besuchen.**
> **Ein grauer Clown zieht sich die Stiefel an.**
> **Ein Kinderwagen schreit und Hunde fluchen.**

Die Literaturkritik hat das Dissoziierte, das Unzusammenhängende der Bilder in expressionistischen, ja in modernen Gedichten überhaupt mit dem Begriff „Simultantechnik" zu fassen versucht und entsprechend von „Simultangedichten" gesprochen. Entscheidend ist, dass es sich hier um ein Strukturprinzip handelt, das sich unter anderem aus der Auflösung des traditionellen Subjektbegriffs, der Entpersönlichung des modernen Ich ergibt. Man beachte in diesem Zusammenhang auch die für die moderne Subjektkritik typische Deformation des Menschen in einzelnen Bildern, wenn da von einem „fetten Mann", einem „grauen Clown", von einem schreienden Kinderwagen und fluchenden Hunden die Rede ist.

Wer heute von modernen Gedichten spricht, denkt weniger an die expressionistische als vielmehr an die hermetische Lyrik der Nachkriegszeit und der jüngsten Moderne. Das hermetische Gedicht gilt im Bewusstsein der literarischen Öffentlichkeit denn auch als das moderne Gedicht schlechthin. Dies dürfte u. a. darin begründet sein, dass sich in ihm die moderne, seit Hofmannsthals Chandosbrief bestehende Skepsis in Bezug auf die Abbildbarkeit der Wirklichkeit durch die Sprache besonders deutlich spiegelt. Die Bilder hermetischer Gedichte lösen sich aus der Beziehung zu einer Aussenwirklichkeit und werden zu *absoluten Metaphern*, die sich nicht mehr ‚linear', sondern nur noch als Glieder ganzer paradigmatischer Reihen lesen lassen. So sind beispielsweise die einzelnen Bilder in der ersten Strophe von **Paul Celans** Gedicht **„Dunkles Aug im September"** (1952):

> Steinhaube Zeit. Und üppiger quellen
> die Locken des Schmerzes ums Antlitz der Erde,
> den trunkenen Apfel, gebräunt von dem Hauch
> eines sündigen Spruchs: schön und abhold dem Spiel,
> das sie treiben im argen
> Widerschein ihrer Zukunft.

nur noch verständlich, wenn wir sie untereinander und mit den übrigen Bildern des Gedichtes paradigmatisch verknüpfen: die „Steinhaube Zeit" etwa mit den „Locken des Schmerzes" und dem „gebräunten" (nämlich verdorbenen) Apfel, aber auch mit dem „argen Widerschein ihrer Zukunft" und dem „dunklen Aug" (im Titel) usw., mit Bildern also, die alle ein gemeinsames semantisches Merkmal besitzen, hier wohl das Merkmal des /Kriegerisch-Unheilvollen/, dem in Bildern wie „September", „üppiger quellen", „Locken…ums Antlitz der Erde" und „trunkenen Apfel" ein Merkmal des /Hoffnungsvoll-Lebendigen/ gegenübergestellt wird.

Seit dem Ende des Zweiten Weltkrieges bis heute ist die moderne Lyrik, etwas vereinfach gesagt, durch zwei grosse gegenläufige Traditionen bestimmt: durch eine *ästhetisch-autonome* Tradition und durch eine Tradition, in der die Lyrik mehr als eine Gebrauchskunst, der eine unmittelbare gesellschaftliche Funktion zukommt, aufgefasst wird. Die erste der beiden Traditionen, von der eben kurz die Rede war, reicht an sich bis zu Georg Trakl und Stefan George zurück und hat ihre Wurzeln im französischen Symbolismus; ihr Wortführer nach dem Zweiten Weltkrieg ist der späte Gottfried Benn, der in seinem einflussreichen Marburger Vortrag „Probleme der Lyrik" (1951), das monologische, das absolute Gedicht gefordert hat, das sich, im völligen Rückzug aus dem Alltag geschrieben, an niemanden mehr richtet.

Gottfried Benns Gegenpol ist zweifellos Bertolt Brecht, der ganz im Unterschied zu Benn von der gesellschaftlichen Funktion der Literatur überzeugt war. Er gilt als der unbestrittene Wortführer der zweiten der beiden Traditionen: der *politischen* Tradition, die nach seinem Tod 1956 vor allem in der politischen Lyrik der sechziger Jahre ihren Höhepunkt erreicht. Es handelt sich, indem in den Gedichten fast durchwegs Haltungen im sozialen Kontext ins Blickfeld gerückt werden, insgesamt um eine spezifisch gestische Lyrik, wie **Günter Kunerts** epigrammatisches Gedicht **„Über einige Davongekommene"** (1987), stellvertretend für zahllose andere politische Gedichte, illustrieren mag.

> **Als der Mensch**
> **Unter den Trümmern**
> **Seines**
> **Bombardierten Hauses**
> **Hervorgezogen wurde,**
> **Schüttelte er sich**
> **Und sagte:**
> **Nie wieder.**
> **Jedenfalls nicht gleich.**

In Kunerts Gedicht fällt der Haltungswechsel auf, den der „Mensch" vollzieht, nachdem er „unter den Trümmern seines bombardierten Hauses hervorgezogen" worden ist. Nimmt er zunächst eine Haltung der kompromisslosen Ächtung des Krieges ein, so wechselt er sie in der letzten Zeile unvermittelt: Aus dem „Nie wieder" wird ein halbherziges „Jedenfalls nicht gleich". So haben wir es denn hier in Bezug auf die Ächtung des Krieges mit zwei Kontrasthaltungen zu tun, die sich, indem sie anstelle eines lyrischen Ich ganz ins Blickfeld gerückt werden, als Gestus bezeichnen lassen. Im Zentrum steht dann das durch einen Gestuswechsel bewirkte Spannungsfeld zwischen einer durch die Verhältnisse geforderten Haltung und einer Haltung, wie sie Menschen im realen Leben häufig einnehmen.

9.3 Lyrische Formen der *nach*klassischen Moderne

Die *nach*klassische Moderne, also die Epoche der Gegenwartsliteratur, ist, gerade auch in der Lyrik, anders als die *klassische* Moderne, weniger durch eigentliche Innovationen, d. h. durch originäre Neuerungen, als vielmehr durch innovativ wirkende Wiederentdeckungen bestimmt.

9.3.1 Lyrik der Neuen Subjektivität: die Wiederkehr des Ich

Setzt mit der klassischen Moderne die Entpersönlichung der Lyrik ein, so wird seit Mitte der 1970er Jahre im Gedicht gleichsam das Ich wiederentdeckt. Diese Wende zu einer **neuen Subjektivität** hat zwei unterschiedliche Ursachen: Zum einen stellt sie eine Reaktion auf die radikale Politisierung der Literatur in den sechziger Jahren dar, durch die das Individuelle, das Private gegenüber dem Gesellschaftlichen, dem Kollektiven in den Hintergrund gedrängt worden war, und zum andern ist sie Kritik an der hermetischen Lyrik der Nachkriegszeit, die sich in ihrer absoluten Metaphorik von der Alltagswirklichkeit immer mehr entfernt und damit das Einverständnis mit dem Leser aufgekündigt hatte. Bei der Lyrik der siebziger

Jahre, also bei jener der sog. Neuen Subjektivität, lässt sich denn auch von einem ‚neuen Realismus', dh. von einer neuen Hinwendung zum alltäglichen Leben, sprechen. Diese Lyrik mit ihrer ‚einfachen' Sprache, ihrem prosanahen Erzählton wird deshalb nicht ganz zu Unrecht als **„Alltagslyrik"** bezeichnet. In seinen 1965 veröffentlichten „Thesen zum langen Gedicht" hat schon Walter Höllerer eine Hinwendung zu dieser ‚neuen' Art von Lyrik und damit eine Abwendung vom hermetischen Gedicht gefordert.

Nun bedeutet die Lyrik der Neuen Subjektivität mit ihrem Bekenntnis zum Ich und seiner Erfahrungswelt aus *struktureller* Sicht weitgehend eine Rückkehr zum traditionellen Gedicht, auch wenn hier, ähnlich wie in der modernen Lyrik, die existentiellen und die gesellschaftlichen Perspektiven nicht ausgeblendet werden, das Ich in das Bedrohliche der Welt eingebunden bleibt. Dies mag **Jürgen Beckers** epigrammatisches **„Natur-Gedicht",** das zur zeitgenössischen Ökolyrik zählt und sich im Band „Das Ende der Landschaftsmalerei" (1974) findet, zeigen:

> **in der Nähe des Hauses**
> **der Kahlschlag, Kieshügel, Krater**
> **erinnern mich daran –**
> **nichts Neues; kaputte Natur,**
> **aber ich vergesse das gern,**
> **solange ein Strauch steht.**

Dem Gedicht liegt das für unsere Gegenwart charakteristische Motiv der zerstörten Natur zugrunde. Es dient hier der Kritik an einer Haltung des Vergessens, mit der die Menschen sich in ihren Privatbereich flüchten („solange ein Strauch steht") und die Augen vor der Naturzerstörung verschließen, die um sie herum vor sich geht. Das Gedicht negiert damit eine für die deutsche Lyrik zentrale Gattung von Gedichten: die traditionelle Naturlyrik seit Klopstock, Goethe und den Romantikern. Darauf weist schon der Widerspruch zwischen dem Titel („Natur-Gedicht") und dem Gedichttext hin.

Doch von all dem bleibt die Struktur des lyrischen Ich, das als apriorisch gesetztes, festes Ich, den Blickpunkt einstellend („erinnern *mich*…"; „aber *ich* vergesse…"), im Zentrum steht, unberührt. Beckers Gedicht erweist sich in dieser Ichbezogenheit daher als *tra-*

ditionell, auch wenn sein politischer Grundzug, aber auch die Verwendung freier Rhythmen höchst modern anmuten.

9.3.2 Postmoderne Lyrik: der Rückgriff auf die Tradition

Ob die Neue Subjektivität, die gegen Ende der 1970er Jahre ausklingt, eine eigene Strömung darstellt oder letztlich der sog. Postmoderne zuzurechnen ist, bleibt umstritten. Als sicher gilt aber, dass sich in der Literatur seit Anfang der achtziger Jahre eine ganze Reihe neuer Tendenzen ausmachen lassen. Die wichtigste dieser Tendenzen, gerade im Hinblick auf die neuere Lyrik, dürfte das Bestreben zur *Wiederaneignung der Tradition* sein. Diese Anknüpfung an die Tradition erfolgt dabei freilich nicht als ungebrochene Übernahme. Das will heissen, dass die Literatur der achtziger und neunziger Jahre, die man mit dem unscharfen Begriff der „**Postmoderne**" etikettiert hat, sich der Gestaltungsformen der Tradition nicht auf ‚naive', sondern auf eine neue, reflektierte Weise bedient. Was das konkret heisst, mag ein Beispiel aus der postmodernen Lyrik, um die es uns hier geht, illustrieren. Es ist **Ulla Hahns** Gedicht „**Der Himmel**" aus dem Band „Herz über Kopf" (1981):

>Der Himmel liegt seit heute Nacht
>in einem Ellenbogen
>darein hatt ich gesmôgen
>das kin und ein mîn wange
>viel lange Zeit.
>
>Der Himmel ist einsachtzig gross
>Und hat blaue Augen
>zum Frühstück aufgeschlagen
>all so ist auch sein Magen
>von dieser Welt.

Das Liebesgedicht, das in der klassischen Moderne, vor allem nach 1945, als unzeitgemäss, ja als missbraucht galt, feiert in der Lyrik der Neuen Subjektivität und der Postmoderne eine Art Renaissance. Ein sprechendes Beispiel dafür ist das vorliegende Gedicht von Ulla Hahn. Freilich handelt es sich hier, wie wir sofort bemerken, nicht um gewöhnliche Liebeslyrik: In Ulla Hahns Gedicht geschieht Liebe, für postmodernes Schreiben bezeichnend, im Zitat, auch wenn das mittelhochdeutsche Gedicht „Ich saz ûf eime steine" von Walther von der Vogelweide, auf das Bezug genommen wird, selber kein Liebesgedicht, sondern politische Spruchdichtung ist.

Was hier vorliegt, ist ein Fall von **Intertextualität**, d. h. der spielerische Umgang mit einem Text aus dem Mittelalter, aus einer andern Epoche also, indem die Autorin im eigenen Text auf ihn anspielt. Dadurch entsteht eine Art Dialog zwischen den beiden Texten, zwischen der Schilderung des nachdenklich dasitzenden Dichters in Walthers Gedicht und jener des Geliebten, die ironisch gebrochen ist. Die Autorin selber tritt hinter das Ganze zurück. Darin äussert sich eine der alten Genieästhetik diametral entgegengesetzte Dichtungsauffassung, wonach der Autor nicht als originärer Schöpfer eines Werks, sondern als blosser Arrangeur erscheint, der Begriff des Autors folglich zu relativieren ist. Die geistesgeschichtliche Basis dieser Dichtungsauffassung, welche die Postmoderne mit der Moderne weitgehend teilt, bildet eine letztlich auf Nietzsche und Sigmund Freud zurückgehende Subjektkritik, die Kritik an der Vorstellung eines autonomen Menschen.

Ulla Hahns Gedicht zeigt sehr schön, wie das Liebesgedicht im Stil des traditionellen Kunstliedes durch die Gestaltung intertextueller Bezüge, hier zu einem Walther-Gedicht, welche die Liebe zu einer Art Spiel werden lassen, in der Postmoderne wieder möglich ist. Postmodernes Schreiben bedeutet in diesem Sinne, sich der Formen der Tradition gewissermassen durch die Brille der Moderne zu bedienen.

9.3.3 Lyrik der ‚Zweiten Moderne': die Erneuerung des Sprachexperiments

In der Lyrik findet sich nach 1990, mit der Abkehr von der Formtradition der Postmoderne, erneut eine Tendenzwende, und zwar in zweierlei Hinsicht: Zum einen wird die Gattung durch neue Genres, etwa durch Texte aus der „Subkulturszene" (Slam Poetry, Rap-Poesie, HipHop-Lyrik, ‚Social Beat') und – auf einer ganz andern Ebene – durch die digitale Lyrik, erweitert, und zum andern kehren Subjekt- und Sprachkritik, Experiment und Hermetismus in einem Ausmass zurück, das an die Lyrik der späten fünfziger und der sechziger Jahre erinnert. Es lässt sich, sieht man einmal von den Gedichten ab, die weiterhin im Stil der Neuen Subjektivität verfasst sind, geradezu von einer wiederentdeckten Moderne sprechen. Diese ‚Zweite Moderne', wie man die neoavantgardistische Strömung nach der Postmoderne inzwischen nennt, zeichnet sich u. a. durch die Neubelebung von Montage- und Collageformen aus, durch Formen also, die auf historische Avantgarden, wie etwa den Dadaismus, verweisen. Der Lyriker gibt sich dabei häufig als ein „poeta doctus", der Elemente aus den verschiedensten Wissensbereichen sprachlich miteinander zu verbinden weiss.

Wie sich die Wiederentdeckung der Moderne in der neueren Lyrik konkret zeigt, lässt sich an einem kurzen Gedicht von **Durs Grünbein** aus dem Zyklus „Niemands Land Stimmen" seines zweiten Lyrikbandes „Schädelbasislektion" (1991) illustrieren:

> **Blinder Fleck oder blosser Silbenrest … (-ich)**
> **zersplittert und wiedervereinigt**
>   **Im Universum**
>   von Tag zu Tag,
> **Gehalten vom Bruchband der Stunden**
>   **Zusammengeflickt**
> **Stückweise**
>   **Und in Fragmenten**
>   „I feel so atomized."

Grünbeins Text sieht nicht wie ein herkömmliches Gedicht aus. Der Text ist collageartig aufgelöst in Wort- und Satzpartikel, die willkürlich über die leere Fläche der Seite verstreut erscheinen, so dass kein ästhetisch-formaler Zusammenhang mehr entstehen kann, ja der Abstand zwischen den Versatzstücken gar von einer Zusammenhanglosigkeit kündet. Das lyrische Ich wird dabei gleichsam in sprachliche Fragmente zerstückelt, dreifach ‚atomisiert': durch die graphische Anordnung, das englische Zitat in der letzten Zeile und durch die Semantik des Textes („Silbenrest", „zersplittert", „zusammengeflickt"), die das Individuelle und das Kollektive, wohl die Wiedervereinigung Deutschlands, einander überlagern lässt. Es wird in sprachlicher Konsequenz, wie beispielsweise in „glück*lich*" oder „häss*lich*", zur Nachsilbe „-ich" reduziert. Das Fragment, ob als sprachliches oder existentielles, ist das am Ende Verbleibende. Durs Grünbeins Gedicht wird damit Ausdruck einer fundamentalen Subjekt- und Sprachkritik, wie sie in der nachklassischen Moderne, bei Thomas Kling, Barbara Köhler, Anne Duden, Bert Papenfuss-Gorek, Peter Waterhouse, Marcel Beyer u. a., mit aller Kraft in die Lyrik zurückgekehrt sind.

Der Text von Durs Grünbein zeigt, dass gerade die Lyrik, die als ‚abstrakteste' der Gattungen am wenigsten von den Inhalten und am entschiedensten von der Form her verstanden werden will, für Innovationen besonders offen ist. Schon aus diesem Grunde dürfte die lyrische Moderne, obwohl Abgesänge auf sie immer wieder angestimmt wurden, noch längst nicht am Ende sein. Freilich machen es uns moderne Gedichte, indem sie auch nach intensiver Beschäftigung mit ihnen häufig schwierig zu verstehen sind, nicht leicht, weil sich paradigmatische Beziehungen, die uns Möglichkeiten zu ihrer Interpretation eröffnen, oftmals nur noch schwer auffinden lassen.

9.4 Die Entpersönlichung des lyrischen Ich im modernen Gedicht

Die moderne Lyrik ist, wie bereits mehrfach gesagt, im Unterschied etwa zum traditionellen Erlebnisgedicht eine entpersönlichte Lyrik. Die Entpersönlichung betrifft dabei vor allem das lyrische Ich, das in modernen Gedichten seine feste, dominierende Stellung preisgibt: sei es, indem es zurücktritt oder im Sprechvorgang gänzlich verschwindet, oder sei es durch Perspektivenwechsel oder durch Montage. Wir wollen diese drei grundsätzlichen Möglichkeiten, das lyrische Ich im modernen Gedicht zu entpersönlichen, der Reihe nach an ausgewählten Textbeispielen darstellen.

9.4.1 Die Abkehr vom Ich im modernen Gedicht

In zahlreichen modernen Gedichten wählt das lyrische Ich seinen fiktiven Standort gleichsam ausserhalb des Gedichtes oder fehlt es ganz. Der erste Fall lässt sich an einem Beispiel aus der zeitgenössischen Ökolyrik, an **Sarah Kirschs** Gedicht „**Bäume**", veröffentlicht im Band „Katzenleben" (1984), illustrieren:

> **Früher sollen sie**
> **Wälder gebildet haben und Vögel**
> **Auch Libellen genannt kleine**
> **Huhnähnliche Wesen die zu**
> **Singen vermochten schauten herab.**

Bäume, Wälder und Vögel sind seit der Romantik Standardrequisiten traditioneller Naturlyrik. Während es sich bei dieser lyrischen Gattungsform aber stets um Stimmungslyrik handelt, kann in Sarah Kirschs Gedicht von Stimmung keine Rede mehr sein. Der Grund dafür ist einfach: Die herkömmliche Stimmungslyrik in ihrer gefühlvollen Subjektivität lebt von einem lyrischen Ich, das sich als zentrale Kategorie des Gedichts in den Naturbildern, den Bäumen und Wäldern, spiegelt. Ein solch lyrisches Ich fehlt aber im vorliegenden Gedicht. Oder genauer gesagt: Sein fiktiver Standort befindet sich ausserhalb des Gedichts, nämlich in der Zukunft („*Früher* sollen sie..."), in der Bäume als Folge des „Waldsterbens" offenbar eine exklusive Sache geworden sind und die Erinnerung an Wälder und Vögel langsam aus dem kollektiven Gedächtnis verschwindet. Dieser Standort in der Zukunft, verstärkt noch durch die Wendung „sollen", schafft Distanz und verleiht dem Gedicht so etwas von der überlegenen Heiterkeit, die der zeitgenössischen Ökolyrik in ihrem Katastrophen- und Klageton sonst häufig abgeht.

Dem Zurücktreten des lyrischen Ich entspricht hier die epigrammatische Form, die lakonische Kürze des Gedichts. Der Text besteht denn auch lediglich aus fünf Zeilen oder aus zwei miteinander verbundenen Sätzen. Für die Form des Epigramms typisch sind dabei das fehlende Metrum, die Reimlosigkeit, der unregelmässige Rhythmus und nicht zuletzt der Zeilensprung. Gerade der Letztere, also der Zeilensprung, der eine Spannung zwischen Vers-

und Sinnakzent bewirkt, ist vor allem seit Rainer Maria Rilke in der modernen Lyrik insgesamt verbreitet.

So haben wir es denn in Sarah Kirschs Gedicht mit einer Verfremdung, gleichsam einer Umkehrung des traditionellen Naturgedichts zu tun. Und dies sowohl auf der Ebene von Inhalt und Form als auch auf jener der Struktur, indem sich die Erinnerung an längst vergangene Zeiten, als es noch Wälder und Singvögel gab, nicht mehr auf ein persönliches lyrisches Ich im Gedicht, sondern nur noch auf ein entpersönlichtes, anonymes Ich ausserhalb des Gedichts bezieht.

Der Wille, das lyrische Ich zu entthronen, hat seit dem Expressionismus und dem Futurismus, vor allem seit Marinettis futuristischem Programm von 1909, bei einzelnen Lyrikern zur Zerstörung des Ich überhaupt, zur völligen Ichpreisgabe geführt. Gottfried Benns Forderung etwa „das Ich in der Literatur [zu] zerstören"[1] ist nur die letzte Konsequenz daraus, dass dieses Ich, das nach Sigmund Freud „nicht einmal Herr…im eigenen Hause"[2] ist, seine Tragfähigkeit als Sinnmitte der ‚Dinge', ja des Lebens an sich verloren hat. Die ‚Dinge' haben sich dem steuernden Ich gleichsam entzogen und sind selber absolut geworden. In der Literatur führte das im Endeffekt zum **ichlosen Text**, wie er vor allem in der experimentellen Poesie verwirklicht ist. Der ichlose Text erweist sich in diesem Sinne als ein Extremfall moderner, entpersönlichter Gestaltungsweise. Geben wir dafür ein Beispiel aus den Anfängen der modernen Lyrik. Es handelt sich um **August Stramms** frühexpressionistisches Gedicht „**Patrouille**" (1914), das versucht, die Wirklichkeitserfahrung einer Kriegspatrouille, für die Steine, Fenster, Büsche mehr sind als blosse ‚Gegenstände' sprachlich einzufangen:

> **Die Steine feinden**
> **Fenster grinst Verrat**
> **Äste würgen**
> **Berge Sträucher blättern raschlig**
> **Gellen**
> **Tod**

In diesem Gedicht fällt uns die zertrümmerte Sprache, d. h. die bewusste Zerstörung wortsemantischer und syntaktischer Bezüge, auf: Nach den Regeln einer Normsemantik lassen sich unbelebten Objekten keine menschlichen Handlungsweisen zuschreiben, können also beispielsweise „Äste" nicht „würgen". Überdies stellt „feinden" keine im Deutschen existierende Verbform dar, liegt hier demnach ein grammatischer Normverstoss vor. Aus struktularer Sicht haben wir es mit einer Reihe von Isotopiebrüchen zu tun, die das Textverständnis zunächst einmal erschweren.

Liest man nun aber Stramms Gedicht nicht einfach ‚linear', sondern paradigmatisch, so fällt auf, dass Wörter wie *feinden*, *Verrat*, *würgen* und *raschlig* ein gemeinsames Sem /feindlich/ besitzen und damit eine Isotopie erzeugen, der sich dann, im sprachlichen Kontext, unschwer auch die Wörter *grinst*, *Gellen* und *Tod* zuordnen lassen. In Stramms Gedicht bildet nicht, wie üblicherweise in traditionellen Gedichten, ein durch ein lyrisches Ich bestimmtes, kausallogisches Nacheinander der Teile, bildet vielmehr eine *dominante Isotopie*, eben die Isotopie /feindlich/, das zentrale Textverknüpfungsmuster. Sie tritt hier recht eigentlich an die Stelle des lyrischen Ich. Wir haben es in diesem Sinne mit einer betont paradigmatischen Schreibweise zu tun, die sich zudem als gestisch erweist, verbirgt sich doch hinter der todbringenden Feindlichkeit der ‚Dinge', sichtbar schon an den gehäuften Personifikationen (feinden, Verrat, grinsen, würgen), eine sozial bestimmte menschliche Haltung, also ein Gestus, der, losgelöst von einem lyrischen Ich, ganz ins Zentrum rückt.

Das Beispiel illustriert übrigens, dass wir zu zahlreichen modernen Gedichten erst dann einen Zugang finden, wenn wir sie nicht mehr einfach ‚linear', sondern *paradigmatisch*, also von den verwandtschaftlichen, semantischen Beziehungen innerhalb der bedeutungstragenden Wörter her, lesen. So lässt sich beispielsweise auch das folgende ichlose Gedicht „Herbst" (1966) von **Heinz Piontek**:

> **Mit brennendem Schnurrbart,**
> **kahlliegendem Schädel,**
> **Epauletten**
>
> **Wie ein Oberst.**
>
> **Wie ein gewöhnlich**
> **sterblicher Oberst.**

mit seinen teilweise grotesken Bildern erst dann verstehen, wenn wir erkennen, dass es sich semantisch aus zwei gegensätzlichen Paradigmen zusammensetzt: aus einem Paradigma /Tod/ oder /Vergänglichkeit/, zu dem Wörter wie *brennend, kahl, Schädel, gewöhnlich* und *sterblich* gehören, und aus einem Gegenparadigma /militärisch-aufgeputzt/, das durch die Wörter *Schnurrbart, Epauletten* und *Oberst* erzeugt wird. Das Militärische, das Aufgeputzte des im Bilde eines Obersten dargestellten Herbstes entlarvt sich so, angesichts der Tatsache, dass alles vergänglich ist, als lächerliche Maskerade.

9.4.2 Der Perspektivenwechsel im modernen Gedicht

Ähnlich wie der Erzähler seine Sicht unvermittelt von einem Erzähler-Ich zu einem andern wechseln kann, so wechselt in modernen Gedichten oftmals auch das lyrische Ich seine Perspektive. Wie sich ein solcher Perspektivenwechsel konkret zeigt und welche Folgen er für die Zeiterfahrung in der modernen Lyrik hat, soll an **Marie-Luise Kaschnitz'** Gedicht **„Genazzano"** aus der Sammlung „Neue Gedichte" (1957) illustriert werden. Es handelt sich um einen Text, den schon Walter Jens als „ein für die moderne deutsche Lyrik... sehr typisches Gedicht"[3] bezeichnet hat:

> **Genazzano am Abend**
> **Winterlich**
> **Gläsernes Klappern**
> **Der Eselshufe**
> **Steilauf die Bergstadt.**
> **Hier stand ich am Brunnen**
> **Hier wusch ich mein Brauthemd**
> **Hier wusch ich mein Totenhemd.**
> **Mein Gesicht lag weiss**
> **Im schwarzen Wasser**
> **Im wehenden Laub der Platanen.**
> **Meine Hände waren**
> **Zwei Klumpen Eis**
> **Fünf Zapfen an jeder**
> **Die klirrten.**

Kaschnitz' Gedicht „Genazzano" lässt sich von seiner Zeitstruktur her in zwei Teile gliedern. Zum ersten Teil gehören die Zeilen 1-7, in denen das Bild eines Ritts auf einem Esel an einem winterlichen Abend hinauf zu einer kleinen italienischen Bergstadt, verbunden mit Erinnerungen an einen früheren Aufenthalt dort, entfaltet wird. Dieser erste Teil wirkt dabei in seiner realen Zeitabfolge auf Anhieb verständlich, und das trotz der elliptischen Wendungen, wie sie für die moderne, entpersönlichte Lyrik mit ihrer Tendenz zur Reduktion insgesamt typisch sind.

In der achten Zeile („Hier wusch ich mein Totenhemd") ergibt sich ein auffallender zeitlicher Bruch. Das lyrische Ich, bisher gegenwärtig in klarer zeitlicher Kohärenz, erlebt sich plötzlich selber als bereits verstorben. Was in Wirklichkeit noch in der Zukunft liegt, nämlich sein Tod, erscheint mit einem Male als Vergangenheit, so dass das sich erinnernde gegenwärtige Subjekt, die erinnerte Vergangenheit *und* die Zukunft quasi in einer Gleich- und Allzeitigkeit zusammenfallen. An die Stelle der realen Zeitabfolge, wie sie die ersten sieben Zeilen kennzeichnet, tritt hier eine Art **,innere' Zeit** als Vergegenwärtigung vergangener und zukünftiger Erlebnisse im Bewusstseinsstrom, als eine neue, simultane Zeiterfahrung. Diese Gleichzeitigkeit von Vergangenheit, Gegenwart und Zukunft, diese *Simultantechnik*, zusätzlich hervorgehoben durch das anaphorisch verwendete „Hier", stellt aus struktureller Sicht eine *Montage* dar. Ihre Basis bildet die Preisgabe der Identität des lyrischen Ich, die Erfahrung der Ichauflösung.

Überblickt man das ganze Kaschnitz-Gedicht, so fällt einem der mehrmalige **Perspektivenwechsel** auf. Das lyrische Ich wird aus einer dreimal sich wandelnden Perspektive gezeigt: Eingangs erscheint es völlig anonym als ein ‚Jemand', der abends auf einem Esel die winterliche Stadt hinauf reitet. Ab der sechsten Zeile tritt es im Akt der Erinnerung als ein persönliches Ich hervor, und zwar gleichsam in der Gestalt einer Dorfbewohnerin, die am Brunnen ihr Brauthemd „wusch". Dabei geht diese Erinnerung an das Waschen des Brauthemdes – in der achten Zeile – durch einen erneuten, montageartigen Perspektivenwechsel in eine ‚Vorerinnerung' an das Waschen des Totenhemdes über. Darauf, nicht minder jäh, verändert sich die Perspektive dieses Ich erneut und verlagert sich teilweise auf Gesicht und Hände: In visionäres Anschauen versunken, im Bewusstseinsstrom, gibt das lyrische Ich seine Identität vollends auf; das tote Gesicht im Wasser und die zu Eis erstarrten Hände lösen sich vom betrachtenden Ich und treten ihm, selbst Subjekt geworden, gewissermassen gegenüber.

9.4.2.1 Exkurs: Die Verselbständigung der Teile im modernen Gedicht

Die in Kaschnitz' Gedicht sichtbar gemachte Tendenz, einzelne Körperteile zu verselbständigen, findet sich in der literarischen Moderne als Ausdruck der Entpersönlichung des Ich seit Rilke und vor allem seit den Expressionisten häufig. Illustrieren wir sie hier noch an einem andern Beispiel, und zwar an **Paul Celans** Gedicht „**Ins Nebelhorn**" aus dem Band „Mohn und Gedächtnis" (1952):

> **Mund im verborgenen Spiegel,**
> **Knie vor der Säule des Hochmuts,**
> **Hand mit dem Gitterstab:**
> **reicht euch das Dunkel,**
> **nennt meinen Namen,**
> **führt mich vor ihn.**

Das lyrische Ich erfährt sich in diesem Gedicht nicht als personale Einheit, sondern als Mund, Knie und Hand, die als isolierte Wesen gesetzt, d. h. voneinander getrennt, sind. Dabei stehen die drei Körperteile in einem jeweils anderen Bezug, einander verfremdet, und vor allem verfremdet für das Ich, dem sie doch zugehören. Die Identität des Ich wird somit nicht durch die Teile des Körpers hergestellt, sondern höchstens noch durch den Namen. Der Name ist hier in weit höherem Masse Person als Mund, Knie und Hand.

Im dargestellten ‚Zerfall' des lyrischen Ich in die drei Körperteile thematisiert Celan das moderne Problem der Ichauflösung. Mund, Knie und Hand stehen dem Ich, das nur noch durch den Namen repräsentiert wird, als eine Art Wirklichkeitsfragmente fremd gegenüber. Wir können in Celans Text demnach auch von einer **Ichentfremdung** oder gar von einer **Ichvereinzelung** sprechen. Diese Ichvereinzelung, die für zahlreiche moderne Texte typisch ist, meint aber nicht das traditionelle Ich als Individuum, das sich, wie beispielsweise ein Michael Kohlhaas, der Welt von einer autonomen Position entgegenstellt. Sie bedeutet vielmehr, bildlich gesprochen, das Herausfallen des Ich aus einer ihm entfremdeten Wirklichkeit. Es handelt sich hier um ein Thema, mit dem spätestens seit Kafkas „Verwandlung" gerade moderne Erzählungen und Romane häufig einsetzen.

Die Ichvereinzelung, die in der Moderne mit der Erfahrung der Ichauflösung und der Entfremdung zusammenhängt, lässt sich in Ansätzen schon in der Literatur des 19.Jh., etwa bei Kleist, Hölderlin, Heine und vor allem bei Büchner, nachweisen. Beispielhaft dafür ist **Friedrich Hölderlins** Gedicht **„Hälfte des Lebens"** (1803), vor allem dessen zweite Strophe:

> Mit gelben Birnen hänget
> Und voll mit wilden Rosen
> Das Land in den See,
> Ihr holden Schwäne,
> Und trunken von Küssen
> Tunkt ihr das Haupt
> Ins heilignüchterne Wasser.
>
> Weh mir, wo nehm ich, wenn
> Es Winter ist, die Blumen, und wo
> Den Sonnenschein,
> Und Schatten der Erde?
> Die Mauern stehn
> Sprachlos und kalt, im Winde
> Klirren die Fahnen.

Ist beispielsweise in einem romantischen Gedicht das lyrische Ich, indem es mit der Welt gleichsam verschmilzt, noch fraglos in die geschlossene, ganzheitlich erfahrene Wirklichkeit eingebettet, so fällt es in Hölderlins Gedicht, in jener abrupten Kehre zwischen der ersten und der zweiten Strophe, zwischen dem sommerlichen und dem winterlichen Landschaftsbild, fragend aus ihr heraus („Weh mir, wo nehm ich,…?"). Diese Vereinzelung des Ich in einer ihm fremd gewordenen, entseelten Wirklichkeit, sichtbar gemacht etwa im Bild der sprachlosen Mauern, deutet seine beginnende Krise an, die zugleich eine Krise der traditionellen, metaphysisch fundierten Wirklichkeitserfahrung ist.

9.4.2.2 Exkurs: Verdinglichung des Ich und Personifikation der Dinge im modernen Gedicht

Wenden wir uns zunächst wieder Kaschnitz' Gedicht „Genazzano" zu. Durch den montageartigen Perspektivenwechsel in der achten Zeile wird hier, wie bereits gesagt, die Einheit des lyrischen Ich zersetzt. Mehr noch: Indem in den Schlusszeilen die Hände, dem betrachtenden Ich vollkommen entfremdet, zu zwei Klumpen Eis erstarren, werden sie als Subjekt gleichsam verdinglicht. Solche **Verdinglichungen des Subjekts** finden sich, meist verbunden mit der **Personifikation von Dingen**, in modernen Texten vor allem seit dem Expressionismus[4] immer wieder. So wenn beispielsweise in Kafkas Erzählung „Die Verwandlung" die Figur Gregors vom Menschen übers Tier zur Sache mutiert (vgl. S. 208) oder wenn im absurden Theater ganz allgemein die Grenzen zwischen dem Menschen und der ihn umgebenden Dingwelt verwischt sind.[5] Als komplementäre Stilformen konvergieren ‚Verdinglichung' und ‚Personifikation' häufig, wie das besonders schön in **Gottfried Benns** frühexpressionistischem Gedicht **„Nachtcafé"** aus dem Band „Fleisch" (1917) sichtbar wird. Wir zitieren hier nur die ersten drei der acht Strophen:

> **824: Der Frauen Liebe und Leben**
> **Das Cello trinkt rasch mal. Die Flöte**
> **rülpst tief drei Takte lang: das schöne Abendbrot.**
> **Die Trommel liest den Kriminalroman zu Ende.**
>
> **Grüne Zähne, Pickel im Gesicht**
> **Winkt einer Lidrandentzündung.**
>
> **Fett im Haar**
> **Spricht zu offenem Mund mit Rachenmandel**
> **Glaube Liebe Hoffnung um den Hals.**

Im vorliegenden Gedichtauszug ist alles Personale aufgelöst: In den Eingangsversen treten Instrumente an die Stelle von Personen, werden sie gewissermassen personifiziert. Gleichzeitig vollzieht sich ein umgekehrter Prozess: Personen werden, indem sie synekdochisch als Cello, Flöte und Trommel erscheinen, zu unbelebten Objekten verdinglicht. In der zweiten und dritten ‚Strophe' erhält diese Verdinglichung einen zusätzlichen Aspekt: Hier sind die Personen, für Benns frühe Lyrik bezeichnend, vollständig auf ihre hässlichen

Eigenschaften reduziert: „Grüne Zähne, Pickel im Gesicht", „Lidrandentzündung", „Fett im Haar", „offener Mund mit Rachenmandel". Verdinglichung der Personen und Personifikation der Dinge fallen in diesen Versen demnach zusammen. Sie sind Ausdruck einer extremen Reduktion des Ich, stehen für eine radikale Absage an die traditionelle, bis zu Descartes zurückreichende Auffassung vom Menschen als einem der Welt autonom gegenübertretenden Wesen.

Nun findet sich das Stilmittel der *Personifikation*, d. h. die vermenschlichte Darstellung der Welt, selbstverständlich nicht nur in der modernen, sondern auch in der traditionellen Lyrik, vor allem in Naturgedichten etwa der Romantik, sehr häufig. Allerdings hat die Personifikation der ‚Dinge' hier nichts mit der Erfahrung von Ichauflösung und Entfremdung zu tun, hängt sie, gerade umgekehrt, mit der anthropozentrischen Position des lyrischen Ich, mit ihrer Ausstrahlung bis in die einzelnen Bilder hinein, zusammen. In **Eduard Mörikes** Frühlingsgedicht **„Er ist's"** (1832) beispielsweise wird dieser Zusammenhang besonders deutlich, wenn da sowohl der Frühling selber als auch seine Boten („Veilchen träumen", „wollen...kommen") wie menschliche Wesen, d. h. ganz vom Menschen her, gesehen werden. Dies gilt speziell für die zweite der beiden Strophen:

Veilchen träumen schon,
Wollen balde kommen.
Horch, von fern ein leiser Harfenton!
Frühling, ja du bist's!
Dich hab' ich vernommen!

Kehren wir abschliessend zum Gedicht „Genazzano" zurück. Die Struktur dieses Gedichtes ist, wie bereits gesagt, durch den mehrmaligen Perspektivenwechsel des lyrischen Ich bestimmt. Darin zeigt sich, im Zusammenhang mit der Erfahrung der Ichauflösung, ein sehr modernes Element.

Modern ist nun aber auch die semantische Organisation des Gedichtes. Sie zeichnet sich, für die hermetische Lyrik signifikant, durch auffallende paradigmatische Beziehungen zwischen den einzelnen Bildern aus. So etwa, wenn Anfang und Ende des Gedichtes einander deutlich entsprechen: Korrespondiert das Eis sowohl mit dem Winterlichen als auch mit dem Gläsernen, so entspricht das Klirren, schon durch die Alliteration, dem gläsernen Klappern. Die derart entstandene Bilderreihe, in die sich auch der „Abend" und das „*weiss aus dem Wasser auftauchende Gesicht*" semantisch einfügen, aktualisiert vor allem Seme wie /kalt/ und /leblos/.

Nun kontrastiert aber der Bereich des /Kalten/ und /Leblosen/ im Mittelteil des Gedichtes mit dem des /Lebendigen/, wie er sich in den Bildern vom Brunnen, vom Brauthemd, vom Wasser und vom Wind („wehendes Laub") spiegelt. Dadurch entsteht der Gegensatz /lebendig/ vs /leblos/, der als Grundopposition die semantische Struktur des Gedichtes bestimmt, auch wenn insgesamt der Eindruck des /Leblosen/, des /Todes/ überwiegt. Auffallend ist dabei das „schwarze Wasser", und zwar insofern, als diesem komplexen Ausdruck eine mediatisierende Funktion zukommt: Während das Semem „schwarz" ohne Zweifel den Bereich des /Todes/ evoziert, gehört das „Wasser" als Lebensspender zum Gegenbereich des /Lebendigen/. So werden denn im „schwarzen Wasser" die beiden gegensätzlichen Seme /Tod/ und /Leben/ miteinander verknüpft. Ähnliches vollzieht sich im Bild des Brunnens: Der „Brunnen", einerseits Wasser und damit /Leben/, ist er anderseits nach überkommener Auffassung der Eingang zur Unterwelt, zum /Tod/. /Leben/ und /Tod/ verbinden sich gleichermassen mit ihm.

Die semantische Struktur von Kaschnitz' Gedicht ist, wie vorhin gesagt, durch die Grundopposition /Leben/ vs /Tod/ bestimmt. In zahllosen traditionellen Gedichten, allen voran in solchen der klassisch-romantischen Tradition, wird diese Grundopposition am Schluss vermittelt, etwa in dem Sinne, dass der /Tod/ den Übergang zu neuem /Leben/ bedeutet und so ein transzendierendes Element bekommt. Ein kurzes Beispiel, die letzte der drei Strophen aus **Joseph von Eichendorffs** romantischem Gedicht **„Der Einsiedler"** (1835), mag das illustrieren:

> **O Trost der Welt, du stille Nacht!**
> **Der Tag hat mich so müd gemacht,**
> **Das weite Meer schon dunkelt,**
> **Lass ausruhn mich von Lust und Not,**
> **Bis dass das ew'ge Morgenrot**
> **Den stillen Wald durchfunkelt.**

Die Symbolik dieser Schlussstrophe ist einfach: Wie die vom lyrischen Ich ersehnte Nacht („O Trost der Welt, du stille Nacht") wieder zum Tag wird („bis dass das ew'ge Morgenrot…"), so wandelt sich der /Tod/ („Lass ausruhn mich") zu neuem /Leben/, sichtbar gemacht im Bild des „ew'gen Morgenrotes", das als Raumelement /Nacht/ und /Tag/, /dunkel/ und /hell/ verbindet. Wir haben es hier demnach mit einer abschliessenden Vermittlung des Gegensatzes /Leben/ vs /Tod/, also mit einer Schlussmediation zu tun, wie sie für traditionelle Texte insgesamt bezeichnend ist. In ihr spiegelt sich letztlich ein harmonisierendes Prinzip, d. h. die alte, unter anderem mit Leibniz' Theodizee verknüpfte Vorstellung vom harmonischen Einklang aller Dinge, die zum Wesen traditionellen Denkens gehört.

Ganz anders nun in Kaschnitz' modernem Gedicht: Indem hier das Todesmotiv die letzten vier Zeilen vollständig dominiert, wird der /Tod/, über den das /Leben/ nicht mehr hinausweist, in seiner Endgültigkeit zur einzigen Gewissheit des lyrischen Ich, so dass von einer Schlussmediation keine Rede mehr sein kann. Das Dasein, das sich in den drei Ich-Aussagen, Kindheit, Liebe und Alter assoziierend, spiegelt, erscheint damit, fast im Sinne Martin Heideggers, als ein „Sein zum Tode" (vgl. S. 115).

9.4.3 Die Montage im modernen Gedicht

Moderne Lyrik kann wie alle moderne Literatur in vergleichsweise ‚konventioneller', aber auch in typisch avantgardistischer Form erscheinen. Das Letztere gilt zweifellos für die Montagelyrik, wie wir sie seit ihren Anfängen in Expressionismus und Dadaismus kennen. Zwei Arten von Montage sind dabei zu unterscheiden: die Montage als reines *Formprinzip*, d. h. als Kombination sprachlicher Elemente unterschiedlichster Herkunft zu einem neuen Text, und die Montage als *Strukturprinzip*, die eine Art Spaltung des lyrischen Ich, eine Zersetzung seiner inneren, personalen Einheit meint, die also mit einer neuartigen Figurengestaltung zusammenhängt. Anders gesagt, heisst dies: das erste der beiden Montageverfahren, auch *Textmontage* genannt, betrifft vorwiegend die Manifestationsebene der Gedichte, das zweite die Elementarebene, also die Tiefenstrukturen. Selbstverständlich sind die beiden Montageverfahren in der Praxis häufig miteinander verbunden, wie das vor allem in der hermetischen Lyrik der Fall ist.

Beginnen wir nun, um das eben Gesagte an konkreten Textbeispielen zu illustrieren, mit einem modernen Gedicht, in dem die Montage als Strukturprinzip erscheint. Es ist ein Gedicht aus **Bertolt Brechts** „Buckower Elegien" (1948-1956), das den Titel **„Der Einarmige im Gehölz"** trägt:

> **Schweisstriefend bückt er sich**
> **Nach dem dürren Reisig. Die Stechmücken**
> **Verjagt er durch Kopfschütteln. Zwischen den Knien**
> **Bündelt er mühsam das Brennholz. Ächzend**
> **Richtet er sich auf, streckt die Hand hoch, zu spüren**
> **Ob es regnet. Die Hand hoch**
> **Der gefürchtete SS-Mann.**

Brechts Gedicht stellt einen Mann vor, der als Einarmiger, Verstümmelter äusserste Mühe hat, das für den Winter benötigte Brennholz zu sammeln. Eine Reihe von Gesten weisen auf diese Mühe hin: Der Mann bückt sich schweisstriefend, verjagt die Stechmücken durch Kopfschütteln, bündelt mühsam das Brennholz, richtet sich ächzend auf. Die Gesten aktualisieren das semantische Merkmal /ohnmächtig/, drücken also eine Haltung der Ohnmacht, aber auch der Harmlosigkeit aus.

Doch in den beiden letzten Zeilen wandelt sich das Bild. Die Figur des Mannes wird plötzlich ‚gedreht', wechselt unvermittelt ihre Haltung. War es ‚vorher' ein harmlos, ja ohnmächtig wirkender Mann, der die Hand nach dem Regen ausstreckte, so erkennen wir nun in der gleichen Figur den „gefürchteten SS-Mann", der die Hand zum Hitlergruss erhebt. Neben die Haltung der Ohnmacht tritt damit montageartig eine Haltung, die Macht, vor allem aber Gefährlichkeit verrät. Es handelt sich dabei um zwei gegensätzliche Haltungen in einem sozialen Kontext, so dass wir von zwei *Gestus* sprechen können. Beim völlig unvermittelten, extremen Haltungswechsel, der nicht individualpsychologisch motiviert ist, sich nicht aus dem Charakter der Figur erklären lässt, haben wir es folglich mit einem **Gestuswechsel** zu tun.

Dieser Gestuswechsel führt zur Auflösung der personalen Einheit der Figur, zu einem Befund also, den wir „**Montage**" nennen können. Zudem lenkt er den Blick von der Figur selber weg auf ihre widersprüchlichen Verhaltensweisen (als ohnmächtig/verstümmelt erscheinen und zugleich gefährlich sein), löst er beim Leser somit nicht, wie in traditionellen Gedichten, eine Haltung der Einfühlung, sondern eine solche der *Reflexion* und der *Kritik* aus. Der Leser wird aufgefordert, wachsam zu sein gegenüber den alten Feuerlegern, die sich harmlos geben, dabei aber die nächste Katastrophe vorbereiten. Die Warnung vor der Gefahr eines neuen Totalitarismus ist deutlich.

Beim *zweiten Textbeispiel*, das wir hier vorstellen, handelt es sich um ein Montageverfahren, das sowohl die Manifestations- als auch die Elementarebene des Textes betrifft, ist die Montage also, anders als vorhin in Brechts Gedicht, Struktur- *und* Formprinzip. Wir wählen **Paul Celans** 1952 in der Gedichtsammlung „Mohn und Gedächtnis" erschienene „**Todesfuge**", dem wohl berühmtesten deutschen Gedicht nach 1945. Dabei begnügen wir uns mit den ersten fünfzehn Zeilen:

Schwarze Milch der Frühe wir trinken sie abends
wir trinken sie mittags und morgens wir trinken sie nachts
wir trinken und trinken
wir schaufeln ein Grab in den Lüften da liegt man nicht eng
Ein Mann wohnt im Haus der spielt mit den Schlangen der schreibt
Der schreibt wenn es dunkelt nach Deutschland dein goldenes Haar
Margarete
er schreibt es und tritt vor das Haus und es blitzen die Sterne er pfeift
seine Rüden herbei
er pfeift seine Juden hervor lässt schaufeln ein Grab in der Erde
er befiehlt uns spielt auf nun zum Tanz

Schwarze Milch der Frühe wir trinken dich nachts
wir trinken dich morgens und mittags wir trinken dich abends
wir trinken und trinken
Ein Mann wohnt im Haus der spielt mit den Schlangen der schreibt
Der schreibt wenn es dunkelt nach Deutschland dein goldenes Haar
Margarete
Dein aschenes Haar Sulamith […]

Traditionelle Gedichte bieten uns in der Regel sinnlich klar fassbare Bilder („Im Nebel ruhet noch die Welt/Noch träumen Wald und Wiesen..."), die sich sprunglos nachvollziehen lassen. Bild und geschaute Realität stellen hier eine vertraute Einheit dar. Dies zeigt sich u. a. in der Verwendung ‚einfacher', klassischer Metaphern, bei denen die Beziehung zwischen Übertragung und Übertragenem durchaus einsichtig ist.

Ganz anders in unserem modernen Gedicht von Paul Celan: Zwar gibt es auch da, durch die konkreten Anspielungen auf die Situation in den Vernichtungslagern der Nazis, einen klaren Realitätsbezug. Doch fehlt den Bildern in diesem Text jede Ähnlichkeit mit der erfahrbaren Welt, sind sie gleichsam entsinnlicht. Das macht schon das eigenartige Bild „Schwarze Milch der Frühe" deutlich, das als absolute Metapher und als Oxymoron, trotz unserer Vermutung, dass es sich um eine Anlehnung an ein Zitat aus dem Alten Testament[6] handelt, zunächst einmal völlig unverständlich ist.

Wir spüren es: Die Dunkelheit der Bilder in Celans Gedicht erfordert eine andere Leseweise, als wir uns dies von traditionellen Gedichten her gewohnt sind. Ein traditionelles Gedicht kann in der Regel symbolisch, d. h. nach dem Schema Bild-Sinn, gelesen werden, wie sich das an **Goethes** berühmtem Nachtlied **„Ein Gleiches"** (1780) besonders schön zeigen lässt:

> **Über allen Gipfeln**
> **Ist Ruh,**
> **in allen Wipfeln**
> **spürest du**
> **kaum einen Hauch;**
> **die Vögelein schweigen im Walde.**
> **Warte nur, balde**
> **ruhest du auch.**

Goethes Gedicht besteht, für die traditionelle Naturlyrik geradezu beispielhaft, aus zwei Teilen: aus der Darstellung einer Abendstimmung und der nachfolgenden Wendung zum lyrischen Ich („Warte nur..."). Die ‚äussere' Ruhe in der Natur erscheint hier als Spiegelung der ersehnten ‚inneren' Ruhe des Menschen. Das Naturgeschehen ist strukturell ganz auf das lyrische Ich hin, das sich in der Du-Anrede manifestiert, ausgerichtet, erhält von ihm her seinen Sinn.

Anders formuliert, heisst das: Wir haben es in „Wandrers Nachtlied" mit einem Grundgefälle vom Bild zum Sinn, also mit einer traditionell **symbolischen Struktur** zu tun. Zu ihr gehört das uralte Prinzip der Mediation, die Vermittlung der Gegensätze, die hier in der Angleichung des Menschen („…balde ruhest du auch") an eine ‚ewige' Natur sichtbar wird.

Vermögen wir das Goethe-Gedicht symbolisch, also nach dem Schema Bild-Sinn zu lesen, so führt eine solche Lesart in Celans „Todesfuge", wie bereits angedeutet, nicht weiter. Die einzelnen Bilder lassen sich offensichtlich nur verstehen, wenn man sie nicht mehr symbolisch, sondern paradigmatisch, nämlich als Teile ganzer Motivfelder liest. Aus semantischer Sicht bedeutet das ein Bewusstmachen der dominanten Isotopien und der Oppositionen im Text. In unserem Celan-Gedicht fallen dabei zuerst die Oppositionen auf. Es sind dies: schwarz vs Milch, Frühe/morgens vs abends, mittags vs nachts, schaufeln/Grab/eng vs Lüfte, mit den Schlangen [der Versuchung] spielen vs nach Deutschland schreiben, dunkeln vs golden, goldenes Haar vs aschenes Haar, Margarete [Faust/deutsch-national] vs Sulamith [Hohes Lied/Juden], blitzen/Sterne vs Grab/Erde, Rüden [stark] vs Juden [schwach].

Vergleicht man diese Oppositionen miteinander, so stellt sich heraus, dass sie sich auf bestimmte, miteinander verwandte Semoppositionen zurückführen lassen: auf die Oppositionen /hell/ vs /dunkel/, /oben/ vs /unten/ und /stark/ vs /schwach/. Dabei überwiegt die hell/dunkel-Opposition. Sie lässt die Grundopposition /Leben/ vs /Tod/, die auch in den beiden andern Semoppositionen durchschimmert, besonders deutlich hervortreten. Kein Zweifel: In Celans „Todesfuge" bilden die zwei gegensätzlichen semantischen Merkmale /Leben/ und /Tod/ als dominante Isotopien die beiden das ganze Gedicht dominierenden Motivfelder. In sie lassen sich sämtliche Bilder einfügen, wobei sich in Wörtern wie „Deutschland" (/Liebe/ vs /Tod/) und „Tanz" (Festtanz vs Totentanz) die beiden Seme gar überlagern.

Erinnern wir uns: Seit Goethe besitzt das traditionelle Gedicht im lyrischen Ich und in der symbolischen Aussage gewissermassen seine beiden Pole. Im modernen Gedicht verhält es sich anders, wie die Analyse unseres Celan-Textes zu zeigen vermag: Da lässt sich kaum mehr von konventionellen Symbolen sprechen, da erweisen sich die einzelnen Bilder vielmehr als **Chiffren**, die nicht mehr oder weniger feste Bedeutungen haben, sondern ihre Bedeutung, ihre Funktion erst aus der Beziehung zu den andern Zeichen im Text, d. h. als Teil eines ganzen Beziehungsnetzes, erhalten. An die Stelle eines ‚vertikalen', symbolischen Lesens tritt damit ein eher ‚horizontales', paradigmatisches Lesen, bei dem weniger die Bedeutung der einzelnen Bilder als vielmehr ihre semantischen Beziehungen untereinander in den Blick gerückt werden. Chiffren sind in diesem Sinne, anders als die Symbolik in traditionellen Gedichten, nicht von einem lyrischen Ich, sondern von bestimmten Motivfeldern aus aufgebaut. In ihnen spiegelt sich, bildlich gesprochen, die *Emanzipation der Motivik* vom ‚alten' lyrischen Ich. Auf Celans „Todesfuge" bezogen, heisst das: Hier ist nicht, wie in traditionellen Gedichten, ein lyrisches Ich Sinnmitte, sondern der durch die beiden dominanten Motivfelder erzeugte Grundgegensatz /Leben/ vs /Tod/, mit dem das Gedicht, ohne jede Schlussmediation, auch endet („dein *goldenes* Haar Margarete; dein *aschenes* Haar Sulamith").

Was es heisst, wenn sich in modernen Gedichten die Motivik gegenüber dem lyrischen Ich derart verselbständigt, dass man geradezu von einer **absoluten Motivik** sprechen kann, lässt sich an **Ingeborg Bachmanns** Naturgedicht **„Schatten Rosen Schatten"** aus der Sammlung „Anrufung des Grossen Bären" (1956) illustrieren:

> **Unter einem fremden Himmel**
> **Schatten Rosen**
> **Schatten**
> **auf einer fremden Erde**
> **zwischen Schatten und Rosen**
> **in einem fremden Wasser**
> **mein Schatten.**

Ingeborg Bachmann rückt hier das alles dominierende Motiv des Schattens, das sie mit dem zu ihm in Kontrast stehenden Rosenmotiv (das /Dunkle/ des Schattens vs das /Leuchtende/ der Rosen) verknüpft, in den Mittelpunkt einer Welt, die dem lyrischen Ich vollkommen entfremdet ist und ihm ein Gefühl existentieller Bedrohtheit gibt. Das lyrische Ich selber fügt sich dabei, indem es, völlig entpersönlicht, nur noch als sein Schatten erscheint, nahtlos in dieses Schattenmotiv ein. Gegenüber traditionellen Gedichten vollzieht sich damit eine Art Umkehrung: In Bachmanns Gedicht ist die Motivik nicht mehr dem Ich zugeordnet, sondern das Ich wächst gleichsam aus ihr heraus. Wir haben es demnach mit einer vom lyrischen Ich emanzipierten, absoluten Motivik zu tun, die in ihrer Bedeutungsvielfalt, ihrer Ambiguität – steht der „Schatten" als Gegensatz zu den „Rosen" für Zerstörung und Tod? – das Sinnzentrum des Gedichtes darstellt. In dieser Emanzipation der Motivik vom lyrischen Ich besteht aus struktureller Sicht die Modernität von Ingeborg Bachmanns Gedicht.

Kehren wir damit nochmals zum Gedicht von Paul Celan zurück: Seine Sinnmitte bilden, wie bereits gesagt, die beiden gegensätzlich angelegten Motivfelder /Leben/ vs /Tod/. Von ihnen her sind das lyrische Ich („wir"), aber auch die Figur des Mannes gefasst, werden sie, ähnlich wie die einzelnen Bilder („Schwarze Milch der Frühe…", „ein Grab in den Lüften" usw.), montiert. So wird etwa der „Mann", der ‚seiner' Margarete schreibt und gleichzeitig ‚seine' Juden hervor pfeift, gegen die existentiellen Grundkräfte des Lebens *und* des Todes hin geöffnet, ist er normaler Mensch *und* fürchterlicher Schlächter – man erinnert sich an Hannah Arendts Wort von der „Banalität des Bösen"[7] – in einem.

Stand in Brechts Gedicht „Der Einarmige im Gehölz" der Gestuswechsel im Vordergrund, so ist es in unserem *dritten Textbeispiel*, im Gedicht **„Mitteilungen der Mutter"** von **Ulla Hahn**, die Gestusmontage. Das Gedicht erschien 1983 im Band „Spielende". Es erinnert in seiner Nähe zur Alltagslyrik an Gedichte der Neuen Subjektivität der 1970er Jahre.

> **Sie hat Krebs sie hat Krebs sagt sie**
> **nimm von der Suppe nimm**
> **Mettwurstchen Rindfleisch sie liegt**
> **schon vier Wochen man hat**
> **sie aufgemacht zugemacht hier**
> **ist der Essig der Senf sie war**
> **zuletzt ganz geschwollen der Bauch**

> **immer dick und sie trank**
> **hier der Saft aus dem Garten es gibt**
> **auch noch Pudding es gibt**
> **keine Hoffnung mehr nur noch**
> **Wochen Monate höchstens sie ist**
> **nur zwei Jahre älter als du.**

Eine einfache Tischszene: Die Tochter ist zum Essen eingeladen und wird von der Mutter bedient. Beim Tischgespräch, das die Mutter freilich allein bestreitet, ist von völlig Unterschiedlichem, ja Gegensätzlichem die Rede: von den Speisen aus Haus und Garten, mit denen die Tochter gerade versorgt wird, und von einer krebskranken Verwandten, deren Tod kurz bevorsteht. Auffallend ist dabei, dass die beiden ‚Gesprächsthemen' der Mutter – die ständigen Aufforderungen an die Tochter zu essen und die Kunde von einem zu erwartenden Sterben – in einer Art Simultanschau montagemässig ineinander gefügt sind, und zwar so, dass die fraglichen Themen stellenweise gar assoziativ miteinander verknüpft werden. So etwa, wenn die Mitteilung, die Kranke habe getrunken, unwillkürlich die Assoziation „Saft" („…hier der Saft") wachruft. Oder wenn der Hinweis, dass es auch noch Pudding *gebe*, assoziativ zur Feststellung führt, dass es keine Hoffnung mehr *gibt*. Aus linguistischer Sicht handelt es sich um paradigmatische Verknüpfungen, die hier, wie in modernen Gedichten häufig, an die Stelle kausallogischer Beziehungen treten.

Ulla Hahns Gedicht bildet, indem es Elemente aus verschiedenen Wirklichkeitsbereichen unvermittelt nebeneinander stellt, eine Textmontage. Montiert ist dabei aber nicht nur die Oberflächenstruktur des Gedichtes, montiert ist auch die Figur der Mutter selber. Und zwar insofern, als sie ständig zwischen zwei gegensätzlichen Haltungen wechselt: zwischen einer Haltung, die Mutterliebe, ja eine Art Betreuungs-Idylle verrät, und einer Haltung, die diese Idylle zerstört. Man beachte nur den an das Goethische „…balde ruhest du auch" anklingenden Schlusssatz im Gedicht. Wir haben es hier mit zwei auf die gleiche Figur bezogenen Kontrasthaltungen zu tun – mit einem Befund also, der diese Haltungen hervortreten lässt, so dass sich das Gewicht der Aussage von der Figur der Mutter auf sie verlagert. Nach unserer Definition lässt sich dann von zwei *Gestus* sprechen. Das ständige, übergangslose Hin und Her der Mutter zwischen diesen beiden gegensätzlichen Gestus stellt so gesehen eine **Gestusmontage** dar. In ihr drückt sich, für die Moderne bezeichnend, letztlich ein Ich aus, das nicht mehr als personale Einheit erscheint und daher nicht mehr logisch verfährt. Deutlich gemacht wird das schon durch das Fehlen der Satzzeichen und durch die gehäuften Enjambements im Gedicht.

Bei der Montage können auch *Rückblenden* eine wichtige Rolle spielen. Und dies nicht nur in der Erzählprosa, wo sie als schroffer Wechsel der Zeitebenen ein häufig verwendetes Stilmittel sind (vgl. S. 178 ff.), sondern auch in der Lyrik, wie unser *viertes Textbeispiel* zeigen mag. Es handelt sich um **Elisabeth Borchers** Prosagedicht „**Nachträglicher Abschied**" aus ihrem Band „Gedichte" (1976):

> **Auf einmal und ganz unvermittelt**
> **bleibt man stehn.**
> **Etwas ist vergangen**
> **(Wir sehn uns bald,**
> **wir werden reden,**
> **wir werden auch zusammen essen gehen.)**
> **Es wäre Zeit gewesen,**
> **zu hören und zu sehn.**
> **Ich wusste, ungenau,**
> **und hatte viel zu tun.**

Das Gedicht handelt von einer Zufallsbegegnung, bei der sich ein lyrisches Ich an ein früheres Gespräch erinnert, in dem die Partner ein Treffen vereinbart hatten. Die Erinnerung wird dabei nicht als handlungsmässig motivierter Rückgriff auf die Vergangenheit, sondern in den Zeilen 4-6 in der Form einer montageartigen **Rückblende** berichtet. Wir haben es hier, indem das zeitliche Nacheinander in ein Nebeneinander verwandelt ist („Auf einmal....bleibt man stehn. Wir *sehn* uns bald...") mit einer **Textmontage** zu tun. An die Stelle einer realen Zeitabfolge tritt damit eine Art „innere Zeit", eine Gleich- und Allzeitigkeit von Tun und Erinnern, wie wir sie in der modernen Erzählprosa etwa aus dem inneren Monolog kennen. Die Zeilen 4-6 („Wir sehn uns bald...zusammen essen gehen") lassen sich denn auch als „inneren Monolog" bezeichnen.

An die Rückblende schliesst sich ab Zeile 7 die Reflexion des lyrischen Ich an: das Ich denkt darüber nach, warum es zwischen den Partnern nicht zu einem Treffen gekommen ist. Es folgt, dass die übliche Art der Entschuldigung („und hatte viel zu tun") das Treffen verhindert hat. Einmal mehr war die Geschäftigkeit zwischen die menschliche Beziehung getreten. Das Ganze deutet auf eine gestörte Kommunikation in unserer Erwerbsgesellschaft hin, die auch die Sprache zu entleeren droht. Bezeichnend dafür ist der innere Widerspruch in Zeile 9 („Ich wusste, ungenau"), in dem sich das lyrische Ich bei der Verabredung befand.

Die montageartige Rückblende, wie sie sich in Elisabeth Borchers Gedicht findet, hängt mit der für zahlreiche modernen Texte typischen Aufhebung der Chronologie zusammen. Sie ist, indem sich die ‚äussere' Zeit im subjektiven Erleben in eine Gleichzeitigkeit von Tun und Erinnern auflöst, letztlich Ausdruck einer Ich-Problematik, ja eines Identitätsverlustes. Darin besteht aus struktureller Sicht denn auch die Modernität des vorliegenden Prosagedichtes.

9.5 Traditionelles vs modernes Gedicht: Gegenüberstellung ihrer Hauptmerkmale

Traditionelle und moderne Lyrik unterscheiden sich voneinander, wie in diesem Kapitel gezeigt, vor allem hinsichtlich ihrer Struktur, d. h. der Gestaltung des lyrischen Ich und, mit ihr zusammenhängend, der dargestellten Wirklichkeit im Gedicht. Die folgende Gegenüberstellung nennt daher zunächst die grundsätzlichen, strukturellen Unterschiede der beiden Gedichttypen. Wenn sich daran aber auch Unterscheidungen auf der Ebene der Form anschliessen, so geschieht das mit Vorbehalt, zeichnet sich doch die moderne Lyrik, im Gegensatz zur traditionellen, deren Formen einigermassen verbindlichen poetischen Regeln folgen, durch einen gewaltigen Formenreichtum, ja durch eine völlige Formenfreiheit aus. Das macht es schwierig, Kriterien festzulegen, die für alle modernen Gedichtformen, vom dadaistischen Lautgedicht über das hermetische und das epigrammatische Gedicht bis hin zur konkreten Poesie und zu den Sprachexperimenten seit 1990 verbindlich sind. Was die Formelemente betrifft, so lassen sich demnach nur Tendenzen nennen, die für einen Grossteil der modernen Gedichte, niemals aber für die ganze moderne Lyrik gelten dürften.

traditionelle, persönliche Lyrik	moderne, entpersönlichte Lyrik
Dominanz eines lyrischen Ich, das als festes, persönliches Ich Sinnzentrum des Gedichtes ist.	**Entpersönlichung des lyrischen Ich** als Abkehr vom Ich, als Perspektivenwechsel oder als Montage.
Dichterische Bilder als **klassische Metaphern** und aussersprachliche ‚Wirklichkeit' stellen eine vertraute Einheit dar, so dass sich die Bilder sprunglos nachvollziehen lassen.	Bilder lösen sich von der aussersprachlichen ‚Wirklichkeit' und gewinnen als **absolute Metaphern** ein Eigenleben. Sie evozieren, indem sie ‚offen' bleiben, eine Fülle von Assoziationen oder **paradigmatischen Beziehungen**. Das erklärt die starke Neigung zu Wortschöpfungen, zu *Neologismen*.
Symbolik, die sich nach dem Schema Bild-Sinn lesen lässt: häufiges Andichten von ‚Gegenständen', etwa der unbelebten Natur (Bild), mit nachfolgender Wendung zum lyrischen Ich.	**Chiffre**, die ihre Bedeutung, ihre Funktion erst aus der Beziehung zu den andern Zeichen im Text, d. h. als Teil eines ganzen Beziehungsnetzes, erhält.
geschlossener Bau: Gedicht auf die Vermittlung von Gegensätzen (Mensch/Natur, Irdisches/Kosmisches, Leben/Tod usw.), auf eine *Schlussmediation*, hin angelegt.	**offener Bau**: Gedicht lebt von den dissonantischen Spannungen, die auch am Schluss nicht aufgehoben sind. Es klingt oft nicht aus, sondern bricht, vor allem wenn es sich um reimlose Zeilen handelt, einfach ab.

traditionelle, persönliche Lyrik	moderne, entpersönlichte Lyrik
Einheit von ‚Form' und ‚Inhalt' (z. B. von Versform und Aussage in einem Gedicht).	Häufig völliges Übergewicht der Form (z. B. der typographischen Form in der konkreten Poesie) bis zur gänzlichen Preisgabe des ‚Inhaltes', der ‚Aussage'.
Neigung zum **metrisch gebundenen Vers** und zur **strophischen Gliederung**. Häufig *reimgebunden*: Endreim als harmonisierendes Moment.	Anstelle von Versmass und Strophenform Neigung zum **freien Rhythmus** bis hin zur Auflösung der Grenzen zwischen Poesie und Prosa. Meist *reimlos*: fehlende Reimbindung als Ausdruck einer Dissonanz. An die Stelle des Reims tritt das *Enjambement*, die Spannung zwischen Vers- und Sinnakzent. Wo der Reim beibehalten wird, da ist er häufig *entautomatisiert*, d. h. phonetisch („vier/Geklirr") und semantisch („Hölderlin/Urin") erneuert.
Tendenz zu einer lyrisch-poetischen, von der Alltagssprache abgehobenen Sprechweise, zum ‚hohen Ton'.	Tendenz zur Einebnung der Grenzen zwischen poetischer und kommunikativer Sprache, zur ‚Unterkühlung' des lyrischen Sprechens, zum Understatement.
feste Sprache als festes logisch-syntaktisches Gefüge. Entfaltung der Sprache: meist unverkürzte Sätze, verbunden mit einer mehr oder weniger konsequenten Zeichensetzung.	**Auflösung der festen Sprache** als Lockerung des logisch-syntaktischen Gefüges bis hin zur beliebigen Austauschbarkeit der syntaktischen Elemente. Reduktion der Sprache: Tendenz zum *Lakonismus*, sichtbar etwa an der Häufung elliptischer Wendungen.

traditionelle, persönliche Lyrik	moderne, entpersönlichte Lyrik
	Oft Verfremdung von Orthografie und Interpunktion (konsequente Kleinschreibung, orthografische Eigenheiten, Verzicht auf Zeichensetzung usw.), verstanden als Befreiung der Sprache von einer sie einengenden begrifflichen Logik.
Das Gedicht bezieht Stellung zur Welt; es will eine Stimmung ausdrücken, erbauen, Trost spenden usw.	Das Gedicht spricht häufig nur noch aus, was *ist*; **Desillusion** herrscht vor.

© by Haupt Berne

Arbeitsvorschläge zu Kapitel 9

1. In seinem Essay „Über das Zerpflücken von Gedichten" aus den l930er Jahren schreibt Bertolt Brecht Folgendes:

   Der Laie hat für gewöhnlich, sofern er ein Liebhaber von Gedichten ist, einen lebhaften Widerwillen gegen das, was man das Zerpflücken von Gedichten nennt, ein Heranführen kalter Logik. Herausreissen von Wörtern und Bildern aus diesen zarten blütenhaften Gebilden. Demgegenüber muss gesagt werden, dass nicht einmal Blumen verwelken, wenn man in sie hineinsticht. Gedichte sind, wenn sie überhaupt lebensfähig sind, ganz besonders lebensfähig und können die eingreifendsten Operationen überstehen. […] Der Laie vergisst, wenn er Gedichte für unnahbar hält, dass der Lyriker zwar mit ihm jene leichten Stimmungen, die er haben kann, teilen mag, dass aber ihre Formulierung in einem Gedicht ein Arbeitsvorgang ist und das Gedicht eben etwas zum Verweilen gebrachtes Flüchtiges ist, also etwas verhältnismässig Massives, Materielles. Wer das Gedicht für unnahbar hält, kommt ihm wirklich nicht nahe. In der Anwendung von Kriterien liegt ein Hauptteil des Genusses. Zerpflücke eine Rose, und jedes Blatt ist schön.[8]

a) Erläutern Sie zunächst mögliche Gründe, warum gerade im deutschen Sprachraum das Analysieren von Gedichten bei Autoren und Lesern eher verpönt ist. Denken Sie dabei an das vorherrschende Lyrikverständnis.
b) Wie rechtfertigt hier demgegenüber Brecht die Analyse von Gedichten?
c) Inwiefern könnten die Gründe, die Brecht dabei anführt, für moderne Gedichte besonders gelten?

2. Die Qualität der Bildersprache darf heute als Kriterium guter Lyrik gelten (vgl. dazu S. 407f.). Versuchen Sie von diesem ästhetischen Grundsatz her eine literarische Wertung des folgenden Gedichts mit dem Titel „Nacht der Gnade", das 2007 in einer Anthologie religiöser Gedichte erschienen ist. Gehen Sie dabei von folgenden Fragen aus:
a) Inwiefern wird die Absicht der Autorin deutlich, ein modernes Gedicht zu schreiben?
b) Wo wirkt die Metaphorik original, wo eher wie ‚Ware aus zweiter Hand'? Prüfen Sie dabei, aus welchen Bereichen die einzelnen Bilder stammen?
c) Die Genitivmetapher (z. B. das „Gefieder der Sprache") gilt heute allgemein als veraltet und verbraucht. Bestätigt sich dieses Werturteil im vorliegenden Gedicht?

Atemlos lauscht die Nacht.
breitet die sanften Schwingen
über schlafende Hügel.
Ehrfürchtig staunt
die Schöpfung,
grüsst die Gestirne,
die spielend sich neigen.
Lautlos brechen Siegel
an heiligen Toren,
fallen Brücken
vom Berg des Erbarmens
über Tiefen der Schuld
ans Ufer der Menschheit.

3. Ein Merkmal moderner Lyrik ist die ‚Zerstörung' der Syntax, d. h. das Prinzip der Reduktion. Zeigen Sie dies an den ersten zwei Strophen von Hilde Domins Gedicht „Wahl" aus dem Band „Der Baum blüht trotzdem" (1999), indem Sie zum Vergleich die erste Strophe von Goethes Gedicht „Auf dem See" (1789) beiziehen:

> Goethe:
> **Und frische Nahrung, neues Blut**
> **Saug' ich aus freier Welt;**
> **Wie ist Natur so hold und gut,**
> **Die mich am Busen hält!**
> **Die Welle wieget unsern Kahn**
> **Im Rudertakt hinauf,**
> **Und Berge, wolkig himmelan,**
> **Begegnen unserm Lauf.**
>
> Hilde Domin:
> **Ein Mandelbaum sein**
> **eine kleine Wolke**
> **in Kopfhöhe über dem Boden**
> **ganz hell**
> **einmal im Jahr**
>
> **Einer im kleinen Stosstrupp**
> **des Frühlings**
> **keinem zu Leid als sich selber**
> **im Glauben an einen blauen Tag**
> **vor Kälte verbrennen**

4. Jedes gute Gedicht lebt von seinem Vorrat an Ungesagtem, d. h. von Bildern, die reich an mitschwingenden Vorstellungen sind, die eine Fülle von Assoziationen ermöglichen. Das gilt für die moderne Lyrik ganz besonders. Prüfen Sie an Astrid Schleinitz' spätmodernem Gedicht „Raben" (1995), welche Vorstellungen die einzelnen Bilder (z. B. das Bild „Raben Aschenflügel in die Pappeln geweht") bei Ihnen auslösen.

> **Später dann löscht der Nebel**
> **die Spuren den Weg die**
> **hellere Hälfte der Welt**
> **keine Zeit für Abschied**

>   ist doch alles schon Wiederkehr
>   bodenlos aufgehobenes Blau
>   darin eingesenkt ein runder
>   ein tönender Mond
>   Raben Aschenflügel in die
>   Pappeln geweht

5. Das folgende Gedicht aus Hans Magnus Enzensbergers Lyrikband „blindenschrift" (1964), in dem der Autor u. a. Eindrücke seines Aufenthaltes in Norwegen (1960/61) verarbeitet, ist für einen Grundzug moderner Lyrik bezeichnend.

>   weiter bedeutet es nichts.
>   weiter verheisst es nichts.
>   keine lösungen, keine erlösung.
>   das feuer dort leuchtet,
>   ist nichts als ein feuer,
>   bedeutet: dort ist ein feuer,
>   dort ist der ort wo das feuer ist,
>   dort wo das feuer ist ist der ort.

Nennen Sie diesen Grundzug, indem Sie die Gegenüberstellung „Traditionelles vs modernes Gedicht" auf Seite 326 ff. beiziehen.

6. Horst Bieneks Gedicht „Trauerarbeit" (1969) stellt eine Textmontage dar:

>   **In tiefer Trauer**
>   **plötzlich und unerwartet**
>   **für immer von uns gegangen**
>   **verschied**
>   **wir haben die schmerzliche pflicht**
>   **in den ewigen frieden heimgegangen**
>   **nach einem arbeitsreichen leben**
>   **verstarb**
>   **ist heimgegangen zu Gott**
>   **völlig unerwartet**
>   **tiefbewegt geben wir kenntnis**
>   **entschlief**
>   **zu sich in die ewigkeit aufgenommen**
>   **in das ewige reich gegangen**
>   **hat Gott zu sich geholt**
>   **entschlummert**

> von schwerem qualvollen leiden erlöst
> > sanft entschlafen
> in unermesslichem ratschluss
> > abberufen
> wir nehmen abschied
> > in aller stille erlöst
> wir beklagen den Tod unsres teuren
> > fortgegangen
> > tot

a) Inwiefern wird hier durch das Montageverfahren das Bild vom Tod bzw. vom Sterben, wie wir es aus zahllosen Todesanzeigen kennen, verfremdet?

b) Verfassen Sie auf ähnliche Weise einen Wetterbericht als Textmontage, indem Sie Montageelemente aus andern Bereichen (z. B. die Nachricht von einem Unglücksfall) in den Bericht einfügen.

7. Moderne Gedichte sind häufig Parodien auf bekannte traditionelle Gedichte. Lutz Rathenows Gedicht „Dichten nach Goethe" (1999) stellt eine solche Parodie auf Goethes berühmtes Nachtlied „Ein Gleiches" (vgl. S. 320) dar:

> Über allen Gipfeln ist – Ruh,
> dumme Kuh, ich parodiere.
> In allen Wipfeln – spürest du,
> nicht du, lenk mich nicht ab,
> Gipfel, Wipfel, ach ja, Hauch,
> nein, es stört nicht! Dein Rauch.
> Kaum einen, Ruhe bitte, Hauch,
> die Vögelein, was, mein Bauch?
> Vögelein schweigen im Walde.
> Warte nur, jaja, warte nur, balde
> Ruhest du auch. Richtig, Du auch.

a) Mit welchen Mitteln verfremdet der Autor das Gedicht von Goethe?

b) Diskutieren Sie, ausgehend von den in Rathenows Gedicht verwendeten Mitteln, mögliche Absichten, die hinter dieser Goethe-Parodie stecken.

8. Die moderne Lyrik zeichnet sich durch eine völlige Formenfreiheit, durch die Emanzipation aller Möglichkeiten lyrischen Ausdrucks aus. Betrachten Sie das folgende, von Barbara Köhler 1995 im Band „Blue Box" veröffentlichte Gedicht unter diesem Gesichtspunkt. Wo überall weicht es von den ‚üblichen' Formen eines Gedichtes ab?

> **IN DER TOTEN ZEIT in der tot-**
> **Geschlagenen in der vertriebenen**
> **in der Zeit die das Leben kostet**
> **die vergangen ist nicht erspart**
> **bleibt geplante Freizeit begrenzt**
> **eine Weile die nicht langt gilt**
> **als Fortschritt aus dem Kreislauf**
> **der Zeiger ins Digitale sind die**
> **Stunden gezählt läuft der Laden**
> **der Countdown in Echtzeit.**

9. Inwiefern erweist sich ein Gedicht wie das folgende von Hermann Hesse "Leb wohl, Frau Welt" (1944), nach der lyrischen Revolution in Expressionismus und Dadaismus, als veraltet, wenn Sie vor allem folgende Gesichtspunkte in Betracht ziehen: Formelemente, Verwendung von Topoi, Struktur des lyrischen Ich, Vermittlungsstruktur, Offenheit der Bedeutungen?

> **Es liegt die Welt in Scherben,**
> **Einst liebten wir sie sehr,**
> **Nun hat für uns das Sterben**
> **Nicht viele Schrecken mehr.**
>
> **Man soll die Welt nicht schmähen,**
> **Sie ist so bunt und wild,**
> **Uralte Zauber wehen**
> **Noch immer um ihr Bild.**
>
> **Wir wollen dankbar scheiden**
> **Aus ihrem grossen Spiel;**
> **Sie gab uns Lust und Leiden,**
> **Sie gab uns Liebe viel,**
> **Leb wohl, Frau Welt, und schmücke**
> **Dich wieder jung und glatt,**
> **Wir sind von deinem Glücke**
> **Und deinem Jammer satt.**

10. Die Lyrik der 1980er und 90er Jahre wird, weil man in ihr Anzeichen für das Ende der lyrischen Moderne zu erkennen glaubt, häufig mit dem kulturhistorischen Begriff der „Postmoderne" etikettiert. Inwiefern lässt sich Ulla Hahns Gedicht „Ars poetica" aus dem Band „Herz über Kopf" (1981) in diesem Sinne als „postmodern" bezeichnen? Inwiefern macht das Gedicht aber deutlich, dass damit nicht einfach ein nahtloses Anknüpfen an die lyrische Tradition gemeint ist?

> **Danke ich brauch keine neuen**
> **Formen ich stehe auf**
> **festen Versesfüssen und alten**
> **Normen Reimen zu Hauf**
>
> **zu Papier und zu euren**
> **Ohren bring ich was klingen soll**
> **klingt mir das Lied aus den**
> **Poren rinnen die Zeilen voll**
>
> **und über und drüber und drunter**
> **und drauf und dran und wohlan**
> **und das hat mit ihrem Singen**
> **die Loreley getan.**

11. Unsere jüngste moderne Lyrik experimentiert wieder mit der Sprache, sichtbar schon an den häufigen orthographischen Verfremdungen und an der oftmals fehlenden Interpunktion. Sie gibt sich in diesem Sinne, teils in der Nachfolge Paul Celans, auch wieder hermetisch. Das folgende collageartige Gedicht von Thomas Kling aus dem Lyrikband „Sondagen,, (2002) ist, indem es aus einer Reihe fortwährender Assoziationen besteht, schwierig zu verstehen. Versuchen Sie im Gedicht assoziative oder paradigmatische Beziehungen (z. B. zwischen Wörtern mit religiösem Hintergrund) auszumachen, um sich von da aus Möglichkeiten zu seiner Interpretation zu erschliessen.

> **die zungnmitschrift also:**
> **blanke listen.**
> **auszug:**

**schwert aus licht
rache-psalm-partikel
lichtsure niedrig und**

**sassen alle alle fest -
palms auf autoheck:
septemberdatum dies
das gegebene,
dies ist die signatur
von der geschichte;
verwehte wehende unverwehte
loopende wie hingeloopte**

augn-zerrschrift

10. Moderne politische Lyrik als spezifisch gestische Lyrik

Machen wir uns zunächst eines klar: Im Grunde ist *alle* Literatur, ja *alle* Kunst, indem sie sich dem schnellen Zugriff des Rezipienten verweigert, sich gegen die ‚Verfügbarkeit' sperrt, politisch. In der *modernen* Literatur, in der es sich letztlich stets um eine in die Struktur der Texte verlagerte Kritik an einem traditionellen Weltbild handelt, tritt dieser politische Grundzug noch verstärkt hervor.

Wenn hier von moderner *politischer Lyrik*, also von einem besonderen Literaturtypus, die Rede ist, dann meinen wir den Begriff „politisch" in einem engeren, thematischen Sinne, dann verstehen wir darunter literarische Texte, in denen ein politischer Sachverhalt thematisiert, d. h. eine politische Nachricht mitgeteilt, wird. Es geht dabei selbstverständlich um ein recht unscharfes Kriterium. Das zeigt sich besonders schön an der Unterscheidung von politischer Lyrik und konkreter Poesie: Konkrete Poesie kann, indem sich in ihr etwa in der Aufhebung der hierarchischen Struktur des Satzes unmittelbar Kritik an den bestehenden gesellschaftlichen Herrschaftsverhältnissen spiegelt, sehr wohl auch in einem engeren Sinne politisch sein. Wo daher im Einzelnen die Grenze zwischen dem von seiner Thematik her politischen und dem nichtpolitischen Gedicht liegt, lässt sich nicht immer genau ausmachen; dies umso weniger, als letztlich jedes Gedicht, auch das verträumteste Naturgedicht, wenn es von Politik abhält, politische Wirkung besitzt.

Aus der Erkenntnis heraus, dass es im Grunde kein unpolitisches Gedicht gibt, haben verschiedene Autoren für die in einem engeren Sinne politische Lyrik den Begriff „politisch" durch andere Begriffe ersetzt. So spricht der Germanist Jürgen Wilke beispielsweise vom *Zeitgedicht*, der Lyriker Karl Krolow vom *öffentlichen Gedicht* und Autoren wie Erich Fried und Walter Jens gar vom *Warngedicht*.

10.1 Deutsche Lyrik: Dualismus von Kunst und Politik

Das politische Gedicht, ja die politische Literatur ganz allgemein, war im Verlauf ihrer relativ langen Geschichte, die bis in die Zeit der Staufer, bis zur Spruchdichtung eines Walther von der Vogelweide, zurückreicht, immer wieder dem Vorwurf mangelnder Poetizität ausgesetzt. Das hängt zweifellos mit dem alten Dualismus von Kunst und Politik, ja von Kultur und Politik, zusammen, der in den deutschsprachigen Ländern, anders als etwa in Frankreich, England und den USA, eine lange und unselige, sich auch nach 1945 fortsetzende Tradition hat. Dieser Dualismus förderte in der deutschen Literatur seit dem Beginn der bürgerlichen Epoche denn auch jene Tendenz zur Innerlichkeit, die einem politischen Engagement der Literatur diametral entgegensteht. So erklärt es sich beispielsweise, warum Gedichte, die sich, wie etwa **Ludwig Uhlands** romantischer **„Frühlingsglaube"** (1813),:

> **Die linden Lüfte sind erwacht,**
> **Sie säuseln und weben Tag und Nacht,**
> **Sie schaffen an allen Enden.**
> **O frischer Duft, o neuer Klang!**
> **Nun, armes Herze sei nicht bang!**
> **Nun muss sich alles, alles wenden.** […]

das Lieblingsgedicht der Verfasser von Lesebüchern und Anthologien, genügsam beschaulich und weltentrückt geben, für die Mehrheit des deutschen Leserpublikums immer noch als ideale Lyrik gelten. Und so erklärt sich wohl auch die Abneigung vieler Autoren gegen das Politische in der Poesie. Beispielhaft dafür sind Goethe und Gottfried Benn geworden: Goethes Ablehnung einer politischen Literatur entspringt letztlich seiner tiefen Aversion gegen jede Art von Umsturz, während sie bei Benn mit dessen Einengung der Kunst auf das rein Ästhetische zusammenhängt. Darin unterscheidet sich der Letztere ja von seinem Gegenspieler Bertolt Brecht, für den der praktische ‚Gebrauchswert' ein zentrales Kriterium für die Beurteilung von Lyrik darstellt.

Der Dualismus von Kunst und Politik, wie er eben skizziert wurde, führt bei der literarischen Wertung politischer Gedichte zu spezifischen Problemen, auf die wir jetzt kurz eingehen müssen.

10.2 Politische Lyrik: Einheit von Kunst und Tendenz

Es gehört zum Wesen des politischen Gedichts, dass der Autor mit ihm eine politische *Absicht* verfolgt, dass es eine politische *Wirkung* erzielen soll. Im politischen Gedicht dominiert demnach, geht man vom Bühlerschen Organon-Modell[1] aus, die *Appell*funktion der Sprache, ist der Bezug zum Adressaten zentral. Dies unterscheidet es vom nichtpolitischen, bei dem, zumindest bei der traditionellen Erlebnislyrik, das sich mitteilende lyrische Ich und damit die sprachliche Ausdrucksfunktion im Vordergrund stehen.

Das politische Gedicht als ein vorwiegend appellativer Texttyp ist, indem es sich dem konkreten politischen Engagement verpflichtet fühlt, „littérature engagée" im Sinne Jean-Paul Sartres, **Tendenzliteratur** also. Tendenz aber bedeutet offene Parteinahme *für* und gleichzeitig *gegen* etwas, meint demnach **Parteilichkeit**, wie sie beispielsweise im sozialistischen Realismus in den ehemals kommunistischen Staaten für alle Literatur gefordert wurde. Damit ist nun aber die entscheidende Frage nach dem Wesen der politischen Lyrik als Dichtung anvisiert: es ist die Frage nach dem Verhältnis von Kunst und Tendenz im politischen Gedicht. Sie hängt vor allem mit dem viel gehörten Vorwurf zusammen, die politische Lyrik und in einem weiteren Sinn alle politische Dichtung entscheide sich für Engagement und Tendenz auf Kosten der künstlerischen Leistung; es handle sich bei ihr daher meist um rein tendenziöse Gebrauchsliteratur, die kaum den Anspruch auf Kunst erheben könne.

Abgesehen davon, dass es eine unübersehbare Zahl ästhetisch grossartiger politischer Gedichte gibt, lässt sich sagen, dass dieser Vorwurf von einem Denken ausgeht, das seine Massstäbe letztlich aus der Klassik- und Romantikrezeption bezieht und das die künstlerische Qualität eines literarischen Textes deshalb ausschliesslich an ästhetisch-normativen Kriterien misst. Dieses einem einseitigen

Ästhetizismus verhaftete Denken hat nicht nur der literarischen Wertung der politischen Lyrik, sondern darüber hinaus der Wertung von Dichtung überhaupt geschadet. Sprechende Beispiele aus der deutschen Literatur, von Heine über Brecht und Heinrich Mann bis hin zum späten Günter Grass, liessen sich unzählige anführen. Ein bedeutender Teil gerade der engagierten Dichtung wurde von der bürgerlichen Literaturkritik (mit ihrem Kult der Innerlichkeit), die im dichterischen Werk zwischen Kunst und Tendenz trennen will, in ihrem Kunstcharakter missverstanden. Bezeichnend dafür sind die fast endlosen Debatten über die Frage, wie politisch Literatur sein darf.

Für die politische Lyrik gilt in verstärktem Masse, was an sich für *jede* Dichtung zu sagen ist: Die Forderung nach Autonomie der Kunst, die im Zeichen einer l'art pour l'art-Ideologie, einer Verabsolutierung des Schönen, immer wieder erhoben wird, kann für sie kaum Gültigkeit haben. Kunst und Tendenz dürfen im politischen Gedicht nicht getrennt, sondern müssen in ihrem dialektischen Verhältnis zueinander gesehen werden. Politischer Lyrik darf man daher nicht einen rein ästhetischen Qualitätsbegriff zugrunde legen. Sie ist vielmehr daran zu messen, wiewiet das einzelne Gedicht mit seinen sprachlich-rhetorischen Mitteln seine beabsichtigte politische Wirkung, z. B. die Sprengung festgefahrener Normen, erzielt. An die Stelle des ästhetischen Qualitätsanspruchs muss hier demnach eine Art **Wirkungsforderung** treten. So verstanden, erweist sich der von der gängigen Literaturkritik immer wieder postulierte Gegensatz von künstlerischem Rang und Tendenz als seinerseits tendenziös und muss entfallen.

Es geht im Übrigen auch nicht an, die politische Lyrik, die bewusst Tendenz sein will, als subversiv und dergleichen abzutun, wie das von einer bürgerlich-konservativen Werthaltung her gerne geschieht. Wenn schon, dann müsste spätestens seit dem 18.Jh., seit der Emanzipation des Bürgertums gegenüber der Adelsherrschaft, *alle* wirklich ernstzunehmende Literatur, ob in einem engeren Sinne politisch oder nichtpolitisch, ob traditionell oder modern, als subversiv gelten, insofern nämlich, als sie jedes ideologisierte Bewusstsein bzw. jede festgefahrene Ideologie ständig unterwandert. Zur ‚echten' Dichtung, überhaupt zu *jeder* Art von Kunst, die diesen Namen verdient, gehört nun einmal, dass sie Widerspruch, nicht Zustimmung zum Bestehenden ist, dass sie eine moralische Gegenmacht zur herrschenden Gesellschaft bildet, wie es Friedrich Christian Laukhard schon 1799 gefordert hat.

Dass sich die Frage nach dem Verhältnis von Kunst und Tendenz gerade an der *modernen* politischen Lyrik immer wieder neu entzündet, erklärt sich vor allem aus der Diskrepanz zwischen diesem sich rational-aufklärerisch gebenden Gedichttyp und einer (aus der Romantik stammenden) traditionell-irrationalistischen Lyrikauffassung, wonach sich im Gedicht eine Art mystische Identifikation von Ich und Welt, von Seele und Kosmos vollzieht, so dass das Gedicht selber stets einen affirmativen Grundzug behält.

Die Vorstellung, Literatur besitze in erster Linie eine politische Funktion, lässt besonders seit den sechziger Jahren, teilweise im Anschluss an Brecht, ein neues Selbstverständnis des Autors entstehen. Zahlreiche Autoren wollen sich, um die ausserkünstlerische Tendenz ihrer Texte, aber auch um ihre Rolle als reine „Macher" zu betonen, nicht mehr als Lyriker, Dramatiker oder als Erzähler, sondern einfach als „Gedichte-," oder als „Stückeschreiber", als „Liedermacher", als „Polit-Texter" oder als „Literaturproduzenten" verstanden wissen. Bei ihren Texten – das gilt vor allem für die Lyriker – handelt es sich ihrer Absicht nach um reine „Gebrauchstexte", keineswegs mehr um Dichtungen in einem engeren Sinne.

Freilich lässt sich in jüngster Zeit auch ein entgegengesetzter Trend feststellen: der Trend nämlich, nicht mehr neutral von „Autoren", sondern wie im 18. und 19.Jh. fast emphatisch von „Dichtern" und „Poeten" zu sprechen. Dieser Trend zeigt sich interessanterweise in betont avantgardistischen Bewegungen, die man gerne mit dem Begriff der „Subkultur" in Verbindung bringt: im Social Beat und in der Slam Poetry, wo die Autoren Beat- bzw. Slam-*Poeten*, Slam-*Dichter* oder Live-*Poeten* heissen und wo, wie bei Poetry Slams, vom *Dichter*wettkampf oder gar von *Dichter*schlachten die Rede ist. Gerade beim Slam dürfte der Rückgriff auf die an sich unzeitgemässe Vorstellung vom Dichter damit zusammenhängen, dass es in dieser Performance-Kunst mehrheitlich um den Vortrag in gebundener Sprache, also um Lyrik, geht (vgl. S. 361).

10.3 Formen moderner politischer Lyrik

Moderne literarische Texte setzen sich immer wieder die Aufgabe, menschliche Verhaltensweisen in Grundsituationen sichtbar zu machen. Das gilt für die moderne *politische* Lyrik in besonderem Masse. Hier steht, anders als etwa in der Erlebnis- und Stimmungslyrik, nicht das Schicksal eines lyrischen Ich im Zentrum, sondern ein bestimmtes Verhalten im gesellschaftlichen Kontext, das änderbar und keineswegs vom Charakter her unausweichlich festgelegt ist. Wir haben es demnach bei der Mehrzahl moderner politischer Gedichte mit einer betont **gestischen Lyrik** zu tun. Ihr wegweisendes Vorbild ist Bertolt Brechts lyrisches Schaffen, wie es sich in seinen neun Bänden „Gedichte" von 1913 bis 1956 niederschlägt. Die politische Lyrik nach dem Zweiten Weltkrieg steht seit Hans Magnus Enzensbergers frühen Protestgedichten mit wenigen Ausnahmen ganz im Banne Brechts, auch wenn die Autoren oftmals nur die epigrammatische Schärfe der Brechtschen Gedichte, nicht aber ihre neuartige, gestische Struktur übernehmen.

Im Folgenden wollen wir an sechs Gedichten, von Brecht bis in unsere Gegenwart, einige spezifische Aspekte moderner politischer Lyrik illustrieren. Es sind freilich Aspekte, die sich in den Gedichten, bedingt durch deren bewussten Tendenzcharakter, vielfach überschneiden.

10.3.1 Brechts „Die Nachtlager" als dialektische Lyrik

Moderne politische Gedichte sind häufig nach dem dialektischen Prinzip, d. h. nach dem Prinzip der Widersprüchlichkeit, aufgebaut. Wie sich das konkret zeigt, soll unser erstes Gedicht deutlich machen. Es handelt sich um **Brechts** Zeitgedicht **„Die Nachtlager"**, um ein Gedicht, das 1931, während der Weltwirtschaftskrise, fast gleichzeitig mit dem Stück „Die heilige Johanna der Schlachthöfe" entstanden ist. Das Gedicht, in dem sich Brechts Beschäftigung mit dem Marxismus, vor allem mit dem dialektischen Materialismus, seit Mitte der zwanziger Jahre unmittelbar niederschlägt, ist ein besonders eindringliches Beispiel für die Methode der Dialektik:

Ich höre, dass in New York
An der Ecke der 26.Strasse und des Broadway
Während der Wintermonate jeden Abend ein Mann steht
Und den Obdachlosen, die sich ansammeln
Durch Bitten an Vorübergehende ein Nachtlager verschafft.

Die Welt wird dadurch nicht anders
Die Beziehungen zwischen den Menschen bessern sich nicht
Das Zeitalter der Ausbeutung wird dadurch nicht verkürzt.
Aber einige Männer haben ein Nachtlager
Der Wind wird von ihnen eine Nacht lang abgehalten
Der ihnen zugedachte Schnee fällt auf die Strasse

Leg das Buch nicht nieder, der du das liesest, Mensch.

Einige Menschen haben ein Nachtlager
Der Wind wird von ihnen eine Nacht lang abgehalten
Der ihnen zugedachte Schnee fällt auf die Strasse
Aber die Welt wird dadurch nicht anders
Die Beziehungen zwischen den Menschen bessern sich dadurch nicht
Das Zeitalter der Ausbeutung wird dadurch nicht verkürzt.

Im vorliegenden Gedicht hält ein fiktives Ich einen Vorgang fest, der darin besteht, dass in New York ein Mann den sich ansammelnden Obdachlosen ein Nachtlager verschafft. In der zweiten Strophe erfährt dieses Ich plötzlich eine Art Drehung, sprachlich sichtbar gemacht am syntaktischen Wechsel von einem hypotaktischen zu einem paratakischen Stil: Das anfänglich rein berichtende Ich verwandelt sich mit einem Male in ein kritisch kommentierendes: „Die Welt wird dadurch nicht anders…" Strukturell gesehen handelt es sich, indem das Ich sprunghaft von einer Haltung in die andere wechselt, um einen Gestuswechsel.

Kurz darauf wendet sich dieses Ich in einem erneuten Gestuswechsel direkt an den Leser mit der Aufforderung, sich mit dem abgegebenen Kommentar nicht zufrieden zu geben, sondern den Denkprozess weiterzuführen: „Leg das Buch nicht nieder, der du das liesest, Mensch." In der Schlussstrophe dann wechselt das Ich, die These der zweiten Strophe dialektisch umkehrend, von der appellierenden wieder in die kommentierende Haltung.

Werfen wir nun einen Blick auf die Figur des wohltätigen Mannes. Indem der Mann Almosen sammelt und damit einigen Menschen ein Nachtlager verschaffen kann, zeigt er eine bestimmte Haltung, die sich als ein individualistisches Helfertum bezeichnen lässt. Durch den kritischen Kommentar des Sprechers („Die Welt wird dadurch nicht anders...") erhält diese Haltung die beiden semantischen Merkmale /undialektisch/ und /konservierend/, so dass sie sich als eine falsche Haltung entpuppt. Ihr stellt der Sprecher indirekt eine neue, auf kollektive Veränderung der Welt ausgerichtete Haltung, wie sie seit 1919 die KPD vertrat, gegenüber. Wir bekommen so ein Paradigma zweier gegensätzlicher Haltungen, das sich formelhaft wie folgt ausdrücken lässt:

/individualistisch/ vs /kollektiv/
/undialektisch-konservierend/ vs /dialektisch-verändernd/

Aus struktureller Sicht heisst das nun: das individualistische Helfertum des Mannes tritt neben das vom Sprecher indirekt geforderte kollektive Veränderertum wie die Folie neben ein Novum, so dass insgesamt eine Verfremdungsstruktur entsteht: der Mann, der im bürgerlich-kapitalistischen System als Wohltäter erscheint (Folie), wird, indem er mit seiner undialektischen Haltung das „Zeitalter der Ausbeutung" konserviert, vor dem Hintergrund eines neuen, sozialistischen Diskurses zum radikal Verdächtigen (Novum).

Brechts Gedicht zeigt sehr schön, wie durch den Aufbau eines Spannungsfeldes zwischen zwei gegensätzlichen Haltungen, die beide auf die gleiche Figur bezogen sind, die Haltungen selber ganz in den Vordergrund treten, während die Figur als solche zurücktritt. In diesem Sinne können wir hier von einer **gestischen Schreibweise** sprechen. Sie macht deutlich, dass es im vorliegenden Gedicht – für die Moderne insgesamt zentral – nicht primär um Charakterliches geht, sondern um das Ausstellen von Grundhaltungen, die eben nicht vom Charakter der Figur her unausweichlich festgelegt, sondern im Gegenteil historisch-gesellschaftlich bedingt und damit veränderbar sind.

Betrachten wir abschliessend noch die Form des Gedichtes. Es handelt sich um ein Prosagedicht, also um ein Gedicht, das nur noch von seiner äusseren, graphischen Gestalt her eine versartige Gliederung aufweist. Darin zeigt sich eine Annäherung an die Alltagssprache, wie sie seit dem frühen Gottfried Benn für grosse Teile der modernen Lyrik typisch ist. In Brechts reimlosen, metrisch völlig ungebundenen Zeilen spiegelt sich – auch das für die Moderne bezeichnend – eine Welt, die keinen harmonischen Zusammenhang mehr kennt.

10.3.2 Erich Frieds „Aufhellung dunkler Punkte" als ideologiekritische Lyrik

Um gleich jedes Missverständnis auszuschliessen: Im Grunde ist, wie bereits gesagt, *alle* wirklich ernstzunehmende Literatur, indem sie festgefahrene Ideologien unterwandert, ideologiekritisch. Wenn hier im Zusammenhang mit modernen politischen Gedichten von Ideologiekritik die Rede ist, so handelt es sich um Texte, in denen das ideologiekritische Moment in Form von Herrschafts- und Gesellschaftskritik besonders hervortritt. Geben wir dafür mit **Erich Frieds** Gedicht **„Aufhellung dunkler Punkte"**, das sich im Band „Die Freiheit den Mund aufzumachen" (1972) findet, gleich ein Beispiel. Das Gedicht, aus dem Geist der Ausserparlamentarischen Opposition (APO) und der Studentenbewegung Ende der 1960er Jahre entstanden, knüpft in der Entlarvung gängiger Ideologien und in seiner dialektischen Nüchternheit unmittelbar an Brecht an:

> **Amerikanische Militärgerichte**
> **haben die ausführenden Offiziere von My Lai**
> **freigesprochen**
> **von der Anklage des Gemetzels**
>
> **Der Oberrichter Lord Widgery aus London**
> **hat befunden die englischen Fallschirmjäger in Irland**
> **haben am blutigen Sonntag**
> **nur ihre Pflicht getan**
>
> **Ermittlungen der Westberliner Behörden**
> **über den Tod des verhafteten Georg von Rauch zeigen deutlich**
> **die Polizei schoss mit Recht**
> **schliesslich ging es um Baader Meinhof**
>
> **Hätte man nach 1945 die Klärung**
> **der Vorkommnisse bei der Judenumsiedlung in Auschwitz**
> **der SS überlassen so wären uns Fotos und Filme**
> **Statistiken und Berichte erspart geblieben.**

**Vereinzelte Härten
hätten sich da und dort zwar gefunden
doch im Ganzen nur Pflichterfüllung
und nirgends ein Blutbad**

In Frieds Gedicht fällt auf, dass sich alle fünf Aussagen auf ein und dieselbe Grundaussage „verharmlosen/Schuld wegmachen" zurückführen lassen. Mit andern Worten: Die hier aufgezählten narrativen Prädikate (freisprechen, nur ihre Pflicht tun, mit Recht schiessen, Fotos...erspart bleiben, nur die Pflicht erfüllen) besitzen, sichtbar schon im metaphorischen Titel „Aufhellung dunkler Punkte", ein gemeinsames Sem /Schuld wegmachen/, stehen demnach miteinander in einer paradigmatischen Beziehung. Wir haben es mit einem Handlungsparadigma zu tun. Über dieses Handlungsparadigma werden auch die ‚Figuren' (Militärgerichte, Oberrichter, Westberliner Behörden, SS) paradigmatisiert, d. h. in eine Reihe von ‚Schuldlosen' gerückt, so dass eine ganze Figurenreihe entsteht.

Aus struktureller Sicht hat sich in Frieds Text eine Umkehrung vollzogen: Die einzelnen Figuren werden hier, anders als in traditionellen Texten, nicht mehr von bestimmten charakterlich-individuellen Eigenschaften, sondern von ihrer *gemeinsamen* Haltung des Schuld-Wegmachens her definiert. Diese Kollektivhaltung, durch den sozialen Kontext zu einem Gestus entwickelt, rückt damit ganz ins Blickfeld, während die Figuren in den Hintergrund treten. Darin erweist sich Frieds Gedicht – man beachte schon die gestische Gestaltung des Titels – als ein gegenüber traditionellen Gedichten *strukturell* veränderter, gestischer Texttyp.

Was heisst das nun aber konkret für die Deutung dieses Gedichts? Vor allem das eine, dass hier die einzelnen Figuren, indem sie durch ihre Paradigmatisierung den sozialen Bezug von vornherein an sich haben, als Teil eines kollektiven Herrschaftssystems von ‚Unterdrückern' erscheinen, das seine Schuld den ‚Unterdrückten' gegenüber stets von sich weist. Anvisiert ist dabei aus Erich Frieds linker, parteilicher Optik wohl der von den USA angeführte westliche ‚Imperialismus', der im Gedicht nichts weiter als eine neue, maskierte Erscheinungsform ‚alter' faschistischer Phänomene (vgl. dazu die vierte Strophe) hingestellt wird. Frieds Gedicht zeigt einmal mehr, wie es in einer gestischen Lyrik gelingt, Ideologiekritik nicht mehr bloss zu thematisieren, sondern sie in der Struktur des Textes selber zu spiegeln.

10.3.3 Peter Maiwalds „Feindbild" und Enzensbergers „ins lesebuch für die oberstufe" als Agitations- und Protestlyrik

Seit der Mitte der 1960er Jahre entstand im Gefolge der neomarxistisch geprägten Studenten- und Jugendbewegung ein neuer Typus moderner politischer Lyrik: das **Agitations- und Protestgedicht**. Es handelt sich um eine Lyrik, die sich hauptsächlich gegen den ‚Imperialismus' der Industriestaaten und damit verbunden gegen die kapitalistische Gesellschaftsordnung mit ihren monopolistischen Machtstrukturen in Wirtschaft und Politik und ihrem ‚autoritären' System in Schule, Kirche, Armee und Familie wendet. Dabei werden grundsätzlich zwei verschiedene Mittel der Agitation eingesetzt: zum einen die *Reflexion*, wie sie vor allem zum Typus des epigrammatischen Gedichtes mit seinem Lapidarton, seinem auf Witz und Pointe gerichteten Schlussvers gehört, und zum andern die *direkte* Agitation, d. h. der Aufruf zu konkreten politischen Aktionen.

Betrachten wir zunächst den ersten Fall, bei dem das Moment der Reflexion im Vordergrund steht. Wir wählen dazu das kurze, epigrammatische Gedicht **„Feindbild"** (1972) von **Peter Maiwald,** ein Gedicht, dessen moderne, gestische Anlage besonders stark hervortritt:

> **Als Soldat**
> **haben Sie dem Tod**
> **mutig ins Auge zu blicken,**
> **ermahnte der General**
> **B. starrte ihn an.**

In Maiwalds Gedicht fällt der antithetische Bau auf, sichtbar gemacht im Gegensatz „blicken" vs „starren". Durch ihn rücken zwei Haltungen dem Tod gegenüber ins Zentrum, während die Figuren in den Hintergrund treten. Das Zurücktreten der Figuren wird dabei durch den Subjektwechsel (General/B.) noch zusätzlich unterstrichen.

Die beiden Glieder des genannten Gegensatzes sind, wie schon angedeutet, auf den Tod bezogen. „blicken" ist mit ihm syntagmatisch (dem Tod ins Auge blicken), „starren" paradigmatisch (über das gemeinsame Sem /bewegungslos/) verknüpft. Damit rückt der Tod als eine kollektive Grundkraft ganz in den Mittelpunkt. Indem man ihm als Soldat „mutig ins Auge zu blicken" hat, wird er mit einem traditionellen Heldentum in Verbindung gebracht. Es entfaltet sich ein **heroischer Gestus**, durch den der Tod ein transzendierendes, auf eine ‚höhere' Sinngebung verweisendes Element erhält. Der Bezug zur pathetischen Todesdarstellung in zahlreichen bürgerlichen Werken, im klassischen Drama etwa, ist deutlich.

In der Haltung des Starrens wird nun dem heroischen Gestus ein *Gegen*gestus gegenübergestellt. Von ihm aus verliert der Tod jede ‚höhere' Sinngebung, entlarvt sich der idealistische Glaube an einen transzendierenden Tod als blosse Ideologie im Dienste der Mächtigen. Vertreter dieser Mächtigen ist hier der General, der als Militarist unmittelbar im Sold einer zerstörerischen Rüstungsindustrie steht. Indem B., eine von Brecht inspirierte Figur, den General „anstarrt", macht er *ihn*, nicht irgendeinen vermeintlichen fremden Gegner, zum wahren Feind des Volkes. Darin offenbart sich die verfremdende Wirkung und zugleich die Pointe des Gedichtes, die sich schon im Titel ankündigt.

Peter Maiwalds Epigramm basiert auf zwei oppositionell angelegten Gestus. Ausgangspunkt sind dabei die vom gemeinsamen Paradigma /sehen/ abgeleiteten gegensätzlichen Haltungen „blicken" vs „starren". Von ihnen aus ergibt sich eine die Struktur des Gedichtes bestimmende **Gestusopposition**, die sich als Gegensatz von Folie und Novum abschliessend folgendermassen ausdrücken lässt:

idealistisch-heroischer vs ideologiekritisch-realistischer Gestus

Sehen wir uns nun den zweiten Fall an: ein politisches Gedicht, in dem die direkte Agitation, der Aufruf zum konkreten Kampf gegen die ‚Mächtigen', in den Vordergrund tritt. Es handelt sich um **Hans Magnus Enzensbergers** Lehrgedicht **„ins lesebuch für die oberstufe"** aus der Sammlung „Verteidigung der Wölfe" (1957), in der sich der Autor gegen die Wiederaufrüstung Deutschlands und die Wiedereinführung der Wehrpflicht (1956) wandte. Das Gedicht kann geradezu als Prototyp der Agitations- und Protestlyrik nach dem Zweiten Weltkrieg gelten:

> lies keine oden, mein sohn, lies die fahrpläne:
> sie sind genauer. roll die seekarten auf,
> ehe es zu spät ist. sei wachsam. sing nicht.
> der tag kommt, wo sie wieder listen ans tor
> schlagen und malen den neinsagern auf die brust
> zinken. lern unerkannt gehen, lern mehr als ich:
> das viertel wechseln, den pass, das gesicht.
> versteh dich auf den kleinen verrat,
> die tägliche schmutzige rettung. nützlich
> sind die enzykliken zum feueranzünden,
> die manifeste: butter einzuwickeln und salz
> für die wehrlosen. wut und geduld sind nötig,
> in die lungen der macht zu blasen
> den feinen tödlichen staub, gemahlen
> von denen, die viel gelernt haben,
> die genau sind, von dir.

In Enzensbergers kunstvoll gebautem Gedicht – man beachte etwa die gezielte Verwendung von Anapher („lies…lies…"; „lern…lern…") und Chiasmus („wo sie wieder listen…zinken") – tritt die Appellfunktion der Sprache, die für die ganze politische Lyrik zentral ist, besonders stark hervor, und das gleich auf doppelte Weise: zum einen durch die direkte Anrede an den Leser (lies, lern, versteh dich usw.), so wie ein Vater seinen Sohn anspricht, und zum andern durch die offensive Aufforderung zu subversiven Handlungen und Verhaltensweisen, die das herrschende Machtsystem untergraben sollen.

Das Gedicht ist, schon von seinem sozialen Kontext her, gestisch angelegt. Ins Zentrum treten dabei bestimmte, vom lyrischen Ich geforderte Haltungen wie: sich nicht am Schönen, Erhabenen (Oden, Enzykliken, Manifeste), sondern am Sachlichen (Fahrpläne, Seekarten) zu orientieren, *und* sich nicht den realpolitischen Verhältnissen anzupassen („lern mehr als ich"), sondern den Mächtigen aktiven Widerstand zu leisten („in die lungen der macht zu blasen den feinen tödlichen staub"). Daraus ergeben sich zwei semantisch eng miteinander verknüpfte Gestusoppositionen, die sich formelhaft wie folgt benennen lassen:

| /Verschleierung der realpolitischen Verhältnisse/ | vs | /sachliche Analyse der realpolitischen Verhältnisse/ |

und

| /Anpassung an die realpolitischen Verhältnisse/ | vs | /subversiver Widerstand gegen die realpolitischen Verhältnisse/ |

Diese beiden Gestusoppositionen lassen sich in eine einzige Opposition zusammenziehen, die zwar im Gedicht selber nicht direkt angesprochen wird, sich aber aus dem Kontext ergibt:

| /Erhaltung der bestehenden Herrschaftsverhältnisse/ | vs | /Schaffung herrschaftsfreier, humaner Verhältnisse/. |

Unsere Kurzinterpretation macht deutlich, wie sehr neomarxistisches Denken (vgl. S. 118 ff.) die politische Lyrik der Nachkriegszeit beeinflusst hat, wie stark diese Lyrik aber auch in der Tradition Brechts und seiner Lehrgedichte steht. Ihr appellativer Grundgestus, die Aufforderung an den Leser zur politischen Aktion, radikalisiert sich während der 1960er Jahre, wird immer offensiver und direkter.

Den vorläufigen Abschluss der Entwicklung vom ‚gewöhnlichen' politischen Gedicht zum Agitations- und Protestgedicht, bildet die sog. **Agitprop-Lyrik**, („agitprop" als ein von Lenin stammendes Kurzwort für „Agitation und Propaganda"), die als reine „Gebrauchslyrik" die Funktion unmittelbarer Agitations- und Propagandamittel für die ideologische Arbeit politischer Gruppen erhält. In dieser Funktion deckt sie sich weitgehend mit den Happenings und dem Strassentheater, die im Gefolge der Studentenunruhen ebenfalls zu einem Forum der politischen Protestbewegung wurden. Der bedeutendste Vertreter der Agitprop-Lyrik war wohl Erich Fried mit seinem Band „und Vietnam und" (1966).

10.3.4 Peter Rühmkorfs „Der Feldherr" als parodistische Lyrik

Moderne Texte verstehen sich, wie mehrfach betont, als kritische Auseinandersetzung mit der literarischen Tradition. Dabei spielt die Parodie eine zentrale Rolle. Sie findet sich in der modernen politischen Lyrik, die überkommene, festgefahrene Normen bewusst sprengen will, besonders häufig. Parodiert werden hier auffallend oft ältere lyrische Gattungsformen. Es handelt sich zumeist um Formen, die, wie etwa Volkslied, Ballade, Ode und Hymne, Ausdruck eines genuin traditionellen Weltbildes sind. **Peter Rühmkorfs** modernes politisches Gedicht **„Der Feldherr"** (1972) ist ein Beispiel für die Parodierung solcher Formen:

> **Der Feldherr hat sich gewaschen**
> **Die Hände nach der Schlacht**
> **Er säuberte seine Gamaschen**
> **Und hat sich fein gemacht**
>
> **Er leerte seine Taschen**
> **Denn er hatte viel mitgebracht**
> **Und leerte viele Flaschen**
> **Der Feldherr nach der Schlacht**
>
> **Die Damen kamen zu naschen**
> **Der Feldherr hat gelacht**
> **Die in der Verhaue Maschen**
> **Schrien die ganze Nacht**

Vierzeilige Strophen, Kreuzreim, dreihebiger, meist jambischer Rhythmus, aber auch die einfache Sprache lassen vermuten, dass Rühmkorf für sein Gedicht die Form des alten Volksliedes („Ich hört ein Sichlein rauschen/ Wohl rauschen durch das Korn") gewählt hat. Die regelmässig wechselnden, musikalischen Reime schaffen, ganz dem Volkslied entsprechend, eine in sich geschlossene, harmonische Welt.

Wären da nicht die störenden Elemente. Auffallend zunächst das Reimwort „Schlacht" in den Zeilen 2 und 8, das so gar nicht zur Idylle in einem Volkslied passen will. Auffallend aber auch, dass sich der Feldherr „nach der Schlacht" die Hände wäscht – ein Motiv, das vom Schluss des Gedichtes her einen Doppelsinn gewinnt: Wie

Pilatus vor der Kreuzigung Jesu wäscht der Feldherr seine Hände in Unschuld. Auffallend schliesslich die Schlusszeilen 11 und 12 als Pointe, ja als bestürzende Überraschung, zumal sich völlig Unvereinbares miteinander reimt, nämlich „naschen" auf „Maschen" (gemeint sind die Maschen der Stacheldrahtverhaue vor den Schützengräben) und vor allem „gelacht" auf „Nacht". Der abrupte Gegensatz zwischen Lebensgenuss und Todesqual entlarvt Rühmkorfs Gedicht als reine Parodie auf die Idylle im traditionellen Volkslied.

Doch die Parodie gründet hier tiefer, reicht weiter; sie erfasst nicht nur die Thematik, sondern auch die Struktur des Gedichtes. Indem der Feldherr, bildlich ausgedrückt, einerseits Schlächter und anderseits – er leert die mitgebrachten Flaschen und scherzt mit den Damen – ebenso sehr Geniesser ist, nimmt er zwei unterschiedliche, ja gegensätzliche Haltungen ein: eine dem /Leben/ verpflichtete Haltung des Geniesser- und eine dem /Tode/ zugewandte des Schlächtertums. Diese beiden, auf die gleiche Figur bezogenen Kontrasthaltungen lassen sich als „Gestus" bezeichnen, so dass wir es mit einer **Gestusmontage** zu tun haben. Sie bewirkt, dass die innere Festigkeit der Figur aufgeweicht, relativiert wird und so das Bild eines ambivalenten Menschen entsteht: eines Menschen, bei dem sich das Böse hinter Feierabendidylle und gelockerter Stimmung verbirgt. Bei der von Rühmkorf beabsichtigten Parodie geht es in diesem Sinne nicht mehr einfach um eine entstellende Nachahmung, eine ‚Verspottung' des überkommenen Volksliedes, sondern weit darüber hinaus um die kritische Aufarbeitung der uralten Fiktion, es gebe ein festes, der Geschichte gleichsam entzogenes Wesen des Menschen, das ihn entweder als ‚gut' oder als ‚böse' erscheinen lasse.

10.3.5 Dieter Höss' „Personalabbau" als reduzierter Text

Das Prinzip der Reduktion ist ein zentrales Stilmittel moderner Lyrik. Moderne Gedichte sind vielfach auf wenige Wörter oder auf syntaktisch freie Wortfolgen **reduzierte Texte**, oft verbunden mit gleichzeitiger visueller Gestaltung. Das gilt natürlich vor allem für die experimentelle Lyrik und hier ganz besonders für die konkrete Poesie. Das gilt u. a. aber auch für zahlreiche moderne politische

Gedichte mit ihrer häufig knappen aphoristischen Schärfe, aber auch ihrer Technik der Satzverkürzung. Das Letztere soll hier an einem Textbeispiel illustriert werden, und zwar an einem Gedicht aus der Tradition der Arbeiterliteratur. Es handelt sich um **Dieter Höss'** Gedicht „**Personalabbau**", das am 12.März 1988 in der Stuttgarter Zeitung erschienen ist:

> Ach,
> Sie arbeiten noch bei uns?
>
> Ach,
> Sie arbeiten noch?
>
> Ach,
> Sie arbeiten?
>
> Ach
> Sie?
>
> Ach.

Der Sprecher in Höss' Rollengedicht dürfte ein Arbeitgeber oder der Personalchef eines Unternehmens sein. Seine Frage richtet sich an einen oder an mehrere Arbeitnehmer. Ihre Tonart ist zunächst durch *Überraschung* („Ach") und eine geschäftsmässige Fürsorglichkeit bestimmt, die im zweiten und dritten Satz in immer grössere *Verwunderung* umschlägt. Dabei wird der Fragesatz stufenweise abgebaut; er spiegelt im Vorgang seiner Demontage den Personalabbau, der das Thema des Gedichtes bildet. Zum Schluss bleibt niemand und nichts mehr übrig als ein einziges Wort, das „Ach" des Sprechers, das aber jetzt nicht mehr so sehr Verwunderung als vielmehr wohltemperiertes *Bedauern* über die wirtschaftlichen Sachzwänge ausdrückt, die eine Reduktion der Belegschaft im Interesse der Konkurrenzfähigkeit des Betriebes unausweichlich macht.

Aus struktureller Sicht haben wir es hier mit einem zweifachen Haltungs- oder **Gestuswechsel** des Sprechers zu tun. Durch ihn treten die wechselnden, in einer Klimax sich steigernden Haltungen (Überraschung, Verwunderung, Bedauern) ganz in den Vordergrund, während der Sprecher als Person in der Anonymität verschwindet. Die Anonymität ist damit beiden, dem Sprecher wie den Angesprochenen, gemeinsam. Sie mag Ausdruck der Enthumanisierung unserer heutigen, globalisierten Welt sein.

10.4 Subkultur und Avantgarde: Pop, Social Beat, Rap, Slam Poetry

In der Literaturgeschichte gab es immer wieder Strömungen und Formen, in denen sich eine dem offiziellen Kulturbetrieb und den vorherrschenden politischen Anschauungen entgegengesetzte *Subkultur* zu artikulieren versuchte. Es waren dies fast ausnahmslos *avantgardistische* Strömungen. Eine solche Strömung bildete im 20.Jh. zweifellos der Dadaismus, der zum Anreger einer ganzen Reihe weiterer, sich am Rande des bürgerlichen Kulturbetriebs bewegenden Strömungen wurde: Surrealismus, konkrete Poesie, Popliteratur, Social Beat (und die ihm verwandte Rock Poetry), Rap und die Slam Poetry. Auf die vier letztgenannten, von den USA ausgehenden Strömungen, die vor allem seit den 1990er Jahren als neue ästhetisch-politische Subliteratur zum Ausdruck einer weltweiten Jugendkultur geworden sind, wollen wir anhand von Textbeispielen kurz eingehen. Es wird sich dann auch zeigen, dass die herkömmliche Trennung zwischen dieser Subliteratur und sog. ernst zu nehmender Literatur sich vor dem Hintergrund des Stilpluralismus der Moderne nicht weiter aufrechterhalten lässt.

10.4.1 Die Pop- und Beat-Lyrik

Der amerikanische Literaturkritiker Leslie A. Fiedler, der mit seinem berühmt gewordenen Essay „Cross the Border, Close the Gap" für die Überwindung des Grabens zwischen Kunst- und Massenliteratur eintrat, sprach Ende der 1960er Jahre als Erster von einer Popliteratur. Er verstand darunter die Autoren der amerikanischen *Beat Generation*, die Beatniks (Allen Ginsberg, Jac Kerouac, William Burroughs u. a.), die eine offene Literatur ‚von unten' schrieben. Fiedler dachte aber auch an die Pop-Art, mit der sich ganz im Sinne von Andy Warhols Schlagwort „All is pretty" – Gebrauchs- und Alltagsgegenstände und Posters von Pop- und Beatstars wanderten damals in die Museen – eine ‚klassenlose' Kunst anzubahnen schien.

Der aus der Musik stammende Begriff „Pop" verweist sowohl auf das englische Wort „popular" (populär, bei der Masse beliebt)

als auch auf den Laut „pop", der soviel wie „Zusammenstoss, Knall"
bedeutet. Für die Literatur forderte Fiedler dementsprechend, sie
solle sich der kulturellen Massenerfahrungen, der Darstellungsformen von Pop, Science-fiction, Pornographie und Western bedienen,
um antikünstlerisch und antiseriös zu werden. So entstanden neben
der politischen Lyrik im engeren Sinne Gedichte, denen eine ganze
Reihe von Tabus, vor allem aus dem Bereich der Intimsphäre, zum
Opfer fielen, ohne dass sich die Autoren um den Vorwurf kümmerten, sie schrieben Obszönes oder gar Pornographisches.

Im deutschen Sprachraum trat die Popliteratur erstmals im Zusammenhang mit der politischen Studentenbewegung der späten
1960er Jahre in Erscheinung und ins Bewusstsein einer breiteren
Öffentlichkeit. Es war vor allem der Lyriker Rolf Dieter Brinkmann,
der in enger Bezugnahme auf Fiedler und die junge amerikanische
Popliteratur eine neue Literatur forderte, die „heterogenstes Material zu einem Thema sammeln und miteinander verbinden kann
[…] – collagenhaft, mit erzählerischen Einschüben, voller Erfindungen, Bild-, also Oberflächenbeschreibungen, unlinear, diskontinuierlich"[2]. Beispielhaft für eine solche Literatur ist **Jörg Fausers**
Gedicht **„Zum Alex nach Mitternacht"**, erschienen im Band „Die
Harry Gelb Story" (1973). Aus räumlichen Gründen lassen wir den
mittleren Teil des Gedichts (9 Zeilen) weg:

> **Die Charles-Bronson-Imitation aus Knautschlack**
> **brütet über einer Cola in der roten Sonne**
> **überbelichteter Vorstadt-Träume; erledigte Rivalen**
> **klatschende Kröten, Kadaver am Galgen, letzter Show-down,**
> **triefende Mösen, absolutes Finale**
> **in Technicolor.**
> **Der blondgefärbte schwule Ithaker mit den lila Denims**
> **gibt es endgültig auf, Mick Jagger nachzuäffen,**
> **Mann ohne Publikum, Publikum**
> **ohne Mann. […]**
> **Die Einsamkeit macht uns alle fertig, sagt Klaus**
> **Und drückt Janis Joplin, Whisky and „Me and Bobby Mc Gee",**
> **der Joker rattert, Maschinengewehr, Baader geschnappt,**
> **chant d'amour et de la mort, so'n Mordsdusel,**
> **der Apparat spuckt lauter Markstücke aus**
> **und wir bestellen nochmal**

ein Magengeschwür.
Alles was da hängt
ist Fleisch.

Fausers Gedicht enthält, abgesehen von den sexuellen Tabubrüchen, eine Reihe von Elementen aus der Popliteratur. Das beginnt mit der Tageszeit, von der es spricht, „nach Mitternacht", sowie dem Ort, einer Kneipe mit Music-Box, Spielautomat, Coca Cola, Whisky und gesellschaftlichen Randexistenzen als Gästen. Da ist der „blondgefärbte schwule Ithaker", ein Aussenseiter im doppelten Sinn, gehört er doch gleich *zwei* sozialen Minderheiten an, die Diffamierungen und besonderer Unterdrückung ausgesetzt sind: den Homosexuellen und den Ausländern. Verzichtet wird auf jede humanitäre Geste, auf politisches oder moralisches Engagement; Menschen werden als „Imitation" von populären Filmstars gesehen. Schliesslich zitiert das Gedicht nicht nur Begriffe aus der Filmkunst; es soll selbst ein „letzter Show down", Ausdruck eines „absoluten Finale[s]" sein.

Die Haltung des lyrischen Ich, das merkwürdig anonym bleibt, ist eher zynisch, „abgefuckt", um einen Slangausdruck aus dem Pop- und Beat-Milieu zu verwenden. Gleichzeitig mit den gesellschaftlichen Verhältnissen verwirft das Ich auch alle Bemühungen, sie zu ändern, als sinnlos. Das beschädigte Leben lässt kaum mehr Perspektiven zu; „die Einsamkeit macht uns alle fertig", heisst es illusionslos. Man drückt ein Lied in der Music-Box, das diese Lebensstimmung bestätigt und das Gefühl entstehen lässt, in dieser Situation nicht der einzige, nicht allein zu sein. Das Rattern des Jokers im Spielautomaten ruft im lyrischen Ich die Assoziation „Maschinengewehr" (auch dieses *rattert*) und damit verbunden den Namen des Terroristen Andreas Baader wach. Es handelt sich um eine Form von Collage, um die für avantgardistische Texte typische Dissoziationstechnik. Sie wird in den nachfolgenden französischen und deutschen Gesprächsfetzen („chant d'amour et de la mort, so'n Mordsdusel"), weitergeführt.

Das Gedicht drückt, wie bereits gesagt, die völlige Ablehnung der bestehenden gesellschaftlichen Verhältnisse und jeder möglichen Alternative aus. Dies reicht, wenn am Schluss nicht ein Whisky, sondern ein „Magengeschwür" bestellt wird, bis hin zur Verneinung des eigenen Lebenswillens. Was als Letztes noch möglich scheint, Freundschaften, bricht das Allerletzte, der Tod, ab.

In Fausers Gedicht findet sich alles, was für die Pop-Lyrik, deren Anfänge bis in den Dadaismus zurückreichen, formal als typisch gilt. Da ist die Verbindung heterogensten Materials, das **Collagenhafte**, Diskontinuierliche, das gleichsam als **Absage an eine geschlossene Kunstwelt** unmittelbar an die Pop-Art mit ihrer Collage von unterschiedlichstem Material, von Bildchen, Reklametexten, Briefen, Zitaten, Todesanzeigen, Aktfotos, Obszönitäten usw. anknüpft. Dieses Übergreifen neuer Verfahren von der bildenden Kunst auf die Literatur, lässt sich seit den Dadaisten, etwa seit Kurt Schwitters Bildcollagen und Textmontagen, beobachten. Und da sind die erzählerischen Einschübe, ist der **Erzählton**, wie er weit über die Pop- und Beatlyrik hinaus für die Lyrik der 1970er und 80er Jahre bezeichnend war. In ihm drückt sich das Bedürfnis aus, das Gedicht der gesprochenen Sprache anzunähern und ihm damit, für die Untergrundliteratur insgesamt typisch, alles Elitäre zu nehmen.

10.4.2 Spoken Word: Hip-Hop, Rap und Slam Poetry

Die deutsche Literatur ist mehrheitlich eine Literatur der Schriftlichkeit und als solche auf das Verfassen von Büchern ausgerichtet. Freilich finden sich seit ihren Anfängen, seit der Tradition der mündlichen Heldendichtung, immer wieder auch Ansätze zu einer **oralen Kultur**: Erinnert sei da zunächst an die Meistersinger im 15./16.Jh., die ihre Verse, in Anlehnung an den Minnesang, mündlich vortrugen, dann aber vor allem an die Dadaisten, deren Lautgedichte stets Texte für die Bühne, für den Live-Vortrag waren. Die Dadaisten gelten denn auch als die unmittelbaren Vorläufer jener oralen, vorwiegend für die Bühne bestimmten Literatur, die in den 1950er Jahren in den USA entstand und seit etwa 1960 auch in Europa Fuss fasste: der Spoken Word Poetry, einer Literatur, die für den Live-Auftritt bestimmt ist, bei der daher die *Performance*, also die Vortragsweise des Poeten, eine zentrale Rolle spielt. Nicht ohne Grund wird diese Literatur häufig auch als *Neodadaismus* bezeichnet. Ihr gehören teilweise schon die Pop- und Beatliteratur, in erster Linie aber der Rap und die mit ihm eng verwandte Slam Poetry an.

Sagen wir zunächst kurz, was ‚Rap' ist. Beim **Rap** (aus engl. „to rap": klopfen, pochen, ausstossen) handelt es sich um einen **Sprechgesang**, um kunstvoll gereimte, rythmisierte Geschichten aus dem Alltag mit politischem und vor allem sozialkritischem Hintergrund. Auffallendstes Merkmal neben dem *Reim* ist dabei der *Refrain*. Der Rap entstammt ursprünglich der afroamerikanischen Kultur und erzählt von der täglichen Gewalterfahrung, von Rassismus und Unterdrückung, von Armut und Alkoholismus in den Ghettos der Schwarzen. Er gilt heute als Teil der Kultur des **Hip-Hop**, einer Jugendsubkultur, die, parallel zur Entstehung der beiden Musikstile Techno Rock und House in Detroit und Chicago, Mitte der 1970er Jahre in den Ghettos von New York ihren Anfang nahm; sie bildet eine Verbindung von *Rap*, *Breakdance*, einer afro- und puertoamerikanischen Tanzform, die sich durch akrobatische Merkmale auszeichnet, durch *DJing*, den Wettstreits zwischen Discjockeys, und durch *Graffiti*, dem illegalen Beschriften und Bemalen öffentlicher Wände.

Seit Beginn der 1990er Jahren ist Hip Hop – der Begriff taucht als Kunstwort in der Popwelt erstmals 1979 auf – und mit ihm der Rap zu einem weltweit verbreiteten Musik- und Literaturstil geworden, der auch nicht auf die englische Sprache beschränkt blieb. Vor allem in Frankreich wurde er zum Sprachrohr für die sozialen Probleme in den Vorstädten von Paris und Marseille. Aber auch im übrigen Europa erfreut sich der Rap – in Österreich und in der Schweiz besonders der Mundart-Rap – als eine lebendige Jugendkultur immer grösserer Beliebtheit. Das gilt selbst für die *Freestyle Battle*, bei der zwei oder mehr Rapper in einem frei improvisierten Reimduell um die Gunst des Publikums streiten und so ihre Konflikte gewaltlos austragen.

Die erste deutschsprachige Rap-Band, die 1992 mit der Single **„Die da"** die Hitparade eroberte, ist die Band der **„Fantastischen Vier"**, mit dem Spitznamen „Fanta 4", aus Stuttgart. In ihrem mit Musik unterlegten Text tritt die wichtigste sprachliche Eigenheit des Rap besonders klar hervor: sein aufreisserischer Tonfall, der sich in *Sprechakten*, d. h. in einem schnellen rhythmischen Sprechen des Rappers, äussert. Der folgende Textauszug, dessen Höhepunkt der von mehreren Rappern gemeinsam gesprochene Refrain „Ist es die da…?" bildet, mag uns eine Ahnung davon geben:

Am Wochenende hab ich mir den Kopf verdreht
Ich traf eine junge Frau, die hat mir ganz gut gefallen
Und am Samstag in der Diskothek liess ich die Korken knallen
Sie stand dann so dabei, und wir ha'm uns unterhalten
Und ich hab sie eingeladen, denn sie hat sich so verhalten
Wir ha'm viel Spass gehabt, viel gelacht und was ausgemacht
Ha'm uns nochmals getroffen und den Nachmittag zusamm'n verbracht
Wir gingen mal ins Kino, hatten noch ein Rendezvous
Und, hast du sie ausgeführt?
Hey, gehört ja wohl dazu!
Sie ist so elegant, sie hat auch allerhand
Du solltest sie wirklich mal treffen, denn ich find sie sehr charmant
Ist es die da, die am Eingang steht
oder die da, die dir den Kopf verdreht?
Ist es die da, die mit'm dicken Pulli an, Mann?
Nein, es ist die Frau, die Freitags nicht kann!

Ist es die da, die da, die da – die da die?
Ist es die da, die da, die da – oder die da?
Ist es die da, die da, die da – die da, die oder die da?
Nein, Freitags ist sie nie da!

Rap hat in zweifacher Hinsicht geradezu eine *literarische Revolution* ausgelöst: *Zum einen* handelt es sich bei den Rap-Konzerten um Veranstaltungen, die für einmal nicht in den alten Mausoleen der Literatur stattfinden, sondern in Parks und auf der Strasse, in Kneipen und Diskotheken. Es sind Veranstaltungen, in denen es zwischen Literatur und Unterhaltung, zwischen Text, Musik und Show-Effekten keine Berührungsängste gibt, die eine Form gefunden haben, in der Literatur, trotz der häufig extrem aggressiven und sexistischen Texte, einer breiten Masse von jungen Menschen offenbar wieder Spass macht. Das gilt vor allem für die Lyrik, die als sog. *Lyrics*, als von Rapmusik begleitete Liedtexte, geradezu eine Renaissance erfährt. Wir haben es in diesem Sinne mit einem eklatanten Paradigmawechsel zu tun: mit dem Wechsel von der herkömmlichen Dichterlesung zur *modernen Literaturshow*, in der sich die Grenze zwischen Pop- und Elitekultur aufzulösen beginnt und die Literatur zu einem Bestandteil der Massenkultur wird. Und *zum andern* ist mit dem Reim auch die *Improvisation*, wie sie etwa in der Stegreifkomödie des 16./18.Jh. gängig war und wie sie sich heute sonst nur noch im Happening findet, in die Literatur zurückgekehrt. In der *Freestyle-Battle*, in der sich zwei oder mehrere Rapper im improvisierten Sprach-Wettkampf messen, wird dies besonders deutlich.

Dem Rap unmittelbar verwandt ist die **Slam Poetry**. Vieles, was hier über den Rap gesagt worden ist, gilt denn ohne Abstriche auch für sie. Doch fragen wir uns zunächst, was mit „Slam Poetry", einem Begriff, der heute schon recht inflationär gebraucht wird, eigentlich gemeint ist. Das englische Verb „to slam", um die Herkunft des Begriffs zu klären, findet sich schon im 18.Jh. in der Bedeutung von „zuschlagen", „zerschmettern". Beim Baseball bezeichnet „slam" einen Volltreffer, beim Boxen einen Schlagabtausch und beim Tennis sprechen wir von einem „grand slam", wenn wir ein Grossturnier meinen. Der Begriff hat demnach etwas mit Wettkämpfen zu tun. Und in der Tat: Ein (Poetry) Slam ist – das verbindet ihn mit dem Rap – ein literarischer Wettkampf, ein Dichter-Wettstreit, bei dem neben der sprachlichen Qualität der Texte die *Performance*, d. h. die Art und Weise, wie die Slam-Poeten, daher auch „Performer" genannt, ihre Texte auf der Bühne darbieten, eine zentrale Rolle spielt. Einen Text performen bedeutet nämlich, ihn nicht einfach lesend vorzutragen, sondern ihn, beispielsweise flüsternd, schreiend, keuchend, zu *zeigen,* d. h. den Text gestisch zu gestalten. Die Slam Poetry erfordert in diesem Sinne eine **gestische Sprache**.

Als Erfinder der **Poetry Slams**, also der Veranstaltungen, an denen Slam Poetry vorgetragen wird, gilt der Amerikaner Marc Kelly Smith, ein ehemaliger Bauarbeiter und Performance-Poet, der 1986 in einem Jazz-Club in Chicago begonnen hat, Wettkampflesungen mit Autoren durchzuführen. Mitte der 1990er Jahre gelangte die Slam Poetry nach Deutschland und ab etwa 1999 auch in die Schweiz[3].

Von der Sache her ist der Poetry Slam nicht so neu, wie er sich gibt. Dichter-Wettstreite reichen in der abendländischen Literaturgeschichte teilweise bis in die griechische Antike zurück, wo nach der Überlieferung Dichter um den besten Götterhymnus oder die beste Trauerrede auf einen Verstorbenen wetteiferten. Innerhalb der deutschen Literaturgeschichte sind es, neben dem höfischen Wettstreit der mittelalterlichen Minnesänger und den seit dem Humanismus bis ins 18.Jh. weit verbreiteten Dichterkrönungen, vor allem die Veranstaltungen der *Meistersinger* im 14. bis 16.Jh., die als Vorläufer der heutigen Poetry Slams gelten können: Die Verse, die man geschmiedet hatte, wurden sonntags unter grossem Zulauf des Volkes, öffentlich vorgetragen, wobei die Merker auf Verstösse gegen die Regeln der Tabulatur lauerten. Am Schluss des Vortrags fällten sie das Urteil und verteilten Preise – ein Vorgehen, das den heutigen Slams, bei denen es ebenfalls Regeln, Noten für Text und Performance, wobei das Publikum selber als Jury waltet, und schliesslich Preise gibt, erstaunlich ähnlich ist.

Doch der unmittelbarste Anreger der Slam Poetry war zweifellos der *Dadaismus*. Ähnlich den späteren Slam Poeten haben die Dadaisten eine vorwiegend orale Kultur ausgebildet, indem sie ihre Texte nicht, wie in traditionellen Lesungen, einfach rezitierten, sondern auch optisch und akustisch veranschaulichten, indem ihre Literatur stets eine Literatur für die Bühne, für den Live-Vortrag war. In ihrem ausgeprägten Performance-Charakter, der sich u. a. darin zeigte, dass der Künstler seinen Körper in Kunstaktionen zum Mittel der Darstellung machte, glichen die dadaistischen Veranstaltungen sosehr den heutigen Poetry Slams, dass die Slam-Poetry, ähnlich wie die Beatliteratur, gelegentlich als Neo-Dada aufgefasst wird.

Was ist denn nun aber Slam Poetry genau? Die Antwort auf diese vielgehörte Frage ist einfach: Slam Poetry ist grundsätzlich alles, was bei einem Poetry Slam vorgetragen, performt wird. Das können Gedichte (Rap- und Beatlyrik, Spoken Word Poetry, Balladen, Oden, Hymnen, Lautpoesie u. a.), aber auch Kurzgeschichten sein, wobei die Gedichte, schon weil sie sich ihrer klanglich-rhythmischen Gestaltung wegen besonders gut performen lassen, deutlich in der Überzahl sind. Ein solches Gedicht, das in seiner stark rhythmisierten Sprache, seinen dauernden Wiederholungen, seiner Eingängikeit (man beachte etwa die Wirkung der Anapher!) als echter Slamtext zur Wortperformance geradezu einlädt, ist **Michael Lentz'** Sprechstück **„kleines solo für einen Fragesteller"** aus dem Band „Ende gut. Sprechakte" (2004). Der Text, für Slam Poetrys nicht untypisch in der Art experimenteller Literatur verfasst, wird vom Münchner Live-Poeten im Stakkatostil mit unglaublicher Geschwindigkeit performt. Wir zitieren hier nur das erste Drittel des Gedichtes:

> kann ich irgendetwas für dich tun.
> kann ich etwas für dich tun.
> kann ich was für dich tun.
> kann ich was tun.
> kann ich was.
> kann ich.
> kann ich für dich ich mein für dich.
> kann ich mein für dich was.
> kann ich da was tun.
> kann ich was tun mein ich da für dich so
> geht's nicht.
> kann ich irgendetwas anderes für dich tun.
> kann ich irgendetwas anderes ich mein was
> dir spass macht.
> kann ich ich meine kann ich dir mal eine
> frage stellen die dir spass macht.
> kann ich mal eine frage für dich stellen die
> so richtig spass macht.
> oder soll ich das lieber nicht tun.
> oder soll ich lieber ich meine soll ich.
> oder soll es nicht sein.
> oder ist es das schon gewesen.
> oder war's das schon.
> oder was. […]

Die Poetry Slams sind, wie bereits gesagt, als Gegenbewegung zu den für das breite Publikum eher langweilig wirkenden Veranstaltungen des etablierten Literaturbetriebes gedacht. Doch dies könnte sich in den nächsten Jahren ändern. Immer mehr Slammer schaffen den Einstieg in den Literaturbetrieb, performen heute auf grossen Festivals und in Literaturhäusern. Das bleibt nicht ohne Gefahren: Sollten die Poetry Slams künftig nicht mehr dort, wo sich junge Menschen naturgemäss hinbegeben, sondern wieder in den Mausoleen der Literatur stattfinden, dann wird von ihrem ursprünglichen Charakter wenig übrig bleiben.

Betrachten wir abschliessend noch eine Gedichtform, die auch innerhalb der Slam und der Rock Poetry einige Bedeutung erlangt hat und die sich von ihrer politischen und sozialkritischen Tendenz her der modernen politischen Lyrik zurechnen lässt: die moderne Ballade.

10.5 Die moderne Ballade als Antiballade

Die „Ballade" als eine uralte Gattungsform der Lyrik leitet sich in den romanischen Ländern aus dem italienischen „ballata" (Tänzchen) ab und bezeichnet dort ein von Tanzenden gesungenes Lied. Im deutschen Sprachraum konnte sich das aus dem Englischen stammende Wort „ballad", das eine volkstümliche Erzählung in Liedform bedeutet, durchsetzen. Hier hat sich die Ballade zwischen dem 13. und dem 15.Jh. aus dem germanischen Heldenepos (Hildebrandslied, Nibelungenlied u. a.) entwickelt. Sie erscheint zunächst in der Form der mündlich überlieferten **Volksballade** und ihren Abarten (Schauerballade, Bänkelsang oder Moritat).

Mit Gottfried August Bürgers 1773 verfassten „Lenore", die wegweisend für die Entwicklung der Gattung war, setzt in der Epoche des Sturm und Drang die **Kunstballade** ein. Als streng literarische Form übernimmt sie die wesentlichen Stilmerkmale der Volksballade, wie z. B. die meist strophische Gliederung und den Endreim. Neben der Klassik (Goethes und Schillers „Balladenjahr" 1797) sind es vor allem Romantik (Brentano, Platen, Uhland, Mörike u. a.) und Realismus, (Droste-Hülshoff, Heine, Fontane, Meyer u. a.), welche die Tradition der Kunstballade fortführen. Im 20./21.Jh. tritt die Ballade, wo sie von der Moderne nicht bewusst neu gestaltet wird, als epigonal deutlich zurück. Dieses Zurücktreten hängt wohl mit der Skepsis unserer Generation gegen jede Art trivialer Schicksalsvorstellung und undifferenzierter Typisierung nach dem Schema ‚gut/böse' zusammen.

10.5.1 Die Struktur der traditionellen Ballade

Bei der Ballade, die meist ein Geschehen aus Geschichte, Sage oder Mythologie berichtet, handelt es sich um ein Erzählgedicht. Als solches besitzt sie eine ausgesprochen epische Struktur, was sich in der Anwesenheit eines Erzählers zeigt. Mit dem epischen verbindet sich, neben dem lyrischen, vor allem ein dramatisches Element, sichtbar gemacht in Raffung, Konzentration und Steigerung des Geschehens, in seiner klaren Ausrichtung auf den Schluss hin. Die traditionelle Ballade weist daher eine Affinität zum alten, aristotelischen Drama mit seiner pyramidalen Bauform auf. Wie sich das konkret zeigt, mögen ein paar Strophen aus **Heinrich Heines** historischer Ballade **„Belsazar"** aus dem „Buch der Lieder" (1827) illustrieren. Die Vorlage zu dieser Ballade ist der biblische Bericht (Buch Daniel, 5.Kap., Vers 1-30) von der Eroberung Babylons durch den Perserkönig Kyrus im Jahr 539 v. Chr:

> **Die Mitternacht zog näher schon;**
> **In stummer Ruh lag Babylon.**
>
> **Nur oben in des Königs Schloss,**
> **Da flackerts, da lärmt des Königs Tross.**
>
> **Dort oben in dem Königssaal**
> **Belsazar hielt sein Königsmahl.**
>
> [...]
>
> **Jehova, dir künd ich auf ewig Hohn -**
> **Ich bin der König von Babylon!**
>
> **Doch kaum das grause Wort verklang,**
> **Dem König ward's heimlich im Busen bang.**
>
> [...]
>
> **Belsazar ward aber in selbiger Nacht**
> **Von seinen Knechten umgebracht.**

Heines Ballade beginnt mit einer kurzgefassten *Exposition*: Während zu mitternächtlicher Stunde in Babylon Ruhe herrscht, sitzt Belsazar, der König von Babylon, dessen Vater Nebukadnezar 586 v.Chr. den Tempel Salomos in Jerusalem ausgeraubt und zerstört hat, mit dem Hofadel beim Festmahl. Im lärmigen Geschehen „oben in des Königs Schloss" kündigt sich bereits die *Mangellage* an:

Belsazars hybrides Verhalten, seine Lästerung des jüdischen Gottes („Jehovah! dir künd' ich…"), die nach der sich stetig steigernden Handlung den *Höhepunkt* der Ballade bildet. Auf diesen Höhepunkt folgt, mit der plötzlichen Angst des Königs, der Umschlag, die *Peripetie*. Von ihr an treibt die Handlung in ihrem ‚fallenden Teil' notwendig der *Katastrophe*, der Ermordung des Königs durch seine eigenen „Knechte", zu.

„Belsazar" ist, wie die meisten traditionellen Balladen, durch zwei zentrale Handlungselemente bestimmt: durch die *Verletzung einer sittlichen Ordnung*, die eine Mangellage darstellt, und durch die entsprechende *Sanktion*, d. h. durch das Eingreifen einer sanktionierenden Instanz, hier in der Gestalt eines Gottesgerichts. In diesen beiden Handlungselementen manifestiert sich, der Sage vergleichbar, das uralte **Prinzip von Schuld und Strafe**, das ähnlich dem ihm verwandten **Schuld/Sühne-Prinzip** die narrative Struktur unzähliger traditioneller Texte, von der antiken Tragödie bis hin zum zeitgenössischen Kriminalroman, bestimmt. Die Strafe erfüllt dabei, gleich wie die Sühne, die Funktion einer Wiederherstellung der (verletzten) Ordnung. Geistige Basis dieses narrativen Prinzips ist der Glaube an eine teleologisch-schicksalhafte Bestimmung des Menschen, wie er sich für das traditionelle Denken insgesamt als grundlegend erweist. Im Untergang Belsazars, dem klar gesetzten Ziel der Balladenhandlung, tritt dieser Glaube eindrücklich zutage.

Heines „Belsazar" hat, für zahlreiche traditionelle Balladen bezeichnend, den Untergang des grossen Individuums, das seine Grenzen nicht einzuhalten wusste, zum Thema. Im Zentrum steht hier der Held als schicksalhafte Persönlichkeit, die in der Gestalt der ausgleichenden Nemesis an sich die Macht des unentrinnbar und geheimnisvoll über den Menschen stehenden Schicksals erfährt. **Heldenprinzip** und **Schicksalsglaube** bilden so gewissermassen die beiden Sinnzentren von Heines Ballade: ein Befund, der nicht nur für die Schicksalsballade im engeren Sinne, sondern für die traditionelle Ballade an sich gilt. In ihm äussert sich die enge Verwandtschaft der Ballade mit der Tragödie.

10.5.2 Die Struktur der modernen Ballade

Die Ballade ist, vor allem in ihrer Betonung des Heldenprinzips und der schicksalhaften Bestimmung des Menschen, Ausdruck eines genuin traditionellen Weltbildes. Bei ihr handelt es sich strukturell also um eine spezifisch traditionelle Gattungsform der Lyrik. Daher möchte man meinen, sie habe in der modernen Literatur überhaupt keinen Platz mehr. Doch gerade der weitverbreitete Typus der Helden- und Schicksalsballade musste moderne Autoren reizen, die Form der Ballade als Folie zu verwenden, wenn es galt, den Blick auf heroische Grösse, auf Schicksalsglauben und Heldenverehrung des Bürgertums zu lenken und sich davon gleichzeitig skeptisch abzusetzen. Grundlage dieser Skepsis der Moderne war und ist die Einsicht, dass zum einen die Idee des sich selbst bestimmenden, autonomen Subjekts, wie sie uns in der traditionellen Ballade häufig begegnet, heute kaum noch Gültigkeit hat und dass zum andern der überkommene Schicksalsbegriff meist nur dazu dient, die Wirklichkeit zu verschleiern.

So entsteht im 20.Jh. ein moderner Balladentyp, als dessen Schöpfer vor allem Bertolt Brecht gelten kann. Dieser Balladentyp zerschlägt durch seine neuartige, gestische Schreibweise den traditionellen Helden- und mit ihm auch den Schicksalsbegriff, zeigt, wie das Schicksal des Menschen der Mensch ist. Er erhält von da aus ein betont gesellschaftliches Moment, führt menschliches Verhalten nicht mehr so sehr auf charakterliche Eigenschaften zurück, sondern rückt es vielmehr als Bezugspunkt sozialen Lebens ins Zentrum. Wir wollen diesen modernen Balladentyp, der sich als Parodie auf die traditionelle Ballade versteht, „**Antiballade**" nennen.

Bei der Erneuerung der Ballade im 20./21.Jh. spielt der **Bänkelsang** und als eine Sonderform davon vor allem die **Moritat** (Begriff wohl Verballhornung von „Mordtat"), das von schaurigen Begebenheiten berichtende Erzähllied des Bänkelsängers, eine wichtige Rolle. Dies dürfte damit zusammenhängen, dass es in der herkömmlichen Moritat, wie sie in den letzten Jahren durch einzelne oder durch ganze Gruppen wieder entdeckt worden ist, stets um die Bestätigung kleinbürgerlicher Moralvorstellungen, beispielsweise des Mechanismus von Verbrechen und Strafe, geht. Der moderne Balladendichter ahmt die Moritat scheinbar naiv nach; in Wirklichkeit ironisiert und parodiert er sie, bis die von ihr vertretenen Normen bürgerlichen Wohlverhaltens selber fragwürdig werden. Parodiert wird dabei vor allem der bürgerliche Schicksalsglauben, wie ein paar Zeilen aus **Christa Reinigs** Moritat **„Die Ballade vom blutigen Bomme"** im Band „Sämtliche Gedichte" (1984) beispielhaft zeigen mögen. In seiner scheinbaren Naivität, ja Infantilität, banalisiert der ‚Held' Bomme den gewaltsamen Tod, zu dem er verurteilt ist, und nimmt ihm so jede Verklärung ins Schicksalhafte, jede höhere Sinngebung:

> **und da friert er [Bomme] – reibt die hände**
> **konzentriert sich auf das ende**
> **möchte gar nicht so sehr beten**
> **lieber schnell aufs klo austreten**
> **doch dann denkt er: einerlei**
> **das geht sowieso vorbei**

Von Frank Wedekind über Brecht, Tucholsky und Kästner bis hin zu Peter Hacks, Friedrich Christian Delius, Wolf Biermann, Christa Reinig, Ror Wolf und Helga M. Novak erscheint die Moritat in diesem spezifisch antibürgerlichen Sinne. Ihren z. T. unterschwellig politischen Akzent baut der als Mittel der Agitation eingesetzte, aus der amerikanischen Bürgerrechtsbewegung stammende **Protestsong** aus, wie wir ihn von Bob Dylan, Hanns-Dieter Hüsch, Franz Josef Degenhardt, Dieter Süverkrüp, Wolf Biermann, Rolf Schwendter, Walter Mossmann, Hannes Wader u. a. her kennen. In diesen Zusammenhang gehören heute übrigens auch Texte aus der Beat-, Rap- Country- und Slam-Szene, die recht häufig die Balladenform verwenden.

Am Beispiel einer modernen Antiballade soll nun gezeigt werden, wie sich durch eine gestische Schreibweise die Struktur der traditionellen Ballade verfremden und damit die schicksalhafte Wirkung der Texte aufheben lässt. Es handelt sich um **Bertolt Brechts** sozialkritische **„Ballade vom Wasserrad"**, erschienen in der Sammlung „Hundert Gedichte" (1951):

Von den Grossen dieser Erde
Melden uns die Heldenlieder:
Steigend auf so wie Gestirne
Gehn sie wie Gestirne nieder.
Das klingt tröstlich, und man muss es wissen.
Nur: für uns, die wir sie nähren müssen
Ist das leider immer ziemlich gleich gewesen.
Aufstieg oder Fall: wer trägt die Spesen?
    Freilich dreht das Rad sich immer weiter
    Dass, was oben ist, nicht oben bleibt.
    Aber für das Wasser unten heisst das leider
    Nur. Dass es das Rad halt ewig treibt.

Ach, wir hatten viele Herren
Hatten Tiger und Hyänen,
Hatten Adler, hatten Schweine
Doch wir nährten den und jenen.
Ob sie besser waren oder schlimmer:
Ach, der Stiefel glich dem Stiefel immer
Und uns trat er. Ihr versteht, ich meine
Dass wir keine andern Herren brauchen, sondern keine!
    Freilich dreht das Rad sich immer weiter
    Dass, was oben ist, nicht oben bleibt.
    Aber für das Wasser unten heisst das leider
    Nur: dass es das Rad halt ewig treibt.

Und sie schlagen sich die Köpfe
Blutig, raufend um die Beute
Nennen andre gierige Tröpfe
Und sich selber gute Leute.
Unaufhörlich sehn wir sie einander grollen
Und bekämpfen. Einzig und alleinig
Wenn wir sie nicht mehr ernähren wollen
Sind sie sich auf einmal völlig einig.
    Denn dann dreht das Rad sich nicht mehr weiter
    Und das heitre Spiel, es unterbleibt,
    Wenn das Wasser endlich mit befreiter
    Stärke seine eigne Sach' betreibt.

Das Bild vom Wasserrad könnte geeignet sein, die in der traditionellen Ballade dominierende Idee einer schicksalhaften Bestimmung des Menschen sichtbar zu machen. Als symbolisch für diese Idee erwiese sich dann das ‚ewige' Treiben des Rades durch das Wasser. Das Rad erschiene als ‚rota fortunae', als Schicksalsrad, wie wir es vor allem aus barocken Darstellungen kennen. Auf eine solch mögliche traditionelle Gestaltungsweise spielt hier Brecht deutlich an. Bezeichnend dafür ist schon das Wort „Ballade" im Titel.

Doch der Eindruck täuscht. Es fällt auf, dass in Brechts Ballade keine einzelne Heldenfigur, etwa mit Namen, genannt wird, sondern dass in den „Grossen dieser Erde" eine Vielzahl von Helden erscheinen. Dabei sind all diese Helden auf die beiden gegensätzlich angelegten Gestus des Auf- und Niedergehens bezogen. So entsteht ein **Heldenparadigma** mit zwei oppositionellen Gestus als Sinnzentrum. Wir können hier demnach von einer **gestischen Anlage des Textes** sprechen. Sie tritt durch das als Refrain anmontierte Bild des sich immer weiter drehenden Wasserrades – einmal ist das Wasser oben, dann wieder unten – besonders deutlich hervor. Das Bild des Rades selber hat von da aus weniger symbolische als vielmehr gestische Funktion; es soll, indem hier das Stilmittel des Parallelismus eingesetzt ist, den Eindruck des Gestischen verstärken.

Wir sprachen von der Gestusopposition „aufsteigen" vs „niedergehen", von der aus die „Grossen dieser Erde" gefasst sind. Mit ihr ist eine bestimmte, an traditionelle Balladen erinnernde Haltung verknüpft: die Haltung einer Ergebung in die vermeintliche Schicksalhaftigkeit der Welt. Sie äussert sich im Glauben an unveränderliche, ewige Normen, an eine statische Gesellschaftsordnung, in der es ein klares „oben" und „unten" gibt. Diese Haltung, die in Brechts Ballade zu einem Grundgestus entwickelt ist, lässt sich durch das semantische Merkmal /konservieren/ bestimmen, so dass man insgesamt von einem Konserviergestus reden kann. Ihm wird nun in der zweiten und vor allem in der dritten Strophe ein Gegengestus gegenübergestellt: der Gestus der Verweigerung („…nicht mehr ernähren wollen"), der deutlich das semantische Merkmal /verändern/ enthält.

So werden denn in der „Ballade vom Wasserrad" eine Reihe gestischer Beziehungen sichtbar, die sich folgendermassen darstellen lassen:

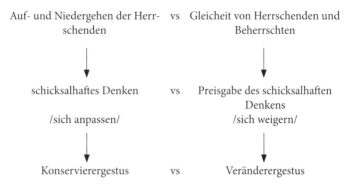

Dass dieses gestische Beziehungsnetz und nicht irgendeine Heldenfigur das dominante Strukturelement bildet, macht die Brechtsche Ballade zu einer **modernen Antiballade**. Als solche wird sie zu einer **totalen Parodie**, weil hier die Ideologiekritik, d. h. die Kritik an einem traditionellen Schicksalsbegriff, der dazu dient, die Wirklichkeit zu verschleiern, nicht nur thematisiert ist, sondern die Struktur der Figuren selber erfasst.

Brecht behält in seiner Ballade die Sangbarkeit des alten Bänkelliedes (fester Rhythmus, Kehrreim, Wiederholungen usw.) grundsätzlich bei. Dennoch nimmt er, durch den Wechsel der Sprachebenen (z. B. „Gestirne/Spesen"), durch rhythmische Brüche und rhetorische Fragen („wer trägt die Spesen?"), vor allem aber durch die Entautomatisierung des Reims („weiter/leider" usw.), dem Leser die Möglichkeit, sich mittreiben zu lassen, zwingt er ihn zu Distanz und Reflexion.

Arbeitsvorschläge zu Kapitel 10

1. Peter Paul Zahls im Gefängnis entstandenes Gedicht „mittel der obrigkeit" aus dem Band „Schutzimpfung. Gedichte" (1975) ist ein typisches Beispiel moderner politischer Lyrik:

> man muss sie gesehen haben
> diese Gesichter unter dem tschako
> während der schläge
>
> man muss sie gesehen haben
> diese gesichter unter dem tschako
> zwischen schlag und schlag
>
> man muss sie gesehen haben
> diese gesichter unter dem tschako
> nach den schlägen
>
> sag nicht: diese schweine
> sag: wer hat sie dazu gebracht

a) Die Aussparung, ein zentrales Mittel der modernen Lyrik, trifft in besonderem Masse auf die moderne *politische* Lyrik zu. Wie zeigt sich dieses sprachliche Mittel im vorliegenden Gedicht?

b) Inwiefern wird hier die Verdinglichung von Menschen als ein in der modernen politischen Lyrik häufig gewähltes Thema angesprochen?

c) Die moderne politische Lyrik gilt als spezifisch gestische Lyrik. Lässt sich auch Zahls Gedicht als *gestisch* bezeichnen, wenn Sie sehen, was hier ins Zentrum gerückt wird?

2. Ror Wolf hat eine Reihe Fussball-Texte geschrieben. Einer dieser Texte ist das folgende, titellose Gedicht aus dem Band „Das nächste Spiel ist immer das schwerste" (1982):

> Das ist doch nein die schlafen doch im Stehen.
> Das ist doch ist denn das die Möglichkeit.
> Das sind doch Krücken. Ach du liebe Zeit.
> Das gibt's doch nicht. Das kann doch gar nicht gehen.
>
> Die treten sich doch selber auf die Zehen.
> Die spielen viel zu eng und viel zu breit.
> Das sind doch nein das tut mir wirklich leid.
> Das sind doch Krüppel. Habt ihr das gesehen?
>
> Na los geh hin! Das hat doch keinen Zweck.
> Seht euch das an, der kippt gleich aus den Schuhn.
> Ach leck mich fett mit deinem Winterspeck.

> **Jetzt knickt der auch noch um, na und was nun?**
> **Was soll denn das oh Mann ach geh doch weg.**
> **Das hat mit Fussball wirklich nichts zu tun.**

a) Inwiefern lässt sich das Gedicht als politische Lyrik auffassen, wenn Sie sich überlegen, was den Autor interessiert?

b) In Ror Wolfs Gedicht verbinden sich auf sprachlich-formaler Ebene traditionelle und moderne Elemente. Zeigen Sie dies auf.

3. Vom Berliner Rap-Poeten Bastian Böttcher, dem deutschen Poetry Slam König 1997, stammt der folgende Text mit dem Titel „s(n)ex" (1999). Nennen Sie möglichst viele inhaltliche und sprachliche Merkmale, an denen sich zeigen lässt, dass es sich bei diesem Text um einen Rap handelt. Selbstverständlich bleibt der Text gegenüber der CD-Version stets defizitär:

> **neulich im imbiss is was krasses passiert**
> **als die fritteuse mit `ner halben portion krokettiert**
> **kommt ein berliner in die hamburger bude, er probiert**
> **leicht und locker rumzushaken, doch er war`n satansbraten**
> **voll ausgekocht und eingefleischt, ich roch den braten!**
> **er war scharf auf heisse schnitten mit dicken fetten fritten**
> **er war heiss auf schicke chicken, denn er brauchte was zu picken**
> **er kam dran und machte dann das frischfleisch an**
> **„hey, heisse schnitte! Ich würd dich gern vernaschen"**
> **„banane, du keks! Mich vernaschen keine flaschen"**
> **„komm süsse zuckerschnecke! du knackige nussecke!**
> **mit dir mal rumzukugeln muss`n zuckerschlecken sein" ich checkte**
> **schaumschläger wie der sülzen gesalzen quark mit sosse**
> **auch dem jungen gemüse war dieses würstchen wurst, `ne grosse**
> **suppe muss er haben, wenn er hier kein auflauf will, denn schon**
> **bildet sich ne traube um den hamburger grill**
> *Refrain:*
> **alle wolln nur was naschen**
> **das ist ganz natürlich, alle sind versessen aufs essen**
> **auf quarktaschen und delikatessen**
> **iss sie alle auf […]**

4. Erich Kästners Gedicht „Der Handstand auf der Loreley" (1932), eine Parodie auf das berühmte Loreley-Gedicht von Heinrich Heine („Ich weiss nicht, was soll es bedeuten..."), besitzt alle Merkmale einer Antiballade

> Die Loreley, bekannt als Fee und Felsen,
> ist jener Fleck am Rhein, nicht weit von Bingen,
> wo früher Schiffer mit verdrehten Hälsen,
> von blonden Haaren schwärmend untergingen.
>
> Wir wandeln uns. Die Schiffer inbegriffen.
> Der Rhein ist reguliert und eingedämmt.
> Die Zeit vergeht. Man stirbt nicht mehr beim Schiffen,
> nur weil ein blondes Weib sich dauernd kämmt.
>
> Nichtsdestotrotz geschieht auch heutzutage
> noch manches, was der Steinzeit ähnlich sieht.
> So alt ist keine deutsche Heldensage,
> dass sie nicht doch noch Helden nach sich zieht.
>
> Erst neulich machte auf der Loreley
> hoch überm Rhein ein Turner einen Handstand!
> von allen Dämpfern tönte Angstgeschrei,
> als er kopfüber oben auf der Wand stand.
>
> Er stand, als ob er auf dem Barren stünde.
> Mit hohlem Kreuz. Und lustbetonten Zügen.
> Man frage nicht: Was hatte er für Gründe?
> Er war ein Held. Das dürfte wohl genügen.
>
> Er stand verkehrt, im Abendsonnenscheine.
> Da trübte Wehmut seinen Turnerblick.
> Er dachte an die Loreley von Heine.
> Und stürzte ab. Und brach sich das Genick.
>
> Er starb als Held. Man muss ihn nicht beweinen.
> Sein Handstand war vom Schicksal überstrahlt.
> Ein Augenblick mit zwei gehobenen Beinen
> ist nicht zu teuer mit dem Tod bezahlt!'*
>
> P.S. Eins wäre allerdings noch nachzutragen:
> Der Turner hinterliess uns Frau und Kind.
> Hinwiederum, man soll sie nicht beklagen.
> Weil im Bezirk der Helden und der Sagen
> die Überlebenden nicht wichtig sind.

---

*   Schiller-Travestie aus „Don Carlos" (Vers 639 f.)

a) Zeigen Sie diese Merkmale der Antiballade auf inhaltlicher und formaler Ebene des Gedichtes auf. Beachten Sie dabei vor allem das Missverhältnis von Inhalt und Form, wie es zur literarischen Gattung der *Travestie* gehört.

b) Zentrales Thema des Gedichtes ist die Kritik am uralten Heldenmythos. Wie lässt sich diese Kritik von 1932, der Zeit des heraufziehenden Nationalsozialismus, aus lesen?

5. Der Tübinger Slam-Poet Florian Werner schildert im Gedicht „Servus" (2000) das Ende einer Liebesgeschichte. Sie finden hier den Anfang und den Schluss des Gedichtes:

Sag zum Abschied nicht: Adieu.
Sag nicht: Du, es war irgendwie unheimlich schön mit Dir.
Sag nicht: Ich glaub, es ist für uns beide das Beste so.
Sag nicht: Du warst ja viel zu gut für mich.
Sag nicht: Lass es uns doch noch *einmal* miteinander probieren.
Sag nicht: Ich ruf dich an, ja?
Sag nicht: Und die Leute ham immer gesagt, wir wären so ein schönes Paar.
Sag nicht: Aber körperlich, *körperlich* hat es doch meistens ganz gut geklappt, oder?
Sag niemals: Ich glaube, ein Teil von mir wird dich ein Stück weit immer lieben.
Sag auf gar keinen Fall: Wenn ich „Every Breath You Take" höre, werde ich bestimmt jedes mal an dich denken müssen. […]
Sag nicht: Wir sehen uns im nächsten Leben.
Sag nicht: Time to say goodbye.
Sag nicht: I'll be back.
Sag nicht: Here looking at you, kid.
Schau nicht hin.
Geh nicht zurück.
Und sag beim Abschied leise: Fick dich.[4]

a) Woran lässt sich erkennen, dass der Text nicht ‚reine' Lyrik ist, sondern für die Performance auf der Slam-Bühne geschrieben wurde?

b) Inwiefern stellt der Text eine Art Sprachkritik dar?

11. Experimentelle Literatur und konkrete Poesie

Wenn im vorliegenden Kapitel von experimenteller Literatur die Rede ist, so gilt es zunächst, zwischen einer weiteren und einer engeren Verwendung des Begriffs *experimentell* zu unterscheiden. In einem weiteren Sinne nämlich ist das Experimentelle, im Zusammenhang mit der Erprobung neuer Aussagemöglichkeiten, ein Grundzug *aller* modernen Literatur. In einem engeren Sinne hingegen gilt heute nur jene Literatur als experimentell, deren Thema nicht mehr die aussersprachliche Wirklichkeit, sondern die *Sprache* selbst als eine eigenständige Realität ist. Wenn wir hier von experimenteller Literatur sprechen, dann meinen wir diese engere Bedeutung des Begriffs, wie sie sich seit 1945 herausgebildet hat und wie sie mit dem Begriff der *Avantgarde* teilweise zusammenfällt. Als experimentell können dann im 20. und 21.Jh. vor allem die Literatur des Sturmkreises und des Dadaismus, der „Wiener Gruppe", die konkrete Poesie, Anti-Roman und Anti-Theater, die Computertexte und die digitale Literatur gelten. Dabei dürfte in der konkreten Poesie das sprachexperimentelle Moment am ausgeprägtesten verwirklicht sein. Wichtig für alle diese experimentellen Formen ist, dass sie meist ausserhalb des üblichen literarischen Kanons, d. h. jenes Kreises von Werken, die aufgrund ihres herausgehobenen Wertes für verbindlich angesehen werden, angesiedelt sind.

In der herkömmlichen Literatur dient die Sprache als Medium zur Darstellung einer aussersprachlichen Wirklichkeit. Ganz anders in der experimentellen Literatur: Hier wird nicht die Wirklichkeit mittels Sprache, sondern die Sprache selber gezeigt. Damit wird der Blick vom Bedeuteten, dem Signifikat, radikal weg auf den Bereich des Bedeutenden, der Signifikanten, auf den *spielerischen* Umgang mit Zeichen gelenkt, bis hin zur Infragestellung der Bedeutung überhaupt, etwa in der Nonsens-Dichtung. Oder anders gesagt: In der experimentellen Literatur wollen die Zeichen die ‚Dinge' nicht mehr symbolisch bedeuten, sondern sie *zeigen*. Zum dominierenden Strukturelement wird hier demnach ein **Grund-**

gestus des Zeigens, so dass sich in Bezug auf die Experimentalliteratur von spezifisch **gestischen Texten** sprechen lässt. Was das für die Textinterpretation im Einzelnen heisst, gilt es nun an den wichtigsten experimentellen Literaturformen des 20./21.Jh. zu erläutern. Es sind dies die verschiedenen Formen der literarischen Collage, die konkrete Poesie, das Sprachexperiment und die digitale Literatur. Wir werden diese vier Formen experimentellen Schreibens an ausgewählten Textbeispielen der Reihe nach kurz darstellen, wohl wissend, dass die Übergänge zwischen den einzelnen Formen fliessend sind.

11.1 Die literarische Collage: Abkehr vom geschlossenen Kunstwerk

Montage und Collage, die Letztere als eine Form der Textmontage, nämlich als Montage von Zitaten, gelten in der Literatur, seit die Dadaisten diese Schreibweisen aufgegriffen und propagiert haben, als typisch avantgardistische Stilmittel. Durch sie werden überkommene Auffassungen wie die vom Kunstwerk als einer geschlossenen Fiktionswelt oder die von der schöpferischen Eigenleistung des Autors in Frage gestellt, ja z. T. ganz preisgegeben. An ihre Stelle rückt das Bild einer vielschichtig gebrochenen, zusammengesetzten Welt, aber auch das eines Autors, der als blosser Arrangeur in seiner Subjektivität hinter das Sprachmaterial zurücktritt. Was das konkret heisst, lässt sich zunächst an einem dadaistischen Montagegedicht und danach an einer Textcollage aus dem „Neuen Realismus" zeigen.

11.1.1 Das dadaistische Montagegedicht

Die Keimzelle des Dadaismus, der ersten radikal modernen literarischen Bewegung, deren Name sich nach Hugo Ball aus „dada", einem Stammellaut der Kindersprache, ableitet, lag in Zürich, dem Zufluchtsort für pazifistische Schriftsteller und Künstler aus ganz Europa während des Ersten Weltkrieges. Treffpunkt dieser Schriftsteller und Künstler war die Kleinstkunstbühne des „Cabaret Voltaire", das Hugo Ball am 5.Februar 1916 an der Zürcher Spiegelgasse gegründet hatte und in dem am 14.Juli 1916 die erste Dada-Soiree stattfand. Zur internationalen Dada-Bewegung gehörten neben Hugo Ball vor allem Hans Arp, Richard Huelsenbeck, Tristan Tzara, Marcel Janco, Kurt Schwitters und Emmy Hennings

Die Dadaisten gehen von einem völlig neuen Sprachbezug aus: Thema ihrer Texte ist nicht mehr die aussersprachliche Wirklichkeit, sondern die Sprache selber als ästhetisches Potential. Darin zeigt sich ihre enge Verwandtschaft mit der späteren experimentellen Literatur, vor allem mit den Sprachexperimenten der Wiener und der Grazer Gruppe und mit der konkreten Poesie. In all diesen Bewegungen ist ein probierender Gestus zentral, geht es letztlich darum, Wirklichkeit und Wirkungsmöglichkeiten der Sprache als solcher zu erproben. Im Dadaismus spielt dabei die **Montage- und Collagetechnik** eine tragende Rolle. Sie dient bei den Dadaisten, ihrer extrem antibürgerlichen Haltung entsprechend, vor allem der ästhetischen Provokation des Lesers, hängt darüber hinaus ganz grundsätzlich mit dem Bestreben zusammen, eine gleichsam verfestigte Sprache aufzulösen. Letzten Endes spiegelt sich in ihr aber eine tief erfahrende Ich-Krise, die Sprengung des traditionellen Subjektbegriffs, wie sie seit der Jahrhundertwende zum Wesen der literarischen Moderne gehört.

Bei dem nun folgenden Beispiel eines dadaistischen Montagegedichts handelt es sich um **Kurt Schwitters** berühmtes, in mehrere Sprachen übersetztes ‚Merzgedicht' **„An Anna Blume"** (1919). Das Gedicht, das sich zunächst wie ein poetischer Ulk liest, steht in seiner köstlichen Naivität auch heute noch einzigartig da:

> O du, Geliebte meiner siebenundzwanzig Sinne, ich
> liebe dir! – Du deiner dich dir, ich dir, du mir.
> - Wir?
> Das gehört (beiläufig) nicht hierher.
> Wer bist du, ungezähltes Frauenzimmer? Du bist
> - – bist du? – Die Leute sagen, du wärest, – lass
> sie sagen, sie wissen nicht, wie der Kirchturm steht.
> Du trägst den Hut auf deinen Füssen und wanderst
> auf die Hände, auf den Händen wanderst du.
> Hallo, deine roten Kleider, in weisse Falten zersägt.
> Rot liebe ich Anna Blume, rot liebe ich dir! – Du

> deiner dich dir, ich dir, du mir. – Wir?
> Das gehört (beiläufig) in die kalte Glut.
> Rote Blume, rote Anna Blume, wie sagen die Leute?
> Preisfrage: 1. Anna Blume hat ein Vogel.
>   2. Anna Blume ist rot.
>   3. Welche Farbe hat der Vogel?
> Blau ist die Farbe deines gelben Haares.
> Rot ist das Girren deines grünen Vogels.
> Du schlichtes Mädchen im Alltagskleid, du liebes
> grünes Tier, ich liebe dir! – Du deiner dich dir, ich
> dir, du mir, – Wir?
> Das gehört (beiläufig) in die Glutenkiste.
> Anna Blume! Anna, a-n-n-a, ich träufle deinen
> Namen. Dein Name tropft wie weiches Rindertalg.
> Weisst du es, Anna, weisst du es schon?
> Man kann dich auch von hinten lesen, und du, du
> Herrlichste von allen, du bist von hinten wie von
> vorne: „a-n-n-a".
> Rindertalg träufelt streicheln über meinen Rücken.
> Anna Blume, du tropfes Tier, ich liebe dir!

Beim Lesen dieses Rollengedichtes wird man durch das aufgebauschte Liebespathos, durch Lob und Klage, an barocke Liebeslyrik, etwa von Martin Opitz, erinnert. In der Tat ist Schwitters Text nach dem sattsam bekannten Muster des Liebesgedichts gebaut. Das zeigt sich an der Ich-/Du-Relation, also an der dargestellten Beziehung zwischen einem Liebhaber und seiner Geliebten, wobei die Geliebte ganz im Mittelpunkt steht.

Wer ist nun diese Geliebte? Auf den ersten Blick erscheint sie, wie schon der Name „Anna Blume" vermuten lässt, als Person. Allerdings fallen an ihr von Anfang an eine Reihe Merkwürdigkeiten auf. Da ist zunächst der Hinweise auf die 27 Sinne, die der Liebhaber, will er Anna Blume lieben, offensichtlich braucht. Sie entzieht sich damit den normalen fünf Sinnen des Menschen. In der gleichen Zeile kommt Weiteres hinzu: Die Aussage „Ich liebe dir!" gibt zu erkennen, dass das ‚Objekt' der Liebe durch die Setzung des Dativs statt des Akkusativs verfehlt wird, ebenso wie Schwitters ein „mir" setzt, wenn sich der Liebhaber die Frage vorlegt. ob er auch Gegenliebe finde.

Noch befremdender wirkt die zweite Zeile. Hier löst sich die Kontur der Geliebten im Spiel der Deklination des Pronomens „du" gleichsam auf. Die Ich/Du-Relation, wie sie für das traditionelle Liebesgedicht eben typisch ist, zerfällt in einen rein grammatikalischen Mechanismus, durch den die Geliebte gewissermassen entindividualisiert wird. Das bedeutet mit andern Worten die Auflösung der personalen Einheit, der Identität der Anna Blume. Sie wird in der Möglichkeit, den Namen „Anna" in der Art eines Palindroms umzukehren, besonders eindringlich demonstriert. Ja, noch mehr: Setzt man im Obersatz der typographisch im Zentrum stehenden „Preisfrage" „ist" statt „haben", so funktioniert der Syllogismus, lautet der Schlusssatz „Der Vogel ist rot". Anna Blume ist dann, nicht nur Mensch, sondern auch ein Tier, wie dies die Wendung „du tropfes Tier" ebenfalls andeutet.

Betrachtet man das Ganze aus struktureller Sicht, so lässt sich von einer **Ichauflösung** sprechen. Durch diesen Vorgang wird das den Text bestimmende Liebesmotiv im Kern zersetzt. Die Liebe ist bei Schwitters nicht mehr, wie in der bürgerlichen Dichtung, Medium der Identitätsfindung, sondern im Gegenteil eine entpersönlichende, kollektivierende Kraft. Darin zeigt sich das zentrale parodistische Element dieses dadaistisch-antibürgerlichen Textes.

Nun wissen wir, dass mit der Ichauflösung immer auch eine veränderte Vorstellung der Wirklichkeit, nämlich die Auflösung einer einheitlichen Perspektive auf die Welt, thematisiert ist. Schwitters macht hier diese neue Wirklichkeitserfahrung, ähnlich den Kubisten in der Malerei, durch eine Sprengung der Bildkontinuität sichtbar. Wenn er seine Anna Blume auf Händen „wandern" lässt, den Hut auf den Füssen, so geht es ihm offenbar um die Demonstration einer (z. B. auch künstlerischen) Wirklichkeit, die sich einem veralteten, kausallogischen Denken entzieht. Dasselbe dürfte mit dem nicht funktionierenden Syllogismus anvisiert sein.

Man hat die literarische Technik, die Wirklichkeit in eine Art Wirklichkeitsfragmente aufzulösen, als **„Dissoziationstechnik"** bezeichnet. Diese Dissoziationstechnik kann unterschiedlich weit entwickelt sein. So kann in einem Text die Einheit der Perspektive immer noch gewahrt, in einem andern hingegen vollständig preisgegeben sein. Im ersten Fall sprechen wir von Montage, im zweiten eher von Collage. In Schwitters ‚Merzgedicht' haben wir es in diesem Sinne mit **Montagen** zu tun. Hier sind sämtliche Bilder auf *eine*, wenn auch völlig entpersönlichte Zentralfigur bezogen. So bezieht sich etwa das Bild vom ‚umgekehrten Kirchturm' auf Anna Blumes Kunst, auf Händen zu gehen, wird es von da aus paradigmatisch für ein neues Kunstprinzip. In analoger Weise verweist das Bild des tropfenden Rindertalgs, um ein anderes Beispiel zu nennen, auf die Deformationsmöglichkeit des Namens „Anna". Im Gedicht Schwitters treten damit die paradigmatischen Beziehungen, denen die dominante Isotopie /umkehren/ (den Kirchturm, die Figur, den Namen usw. umkehren) zugrunde liegt, deutlich hervor.

Unsere Strukturanalyse sollte u. a. zeigen, dass es sich bei der Gestalt der Anna Blume nicht mehr um eine geschlossene Figur handelt, wie sie uns in der bürgerlichen Dichtung begegnet. Verschiedenste Kräfte aus dem Bereich des Menschlichen, des Dinghaften und des Tierischen dringen gleichsam in die Figur ein und lösen sie auf. Durch das Montageprinzip wird die Figur zur Vielheit dieser ambivalenten Kräfte. Darin besteht ihre apsychologisch-verfremdende Wirkung, die für eine moderne, nicht mehr mimetische Kunst bezeichnend ist.

11.1.2 Von der Montage zur Textcollage

Noch weit extremer als bei der Montage wirkt die Dissoziationstechnik – wir sagten es schon – bei der Textcollage, ist hier doch die Einheit der Perspektive völlig preisgegeben. Wir zählen die Textcollagen daher in einem engeren Sinne zur experimentellen Literatur, d. h. zu einer Literaturform, die in und mit der Sprache experimentiert. In der Mehrheit der Fälle handelt es sich dabei um kurze Texte, also etwa um Kurzprosa oder um Lyrik. Geben wir für die Textcollage ein konkretes Beispiel; es ist ein Auszug aus dem Prosatext **„Postkarten"**, den wir der Sammlung „Früher begann der Tag mit einer Schusswunde" (1969) von **Wolf Wondratschek** entnehmen:

Venezia, Venedig, Venice. Basilica della Salute. Es ist kalt hier. Daheim ist es auch schön. Viele Grüsse.
Postkarten aus Österreich nimmt keiner mehr ernst. Wandern ist sehr gesund. Die Norddeutschen haben wieder den roten Gummiball dabei. Der Sonnenschirm neben den Handtüchern und den Taschen macht die Hitze erst richtig komplett. Die Kinder nennen diese Hitze einfach idiotisch.
Sie geht am Strand entlang und sagt, das Meer ist über Nacht grösser geworden.
Wenn du im nächsten Jahr nicht mitkommst, schreibt er, bist du selbst daran schuld. Er hätte auch schreiben können, der August ist kein Monat und kein Vergnügen, sondern eine Tortur plus Familie. Gestern traf ich einen aus dem Büro, stell Dir vor. Ich bin völlig erledigt.
Die Ebbe macht Spass. Die Flut macht auch Spass. Ferien sind ganz einfach. Am Strand entstehen Freundschaften. Die Mädchen liegen da und machen den Sand absolut. Sie hypnotisieren mit ausgestreckten Beinen. Auf dem Bauch brütet die Sonne. Die Männer geben sich fachmännisch.
Der einheimische Bademeister sagt, die Deutschen haben wirklich Talent zum Ertrinken, auf einen Engländer kommen ganz bestimmt sieben Deutsche.

So wie auf Postkarten kleine Bilder eines Urlaubsortes – eine Kirche, ein Gasthaus, ein Wasserfall, eine Ruine – fast wahllos zusammengefügt sind, so besteht Wondratscheks Text, ähnlich der Cut-up-Methode vieler Beatpoeten, aus einer parataktischen Reihung semantisch meist unverbundener Sätze und Satzpartikel. Die Einheit der Perspektive wird dadurch, für die Textcollage bezeichnend, vollkommen zersetzt, so dass wir keine kausallogisch verknüpfte Handlung, keinen Plot mehr vor uns haben, das Ganze, obwohl es im Frühjahr irgendwo bei Venedig spielt, keine Geschichte mehr ergibt. Wondratscheks viel zitierte Aussage: „Nur die Sätze zählen. Die Geschichten machen keinen Spass mehr. Eine Geschichte ist die Erinnerung an einen Satz. Ich erzähle einen Satz zu Ende"[1] erweist sich in diesem Sinne wie ein Kommentar zur vorliegenden Textcollage.

In der traditionellen Erzählprosa gibt es bekanntlich den festen Erzähler, der als Orientierungszentrum, als Vermittler der Sicht erscheint. Wondratscheks Text kennt, angesichts der extremen, sich in einer Vielfalt von unverbundenen Sätzen und Satzpartikeln äussernden Dissoziationstechnik, keinen solch festen Erzähler mehr. Die Dissoziationstechnik ist damit letztlich Ausdruck einer umfassenden Ichauflösung. Ihre Basis bildet die Erkenntnis der modernen Psychologie, dass das menschliche Bewusstsein, anders als dies Descartes und Kant gemeint haben, keine feste Einheit darstellt, dass demnach weder die Wahrnehmungen noch die Gedankenfolgen des Menschen kontinuierlich sind. Der Mensch nimmt die Wirklichkeit nur in Partikeln, zufälligen Bruchstücken wahr, denkt gleichsam in Sprüngen, also weniger kausallogisch als vielmehr assoziativ. Die Wirklichkeit erscheint ihm nicht als etwas Zusammenhängendes, Kohärentes, sondern als etwas, das in zahllose Einzelperspektiven aufgebrochen ist, die nebeneinander bestehen bleiben und sich nicht mehr zum Bild eines Ganzen zusammenfügen.

Man hat diese dissoziierte Wahrnehmung der Wirklichkeit mit der von Dieter Wellershoff in den 1960er Jahren begründeten Bewegung des „Neuen Realismus", die sich ihrerseits am Nouveau Roman orientierte, in Verbindung gebracht. Danach verzichtet der Autor, der ‚realen' Erfahrung einer nicht mehr überschaubaren Welt Rechnung tragend, auf einen Handlungszusammenhang und stellt Einzelnes in mosaikhafter Zersplitterung dar. Freilich findet sich diese Art zu schreiben nicht erst bei den Vertretern des „Neuen Realismus" oder der „Kölner Schule", wie die literarische Bewegung ebenfalls heisst, sondern schon bei einigen Autoren zu Beginn der Moderne, etwa bei Robert Walser, der häufig alles, was ihm gerade durch den Kopf ging (Gedanken, Einfälle, Beobachtungen, Erinnerungen) wahllos niederschrieb. Geistige Basis dieses aperspektivischen Schreibens war und ist letztlich, wie bereits angedeutet, die bei Nietzsche einsetzende Sprengung des traditionellen Subjektbegriffs und damit verbunden die Auflösung einer einheitlichen Perspektive auf die Welt.

11.2 Die konkrete Poesie: Sprache als autonomes Spielmaterial

Erinnern wir uns: Als „experimentell" in einem engeren Sinne bezeichnen wir jene Literatur, die in und mit der Sprache experimentiert. Am ausgeprägtesten tut das, wie bereits erwähnt, die konkrete Poesie. Ihre Blütezeit hatte diese internationale Strömung der modernen Lyrik, auch wenn sie in der literarischen Öffentlichkeit insgesamt auf eine relativ geringe Resonanz stiess, zwischen 1950 und 1970; seit Mitte der neunziger Jahre, also seit dem Beginn der „Zweiten Moderne", erfährt sie eine gewisse Neubelebung. Doch fragen wir zunächst, was konkrete Poesie überhaupt ist.

11.2.1 Was ist konkrete Poesie?

Die Bezeichnung *konkrete Poesie* schuf der Schweizer Werbetexter **Eugen Gomringer**, und zwar in Anlehnung an den seit 1930 bekannten Begriff der „konkreten Kunst" in der modernen Malerei und Bildhauerei, vor allem an die Plastiken Max Bills, dessen Sekretär er von 1954-1957 an der Ulmer Hochschule für Gestaltung war. „Konkrete Kunst" beinhaltet die Forderung an den Künstler, das Material *als solches* ins Werk einzubeziehen, d.h. die Materialstruktur zum obersten Gesetz, ja zum Gegenstand seines Schaffens zu erheben (vgl. S. 137 f.). Mit der 1955 veröffentlichten Schriftenreihe „konkrete poesie" gab Gomringer einer ganzen Bewegung, durch die er die Dichtung der modernen Technologie und der von ihr geprägten Umwelt angleichen wollte, den Namen. Was der Begriff „konkret" dabei meint, lässt sich an einem Text aus Gomringers vieldiskutierten **„Konstellationen"** (1953) illustrieren. Der Text, in dem es ganz im Sinne der Futuristen[2] keine Syntax mehr gibt, lautet schlicht und einfach:

      ping pong
          ping pong ping
          pong ping pong
                ping pong

Gomringers Gedicht besteht aus einer Abfolge rhythmischer Silben, die sich auf das Tischtennisspiel und den Rhythmus beziehen, den die aufschlagenden Bälle bei diesem Spiel machen. Das Neue daran ist, dass es auf jede symbolische Hintergründigkeit verzichtet, dass es die ‚Dinge' nicht mehr *bedeuten* lässt, sondern sie *zeigen* will, dass hier demnach ein **Grundgestus des Zeigens**, wie er für die konkrete Poesie insgesamt typisch ist, das dominierende Strukturelement bildet. Oder anders gesagt: An die Stelle einer symbolischen Belehrung tritt da die sprachliche Demonstration. In Gomringers Text hat sich die Sprache ihrer traditionellen Symbolfunktion entledigt, wird sie auf ihre ursprüngliche, materiale Funktion reduziert, ist sie gewissermassen ‚nur sie selbst' – eine Auffassung, die der Philosoph **Max Bense**, der neben Gomringer wohl bedeutendste Theoretiker der konkreten Poesie, ähnlich für die ganze konkrete Poesie formuliert hat, wenn er schreibt: „Das Konkrete ist das Nichtabstrakte. Alles Abstrakte hat etwas zur Voraussetzung, von dem gewisse Merkmale abstrahiert werden. Alles Konkrete ist hingegen nur es selbst."[3]

Benses Begriffsbestimmung legt das Wesen der konkreten Poesie offen: die totale **Reduktion des Sprachzeichens auf seine materiale Funktion**. Durch sie wird die traditionelle Bedeutungs- oder Symbolfunktion der Sprache, für Bense eben ihr Abstraktionscharakter, vollkommen negiert. Daher sein Satz, alles Konkrete sei „hingegen nur es selbst". Die Reduktion der Sprache gleichsam auf die Signifikantenstufe, ihre Befreiung von jeder Bezeichnungsfunktion, der Umstand nämlich, dass sie nicht aussersprachliche ‚Wirklichkeit', sondern nur sich selbst zeigt, bedeutet in diesem Sinne die radikalste Absage an das traditionelle Verständnis von Literatur als mimetischer, wirklichkeitsabbildender Kunst.

Sprache ist normalerweise an ein sprechendes Subjekt zurückgebunden. Wo sie, wie in der konkreten Poesie, nur noch auf sich selbst bezogen ist, da gibt es kein solches Subjekt mehr. Mit Blick auf die konkrete Poesie können wir demnach von einer Entthronung des Ich und damit von total entpersönlichten, **ichlosen Texten** sprechen. In ihnen spiegelt sich eine radikale Subjektkritik, wie sie seit Nietzsche das Denken der Moderne kennzeichnet. Sie äussert sich für Gomringer auch in einem politisch-ideologischen Sinne:

als Kritk an gesellschaftlichen Herrschaftsverhältnissen, die in der Struktur der Sprache, vor allem in der Vorherrschaft des Subjekts über das Prädikat, ihren spiegelbildlichen Niederschlag findet.

Nach gängiger Auffassung, wie sie vor allem von Goethe und Hegel her stammt, sind Gedichte ein Ausdruck des Gemüts. Trifft diese Auffassung schon auf die moderne Lyrik an sich – man denke nur an Gottfried Benns berühmten Satz, dass ein Gedicht *gemacht* wird – kaum mehr zu, so wird sie in Bezug auf die konkrete Poesie, ja auf die experimentelle Literatur überhaupt, geradezu in ihr Gegenteil verkehrt. An die Stelle von Stimmung und Gefühl, wie sie für die Erlebnislyrik zentral sind, treten hier das Experimentieren, das Laborieren, Montieren und Arrangieren, tritt ein **Grundgestus des Probierens**. Der Autor selber wird so, um zwei Begriffe Gomringers zu verwenden, zum „sprachformer" und „sprachdirigenten"[4].

11.2.2 Figurengedicht und konkrete Poesie

In der Lyriktheorie wird die konkrete Poesie häufig als eine moderne Abart des älteren Bild- oder Figurengedichtes aufgefasst. Dies ist nur z. T. richtig, nämlich nur insofern, als die konkrete Poesie in einer langen Lyriktradition steht, die über die dadaistische Lautpoesie, die Sprachexperimente Gertrude Steins und über das barocke Figurengedicht bis zum carmen figuratum, dem Figurengedicht in der hellenistischen Dichtung des 3.Jh. v.Chr., zurückreicht.

Die konkrete Poesie ist daneben auch völliger Neuansatz, da ihr eine neuartige Vorstellung von der Sprache zugrunde liegt. Der Unterschied zwischen ihr und dem Figurengedicht ist, bei aller historischen Verwandtschaft der beiden Gedichttypen, ein ganz grundsätzlicher. Während im Figurengedicht, wie das folgende Beispiel, **„Die Trichter"**, aus **Christian Morgensterns** „Galgenliedern" (1905) zeigt, die ‚äussere Formgebung' – hier die Form des Trichters :

> Zwei Trichter wandeln durch die Nacht.
> Durch ihres Rumpfs verengten Schacht
> fliesst weisses Mondlicht
> still und heiter
> auf ihren
> Waldweg
> u.s.
> w.

nur eine *Nach*bildung des Gegenstandes als sinnenhafte Ergänzung zum Inhalt des Gedichtes darstellt, ist in der konkreten Poesie die Bedeutung eines Textes von seiner Form nicht ablösbar. In einem Text wie dem folgenden von **Timm Ulrichs** (1972), um dafür auch gleich ein Beispiel zu nennen, ergibt sich die Bedeutung *unmittelbar* aus seiner typographischen Form, aus der „unordn g" der sechsten Zeile nämlich:

```
ordnung        ordnung
ordnung        ordnung
ordnung        ordnung
ordnung        ordnung
ordnung        ordnung
ordnung        unordn g
ordnung        ordnung
ordnung        ordnung
ordnung        ordnung
ordnung        ordnung
ordnung        ordnung
```

Selbstverständlich sind auch die Gemeinsamkeiten zwischen Figurengedicht und konkreter Poesie nicht unbedeutend. Sie betreffen die ‚visuelle' Formgebung, die innerhalb der konkreten Poesie freilich nur für den ‚visuellen' Texttyp gilt, und damit zusammenhängend zwei weitere Momente: zum einen den Umstand, dass Figurengedicht *und* konkrete Poesie oftmals die Grenze zur bildenden Kunst überschreiten, und zum andern die für beide Textformen geltende Voraussetzung, dass Poesie weniger Inspiration als vielmehr *Machen* bedeutet. Gottfried Benns Feststellung, ein Gedicht entstehe „nicht aus Gefühlen", sondern sei „aus Worten montiert"[5], trifft an sich auf alle Lyrik zu, die nicht, wie etwa die Erlebnislyrik ‚Stimmungskunst' ist. Sie gilt demnach für die Lyrik des Barock so gut wie für die ganze moderne Lyrik, besonders aber für das Figurengedicht und die konkrete Poesie. Dahinter verbirgt sich eine andere Auffassung vom Autor, als sie in der bürgerlichen Dichtung vorherrscht. Nicht das Originalgenie, wie es von der Genieästhetik seit dem späten 18.Jh. gefordert wird, ist hier gefragt, sondern der dem ‚alten' poeta doctus verwandte, rational verfahrende Dichter, der mit dem Sprachmaterial experimentiert. So begegnen sich in den Formen des Figurengedichts und der konkreten Poesie ältere, vorbürgerliche und sehr moderne Auffassungen vom Beruf des Dichters.

Bis jetzt war von der konkreten Poesie als solcher und ihrer Abgrenzung vom ‚älteren' Figurengedicht die Rede. In den folgenden zwei Kapiteln sollen nun anhand verschiedener Textbeispiele die beiden Grundformen der konkreten Poesie zur Sprache kommen: die akustische und die visuelle Poesie.

11.2.3 Akustische Poesie: Laut- und Sprechgedichte

Wird in einem Text die phonetische oder klangliche Seite der Sprachzeichen betont, freilich ohne dass die semantische dabei ganz verloren gehen muss, so sprechen wir von akustischer Poesie. Ihr wichtigster Vertreter ist das **Laut- oder Klanggedicht**, eine Gedichtform, bei der das Wort als kleinster Bedeutungsträger zugunsten des Lautes preisgegeben ist, die sprachlichen Zeichen zu phonetischem Material reduziert sind. Dadurch wird ihr Zeichencharakter, d. h. die Verbindung von Signifikant und Signifikat, spielerisch aufgelöst, wird der Blick ganz auf den Signifikanten selber gelenkt. Das bedeutet einen Bruch mit der überkommenen Mitteilungsfunktion der Sprache, mit der Vorstellung, dass die Sprache primär Träger von Informationen sei. Intendiert ist damit **Sprachkritik** als Kritik an einer sinnentleerten, abgestandenen Sprache, wie sie für die literarische Moderne seit Hofmannsthals Chandosbrief bezeichnend ist. Mit ihr verbindet sich eine Gegenreaktion auf die Überbetonung des Inhaltlichen in der literarischen Tradition, eine Reaktion, die sich insgeheim als gemeinsamer Grundzug der ganzen modernen Literatur, vor allem aber der experimentellen Poesie, entpuppt.

Zeigen wir nun an einem Lautgedicht von **Ernst Jandl**, dem wohl experimentierfreudigsten Vertreter der konkreten Poesie, auf, wie sich in diesem Gedichttyp sprachspielerische und hintergründige Aspekte miteinander verbinden Das Gedicht stammt aus dem Lyrikband „Laut und Luise" (1966):

> **falamaleikum**
> **falamaleitum**
> **falnameleutum**
> **fallnamalsoooovielleutum**
> **wennabereinmalderkrieglanggenugausist**
> **sindallewiederda**
> **oderfehlteiner?**

Jandls Gedicht beginnt mit der deformierten arabischen Grussformel „salamaleikum" („Der Friede sei mit dir"), die nun schrittweise weiter zersetzt wird bis zum Gegenteil dessen, was das Wort ursprünglich bedeutet: Krieg statt Friede. Freilich geht dieser Krieg zu Ende. Doch es ist zu befürchten, dass der Friede nicht lange halten wird, denn die Menschen haben das Leid des Krieges, die Millionen von Toten, längst vergessen; die Reihen jedenfalls sind wieder gefüllt. Niemand wird vermisst; Grund genug, sich auf einen neuen Krieg einzulassen.

Im vorliegenden Lautgedicht, das sich als politisches Gedicht liest, gehen Laut- und Wortspiel nahtlos ineinander über. Dabei ist das Gedicht so aufgebaut, dass sein Herstellungsverfahren (von der sinnlosen Lautfolge über kaum merkliche lautliche und morphologische Veränderungen bis zu ‚normalen' Sätzen) durchschaubar wird. In diesem Sichtbarmachen des Herstellungsverfahrens, das für Texte der konkreten Poesie recht typisch ist, besteht der Grundgestus von Jandls Gedicht. Er lässt die Absicht des Autors erkennen, den Leser oder Hörer zu eigenem sprachschöpferischem Handeln zu motivieren. Auch das ist für die konkrete Poesie, wie etwa die Konstellationen von Gomringer zeigen, nicht untypisch.

Lautgedichte kennt nicht erst die konkrete Poesie und mit ihr der aus der französischen Avantgarde nach 1945 stammende Lettrismus; sie gibt es, zunächst freilich als blosse Spielformen, schon seit dem 19.Jh, seit Johann Heinrich Voss' „Klingsonate" etwa. Paul

Scheerbart („Kikakoku") und vor allem Christian Morgenstern („Das Grosse Lalula") dürften kurz nach 1900 die beiden ersten deutschsprachigen Autoren sein, die im Zusammenhang mit der modernen Sprachkrise und Sprachkritik Formen der Lautpoesie erprobt haben. Ihnen folgten die italienischen und russischen Futuristen mit ihrer Verabsolutierung des reinen Lautes über die Grenzen des Wortes hinaus, ja mit ihrer ‚Sprachzertrümmerung', und schliesslich die Dadaisten, die Lautgedichte schrieben, um den Zwängen der überkommenen, längst abgestandenen Sprache zu entrinnen, und damit in die Nähe der Nonsens-Literatur gerieten. Beispielhaft für diese dadaistische Variante ist **Hugo Balls** berühmtes Gedicht **„Karawane"**, das er 1916 im Zürcher Cabaret Voltaire vorgetragen hat. Das Gedicht, das weder eine Stropheneinteilung noch ein metrisches Schema aufweist, soll den schleppenden Gang der Elefanten – Wörter wie „jolifanto" und „russula" steuern entsprechende Assoziationen – nachahmen, wobei der dumpfe Elefantenschritt in dunklen, vor allem in U-Lauten nachgebildet ist, aber auch Treiberrufe in abgewandelter Form („hollaka hollala", „ü üü ü") eingefügt sind. Wir haben es hier also, zumindest andeutungsweise, mit Lautmalerei, d. h. mit Lautfolgen zu tun, die vielfältige Assoziationen hervorrufen sollen:

> jolifanto bambla ô falli bambla
> grossiga m'pfa habla horem
> égiga goramen
> higo bloiko russula huju
> hollaka hollala
> anlogo bung
> blago bung blago bung
> bosso fataka
> ü üü ü
> schampa wulla wussa ólobo
> hej tatta gôrem
> eschige zunbada
> wulubu ssubudu uluwu ssubudu
> tumba ba – umf
> kusagauma
> ba – umf

Innerhalb der *Slam Poetry* seit Mitte der 1990er Jahre erfährt die Lautpoesie in der Tradition des Dadaismus eine Neubelebung. Das hängt zweifellos damit zusammen, dass die Slam Poetry, anders als die meiste übrige Literatur, eine spezifisch mündliche Kunst darstellt, in der die Live-Poeten oder Performer optisch und vor allem akustisch veranschaulichen, was auf einem Textblatt steht. Und Lautgedichte sind nun einmal Texte, die ausdrucksvoll vorgetragen werden müssen, wenn sie ihre Wirkung entfalten sollen. Man betrachte diesbezüglich etwa **Wehwalt Koslovskys** Lautgedicht „Nittigritti" (2002), das fast ausschliesslich vom Klang und Rhythmus lebt und so, ähnlich wie die dadaistische Lautpoesie, in seiner bewussten Verweigerung von Sinn, seinem Spiel mit der Sprache, aus der Erfahrung ihrer Fragwürdigkeit heraus, in die Nähe der Nonsens-Literatur rückt. Wir geben hier nur den Anfang des Gedichts wieder:

> **Gitti mit dem Kitty-Titti**
> **Is `n bisschen nittigritti,**
> **denn dat Titti von der Gitti**
> **hat beim Fittipaldi keine Schnitti, –**
> **weil der Fittipaldi find dat Kitty-Titti**
> **von der Gitti pretty shitty.**
> **Drum geht Gitti mit dem Titti**
> **gleich zu Aldi in die City,**
> **trifft `nen Doktor, sagt brav „*Bitti!*",**
> **& kriegt Silikon ins Titti.**
> [...]

Ernst Jandl hat innerhalb der akustischen Poesie zwischen Laut- und Sprechgedichten unterschieden, wobei er unter den letzteren Texte verstand, die ihre Wirkung nur im lauten Sprechen entfalten. Wenn hier von **Sprechgedichten** die Rede ist, so fassen wir diesen Begriff etwas anders: Wir verstehen darunter ganz allgemein Gedichte, die fast ausschliesslich nach sprachrhythmischen Gesichtspunkten aufgebaut sind. Der Begriff ist damit dem von Peter Handke geprägten Begriff „Sprechstück" für seine ohne Handlung angelegten Dramen in gewisser Hinsicht verwandt.

Ein typisches Sprechgedicht im Sinne unserer Definition ist das folgende Gedicht von **Helmut Heissenbüttel** aus seinem 1960 veröffentlichten Textbuch I:

> das Sagbare sagen
> das Erfahrbare erfahren
> das Entscheidbare entscheiden
> das Erreichbare erreichen
> das Wiederholbare wiederholen
> das Beendbare beenden
> das nicht Sagbare
> das nicht Erfahrbare
> das nicht Entscheidbare
> das nicht Erreichbare
> das nicht Wiederholbare
> das nicht Beendbare
> das nicht Beendbare nicht beenden

Heissenbüttels Text besteht aus einer Aufzählung nominalisierter Adjektive, die aus Verben abgeleitet sind und denen in den ersten sechs Zeilen die Infinitive dieser Verben folgen. Er gleicht damit einem formal-grammatischen Schema, deutet so bereits eine mögliche Thematisierung der Sprache an.

Dieser erste Eindruck bestätigt sich dadurch, dass keinerlei Subjekt vorkommt. Hier scheint das Ich im Sprechvorgang ganz zu verschwinden, wird die Sprache selber zum Subjekt des Sprechens. Durch die wörtlichen, rhythmischen Wiederholungen und emphatischen Entgegensetzungen verselbständigt sie sich sozusagen. Damit setzt sie sich, anstatt symbolisch über sich hinauszuweisen, selbst als Thema.

Das vorliegende Gedicht ist in zweierlei Hinsicht verfremdet. Zum einen ist es nicht, wie Texte aus der traditionellen Erlebnislyrik, Manifestation persönlichen Erlebens, einer lyrischen Stimmung, und zum andern, damit zusammenhängend, entzieht es sich der gängigen Subjekt/Prädikat-Relation als einer in den indogermanischen Sprachen ausgeprägten, festen grammatischen Struktur, nach der das Subjekt über das Prädikat dominiert. Geistige Basis dieser Dominanz bildet bekanntlich die uralte Idee eines festen Ich, von dem aus sich die Welt bestimmen lasse. Indem Heissenbüttel die Sprache dem steuernden Subjekt entzieht, zitiert er diese Idee, stellt er sie der Kritik aus. So verstanden verbindet sein Text **Subjekt- und Sprachkritik** miteinander.

Wie schon angedeutet, sind in Heissenbüttels Text die Prädikate, zu denen auch die ohne Verben auftretenden Nominalisierungen gehören, verselbständigt. Es lässt sich demnach von einer modernen, **gestischen Anlage** des Textes sprechen. Sie wird durch die imperativische Wirkung der Sprache (man soll…, alle, jeder) und durch das Reihenprinzip (sagen, erfahren, entscheiden, erreichen, wiederholen, beenden als *Reihen*folge) noch verstärkt.

11.2.4 Visuelle Poesie: Ideogramm, Typogramm und Piktogramm

Konkrete Poesie ist hauptsächlich visuelle Dichtung. Der visuelle Text *zeigt*, was er sagt. Damit tritt das gestische Moment bei ihm ganz in den Vordergrund.

Haben wir innerhalb der akustischen Dichtung *zwei* Gedichttypen voneinander unterschieden, so müssen hier in Bezug auf die visuelle Poesie gleich *drei* besonders wichtige Spielformen genannt werden: das Ideogramm, das Typogramm und das Piktogramm. Sagen wir kurz, was jeder der drei Begriffe meint. Von einem *Ideogramm* sprechen wir dann, wenn die Bedeutung eines Zeichens in der Zeichengestalt sichtbar gemacht wird. Das wohl berühmteste Beispiel dafür bildet Eugen Gomringers Ein-Wort-Konstellation „schweigen", in der sich das genannte Verb vierzehnmal um eine deutlich markierte Leerstelle gruppiert, die damit ebenfalls /schweigen/ bedeuten kann. Verwandt mit dem Ideogramm ist einerseits das *Typogramm*, das ein Textbild bezeichnet, das vorwiegend aus Schrift oder aus typographischen Elementen besteht, und anderseits das *Piktogramm*. Unter dem Letzteren verstehen wir eine Textanordnung, deren Erscheinungsbild abbildende Umrisse hat.

Geben wir gleich ein Beispiel für visuelle Poesie. Es ist ein Piktogramm von **Franz Mon**, das zudem Züge eines lettristischen Textes aufweist. Erschienen ist das Gedicht im Band „Texte über Texte" (1970):

Mon reduziert hier den Text bis auf seine Molekularstruktur: Wörter lösen sich in Buchstaben auf, die zunächst keinerlei Zeichenfunktion mehr besitzen. Indem diese Buchstaben aber durch ihre Anordnung neue Verbindungen eingehen können, ermöglichen sie verschiedene Assoziationsketten, deren Durcheinandergleiten das Gedicht von einem Hör- und Lesetext zu einem Zeige- und Sehtext macht.

Betrachten wir die Buchstabenfiguration etwas genauer. Es handelt sich um die beiden Buchstaben „s" und „e", die so angeordnet sind, dass eine Reihe von Verbindungen entstehen. Die erste Verbindung lässt sich von oben nach unten sowohl am linken als auch am rechten Rand des Textes lesen: „see". Ähnlich entdeckt man in der vierten Zeile etwa das Wort „es" (als unbestimmtes Pronomen oder als Instanz der Triebe, Wünsche und Bedürfnisse im Sinne der Psychoanalyse?) und als genaue Spiegelung davon das „se". Bei „es" kommt einem auch „(ich) esse" in den Sinn, eine Buchstabenfolge, die horizontal und diagonal in ordinärer Vielzahl auftaucht. „Esse" könnte aber auch einen Schornstein bedeuten, und wenn neben diesem neuen Sinnträger, vor allem in der sechsten und in der zwölften Zeile, die Kombination „ss" sichtbar wird, dann liegt der Gedanke an die Zeit des Holocaust nahe. Das Kombinationsspiel liesse sich mühelos fortsetzen.

Mons Gedicht erweist sich als ein Text, der in einer ausgeprägten Mehrdeutigkeit verharrt. So mehrdeutig die einzelnen Elemente bleiben, so mehrdeutig bleibt auch die Form des Textes: Sollte sie einem auf den Kopf gestellten Papierdrachen oder einem Kreisel gleichen?

Nun wissen wir, dass Mehrdeutigkeit, Ambiguität, ein Kennzeichen der poetischen Sprachfunktion und damit grundsätzlich *aller* literarischen Texte ist. Gerade in traditionellen Texten wird sie aber durch die festen Strukturen, etwa durch die Ausrichtung der Handlung auf einen Helden und auf den Schluss hin, immer wieder eingeschränkt. Der Leser kann so mindestens am Schluss eindeutige Wertakzente erkennen.

Hier gibt es keine solche Eindeutigkeit mehr. An die Stelle einer vom Autor unmittelbar beabsichtigten Botschaft tritt die **Freiheit, bedeuten zu lassen**, bei der das Moment der **Reflexion** entscheidend wird. Nicht mehr ‚symbolisch' belehren soll der Text, sondern sich damit begnügen, Bedeutungsmöglichkeiten aufzuzeigen. Darin besteht seine moderne, gestische Anlage.

11.3 Das Sprachexperiment: Sprache als eigenständige Realität

Als Sprachexperiment lässt sich in einem weiteren Sinne, wie bereits mehrfach angedeutet, *jeder* literarische Text auffassen, der in und mit der Sprache experimentiert. Wenn wir hier von Sprachexperimenten sprechen, so verwenden wir diesen Begriff in einem ganz spezifischen Sinne: Wir bezeichnen mit ihm Texte, in denen die Sprache selber thematisiert, d. h. als Medium der Darstellung zu ihrem Gegenstand wird. Anvisiert ist dabei eine umfassende **Sprachkritik**. Ihre Basis bildet die vor allem von Helmut Heissenbüttel formulierte Einsicht, dass in der Moderne, anders als etwa im Idealismus des 18./19.Jh., nicht mehr das menschliche Subjekt, sondern die Sprache Bedingung der Möglichkeit der Weltorientierung und der Wirklichkeitserfahrung ist. Diese Einsicht besitzt für die Literatur einschneidende Folgen: Literarische Texte haben es nicht mit Wirklichkeit an sich, sondern mit Wirklichkeit in Sprache und als Sprache zu tun. Sie rekapitulieren und kombinieren vorhandenes Sprachmaterial. Im Extremfall führt dies zum Sprachexperiment, hinter das der experimentierende Autor in seiner Subjektivität zurücktritt.

Neben dem eigentlichen Theoretiker der experimentellen Literatur Helmut Heissenbüttel sind es vor allem die Vertreter der „Wiener" und der „Grazer Gruppe" und unter ihnen in erster Linie Ernst Jandl und Peter Handke, die in ihren Texten die Sprache selber thematisieren und damit eine Literatur des Sprachexperiments geschaffen haben. Der Letztere, Peter Handke, hat in seiner Prosa und Lyrik, besonders aber in seinen Lehrstücken, im Stück „Kaspar" etwa, immer wieder *ein* Thema aufgegriffen: die Sprache und ihre Manipulierbarkeit. **Ernst Jandl** seinerseits experimentierte unter anderem mit einer gegen die Normen der Grammatik gerichteten Sprache, indem er in seinen Texten, neben den fehlenden Satzzeichen und der konsequenten Kleinschreibung, häufig fast keine oder ‚falsche' Flexionen verwendete. Ein solches Sprachexperiment stellt das Gedicht **„lieben wissen"** aus Jandls Gedicht-Zyklus „tagenglas" (1976) dar:

> auffen und unten
> ein lieben pressen
> wessen wissen
> machen lieben neu
>
> keins eines wissen
> machen neu lieben
> auffen und unten
> pressen sein es blieben

Die beiden Wörter im Titel, „lieben" und „wissen", lassen sich als Abstrakta und als Verben verstehen. Das erste Wort („lieben") kommt im Gedicht dreimal vor; es steht in Nachbarschaft der Verben „pressen" und „machen", liest sich grammatisch als deren Objekt. Diesem Befund entspricht seine Bedeutung: „ein lieben" ist das Produkt zweier, die „lieben machen". Sie sind nicht als Subjekte im Gedicht gegenwärtig, besitzen keine Personalität in diesem Akt; nur die Topographie ihres Tuns („auffen und unten") bezeichnet sie ungefähr.

Über die konkrete Bedeutung des zweiten Titelwortes („wissen") ist keine Aussage möglich. Auch der Träger des Wissens bleibt unbestimmt; völlig entpersönlicht geistert er durch den Text. Die Frage in der dritten Zeile, „wessen wissen" es sei, wird in der fünften Zeile zurückgewiesen: „keins eines wissen". Die Übersetzung dieser Zeile könnte heissen: Keiner weiss was. Jedenfalls deuten Frage und Antwort auf die Bewusstseinslosigkeit derer, die „machen lieben".

Die beiden Titelwörter dominieren den Text. Ist von „lieben" die Rede, so gibt er sich berichtend. „wissen" dagegen ist Gegenstand einer Frage. Die letzte Zeile aber scheint ein Wissen vom „lieben machen" auszusprechen. Das Verb „sein" macht den Schlusssatz zu einer Definition: „pressen sein es blieben". Wie die erste Zeile mit einem Wort („auffen") beginnt, das zwei Adverbien (offen/oben) ineinander schiebt, so lässt sich auch die letzte Vokabel des Textes als Wortverschmelzung lesen: „blieben" < bleiben, belieben, lieben. Eine mögliche Paraphrase der Schlusszeile würde dann lauten: Lieben ist (bleibt) ein beliebiges Pressen.

In Jandls experimentellem Gedicht ist die kunstvoll beschädigte, stark reduzierte Sprache nicht mehr primär Trägerin einer Mitteilung, über die sich durch eine Rekonstruktion der vermeintlich richtigen Sprachform Klarheit gewinnen liesse; sie erweist sich in ihrer Schadhaftigkeit und ihrem fehlenden Subjekt – ein Ausdruck ihrer eigenständigen Realität – als sinnliches Äquivalent des Gesagten. Nicht mehr durch herkömmliche Interpretationen, die nach bestimmten, festen Bedeutungen fragen, sondern indem man das Verfahren der Sprachdestruktion und des spielerischen Ausprobierens neuer kombinatorischer Möglichkeiten beschreibt, kommt man dem Sinn solch experimenteller Texte auf die Spur.

11.4 Digitale Literatur: Das Verschwinden des Autors im Netz

Die Abkehr vom Ich in der literarischen Moderne bedeutet seit deren Anfängen auch die Abkehr vom Autor, d. h. von seiner schöpferischen Eigenleistung. Am deutlichsten wird das wohl in der experimentellen Literatur, wo der experimentierende Kreator in seiner

Subjektivität fast vollständig hinter das Sprachmaterial zurücktritt. Und gerade hier zeichnet sich seit Mitte der 1990er Jahre die Entwicklung einer neuen Avantgarde ab, die sich an die Experimente der „Stuttgarter Schule" aus den sechziger Jahren anschliesst. Bereits damals hatte man durch Eingabe eines Lexikons und einer Anzahl syntaktischer Regeln Computer dazu gebracht, eigene, zufallsgesteuerte Texte, die sich von den Texten der Surrealisten nur wenig unterschieden, zu schreiben.

Mit der Erfindung des Internets im Jahre 1990 begann sich ein völlig neuer Typ von Literatur herauszubilden, der medienspezifisch auf bestimmten technischen Möglichkeiten der Computer aufbaut und experimentell nach immer neuen Formen sucht: die **digitale Literatur** (von lat. „digit": Ziffer), auch **Netz-** oder **Webliteratur** genannt, die am Bildschirm gelesen werden muss. Ihr zentrales Medium ist der **Hypertext** oder die **Hyperfiction** – eine Textform, die im Gegensatz zu den herkömmlichen, gedruckten Texten eine *nichtlineare* Struktur besitzt, d. h., in der verschiedene Texte durch markierte Querverweise, sog. **Hyperlinks** oder einfach **Links**, miteinander verknüpft sind: Jeder Text zweigt an beliebiger Stelle durch solche Links zu anderen Texten ab, so dass sich die Texte immer mehr verästeln können und so schliesslich ein ganzes Netzwerk, eine Art Rhizom, entsteht. Oder konkreter gesagt: Der Leser klickt in einer Geschichte auf einen farblich und durch Unterstreichung hervorgehobenen Link und ist in einer andern Geschichte, wobei er mit der Wahl der Links selber entscheidet, wie das Ganze weitergeht. Das Surfen im Netz wird damit zu einem *gestischen* Akt, der dem Leser, der nicht länger blosser Konsument, sondern Mitgestalter, ja Mitschöpfer ist, permanent Entscheidungen abfordert.

Illustrieren wir dies gleich an zwei Hypertexten aus **Susanne Berkenhegers** Geschichte **„Zeit für die Bombe"** (1997), die sich unter der Internetadresse http://www.wargla.de/zeit.htm [Stand: 12.05.2009] findet. Die Geschichte einer Liebe und einer Bombe läuft teilweise wie ein Film ab. Der Leser kann sich mit den verschiedenen Figuren (Veronika, Vladimir, Iwan und Blondie) durch die Geschichte bewegen und erlebt dabei die Ereignisse, die sich in Moskau abspielen, aus unterschiedlichen Perspektiven. Immer aber muss er einen Link auswählen und damit den Fortgang der sich verzweigenden Geschichte mitbestimmen. Wir steigen hier mit folgendem Hypertext (Adresse: http://www.wargla.de/74Dollar.htm [Stand: 12.05.2009]) gleichsam quer in die Geschichte ein:

Veronika hatte sich vor dem falschen Bahnhof gleich ins erste Taxi geworfen. Jetzt hauchte und rieb sie am Fenster. Wenigstens die Moskauer Häuserkarawanen sollten strahlen, wenn Veronika kam – und die Taxifahrer pfeifend ihre Fenster polieren. Nicht etwa ihr den Rücken zukehren und auf Kollegen verweisen. Mieser Empfang. Wie spät es wohl war? Veronika schaute aus dem Fenster nach einer Uhr, auf der die Zeit noch kreiste. Doch sie sah etwas anderes, das gleich schon wieder weg war: Hatte es nicht dort gerade unterm vorbeisausenden, bröckelnden Dach gelb gewedelt und trompetet, war sie vielleicht gerade an _Vladimirs Zimmer_ vorbeigefahren? Tja wer weiss. Mich müsst ihr nicht fragen. Ich konnte bei dem Tempo auch nichts erkennen. Wenn ihr mich trotzdem fragt, ich hätte eher auf das breitarschige Gebäude der staatlichen _Psychiatrie_ getippt.

Klickt man in diesem Hypertext den Link _Vladimirs Zimmer_ an, so stösst man auf den Beginn einer Liebesgeschichte zwischen Vladimir und einem „blonden Mädchen"; wählt man aber den Link _Psychiatrie_, dann gelangt man zur folgenden, äusserst surrealistisch anmutenden Geschichte:

Fünf Doktoren flogen schnatternd und mit weissem Gefieder den Gang entlang, einem schnaubenden Getränkeautomaten zu. Eine Wanduhr darüber schüttelte zornig den Zeiger hin und her. Bald hatten die Herren den Automaten umschwärmt und der erste sich den Kittel bekleckert, der zweite die Finger verbrannt und der dritte den Gaumen. Der _vierte_ erzählte von einem seltsamen Fall, sein Schnurrbart knisterte dabei: Es sei zum Weinen, einer seiner begabtesten Studenten sei vor wenigen Minuten hier eingeliefert worden. „Und stellen Sie sich vor warum? Er wollte seinen _Koffer_ nicht abstellen." Die Hände des Doktors flatterten mitsamt den Mantelflügeln in die Höhe, der Mund bebte wie eine im Wind wehende Wanderkarte und hinter ihm öffneten sich arabische Weiten auf Hochglanz, die den Kaffee des Automaten priesen: „Meine Herren, sehen Sie sich vor. Ich würde sagen: Lassen Sie Ihre Koffer bei der nächsten Reise lieber zu Hause." Drei seiner Zuhörer lachten je drei kleine pflichtbewusste Wellen in ihren Kaffee, der _fünfte_, ein junger Assistent, prustete los, als ginge es um sein Leben.

In den Printmedien haben wir es stets mit ‚geschlossenen' Texten zu tun. Diese Geschlossenheit löst sich, wie unsere beiden Hypertexte zeigen, in der digitalen Literatur auf. Hier sind die Texte nur noch eine Art Relais, funktionieren sie lediglich als Schaltstellen, über die sich ihre Leser auf andere Texte hin verzweigen und verteilen. Damit aber verschiebt sich, für die literarische Moderne nicht untypisch, das Schwergewicht vom Netzautor auf den Leser; er ist es nun, der als Flaneur im Netz, indem er vorhandene Elemente miteinander verknüpft, seinen eigenen Text erstellt. Der Autor selber tritt hinter ihn zurück, ja seine Autorität löst sich gleichsam auf. Hat er in den Texten der Gutenberg-Galaxis, um einen Begriff des kanadischen Medientheoretikers Marshall McLuhan zu verwenden, geradezu souveräne Macht, so wird er in den Hyperfictions zum blossen Arrangeur, für den primär zählt, wie sich die einzelnen Texte miteinander vernetzen, Schaltstellen gestalten lassen und wo Übergänge und Kommentare zu platzieren sind.

Nun wird das Bild vom Autor als autonomer Schöpfer nicht erst in der digitalen Literatur, sondern schon seit dem Beginn der literarischen Moderne, seit Kafka, Döblin und den Dadaisten, problematisiert. Doch indem die Hyperfictions den Text nicht mehr als ein ‚geschlossenes' Ganzes, sondern als ein Gewebe oder eine Textur verstehen, an der ständig weiter geflochten wird, ja in der im Grunde jeder Benutzer in den laufenden Schreibprozess eingreifen und ihn fortsetzen kann, löst sich die Vorstellung von einem feststehenden Autor endgültig auf. Die elektronische Literatur bedeutet in diesem Sinne die radikalste Absage an die klassische Genieästhetik. Mit ihr dürfte sich nach und nach ein ganz neuer Typ von Schriftsteller herausbilden.

Erinnern wir uns: Traditionelle Texte, beispielsweise Gedichte aus der Erlebnislyrik, erfordern im Allgemeinen ein streng lineares Lesen. In modernen Texten hingegen, etwa in Montageromanen, ist häufig ein paradigmatisches Lesen notwendig, also ein Lesen, bei dem die semantischen Beziehungen der Zeichen untereinander ins Blickfeld gerückt werden. Ähnlich verhält es sich in digitalen Texten: Auch da ist der Leser, indem die lineare Abfolge des Erzählens immer wieder unterbrochen und er durch Links auf andere Texte verwiesen wird, vermehrt gezwungen, ‚seinen' Text als eine Art offene Partitur und damit gewissermassen paradigmatisch zu lesen. An die Stelle einer linearen Anordnung der Textteile tritt die paradigmatische Verknüpfung dieser Teile, die es dem Leser überlässt, sie zu einem Ganzen zusammenzufügen.

Versteht man den Hypertext als eine nichtlineare Textform, dann ist er nicht so neu, wie er sich gibt. Nichtlineares Lesen und Schreiben findet sich vor allem innerhalb der literarischen Moderne, wie eben angedeutet, schon in Buchform. Wirklich neu an der digitalen Literatur ist die Verbindung von Text, Bild und Ton. Wir sprechen dann von Multimedialität oder einfach von **Multimedia**. Die visuelle und die akustische Ebene, die sonst in der Literatur, vielleicht mit Ausnahme der konkreten Poesie, keine Rolle spielen, gewinnen somit an Bedeutung. Da sieht man beispielsweise bei der Beschreibung eines alten Baumes sich die Buchstaben wie Äste im Winde bewegen; hinzu kommen Töne und Musik. Oder man sieht, um ein anderes Beispiel zu nennen, eine Windrose, die sich alle zehn Sekunden oder auf einen Klick des Lesers hin neu gruppiert. Die digitale Literatur knüpft damit an eine ältere, seit der Romantik diskutierte Idee vom *Gesamtkunstwerk* an.

Dass sich die Literaturwissenschaft mit dem neuen Phänomen bisher kaum oder nur in Ansätzen beschäftigt hat, ist nicht verwunderlich. In multimedialen, programmgesteuerten Projekten gibt der Text soviel ‚Macht' an Bild, Ton und technische Effekte ab, dass es, ohne eine entsprechende Erweiterung des Literaturbegriffs, schwer fällt, ihn noch im Bereich der Literaturwissenschaft unterzubringen. Die Interdisziplinarität der Multimedia verlangt eine interdisziplinäre Behandlung, die sich freilich nur langsam durchsetzt. Auch innerhalb des Kulturbetriebs führt die digitale Literatur, schon weil die Produktion von literarischen Hypertexten insgesamt eher spärlich ist, noch ein Nischendasein. Das hat verschiedene Gründe. Neben dem Umstand, dass viele von ihrem subjektiven Literaturverständnis her die Verbindung von Literatur und Technik ablehnen, sind es vor allem deren zwei: Zum einen ist es relativ anstrengend, am Monitor längere Texte zu lesen, und zum andern erreichen Hypertexte meist nicht die ästhetische Qualität traditionell publizierter Literatur. Noch fehlen in diesem Genre die herausragenden

Autoren. Gelingt es der digitalen Literatur in den nächsten Jahren nicht, ihre potentiellen Möglichkeiten, etwa die multimedialen Elemente, auszuschöpfen, wird sie es schwer haben, ihr Nischendasein zu überwinden.

Nicht einfach eine Form von E-Books, sondern ein eigenes Genre bildet der in Europa noch wenig bekannte **Handy-Roman**, also ein Roman, der auf dem Handy gespeichert und unterwegs (meist in mehreren Folgen) gelesen wird und der, etwa als Handy-Krimi, vor allem unterhalten will. Er ist, ähnlich wie Hypertexte, mit Links angereichert, so dass Websites mit dem Handy sofort aufrufbar sind; auch können die Leser durch Rückmeldungen per SMS an den Autor oder den Verlag aktiv in die Handlung eingreifen. Die technischen Beschränkungen – etwa die Grösse des Displays – verlangen nach bestimmten literarischen Formen. So sind kurze, einfache Sätze typisch, werden Dialoge und Beschreibungen eher vermieden oder bestehen ebenfalls aus knappen Sätzen:

„Wie geht es Paul?" hat sie stattdessen gefragt. „Wie soll es ihm gehen?" „Na ja, nach drei Tagen mit…" Lucy stöhnt und legt auf. Der schöne Paul, Jurastudent im Endstadium. Nicht Endstadium Aids, sondern Uni. Durch alle Stationen des ehrwürdigen Betriebs gelaufen und endlich am Ende. Wenn er die Prüfungen schafft, darf er Jurist werden. Wenn nicht, reicht es immerhin für … Strassenkehrer. Strassenkehrer ist überhaupt ein unterschätzter Beruf.[6]

Dass der Handy-Roman, der vor allem in Japan seit Jahren boomt, auch im deutschsprachigen Raum, schon der zahllosen Handy-Nutzer wegen, eine Zukunft hat, lässt sich kaum bezweifeln. Mobile Literatur für den modernen Globetrotter scheint ein Bedürfnis zu sein. Dazu kommt, dass der Handy-Roman Experimente (etwa die Entwicklung multimedialer Formen) zulässt, wodurch er der Literatur, insbesondere der modernen, zweifellos neue Impulse zu geben vermag

Arbeitsvorschläge zu Kapitel 11

1. Vergleichen Sie Theodor Kornfelds barockes Figurengedicht (1685) mit dem ihm verwandten Piktogramm (1968) von Ernst Jandl. Worin sind sie sich in Bezug auf ihre typographische Form und auf die Verwendung der Sprache ähnlich, worin unterscheiden sie sich voneinander?

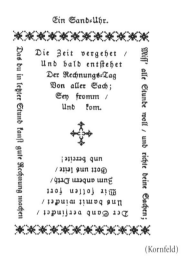

(Kornfeld)

die zeit vergeht

lustig
luslustigtig
lusluslustigtigtig
lusluslustigtigtigtig
luslusluslustigtigtigtigtig
lusluslusluslustigtigtigtigtigtig
luslusluslusluslustigtigtigtigtigtigtig
lusluslusluslusluslustigtigtigtigtigtigtigtig

(Jandl)

2. Machen Sie sich klar, wie Timm Ulrichs im folgenden, 1972 veröffentlichten Ideogramm das Wort verwendet, und versuchen Sie dann ähnliche Wort-Bilder (Ideogramme, Typogramme, Piktogramme) mit Wörtern wie *Wind, Wasser, Fallbeil, Sonnenschein, Regen, Licht, Haarausfall, Ordnung, Chaos, tot, Freiheit* und *Egoismus* zu gestalten.

3. Barbara Köhlers Anagramm „The promised Rosegarden" (2009) stellt ein magisches Buchstabenquadrat dar (möglicherweise in Anlehnung an einen Text von Timm Ulrichs):

R	O	S	E
O	S	E	R
S	E	R	O
E	R	O	S

   a) Durch die Verschiebung der Buchstaben sind drei neue Wörter aus drei verschiedenen Sprachen entstanden. Wie ist die Autorin dabei vorgegangen?
   b) Bilden Sie mit geeigneten, kurzen Wörtern (z. B. mit dem Wort „Atem") oder mit Zahlen in ähnlicher Weise selber solch magische Quadrate.

4. Im Jahr 1968 gab es in Nürnberg ein Fussballspiel, das dank Peter Handke Lyrikgeschichte schrieb. Handke machte aus der Mannschaftsaufstellung des 1.FC Nürnberg kurzerhand ein Gedicht und veröffentlichte es in seinem Lyrikband „Die Innenwelt der Aussenwelt der Innenwelt" (1969):

**Die Aufstellung des 1. FC Nürnberg
vom 27.1.1968**

**LEUPOLD POPP
WABRA
LUDWIG MÜLLER WENAUER BLANKENBURG
STAREK STREHL BRUNGS HEINZ MÜLLER VOLKERT**

**Spielbeginn:
15 Uhr**

a) Was könnte Handke bewogen haben, eine real existierende Mannschaftsaufstellung als Gedicht zu verwenden?
b) Inwiefern lässt sich der Text der Popliteratur zuordnen, wenn Sie an den Kunstbegriff der Popszene denken?
c) Zeigen Sie auf, inwiefern der Text auch gestisch ist.

5. Ernst Jandl experimentiert immer wieder mit einer gegen die Normen der Grammatik gerichteten Sprache. So auch in seinem „kalten gedicht", erschienen im Band „peter und die kuh" (1996):

> **die schinke und das wurst
> in kühlschrank drin
> der schöne deutsche wort
> in kühlschrank drin
> das schönsten deutschen wort
> die wört der deutschen schön
> das wurst die schinke plus
> kühl vodka von die russ**

a) Welche Wirkungen erzielt hier Jandl mit seinen grammatischen Normverstössen?
b) Schreiben Sie Ihr „warmes gedicht" („in ofen drin…").

6. Benützen Sie folgende Adressen als Einstieg ins Thema „Digitale Literatur":

   http://www.netzliteratur.net [Stand: 12.05.2009]
   http://www.dichtung-digital.com [Stand: 12.05.2009]
   http://www.cyberfiction.ch [Stand: 12.05.2009]

   Unter den folgenden Internetadressen finden Sie verschiedene Texte aus der Webliteratur:

   http://www.litart.ch/pittoresk/newunivers.htm [Stand: 12.05.2009]
   http://www.concrete-maschine.de [Stand: 12.05.2009]
   http://www.wargla.de/home.htm [Stand: 12.05.2009]
   http://www.aaleskorte.de [Stand: 12.05.2009]
   http://www.hyperdis.de/pool/ [Stand: 12.05.2009]

   Rufen Sie diese Webseiten auf und folgen Sie, je nach Lust, den verschiedenen Links, die zu andern Webseiten führen. Beurteilen Sie, inwieweit in den gefundenen Hypertexten traditionelle Erzählstrukturen aufgebrochen werden.

7. Suchen Sie im Internet Hyperfictions (z. B. Hyperromane) von folgenden Netzkünstlern: Olivia Adler, Claudia Klinger, Thomas Hettche, Susanne Berkenheger, Johannes Auer, Martin Auer, Reinhard Döhl, Christiane Heibach, Jana Hensel und Michael Rutschky.

12. Statt eines Nachworts: einige Kriterien guter literarischer Texte

Wenn hier abschliessend von Kriterien der literarischen Wertung die Rede ist, so liegt dem ein Zweifaches zugrunde: zum einen die Tatsache, dass Dichtung in erster Linie Kunst ist, dass sie als solche vor allem ästhetischen Ansprüchen zu genügen und nicht moralischen oder andern Zwecken (etwa der Lebenshilfe) zu dienen hat. Und zum andern die seit dem späten 18.Jh. geltende Überzeugung, dass gute literarische Texte stets zeitgemässe, innovative Texte sind, die gängige Formen und Normen immer wieder durchbrechen. Oder auf unsere heutige Situation bezogen: Gute Texte sind, da sich die moderne Welt mit traditionellen Schreibweisen nur noch bedingt darstellen lässt, stets *modern* geschriebene Texte; „Modernität" freilich sehr weit gefasst als eine künstlerische Gestaltungsweise, die der veränderten Realität des Daseins und dem gewandelten Lebensgefühl des heutigen Menschen Rechnung trägt. Der Anspruch, die Literatur habe in erster Linie ‚schön', d. h. inhaltlich angenehm und formal gefällig, zu sein, wie er seit dem 18.Jh. immer wieder erhoben wird, ist dabei längst überholt, hat doch das Hässliche und Widerwärtige unserer Welt in der Moderne seit den Expressionisten Eingang gefunden.

Zwar werfen Kritiker der literarischen Moderne immer wieder vor, sie sei in die Jahre gekommen, sei längst Geschichte. Sie vergessen dabei aber gerne, dass es so wenig einen Weg hinter die Moderne zurück gibt, als es etwa möglich ist, das Auto abzuschaffen, nur weil es nicht mehr zu den Jüngsten gehört. Es geht der Moderne wie dem Auto: sie ist bereits historisch und dennoch von ungebrochener Aktualität.

Vor diesem Hintergrund sollen hier *zehn Kriterien* genannt werden, die zur ästhetischen Qualität eines literarischen Textes beitragen. Dabei geht es uns, schon angesichts der Zeitgebundenheit ästhetischer Massstäbe und des kaum zu leugnenden persönlichen Geschmacks, in keiner Weise um die Wiedererrichtung einer längst vergangenen Regelpoetik, die *feste, zeitlose* Massstäbe zu besitzen glaubte, sondern allein darum, aus unserer heutigen Leseerfahrung Kriterien zu gewinnen, die in der Literaturkritik eine gewisse Gültigkeit beanspruchen können. Dass dies mit aller Vorsicht, ja Zurückhaltung geschehen soll, versteht sich damit von selbst; dies umso mehr, als es uns bewusst sein muss, dass die Literatur, gerade in der Moderne, von den unterschiedlichsten Erscheinungsformen *lebt*. Nun also die zehn Kriterien:

1. Gute literarische Texte sind Texte, die *authentisch*, sprachlich glaubwürdig sind, die eine auf ‚leeres' Wortgetön, auf Effekthascherei angelegte Sprache strikte meiden. Eine etwas kühlere, fast spröde Sprache sagt meist mehr aus, ist vor allem hintergründiger als beschwörende Worthäufungen und Metaphern. Gute Texte beschreiben, stellen dar, schlechte werben, etwa durch eine Anhäufung von Adjektiven, besonders von schmückenden („epitheta ornans"), um Stimmung. Eines der Hauptmerkmale gerade des Kitsches ist die wahllose Häufung ästhetischer Reize.

2. Gute literarische Texte sind Texte, in denen nicht alles gesagt wird, was es zu sagen gäbe, die immer wieder aussparen, verschweigen, so dass der Leser die ‚Leerstellen' selber ausfüllen muss. Sie bleiben in ihrem ‚Sinn' ‚offen', provozieren, indem sie z. B. Motive in der Schwebe lassen, *verschiedene* Deutungsmöglichkeiten, zwingen den Leser gerade deshalb immer wieder zur Deutung. Es gilt, jede Mechanik und eindeutige Vorhersehbarkeit zu vermeiden!

3. Gute literarische Texte sind Texte, die längst verfestigte sprachliche Wendungen und Bedeutungen möglichst vermeiden, in denen es aber auch gelingt, häufig gebrauchte Wörter und Sätze, indem sie in einen neuen Zusammenhang gestellt werden, mit neuem Gehalt zu füllen. Die Qualität der Bildersprache, auch das Übersetzen von abstrakten Ausdrücken und Wendungen in Bilder, gilt, vor allem in der Lyrik, als eines der Kriterien für den Rang einer Dichtung. Mittelmässige Autoren zehren von einem

traditionellen Vorrat an poetischen Bildern, gute hingegen versuchen, durch die Ablagerungen der Worthülsen hindurch zu stossen, unverbrauchte Bilder zu finden.

4. Gute literarische Texte sind Texte, die traditionelle Muster (des Erzählens, des lyrischen Ausdrucks) immer wieder verändern, gewohnte ‚Regeln' stören und so die normierten Erwartungen einer breiten Leserschaft unterwandern. Die Distanz zwischen dem Erwartungshorizont des Lesers und dem Text, also zwischen dem Vertrauten und dem mit der Rezeption geforderten ‚Horizontwandel', bestimmt weitgehend den Kunstcharakter eines literarischen Textes.

5. Gute literarische Texte sind Texte, die sich von den Konventionen realistischer Darstellung mehr oder weniger befreien, indem die ‚Wirklichkeit' nicht ‚naiv' nachgeahmt, sondern mit Hilfe verschiedener Fiktionalitätssignale (Aussparungen, sprachliche Abweichungen, groteske Bildelemente, offene Kausalitätsbrüche usw.) immer wieder verfremdet wird. Zu guter Kunst gehört eine gewisse kritische oder ironische Distanz des Autors zum Dargestellten; ‚schlechte' Kunst hingegen zeichnet sich durch unkritische Naivität und Ernsthaftigkeit aus.

6. Gute literarische Texte sind Texte, in denen jede Art von *Klischierung,* etwa die Reduktion der Wirklichkeit auf klare Figurentypen, auf formelhaft stilisierte Orte und vertraute Handlungsschemen, auf vorgeprägte Bilder, vermieden wird. Es sei denn, man parodiere bestimmte Klischees (z.B. das Bild einer ‚idyllischen' Welt im Heimatroman) durch *bewusste* Übertreibungen (Hyperbeln).

7. Gute literarische Texte sind Texte, die immer wieder Bezüge zu andern Texten (Zitate, Anspielungen, Paraphrasen usw.), also intertextuelle Bezüge, herstellen, die zudem auch bekannte Lesemuster (Autobiographie, Tagebuch, Kriminalroman, Märchen, Naturgedicht usw.) erkennen lassen, aber so, dass diese Lesemuster nicht einfach nachgeahmt werden, sondern dass

zwischen ihnen und den Texten, d. h. zwischen einem zur Folie entleerten ‚Gewohnten' und dem Neuen, ein Spannungsfeld entsteht.

8. Gute literarische Texte sind Texte, die besonders am Anfang und am Schluss die Erwartungen eines an traditionelle Erzählungen gewöhnten Leserpublikums durchbrechen („Eines Tages sah sich Aurora Rodriguez veranlasst, ihre Tochter zu töten"); sie verzichten vor allem auf einen harmonisierenden Schluss, etwa im Sinne eines Happy-Ends, lassen ihn vielmehr offen und damit mehrdeutig.

9. Gute literarische Texte sind Texte, die sich nicht auf die subjektive Darstellung einer Innenwelt der Empfindungen beschränken, sondern die stets auch die sozioökonomische Aussenwelt mit einbeziehen. Je nach der Komplexität des Themas (etwa eines Romans) gehört dazu, dass auch der grössere geschichtliche Zusammenhang in den Blick genommen wird.

10. Gute literarische Texte sind Texte, die Bestehendes immer wieder in Frage stellen, festgefahrene Ideologien unterwandern, die sich als „moralische Gegenmacht zur herrschenden Gesellschaft" (F.Ch.Laukhard) verstehen und so direkt oder indirekt stets *Gesellschaftskritik* ermöglichen.

Doch Vorsicht mit ästhetischen Kriterien! Wer alle Kriterien beachtet und sie gesamthaft anwenden will, schreibt einen ebenso schlechten literarischen Text wie der, der gar keine beachtet. Konkret ausgedrückt, heisst das: Um einen guten Text zu schreiben, braucht man nicht jedes der hier genannten zehn Kriterien zu erfüllen. Ein Roman kann auch dann gut sein, wenn er konventionell, beispielsweise mit einer Personen- und Milieuschilderung, beginnt, oder ein Gedicht auch dann ‚schön', wenn es innerhalb bestimmter Formtraditionen, etwa innerhalb der Tradition des Volksliedes, bleibt. Für die ästhetische Qualität eines Textes insgesamt entscheidend ist, dass *inhaltliche Aussage* und *sprachliche Verwirklichung* übereinstimmen. So wird man beispielsweise eine Geschichte, in der die Kommunikationslosigkeit zwischen Menschen dargestellt werden soll, eher personal als auktorial erzählen und für ein Gedicht, das eine brüchig gewordene, disharmonische Welt zeigen will, nicht sosehr eine metrisch ‚gebundene' als vielmehr eine ‚freie' Form wählen. Selbstverständlich dürfen solche Empfehlungen nie isoliert betrachtet werden; sie erhalten erst innerhalb der Gesamtkonzeption eines Textes Bedeutung.

Anmerkungen

1. „Moderne Literatur":
eine Bestimmung nach neuen, ganzheitlichen Kriterien

[1] Bohusch, Otmar (Hrsg.): Interpretationen moderner Lyrik. Frankfurt/M 1988[15] (Diesterweg), S. 7.
[2] Zur modernen Erfahrung der „Wirklichkeitsauflösung" und ihren geistesgeschichtlichen Voraussetzungen vgl. auch: Andreotti, Mario: Traditionelles und modernes Drama. UTB 1909, Bern et al. 1996 (Haupt), S. 179 f.
[3] Vgl. Brecht, Bertolt: Gesammelte Werke. Hrsg. von Elisabeth Hauptmann. Frankfurt/M 1967 (Suhrkamp), Bd. VII, S. 328; dazu auch Bd. VIII, S. 84.
[4] Brecht, Bertolt: a. a. O., Bd. VIII, S. 84.
[5] Vgl. Brecht, Bertolt: a. a. O., Bd. VII, S. 753.
[6] Brecht, Bertolt: a. a. O., Bd. VII, S. 551.
[7] Vgl. Brecht, Bertolt: a. a. O., Bd. VII, S. 301 f. *Verfremdung* meint bei Brecht konkret die Historisierung eines angeblich Ewig-Menschlichen, seine Relativierung durch die Geschichte.
[8] Link, Jürgen: Literaturwissenschaftliche Grundbegriffe. Eine programmierte Einführung auf strukturalistischer Basis. UTB 305, München 1997[6] (Fink), S. 98.
[9] Zum Begriff „Grundgestus" vgl. Brecht, Bertolt: a. a. O., Bd, VII, S. 693 f.
[10] Der Begriff *Homologie*, von Claude Lévi-Strauss in die Sozialwissenschaften eingeführt, wurde u. a. von Julien Greimas für die strukturale Textanalyse fruchtbar gemacht. Vgl. Greimas, Algirdas Julien/Joseph Courtés: Sémiotique. Dictionnaire raisonné de la théorie du langage. Paris 1979 (Hachette), S. 174.
[11] Nietzsche, Friedrich: Werke in drei Bänden. Hrsg. von Karl Schlechta. München 1973[7] (Hanser), Bd. III, S. 678.
[12] Nietzsche, Friedrich: a. a. O., Bd. III, S. 473.
[13] Zum Begriff „Ichdissoziation" vgl. Vietta, Silvio/Hans-Georg Kemper: Expressionismus. UTB 362, München 1997[6] (Fink), S. 30 ff.
[14] Nietzsche, Friedrich: a. a. O., Bd. II, S. 534
[15] Nietzsche, Friedrich: a. a. O., Bd. I, S. 453.
[16] Brecht, Bertolt: a. a. O., Bd. VIII, S. 276 f.

3. Im Spannungsfeld von Tradition und Moderne: die Entwicklung der deutschen Literatur seit dem Naturalismus

[1] Leslie A.Fiedler: Überquert die Grenze, schliesst den Graben! Über die Postmoderne. In: Wege aus der Moderne. Schlüsseltexte der Postmoderne-Diskussion. Hrsg. von Wolfgang Welsch. Berlin 2002² (Akademieverlag), S. 57 ff.
[2] Der Begriff *postdramatisches Theater* als Gegensatz zum herkömmlichen, „dramatischen Theater" stammt vom Frankfurter Theaterwissenschaftler Hans-Thies Lehmann. Vgl. Lehmann, Hans-Thies: Postdramatisches Theater. Frankfurt/M 2005³ (Verlag der Autoren).
[3] Jaeckle, Erwin: Der Zürcher Literaturschock. Bericht. München 1968, (Langen/Müller), S. 22.

4. Die geistigen Kräfte unserer Epoche: ihre Auswirkungen auf die moderne Literatur

[1] Allerdings hält Nietzsche selber am individualistischen Entwicklungsbegriff und damit an der Zentralstellung des sich entwickelnden Ich, wie u. a. seine Lehre vom „Übermenschen" zeigt, letztlich fest. Er bleibt in diesem Sinne, wenn auch als dessen grosser Kritiker, dem bürgerlichen Individualismus verpflichtet. Es handelt sich um einen inneren ‚Widerspruch', den gerade Döblin in seinen beiden Nietzscheaufsätzen „Der Wille zur Macht als Erkenntnis bei Friedrich Nietzsche" und „Zu Nietzsches Morallehre" von 1902/03 ausdrücklich kritisiert.
[2] Vgl. Foucault, Michel: Was ist ein Autor? In: F.M.: Schriften zur Literatur. Frankfurt/M 1988, S. 7-31.
[3] Dabei gelten in der Regel 5 % für Taschenbücher und 10 % für Hardcoverausgaben (Bücher mit festem Einband). Heute kommen, vor allem bei Bestsellerautoren, häufig auch Staffelhonorare, die sich an der verkauften Menge orientieren, zur Anwendung.
Führende Belletristikverlage (Suhrkamp, Fischer, Hanser, Rowohlt, Hoffmann & Campe, Kiepenheuer & Witsch, Diogenes u. a.) kennen, besonders wenn es um bereits etablierte Autoren geht, auch grössere Durchschnittsauflagen; diese können für Hardcoverausgaben bei 15'000, für Taschenbücher bei 8'500 Exemplaren liegen. Bestseller erreichen Auflagen von 50'000, in Ausnahmenfällen gar von 200'000 Exemplaren.
[4] Als wichtigste Preise für deutschsprachige Literatur gelten heute der Georg-Büchner-Preis (vgl. S. 79 f.), der ↑ Deutsche Buchpreis, der ↑ Ingeborg-Bachmann-Preis, der Grosse Österreichische Staatspreis und

der in der Schweiz, neben dem 2008 geschaffenen Schweizer Buchpreis, vergebene Grosse Schiller Preis.
5   Die Rezension findet sich im Internet unter: Amazon.de: Kundenrezensionen: Der Flieger. Eine Novelle [Stand: 12.05.2009].
6   Horkheimer, Max: Die Sehnsucht nach dem ganz Anderen. Ein Interview mit Kommentar von Helmut Gumnior. Hamburg 1970 (Furche), S. 83.
7   Freud, Sigmund: Vorlesungen zur Einführung in die Psychoanalyse. Studienausgabe. Hrsg. von Alexander Mitscherlich u. a. Frankfurt/M (Fischer), S. 283 f.

5. Die Gattungsformen in der modernen Literatur

1   Vgl. Staiger, Emil: Grundbegriffe der Poetik [1946]. Zürich und Freiburg i.Br. 1968[8] (Atlantis), S.237.

6. Epik: Erzählen in der modernen Prosa

1   Hamburger, Käte: Die Logik der Dichtung [1957]. München 1987[4] (Fink), S. 115.
2   Vgl. Stanzel, Franz K.: Theorie des Erzählens. UTB 904, Göttingen 2008[8] (Vandenhoeck & Ruprecht).
3   Die Begriffe *innerer Monolog* und *Bewusstseinsstrom* werden in der Sekundärliteratur teils gleichbedeutend, teils in unklarer Abgrenzung verwendet. Wir gebrauchen die beiden Begriffe hier in dem Sinne, als „innerer Monolog" das Stilmittel, die Technik, „Bewusstseinsstrom" aber die mit Hilfe dieser Technik dargestellten Bewusstseinsinhalte meint.
4   Selbstverständlich finden sich eine ganze Reihe moderner Montagetexte, die überhaupt nicht mehr Erzählerbericht, sondern fast ausschliesslich innerer Monolog sind. Zu ihnen gehören als bekannteste Beispiele: Arthur Schnitzlers „Leutnant Gustl", James Joyce' „Ulysses" (Schlusskapitel), die Romane von Virginia Woolf, Gerd Gaisers „Schlussball" und in jüngerer Zeit Christa Wolfs „Kassandra" und Karl-Heinz Otts „Ob wir wollen oder nicht".
5   Robbe-Grillet, Alain: Über ein paar veraltete Begriffe. In: Plädoyer für eine neue Literatur. Hrsg. von Kurt Neff. München 1969 (dtv), S. 96.
6   Bertolt Brecht im Gespräch. Hrsg. von Werner Hecht. Frankfurt/M 1975 (Suhrkamp), S. 189.

414   Anmerkungen

[7] Aus der Sicht der Topik liesse sich das Spiel des Vaters mit der Uhrkette auch als einen Fall des uralten „puer senex" („greisenhaften Knaben")-Topos auffassen. Wir hätten es dann insgesamt weniger mit einem (modernen) Gestuswechsel, wie wir ihn aus struktularer Sicht konstatieren, als vielmehr mit einem höchst traditionellen Gestaltungselement zu tun. Der Reiz der Textstelle liegt wahrscheinlich gerade darin, dass *beide* Lesarten, Gestuswechsel *und* Topos, möglich sind.

7. Die Gattungsformen der modernen Erzählprosa

[1] Die Geschichte der Trivialliteratur ist bis heute nur in Ansätzen aufgearbeitet. Einen wichtigen Beitrag zu ihrer Erforschung leistet das von Lotte Ravicini 2001 im schweizerischen Solothurn gegründete „Kabinett für sentimentale Trivialliteratur" (www.trivialliteratur.ch), das (triviale) Frauenliteratur von der Französischen Revolution bis zur Mitte des 20.Jh. (Fanny Lewald, Hedwig Courths-Mahler, Eugenie Marlitt, Johanna Spyri u.v.a..) sammelt.

[2] Das berühmteste Beispiel für die Verwendung der Novellenform im 20.Jh. ausserhalb einer bewusst rückwärtsgewandten, traditionalistischen Dichtung stellt wohl Stefan Zweigs „Schachnovelle" (1942) dar, deren Titel bereits auf das Schachspiel als dem zentralen *Dingsymbol* verweist. Die fünfteilige Gliederung der Geschichte mit zwei deutlichen *Wendepunkten* (plötzlicher Eingriff des Unbekannten in die zweite Partie *und* unerwarteter Abbruch der letzten Partie) lässt den für die Novelle typischen dramenähnlichen Aufbau erkennen.

[3] Vgl. Kafkas Brief vom 15.10.1915 an den Verleger Kurt Wolff. In: Kafka, Franz: Briefe 1902-1924. Hrsg. von Max Brod. Frankfurt/M 1975, S. 116. In seiner Geschichte der Novelle bezeichnet Wolfgang Rath Kafkas frühe Erzählungen als *Novellen* und Kafka selber als *modernen Novellisten*, so wie er überhaupt von der Novelle der literarischen Moderne spricht.
Vgl. Rath, Wolfgang: Die Novelle. Konzept und Geschichte. UTB 2122, Göttingen 2008² (Vandenhoeck & Ruprecht); vor allem S. 271-292.

[4] Vgl. Carl Einsteins Anmerkungen „Über den Roman" in der expressionistischen Zeitschrift „Die Aktion" (1912). Einstein schlägt hier vor, die Gattungsbezeichnung „Roman" preiszugeben, da die moderne, sich dauernd verändernde Welt mit den traditionellen Stilkategorien nicht mehr zu erfassen sei. Aus ähnlichen Erwägungen hat wohl Rainer Maria Rilke schon zwei Jahre zuvor in seinen „Aufzeichnungen des Malte Laurids Brigge" (vgl. S. 32 f.) auf die Gattungsbezeichnung „Roman" verzichtet.

⁵ Vgl. Alfred Döblins verschiedene Essays zum Roman, vor allem den Essay „Der Bau des epischen Werkes" (1929), wo er für eine künftige Epik u. a. die Preisgabe des Erzählerberichtes als einzigem Darstellungsmittel fordert.
⁶ Döblin, Alfred: Der Bau des epischen Werkes. In: Neue Rundschau. 40.Jg., 1929, S. 551.
⁷ Kafka, Franz: Tagebücher 1910-1922. New York 1951 (Schocken), S. 552.

8. Lyrik: Das traditionelle Gedicht

¹ Brecht, Bertolt: a. a. O., Bd. IV, S. 744.
² Vgl. Holz, Arno: Werke. Hrsg. von Wilhelm Emrich und Anita Holz. Neuwied/Berlin 1962, Bd. V, S. 69 f.
³ Hegel, G.F.W.: Vorlesungen über die Ästhetik III. Werkausgabe. Bd. 15, Frankfurt/M 1970 (Suhrkamp).
⁴ Benn, Gottfried: Probleme der Lyrik [1951]. Wiesbaden 1969¹⁰ (Limes), S. 69
⁵ Der Begriff *Erlebnislyrik* stammt von Wilhelm Dilthey (1833-1911). Die Erlebnislyrik erscheint bei Dilthey, im Zusammenhang mit seiner Überbewertung der individualistischen Erlebnisdichtung, als Inbegriff der Lyrik überhaupt. Vgl. Dilthey, Wilhelm: Das Erlebnis und die Dichtung. Leipzig 1905.
⁶ *Friedrich Wilhelm Schelling* (1775-1854), ein Hauptvertreter des deutschen Idealismus, gilt als der Philosoph der Romantik schlechthin. Seine pantheistische Naturphilosophie kreist um die Idee, dass alle Gegensätze im Absoluten aufgehoben werden, dass Natur und Geist demzufolge nicht zwei verschiedene Welten, sondern letztlich identisch sind. Danach enthält die Natur als lebendige Urkraft selber Leben, ist sie unbewusste Tätigkeit des Geistes und der Geist sich selbst bewusstgewordene Natur. In Schellings *Identitätsphilosophie* wurzelt der Glaube der Romantiker an die Beseeltheit der Natur, an eine Region der unbewussten seelischen Vorgänge (Traum, Hypnose, Somnambulismus), die sich zwischen Natur und Geist schiebt.
⁷ *Johann Gottlieb Fichte* (1762-1814) verabsolutiert das menschliche Ich derart, dass es zur wirklichkeitsschaffenden Macht schlechthin wird. Nach Fichte ist die ‚Welt' blosse Erscheinungsform des Bewusstseins, von diesem gewissermassen gesetzt. Das Ich, d. h. der unaufhörlich tätige Geist, bringt das Nicht-Ich, die äussere Wirklichkeit, hervor, um sich daran zu bewähren. Es gibt somit kein vom vorstellenden Subjekt

unabhängiges Sein. Dieser subjektive Idealismus übte auf die Literatur der Romanik, besonders auf die *romantische Ironie*, wie Friedrich Schlegel das Herrschaftsprinzip absoluter dichterischer Willkür genannt hat (vgl. S. 64), einen gewaltigen Einfluss aus.

8   Benn, Gottfried: Probleme der Lyrik [1951]. In: Sämtliche Werke, Bd. 6. (Stuttgarter Ausgabe). Hrsg. von G. Schuster. Stuttgart 2001, S. 9-44.

9. Moderne Lyrik als entpersönlichte Lyrik

1   Benn, Gottfried: Gesammelte Werke in vier Bänden. Hrsg. von Dieter Wellershoff. Wiesbaden 1959, Bd. 1, S. 503.
2   Freud, Sigmund: a. a. O., S. 284 (bibliogr. S. 413).
3   Jens, Walter: Deutsche Literatur der Gegenwart. Themen, Stile, Tendenzen. München 1961 (Piper), S. 96 f.
4   Silvio Vietta hat die Tendenz zur Verdinglichung des Ich und zur Personifikation der Dinge vor allem für die (moderne) expressionistische Lyrik überzeugend nachgewiesen. Er bringt sie dort mit der Erfahrung der Ichauflösung und der Entfremdung in Verbindung. Vgl. Vietta, Silvio/Hans-Georg Kemper: Expressionismus. UTB 362, München 1997^6 (Fink), S. 40 ff.
5   Vgl. dazu Andreotti, Mario: a. a. O., S. 318 ff. (bibliogr. S. 411).
6   In den Klageliedern des Propheten Jeremia (4,7-8) heisst es: „Ihre Fürsten waren reiner denn Schnee und klarer denn Milch. [...] Nun ist ihre Gestalt so dunkel vor Schwärze."
7   Arendt, Hannah: Eichmann in Jerusalem. Ein Bericht von der Banalität des Bösen. München 1986 (Piper).
8   Brecht, Bertolt: a. a. O., Bd. VIII, S. 392 f. (bibliogr. S. 411).

10. Moderne politische Lyrik als spezifisch gestische Lyrik

1   Vgl. Bühler, Karl: Sprachtheorie [1934]. Stuttgart 1965^2 (Fischer), S. 24 ff.
2   Acid. Neue amerikanische Szene. Hrsg. von Rolf Dieter Brinkmann und Ralf Rainer Rygulla. Darmstadt 1969 (Rowohlt), S. 388 f.
3   Informationen zur Schweizer Poetry Slam-Szene findet der Leser im Internet unter www.poetryslam.ch.
4   Das ganze Gedicht „Servus" von Florian Werner findet sich in: Bylanzky, Ko/Rayl Patzak (Hrsg.): Poetry Slam. Was die Mikrofone halten. Poesie für das neue Jahrtausend. München 2000 (Ariel), S. 101.

11. Experimentelle Literatur und konkrete Poesie

[1] Wondratschek, Wolf: Früher begann der Tag mit einer Schusswunde. Reihe Hanser 15. München 1969 (Hanser), S. 115.

[2] Filippo Tommaso Marinetti fordert in seinem „Technischen Manifest des Futurismus"(1912), in dem er eine Poetik der „befreiten Worte" („parole in libertà") entfaltet, u. a.: „Man muss die Syntax dadurch zerstören, dass man die Substantive aufs Geratewohl anordnet, so wie sie entstehen." Diese Forderung, die mit dem Versuch der Futuristen, die von ihnen abgelehnte Verstandes- und Alltagslogik auszuschalten, also letztlich mit einer radikalen Subjektkritik, zusammenhängt, hat die Entstehung und Entwicklung der konkreten Poesie stark beeinflusst. Gomringer selber bezieht sich neben dem Dadaismus denn auch immer wieder auf den italienischen Futurismus.

[3] Bense, Max: Konkrete Poesie. In: Sprache im technischen Zeitalter. Heft 15, 1965, S. 1240.

[4] Gomringer, Eugen: worte sind schatten. Reinbek bei Hamburg 1969 (Rowohlt), S. 287 ff.

[5] Benn, Gottfried: a. a. O., S.71 (bibliogr. S. 415).

[6] aus Oliver Bendels Handy-Krimi „Lucy Luder und die Hand des Professors" (2008), einem der noch wenigen deutschsprachigen Handy-Romane. Der Roman ist über einen Premium-SMS-Dienst erhältlich. Mehr Informationen über www.mobilebooks.com.

Glossar zu literarischen, linguistischen und philosophischen Grundbegriffen

Das Glossar verzeichnet alle in diesem Buch verwendeten Sachbegriffe aus dem Bereich der Literatur und der ihr verwandten Gebiete (Linguistik, Philosophie, Psychologie u. a.). Dabei werden wichtige Begriffe, die in den einzelnen Kapiteln nicht schon ausreichend definiert sind, kurz erläutert. Kommen Begriffe gehäuft vor, so sind nur die wesentlichsten Belegstellen vermerkt. Seiten mit eigentlichen Begriffsbestimmungen erscheinen *kursiv*. ↑ stehen für Verweisungen innerhalb des Glossars (s. unter…).

Abbreviatur als verkürzte, nur andeutende Redeweise verwandt mit der ↑*Ellipse*; findet sich vor allem in der modernen Lyrik. 85

Abenteuerroman Sammelbegriff für Romane (Ritterroman, Schelmenroman, Räuberroman, Reiseroman, Robinsonade, Wildwestroman u. a.), in denen der Held in verschiedenste Abenteuer gerät, die in lockerer Folge erzählt werden. Beliebte Form besonders der Unterhaltungsliteratur. Blütezeit im 17. Jh. Vereinzelte Ausläufer, vor allem im Gewand des zeitkritischen Schelmenromans, bis in die Moderne (z. B. Grass: Die Blechtrommel). 29, 148, 238

absolute Lyrik als reine Wortkunst (poésie pure) Hauptrichtung innerhalb der modernen Lyrik, die darauf abzielt, das Gedicht von unmittelbaren Wirklichkeitsbezügen zu lösen, es nicht mehr mimetisch zu gestalten. Erscheint vor allem in der Form der ↑*hermetischen Lyrik*. Bedeutende Ansätze (in direktem Widerspruch zur traditionellen Erlebnislyrik) schon im französischen Symbolismus. 81, 99, 137, 149, 285, 291

absolute Metapher s. Metapher

absolute Motivik als Motivik, bei der die einzelnen Motive über paradigmatische Beziehungen in ein ganzes Motivnetz eingefügt und so gegenüber den Figuren, dem lyrischen Ich verselbständigt sind. Vor allem im Montageroman – hier eng verwandt mit der von der Vorherrschaft der Figur befreiten, *absoluten Prosa* (↑Collagen, essayistische Elemente) – und in der ↑hermetischen Lyrik. 58, 272, 322 f.

absolute Poesie s. absolute Lyrik
absolute Prosa s. absolute Motivik
Absurdes als Erfahrung der Sinnlosigkeit, des völligen Sinnverlustes der Welt und der menschlichen Existenz seit Kafka häufiges Thema moderner, vor allem existialistisch orientierter Literatur. Ggs. ↑ Groteske. 76, 116
absurdes Theater Gattungsform des modernen, gestischen Dramas, die regressive Grundsituationen des menschlichen Lebens (stereotype Handlungen, furchtsames Warten, kontaktloses Räsonieren usw.) in einer sinnentleerten, völlig undurchschaubaren und auch nicht veränderbaren Welt darstellt. Das absurde Theater kennt keine ideologisch motivierten Handlungen und damit auch keinen eigentlichen ↑ Auftraggeber und keinen ↑ Helden als Beauftragten mehr. An seine Stelle tritt der ↑ *Antiheld*. Analog dazu lässt sich von einem *Anti-Stück* (Ionesco) oder ↑ *Anti-Theater* sprechen (Bspe: Beckett: Warten auf Godot; Ionesco: Die Stühle; Grass: Hochwasser). 79, 81, 84, 116, 149, 314
Agitprop-Lyrik 119, 149, *350*
Agitprop-Theater ein von (meist linken) Laienspielgruppen mit Mitteln der Volkskunst betriebenes Theater, das der politischen Agitation dient; betont gestischer Darstellungsstil. Findet sich vor allem als *Revuetheater* (Einbezug filmischer Elemente), als *Strassentheater* oder als *Happening*, das die Zuschauer zu Mitakteuren macht und so den traditionellen Werkbegriff auflöst. Verwandt mit dem Letzteren ist das amerikanische *Living Theatre* als Versuch, die Trennung von Kunst und Leben aufzuheben. 76, 84, 119, 149, 350, 360
Agnostizismus 124
akustische Poesie 76, 280, 357, 385, *387 ff.*, 390
Alexandriner antithetisch gebauter, sechshebiger Jambus (v -) mit Zäsur nach der dritten Hebung; vor allem im ↑ Barock verwendet. 284, 287
Allegorie bildliche Darstellung einer Idee, aber so, dass das Bild (im Unterschied zum Symbol) nur die Funktion hat, die gemeinte Idee auszudrücken (Bsp: Bild der Waage: ‚Gerechtigkeit'). Tritt häufig als ↑ Personifikation auf; wir sprechen dann von *allegorischen Figuren* (z. B. ‚Tod' als Sensenmann). Bis zum Ende des Barock vorherrschend; seit dem 18.Jh. fast ganz durch das ↑ Symbol ersetzt. *288 f.*
allegorische Figur s. Allegorie
Alliteration oder *Stabreim* als älteste deutsche Reimform Wiederholung von Konsonanten im Anlaut der Stammsilben aufeinander folgender oder syntaktisch verbundener Wörter (*Kind*

und *Kegel*). Im 9.Jh. durch den ↑ *Endreim* abgelöst; als Träger zusätzlicher Klangeffekte, vor allem in der Lyrik, aber bis heute verwendet. 277, 316

Alltagslyrik als Lyrik der „Neuen Subjektivität" bewusste Abkehr von der modernen ↑ hermetischen Lyrik. 86, 149, *302,* 323

Ambiguität i.w.S. Mehrdeutigkeit etwa von *Homonymen,* d. h. von gleich lautenden Wörtern mit ungleicher Bedeutung (z. B. „Rat" als Empfehlung und als Gremium). I.e.S. als *beabsichtigte* Mehrdeutigkeit Kennzeichen literarischer Texte, vor allem moderner. Verwandt mit *Polysemie,* der grundsätzlichen Mehrdeutigkeit eines ↑ Wortes. 323, 394

Ambivalenz als Gleichzeitigkeit gegensätzlicher Triebkräfte (z. B. von Liebe und Hass) psychoanalytischer Begriff, der vor allem in Freuds Lehre vom „Ödipuskomplex" zentral ist. Hängt in der modernen Literatur mit Begriffen wie ↑ *Antinomie* und ↑ *Montage* zusammen. 46, 133 f.

Anagramm als Wortspiel Umstellung einer gegebenen Buchstabenfolge zu einem neuen Wort. Heute vor allem in der konkreten Poesie; seit dem Barock auch als Pseudonym (z. B. Celan für Anczel) beliebt. 403

analytische Bauform Bauform des Dramas, aber auch des Romans, bei der es um die fortschreitende Enthüllung (Analyse) dessen geht, was *vor Beginn* geschehen ist. (Bsp: Sophokles' „König Ödipus"). Hängt im modernen Roman u. a. mit der Auflösung der Chronologie zusammen (Bsp: Max Frischs „Homo faber"). Ggs. synthetische Bauform. 269

analytische Psychologie (Carl Gustav Jungs) 134.

Anapäst s. Metrum

Anapher Wiederholung eines Wortes oder einer Wortgruppe am Anfang aufeinander folgender Sätze oder Verse zur Ausdruckssteigerung (Bsp: *nachmittags* nehme ich…/ *nachmittags* lege ich…). Ggs. *Epiphora* als Wortwiederholung am Zeilenende. 311, 349, 361

Anekdote 235

Anspielung andeutender Hinweis auf bestimmte, als bekannt vorausgesetzte Personen oder Sachverhalte. Ein Mittel der ↑ Intertextualität; findet sich daher in der postmodernen Literatur besonders häufig. 87, 320, 408

Anthropozentrik Weltbild, das den Menschen und sein Ich zur weltbestimmenden Grösse macht und alles Seiende auf ihn bezieht. Stellt die geistige Basis der ganzen ↑ bürgerlichen Dichtung und des in ihr verwendeten Heldenprinzips dar. Ggs. *Theozentrik* als älteres Weltbild (Mittelalter, Barock), das Gott ins Zentrum rückt. 42, 50, 52, *107,* 112, 185, 290, 315

Antiballade s. Ballade

Antiheld der in seinem Personsein reduzierte ‚Held' ohne festen ideologischen Bezugspunkt, ohne eine motivierende Kraft als ↑ Auftraggeber; beschränkt sich fast ganz auf Formen der ↑ experimentellen Literatur, etwa auf das ↑ absurde Theater mit seiner totalen ↑ Ideologiekritik. 84

Antiklimax s. Klimax

Anti-Kriminalroman ↑ Parodie auf den *traditionellen* Kriminalroman, indem z. B. der Detektiv den Täter nicht mehr überführen kann; die Gattungsform stellt sich so selbst in Frage, ist damit zu Ende. 43, *243 f.*

Anti-Kunst (Dada, Pop-Literatur) 76

Anti-Legende s. Legende

Anti-Märchen s. Märchen

Antinomie gegensätzliche Attribute und Haltungen, die auf ein und dieselbe Figur bezogen sind. Eine Figur wird dann z. B. (entweder gleichzeitig oder in ständigem Wechsel) von Haltungen der Macht und der Angst her gezeigt. Die Antinomie hängt unmittelbar mit dem ↑ Montagetyp 2 zusammen. 40, 181, 193, 211, 217, 263

Anti-Roman ein i.e.S. auf den ↑‚nouveau roman', i.w.S. auf alle experimentelle Prosa angewandter Begriff. Ähnlich problematisch wie die Rede von der Romankrise, da er den bürgerlich-realistischen Roman insgeheim als den allein ‚echten' Roman voraussetzt. 34, 84, 204, 252, 375

Anti-Theater i.e.S. Bezeichnung für das ↑ absurde Theater; i.w.S. Sammelbezeichnung für verschiedene Formen des *experimentellen* Theaters, die mit der Tradition des bürgerlichen Illusionstheaters auf *allen* Ebenen brechen (absurdes Theater, Sprechstück, Pantomime, Happening, Living Theatre, Theater der Grausamkeit u. a.). 84, 149, 375

Antithese Verbindung entgegen gesetzter Begriffe (Bsp: *Jetzt* Freud, *bald* Leid). In der Dichtung des Barock, aber auch der Moderne besonders häufig. Eine Sonderform ist das ↑ Oxymoron. 287, 347

aperspektivisches Erzählen s. Perspektivenwechsel

Aphorismus auf eine Pointe hin zugespitzter, geistreicher Gedanke in Prosa. Paradoxe Wendungen als Mittel der Verfremdung, das Wortspiel, die ↑ Antithese und die überspitzte Formulierung gehören zum Wesen des Aphorismus. 51

Appellfunktion der Sprache s. Organon-Modell

Arbeiterliteratur 353

Archetypus (bei C.G.Jung) *134*

aristotelisches Drama konventionelle, streng gebaute Dramenform nach den Regeln der „Poetik" des Aristoteles und ihrer späteren Interpreten. Seine Merkmale sind: der pyramidale Bau (Exposition, Höhepunkt/Peripetie, Katastrophe/Lösung), die drei Einheiten (Ort, Zeit, Handlung), zumindest die Einheit der Handlung; die Einfühlungstechnik, die Katharsis, d.h. die sittliche Läuterung des Zuschauers (als Wirkung der Tragödie); die Einteilung in Akte (Tragödie: 5 Akte, Komödie: 3 Akte) und die Verssprache (meist ↑ Blankvers). Das aristotelische Drama entspricht dem, was Volker Klotz als „geschlossenes (tektonisches) Drama" bezeichnet. Bspe: die Dramen von Aufklärung und Klassik Ggs. ↑ offenes (atektonisches) Drama, ↑ episches Theater. 245, 259, 364

Assonanz s. Reim

Assoziation, Assoziationstechnik Verknüpfung verschiedener Vorstellungen aufgrund bestimmter ähnlicher oder gegensätzlicher Merkmale (z.B. „Nacht" und „Tod" über das Merkmal /dunkel/). Assoziative Beziehungen sind in diesem Sinne ↑ *paradigmatische* Beziehungen. Als solche spielen sie in der modernen Literatur, vor allem der modernen Erzählprosa und Lyrik (etwa in Bezug auf die Textmontage und den inneren Monolog bzw. die Technik des Bewusstseinsstroms), eine zentrale Rolle. 176f., 317, 324, 327, 331, 335, 389

Audiobook, Audiobuch s. Hörbuch

Aufklärung geistesgeschichtliche Epoche im 17./18.Jh. und literarische Bewegung (neben Pietismus, Rokoko und Empfindsamkeit) zwischen 1720 und 1770/80. 19, 31f., 50, 122, 261, 271

Auftraggeber s. Handlungsfunktion

auktoriale Erzählsituation 41, *160ff., 164f., 165,* 169, 222f., 227, 260

Ausdrucksfunktion der Sprache s. Organon-Modell

Ausgangsopposition s. Mangellage

Ausklang (in der Novelle) 244, 259

äussere Emigration s. Exilliteratur

Aussparung i.w.S. in jedem literarischen Text vorkommende ↑ „Leerstellen", etwa als ↑ Zeitsprung, die der Leser selber ausfüllen muss. I.e.S. als zentrales Stilmittel bewusstes Weglassen, Verschweigen; für bestimmte Gattungsformen der Lyrik (z.B. für das epigrammatische Gedicht) und vor allem für die moderne ↑ Kurzgeschichte besonders typisch. Aussparendes Verschweigen als Merkmal eines ↑ lakonischen Stils ist ganz allgemein zu einem wichtigen sprachlichen Mittel der modernen Erzählprosa und Lyrik geworden. 163, 260, 274, 371, 407f.

Autobiographie 86, 161, 163f., 270

autobiographischer Roman Roman, in dem die autobiographischen Fakten, im Gegensatz zur *Auto-*

biographie, die durch unmittelbaren Wirklichkeitsbezug gekennzeichnet ist, in eine fiktive Welt eingebettet und so verschlüsselt werden. Gewinnt seit den 1970er Jahren wieder an Bedeutung (z. B. Max Frischs „Montauk"). Eng verwandt mit ihm ist der *Memoirenroman* (z. B. Marcel Reich-Ranickis „Mein Leben"). 85, 148, 161

autonomes Ich als freies, sich selbst bestimmendes Ich Menschenbild, das in Aufklärung, Klassik und Romantik vorherrscht. Seit dem Frührealismus (Grabbe, Büchner) zunehmend in Frage gestellt; an seine Stelle tritt vor allem in der modernen Literatur das *fremdbestimmte Ich*. 43, 213

Autor als realer Verfasser eines literarischen Werks klar zu unterscheiden von fiktionalen literarischen Figuren, vor allem vom ↑ Erzähler und vom ↑ lyrischen Ich. 30, 48, 92, *122, 128 ff., 158,* 160, 161, 235, *304,* 341, 376, 385 ff., *399,* 412

Avantgarde im Sinne einer radikalisierten Moderne, die mit den bestehenden ästhetischen Konventionen auf *allen* Ebenen der Texte bricht. Nach dem Zweiten Weltkrieg fällt die avantgardistische weitgehend mit der ↑ *experimentellen Literatur* zusammen. Als typisch avantgardistisch gelten heute etwa: Futurismus, Dadaismus, Surrealismus, konkrete Poesie, Sprachexperimente der „Wiener Gruppe", digitale Literatur, Beat, Rap und Slam Poetry. 34, 57, *73 f., 75 f.,* 111, 120, 144, 151, *354 ff.,* 375, 397

Ballade ↑ Erzählgedicht in meist strophisch-gereimter Form, das epische, lyrische und dramatische Elemente in sich vereint. Wir unterscheiden einerseits zwischen der älteren, anonymen ↑ *Volksballade* und der von einem namentlich bekannten Verfasser stammenden ↑ *Kunstballade* und andererseits drei Balladentypen: die numinose Ballade, die historische Ballade und die soziale Ballade. Die *Antiballade* gilt als moderne, verfremdete Form der Ballade. 30, 148 f., 280, *363 ff.,* 373

Bänkelsang s. Moritat

Barock literarische Epoche zwischen 1600 und 1720. 28 f., *63 f.,* 190, 238, 283 f., *287 f.*

Barocklyrik 29, *283, 287 f.*

Barockroman 29

Basis/Überbau-Modell 120 f.

Battle Rap s. Rap

Beat Sammelbegriff für eine nonkonformistische Literatur, die, populär und zugleich kritisch gegenüber der etablierten Gesellschaft, das Lebensgefühl der jungen Generation ausdrückt. Um 1950 von der *Beat Generation* („geschlagene Generation"), einer Gruppe nordamerikanischer Schriftsteller, den

Beatniks, begründet, gelangt diese ↑ Undergroundliteratur vornehmlich als *Social Beat* („schonungsloses Aufdecken der sozialen Realität") nach Europa, wo sie in den 1990er Jahren in der ↑ Slam Poetry-Szene aufgeht. 34, 76, 88f., *115*, 119, 148f., 341, *354ff.*
Beat Generation s. Beat
Behaviorismus 134f., 200f.
Bestseller 129f., 412
Bewusstseinsstrom s. innerer Monolog
Biedermeier s. Realismus
Bildgedicht s. Figurengedicht
Bildungsroman s. Entwicklungsroman
Binnenreim s. Reim
Biographie 99
Bispel kurze, lehrhafte Beispielerzählung des Mittelalters *261*
Blankvers s. Vers.
Blut- und Boden-Dichtung 73, 77
Books on Demand 129, 256
Bote s. Handlungsfunktion
Brief, literarischer 55f., 161, 269
Briefroman Form des Romans, in dem fingierte Briefe als Medium der Ich-Erzählung dienen. Im Zusammenhang mit der Emanzipation des menschlichen Subjekts im 18.Jh. stark entfaltet (Rousseau, Goethe, Hölderlin, Tieck u.a.). Verwandt mit dem ↑ Tagebuchroman, der in der modernen Erzählprosa vermehrt an die Stelle des Briefromans tritt. 150, 163, 238, 270

bürgerliche Dichtung alle Literatur in der Tradition des ‚bürgerlichen Zeitalters', d.h. des 18./19.Jh. Strukturell durch das Helden- und das ↑ Mediationsprinzip und durch eine ↑ symbolische Schreibweise bestimmt. Gliedert sich in den ↑ *bürgerlichen Roman,* die *(bürgerliche) Novelle,* in die Erlebnislyrik und ins *bürgerliche Drama.* Steht seit Anfang des 20.Jh. im Gegensatz zu einer modernen Literatur, prägt aber als Teil der vorherrschenden bürgerlichen Kultur die zeitgenössische Literatur, vor allem im Bereich der Erzählprosa, weiterhin. 18, *25, 28,* 58, 83f., 100, 170, 184ff., 284, 379f.
bürgerlicher Roman 26, 37, 112, 181, 202, 220, *237ff., 240ff.*
bürgerliches Drama s. bürgerliche Dichtung
bürgerliches Trauerspiel Tragödientyp des 18./19.Jh. (Lessing, Schiller, Hebbel). Seine Merkmale: bürgerliches Milieu (Familie); Konflikt bürgerlicher Figuren mit dem Adel; Aufhebung der *Ständeklausel,* wonach die Tragödie Personen hohen Standes (Könige, Adelige) vorbehalten ist, während bürgerliche Personen, weil sie nicht als tragikfähig gelten, in die Komödie gehören; Darstellung des Allgemeinmenschlichen (der Mensch *an sich* als Held); Prosa anstelle des ↑ Verses. 149

Charakter 28, 36 ff., 45, *184 ff.,* 188 ff., 203, 205, 217 ff., 264

Charakternovelle 189, *246*

Chiasmus als Stilfigur ‚kreuzförmige' Stellung von Wörtern zweier aufeinander bezogener Wortgruppen nach dem Schema abba (Bsp: „Himmels Segen, Glück der Erde"). Verwandt mit dem ↑ Parallelismus. 349

Chiffre Zeichen, das im Gegensatz zum traditionellen ↑ Symbol nicht vertikal nach dem Schema Bild-Sinn, sondern gleichsam horizontal als Element eines ganzen Beziehungsnetzes, d. h. paradigmatisch, gelesen werden muss. Besonders beliebt in der Lyrik des Expressionismus und in der ↑ hermetischen Lyrik. *322, 327*

Christentum 70, 124

christliche Literatur 123 ff., 248

Collage, auch *Textcollage,* als experimentelle literarische Technik Montage von vorgefertigtem sprachlichem Material, vor allem von Zitaten und Elementen verschiedenartigster Herkunft (Mythologie, Literatur, Werbung usw.). Bildet eine Sonderform der ↑ Textmontage und ist extremer Ausdruck von Ich- und Wirklichkeitsauflösung in der Moderne. 58, 76, 91, 131, *177 f.,* 222, 252, 305, 356 f., *376 ff.,* 380 f.

Collageroman 148

Computerliteratur allgemein als Literatur, die auf den spezifischen Programmiermöglichkeiten des Computers aufbaut. Zu ihr gehören etwa die kombinatorische, die zufallsgesteuert generierte Literatur und die Verknüpfung von Texten mit komplexen Programmelementen. Sie erscheint vor allem in der Form der *Computerlyrik* und des *Computerromans* In jüngster Zeit setzt sich vermehrt der Begriff ↑ *digitale Literatur* durch. 84, 106, 148 f., 375

Computerlyrik s. Computerliteratur

Computerroman s. Computerliteratur

Creative Writing s. kreatives Schreiben

Cut-up oder Schnittmethode als literarische ↑ Collagetechnik, bei der Textseiten der Länge nach zerschnitten oder gefaltet und die Hälften wahllos aneinander gesetzt werden, so dass ein neuer Text entsteht. Es handelt sich um eine Technik, die gewohnte semantische und syntaktische Muster aufbricht und so, indem sie zum Lesen ‚wider den Strich' zwingt, den Ausbruch aus vorgegebenen Sprach- und Verhaltensweisen ermöglichen soll. Besonders modern an ihr ist die völlige Entthronung des Autors. Die Technik wurde 1959 durch Brion Gysin erfunden und seit den frühen 60er Jahren durch US-amerikanische und deutsche Beatpoeten (William

S. Burroughs; Jürgen Ploog, Axel Monte, Jörg Fauser, Wolf Wondratschek u. a.) weiterentwickelt. 381

Dadaismus 58, *76*, 91, 137, 177, 354, 357, 361, 375, *376 f.*, 389 f.
Daktylus s. Metrum
Darstellungsfunktion der Sprache s. Organon-Modell
DDR-Literatur 79 f.
Décadence, Dekadenz. *73*, 111
Deixis (Pl. Deiktika) sprachliches Verweisen auf Zeit, Raum, Personen usw. unter Benutzung von Adverbien, Personalpronomen, Vornamen, bestimmten Artikeln usw., das immer ein Vorauswissen des Lesers suggeriert. Wir sprechen dann von Zeit-, Raum- und Personaldeiktika („*Der* Junge merkte nicht…"). Sie bilden zentrale Merkmale fiktionaler Texte. *156 f.*
Dekonstruktion, Dekonstruktivismus vor allem von Jacques Derrida und Paul de Man entwickelter poststrukturalistischer Interpretationsansatz, der den literarischen Text nicht mehr als eine vom Autor beabsichtigte, geschlossene Sinneinheit begreift, sondern als ein Geflecht von Bedeutungen, Sprechweisen, Zitaten, Genres und Perspektiven, deren innerer Zusammenhang sich erst in der Lektüre und weitgehend unabhängig vom Autor herstellt. Der Leser soll lernen, dieses Spiel zu durchschauen und zu geniessen, und dabei erkennen, dass stets mehrere Deutungen gleichberechtigt nebeneinander stehen können. Die Praxis der Dekonstruktion ist Ausdruck postmodernen Denkens. 108, *122,* 127
Denotat, Denotation als konventionell festgelegte *Primär*bedeutung begrifflicher Inhalt eines Wortes (z. B. das Denotat /Messgerät/ zum Wort „Waage"). Ggs. ↑Konnotat. 288
Determinismus s. Milieutheorie
Deus ex machina im antiken Theater Mittel, um eine verworrene Situation (durch einen in einer Maschine herabgelassenen Gott) aufzulösen; i.ü.S, jede unerwartete, plötzliche Lösung in der Erzählprosa oder im Drama. In der modernen Literatur häufig parodiert. (Bsp: reitender Bote am Schluss von Brechts „Dreigroschenoper"). 241
Deutscher Buchpreis seit 2005 an der Frankfurter Buchmesse jährlich vergebener Preis für den „besten Roman deutscher Sprache". 412
diachrone Sprachbetrachtung 126
Dialektgedicht Spielform der konkreten Poesie 84
Dialektik seit Brecht ein Verfahren, Widersprüche als zusammengehörig darzustellen, aber so, dass zwischen ihnen keine versöhnliche Einheit entsteht. Geistige Basis des Begriffs ist

die Vorstellung von der grundsätzlichen Widersprüchlichkeit der Welt, wie sie für die philosophische und die literarische Moderne zentral ist. Mit dem Begriff des ↑Paradoxons verwandt. 53, 124, *342 ff.*

Differenzqualität s. Verfremdung

digitale Literatur Oberbegriff für die verschiedenen Literaturbezeichnungen (↑Netzliteratur, ↑Hypertext, E-Book u. a.) in Verbindung mit dem Computer. Ausgangspunkt des Begriffs ist das Vorhandensein als digitale Information auf einem elektronischen Speichermedium, etwa im Unterschied zur Printliteratur in Buchform oder zur Form eines ↑Hörspiels im Radio. 34, 106, 147, 375, *396 ff.*, 405

Dinggedicht 149, *285, 290 f.,* 293, 298

Dingsymbol ,Ding' von symbolhafter Bedeutung, das in einem Text immer wieder leitmotivisch erscheint (z. B. das fliehende Pferd in Martin Walsers gleichnamiger Novelle). Vor allem in Ballade, Novelle und Kurzgeschichte beliebt. 246 ff., *255,* 260, 414

Diskontinuität als ein nichtkontinuierliches, sprunghaftes Erzählen, als Zerfall der Chronologie (Vorausdeutungen, Rückblenden, Simultantechnik) für die moderne Erzählprosa typisch. Hängt hier u. a. mit der ↑Ichauflösung zusammen. Gegensatz: Linearität. 75, 102, 136, 180, 224

Diskurs Aussage, die an eine bestimmte Tradition von Wertsetzungen gebunden ist. Bsp: bürgerlicher Diskurs, dem sich Werte wie Individualität, Persönlichkeit, Harmoniedenken, Gewinnstreben usw. zuordnen lassen. 49, 50, 245, 344

Dissoziation s. Wirklichkeitsauflösung

Dissoziationstechnik s. Montage

dissoziiertes Ich s. Ichauflösung

dokumentarischer Roman 84, 119

Dokumentartheater als Form des politischen Theaters vor allem der 1960er Jahre Versuch, historisch-authentische Szenen auf die Bühne zu bringen. Steht in der Tradition von Brechts epischem Theater (Bspe: R. Hochhuth: Der Stellvertreter, P. Weiss: Die Ermittlung). 84, 93, 119, 149

dominante Isotopie s. Isotopie

Doppelgängermotiv 65, *190*

Doppelkodierung s. Mehrfachkodierung

Drama, allgemein 30, 80 ff., 149, 150

dramatisch Stilkategorie, die sich durch eine konzentrierte, rasch auf ihr Ende hin drängende Handlung auszeichnet (z. B. der Stil in Kleists Erzählungen und Novellen). Ggs. ↑episch. 144 ff., 150, 259, 282, 364

E-Book (electronic book) 107, 129
Eigenverlag (Selbstverlag) 129
Ein-Satz-Geschichte s. Kürzestgeschichte
Elegie Klagegedicht als Ausdruck von Trauer über Tod, Trennung, Verlust, Vergänglichkeit usw. 145, 147, 280, 318
Elektrakomplex 133
Elementarebene (des Textes) s. Tiefenstruktur
Ellipse Auslassung von leicht ergänzbaren Wörtern oder Satzgliedern, meist des Subjekts und des Prädikats (z. B. Was [machen wir] nun?). Elliptische Wendungen sind vor allem in der modernen Lyrik (z. B. „Lebloser Klotz Mond eisiger Nächte") und Kurzgeschichte und immer häufiger auch in Titeln (z. B. „Schlafes Bruder", „Bis dass der Tod") stilprägend. Verwandt mit der ↑ *Abbreviatur*. 260, 311, 328
Empfindsamkeit vom ↑ Pietismus beeinflusste literarische Strömung (Gefühls- und Freundschaftskult) zwischen 1740 und 1780. 279
empirischer Leser s. Leser
Endreim s. Reim
Enjambement im Unterschied zum ↑ Zeilenstil Übergreifen des Satzendes über das Versende hinaus (z. B. „…ich / laufe davon bin fest / gehalten in den Bildern"). In der modernen und postmodernen Lyrik seit Rilke besonders verbreitet. 85, 91, 290, *307 f.,* 325, *328*

Entautomatisierung des Reims Versuch, den Reim in der modernen Reimlyrik phonetisch (Abkehr vom Prinzip der Reinheit, z. B. bald/Wald) und semantisch (Abkehr von altbekannten, stehenden Reimverbindungen, z. B. Herz/Schmerz) zu erneuern. *278, 328,* 370
Entfremdung, auch *Selbstentfremdung* Zustand, in dem sich der Mensch selber fremd wird, d. h. in dem etwas, das zu ihm gehört (z. B. ein Produkt, sein ‚alter ego', ein Körperteil), sich ‚verselbstständigt' und ihm als Fremdes, gleichsam ‚Verdinglichtes' gegenübertritt. Die Gestaltung des entfremdeten Menschen (z. B. der Figur der Erika Kohut in Jelineks „Klavierspielerin") hängt in der modernen Literatur, und ansatzweise bereits in der Romatik (bei Tieck, E.T.A. Hoffmann u. a.), unmittelbar mit der ↑ Ichauflösung zusammen. 53, 63, *109 f.,* 115, 118, 215, *221 f.,* 223, 312 f.
entpersönlichte Lyrik s. lyrisches Ich
entpersönlichter Erzähler als reduzierter, nur noch schwer fassbarer, häufig ↑ montierter Erzähler ein zentrales Strukturelement der modernen Erzählprosa. Ggs. ↑ persönlicher Erzähler. *168 ff.,* 222
Entpersönlichung der Figur Reduktion der Figur auf wenige Grundvorgänge (z. B. durch ihre gestische Gestaltung) in

der modernen Erzählprosa. 39, 47, *153,* 154, *193,* 197, 212, 217 f., 259

Entwicklung in der bürgerlichen Dichtung als kontinuierliches Wachsen und Reifen einer Figur, meistens des Helden, das sich linear und über Stufen vollzieht. In seinem Verlauf schält sich der feste Kern der Figur heraus; die Figur wird damit zur voll entfalteten und gefestigten ↑ *Persönlichkeit.* Basis des bürgerlichen Entwicklungsbegriffs ist die feste, durch die Dominanz des Charakters konzipierte Figur. In der modernen Literatur tritt an die Stelle der Entwicklung häufig der ↑ Gestuswechsel. 112, 154, 185, *187,* 202, *224*

Entwicklungsroman Romantyp, der die innere und äussere Entwicklung eines Menschen, seinen individuellen Reifeprozess hin zu einer gefestigten Persönlichkeit schildert, und zwar in ständiger Auseinandersetzung mit seiner Umwelt (Bsp: Gottfried Kellers „Grüner Heinrich"). Eine Variante des Entwicklungsromans stellt der *Bildungsroman* dar, in dem die Entwicklung des Helden von einer bestimmten Bildungsidee (z. B. Humanität) geprägt ist. (Bsp: Goethes „Wilhelm Meister"). Entwicklungs- und Bildungsroman werden in der Moderne häufig parodiert. 148, 185, 217, 238

Epigramm, epigrammatisches Gedicht als Gedicht aus wenigen, pointiert zugespitzten Zeilen; Kurzform der ↑ Gedankenlyrik. Sonderform: *Limerick* als skurriles fünfzeiliges Gedicht mit dem Reimschema aabba. Das epigrammatische Gedicht findet sich innerhalb der modernen *politischen* Lyrik besonders häufig. 145, 149, 280 f., 285, 292, 300, 302, *307,* 347 f.

Epik, allgemein 30, 148, 150, *154 ff.*

Epiphora s. Anapher

episch Stilkategorie, die sich durch eine erzählende, breit ausholende Sprechweise und durch eine gewisse Selbständigkeit der Teile auszeichnet. Ggs. ↑ dramatisch. 144 ff., 150, 259, 282, 364

epischer Bericht als Gegensatz zum Sachbericht *fiktionales* Erzählen. 156, 158

episches Präsens s. episches Präteritum

episches Präteritum nach K. Hamburger Zeitform in der Erzählprosa, die im Gegensatz zum *historischen Präteritum* nicht reale Vergangenheit, sondern fiktionale Gegenwart meint. Sie lässt sich textintern u. a. an folgenden Fiktionalitätssignalen erkennen: an der Darstellung *innerer Vorgänge* („Effi fühlte…"), an den *Zeitdeiktika,* d. h. an der Verbindung von deiktischen (verweisenden) Zeitadverbien, die sich nicht auf Vergangenes beziehen, mit präteritalen Verbformen („Übrigens war *morgen* Sonntag") und an den *Raumdeiktika*, d. h. an Raumadverbien, die dem Leser das Gefühl geben, er befinde sich mit dem Erzähler und den Figuren im gleichen Wirklichkeitsraum („*Hier* war es. *Da* stand sie").

In der modernen Erzählprosa wird das epische Präteritum häufig durch das *epische Präsens* („Als er *kommt*, *spürt* sie…"), das grundsätzlich die gleiche Funktion hat, ersetzt. Die Verwendung des epischen Präsens ist hier meist eine Folge des ↑personalen Erzählens und des damit verbundenen Eindrucks der Unmittelbarkeit. 41, *156 f.*, 177, 224, 225

episches Theater von Brecht (und z. T. schon von Piscator) im Widerspruch zum bürgerlichen Drama entwickelte moderne Form des Theaters.

Formal nicht auf dramatische Zuspitzung und Illusion der ‚Wirklichkeit' (daher auch *nicht*aristotelisches Theater), sondern auf bewusstes Spiel und auf Schaffung einer kritischen Distanz des Zuschauers zum Geschehen mit Hilfe von *Verfremdungseffekten* (blosse Reihung von Bildern, Songs, Erzähler, Titel, Publikumsanrede, Gestus des Zeigens usw.) gerichtet. Ansätze dazu, ihrer episierenden Elemente wegen, schon im mittelalterlichen ↑ Mysterienspiel und im Jesuitendrama des Barock.

Strukturell als gestisch-montageartiges Theater anstatt charakterlicher Qualitäten eines Helden menschliche Verhaltensweisen (Grund- und Kollektivhaltungen), vielfach gegensätzlich auf ein und dieselbe Figur bezogen, ins Sinnzentrum stellend. Zudem meist mit ↑offenem Schluss. Ist für das ganze moderne Theater schulebildend geworden. 30, 72, 77, *78,* 104, 149

Epitheton ornans formelhaft wiederkehrendes, typisierendes Adjektiv (Bsp: *kühles* Grab). Ist in modernen Texten mit ihrer Tendenz zu einem sachlichen Stil verpönt. 407

Epochalstil 70

Epos als erzählende Versdichtung Darstellung eines geschichtlichen, sagenhaften oder mythischen Geschehens vom Standpunkt eines gesicherten Welt- und Menschenbildes aus. Vorläufer des im 17. Jh. einsetzenden Romans; tritt diesem gegenüber in der Neuzeit zurück und verschwindet in der Moderne fast ganz. Seit der Romantik unterscheidet man das *Volksepos* (z. B. das Heldenepos), dessen Verfasser anonym bleibt, vom *Kunstepos*

(z. B. das höfische Epos). 147, 235, 237 f., 245, 282, 363
Er-Erzähler, Er-Erzählform 168
Erinnerungsmonolog Bezeichnung für Erinnerungsfragmente, die in Form von Monologen montageartig in einen Handlungsablauf eingefügt sind. Eine Erzählung kann aus lauter Erinnerungsmonologen bestehen (Bsp: Christa Wolfs „Kassandra"). Verwandt, häufig identisch mit dem ↑ inneren Monolog. 179, 224
Erkenntniskritik 64, 112
erlebendes Ich (in der Ich-Erzählung) *161,* 165, 223
Erlebnislyrik Gedichttyp, in dem ein *individuelles* lyrisches Ich privates Erleben und Empfinden ausdrückt; sie hat oder fingiert häufig autobiografischen Charakter; daher auch als *Konfessionslyrik* bezeichnet. Umfasst historisch etwa den Zeitraum vom Sturm und Drang (junger Goethe) bis zum Ende des 19.Jh., prägt aber das populäre Lyrikverständnis bis heute. Ggs. ↑ Gesellschaftslyrik, ↑ hermetische Lyrik; ↑ Gedankenlyrik. 149, 280, 283, *284, 288 f.,* 291, 385 f., *415*
erlebte Rede die ohne Redeankündigung erfolgte Wiedergabe der Gedanken einer Figur in der 3. Person im Indikativ Präteritum (Bsp: Musste er wirklich gehen?). Strukturell geht es dabei um die Auflösung der festen Erzählperspektive, d. h. um die Verschiebung der Erzählposition zwischen den Erzähler und die erzählte Figur. Wir haben demnach einen entpersönlichten, ↑ montierten Erzähler vor uns. 41, 131, 162, 165, *171 ff.,* 175 ff., 222, 229
erzählendes Ich (in der Ich-Erzählung) *161,* 165, 223
Erzähler eine mit dem Autor nicht identische, sondern von ihm geschaffene, fiktive Figur, die als vermittelnde Instanz zwischen ihn und den Leser tritt und die das, was sie erzählt, durch ihr Erzählen erst erschafft. Im Gegensatz zum Berichterstatter in einem Sachbericht ist der Erzähler ‚allwissend' (‚omniszient'), vermag er also auch ins Innere seiner Figuren zu blicken und ↑ Vorausdeutungen zu geben. *30,* 85, *157 ff., 164 ff., 168 ff., 182 ff.,* 215 f., *235,* 237, 250, 260, 264, 267
Erzählerbericht Darlegung des Erzählten aus der Sicht eines festen, persönlichen Erzählers. Der Erzählerbericht als eine ↑ mimetische Berichtform ist kennzeichnend für die traditionelle Erzählprosa. In modernen Montagetexten wird er durch verschiedene Erzählelemente (↑ erlebte Rede, ↑ innerer Monolog, ↑ Collage, ↑ Rückblende) aufgelöst. 154,

165, *166*, 169, 171 ff., 176 ff., 207, 215 f., *222*, 237, 250
Erzählerfigur (im Drama) 30
Erzählgedicht balladenartige, erzählende Versdichtung geringeren Umfangs (Bsp: Brechts „Kinderkreuzzug"). 30, 364
Erzählperspektive („*point of view*") *159 f.*, 161, 168, 172, 174, 175 ff.
Erzählposition 159 f., 167, 171 ff., 177, 180, 222, 227
Erzählsituation 159 f., 160 ff., 164 ff.
erzählte Zeit Zeitumfang, über den sich eine erzählte Handlung erstreckt; im Gegensatz zur *Erzählzeit* als der Dauer, die das Erzählen oder Lesen dieser Handlung beansprucht. Während in der traditionellen Erzählprosa, bedingt durch das *zeitraffende Erzählen*, die Erzählzeit in der Regel weit kürzer ist als die erzählte Zeit, sind die beiden im modernen Montageroman mit seiner Technik des ↑ Bewusstseinsstroms häufig von ähnlicher Dauer. Wir sprechen dann von einem *zeitdeckenden Erzählen*. Oftmals, wenn innere Vorgänge sehr ausführlich dargeboten werden, ist die Erzählzeit länger als die erzählte Zeit. Dann liegt ein *zeitdehnendes Erzählen* vor. 174, 226
Erzählung 148, *156*, 195, *235 ff.*, 247 f.
Erzählzeit s. erzählte Zeit
Es (Teil der menschlichen Psyche) 54, *131 f.*, 393

Essay 99, 146, 235, 268, *270 ff.*
essayistischer Roman 272
Euphemismus s. Understatement
Exempel, Exemplum in der antiken Rhetorik kurze Erzählung von guten und schlechten Beispielen menschlichen Verhaltens; Fortleben im mittelalterlichen *Bispel*. 261
Exempelfigur s. exemplarisches Ich
exemplarisches Ich ein Ich, das noch kein selbständiges Subjekt ist, sondern lediglich allgemeine Bestimmungen des Menschen repräsentiert und darin vollständig aufgeht. Findet sich in der Dichtung bis zum Ende des Barock. Figuren, die Grundmöglichkeiten menschlicher Existenz (z. B. Standhaftigkeit, Hochmut) beispielhaft repräsentieren, heissen dementsprechend *Exempelfiguren* (im Barockdrama etwa der Märtyrer und der Tyrann als die beiden exemplarischen Fälle des Menschen). *29, 283, 287 f.*
Exilliteratur 77 f., *79*, 94, 277
Existentialismus, Existenzphilosophie 108, 113, *114 ff.*, 124, 267
existentialistisches Drama 79, 116
experimentelle Literatur, allgemein 34, 76, *83 f.*, 106, 145, *375 ff.*, 380
experimentelle Lyrik 149, 282, 352
experimentelle Prosa 84, 254, 256 f., 274
experimenteller Roman s. Anti-Roman
experimentelles Theater s. Anti-Theater

Exposition Ausgangslage vor allem in Drama und Novelle. Hat in der ↑bürgerlichen Dichtung häufig die Aufgabe, den Helden als Sinnmitte des Werks in Szene zu setzen. 244, 259, 364

Expressionismus 18 f., 53, 58, 65, 70, 72, *74 ff.,* 94, 95, 132 f., 136, 137, 298, 308, 314

Expressionismusdebatte 58

Fabel im Gegensatz zur *Handlung* Geschehen, wie es sich chronologisch, also *nicht* dem Verlauf der Erzählung folgend, festhalten lässt. Die Fabel bildet das inhaltliche Konzentrat einer Erzählung. 181

Fabel meist kurze Erzählung mit lehrhafter Tendenz, in der vor allem Tiere menschliche Eigenschaften und Verhaltensweisen verkörpern. In der Moderne mit ihrer Abkehr vom Lehrcharakter der Dichtung fast bedeutungslos. 235, 254, 261

Falkentheorie 246 f.

Fantasy märchenähnliche Erzähltexte, die sich seit Beginn der Postmoderne zu einer eigenen Gattungsform entwickelt haben. Fantasy-Romane zeigen häufig eine archaische Welt, in der Magie und übermenschliche Kräfte die Handlungsfähigkeit der Figuren erweitern. Hauptthemen sind der ewige Kampf zwischen Gut und Böse *und* die Suche nach der idealen Ordnung (Bspe: J.R.R. Tolkien: Der Herr der Ringe; J.K. Rowling: Harry Potter, Michael Ende: Momo). 88

Feature aktuell aufgemachter Dokumentarbericht in Presse, Rundfunk oder Fernsehen, der aus ↑Reportagen, Kommentaren, Dialogen und Dokumenten montageartig zusammengesetzt ist. Mit dem ↑Hörspiel verwandt. 146, 149

Fernsehspiel dramatische Form, die Gestaltungselemente des Films und des Theaters miteinander verknüpft. 149

feste Figur als zentrales Strukturelement der ↑bürgerlichen Dichtung eine in sich geschlossene, durch die Dominanz des Charakters bestimmte Figur. Sie gründet in der Vorstellung vom ↑festen Ich. Ggs. ↑gestische Figur. *37 ff.,* 47 f., 50, *184 ff., 187,* 188, 190, 215, 223

feste Sprache eine durch Konvention und Tradition verfestigte Sprache, die sich als Abbild der ‚Wirklichkeit' gibt. Sie ist die Basis des traditionellen, ↑mimetischen Kunstprinzips. 55, 65, 75, 328

fester Erzähler Erzähler, dessen Erzählposition in einem Text fest bleibt, so dass ausschliesslich ↑Erzählerbericht vorliegt. Da er in der Regel persönlich in Erscheinung tritt, spricht man auch von einem *persönlichen Erzähler.* Zentrales Strukturelement der traditionellen Erzählprosa. Ggs. ↑montierter Erzähler. 26, 38, 154, *164 ff.*, 170 f., 188, 216, 222

festes Ich, festes Subjekt ein Ich, das durch personale Einheit und Identität definiert ist und so als fester Kern des Menschen aufgefasst wird. Es bildet die Basis der ↑ festen Figur bzw. des ↑ festen Erzählers und damit der ↑ bürgerlichen Dichtung überhaupt. In der modernen Literatur z. T. preisgegeben. 47, *50 f.,* 175, 187, 284, 289, 302

festes Konnotat ↑ Konnotat, das durch Konvention und Tradition mehr oder weniger festgelegt ist. Zu den festen Konnotaten gehören vor allem die ↑ *Allegorien* und die konventionellen ↑ *Symbole* (z. B. „Rose" als Symbol für „Liebe"). 288

Feuilleton 80, 271

Figur, literarische i.w.S. jedes in einem fiktionalen Text gestaltete Subjekt (also auch Erzähler und lyrisches Ich); i.e.S. Handlungsträger in ↑ narrativen Texten (also erzählte und dargestellte Figur). Als „Figur" lässt sich dabei eine einzelne Person, aber auch ein ganzes Kollektiv (z. B. ein Dorf, ein anonymes ‚man') bezeichnen. *26 ff.,* 30, 47, 54, 160, 165, 172 ff., 215 ff.

Figurengedicht auch *Bildgedicht* Gedichtform, bei der die Verse oder Wörter so angeordnet sind, dass sich eine gegenständliche Form (Kreuz, Herz, Trichter usw.) abzeichnet, die dem Inhalt entspricht. Besonders beliebt in Antike (als carmen figuratum) Barock; nachgeahmt u. a. von Arno Holz und Christian Morgenstern. Gilt als ein unmittelbarer Vorläufer der ↑ konkreten Poesie. 280, *385 ff.,* 402

Figurengestaltung als zentrales Strukturelement i.w.S. die Gestaltung *jeder* vom ↑ Autor geschaffenen Figur, also auch des Erzählers und des lyrischen Ich; i.e.S. als Gegensatz zur Erzählergestaltung die Gestaltung der *erzählten* oder der *dargestellten* Figur in ↑ narrativen Texten. An der Figurengestaltung entscheidet sich hauptsächlich, ob ein Text traditionell oder modern gebaut ist. *22 f.,* 26, 29 f., *37 ff., 45 f.,* 47, 57 f., 63, 69, 112, *184 ff.,* 193 ff., 213 f., *223,* 263

Figurenparadigma, Figurenreihe Verknüpfung verschiedener Figuren mit einer mehr oder weniger gleichen Haltung (z. B. Figuren A, B und C mit der Haltung /Macht ausüben/), so dass diese Haltung anstelle der Figuren ins Sinnzentrum tritt. Wir sprechen dann von einem ↑ gestischen Text. Eine Sonderform des Figurenparadigmas bildet das *Heldenparadigma.* 40, 45, 191 f., *197,* 346, 369

fiktionaler Text Text, der eine Schein-Wirklichkeit zeigt, aber so, dass er im Unterschied zum *fingierten Text,* der Wirklichkeit vortäuscht, den Charakter des Scheins durch textinterne und textexterne Fiktionalitätssignale, wie z. B. das ↑epische Präteritum und die Gattungsbezeichnung, sichtbar macht. Mit dem literarischen Text weitgehend identisch. Ggs. ↑pragmatischer Text. 33, *99, 155 ff.,* 225, 268

fiktiver Leser s. Leser

Film neues, kurz vor 1900 (Gebrüder Lumière 1895) einsetzendes Medium, dessen künstlerischer Aufschwung nach dem Ersten Weltkrieg begann. Beeinflusste die Entstehung einer Montageliteratur stark, auch wenn sich der moderne Montagestil nicht allein von der Filmkunst her erklären lässt. 54, 76, 78, 105, 114, 147, 206 f.

Fin de siècle übergeordneter Begriff für die Literatur zwischen 1890 und 1910. 65, *72 ff.,* 94

fingierter Text s. fiktionaler Text

Flexion Veränderung der Wortform (mit Hilfe von Flexionsmorphemen) zur Angabe der syntaktischen Beziehungen im Satz (Bsp: Er hilft d*en* Mütter*n*). Die moderne experimentelle Literatur verwendet, etwa um Sprachkonventionen zu unterwandern, häufig bewusst keine oder ‚falsche' Flexionen (Bsp: Ernst Jandl: „ich haben ein schuhen an"). 395

Folie, automatisierte s. Verfremdung

Formalismus zwischen 1915 und 1930 in Russland entwickelte Methode, die auf ausserliterarische Motivierung verzichtet und sich stattdessen streng an innerliterarische Faktoren, an Formelemente, hält. Anfänge zur Überwindung des alten Inhalt/Form-Dualismus; daher grosse Wirkung auf den ↑poetischen Strukturalismus und die ihm verwandten modernen Literaturtheorien. 23, 127

Formanalyse s. Formalismus

Frauenliteratur i.w.S. alle von Frauen verfasste Literatur; i.e.S. die im Gefolge der *Neuen Frauenbewegung* (feministische Bewegung) seit den 1970er Jahren entstandenen literarischen Werke von Frauen, die sich vor allem dem Verhältnis der Geschlechter (z. B. der Kritik an der traditionellen Rollenverteilung) und der Frage nach weiblicher Identität widmen (Verena Stefan, Angelika Mechtel, Brigitte Schwaiger u. a.). *86,* 148, 163, 194, 242, 270

freie Rhythmen s. Rhythmus

freier Vers (vers libre, free verse) folgt im Unterschied zum metrisch gebundenen Vers (vers regulier) nicht einem künstlichen, metrischen Muster, sondern dem ‚natürlichen' Wort- und Satzakzent der Prosa; gilt wie der ↑freie Rhythmus als ein Formelement der modernen Lyrik, ist aber im Gegensatz zu ihm *gereimt.* 85, 276, *297*

Futurismus 58, *75,* 105, *138,* 308, 383, 389, 417

Gattungen, literarische die drei *Haupt*formen der Dichtung (Epik, Lyrik, Dramatik), ausgehend von den drei Grundleistungen der Sprache, dem ↑ Organon-Modell. Jede der drei Gattungen lässt sich in verschiedenste *Gattungsformen* unterteilen (die Epik etwa in Roman, Novelle, Erzählung usw.). Die traditionellen Gattungsbegriffe reichen zur Beschreibung moderner Texte längst nicht mehr aus. *30,* 84, *144 ff., 147 ff.,* 150, 222, 235 f., 281 f., 297, 363, 414

Gattungsformen s. Gattungen

Gattungspoetik Lehre von den drei Gattungen und ihren Gattungsformen 43, *144 ff., 147 ff.,* 150, 235, 246, 282

Gedankenlyrik Lyrik mit vorwiegend gedanklichem (philosophischem oder religiösem) Inhalt. Der Begriff ist innerhalb der modernen Lyrik, in der es die an sich schon problematische Trennung von Denken und Erleben nicht mehr gibt, unüblich geworden. Ggs. ↑ Erlebnis- und ↑ Stimmungslyrik. 149, 281, 295

Gebrauchslyrik s. Tendenzliteratur

Gegenwartsliteratur 20, 25, *79,* 115, 252, 301

Gegner s. Handlungsfunktion

geistesgeschichtliche Methode (der Textinterpretation) 127

Gelegenheitsdichtung eine, oft als Auftragsarbeit, zu einem bestimmten Anlass (Geburt, Heirat, Tod, Königskrönung usw.) verfasste Dichtung. Sie reicht vom Gelegenheitsgedicht bis zum Festspiel. Besonders beliebt in Humanismus, Barock und Rokoko. Seit dem 19. Jh. z. T. abgelöst durch die ↑ Tendenzliteratur. 286 f.

Generative Grammatik s. Strukturalismus, linguistischer

Genieästhetik eine im Widerspruch zur alten Regelpoetik gegen Ende des 18. Jh. entstandene, für die ganze ↑ bürgerliche Dichtung zentrale Literaturauffassung, wonach jedes Kunstwerk die schöpferische Eigenleistung eines Autors als eines Originalgenies ist. Tritt in Moderne und Postmoderne mit ihrer Tendenz zum ↑ Zitat zurück. 122, 304, 387, 399

Georg-Büchner-Preis 79 f., 412

geschlossene Form allgemein als Bauprinzip, nach dem Beginn und Schluss eines Textes deutlich markiert und die einzelnen Teile aufeinander bezogen sind. Traditionelle Texte, allen voran das ↑ aristotelische Drama, die ↑ Novelle und das ↑ Sonett, neigen, bedingt durch die ihnen zugrunde liegende ↑ *Vermittlungsstruktur,* zur geschlossenen Form. Ggs. ↑ offene Form. 224, 244, *259,* 272, *327*

geschlossenes (tektonisches) Drama s. aristotelisches Drama

Gesellschaftslyrik im Gegensatz zur Erlebnislyrik ältere, gesellschaftlich gebundene und getragene Lyrik, vor allem vom 12.bis zum frühen 18.Jh. *283, 286ff.*

Gesellschaftsroman ein im 19.Jh. entwickelter Romantyp, der, häufig in gesellschaftskritischer Absicht, das Bild einer bestimmten Gesellschaft, ihrer Zeit und ihrer Probleme entwirft und diesem die Gestaltung individueller Konflikte unterordnet (Bspe: Fontanes „Effi Briest", Grass' „Hundejahre"). 34, 148, 150

Geste zunächst als einzelne Gebärde mit einer durch Konvention bestimmten Aussage (z. B. Kopfnicken); dann eine einzelne Handlung, Verhaltens- oder Redeweise als Ausdruck eines bestimmten Grundverhaltens, eines ↑ Gestus. 89, 318

gestische Figur eine Figur, die nicht mehr vom Charakter, sondern von einer oder von verschiedenen Haltungen (Gestus) her gestaltet ist. Zentrales Strukturelement der modernen Erzählprosa und Dramatik. Wir sprechen von einer *gestischen Figurengestaltung*. Sind die von einer Figur eingenommenen Haltungen gegensätzlich angelegt (z. B. /helfen/ vs /schaden/), so haben wir es mit einer *gestisch montierten Figur* zu tun. Ggs. ↑ feste Figur. *40, 46, 134, 190f., 193ff.*, 209, 219, *223, 249,* 256ff.

gestisch montierte Figur s. gestische Figur

gestische Schreibweise Schreibweise, bei der nicht mehr eine einzelne Heldenfigur oder ein lyrisches Ich, sondern ein Netz von Beziehungen (z. B. menschliche Haltungen, Motive) strukturbestimmend ist. Wir sprechen dann von einem *gestischen Text*; es handelt sich um einen modernen Texttyp. *40, 43, 44ff.*, 57, 191, *212,* 258, 274, *342,* 344, 346, 366ff., 376, 392

gestischer Text s. gestische Schreibweise

gestisches Zentrum als Mittelpunkt (Stadt, Ortschaft, Strasse, Platz usw.) vieler moderner Texte, vor allem moderner Romane, gleichsam als ↑ Leitmotiv, das die Figuren, ihre Thematik bestimmt. Erscheint häufig schon im Titel (Bsp: Döblins „Berlin Alexanderplatz"). *198ff.*

Gestus nach Brecht die Grundhaltung eines Einzelmenschen oder auch die Gesamthaltung eines Kollektivs. Er ist durch Kollektivkräfte verschiedenster, vor allem gesellschaftlicher und existentieller Art (Helferdrang, Angst, Machttrieb usw.), bestimmt, wurzelt also nicht im Charakter der Figur(en). In modernen Texten bildet häufig der Gestus anstelle eines Helden das Sinnzentrum. *39ff., 45,*

58, 61, 191, 193 ff., 197, 199 f., 318, 325

Gestusmontage Gestaltung einer Figur von gegensätzlichen Haltungen (z. B. /Liebe/ vs /Rache/) her, wodurch ihre personale Einheit aufgelöst wird. Wir sprechen dann von einer montierten Figur. An ihrer Stelle treten die beiden Kontrasthaltungen ins Sinnzentrum. Entspricht dem ↑ Montagetyp 2. 104, 193, *207 ff.*, 217, *325, 352*

Gestusopposition Gegenüberstellung gegensätzlicher Gestus, wobei sich diese Gestus auf verschiedene Figuren oder aber auf ein und dieselbe Figur beziehen können. Das Letztere ist eine ↑ Gestusmontage. 232, 348 ff., 369

Gestuswechsel ein meist extremer, nicht individualpsychologisch motivierter Haltungs- oder Rollenwechsel der Figur bis hin zum eigentlichen *Rollenspiel*. Durch diesen Haltungswechsel, der zur Sprengung der Figur führt, treten die Kontrasthaltungen hervor, während die Figur selber in den Hintergrund rückt. Der Gestuswechsel lässt sich als Verfremdung des bürgerlichen ↑ Entwicklungsbegriffs auffassen. 104, 193, 195, *200 ff.,* 209, *224,* 232, 301, 318 f., 353, 414

Gleichnis 261, 275

Grazer Gruppe 80, 377

Groteske dem ↑ Tragikomischen verwandte, überraschende Verbindung von scheinbar Unvereinbarem, vor allem des Monströs-Grausigen und des Komischen (Bsp: Irrenärztin in Dürrenmatts „Physikern" als skurrile, bucklige Alte *und* fürchterliches Monstrum); vor allem in Romantik und Moderne Ausdruck einer als paradox erlebten Welt. 76, 221 f., 244, 254, 310

groteskes Theater s. Tragikomödie

Grundgestus eine *Grund*verhaltensweise, aus der sich in einem Text bestimmte Haltungen (Gestus) ableiten lassen. Gestus und Grundgestus bilden die ↑ Tiefenstruktur zahlreicher moderner Texte. *44,* 206, 208, 350, 369

Grundopposition elementare Opposition, die sich meist über einen ganzen Text erstreckt. Bei den Grundoppositionen geht es gewöhnlich um Gegensätze (/Kultur/ vs /Natur/, /Leben/ vs /Tod/, /zeitlich/ vs /ewig/ usw.), in denen sich letzte Prinzipien des Daseins ausdrücken. 316, 321

Gruppe 47. 79

Gruppe 61. 72, *84*

Gruppenstil 70

Haiku lyrische Kurzform aus drei Zeilen zu 5-7-5 Silben; im 16. Jh. in Japan entstanden. Zentrales Thema ist die Natur. 280, 284

Handlung im Gegensatz zur ↑ *Fabel* Geschehen, wie es der Gliederung der Erzählung (z. B. mit ↑ Rückblenden, ↑ Vorausdeutungen, simultanem Aufbau) entsprechend *wirklich* abläuft. Der zeitlich und kausal verknüpfte Verlauf der Handlung, also das Handlungsgerüst, in einem ↑ narrativen Text, wird auch als *Plot* (engl. Grundriss, Plan) bezeichnet. Handlung und Fabel sind in traditionellen Erzählungen häufig fast ‚deckungsgleich', können aber in der modernen Erzählprosa, bedingt durch eine nicht-chronologische Erzählweise, völlig auseinander fallen (Bsp: Christa Wolfs „Kassandra"). 22, 24, *27f.*, 32, 89, 181, 189, 237, 381

Handlungselement s. narrative Struktur

Handlungsfunktion Funktion, die einer Figur, einem Element (z. B. einer Waffe) oder einer abstrakten Grösse (z. B. einer bestimmten Rechtsordnung) während eines Handlungsablaufs zukommt. Wir unterscheiden 7 Handlungsfunktionen: den ↑ *Helden*, der von einem *Auftraggeber* (im Märchen z. B. vom König) beauftragt wird, ein bestimmtes *Wunschobjekt* (z. B. die Prinzessin) zu erwerben, d. h. eine ↑ *Mangellage* zu überwinden, und dazu einen *Helfer* (im Märchen z. B. einen guten Zauberer) haben kann; den *Gegner*, der, von einem *negativen* Auftraggeber (im Märchen z. B. von einer bösen Fee) beauftragt, die Mangellage geschaffen hat oder den Helden bei deren Überwindung behindert, und der oft einen *negativen* Helfer besitzt; schliesslich den *Nutzniesser* (im Kriminalroman z. B. die Gesellschaft), der von den Handlungen des Helden profitiert. Häufig gibt es noch einen *Boten* (z. B. ein Diener) als verbindendes Element zwischen dem Auftraggeber und dem Helden.

Eine Handlungsfunktion kann mit verschiedenen Figuren besetzt sein; anderseits kann eine Figur auch verschiedene Handlungsfunktionen (z. B. Auftraggeber, Held *und* Nutzniesser) realisieren. Im Unterschied zu *traditionellen* Texten, wo die Figuren mit den Handlungsfunktionen *fest* verknüpft sind (eine Figur ist z. B. Held, eine andere Gegner), können die Figuren in *modernen* Montagetexten einander widersprechende Funktionen (eine Figur ist z. B. Helfer *und* Gegner des Helden) ausüben.

In traditionellen Texten sind die Handlungsfunktionen (vor allem der Auftraggeber und der Held) gewöhnlich stark ausgebildet, in modernen Texten sind sie meist nur noch schwach oder z. T. gar nicht mehr besetzt. Das gilt vor allem für den Auftraggeber. *24f.*, 166, 185, 266

Handlungsmotiv s. Motiv
Handlungsnovelle 246
Handlungsparadigma, Handlungsreihe Aufbau einer Figur von verschiedenen, semantisch aber miteinander verwandten Handlungen her, so dass sich eine Grundhaltung ergibt, die anstelle des Charakterlichen der Figur ins Sinnzentrum tritt. Ist diese Grundhaltung durch Gesellschaftliches bestimmt (z. B. Ausbeutung), so sprechen wir von einem ↑ Gestus. 43, 45, *194f.,* 346
Handy-Roman 401
Happening s. Agitprop-Theater
Happy-End als glücklicher Ausgang in Film, Roman, Drama usw. zentrales Handlungselement vor allem der ↑ Trivialliteratur. Geistige Basis ist eine naive, teleologisch-schicksalhafte Weltauffassung, wonach das Gute am Ende über das Böse notwendigerweise siegt. Daher in der modernen Literatur häufig parodiert und so der Kritik des Lesers ausgesetzt (Bsp: Brechts „Dreigroschenoper"). 80, 241, 409
Heimatkunst antimoderne literarische Bewegung um 1900. *73*
Heimatroman 240, 408
Held als zentrales Strukturelement jene Grösse im Text, die eine bestimmte ↑ Mangellage zu überwinden sucht. Gelingt dies nicht, wie vor allem in modernen Texten, so sprechen wir von einem *negativen Helden*. Die Heldenposition kann durch eine einzige Figur, durch mehrere Figuren oder gar durch ein Figurenkollektiv (kollektiver Held) besetzt sein. In der ↑ bürgerlichen Dichtung ist das ganze Geschehen auf den *Helden* und auf den *Schluss* hin angelegt. *24,* 27, 38 ff., 47, 171, *185f.,* 188f., 205, 220, 237, 249, 266, 365, 369f., 374
Heldenepos s. Epos
Heldenparadigma s. Figurenparadigma
Helfer s. Handlungsfunktion
Hermeneutik Lehre des ‚richtigen' Verstehens, Deutens von Texten, wobei vorausgesetzt wird, dass jedes Verstehen vom geschichtlich bedingten Vorverständnis des Verstehenden geprägt ist. Diese Wechselbeziehung zwischen Vorverständnis und Verstehen nennt man seit Fichte und Schleiermacher den *hermeneutischen Zirkel.* 20f., 23, 108
hermetische Dichtung ganz allgemein Dichtung, die als dunkel, schwerzugänglich, ja als unerschliessbar gilt, die sich dem interpretierenden Zugriff des Lesers entzieht. Der Begriff findet u. a. mit Blick auf die moderne Parabel (Kafka u. a.), vor allem aber auf einen Grossteil der modernen Lyrik Verwendung. In Bezug auf das Letztere sprechen wir von einer *hermetischen Lyrik.* Das Hauptmerkmal dieser Lyrik ist der aufwen-

dige Gebrauch der ↑ absoluten Metapher. Es handelt sich demnach um Gedichte, die weniger symbolisch als vielmehr von einem Netz ↑ paradigmatischer Beziehungen aus gestaltet sind. *81*, 84, 87 f., *91*, 117, *149*, *299*, 301, 315

hermetische Lyrik s. hermetische Dichtung

Hip-Hop weltweite Jugendkultur, die ihre Wurzeln in der Popmusik auf den Block Partys der farbigen Jugendlichen aus New Yorks Stadtteil Bronx hat. Zu seinen Erscheinungsformen gehören ↑ Rap, Breakdance, DJing und Graffiti-Sprühen. 87 f., 149, *358*

historische Novelle 247

historischer Roman Romantyp, der entweder historische Personen und Ereignisse mit unterschiedlich starker Fiktionalisierung gestaltet oder eine fiktive Handlung in einen historisch treu gezeichneten Rahmen einfügt. Tritt in der Moderne mit ihrem Verzicht auf ↑ Mimesis zurück, erscheint aber in der Postmoderne, freilich in ironisch gebrochener Form, wieder (Ransmayr, Süskind, Walser u. a.). 148, 155, 240

historisches Präsens auch *szenisches Präsens* genannt; als Stilmittel Ersatz für das ↑ epische Präteritum, wenn es darum geht, ein vergangenes Geschehen, etwa eine packende Szene, unmittelbar zu vergegenwärtigen (Bsp: „Ich kam gerade…, da sehe ich plötzlich…"). Es wird daher sparsam verwendet. 225

historisches Präteritum s. episches Präteritum

Homologie Ähnlichkeitsbeziehung, d. h. Entsprechung zwischen verschiedenen, in ihrer Struktur aber gleichen semantischen Verhältnissen. Homologien erscheinen in der Art direkter Proportionen: A:B::A':B'. Das Zeichen „::" steht dabei für „ist homolog". In literarischen Texten können Figuren und Handlungen homologisch miteinander verknüpft sein. Das ist vor allem in modernen Texten, in denen, bedingt durch die gestische Schreibweise, oft ganze ↑ Figurenreihen entstehen, häufig der Fall. 45, 411

Homonym s. Ambiguität

Hörbuch auch als *Audiobook/Audiobuch* Werk, das auf einem Tonträger (CD; DVD, Kassette) aufgenommen und in der Regel von einem Hörbuchverlag vertrieben wird. 129

Hörspiel mit rein akustischen Mitteln (Sprache, Musik, Geräusche) gestaltetes, für den Rundfunk geschriebenes Spiel. Nimmt in der Moderne (nach dem Zweiten Weltkrieg), vor allem weil es über entsprechende ästhetische Mittel (Schnitt, Blende, Montage, innerer Monolog u. a.) verfügt, einen wichtigen Platz ein. Seit den 1960er Jahren Entwicklung zum *Neuen Hörspiel*, bei dem nicht mehr das traditionelle Rollenspiel, sondern das Spiel mit akustischem Material („totales Schallspiel") zentral ist. 78, *82*, 84, 149

Humanismus von Italien ausgehende, auf die Antike zurückgreifende Bildungsbewegung im 14.-16.Jh., in der sich der Mensch als Individuum zu entdecken beginnt; eine der Wurzeln des klassischen ↑ Persönlichkeitsbegriffs und damit letztlich der ganzen ↑ bürgerlichen Dichtung. 59, 63, 70, 185, 284, 361

Hymne Preislied auf Götter, Helden und Sieger bei Wettspielen; in der ↑ christlichen Literatur Loblied auf Gott. 277, 280, 351, 361

Hyperbel stark übertreibender Ausdruck in vergrösserndem oder verkleinerndem Sinne (die Hölle war los, Schneckentempo usw.). Kann ein Kunstprinzip bilden, so dass sich von einem *hyperbolischen Stil* sprechen lässt, wie er gerade in modernen Texten (Böll, Bernhard, Jelinek, Brussig, Arnold Stadler u. a.) häufig anzutreffen ist. 196, 408

Hyperfiction s. Hypertext

Hypertext ein im Internet aus Textblöcken zusammengefügter Text und die Hyperlinks, die diese Blöcke verbinden. Texte, welche die grundsätzlichen Möglichkeiten des Hypertextes für spezifisch künstlerisch-ästhetische Zwecke nutzen, bezeichnen wir als *Hyperfiction*. *397 ff.*, 405

Hypotaxe im Gegensatz zur ↑ Parataxe die Satzverknüpfung durch Unterordnung, d. h. durch Fügung aus Haupt- und Nebensätzen, so dass ganze Satzperioden entstehen. Erzählstil in Texten, in denen es um den Ausdruck komplexer Sachverhalte (wie etwa im Roman) oder um die Darstellung einer lückenlosen Kausalkette (wie in der Novelle) geht. *260*, 343

hypothetisches Erzählen mehrdeutiger Erzählstil, um den Leser im Ungewissen über das Erzählte zu lassen (Bsp: „Anna *musste* krank sein…"). Typisch für personales Erzählen. 162

Ich (Teil der menschlichen Psyche) *29*, 37, 50 f., *54*, 113, *132*

Ichabbau 51, 65

Ichauflösung die u. a. seit Nietzsche und Freud einsetzende Vorstellung vom Ich als einer Vielheit von teils gegensätzlichen Kräften (z. B. als Ambivalenz von Liebe und Hass oder als Diskrepanz zwischen dem Bewusstsein und den unbewussten Triebvorgängen). Wir sprechen dann von einem *dissoziierten Ich*. Es bildet die Basis der ↑ gestischen Schreibweise, vor allem aber der ↑ Montage- und ↑ Collagetechnik, in zahlreichen modernen Dichtungen. *53f., *57f., 65, 73ff., 111, 113, 135, 137f., 173, 208, 269, 298f., 311f., 379, 416

Ichdissoziation s. Ichauflösung

Ichentfremdung s. Entfremdung

Icherneuerung (im Expressionismus) 53, *75*

Ich-Erzähler, Ich-Erzählsituation 161, 163, 165, 168, 174, 194ff., 214, 223, 227

Ich-Erzählung 161, 234

ichloser Text 308f., 384

Ich-Philosophie (J.G. Fichtes) *285, 415f.*

Ich-Roman 163

Ichvereinzelung 110, *312f.*

Idealismus Auffassung, dass die Bedingungen des Handelns im Bewusstsein des menschlichen Subjekts liegen (das Bewusstsein formt das Sein). Bestimmt die abendländische Philosophie von Descartes über Kant und Fichte bis zu Hegel. Bildet die geistesgeschichtliche Basis des Heldenprinzips in der bürgerlichen Dichtung. Ggs. ↑ Materialismus. 51, 65, 110, 114, 394, 415f.

Identifikation als Einfühlung des Lesers/Zuschauers ins Schicksal einer ↑ Figur (vor allem des ↑ Helden) für die ↑ bürgerliche Dichtung bestimmend. An ihre Stelle tritt in der Moderne, besonders im modernen Theater, die ↑ Verfremdung 48, 164, 165, 166, 186, 188

Identität (der Figur) 38, 50f., 53, 66, 115, 184, *186f.,* 190, 204f., 214f., 219ff., *223*

Identitätsphilosophie (Schellings) 284, *415*

Identitätsverlust 63, 65, 180, *193*, 223, 311, 326

Ideogramm s. visuelle Poesie

Ideologiekritik aus der Sicht der Moderne Kritik am bürgerlich-traditionellen Denken, an seinen Dogmatisierungen bzw. ↑ Mythisierungen; erfasst in modernen Texten die Struktur der Figuren selber (gestische Figur etwa als Kritik am traditionellen Helden). 43, *345f.,* 370

Idylle Genrebild, das ein idealisiertes, ländlich-beschauliches Leben darstellt und meist einen sozialutopischen Anspruch („Wiederkehr des goldenen Zeitalters") erhebt. In der Moderne häufig parodiert. 324, 351f., 408

Ikon s. Zeichen

Impressionismus 73f., 113

Index s. Zeichen

Individualität 37f., 51, *186f.,* 218ff., 259, 262

Individualpsychologie 213

individuelle Lyrik Gedichttyp, dessen Zentralkategorie das individuelle lyrische Ich ist. Umfasst als genuin traditionelle Lyrik vor allem die ↑ Erlebnis- und ↑ Stimmungslyrik seit Goethe und der Romantik. Ggs. moderne, entpersönlichte Lyrik. *285, 288ff*

individuelles Ich, individuelles Subjekt s. festes Ich

Industrialisierung 51, *71,* 100, 255, 285

Informationsgesellschaft 86, *105*

Ingeborg-Bachmann-Preis 1976 von der Stadt Klagenfurt gestifteter und seit 1977 (anlässlich eines Wettlesens) verliehener Literaturpreis. Preissumme: 22'500 EUR. 130, 412

innere Emigration 19, *78 f.*, 94

innerer Monolog Wiedergabe von Gedanken, Wünschen, Erinnerungen usw. einer Figur in der Ich-Form *ohne* erzählerische Vermittlung, so wie sie sich im Augenblick vollziehen. Sein zentrales Merkmal ist die Unmittelbarkeit; anders als die ↑ erlebte Rede verwendet er denn auch das Präsens. Aus struktureller Sicht geht es beim inneren Monolog um eine *Auflösung des festen Ich* in eine amorphe Folge von Bewusstseinsinhalten, die man auch als *Bewusstseinsstrom* (stream of consciousness) bezeichnet. Der innere Monolog spiegelt so die Problematisierung der Identität und Geschlossenheit der modernen Figur. 33, 41, 74, 113, 114, 131, 162, 165, *174 f.*, 175 ff., 181, 222, 229, 230, 325, *413*

‚innere' Zeit als Gegensatz zur realen Zeitabfolge Gleich- und Allzeitigkeit von Tun und Erinnern, d. h. als Simultaneität der zeitlichen Vorgänge im Bewusstsein der Figur. Hängt strukturell mit der *Ichauflösung* in der Moderne und von da aus mit dem *Montageprinzip* zusammen. 103, 224, 269, *311*, 325

Innovationsästhetik eine Ästhetik, die als qualitatives Merkmal ‚moderner' Kunst den Bruch mit den herkömmlichen Formen und Normen fordert. Tritt in der Postmoderne zurück. 18

intendierter Leser s. Leser

Intertextualität als ein Charakteristikum literarischer Texte die Gesamtheit expliziter und impliziter Bezüge eines Textes zu andern Texten. Intertextuelle Bezüge können unterschiedlichste Bereiche (Thematik, Motivik, Zitate, Figurenkonstellation usw.) betreffen. In der Postmoderne spielen sie im Zusammenhang mit der auffallenden ↑ Mehrfachkodierung und dem ↑ Pastiche eine besondere Rolle. 87, 122, 304, 408

Inversion Umkehrung der üblichen Wortfolge zur Akzentuierung und aus rhythmischen Gründen; vor allem in der Lyrik (Bsp: „*Vorbei gleiten* zwei Faltboote"). 280

Ironie Redeweise, die das Gegenteil des Gesagten meint (Bsp: Du bist mir ein schöner Freund). Sonderform: ↑ romantische Ironie. 182 ff., 408

Isotopie auch *Semrekurrenz* Wiederholung dominanter ↑ Seme in den Wörtern eines Textes (Bsp: „Die Kühe fressen": Isotopie /tierisch/), so dass die Textkohärenz (Textzusammenhang) und damit das Verständnis des Textes gewahrt ist. Eine

Isotopie, die sich über einen längeren Text erstreckt (z. B. ein Leitmotiv), bezeichnen wir als *dominante Isotopie*. Werden, wie etwa in ↑Montagen, Seme miteinander verbunden, die sich gegenseitig ausschliessen, so sprechen wir von einem *Isotopiebruch*. 309, 321, 380
Isotopiebruch s. Isotopie

Jambus s. Metrum
Jugendstil Richtung der bildenden Kunst um 1895-1905. Übertragung des Begriffs auf die Literatur. 57, *73*, *137*
Junges Deutschland s. Realismus
Junges Wien (Wiener Moderne) *73 f.*, 113

Kahlschlagliteratur s. Trümmerliteratur
Kalendergeschichte 235
Kantkrise (bei H.v.Kleist) *64*, *67*
Katharsis s. aristotelisches Drama
Kitsch als Scheinkunst. Seine Hauptmerkmale: Schwarz/weiss-Zeichnung der Figuren, Häufung ästhetischer Reize, unzeitgemässe ↑Idyllik, banales ↑Happy-End. Seit der Postmoderne wird die Grenzziehung zwischen Kunst und Kitsch freilich immer schwieriger. 241, 407
Klassik i.e.S. auf Goethe und Schiller („Weimarer Klassik") beschränkte literarische Bewegung zwischen 1786 und 1805. 21, 63, 96, 185, 238, 288, 363
klassische Metapher s. Metapher

klassische Moderne Teil der Moderne von der ↑Avantgarde nach 1900 bis zur Tendenzwende um 1970, der für die Moderne als Ganzes mustergültig, vorbildlich geworden ist. Wegweisend für die klassische Moderne, deren repräsentative Kunstform der Roman bildet, waren Alfred Döblin (Roman), Gottfried Benn (Lyrik) und Bertolt Brecht (Theater). Ggs. ↑Zweite Moderne. 85, 87, 94, 162, 165, 303
Klimax stufenweise Steigerung der Aussage (Bsp: Ich habe ihn gebeten, angefleht, beschworen). Die gegenläufige Figur heisst *Antiklimax* (Bsp: Urahne, Grossmutter, Mutter und Kind). 353
Kode konventionell festgelegte, vereinbarte Zeichen und Regeln, die an einen bestimmten ↑Diskurs gebunden sind. In der Kunst besteht der Reiz gerade im Abweichen vom herrschenden Kode, d.h. vom Erwartungshorizont des Rezipienten. Für die moderne Literatur ist der Bruch von Kodes, auch als ↑Verfremdung verstanden, zu einem zentralen Qualitätsmerkmal geworden (↑Innovationsästhetik). 131
kollektiver Held s. Held
Kollektivierung der Figur Öffnung der Figur gegen kollektive (existentielle, triebhafte und gesellschaftliche) Grundkräfte (z. B. Lebenswille, Angst,

Machtstreben) hin; führt zur
↑ Entpersönlichung der Figur.
193, 212, 219, 259
Kölner Schule s. Neuer Realismus
Kommunikationstheorie Lehre von
der Vermittlung, dem Austausch und der Aufnahme von
Informationen. Verwandt mit
der ↑ Semiotik. 126
Kommunikationswissenschaft 128
Komödie Drama, das vor allem
mit den Mitteln der Typen-,
Charakter- und Situationskomik auf ironisch-heitere Art
menschliche Defekte entlarvt
und vermeintlich unlösbare
Konflikte am Schluss überwindet. Je nach der Gestaltung
der komischen Figur sprechen
wir von einer Typen- oder von
einer Charakterkomödie. Während die ↑ Tragödie die Distanz
zum Zuschauer überwindet,
schafft die Komödie Distanz;
sie ist daher im modernen
Theater in der ihr verwandten
Form der ↑ Tragikomödie sehr
beliebt, löst hier denn auch die
Tragödie recht eigentlich ab.
Bspe: Molière: Der Geizige (Typenkomödie); Kleist: Der zerbrochene Krug (Charakterkomödie). 93, 146, 149
komplexe Psychologie s. analytische
Psychologie
Konfessionslyrik s. Erlebnislyrik
konkrete Poesie 34, 76, 84, 92, 106,
118, 119, 144, 146, 149, 276,
337, 352, 354, 375, *383 ff., 385 ff.,*
388, *392,* 417

Konstruktivismus Richtung der
modernen Malerei und Plastik
um 1915. *138*
Konnotat, Konnotation nicht starr
geregelter Hof von ↑ Assoziationen, die sich dem begrifflichen Inhalt eines Wortes oder
Textes überlagern (z. B. die
Konnotate „Liebe", „Fürsorge",
„Geborgenheit" usw. zum Wort
„Mutter"). Konnotationen spielen u. a. in literarischen Texten
(am stärksten in der Lyrik), vor
allem in der Form von Stilmitteln (Metapher, Symbol, Topos
usw.), eine zentrale Rolle. Ggs.
↑ Denotat. 211, 288
Kontext Zusammenhang, in dem
ein Zeichen, etwa ein Wort,
steht. Wir unterscheiden zwischen einem innersprachlichen Kontext, dem unmittelbaren Textumfeld, auch *Kotext*
genannt, und einem aussersprachlichen *Kontext,* der alle
aussertextlichen Faktoren
(Kommunikationssituation,
Denk- und Interpretationshorizont des Lesers) umfasst. Der
Kontext spielt bei der Deutung
bestimmter Textstellen eine
zentrale Rolle. Dies gilt besonders für literarische Texte, weil
gerade sie ein Netz von Beziehungen auf verschiedenen Ebenen darstellen. 39, 77, 118, 155
kosmische Sanktion s. Raumelement
Kotext s. Kontext
kreatives Schreiben (Creative Writing) aktives literarisches

Schreiben innerhalb einer Gruppe. Die Gruppe einigt sich dabei meist auf ein Thema, einen Stoff oder auf ein Motiv, zu dem die Mitglieder Texte verfassen, die anschliessend in sog. Schreibkonferenzen miteinander diskutiert werden, und zwar als Training im Feedback-Geben und -Annehmen. Workshops für kreatives Schreiben sind heute, seit sich die Vorstellung vom „Schreiben als Handwerk" etabliert hat, sehr beliebt. 61, 130, 234, 256, 273

Kreisstruktur im Gegensatz zur Endbezogenheit traditioneller Texte Strukturprinzip moderner Texte, insofern als diese am Schluss in der Regel keine grundsätzliche Veränderung der Ausgangslage (↑ Mangellage) erfahren. Wir sprechen dann von einem ↑ offenen Schluss. Am ausgeprägtesten wohl im ↑ absurden Theater. Geistige Basis der Kreisstruktur ist ein ateleologisches Weltbild. 112, *250*

Kriminalroman 88, 192, 240, *242 ff.*, 365, 401

Kritische Theorie (Frankfurter Schule) 108, *118 ff.*

Kubismus Richtung der modernen Malerei (1907-1925), bei der alles Gegenständliche in geometrische Formen zerlegt wird. Auffallende Parallelen zur modernen Literatur. 74, *138,* 142 f., 379

Kunstballade 363

Kunstlied s. Lied

Kurzgeschichte 76 f., 80, *91,* 148, 163, 213 ff., 235, *253 ff., 259 f.*

Kürzestgeschichte eine auf wenige Zeilen, mitunter auf einen einzigen Satz verknappte Form der Kurzgeschichte. Sie zeichnet sich durch ihre Nähe zur Parabel und zur experimentellen Prosa aus. In Amerika als *short short story* besonders beliebt. 91, 254, *256,* 274

Kurzprosa 235, 254 ff., 380

Lakonismus als äusserste Verknappung der Sprache häufiges Stilmittel vor allem der modernen Kurzgeschichte und Lyrik. 85, 91, 328

langes Gedicht von Walter Höllerer 1965 im Widerspruch zur ↑ hermetischen Lyrik geforderte neue Lyrik, die sich wieder vermehrt der ‚Realität' zuwendet. 84

Langue als Sprachsystem im Gegensatz zur *Parole*, der Sprache in der Anwendung, der konkreten sprachlichen Äusserung. *126*

L'art pour l'art Formel für den Glauben an die Autonomie der Kunst, vor allem im Symbolismus. Ggs. ↑ Tendenzliteratur. 73, 340

Lautgedicht s. akustische Poesie

Lebensphilosophie 113 f.

Leerstelle nach Wolfgang Iser ein ↑ Signifikant ohne ein greifbares ↑ Signifikat. Leerstellen finden sich vor allem in modernen Texten (z. B. in Kafkas Parabeln). 392, 407

Legende kurze, historisch unverbürgte, aber meist einen geschichtlichen Kern enthaltende Erzählung aus dem Leben der Heiligen. Im Zentrum steht dabei das Mirakel/Wunder. Gegensatz: ↑ Sage. Wo die Legende, wie in der modernen Literatur, häufig parodiert wird, da entsteht die *Anti-Legende* (Bsp: Brechts „Der gute Mensch von Sezuan"). 235

Lehrgedicht Gedichttyp mit überwiegend didaktischer Tendenz (z. B. politische Lyrik, Spruchdichtung). 348 ff.

Lehrstück Drama mit didaktisch-politischer Zielsetzung. Dient der Demonstration bestimmter (politischer) Verhaltensweisen, ist daher stark gestisch. Vor allem bei Brecht mit dem ↑ epischen Theater weitgehend identisch. 81, 149, 395

Leitmotiv s. Motiv

Lektor Verlagsmitarbeiter, der u. a. die eingereichten Manuskripte auf die Brauchbarkeit für den Verlag (Qualität, Verlagsprogramm) prüft. Die Lektoren eines grösseren Verlags bilden, meist unter der Leitung eines Cheflektors, zusammen das *Lektorat*. 84, 128

Leser als Rezipient eines literarischen Textes zunächst der tatsächliche oder *empirische Leser*; dann aber auch der *intendierte Leser* als der vom Autor vorausgesetzte Leser; schliesslich auch der vom Erzähler häufig direkt angesprochene, *fiktive Leser*, wie er textintern vor allem in der auktorialen Erzählsituation häufig vorkommt. 30, 48, 122, 158, 161, *165*, 171, 235, *397 ff.*, 407 ff.

Lettrismus 388, 392

Lexem s. Wort

Lexikologie s. Semantik

Liebesroman 192, 198, 240

Lied Gedichtform aus mehreren vierzeiligen Strophen, wobei die Zeilen drei- bis vierhebig und gereimt sind (↑ Volksliedzeile). Auffallend der häufig verwendete Refrain (Kehrreim). Zu unterscheiden ist das *Kunstlied* vom älteren, meist anonymen *Volkslied*. Gilt in der Moderne, vor allem nach 1945, als unzeitgemäss, stösst aber in der Postmoderne (z. B. bei Ulla Hahn) auf neues Interesse.

Vom literarischen Lied zu unterscheiden ist das *populäre* Lied (Chanson, Schlager, Pop-Song, Blues, Lyrics, Country-Ballade u. a.) als einem Produkt unserer modernen Massenkultur, das sich aus dem kommunikativen System der herkömmlichen Literatur ins weitgehend elektronisch-mediale System der Pop- und Rockmusik verlagert hat. Selbstverständlich finden sich auch hier Texte von unbestreitbarer literarischer Qualität (ge-

wisse Songs der Beatles, Balladen von Bob Dylan usw.). 149, 279, 280, 288, 351
Liedermacher 119, 341
Limerick s. Epigramm
Linguistik, moderne 23, *126 f.*
Literaturagent Dienstleister, der gegen eine Provision (ca. 15 % des Autorenhonorars) Autoren betreut und an Verlage und andere Medienunternehmen vermittelt. 128
Literaturarchiv als Archiv, das der Sammlung und Erschliessung literarischer Dokumente (Manuskripte, Erstausgaben, Briefe, Nachlässe u. a.) dient. 130
Literaturclub 130
Literatur der Nachwendezeit 70, 94
Literaturhaus 130, 362
Literaturinstitut 130, 256
Literaturkanon als Teil der ↑ Literaturkritik Katalog von Werken, die für die Entwicklung einer Kulturgemeinschaft als repräsentativ gelten. Im deutschen Sprachraum erscheint das Bürgertum seit dem 18. Jh. als tragende Kraft der *Kanonbildung*. Danach finden sich Werke, die zum festen Kern des Kanons gehören (z. B. Goethe, Schiller, Lessing, Eichendorff, Brecht, Kafka), und andere, die ausserhalb des Kanons liegen (z. B. experimentelle Literatur, Untergrundliteratur, digitale Literatur). 59, 87
Literaturkritik als praktische Seite der Literaturwissenschaft ,objektive' Erfassung von Qualitätsmerkmalen literarischer Texte durch Interpretation und Wertung. Häufigstes Medium ist dabei die Rezension (Buchbesprechung). 20, 49, 58, 91, 130, 181, 252, 299, 340, 407
Literaturpsychologie s. Psychoanalyse
Literatursoziologie 127
littérature engagée s. Tendenzliteratur
Living Theatre s. Agitprop-Theater
Lyrics (Sing. Lyric) als gesprochene oder gesungene, von Rapmusik begleitete Liedtexte Teil der Hip-Hop-Kultur. *359*
Lyrik, allgemein 30, 58, 80 f., 131, *149,* 150, 276 ff., 280 ff.
lyrisch Stilkategorie, bei der das stimmungshaft-musikalische Moment überwiegt. 144 ff., 150, 279, 280, 282, 364
lyrisches Ich als Sprecher im Gedicht fiktive Figur, ähnlich dem epischen Erzähler. Es kann unmittelbar als „Ich" oder, wie im *Rollengedicht*, in der Rolle einer Figur auftreten, kann sich auch in den ,Dingen' spiegeln, kann sogar, wie in modernen Gedichten häufig der Fall, seine Identität wechseln. Während das lyrische Ich in der traditionellen ↑ Erlebnislyrik stark hervortritt, rückt es in der modernen Lyrik in den Hintergrund oder verschwindet, wie im experimentellen Gedicht, gar ganz. Daher lässt sich von einer *entpersönlichten, modernen Lyrik* sprechen. 30, 278,

280, 282, 285, 286, 297, *306 ff.,* 321 f., *327,* 353, 378
lyrisches Präsens 281

Madrigal 280
magischer Realismus s. Realismus
Makrostruktur(en) 27 f., 188
Mangellage ein Spannungsmoment, mit dem literarische Texte einsetzen und das durch eine *Ausgangsopposition* (z. B. durch die Opposition /hell/ vs /dunkel/ in Hesses „Demian") konstituiert wird. Die Mangellage löst ein oder mehrere *narrative Programme* aus, deren Ziel es ist, sie zu überwinden, d. h. die Ausgangsopposition aufzuheben. Hauptträger dieser narrativen Programme ist der Held. Wo es, wie in modernen Texten, keine Überwindung der Mangellage mehr gibt, wo die Ausgangsopposition, das Spannungsmoment, nicht aufgehoben wird, da sprechen wir von einem *offenen Schluss*. Er ist Ausdruck einer modernen, ateleologischen Weltsicht. 217, *224,* 241, 242, 254, 266, 364 f., 409
Manifestationsebene (des Textes) s. Oberflächenstruktur(en)
Märchen Form der Kurzprosa, in der sich reale und magische Welt (Hexen, Riesen, Feen) gegenseitig durchdringen. Daher in der Romantik, aber auch in der zeitgenössischen ↑ Fantasy-Literatur besonders beliebt. Es kann als *Volksmärchen* anonymes, mündlich überliefertes und erst spät aufgezeichnetes Erzählgut der Volkspoesie oder als *Kunstmärchen* Dichtung eines namentlich bekannten Verfassers sein. Im zweiten Fall erscheint es häufig als *Märchennovelle*.
Das Märchen besitzt klar umrissene Merkmale: Ort- und Zeitlosigkeit, typenhafte Figuren, stereotype Handlung mit harmonisierendem Schluss (Prinzip der ausgleichenden Gerechtigkeit: Belohnung des Guten, Bestrafung des Bösen). Moderne Dichtungen verwenden die Märchenform häufig als Folie, um das im Märchen stereotyp verwendete Prinzip der ausgleichenden Gerechtigkeit zu parodieren und so der Kritik auszusetzen. Wir sprechen dann von *Anti-Märchen*. 43, 46, 66, 235, 237, 247, 274, 408,
Märchennovelle s. Märchen
Marxismus 118 ff., 342
marxistische Literaturtheorie 120 f.
Materialismus Auffassung, dass die Materie die einzige, universale Substanz und als solche die Grundursache allen Seins und aller Bewusstseinsphänomene bildet (das Sein formt das Bewusstsein). Danach liegen die Bedingungen des moralischen Handelns nicht, wie für den ↑ Idealismus, im menschlichen Subjekt, sondern in der gesellschaftlichen Wirklichkeit.

Wendet sich, stark beeinflusst von den Naturwissenschaften, seit der Mitte des 19.Jh. gegen die ↑Metaphysik und wirkt, etwa im Zusammenhang mit dem ↑Gestusbegriff, auch auf die literarische Moderne. Ggs. ↑Idealismus. 101, 108, 342

Mediation allgemein die Vermittlung oder Neutralisierung von Gegensätzen in einem Text; sie vollzieht sich häufig über ein *Mediationselement* (so z. B. der Gegensatz /dunkel/ vs /hell/ über das Element „Morgenröte"). Traditionelle Texte sind gewöhnlich auf eine *Schlussmediation*, d. h. auf die Vermittlung der Grundoppositionen, welche jeweils die ↑Mangellage konstituieren, hin angelegt; sie besitzen in diesem Sinne eine *Vermittlungsstruktur*. Demgegenüber zeichnen sich moderne Texte u. a. durch das Fehlen einer solchen Vermittlungsstruktur aus. 217, 244, 254f., 267, 317, 321f., *327*

Mediationselement s. Mediation

Mehrfachkodierung Umstand, dass einem bestimmten Werk unterschiedliche ↑Kodes zugrunde liegen, so dass es sich auf verschiedene Weisen lesen lässt, z. B. als Entwicklungsroman, als historischer Roman *und* als Kriminalroman. Spielt im Zusammenhang mit der ↑Intertextualität vor allem in der postmodernen Literatur eine wichtige Rolle. *87*f., 98

Meistersang als im Handwerklichen erstarrte Fortsetzung des ↑Minnesangs bürgerliche Lieddichtung des 14.-16.Jh. Gilt als ein Vorläufer der heutigen Slam Poetry. 357, *361*

Memoiren, Memoirenroman s. autobiographischer Roman

Metapher bildhaftes Sprechen, bei dem die Wörter in *übertragener* Bedeutung verwendet werden. Bild und Bedeutung verfügen dabei über ein gemeinsames ↑Sem, ein Tertium comparationis (Bsp: „in der Blüte des Lebens = jung; gemeinsames Sem /früh/). In der Literatur wird u. a. zwischen *klassischer Metapher* (mit gemeinsamem Sem; z. B. das Gold ihrer Haare) und *absoluter Metapher* (nahezu ohne gemeinsames Sem; z. B. „schwarze Milch der Frühe") unterschieden. Die Letztere findet sich in der modernen Lyrik, vor allem in Surrealismus, und ↑Hermetismus, besonders häufig. Eine Sonderform der Metapher bildet die *Personifikation*, d.h. die vermenschlichte Darstellung der Welt (z. B. „Mutter Natur"). 31, 41, 221, *299,* 301, *314f.,* 320, 327, 330

Metaphysik philosophische Lehre vom Übersinnlichen, d. h. von dem, was jenseits menschlicher Erfahrung liegt. 64, 71, 101, 108, 114, 255

Metonymie Ersetzung eines sprachlichen Ausdrucks durch einen andern, der in einer kausallogischen Beziehung zu ihm steht (Bsp: „Goethe lesen" statt „ein Werk von Goethe lesen"). Verwandt mit der *Synekdoche*, bei der ein Teil für das Ganze (pars pro toto) oder das Ganze für einen Teil (totum pro parte) steht (Bspe: „Zeilen" für „Brief"; „die Deutschen" für „viele Deutsche"). 255, 314

Metrum (Pl. Metren), auch *Versmass,* als das einem ↑ Vers zugrunde gelegte metrische Muster. Es wird durch den Wechsel von betonten (-) und unbetonten Silben (v), von Hebungen und Senkungen, definiert. Die kleinste metrische Einheit ist der *Versfuss*, eine nach Zahl und Abfolge von Hebungen und Senkungen definierte Silbengruppe (Jambus: v-; Trochäus: -v; Daktylus: -vv; Anapäst: vv-). 276, 279, 281, 297

Migrationsliteratur 91

Mikrostruktur(en) 27

Milieutheorie sieht den Menschen als durch dessen natürliche und gesellschaftliche Umwelt festgelegt. Ausfluss eines *Determinismus*, wonach alles menschliche Handeln durch äussere oder innere Ursachen notwendig vorbestimmt ist; damit Leugnung der Willensfreiheit. Bereits im Frührealismus (Büchner, Grabbe) wirksam, bestimmend dann aber im Naturalismus (Zola, Ibsen, Hauptmann u. a.); hier vor allem von Hippolyte Taine vertreten, für den der Mensch durch die drei Umweltfaktoren Rasse, Zeit und Milieu geprägt ist. Geistige Basis einer sozialkritischen Dichtung, besonders des *sozialen Dramas* (Büchner, Hauptmann, Brecht, Vertreter des neuen Volksstücks u. a.), das soziale Konflikte in kritischer, z. T. kämpferischer Sicht gestaltet. *71 f.*

Mimesis als Zentralbegriff der aristotelischen „Poetik" Wirklichkeitsabbildung, d. h. *nachahmende* Darstellung der Welt durch die Kunst. Mit wenigen Ausnahmen (etwa in der Romantik) für die gesamte ↑ bürgerliche Dichtung seit dem 18. Jh. kennzeichnend. In der modernen Literatur weitgehend preisgegeben. 19, *31*, 36, 38, *48*, 54 f., 63, 71 f., 112, 135, 154, 189, 224, 299

Minnesang mittelhochdeutsche Liebeslyrik der höfisch-ritterlichen Zeit (12.-14. Jh.). 283, *286 f.,* 357, 361

Mittelachsengedicht als Gedichtform mit symmetrischer Zeilenanordnung von einer Mittelachse her, die das Gedicht in zwei seitengleiche Gebilde teilt. An die Stelle von Reim und Strophe, die als veraltet gelten, soll der Rhythmus treten, der sich notwendig aus der Anordnung der Zeilen ergibt. Von den Naturalisten, besonders von Arno Holz, aus dem

Willen heraus, die Lyrik zu revolutionieren, verwendet. Hat sich, von vereinzelten Fällen abgesehen, nicht durchgesetzt. 280, *294*

Mittelalter 29, 88, 238, 277, 282 ff.

modern mundart 84

monoperspektivisches Erzählen ein Erzählen, bei der die Erzählperspektive fest an einen bestimmten Erzähler gebunden ist. Trifft auf die meisten Texte der traditionellen, aber auch auf viele der modernen Erzählprosa zu. Ggs. ↑ polyperspektivisches Erzählen. *159 f.*

Montage Es lassen sich zwei Typen von Montage unterscheiden:
Typ 1: Montage als Nebeneinanderstellen von Elementen aus verschiedenen Wirklichkeitsbereichen ohne kausallogische Verknüpfung (Dissoziationstechnik). Wir sprechen hier von *Textmontage*, einer Form der Montage, die häufig als *Zitat-Montage*, d. h. als Zitation von Fremdtexten ohne jede erzählerische Vermittlung, erscheint. Eine Sonderform der Textmontage, wie sie vor allem in Texten der ↑ Avantgarde vorkommt, bildet die ↑ Collage.
Typ 2: Montage als Auflösung der strukturellen Einheit der Figur und des Erzählers. Eine zentrale Rolle spielt dabei die gestische Anlage eines Textes; in Bezug auf die erzählte Figur sprechen wir deshalb von ↑ Gestusmontage. Dieser Montagetyp bestimmt die Struktur zahlreicher moderner Texte.
In extrem modernen Texten sind die beiden Montagetypen häufig miteinander verknüpft. Das ist z. B. in Texten der Erzählprosa, in denen der Erzählerbericht durch die Technik des Bewusstseinsstroms (Joyce, Döblin, Broch u. a.) gesprengt wird, der Fall. 25, 40, 47, 57 f., 75, *105,* 112, *177, 178 ff., 206 ff.,* 215 ff., 249, 266, 269, *317. ff,* 324 f., 332 f., 356, *377 ff.,* 380

Montagegedicht, Montagelyrik 280, *317 ff., 376 ff.*

Montageroman 57, 148, 150, 251 f., 399

Montagetext 22, 175, 215, 413

montierte Figur s. Gestusmontage

montierter Erzähler als ↑ entpersönlicher Erzähler, dessen Standort und Perspektive nicht fest sind, sondern sich unvermittelt verschieben können (↑ erlebte Rede, ↑ innerer Monolog, ↑ Zitat-Montage), ein Strukturelement der modernen Erzählprosa, vor allem des Montageromans. Ggs. ↑ fester Erzähler. *171,* 173, 216

Moritat seit dem 17. Jh. vorgetragenes Lied des Bänkelsängers (Bänkelsang), das, von Drehorgelmusik begleitet, schaurige Begebenheiten schildert. Grosser Einfluss vor allem auf die moderne ↑ Antiballade und die ↑ Slam Poetry. 84, 148 f., 363, *366 f.,* 370

Morphem s. Morphologie

Morphologie Wortbildungslehre, d. h. Lehre von den Bauelementen und den Bauformen der Wörter. Das kleinste bedeutungstragende Bauelement ist das *Morphem* (Bsp: be-tag-t). 126

Motiv prägendes Grundschema, das auf eine typische Situation des menschlichen Lebens (Heimkehrer, Einsamkeit, Liebe der Kinder verfeindeter Familien usw.) verweist und im einzelnen Text seine individuelle Ausformung erfährt. Der ↑ Gestus, wie Brecht ihn definiert, lässt sich von da aus als *Handlungsmotiv* auffassen. Kehrt in einem Text ein bestimmtes Motiv (in Max Frischs „Homo faber" z. B. das Blindheitsmotiv) immer wieder, so dass eine ↑ dominante Isotopie entsteht, dann sprechen wir von einem *Leitmotiv*. 39, 47, 246, 249, 260, 322, 407

Multimedia 400 f.
Mundartdichtung 84, 92
Mundartlyrik 84, 92, 149
Mundart-Rap s. Rap
Mundart-Rock s. Rock Poetry
Mysterienspiel auf biblischen Erzählungen beruhendes geistliches Drama des Mittelalters (Osterspiel, Passionsspiel, Weltgerichtsspiel u.a.). Bis heute immer wieder Erneuerungsversuche (Bsp: Th. Hürlimanns „Einsiedler Welttheater 2007"). 56, 149

Mystik 284, 292

Mythos nach Roland Barthes jede ideologische Setzung (z. B. das feste Ich), die sich als zeitlos gültig, als ‚ewig' ausgibt. Indem traditionelle Dichtungen über den Helden Geschichtliches in den Bereich des Zeitlosen überführen, sind sie mythische Texte. Moderne Dichtungen lassen sich dann, indem sie axiomatische Vorstellungen, wie etwa die eines festen Ich, preisgeben, als *entmythisierende* Texte auffassen. 220, 242, 374

Mythos (Pl. Mythen) Erzählung von Ereignissen, die ausserhalb der realen Zeitlichkeit liegen (Herkunft der Götter, Erschaffung der Welt und des Menschen, Weltende). Mit der ↑ Sage verwandt. 87 f., 237

Nachkriegsliteratur 70 f., 79, *89,* 94
Namenlosigkeit Merkmal der Nichtidentität moderner Figuren; äussert sich in fehlenden, falschen oder nichts sagenden Namen und im Namenswechsel. 186, *217 ff.,* 223, 256 f.

narrative Struktur Handlungsablauf in einem narrativen Text auf der Ebene der Tiefenstruktur. Sie wird durch Handlungselemente wie ↑ Mangellage, narratives Programm, Schlussmediation und ↑ Schlusssanktion gebildet. In modernen Texten treten Schlussmediation und Schlusssanktion zurück oder fallen ganz weg (offener Schluss). *223 f.*, 240, 242, 254

narrativer Text i.e.S. nur erzählender Text; i.w.S. jeder Text, dem eine Handlung zugrunde liegt (also z. B. auch ein Drama, eine Ballade, ein Film). 25, 235

narratives Attribut als Attribut, das der Charakterzeichnung der Figur dient (Bsp: der *kaltherzige* Baron). Tritt in modernen Texten zugunsten der gestischen Gestaltung der Figuren (↑ Gestus) zurück. 185, 188

narratives Prädikat Oberbegriff für die Handlungen und Zustände der Figuren in einem Text. Bildet in der Regel eine Einheit mit dem ↑ narrativen Subjekt. In modernen Texten häufig zu ↑ Gestus entwickelt. 39, 189, 346

narratives Prinzip ein Prinzip, durch das die ↑ narrative Struktur eines Textes wesentlich definiert ist (z. B. die Tragödie durch das Schuld/Sühne-Prinzip). 365

narratives Programm s. Mangellage

narratives Subjekt jene Grösse auf der Ebene des Textes, die auf Satzebene dem grammatischen Subjekt entspricht. Bildet in der Regel eine Einheit mit dem ↑ narrativen Prädikat (Bsp: *Faust strebt*). 189

Naturalismus 17 ff., 31, 49, *54 ff., 65, 68, 71 f.,* 73 f. 111, 255, 294

Naturlyrik Sammelbegriff für Gedichte, in denen sich ein lyrisches Ich in Naturbildern (Bäume, Wälder, Berge usw.) spiegelt. Entsteht mit dem Aufkommen des Naturgefühls im 18. Jh. Seit den 1970er Jahren, der ↑ Neuen Subjektivität, z. T. abgelöst von der *Ökolyrik* („Umweltpoesie"), d. h. von einer Lyrik, in der, in betontem Gegensatz zur traditionellen Naturlyrik, die heutige Umweltzerstörung Thema ist (Sarah Kirsch, Erich Fried, Jürgen Theobaldy u. a.). 89, 284, 302, 307 f., 315, 320

negativer Auftraggeber s. Handlungsfunktion

negativer Held s. Held

negativer Helfer s. Handlungsfunktion 27

Nemesis Personifikation der ausgleichenden Gerechtigkeit, vor allem in Ballade und Tragödie (Schiller). 365

Neodada(ismus) 76, 357, 361

Neologismus Neubildung von Wörtern, wie sie vor allem in der modernen hermetischen Lyrik als Stilmittel eingesetzt wird (z. B. „Fadensonnen" bei P. Celan). Hier häufig in Verbindung mit Montage- bzw. Collagetechnik. 65, 91, 327

Neomarxismus 108, *118 ff.*, 347, 350

Neopositivismus 108

Netzliteratur, auch *Webliteratur* Literaturform, welche die Übertragungsmöglichkeiten des Internets und die Programmiersprachen des Computers zur Erzeugung ästhetischer Elemente verwendet. Dabei bietet das Internet die Möglichkeit, auch multimediale Elemente (Bilder, Animationen, Musik) mit einzubeziehen. Die Grenzen zwischen Literatur und andern Kunstformen werden so, für die Moderne bezeichnend, aufgehoben. 106, *397*

Neue Sachlichkeit 70, *77*, 94, 137

Neue Subjektivität 70, 72, *85f.*, 92, 94, 182, 194, 285, *301ff.*, 303

Neuer Irrationalismus 87

Neuer Realismus als Beschreibung dessen, „was ist". Sein Motto: „Wahrheit statt Schönheit". Das gilt vor allem für die moderne Literatur nach 1945, und hier besonders für Kurzgeschichte und Lyrik. Der Begriff wird von der *Kölner Schule*, dem Autorenkreis um Dieter Wellershoff (Rolf Dieter Brinkmann, Renate Rasp, Nicolas Born, Günter Herburger u.a.), auch als Darstellung der sinnlich-konkreten Erfahrung in der Alltagswelt, im Sinne eines psychologisch vertieften Realismus, verstanden. 70, 96, *302, 382*

Neues Hörspiel s. Hörspiel

Neues Volksstück 72, 84, 119, 149

Neukantianismus 108

Neuklassik *73*, 248

Neuromantik *73*, 248

Neuthomismus 108

neutrale Erzählsituation 161 ff., *165, 169f.*, 222, 228, 260

Nichtidentität (der Figur) 134, *223*

Nihilismus Leugnung allgemeingültiger Werte, Erkenntnisse und sozialer Ordnungen. Nietzsche, in dessen Denken der Begriff zentral ist, versteht den Nihilismus als Zustand der Sinnlosigkeit, als Umwertung aller Werte. 51, 112

Nonsens-Literatur als ‚Unsinnspoesie' Sammelbegriff für eine Literatur, die fast immer in Versform erscheint und die sich als ein alle Bedeutung negierendes, freies Spiel mit sprachlichen Zeichen versteht. Findet sich nach 1900 vor allem in der avantgardistischen Literatur (Futurismus, Dadaismus, Surrealismus, Wiener Gruppe, Computerliteratur u.a.). 375, 389f.

Nouveau Roman nach 1945 in Frankreich entstandene, vor allem an James Joyce anknüpfende experimentelle Form des Romans (N.Sarraute, A.Robbe-Grillet, M.Butor, C.Simon u.a.). Deckt sich in der Preisgabe von Psychologie und Evolution, von Raum und Zeit als zentralen Kategorien eines traditionellen Weltbildes und in der Schaffung einer vom Subjekt befreiten, ↑absoluten Prosa weitgehend mit dem modernen deutschen Roman nach 1900 (A.Döblin, C.Einstein u.a.). Übt anderseits einen starken Einfluss auf den deutschen Nachkriegsroman (Johnson, Walser, Bernhard, Frisch, Bichsel u.a.) aus. 84f., 186, 252, *382*

Novelle 76, 145, 148, 235, *244 ff.,* 254, *259 f.,* 414
Novum s. Verfremdung
Nutzniesser s. Handlungsfunktion

Oberflächenstruktur(en) 23 ff., 127, 186, 213, 216, 254, 297, 317 ff.
objektive Lyrik s. Dinggedicht
Ode strophisch gegliedertes, meist reimloses feierliches Gedicht. 280 f., 349, 361
Ödipuskomplex 133
offene Form allgemein als Bauprinzip, nach dem Beginn und Schluss eines Textes nur undeutlich markiert und die einzelnen Teile relativ selbständig sind. Moderne Texte (Kurzgeschichte, episches und absurdes Theater, freirhythmische Gedichte u. a.) neigen, ihrer meist fehlenden ↑ Vermittlungsstruktur wegen, zur offenen Form. Ggs. ↑ geschlossene Form. 254 f., *259, 327*
offener Schluss s. Mangellage
offenes (atektonisches) Drama nach Volker Klotz als Gegensatz zum ↑ geschlossenen Drama Dramenform, bei der an die Stelle eines pyramidalen Baus und der drei Einheiten (Ort, Zeit, Handlung) eine offene, locker gefügte Folge von Einzelszenen tritt. Findet sich erstmals im Sturm und Drang (Lenz), dann aber seit dem Frührealismus (Büchner) und vor allem in der Moderne, wo sie teilweise mit der Form des ↑ epischen Theaters identisch wird. Hängt mit dem Abbau des ↑ teleologischen Weltbildes zusammen. 77
Ökolyrik s. Naturlyrik
Opposition Gegensatzverhältnis zweier Elemente in einem Text (z. B. Stadt vs Land), wobei dieses Gegensatzverhältnis auf der Ebene der ↑ Seme erzeugt wird. Wir sprechen dann von einer *Semopposition* (z. B. /Kultur/ vs /Natur/ in Stadt vs Land). Ggs. ↑ Isotopie. 293, 321, 350
Organon-Modell in Karl Bühlers Sprachtheorie (1934) die drei Grundfunktionen der Sprache, die sich aus den Bezugsgrössen Sprecher, Hörer und Gegenstand ergeben. Danach wird die *Ausdrucks*funktion bestimmt durch den Sprecherbezug („toll!"), die *Appell*funktion durch den Bezug zum Hörer („los!") und die *Darstellungs*funktion durch jenen zum Gegenstand („Hasen sind Säugetiere."). Affinität der drei Sprachfunktionen zu den drei Literaturgattungen: die Ausdrucksfunktion zur Lyrik, die Appellfunktion zur Dramatik und die Darstellungsfunktion zur Epik. Freilich trifft diese Affinität schon in der älteren, vor allem aber in der modernen Literatur nur sehr bedingt zu. 144, 146, 339, 349
Originalgenie s. Genieästhetik
Oxymoron Verbindung von sich widersprechenden Ausdrücken (z. B. bittersüss, kalte Glut); be-

sonders häufig in der modernen Lyrik. 320

Palindrom Wörter und Wortreihen, die vor- und rückwärts gelesen gleich lauten oder zumindest sinnvoll sind (Bspe: Otto, Gras). Bildet u. a. eine Spielart der konkreten Poesie. 379

Pantheismus als Allgottglaube Lehre von der Wesenseinheit Gottes mit der Welt unter Leugnung seiner Transzendenz und Personalität. Pantheistisches Gedankengut findet sich in der deutschen Literatur seit der Mystik des Mittelalters (Meister Eckhart) und des Barock (Jakob Böhme), vor allem aber im Sturm und Drang (Goethe) und in der Romantik (Novalis). 284, *415*

Pantomime s. Anti-Theater
Parabel, allgemein 148, 235, *261f.*
Parabel, absolute 263ff., 275
Parabel, lehrhafte 261ff., 264
Parabelstück 81, 149, 261, *262*
parabolischer Roman 262
Paradigma Klasse von Elementen, die mindestens in einem ↑ *semantischen* Merkmal übereinstimmen. Bsp: Die Wörter „Hoch", „Tief", „Sonne", „Wolken", „Regen" bilden ein Paradigma; ihr gemeinsames Merkmal ist /Wetter/. Ggs. ↑ Syntagma. 39, 44, 310, 348

paradigmatische Schreibweise eine Schreibweise, bei der die verwandtschaftlichen, semantischen Beziehungen der Zeichen untereinander (in einem Gedicht z. B. der Wörter/Bilder mit dem gemeinsamen Merkmal /Tod/, in einem Erzähltext etwa der Figuren mit gleicher Handlung) dominant sind. Ein Strukturprinzip vor allem der modernen Literatur; bildet hier die Basis einer ↑ gestischen Schreibweise. Ggs. ↑ symbolische Schreibweise. 39, *45, 48,* 176ff., 299, 309, 321f., 327, 399f.

paradoxer Erzähler moderner, in sich widersprüchlicher Erzähler, der ein Geschehen gleichzeitig /positiv/ *und* /negativ/ wertet. Es handelt sich um eine Form des ↑ montierten Erzählers. *170f., 173*

Paradoxon als widersprüchliche Aussage, die nicht auflösbar ist, eine Form der ↑ Verfremdung. Der Begriff des Paradoxen spielt neben der absoluten Parabel vor allem in der modernen ↑ Tragikomödie eine zentrale Rolle; er hängt dort mit der montageartigen Gestaltung der Zentralfigur, damit, dass sie tragisch und komisch zugleich ist, zusammen (vgl. etwa Dürrenmatts Komödien). Einen Sonderfall des Paradoxen bildet das ↑ Groteske. *110,* 264

Parallelismus i.e.S. als Stilmittel syntaktische Gleichförmigkeit im Satzbau (Bsp: Ernst ist das Leben, heiter ist die Kunst); i.w.S. als strukturelles Bauelement Tendenz, Figuren und Handlungen nach dem Reihenprinzip, dem Prinzip der Wiederholung und der Variation, anzuordnen. Das Letztere häufig in modernen Texten, wo es mit ihrer gestischen Struktur zusammenhängt. 369

Paraphrase freie, nur sinngemässe Wiedergabe einer Textvorlage (Bspe: Bibelparaphrase, Faustparaphrase). Gehört in den Bereich der ↑Intertextualität. 87, 396, 408

Parataxe im Gegensatz zur ↑Hypotaxe Aneinanderreihung von Hauptsätzen nach dem Prinzip der Nebenordnung, der Koordination. Erzählstil vor allem volkstümlicher Dichtungen (Märchen, Sage, Fabel u. a.), in denen es nicht so sehr um die Darstellung komplexer Sachverhalte geht, aber auch der modernen Kurzgeschichte mit ihrer Tendenz zu sprachlicher Verknappung und zur Umgangssprache. 242, *260*, 343

Parlando Erzählton, der u. a. die Annäherung der geschriebenen Sprache an die mündliche Kommunikation meint. Gilt vor allem für die Lyrik der ↑Neuen Subjektivität. 302, 357

Parodie im herkömmlichen Sinne verspottende Nachahmung eines literarischen Werks oder einer Gattungsform (Persiflage), indem die Form belassen, der Inhalt aber verändert wird (Bsp: Heines Parodien auf das romantische Volkslied). Gegensatz: ↑Travestie. Im modernen Sinn als *totale Parodie*, die nicht nur einzelne Inhalte (z. B. Bildungsinhalte der Klassik) eines Textes, sondern die Text*struktur*, etwa die Figurengestaltung, selber erfasst. Moderne Text stellen, indem sie traditionelle Grundwerte (etwa den bürgerlichen Grundwert der ↑Persönlichkeit) durch die ↑Struktur (z. B. durch das ↑Montageprinzip) negieren, totale Parodien dar, sind immanent parodistisch. *43, 46,* 87, 192, 198, 220, 242 ff., 333, *351 f., 367, 370, 373*

Parole s. Langue

Pastiche als Stilimitation typischer Darstellungsgestus der Postmoderne; hängt mit ↑Intertextualität und ↑Mehrfachkodierung zusammen. *88,* 122

PEN-Club Kurzwort aus engl. poets, essayists, novellists. 1921 in London gegründete, internationale Schriftstellervereinigung u. a. zur Wahrung der ‚Freiheit des Wortes'. Umfasst heute 140 Zentren in über 100 Ländern. 89

Performance s. Slam Poetry

Peripetie als zentrales Handlungselement im ↑aristotelischen Drama, aber auch in der ↑Novelle unerwarteter Umschwung im Schicksal des Helden, der meist mit dem Höhepunkt zusammenfällt. Sie ist Ausdruck einer traditionellen, schicksalhaften Weltsicht, findet sich in

modernen Erzähl- und Dramentexten daher kaum mehr. 148, *244 f.*, 247 f., *254,* 259, 365
Periphrase s. Understatement
Persiflage s. Parodie
personale Erzählsituation 41, 161 f., 165, *167 f.,* 169, 172, 222, 227 f., 257, 260
Personifikation s. Metapher
persönlicher Erzähler s. fester Erzähler
Persönlichkeit seit Goethe als bürgerlicher Grundwert das Ideal eines voll entfalteten und gefestigten, zu Reife und Selbständigkeit gelangten Menschen, der kraft seines individuellen Wesens bestimmenden Einfluss auf seine Umgebung hat. Basis des Persönlichkeitsideals ist der seit Descartes vorherrschende Glaube an die Autonomie des Ich. Der Persönlichkeitsbegriff bildet die geistige Grundlage der gesamten bürgerlichen Dichtung. Die seit Nietzsche und Freud einsetzende Erfahrung der ↑Ichauflösung führt demgegenüber zu einer radikalen Problematisierung des Persönlichkeitsbegriffs. Sie spiegelt sich in modernen Texten in einer veränderten, gestischen Struktur und vor allem im ↑Montageprinzip. 43, 51, *185 f.,* 197, *220,* 238
Perspektivenwechsel unvermittelter Wechsel der Sicht von einem Erzähler-Ich zu einem andern oder unvermittelte Aneinanderreihung zeitlich und räumlich auseinander liegender Geschehnisse, so dass die chronologische Zeitabfolge zugunsten einer Gleich- und Allzeitigkeit von Tun und Erinnern aufgehoben wird. Ist beim Perspektivenwechsel die Erzählperspektive immer noch an ein festes Erzähler-Ich gebunden, so sprechen wir von einem *polyperspektivischen* Erzählen (Bsp: Christa Wolfs „Kindheitsmuster"); handelt es sich hingegen, wie bei der ↑erlebten Rede, beim ↑inneren Monolog und bei der ↑Collage, um eine Auflösung der Erzählperspektive *an sich* und damit um eine Sprengung des traditionellen Erzählerberichts, so dass der Erzähler als Vermittler der Sicht teilweise ausgeschaltet wird, so liegt *aperspektivisches* Erzählen vor (Bsp: Döblins „Berlin Alexanderplatz"). Letzteres ist kennzeichnend für eine extrem moderne Erzählprosa. Von Perspektivenwechsel spricht man auch in der modernen Lyrik, wenn sich das lyrische Ich in einem Gedicht wandelt (Bsp: Kaschnitz' „Genazzano"). 41 f., 83, 138, *159 f.,* 174, 175 ff., 222, 306, *310 ff.,* 327
Phänomenologie philosophische Richtung des 20.Jh., die Ereignisse und Handlungen so beschreiben will, wie sie sich zeigen. Vorläufer der Existenzphilosophie. Begründer: Ed-

mund Husserl. Seine Maxime: „Zu den Sachen selbst!". 108, 114

Pietismus gegen Ende des 17.Jh. entstandene evangelische Erweckungsbewegung, die sich durch eine schwärmerische Frömmigkeit auszeichnete. Wegbereiter der ↑Empfindsamkeit. 284

Piktogramm s. visuelle Poesie

Plot s. Handlung

poeta doctus Ideal des *gelehrten* Dichters, der literarische Begabung mit reichem, von der Kultur seiner Zeit geprägtem Wissen verbindet. Erstmals im Hellenismus, später vor allem in Humanismus, Barock und Frühaufklärung. Wird in der bürgerlichen Dichtung (seit dem Aufkommen des Geniebegriffs im Sturm und Drang) durch die Forderung nach dem eigenschöpferischen Dichter abgelöst. Im Typus des intellektuellen Autors, der an die Stelle der schöpferischen Eigenleistung vielfach das ↑Zitat setzt, kehrt der poeta doctus in der Moderne gewissermassen zurück. Das gilt vor allem für die Lyrik der Spätmoderne seit 1990 (Barbara Köhler, Bert Papenfuss-Gorek, Durs Grünbein u. a.). 305, 387

Poetik als Lehre von Wesen, Formen, Gattungen und Gestaltungsmitteln der Dichtung Kernstück der Literaturwissenschaft und Teil der Ästhetik. Bis Ende des 18.Jh. haben wir es mit einer vorwiegend normativen, Regeln setzenden Poetik, einer sog. Regelpoetik, zu tun, danach, vor allem seit dem 20.Jh., mit einer Poetik, die mehr induktiv-beschreibend vorgeht. 28, 145 f., 218, 235, 238, 280, 407

poetische Sprachfunktion nach Roman Jakobson jene Funktion der Sprache, bei der nicht die Botschaft, sondern die Sprache *als solche* das Hauptinteresse beansprucht. Betrifft vor allem literarische Texte und zeichnet sich durch eine gehäufte Verwendung von Stilmitteln aus. *281*, 394

poetischer Realismus auf Otto Ludwig zurückgehende Bezeichnung für jene Stilrichtung des Realismus zwischen 1850 und 1880 (Keller, Storm, Ludwig, Raabe, Heyse u. a.), die von der alltäglichen Wirklichkeit ausgeht, diese aber durch eine symbolische Überhöhung poetisch verklärt. 18, 247

Poetry Slam s. Slam Poetry

polyperspektivisches Erzählen s. Perspektivenwechsel

Polysemie s. Ambiguität

politische Dichtung s. Tendenzliteratur

politische Lyrik 84 f., 119, 149, 300, 337 ff., 342 ff.

Popliteratur Literatur der Popkultur („Pop Art" als Verkürzung von „popular art": volkstümliche Kunst), die auf Elemente der ↑Trivialliteratur zurückgreift, um als ‚Antikunst' und als Phänomen einer Massenkultur die ästhetischen Normen der sog. ‚hohen' Dichtung in Frage zu stellen. Sie gliedert sich in Pop-Roman, Pop-Lyrik und Pop-Theater. Ihr Ursprungsland sind die USA, von wo sie Ende der sechziger Jahren nach Europa gelangt. Mit ihren ↑Collagen und Decollagen hat sie die literarische Moderne stark beeinflusst. 76, 84, 87f., *90f,* 98, 148f., 252, *354ff.*

Pop-Lyrik s. Popliteratur

Pop-Roman s. Popliteratur

Pop-Theater s. Popliteratur

Positivismus 54, 56, 65, *71f.,* 101, 108, 113,

Positivismus (als Interpretationsmethode) 127

postdramatisches Theater „Theater nach dem Drama", d. h. moderne Theaterformen, die sich von der ‚Vorherrschaft' des Textes lösen, indem die andern szenischen Elemente (Gestik, Tanz, Musik usw.) gleichberechtigt neben dem Text stehen. Es handelt sich um eine Verlagerung vom Autoren- zum *Regietheater,* wie sie heute zunehmend üblich ist. *89,* 93, 149

Postmoderne, literarische 20, *87ff.,* 90, 94, 98, 182 ff., 236, 248, 252, *303f.,* 335

postmoderne Moderne s. Zweite Moderne

Postmoderne, philosophische 106, 108, 112, *121ff.*

Poststrukturalismus s. Dekonstruktion

Pragmalinguistik s. Pragmatik

Pragmatik Teilgebiet der Linguistik, das sich im Gegensatz zu ↑Semantik und ↑Syntax nicht mit dem System, sondern mit dem Gebrauch der Sprache in verschiedenen Kommunikationssituationen, mit ihrer *Wirkung* befasst. So kann z. B. der Satz „Es ist heiss hier" je nach Kommunikationssituation entweder eine reine Feststellung, eine Aufforderung, das Fenster zu öffnen, oder die Begründung für das Ablegen eines Kleidungsstücks sein. Innerhalb der Literatur spielt die pragmatische Dimension gerade in modernen Texten, indem hier die Aufforderung an den Leser zu *Reflexion* und *Kritik* ins Zentrum tritt, eine wichtige Rolle. *126,* 198

pragmatischer Text Texttyp, der im Gegensatz zu einem ↑fiktionalen Text Anspruch auf Fundierung in einem empirisch-wirklichen Geschehen erhebt und dies durch mehr oder weniger versteckte *Handlungsanweisungen,* z. B. durch die ‚Aufforderung', seine Aussagen auf ihren ‚äusseren' Wahrheitsgehalt hin zu überprüfen, anzeigt (Bspe: Zeitungsbericht, Lehrbuch, Werbung, Lüge). 99, 225

Präsens als grammatische Zeit einer eigentlich zeitindifferenten Aussage. Daher unterscheiden wir, je nach Kontext, vier verschiedenc Formen des Präsens: aktuelles Präsens (Gegenwart, aber auch Zukunft), generelles Präsens (allgemeingültig-zeitlos), ↑episches Präsens und ↑historisches Präsens. 41, 167, 177, 179, 224, 225, 269

prodesse et delectare als „nützen und erfreuen" auf Horaz zurückgehende Zweckbestimmung der Dichtung, wonach ihr Wirkungsziel die Vermittlung von moralischer Lehre und ästhetischem Genuss ist. Gilt für die moderne Literatur, die sich von der überkommenen ‚Unterhaltungspflicht' weitgehend befreit hat, nur noch bedingt oder gar nicht mehr, erhält aber in der Postmoderne erneut Bedeutung. *271 f.*

Prosa s. Vers

Prosagedicht (nach frz. poème en prose) Bezeichnung für Gedichte, die nur noch von ihrer äussern, graphischen Gestalt her eine versartige Gliederung aufweisen, ja häufig selbst diese preisgeben und sich von einem Prosatext einzig durch ihre rhythmisch-klangliche Gestaltung unterscheiden. Mit dem ↑freien Vers verwandt und zuerst wie dieser vom französischen Symbolismus gepflegt. In der deutschen Literatur findet sich das Prosagedicht vor allem seit dem Naturalismus. Es ist gerade in Moderne und Postmoderne mit ihrer häufigen Annäherung von Lyrik und Alltagssprache weit verbreitet. 145, 277, 280, 325 f., *344 f.*

Protestsong 84, 149, 367

Psychoanalyse die von Sigmund Freud begründete Richtung der Tiefenpsychologie. Sie besitzt in der *Literaturpsychologie*, die Literatur als Manifestation des Unbewussten zu verstehen sucht, ihre eigene Methode der Textinterpretation. *53 f.*, 65, 73, 76, 107, 127, *131 ff.*, 191, 393

Psycholinguistik 127

psychologischer Roman Romantyp, der die äussere Handlung der seelischen Analyse der Figuren unterordnet (Bsp: Thomas Manns „Zauberberg"). Tritt in der Moderne mit ihrer Abkehr vom Individuum zurück. 238

Rahmennovelle Novellentyp, bei dem eine oder mehrere *Binnen*erzählungen von einer *Rahmen*erzählung eingeschlossen werden (Bsp: C.F. Meyers „Das Amulett"). *247,* 259

Rap, Rap-Lyrik als Sprechgesang Teil der Kultur des ↑Hip Hop. Engl. „to rap" (klopfen, pochen, stossen, attackieren) bezieht sich auf den Rhythmus der Musik und des Sprechgesangs. Ursprünglich aus der afrikanischen Kultur stammend, entstand der Rap Ende der 1960er Jahre als sozialkritische Richtung in den afroamerikanischen Grossstadtghettos. Seine Themen: tägliche Gewalterfahrung, Rassismus und Unterdrückung, Armut und Alkoholismus in den Ghettos. Heute erscheint der Rap, ähnlich wie der mit ihm verwandte ↑ Slam, als fester Bestandteil der Jugendkultur. Bei den Jugendlichen beliebt ist vor allem der *Mundart-Rap*, also das Rappen im eigenen Dialekt. 34, 76, 84, 87 f., 92, 119, 149, 280, 354, *357 ff.*, 372

Raumdeixis, -deiktika s. episches Präteritum

Raumelement ein Element auf der *Bild*ebene eines Textes, das auf die Handlungsebene bezogen ist. Es dient häufig als *kosmische Sanktion* menschlichen Tuns (Bsp: das Raumelement „Mondschein" als Sanktionierung der Liebe zweier Menschen). *27*, 317

Realismus i.w.S. als Stilprinzip Darstellungsart, die von der Beobachtung der Erscheinungswelt ausgeht; i.e.S. literarische Epoche (1820-1890), die sich den vorhergehenden Epochen gegenüber rühmt, die ‚Wirklichkeit' (des alltäglichen Lebens), wie sie unabhängig vom erkennenden Subjekt sei, entdeckt zu haben. Der Realismus stellt mit seinem ‚Ichabbau' einen geistesgeschichtlichen Umbruch hin zur Moderne dar. Seine Hintergründe bilden die Entfaltung von Naturwissenschaft und Technik, das Aufkommen des ↑ Materialismus und die Industrialisierung, verbunden mit der sozialen Frage. Die Epoche des Realismus gliedert sich in den Frührealismus (1815-1848; Gotthelf, Stifter), der z. T. parallel zum *Biedermeier* (Droste-Hülshoff, Grillparzer) verläuft, in die Dichtung des *Vormärz* (1815/30-1848; Grabbe, Büchner) und des *Jungen Deutschland* (1830-1840/48; Heine, Gutzkow), in den ↑ *poetischen Realismus* und in den *Spätrealismus* (1870-1900; Meyer, Fontane).

Im 20.Jh. entwickelten sich verschiedene Spielformen des Realismus: ↑ sozialistischer Realismus, ↑ Neuer Realismus, magischer Realismus (mit seinem hintergründig wirkenden Darstellungsstil) u. a. 17, 29, *65*, *73*, 110, 237, 247, 285, 363

Reduktion als ein Strukturprinzip zahlreicher moderner Gedichte meint die Beschränkung auf ein andeutendes Nennen der ‚Dinge' durch sprachliche Verknappung; häufig als Reduktion auf syntaktisch ungebundene Wortfolgen (besonders ausgeprägt in Expressionismus und Dadaismus, in experimenteller Lyrik und konkreter Poesie). Wir sprechen dann von einem *reduzierten Text*. Hängt allgemein mit der *Entpersönlichung* der modernen Lyrik zusammen. 311, 328, 331, *352 f.*

reduzierter Text s. Reduktion

Reflexionsmonolog 194
Reformation 63, 284
Reihungsstil s. Simultantechnik
Reim als ↑ *Alliteration* und seit dem 9. Jh. vorwiegend als *Endreim*, d. h. als Gleichklang der Versenden vom letzten betonten Vokal an (z. B. singen/klingen). Seine beiden Sonderformen: *Anfangsreim* als Gleichklang am Versbeginn und *Binnenreim* als Gleichklang im Versinnern. Verwandt mit dem Endreim ist die *Assonanz*, der Gleichklang nur der Vokale von der letzten Hebung an (z. B. Flöte/Töne). Alliteration und Assonanz gelten in der Lyrik vor allem seit der Romantik als zusätzliche Klangmittel. 88, 248, *277 ff.*, 281, 297, *328,* 358 f., 363
Reimabnutzung 278
Reimlosigkeit 307
Renaissance 32, 238, 246, 268, 281
Reportage als Tatsachenbericht journalistische Gebrauchsform *und* Literatur. Erscheint als selbständige literarische Form (Bsp: Wallraffs Industriereportagen) und als ↑ Zitat Montage (Zeitungsnotizen, Protokollauszüge usw.) im modernen Roman (Bsp: Bölls „Gruppenbild mit Dame"). Hat den modernen Roman insgesamt stark geprägt. 77, 84, 146, 157, 236, 269
Revuetheater s. Agitprop-Theater
Rezeption, Rezipient s. Rezeptionsästhetik

Rezeptionsästhetik, Rezeptionsgeschichte von Hans Robert Jauss 1967 begründete Literaturtheorie, die sich mit der *Wirkungsgeschichte* eines Werks befasst. Sie geht davon aus, dass die Werkinterpretation primär durch die Interessen, Erwartungen und das Vorverständnis der *Rezipienten* (Leser, Hörer, Zuschauer) gesteuert wird, so dass ein Werk in der Rezeption immer wieder ‚neu' entsteht. Eng verwandt mit der Rezeptionsästhetik ist Wolfgang Isers *Wirkungsästhetik* („Konstanzer Schule"), die das Kunstwerk unter dem Aspekt seiner Wirkung beim Rezipienten untersucht. 127, 337, 408
Rhythmus Gliederung der Sprachbewegung, im Vers durch sinnbezogene Akzentsetzung und Zäsurbildung. Traditionelle Gedichte besitzen häufig einen regelmässigen Rhythmus, d. h. eine geregelte Folge von Hebungen und Senkungen. Allerdings kennt die Lyrik schon seit Klopstock *freie Rhythmen*, d. h. reimlose, metrisch ungebundene, nur vom Rhythmus getragene Verse (z. B. Goethes „Prometheus"). In der modernen Lyrik kommen solch freie Rhythmen gehäuft vor; sie nähern sich hier in ihrer Verwandtschaft mit dem ↑ freien Vers vielfach der Prosa an. Wir sprechen dann vom ↑ Prosagedicht. 279, 281, 297, 303, 328

Glossar 465

Rock Poetry Sammelbegriff für die Verbindung von Rockmusik (als von hartem Beat geprägter Musik) und Dichtung. Besonders in der Schweiz beliebt ist der *Mundart-Rock* (Züri West, Patent Ochsner, Plüsch u. a.). 84, 354, 363

Rokoko verweltlichte Spätform des Barock zwischen 1730 und 1770. 247

Rollenfixierung 223

Rollengedicht s. lyrisches Ich

Rollenspiel s. Gestuswechsel

Rollenwechsel s. Gestuswechsel

Roman, allgemein 77, 91, 235 f., *236 ff.,* 414

Romanessay 271

Romantik literarische Epoche zwischen 1795 und 1835. 27, 29, 51, 53, *63, 64 f.,* 66, 110, 190, 284 f., 363, 415 f.

romantische Ironie spielerische Zerstörung der poetischen Illusion aus der Absicht des Autors heraus zu zeigen, dass alles von ihm Dargestellte reines Produkt seiner Phantasie ist und sich damit auch wieder aufheben lässt. Leitet sich aus Fichtes ↑Ich-Philosophie ab und bildet im weitesten Sinne eine Spielform der ↑Verfremdung. *64,* 66 f., 190, 416

Romanze 280

Rückblende als Ausdruck eines nichtlinearen Erzählens Wechsel der Zeitebene, d. h. erzählerischer Rückgriff aus der fiktionalen Gegenwart in die Vergangenheit. Findet sich vor allem in der modernen Erzählprosa, und zwar häufig als montageartiger Wechsel (z. B. in der Form des ↑inneren Monologs). Ggs. ↑Vorausdeutung. 160, 165, *178 ff.,* 181, 222, 224, 269, *325 f.*

Sage seit der Romantik Gattungsbezeichnung für ursprünglich mündlich überlieferte Volkserzählungen, in der wunderbare Begebenheiten (Eingreifen übernatürlicher Mächte usw.) berichtet werden, die aber, im Unterschied zum ↑Märchen, meist an geschichtliche Vorgänge anknüpfen. Für die Struktur der Sage zentral ist die strenge Kausalverkettung von Schuld und Strafe. Die ↑Legende bildet das christliche Gegenstück zur Sage. 150, 235, 237, 365

Satire Kunstform, die mit den Mitteln der Ironie und der Karikatur bestimmte Personen, Anschauungen, Ereignisse oder Zustände kritisieren will. Sie ist nicht an eine bestimmte Gattung gebunden (satirische Gedichte, Erzählungen, Dramen, Filme usw.). Ihr verwandt sind ↑Parodie und ↑Travestie. 214, 254

Schauspiel: i.e.S. ernstes, aber nicht tragisch endendes Drama, das formal der Tragödie nahe steht (pyramidaler Bau, 5 Akte usw.). Der Konflikt wird am Ende jedoch überwunden. Besonders in Aufklärung und Klassik mit ihrem Glauben an die naturhafte Güte des Menschen (Bspe: Lessing: Nathan der Weise, Goethe: Iphigenie auf Tauris, Schiller: Wilhelm Tell). 93, 146, 149

Schelmenroman s. Abenteuerroman

Schicksalsroman 240

Schlüsselroman 99, 139

Schlussmediation s. Mediation

Schlusssanktion als Handlungselement die ein narratives Programm abschliessende ‚Belohnung' des Helden (z. B. durch seine Integration in die Gesellschaft), häufig verbunden mit der ‚Bestrafung' des Gegners, durch den Auftraggeber, in der Epik etwa durch den Erzähler selber. Je traditioneller ein ↑narrativer Text ist, desto klarer tritt die Schlusssanktion hervor; in modernen Texten ist sie deutlich abgeschwächt oder hebt sie sich gar auf, indem Held *und* Gegner am Schluss sowohl /positiv/ als auch /negativ/ sanktioniert werden. 264, 267, 365

Schreibwerkstatt s. kreatives Schreiben

Schriftsteller s. Autor

Schwank 235

Science-fiction 87f., 240, 355

Sekundenstil ein für den Naturalismus und z. T. auch für den ↑Impressionismus typischer Stil, wonach die Erzählzeit identisch ist mit der ↑erzählten Zeit; daher auch im ↑*inneren Monolog* verwendet. 72, 174

Selbstentfremdung s. Entfremdung

Sem, semantisches Merkmal als kleinstes Bedeutungsmerkmal eines Zeichens. Seme (Notation: /…/) haben nur einen metasprachlichen Status, sind daher oft rein behelfsmässig gewählt. Jedes Wort enthält eine Reihe hierarchisierter Seme. So weist z. B. das Wort „Dame" die Seme /weiblich/, /erwachsen/ und /vornehm/ auf. *44,* 171, 176, 193f., 210ff., 346

Semantik als Teilgebiet der Linguistik Lehre von der Bedeutung sprachlicher Zeichen (von Wörtern, Sätzen und ganzen Texten) in bestimmten Kommunikationssituationen. Dies im Unterschied zur *Lexikologie* als der Lehre vom sprachlichen Lexikon, d. h. vom Wortschatz einer Sprache. Die kleinste semantische Einheit ist das ↑*Sem.* 126, 305, 309

Semem s. Wort

Semrekurrenz s. Isotopie

Semiotik auch *Semiologie* (gr. semeion: Zeichen) als *Zeichentheorie* die Lehre von den sprachlichen und nichtsprachlichen ↑Zeichen und den Zeichenprozessen (Semiosen), die sich in der Kommunikation (z. B. in einem Gespräch) abspielen. Sie gliedert sich in folgende drei Bereiche: in die ↑*Semantik* (untersucht die Beziehungen zwischen Zeichen und Bezeichnetem), in die ↑ *Syntax* (untersucht die Beziehungen der Zeichen untereinander) und in die ↑ *Pragmatik* (untersucht die Beziehungen zwischen Zeichen und Zeichenbenützer). Die Semiotik ist zu einer Grundlagenwissenschaft zahlreicher Disziplinen (z. B. Informatik, Kommunikationstheorie, Architektur, Filmwissenschaft, Genetik) geworden; für die neuere Literaturwissenschaft erhält sie als *Textsemiotik* Bedeutung, hat diese doch Text-Modelle entwickelt, mit denen sich nicht nur die Struktur literarischer Texte exakt beschreiben, sondern auch ein vertieftes Verständnis des literarischen Wandels erreichen lässt. 108, 126 f.

Semopposition s. Opposition

Semverknüpfung Verbindung von ↑ Semen aus verschiedenen, meist gegensätzlichen Bereichen, wie sie etwa für die ↑ Metapher (z. B. „Flussarm" als Verknüpfung von /natürlich/ und /menschlich/) typisch ist. Spielt bei der Entstehung von ↑ Konnotationen, aber auch beim Aufbau von ↑ Vermittlungsstrukturen eine zentrale Rolle. 41, 316 f., 321

short story s. Kurzgeschichte

short short story s. Kürzestgeschichte

Signifikant s. Zeichen

Signifikat s. Zeichen

Simultangedicht s. Simultantechnik

Simultaneität, Simultantechnik auch *Reihungsstil* als Aneinanderreihung heterogener Einzelbilder, die nicht mehr kausallogisch miteinander verknüpft sind, und damit als Auflösung der Bildkontinuität, wie sie auch für den ↑ Film typisch ist. Zunächst ein Strukturprinzip expressionistischer und dadaistischer Gedichte, die sich daher als *Simultangedichte* bezeichnen lassen; trifft darüber hinaus, in der Form der Textmontage (Rückblenden, Vorausdeutungen, Perspektivenwechsel usw.), einen Grundzug aller modernen Literatur, vor allem des modernen Romans. Geistige Basis der Simultantechnik ist letztlich die ↑ Ichauflösung. 18, 75, 95, *113 f.,* 136, 180, *224,* 269, *298 f., 311,* 324

Slam Poetry aus engl. to slam: zuschlagen, zuknallen. Seit 1986 hat sich der Begriff für Dichterwettkämpfe, bei denen in der Regel das Publikum die Jury bildet, etabliert. Der Erfinder dieser Wettkampflesungen, die man als *Poetry Slams* bezeichnet, ist der Amerikaner Marc Kelly Smith. Slam Poetry ist alles, was bei Poetry Slams von den Slam-Poeten oder Slammern vorgetragen wird. Entscheidend ist dabei die *Performance,* d. h. die Art und Weise, wie der Slam-Poet auch Performer genannt, seinen Text auf der Bühne darbietet. Die Poetry Slams, die in Diskos und Clubs stattfinden, richten sich gegen den herkömmlichen Literaturbetrieb, vor allem gegen seine Tendenz zur reinen Buchkultur. 34, 76, 87, 148f., 341, 354, 357, *360ff.*, 374, 390

Social Beat s. Beat

Sonett als bedeutendste aller europäischen Gedichtformen streng geregelte Form, bestehend aus zwei Quartetten und zwei Terzetten. Im Barock in Verbindung mit dem ↑ Alexandrinervers besonders beliebt. Auch später, selbst noch im 20./21. Jh. und hier vor allem in der Postmoderne, nach wie vor geschätzt. 87f., 147, 149, 280, 285, 287f.

soziales Drama s. Milieutheorie

sozialistischer Realismus 80, 120, 339

Soziolekt als gruppenspezifische Sprachvariante (z.B. Unterschichtsprache) Gegenstand der *Soziolinguistik*. Die Verwendung von Soziolekten ist gerade im modernen Roman mit seinen verschiedenen Stilschichten verbreitet. 127, 250

Soziolinguistik s. Soziolekt

Spoken Word (Poetry) Text, der für den Live-Auftritt verfasst wird; heute vor allem ↑ Slam Poetry und ↑ Rap. 92, *357ff.*

Spracherneuerung Befreiung der Sprache von verfestigten Bedeutungen (z. B. von konventionellen Symbolen und Metaphern), wie sie sich vor allem in modernen Texten, etwa im Gebrauch von ↑ Montage und ↑ Collage, findet. 57, 61

Sprachexperiment 76, 84, 93, 118, *304ff., 385, 394ff.*

Sprachkrise auch als *Sprachskepsis* die seit dem Naturalismus einsetzende Erkenntnis, dass Wort und ‚Wirklichkeit' sich nicht mehr decken, dass die traditionelle Sprache mit den neuen Erfahrungszusammenhängen nicht mehr kongruent ist. Sie führt zur modernen ↑ Sprachkritik. 49, *55ff., 64f.,* 72, 81, *117,* 389

Sprachkritik als Kritik an einer ↑ festen Sprache, d. h. an einer Sprache, die vorgibt, ‚Wirklichkeit' abzubilden, eine der Wurzeln der literarischen Moderne. *55f.,* 63, *65,* 75, 108, *112,* 117, *304ff., 387ff.,* 394

Sprachphilosophie (Ludwig Wittgensteins) *116ff.*

Sprachskepsis s. Sprachkrise

Sprechakttheorie s. Pragmatik

Sprechgedicht eine Spielform des ↑ Lautgedichtes, besonders bei E. Jandl (Bsp: Jandls Antikriegsgedicht „schtzngrmm"). *390f.*

Sprechstück Theaterform, die ohne konventionelle Handlung Redensarten, sprachliche Gemeinplätze usw. aneinander reiht; besonders bei P.Handke

(Bsp: Handkes „Publikumsbeschimpfung"). 84, 149, 390
Spruch, Spruchdichtung 149, 280, 304, 338
Stabreim s. Alliteration
Ständeklausel s. bürgerliches Trauerspiel
Stationendrama 77, 93, 149
Stilanalyse als Analyse bestimmter Stilarten (Individualstil, Epochenstil, Gattungsstil, Kommunikationsstil) Methode vor allem der werkimmanenten Interpretation. 23
Stimmungslyrik eine mit der ↑ Erlebnislyrik eng verwandte Lyrik; im Unterschied zu dieser ist hier aber nicht das sich selbst ausdrückende Ich, sondern die von diesem Ich wahrgenommene Natur als Stimmungsträger primär. 149, 280, *284,* 298, 307
Strassentheater s. Agitprop-Theater
stream of consciousness s. innerer Monolog
Struktur, auch *Tiefenstruktur,* bezeichnet als ganzheitlicher, d. h. formaler *und* thematischer Begriff die grundsätzliche Organisation literarischer Texte (z. B. die Ausrichtung traditioneller Erzähltexte auf einen ↑ Helden und auf eine ↑ Schlussmediation hin). Bestimmend für die Struktur eines Textes sind die *Strukturelemente,* vor allem die Erzähler- und die ↑ Figurengestaltung. Sie sind stets Ausdruck eines bestimmten Menschenbildes. *22 ff., 26,* 34, 38, 49, 69, 127, 130, 147, 187 ff., 195, 206, 209, 212, 217, 242, 254, 297, 317 ff., 326, 337, 347, 394
strukturale Textanalyse s. Strukturalismus, poetischer
Strukturalismus, linguistischer eine moderne, in ihren Wurzeln auf de Saussure zurückgehende Sprachtheorie, welche die Sprache als *strukturiertes* System von Zeichen auffasst und exakte Methoden zu ihrer Beschreibung entwickelt. Entscheidend ist dabei die Unterscheidung zwischen *Oberflächen-* und *Tiefenstruktur,* die auch in den ↑ poetischen Strukturalismus Eingang gefunden hat. Nach ihr bestehen Sätze aus einer konkreten Äusserungsform, einer Oberflächenstruktur, und aus elementaren semantischen und syntaktischen Beziehungen, der Tiefenstruktur, die sich mit Hilfe von Konstituentenstruktur-Regeln rekonstruieren lassen. Die Beschreibung dieser Regeln gehört zum Gegenstand von Noam Chomskys *Generativer Grammatik.* 23, 108, 126 f.
Strukturalismus, poetischer Im Unterschied zu den ‚älteren' Interpretationsmethoden, die immer nur das individuelle Kunstwerk vor Augen haben, will der Strukturalismus allgemeine Regeln formulieren, als deren Verwirklichung das einzelne Werk erscheint. Das Kunstwerk selber wird dabei

nicht als eine Summe von Einzelelementen gesehen, sondern als ein Netz von Beziehungen paradigmatisch-syntagmatischer Art. Die Analyse dieser Beziehungen, die das Werk konstituieren, ist das Hauptanliegen des Strukturalismus. Die *strukturale Textanalyse* tendiert daher zur Typologie; das erklärt, warum sie sich als Methode etwa zur Beschreibung des Neuartigen an modernen Texten besonders eignet. *21ff.,* 126f.

Strukturelement s. Struktur
Strukturwandel 23, 74, *153f.,* 181
Sturmkreis 58, *75,* 375
Sturm und Drang literarische Bewegung zwischen 1770 und 1785. 238, 268, 277, 284, 363
Stuttgarter Schule als Gruppe von Autoren um Max Bense (Heissenbüttel, Döhl, Harig u. a.) Vertreter einer experimentellen Literatur: konkrete Poesie, Sprachexperimente, Computertexte; war vor allem in den 1960er Jahren aktiv. Die digitale Literatur seit den neunziger Jahren schliesst weitgehend an die Experimente dieser ‚Schule' an. 83, 397
Sublimation Umsetzung nicht zugelassener, meist sexueller Wünsche in soziale oder kulturelle Leistungen. Begriff aus Freuds ↑ Psychoanalyse. *132*
Subjektkrise 53, 57, 75, 250
Subjektkritik von Nietzsche ausgehende Kritik an der Idee einer festen, weltbestimmenden Position des Ich, d. h. an einer ↑ anthropozentrischen Weltsicht. Bildet eine der Wurzeln der literarischen Moderne. 49, *51ff.,* 63, *65,* 73, 75, *111ff.,* 122, 180, 191, 209, 299, 304ff., 384f.

Surrealismus 65, *76,* 85, 132, *138,* 354, 397f.
Symbol s. Zeichen
Symbol bildliche Darstellung, bei der ein Bild *aus sich heraus* auf einen mehr oder weniger bestimmten höheren Sinn (z. B. die ‚aufgehende Sonne' auf ein ‚neues Leben') hin durchsichtig wird. Das traditionelle Symbol ist stark durch kodierte kollektive Muster (Ring/Treue, Rose/Liebe, Hufeisen/Glück usw.) geprägt. Tritt in der Moderne zugunsten der ↑ Chiffre zurück. Gegensatz: ↑ Allegorie. Eine Sonderform des Symbols bildet das ↑ *Dingsymbol.* 38, 247, 260, 281, 289, 291, 317, 321f., 369, 375
symbolische Schreibweise Schreibweise, bei der die *vertikale* Beziehung zwischen dem Zeichen und seinem Sinn (z. B. dem Bild der untergehenden Sonne und dem Tod) dominant ist. Stellt die Schreibweise in traditionellen Texten dar. Ggs. ↑ paradigmatische Schreibweise. *38, 45, 48,* 154, 190, 237, 320ff., *327*
Symbolismus 64, *73f.,* 276, 285, 291
Synekdoche s. Metonymie
synchrone Sprachbetrachtung 126

Synonym s. Wortfeldtheorie

Syntagma, Syntagmatik als aktuelle Beziehungen zwischen den *benachbarten* Zeichen in einem Text (z. B. als Übereinstimmung von Subjekt und Prädikat) eine der drei Hauptbeziehungen des Zeichens neben den ↑ symbolischen und den ↑ paradigmatischen Beziehungen. Während in der traditionellen Literatur (z. B. in der Erlebnislyrik) die symbolischen Beziehungen dominieren, sind in der modernen (z. B. in der hermetischen Lyrik) die paradigmatischen und syntagmatischen Beziehungen dominant. *48*, 176, 348

Syntax als Satzlehre Teilgebiet der Linguistik (neben Morphologie, Semantik und Pragmatik), das sich mit den grammatischen Beziehungen der Elemente im Satz befasst. Die syntaktische Grundeinheit bildet das ↑ *Syntagma*. 75, 126, 180, 331, 397

szenisches Präsens s. historisches Präsens

szenisches Erzählen eine Spielform personalen Erzählens, deren Kennzeichen die fast ausnahmslose Verwendung direkter Rede zur Wiedergabe des Gesprochenen ist. Sie trägt wesentlich zum Eindruck der Unmittelbarkeit bei (Bsp: Beginn von Th. Manns „Buddenbrooks"). 163, 260

Tagebuch, literarisches 148, 161, 236, *268 ff.*, 408

Tagebuchroman 32 f., 163, 231, *269*

Tanka traditionelles Kurzgedicht aus fünf reimlosen Versen, drei davon zu 5, 7, 5 Silben und zwei zu 7 Silben, so dass es insgesamt 31 Silben hat. Stammt wie das ihm verwandte ↑ Haiku aus Japan, blieb aber im Unterschied zu diesem bei uns weitgehend unbekannt. 280, 295

Teleologie Auffassung, wonach alles Geschehen (menschliches Handeln, geschichtliche Prozesse, Naturereignisse) auf ein Ziel, einen Zweck (Telos) hin ausgerichtet ist und von ihm her seinen Sinn erhält. Sie spiegelt sich in *traditionellen* Texten, indem diese stets auf den Schluss, auf eine Vermittlung der Gegensätze (Schlussmediation), hin angelegt sind. Demgegenüber zeichnen sich *moderne* Texte durch einen Abbau des teleologischen Prinzips, d. h. der harmonisierenden Funktion des Schlusses, aus. 104, 111, 112, 115, *237*, 245, 250, 255, 365

Tendenzliteratur Literatur, die einen ausserkünstlerischen (z. B. politischen) Zweck verfolgt. Ggs. ↑ l'art pour l'art. *83*, 300, *339 ff.*, 350

Textlinguistik 127

Textmontage s. Montage

Textsemiotik s. Semiotik

Theater der Grausamkeit ein von Antonin Artaud um 1930 entwickeltes, auf ästhetischen Schock hin ausgerichtetes, provokatives Theater. Von grossem Einfluss auf ↑ absurdes Theater und ↑ Living Theatre. 149

Theodizee ein von Leibniz (1646-1716) eingeführter Begriff für die Rechtfertigung des Glaubens an Gottes allmächtige und allweise Güte, da in unserer „bestmöglichen aller Welten" das Übel durch die Harmonie des Ganzen ausgeglichen werde. Bildet eine der geistigen Grundlagen des harmonisierenden Prinzips in zahllosen bürgerlichen Dichtungen; wird in der literarischen Moderne (Benn, Arno Schmidt, Bernhard, Dürrenmatt u. a.) daher häufig parodiert. 317

Theozentrik s. Anthropozentrik

Thriller Unterhaltungsliteratur (Kriminal-, Spionage-, Horrorroman usw.), die vor allem auf reisserische Spannungseffekte abzielt. 241

Tiefenpsychologie auf Sigmund Freud zurückgehende Richtung der Psychologie, welche die Bedeutung des *Unbewussten* hervorhebt. Als tiefenpsychologische Disziplinen gelten heute vor allem die ↑ Psychoanalyse, die Individualpsychologie und die analytische Psychologie. Grosse Wirkung auf Entstehung und Entfaltung der literarischen Moderne. 124, 128, *131 ff.*

Tiefenstruktur(en) s. Struktur

Titelheld Hauptfigur eines literarischen Werks, deren Name den Titel (z. B. Brigitta) abgibt; im Drama als *Titelrolle* bezeichnet. In der ↑ bürgerlichen Dichtung, in welcher der Held das Sinnzentrum bildet, auffallend häufig. 186

Titelrolle s. Titelheld

Topos (Pl. Topoi) antikes Motiv, das in der literarischen Tradition fortlebt und sich so *verfestigt* hat (Paradiestopos, Naturtopos, Vergänglichkeitstopos, Bescheidenheitstopos, Beschreibungstopos usw.). Topoi geben Geschichtliches als zeitlos Gültiges aus, erfüllen demnach eine mythisierende Funktion. Daher finden sie sich in der traditionellen Literatur (vor allem als Helden- und Erlösertopos) sehr häufig. Sie spielen dort u. a. im Hinblick auf die Vermittlung gegensätzlicher Wertbereiche (etwa des menschlichen Bereichs mit dem Bereich der Natur im Mutter/Natur-Topos) eine zentrale Rolle. Im Zusammenhang mit ihrem entmythisierenden Gestus verzichtet die moderne Literatur weitgehend auf Topoi oder stellt sie als blosse ↑ Zitate der Kritik des Lesers anheim. *46, 240, 287, 291, 413 f.*

totale Parodie s. Parodie

Tragikomödie Gattungsform des modernen, gestischen Dramas, in der sich (etwa in der paradox angelegten Figur des „Helden")

Tragisches und Komisches durchdringen, und zwar so, dass dem Geschehen die Unschädlichkeit des Komischen und die Sinngebung des Tragischen fehlen. Ein letzter Sinnzusammenhang der Welt, wie ihn die tragische und die komische Weltsicht gleichermassen voraussetzen, weicht hier einer unfassbar gewordenen, entfremdeten Wirklichkeit. Ihr entspricht die Form der ↑ Groteske, so dass sich auch von einem *grotesken Theater* sprechen lässt (Bspe: Hauptmann: Die Ratten, Dürrenmatt: Der Besuch der alten Dame, Die Physiker). 81, 84, 104, 149

Tragödie, auch *Trauerspiel*, traditionelles Drama, das den an einem unabwendbaren Konflikt (mit der sittlichen Weltordnung, den gesellschaftlichen Mächten, dem Schicksal usw.) tragisch zugrunde gehenden Helden gestaltet. Die Tragödie setzt den Glauben an eine schicksalhafte Bestimmung des Menschen, d. h. letztlich an einen Sinnzusammenhang der Welt, voraus. Daher verschwindet sie in der Moderne fast ganz, wird sie hier weitgehend durch die ↑ Tragikomödie ersetzt. 93, 146, 149, 238, 365

Travestie kritisch-spöttische Umarbeitung eines meist bekannten literarischen Werks durch Wiedergabe seines Inhalts in anderer, unpassender Form. In Moderne und Postmoderne besonders häufig. Ggs. ↑ Parodie. 87, 373 f.

Trivialliteratur in den 1920er Jahren aufkommende abwertende Bezeichnung für eine Literatur mit geringem ästhetischem Anspruch als Gegensatz zum Begriff „hohe Literatur" (E-Literatur). Diese wertende Entgegensetzung wird in der Literaturwissenschaft zunehmend kritisch gesehen und durch neutralere Bezeichnungen wie „Massenliteratur", „populäre Literatur" oder einfach ↑ „Unterhaltungsliteratur" (U-Literatur) ersetzt. 148, 239, *240ff.*, 252, 273, 414

Trochäus s. Metrum

Trümmerliteratur Literatur der nüchternen Bestandesaufnahme (↑ "Neuer Realismus") im zerstörten Deutschland zwischen 1945 und 1950 (Böll, Borchert, Eich, Schnurre u. a.). Im Zusammenhang mit der „Reinigung der Sprache" von der Nazi-Ideologie auch *Kahlschlagliteratur* genannt. 70, 78 f., 94, 95, 226

Typogramm s. visuelle Poesie

Typus literarische Figur, die in der Regel durch eine einzige, bis zur Manie übersteigerte Eigenschaft (z. B. Geiz, Ruhmsucht) bestimmt ist. Besonders die Komödie (Typenkomödie) verwendet seit der Antike Typen, um an ihnen bestimmte menschliche Defekte darzustellen. Daneben finden sich Typen überall dort, wo Figuren, wie etwa im ↑ Märchen oder in der ↑ Trivialliteratur schwarzweiss gezeichnet sind. In der modernen Kurzgeschichte ist die auffallend häufige Typisierung der Figuren (der Alte, die Frau, das junge Mädchen usw.) Ausdruck ihrer z. T. radikalen ↑ Entpersönlichung. 241, 256, *259*

Über-Ich (Teil der menschlichen Psyche) 54, *132*

Undergroundliteratur eine Literatur, die aus ideologischen oder politischen Gründen im ‚Untergrund' publiziert und vertrieben wird. Sammelbegriff für literarische Strömungen der Subkultur (Beat, Pop, Rap, Protestsong, Happening, Strassentheater u. a.). 89, 149, 357

Understatement als untertreibende Redeweise eine besonders in der modernen Erzählprosa und Lyrik häufig anzutreffende, bewusst nüchterne, unpathetische, nur andeutende Ausdrucksform; verwandt mit dem ↑ Lakonismus und in gewissem Sinn auch mit der *Periphrase* als der Umschreibung eines Begriffs (z. B. „der Allmächtige" für „Gott"), und vor allem mit dem *Euphemismus*, einer verhüllenden, beschönigenden Ausdrucksweise (z. B. „einschlafen" für „sterben"). Ggs. ↑ Hyperbel. 260, 328

Unterhaltungsliteratur Literatur zwischen sog. ‚hoher' Dichtung und ↑ Trivialliteratur, wobei die Übergänge fliessend sind. Sie dient dem Unterhaltungsbedürfnis eines breiten Leserpublikums. Ihre Merkmale sind u. a.: spannende Handlung, einfache, flüssige Sprache, konventionelle Darstellungsformen, typenhafte Figuren, Bestätigung gängiger Sichtweisen (Bspe: ↑ Abenteuerroman, Kriminalroman, ↑ historischer Roman, ↑ Fantasy u. a.). 87 f., 148, 240 ff.

unreiner Reim nicht genauer, sondern nur ungefährer Gleichklang der Versenden (z. B. kühn/hin). Ggs. reiner Reim. *278*

Vatermordthematik unbewusster Todeswunsch des Sohnes gegenüber dem Vater, um ihm gleich zu werden. Hängt mit Freuds These vom *Ödipuskomplex* zusammen und spielt in der literarischen Moderne vor allem seit dem Expressionismus (Bspe: Kafka: Das Urteil; Hasenclever, Der Sohn) eine wichtige Rolle. 75, *133*

Verfremdung als Fremdmachen einer vertrauten Wirklichkeit, um sie so der Kritik des Betrachters zu öffnen. Nach J. Link entspricht die vertraute Wirklichkeit der automatisierten *Folie*; ihr wird im *Novum* ein Fremdes gegenübergestellt, so dass der Betrachter Folie und Novum und damit die Differenz zwischen den beiden, die sog. *Differenzqualität,* gleichzeitig wahrnimmt. Verfremdete literarische Texte besitzen demnach eine Folie/Novum-Struktur. In modernen Texten tritt neben die *strukturelle* Verfremdung (z. B. die Veränderung der Figurengestaltung) häufig eine *thematische,* indem der Autor die Folie im Text direkt (durch ↑ Zitat) oder indirekt (durch ↑ Anspielungen, ↑ Paraphrasen) sichtbar macht. *42 f.,* 46, *48,* 58, 63 f., 67, 190, 222, 274, 344, 411

Verfremdungseffekt (V-Effekt) s. episches Theater

Vergleich Mittel der Veranschaulichung, das mit Hilfe einer Vergleichspartikel („wie", „so – wie", „als ob") zwei oder mehrere in einem semantischen Merkmal übereinstimmende Begriffe miteinander in Beziehung setzt (Bsp: „schlau *wie* ein Fuchs"). Der Vergleich ist eher ein Stilmittel der Epik, die ↑ Metapher der Lyrik; im modernen Gedicht verschwindet er, vor allem in der einfachen Form des Wie-Vergleichs, fast ganz. 212, 232, 261

Verkündigungsdrama, expressionistisches 75

Verlag, Verleger 128 f., 412

Vermittlungsstruktur s. Mediation

Vers i.w.S. als Gegensatz zur metrisch ungebundenen *Prosa* die metrisch gebundene Sprache; i.e.S., etwa im Gedicht, die metrisch gegliederte *Zeile.* Der Vers wird nach der Anzahl der Hebungen bestimmt (Bsp: Blankvers als *fünfhebiger,* reimloser Jambus). 144, 276 f., 281, 297, 328

Versepos s. Epos

Verserzählung 235, 237, 245

Versfuss s. Metrum

Versnovelle 235, 245

visuelle Poesie wichtigste Spielart der konkreten Poesie. Zu ihr gehören u. a. das *Ideogramm* (das Sichtbarmachen der Zeichenbedeutung in der Zeichengestalt), das *Typogramm* (ein Textbild aus Schrift oder typographischen Elementen) und das *Piktogramm* (eine Textanordnung, deren Erscheinungsbild abbildende Umrisse hat). Ihr Vorläufer: das ältere ↑ Figurengedicht. Gegensatz: ↑ akustische Poesie. 387, *392 ff.,* 402 f.

Vitalismus s. Lebensphilosophie

Volksballade 363

Volkslied s. Lied

Volksliedzeile gereimte, drei- bis vierhebige Zeile mit ein- und zweisilbigen Senkungen. Im ↑ Volkslied und häufig auch im romantischen Gedicht verwendet (Bsp: Es war ein König in Thule). 351

Volksstück 93, 149

Vorausdeutung als andeutende Vorwegnahme erst später eintretender Ereignisse ein Stilmittel vor allem auktorialen Erzäh-

lens; in der modernen Erzählprosa oftmals auch als Textmontage (Bsp: Max Frischs „Homo faber"). Ggs. ↑Rückblende. 160, 165, 224, 249
vorindividuelle Lyrik als Lyrik vom 12. bis ins frühe 18.Jh., die noch nicht wie die ↑Erlebnislyrik Manifestation individueller Seelenzustände ist. Weitgehend identisch mit ↑Gesellschaftslyrik. Ggs. ↑individuelle Lyrik. 279, 283, 286 *ff.*
Vormärz s. Realismus

Webliteratur s. Netzliteratur
Wenderoman 89
werkimmanente Interpretation 23, *127*
Widerspiegelungstheorie 120
Wiener Gruppe Wiener Künstlerkreis (F.Achleitner, H.C.Artmann, K.Bayer, G.Rühm, O.Wiener u.a.) von 1952 bis 1964, der, von Dadaismus und Surrealismus beeinflusst, das Sprachexperiment pflegte; bewusst antibürgerlich und provokativ. 34, 70, 76, 84, 118, 375, 377, 395
Wildwestroman s. Abenteuerroman
Wirklichkeitsabbildung s. Mimesis
Wirklichkeitsauflösung, auch *Dissoziation,* die nach Hegel einsetzende Erfahrung, dass eine „übergreifende Einheit in der Vielheit des Geschehens fehlt" (Nietzsche). Meint *literarisch* ein Strukturprinzip *moderner* Texte, nämlich die Preisgabe einer einheitlichen Perspektive, indem ↑Erzähler und ↑lyrisches Ich als Vermittler der Sicht reduziert oder gar ausgeschaltet werden. *32f.,* 42, 47, 52, 65, 265f., *382*
Wirklichkeitsgestaltung als Gestaltung einer fiktionalen Wirklichkeit im Text, neben der ↑Figurengestaltung, eine der beiden literarischen Konstanten. In *traditionellen* Texten handelt es sich dabei fast durchwegs um ↑Wirklichkeitsabbildung (Mimesis), in *modernen* darum, die literarische Fiktion als reine Fiktion sichtbar zu machen. 26, *47,* 69
Wirklichkeitskohärenz Bezeichnung für die uralte, von Platon bis Hegel reichende Vorstellung einer Einheit alles Seienden, die durch ein ordnendes Prinzip (Gott, Weltgeist, menschliche Vernunft usw.) garantiert ist. Meint *literarisch* ein Strukturprinzip, nämlich die von einem festen Subjekt (persönlicher Erzähler, lyrisches Ich) als dem Vermittler der Sicht aus gestaltete Einheit *traditioneller* Texte. *31, 36,* 38f., 47, 52, 54ff., 60, 189
Wirkungsästhetik s. Rezeptionsästhetik
Wissenschaftstheorie 108
Wort freies Morphem (selbständiges Sprachzeichen), das semantisch als *Lexem* (kontextunabhängig und dadurch noch grundsätzlich mehrdeutig) und als *Semem* (kontextabhän-

gig und dadurch ‚eindeutig') erscheinen kann. 117f., 305, 316, 389, 393

Wortfeldtheorie als Lehre der Synonyme, d. h. der sinnverwandten Wörter, einer Sprache Teilgebiet der ↑ Semantik. 126

Wortkunst vom it. ↑ Futurismus (Marinetti) beeinflusste radikale Reduktion der Sprache auf das Wort und seine Elemente (Wortsinn, Wortklang, Worttonfall), oft verbunden mit gleichzeitiger visueller Aufbereitung (s. etwa Gomringers „schweigen"); als radikal antimimetische und antisymbolische, vom Subjekt gelöste Kunst äusserst modern. Vorherrschend im Sturmkreis des Expressionismus, in Dadaismus und konkreter Poesie. 58, 75, 285

Wunschobjekt s. Handlungsfunktion

Zeichen Etwas, das für etwas anderes, d. h. für eine ‚Sache', steht. Das Zeichen setzt sich aus dem Zeichen*körper*, dem *Signifikanten*, und aus der Zeichen*bedeutung*, dem *Signifikat*, zusammen. Nach wachsender Abstraktionsstufe lassen sich drei verschiedene Zeichentypen unterscheiden: das ikonische Zeichen oder *Ikon* mit *abbildender* Beziehung zu seinem Referenzobjekt (z. B. Foto), das indexikalische Zeichen oder der *Index* mit *hinweisender* Beziehung (z. B. Rauch als Hinweis auf Feuer) und das symbolische Zeichen oder *Symbol* mit *repräsentierender* Beziehung zum Objekt (z. B. Taube für Frieden). Während Ikone und Indizes ‚naturgegebene' Zeichen sind, handelt es sich bei den Symbolen um *arbiträre* (willkürlich gewählte) Zeichen, die durch Konvention, also aufgrund eines bestimmten ↑ Kodes, entstehen. Zu ihnen gehören vor allem die sprachlichen Zeichen (↑ Wörter). *43, 48, 57, 260, 266, 322, 375, 384,* 387, 392 f., 399

Zeichentheorie s. Semiotik

Zeilensprung s. Enjambement

Zeilenstil Deckung von Satz- und Versende im Gedicht. Tritt in der modernen Lyrik hinter das ↑ Enjambement zurück. 298

zeitdeckendes Erzählen s. erzählte Zeit

zeitdehnendes Erzählen s. erzählte Zeit

Zeitdeixis, -deiktika s. episches Präteritum

Zeitgedicht Form der politischen Lyrik, in der es um aktuelle politisch-soziale Probleme der *jeweiligen* Gegenwart geht (z. B. in Brechts 1939 entstandenem Exilgedicht „Schlechte Zeit für Lyrik" um den Nationalsozialismus). 337, 342

zeitraffendes Erzählen s. erzählte Zeit

Zeitroman s. Gesellschaftsroman

Zeitsprung als Extremfall der ↑Zeitraffung das Weglassen von Erzählteilen, die der Autor für entbehrlich hält („Zwei Jahre später..."). In der modernen Erzählprosa erfolgt der Zeitsprung häufig über ↑Textmontagen. *179f., 226*

Zeitstück Theaterstück, das ähnlich dem ↑Zeitroman Zeittendenzen schildert und kritisiert (Bsp: Urs Widmers „Top Dogs"). *149*

Zitat Zitierung traditioneller Inhalte (z.B. ältere ↑Diskurse, ↑Topoi) in modernen Texten, um sie als zu blossen Folien entleerte Inhalte der Kritik des Lesers anheim zu stellen; ein Mittel der ↑Verfremdung. *46, 197*

Zitat, Zitat-Montage s. Montage

Zürcher Literaturstreit 83, 96f.

Zweite Moderne von Heinrich Klotz Anfang der 1990er Jahre für die Kunst und Architektur der Gegenwart geprägter Begriff, der vom Soziologen Ulrich Beck für seine Thesen im Zusammenhang mit einer als Folge der Globalisierung wirtschaftlich und gesellschaftlich-politisch veränderten Welt übernommen wurde. Auf die Literaturwissenschaft übertragen, meint der Begriff, im Unterschied zur ↑klassischen Moderne, ein der gesellschaftlichen Wirklichkeit zugewandtes Schreiben, das sich z.B. in einer neu gewonnenen Unbefangenheit des Erzählens äussert, ohne aber auf die Errungenschaften der literarischen Moderne zu verzichten. Die Zweite Moderne, oft auch als *postmoderne Moderne* bezeichnet, löst seit Mitte der neunziger Jahre, zunächst in der Lyrik, dann auch im Roman, die Postmoderne ab. *90ff., 94, 304ff., 383*

Zuschussverlag (Dienstleistungsverlag) *129*

Namenregister

Das Register erfasst alle in diesem Buch genannten Namen, soweit sie nicht bloss in Aufzählungen enthalten sind. Die *kursiv* gesetzten Seitenangaben verweisen dabei auf Textbeispiele der Autoren. Bei Namen, die gehäuft vorkommen, sind nur die wichtigsten Belegstellen vermerkt.

Achternbusch, H. 252
Achleitner, F. 477
Adamov, A. 81, 116
Adler, A. 133, 213
Adler, O. 405
Adorno, Th.W. 121, 271
Aichinger, I. 19, 79 f., 82, 254
Andersch, A. 79, 82, 116
Andres, St. 116, 124
Andreas-Salomé, L. 131
Arendt, H. 323
Aristoteles 28, 31, 145 f.
Arp, H. 58, 137, 377
Artaud, A. 473
Artmann, H.C. 477
Auer, J 405
Auer, M. 405
Austin, J.L. 126

Bachmann, I. 19, 79, 82, 115, 117, 186, *322 f.*
Bahr, H. 18, 74, 76, 113, 131, 271
Ball, H. 58, 125, 376 f., *389*
Balzac, H. de 58
Bärfuss, L. 90
Barlach, E. 75, 132, 137
Barth, K. 110, 124
Barthes, R. 22, 126, 147
Bartók, B. 136
Baudelaire, Ch. 285

Baudrillard, J. 126
Bauer, M. *273*
Bauer, W. 72
Bayer, K. 252, 473
Beauvoir, S. de 116
Becker, J. 89, *302 f.*
Beckett, S. 85, 116, 419
Bendel, O. 417
Benjamin, W. 121, 271
Benn, G. 58, 65, 75, 78, 81, 111, 117, 280, 290 f., 300, 308, *314 f.*, 338, 385 f., 445
Bense, M. 126, 384, 471
Berg, A. 136
Berg, S. 88, 91
Bergengruen, W. 78, 123
Bergson, H. 113 f.
Berkenheger, S. *397 f.*, 405
Bernanos, G. 123
Bernhard, Th. 85 f., 88, 119
Bichsel, P. 79, 83, *218 ff.*, 252, *256 f.*
Bienek, H. *332 f.*
Biermann, W. 148, 367
Bill, M. 383
Bloch, E. 121
Boccaccio, G. 246
Bodmer, J.J. 277
Bohr, N. 102
Böhme, J. 458

Böll, H. 79f., 82, 125, 131, *195ff.,* *226,* 252, 254f., 465, 474
Borchers, E. 325f.
Borchert, W. 79f., 254f., *274f.,* 474
Born, N. 86, 456
Böttcher, B. *372*
Brahm, O. *68*
Braque, G. 74, 138
Braun, V. 80
Brechbühl, B. 92
Brecht, B. 28, *37, 39f.,* 44f., 57f., *59,* 74, 77f., 81, 85, 102, 134f., 191, *200f.,* 251f., 277, 300, *318f., 329f.,* 338, *342ff., 367ff.,* 426, 445
Brentano, C. 247
Breuer, J. 131
Brinkmann, R. D., 89, 115, 355, 456
Broch, H. 77f., 132, 251, 271
Brod, M. 264
Brunner, E. 110
Brussig, Th. 89, 91, 238, 442
Büchner, G. 49, *67,* 110, 114, 175, 313, 452, 457, 464
Bühler, K. 339, 457
Bultmann, R. 110, 124
Bürger, G.A. 363
Burren, E. 84
Burroughs, W. 89, 115, 354, 426
Busch, W. 73
Butor, M. 456

Calvino, I. 87
Camus, A. 110, 116, 267
Canetti, E. 78, 268
Carver, R. 255
Celan, P. 19, 79, 81, 101, 117, *299f., 312, 319f.,* 323
Cervantes, M. de 246
Cézanne, P. 138

Chagall, M. 138
Chardin, P.T. 124
Cheever, J. 255
Chomsky, N. 126, 470
Chotjewitz, P. 252
Claudel, P. 123
Comte, A. 71
Croce, B. 144, 282
Czepko, D. von *292*

Dali, S. 138
Darwin, Ch. 51
Debussy, C. 135
Degenhardt, F.J. 367
Delius, F.C. 84, 367
Derrida, J. 123, 126, 426
Descartes, R. 50, 53, 113, 284, 382, 443, 460
Dilthey, W. 101, 114, 127, 285, 415
Döblin, A. *34ff.,* 54f., 57, 73f., 76, 111f., 135, *173f., 175ff.,* 199, *215ff., 229,* 250f., 263, 412, 445
Doderer, H. von 132, 256
Döhl, R. 405, 471
Domin, H. *331*
Dos Passos, J. 54, 85, 250
Dostojewski, F.M. 71
Drewermann, E. 124
Droste-Hülshoff, A. von 246, 363, 464
Duden, A. 306
Dürrenmatt, F. 43, 79ff., 90, 101ff., 116, 125, 190, 192, *209ff., 243f*
Dylan, B. 367, 449

Ebner-Eschenbach, M. von 73
Eco, U. 87f., 126
Eich, G. 79f., 82, *95f.,* 474
Eichendorff, J. von *23ff.,* 247, *316f.*
Einstein, A. 103

Einstein, C. 54, 57f., 73f., 111, 250, 414
Eisenstein, S. 206
Eliot, T.S. 58, 123
Emrich, W. 127
Ems, Rudolf von 245
Ende, M. 433
Enzensberger, H.M. 79, 85, 119f., 252, 332, *348f.*
Ermatinger, E. 127
Ernst, M. 138

Faber, K. 90
Fantastischen Vier, Die *358f.*
Fassbinder, R.W. 68, 119
Faulkner, W. 80, 254
Fauser, J. 89, 115, *355ff.*, 426
Federspiel, J. 105
Feuerbach, L. 109
Fichte, H. 89, *234*, 252
Fichte, J.G. 50f., 285, 415, 440, 443, 466
Fiedler, L.A. 89, 253, 354f., 412
Fitzgerald, F.S. 80
Flake, O. 271
Fleisser, M. 72
Fleming, P. 283
Fontane, Th. *34ff.*, 71, 73, *150f.*, *295*, 464
Ford, R. 255
Foucault, M. 22, 50, 122, 126
Franck, J. 90, 92, 120
Frenssen, G. 73
Freud, A. 133
Freud, S. 53f., 57, 73ff., 75f.,131ff., *140f.*, 191, 203, 298, 308, 460, 463, 471
Frey, E. 90
Fried, E. 124, *295*, 337, *345f.*, 350, 455

Frisch, M. *33f.*, 79ff., 90, 115, 116, 125, 134, 191, 204, *231f.*, 251f., *269f.*
Frischmuth, B. 80, 269
Fromm, E. 121, 133, 197

Gahse, Z. *199f.*
Gaiser, G. 80, 125, 251, 413
Galilei, G. 103
Ganghofer, L. 73
Geiger, A. 90
Gellert, Ch.F. 245
George, St. 57, 111, 291, 300
Gercke, D. 243
Gernhardt, R. 89, 137
Ginsberg, A. 89, 115, 354
Glattauer, D. 270
Glauser, F. 85, 132
Goebbels, H. 89
Goethe, J.W. von 20, 56, 144, 146, *150*, 184f., 239, 247, 284, *288f.*, *292f.*, *320f.*, *331*, 338, 458
Gomringer, E. 84, 137, *383f.*, 392, 417
Gorki, M. 71
Gotthelf, J. *230f.*, 247, 464
Gottsched, J.Ch. 145
Grabbe, Ch. 110, 452, 464
Grass, G. 79, 81, 89f., 101, 119, 238, 252
Greene, G. 123
Greimas, A.J. 21, 411
Griffith, D.W. 206
Grimm, H. 271
Grimm, J. 126
Grimm, W. 126
Grimmelshausen, H.J.Ch. von *29*, 238
Grünbein, D. 92, 461
Grün, M. von der 84

Gryphius, A. *287f.*
Gstrein, N. 248
Günther, J.Ch. 283
Gutzkow, K. 464
Gwerder, U. 89

Habermas, J. 121 f., 126
Hacks, P. 81, 367
Hagedorn, F. von 245
Hahn, O. 102
Hahn, U. 92, *303f., 323f., 335,* 448
Halter, J. 92
Hamburger, K. 156, 429
Handke, P. 80, 88 f., 117, 119, *169f.,* 191, *234,* 252, 390, 395, *403f.,* 469
Harig, L. 252, 471
Härtling, P. 85
Hasenclever, W. 75, 77, 132
Hasler. E. 86
Hauptmann, G. 57, 72, 78, 111, 245, 452
Hebbel, F. 268, 424
Hegel, G.W.F. 50 f., 53, 56, 109 f., 145, 147, 278, 285, 443, 477
Heibach, Ch. 405
Heidegger, M. 110, 114, 124, 317
Heider, F. 141
Hein, Ch. 80, 88, 120, 248
Heine, H. 17, 64, *66,* 190, 313, *364f.,* 373, 459, 464
Heisenberg, W. 103 f.
Heissenbüttel, H. 117, 146, *151f.,* 252, *390ff.,* 394 f., 471
Hemingway, E. 80, 253
Hensel, J. 405
Herburger, G. 124, 456
Herder, J.G. 20, 145, 271, 284
Hermann, J. 92, 186, 255
Hesse, H. 20, 76, 85, 131, 134, *289f., 334*

Hettche, Th. 405
Heym, G. 75
Heym, St. 80
Heyse, P. 73, 245 f.
Hilbig, W. 89
Hildesheimer, W. 81 f., 105, 252, 269
Hiller, K. 74
Hindemith, P. 136
Hochhuth, R. 124, 427
Hoddis, J. van *95*
Hoffmann, E.T.A. 53, 64 f., 110, 190, 247
Hofmannsthal, H. von *55ff.,* 65, 73 f., 76, 111, 117, 299, 387
Hohl, L. 256
Hohler, F. 248
Hölderlin, F. 238, 277, *313,* 424
Höllerer, W. 302
Holz, A. 18, 65, 72, 255, 277, *294*
Homer 25
Hoppe, F. 92
Horaz 271
Horkheimer, M. 121, *139f.*
Horváth, Ö. von 72
Höss, D. *352f.*
Hübsch, H. 89, 115
Huch, R. 78, 91, 248
Hültner, R. 243
Hürlimann, Th. 125, 248
Hüsch, H.D. 367
Hüser, F. 84
Husserl, E. 460

Ibsen, H. 71, 452
Ionesco, E. 81, 116, 419
Iser, W. 447, 465

Jaeglé, W. 67
Jahnn, H.H. 77, 251
Jakobson, R. 23, 461

Jandl, E. 84, *145f., 388,* 390, *395f., 402, 404*
Jaspers, K. 19, 110, 114
Jauss, H.R. 465
Jean Paul 65
Jelinek, E. 80, 89, 119, 125, 192, *198ff., 220ff., 232,* 242, 252
Jenny, Z. 92, 163, *227f., 234*
Jens, W. 124, 310, 337
Jentzsch, B. *178ff.*
Johansen, H. 90
Johnson, U. 251f., 271
Joyce, J. 54, 58, 85, 114, 180, 250, 413, 456
Jung, C.G. 133f.
Jünger, E. 78, 114, 268

Kafka, F. 39, 43, 44f., 54, 57f., 73f., 75f., 101, 111, *170f., 171f., 201f., 207ff.,* 227, *233,* 248, 251, 262f., *264ff.,* 275
Kaiser, G. 53, 75, 77
Kaleri, A. 255
Kandinsky, W. 137
Kasack, H. 116
Kant, I. 50f., 53, 64, 67, 113, 117, 382, 443
Kaschnitz, M.L. 117, 254, *310ff.,* 314ff.
Kästner, E. 367, *373*
Kayser, W. 23, 127
Keller, G. *27,* 58, *164ff.,* 178, 239, 247
Kelter, J. 92
Kerouac, J. 89, 115, 354
Kierkegaard, S.A. 53, 110, 114
Kipphardt, H. 102, 105, 119
Kirchhoff, B. 248
Kirsch, S. 89, *307f.,* 455
Kiwus, K. 86
Klee, P. 138

Kleist, H. von 49, 64f., *67,* 145, *150f., 187ff.,* 271, 313
Klimt, G. 74
Kling, Th. 92, 306, *335f.*
Klinger, C. 405
Klopstock, F.G. 277, 284, 465
Kluge, A. 119
Koeppen, W. 80, 115, 116, 251
Köhler, B. *60,* 92, 306, *334, 403,* 461
Köhlmeier, M. 88, 90, 163, 248
Korff, H.A. 127
Kornfeld, Th. *402*
Kokoschka, O. 137
Koslovsky, W. *390*
Kracht, Ch. 91, *98*
Kraus, K. 55
Krneta, G. 92
Kroetz, F.X. 72, 86, 119f.
Krolow, K. 337
Kunert, G. 92, 148, *300f.*
Küng, H. 124
Kunze, R. 80, 92
Kusenberg, K. 254

Lacan, J. 126
Langgässer, E. 78, 116, 124
Lasker-Schüler, E. 53, 57, 65, 75
Laukhard, F. Ch. 341, 409
Le Fort, G. von 123
Léger, F. 138
Leibniz, G.W. von 111, 279, 317, 473
Lenin, W.J. 350
Lentz, M. *361f.*
Lenz, P. 92
Lenz, S. 20, 79, 116, 163, 254
Lessing, G.E. *28,* 262, 271, 282, 424
Leutenegger, G. 125
Lévi-Strauss, C. 21, 126, 411
Lichtenstein, A. *298f.*
Link, J. 22, *42f.,* 475

Loetscher, H. 83, 252
Löns, H. 73
Lorca, F.G. 85
Ludwig, O. 461
Lukács, G. 58, 119, 121
Lyotard, J.-F. 121, 236

Mach, E. 74, 113
Macke, A. 137
Magritte, R. 138
Mahler, G. 136
Mähr, Ch. *229*
Maiwald, P. *347f.*
Mallarmé, St. 285
Man, P. de 123, 426
Mann, H. 20, 57f., 78, 111
Mann, Th. 20, 25f., 57f., 78, 111, 136, 162, *227*, 238
Marcel, G. 110, 116, 123
Marcuse, H. 120
Marinetti, F.T. 308, 417, 478
Maron, M. 89
Marti, K. 83f., 124, 268
Marx, K. 51, 109f., 119f.
Mauriac, F. 123
Mauthner, F. 55, 65, 112
Mayröcker, F. 252
Mechtel, A. 84, *194f.*, 268, 435
Meckel, Ch. 133
Meister Eckhart 458
Mercier, P. 90, 248
Merz, K. 90
Meyer, C.F. *155ff.* 245ff., 285, *290f.*, 463
Miller, A. 85
Mon, F. *392ff.*
Montaigne, M. de 271
Monte, A. 426
Morgenstern, Ch. 111, *385f.*, 389
Morgner, I. 80, 238
Mörike, E. *31*, 174, 291, *315*

Morris, Ch. 126
Morungen, Heinrich von *286*
Mosebach, M. 125
Mossmann, W. 367
Müller, H. 88f.
Muschg, A. 85, 88
Musil, R. 55, 57, 78, 180, 251, 271

Niederhäuser, H.P. *274*
Nietzsche, F. 49, *51ff.*, 55, 57f., 65, 73, 75, 88, 106, 111, 122, 180, 191, 298, 412, 456
Nizon, P. 83
Noll, I. 243
Nossack, H.E. 80, 116
Novak, H.M. 148, 367
Novalis 64, 458

Oehninger, R.H. *225*
Opitz, M. 144, 378
Ott, K.-H. *230,* 413

Paul, J. 65, 238
Papenfuss-Gorek, B. 92, 306, 461
Passos, D. 54, 85, 250
Pastior, O. 92
Peirce, Ch.S. 126
Pevsner, A. 138
Picasso, P. 74, 137f., *142f.*
Piontek, H. *309f.*
Pirandello, L. 85
Piscator, E. 72, 92, 430
Planck, M. 102
Platen, A. von 363
Platon 477
Plenzdorf, U. 80
Plessen, E. 85
Ploog, J. 89, 115, 426
Plutarch 271
Pollesch, R. 89
Popper, K.R. 122

Posner, R. 126
Pound, E. 58
Proust, M. 54, 114, 250

Raabe, W. 71, 73, 239
Ransmayr, Ch. 88, *97f.*, 105, 441
Rasp, R. 115, 456
Rathenow, L. *333*
Ravicini, L. 414
Reich-Ranicki, M. 91, 99, 423
Reinig, Ch. 86, 148, *367*
Reschke, K. 270
Reuter, Ch. 238
Richter, H.W. 79
Rilke, R.M. *32f.*, 55, 57, 65, 111, 250, 269, *293,* 308, 414
Rimbaud, A. 285
Rinser, L. 123
Robbe-Grillet, A. *186,* 456
Rosei, P. 80
Rossolo, L. 138
Rousseau, J.J. 238, 284, 424
Rowling, J.K. 88, 433
Rudolf von Ems 245
Rühm, G. 477
Rühmkorf, P. *278, 351f.*
Runge, E. 84
Rutherford, E. 102

Sachs, N. 78
Sarraute, N. 456
Sartre, J.P. 85, 110, 115f., 339
Saussure, F. de 126
Schaper, E. 123
Scheerbart, P. 389
Schelling, F.W., 113f., 284, 415
Scherer, W. 127
Schiller, F. 20, 96, 271, 281, 424
Schlaf, J. 72, 255
Schlegel, A.W. 247
Schlegel, F. 17, 64, 113, 190, 416

Schleiermacher, F.E.D. 440
Schleinitz, A. *331f.*
Schlink, B. 88, *202ff.,* 243
Schmidt, A. 124, 252, 271, 473
Schmidt, K. *276f.*
Schneider, R(einhold)78, 124
Schneider, R(obert) 88, *157ff.,* *182ff.*
Schnitzler, A. 57, 73f., 76, 113, 175, 413
Schnurre, W. 79f., 254, 474
Schönberg, A. 74, 135
Schopenhauer, A. 73, 111
Schrott, R. 92
Schulze, I. 255
Schwaiger, B. 86, 435
Schweikert, R. 90
Schwendter, R. 367
Schwitters, K. 58, 137, 357, *377ff.*
Seghers, A. 78
Seneca 271
Simon, C. 456
Skinner, B.F. 134
Šklovskij, V. 23
Sloterdijk, P. 122
Smith, M.K. 360, 468
Späth, G. 124, 146, *152,* 238, 248
Spengler, O. 114
Sperr, M. 72, 86, 119
Spitteler, C. 111, 134, 245
Stachowa, A. *213ff.*
Stadler, A. *219,* 442
Stadler, E. 53, 75
Staiger, E. 23, 83, *96f.,* 127, 144, 279, 282
Stamm, P. 255
Stanzel, F.K. 160
Steenfatt, M. 255
Stefan, V. 86
Stein, G. 58, 250, 385
Steinbeck, J. 254

Sterchi, B. 92
Stern, H. 248
Sternheim, C. 74
Stifter, A. 239, 464
Storm, Th. 245, 247
Stramm, A. 75 f., *308 f.*
Strauss, B. 86, 88 f., 271
Strauss, E. 246, 248
Strawinsky, I. 136
Streeruwitz, M. 242
Stricker, Der 245
Strindberg, A. 71
Struck, K. 86
Süskind, P. 88, 101, *182*, 185, *248*, 441
Suter, M. *60, 228*
Süverkrüp, D. 367
Szondi, L. 133

Taine, H. 452
Tardieu, J. 81, 116
Thenior, R. 86
Theobaldy, J. 86, 89, 92, 455
Thiess, F. 78
Thoma, L. 73
Tieck, L. 53, 64 f., *66,* 110, 190, 247, 424
Timm, U. 248
Todorov, T. 126
Tolkien, J.R.R. 433
Toller, E. 75, 77
Tolstoi, L.N. 58 71
Trakl, G. 65, 75, 300
Treichel, H.U. 163
Trier, J. 126
Tucholsky, K. 367
Turrini, P. 72

Uetz, Ch. 92
Uhland, L. 291, *338*
Ulrichs, T. *386, 403*
Urweider, R. 92

Valéry, P. 285
Verlaine, P. 285
Vesper, B. 271
Viebig, C. 73
Vischer, Th. 285
Vlaminck, M.de 74, 136
Vogelweide, Walther von der 287, *291 f.,* 304, 338

Wader, H. 367
Wagner, R. 135
Wallraff, G. 72, 84
Walser, M. 44, 79, 81 f., 99, 110, 119, *167 f.,* 186, *204 ff.,* 246, 252, 427
Walser, R. 85, 131, 250, 254, 256, 382
Walter, O.F. 83, 251 f.
Walzel, O. 127
Warhol, A. 354
Wassermann, J. *275*
Waterhouse, P. 80, 92, 306
Watson, J.B. 134
Watzlawick, P. 126
Webern, A. von 136
Wedekind, F. 111, 114, 367
Weisgerber, L. 126
Weiss, E. 239
Weiss, P. 79, 81, 116, 119, 132, 252, 427
Weissenburg, von Otfrid 277
Wellershoff, D. 248, 382, 456
Werfel, F. 53, 75, 78, 247
Werner, F. *374*
Werner, M. 186

Wernher der Gartenaere 245
Widmer, U. 89, 107, 120, 163, *233*
Wiechert, E. 78
Wieland, Ch.M. 282
Wiener, O. 126, 252, 477
Wiese, B. von 127
Wilder, Th. 85
Wilke, J. 337
Winkler, J. 124
Wittgenstein, L. 112, 116 ff., 126
Wochele, R. *139*
Wohmann, G. 80, 255
Wolf, Ch. 80, 88, 101, 105, 157, 252, 271, *272,* 413, 439
Wolf, R. 148, 252, 367, *371 f.*
Wondratschek, W. 86, *380 f.,* 426
Woolf, V. 413

Zahl, Peter P. *370 f.*
Zelter, J. *60 f.*
Zenge, W. von 67
Zola, E. 71, 452
Zuckmayer, C. 78
Zweig, A. 132
Zweig, St. 132, 247, 414